HIER+JETZT

Die industrielle Schweiz

vom 18. ins 21. Jahrhundert

Aufgebaut und ausverkauft

Hans-Peter Bärtschi

Vorwort

Die offizielle Schweiz hat bis weit in die zweite Hälfte des 20. Jahrhunderts ihre Identität als «Bauernstaat» formuliert: ein Land von freiheitsliebenden Bauern. Reich ist die Schweiz jedoch nicht mit der Landwirtschaft geworden. Sie hat sich vielmehr als Industriestaat zu einem der reichsten Länder der Welt entwickelt. Grundlage dafür waren Offenheit gegenüber Einflüssen von aussen, Innovationskraft, Technologie, sozialer Zusammenhalt und Arbeitsamkeit (das lateinische Wort «industria» bedeutet auf Deutsch «Fleiss»). Die Schweiz gehört heute noch zur Spitzengruppe der reichen Länder der Welt, auch wenn die industrielle Basis vor dem Hintergrund von Globalisierung und spekulativer Finanzindustrie zu einem ansehnlichen Teil weggebrochen ist.

Der Winterthurer Historiker Hans-Peter Bärtschi, bester Kenner der Entwicklung der Industrie in der Schweiz, hat im Winter 2004/05 mit seiner in der Schriftenreihe der Vontobel-Stiftung erschienenen Publikation «Kilometer Null – vom Auf- und Abbau der industriellen Schweiz» über 15 000 Leserinnen und Leser gefunden. Dieser Erfolg hat uns ermutigt, ihn eine umfassende Übersicht zur industriellen Entwicklung der Schweiz verfassen zu lassen. Zur schweizerischen Industriegeschichte wurde in den letzten Jahren kaum mehr geforscht. Entgegen diesem bedauerlichen Trend hat Bärtschi in mehr als 30 Jahren ein umfangreiches Archiv an Dokumenten und Bildern aufgebaut, auf dem das Buch basiert. Es ist zu wünschen, dass die vorliegende Darstellung den Fokus der Forschung wieder auf das Thema lenkt.

Das Buch ist nicht wie «Kilometer Null» als Reise zu den Stätten der Industrialisierung in der Schweiz konzipiert, sondern orientiert sich an der Schweizerischen Industriestatistik, den Branchen und Industriezweigen. Bärtschi kann bei dem beschränkten Umfang dieser Publikation nicht die Geschichte jedes einzelnen Unternehmens erzählen, sondern muss versuchen, die gesamte Entwicklung in groben Linien nachzuzeichnen. Dank zahlreichen illustrativen Beispielen wird das Buch zur Fundgrube. Einen Schwerpunkt bilden die letzten 30 Jahre mit dem umfassenden Um- und Abbau der industriellen Basis der Schweiz. Dieser schmerzhafte Prozess – das Verschwinden der meisten grossen Unternehmen in der Schweizer Industrie – verdeckt den Blick auf die nach wie vor vorhandene industrielle Basis im Land. Diese ist nicht mehr bei den grossen Konzernen zu suchen, sondern bei vielen kleinen und mittelgrossen Unternehmen, deren technologische Innovationskraft ungebrochen ist. Der Wirtschaftsjournalist und Sozialforscher Oliver Fahrni widmet den Epilog dieses Buches der Entwicklung der letzten Jahre und spricht dabei gar von einer kommenden Reindustrialisierung in der Schweiz.

Dem Autor Hans-Peter Bärtschi und dem Verfasser des Epilogs und kritischen Lektor Oliver Fahrni sei herzlich gedankt für das Durchhaltevermögen, das es zum Entstehen dieses Buches gebraucht hat. Der Dank geht auch an die Lektorin Renata Coray, die Buchgestalterin Christine Hirzel, die Übersetzerinnen Sylvie Lupi, Anna Zecchini und Janine Haeberli-Villain sowie die Korrektorin Brigitte Frey, die wesentlich zur abschliessenden Form beigetragen haben.

Hans-Peter Bärtschi hat ein kritisches Buch geschrieben, das viele Entwicklungen der letzten Jahrzehnte schonungslos bewertet, er hat aber auch ein leidenschaftliches Plädoyer für den Industriestandort Schweiz verfasst. Mit dem Blick auf die grosse und wechselhafte Vergangenheit der Schweizer Industrie sei die Hoffnung verbunden, dass dieses Land die wirtschaftlichen Herausforderungen der Zukunft nicht zuletzt auch auf dieser industriellen Basis meistert.

Bruno Meier, im Januar 2011

Einleitung: eine vorläufige Bestandesaufnahme

Klammheimlich hat die Schweiz ihre produktive Basis verloren

Beunruhigt meldete der englische Gesandte John Bowring 1837 seiner Regierung, dass die kleine Schweiz sich zur Industrienation und zur ernsthaften Konkurrenz entwickle. Textilien und Uhren aus der Alpenrepublik eroberten den Weltmarkt.

Jedes Kapitel in diesem Buch zeigt, wie die Schweiz Branche für Branche an ihrem industriellen Aufbau arbeitete. 1939 verteidigte sich die Industrienation mit der Armbrust als Zeichen für die Qualität ihrer Produkte: Swiss made! Auf dem Höhepunkt der Industrialisierung im Jahr 1966 überflügelte das Land Grossbritannien, als der Anteil der Beschäftigten in der Produktion und im Transportwesen 54 Prozent erreichte. Das Buch zeichnet den Aufstieg von inzwischen liquidierten Firmen wie der Schweizerischen Industriegesellschaft, der Schweizerischen Lokomotiv- und Maschinenfabrik, der Schweizerischen Wagonsfabrik, Alusuisse oder Swissair nach. Sie verbreiteten weltweit ein Image der Seriosität. Zur sozialen Gepflogenheit solcher Grossunternehmen gehörte es, privat Lehrlinge, Techniker und Lehrkräfte auszubilden, Pensionskassen, Krankenkassen, Kinderkrippen, Kantinen und Kegelklubs zu führen.

Heute sind in den produktiven Branchen noch 22 Prozent der Beschäftigten tätig. Die Leistung der Schweiz für das globale Bruttoinlandprodukt ist dabei von 2,5 Prozent im Jahr 1980 auf 0,8 Prozent im Jahr 2010 gesunken. Das Buch benennt die Kräfte und Profiteure der Zerstörung industrieller Kapazitäten. Bei dieser Entwicklung kamen verschiedene Methoden zur Anwendung: Verscherbeln von Kompetenzzentren des Wissens und Könnens, rasche Führungswechsel, Fusionen ins Abseits und Einverleibungen in kurzlebige Weltreiche, Kapitalbeteiligungen zwecks Machtübernahmen und Spekulationen insbesondere mit den Industrieliegenschaften. Bei den grossen Fischzügen trifft man immer wieder auf dieselben Herren und ihre mitprofitierenden Gefolgschaften. Sie sorgen – zusammengefasst in Ueli Mäders neuer Publikation «Wie Reiche denken und lenken» – untereinander dafür, dass sie die Reichsten des Landes bleiben, ergänzt durch Reichste aus anderen Ländern, die ihre Vermögen weitgehend der Besteuerung entziehen. Die Medien erklären diesen schwer durchschaubaren Prozess mit den Begriffen «Desindustrialisierung» und «Globalisierung».

Eine gigantische Umverteilung führt dem Norden Rohstoffe aus dem Süden zu und dem Westen Produkte aus dem Osten. Dabei ist die Schweiz übermässig von Importen abhängig. 999 Promille der Menschheit versorgen das Réduit der Reichen und ihre Dienstleister mit fast allen täglichen Gütern. Dem Aufbau dieses Buches folgend, kommen aus dem Ausland wertmässig über 90 Prozent der mineralischen Rohstoffe, 40 Prozent der Nahrungsmittel, fast alle Textilien. Selbst Apothekerartikel stammen im Land der Chemieriesen mehrheitlich aus dem Ausland. Liberalisierungen vergrössern die Abhängigkeit bei den Energieressourcen auf über 90 Prozent und in ähnlichen Dimensionen bei den Verkehrsleistungen. Immerhin: Die Selbstversorgung mit Holz, Papier und Druckerzeugnissen wäre gewährleistet, wenn noch vollständige Produktionsketten bestünden. Apparate, Instrumente und Schwerindustriegüter werden sowohl importiert als auch exportiert, bei Uhren besteht ein hoher Exportüberschuss: Immer noch erwirtschaftet die verbliebene Schweizer Industrie jeden zweiten Franken im Ausland.

Neue Machtverhältnisse sind entstanden

In diesem Prozess der «Desindustrialisierung» haben sich die alten mächtigen Familien mehrheitlich von der direkten Verwaltung der Produktionsmittel abgewandt, sie sind auch nur noch selten in der Politik anzutreffen. Sie haben neue Verfügungsformen gefunden. Neureiche sind zu Macht gelangt. Schätzt man das Vermögen des mächtigsten Schweizers des 19. Jahrhunderts, Alfred Escher, umgerechnet auf zwei Milliarden Franken, so hat jeder der aktuell Reichsten in diesem Land zehn Mal mehr Eigentum, Macht und globalen Einfluss: Die Schweiz ist mit über 2000 Milliarden verwalteten Auslandvermögen zum grössten Offshore-Finanzplatz der Welt geworden. Dabei sind die meisten Gigareichen Steuerfluchtasylanten. Diese Oligarchen spielen nicht abseits der «Realwirtschaft» Monopoly im Keller. Sie greifen, wie an Beispielen der Entwicklung der Grosskonzerne dargestellt, grundlegend in die schweizerischen Machtverhältnisse ein. Und sie besitzen mit ihrer organisierten Verantwortungslosigkeit ein kaum einschätzbares Potenzial zur Umweltzerstörung.

Die Ablösung der Herrschaft des Industriekapitals durch diejenige des Finanzkapitals hat die Machtverhältnisse im Landesinnern wirtschaftspolitisch verändert. Die Inlandforderungen aller Institutionen und Personen der Schweiz betrugen vor der Krise 2008 geschätzte 5000 Milliarden Schweizer Franken bei fast ebenso vielen Verpflichtungen, wobei vor allem der Staat und die nichtfinanziellen Unternehmen stark verschuldet sind. Die finanziellen Unternehmen verwalten gemäss Statistik der Schweizerischen Nationalbank gegen 70 Prozent aller in- und ausländischen Forderungen. Das zweithöchste Guthaben, das Pensionskassenvermögen, beträgt über 10 Prozent. Die drittgrössten Forderungen besitzen die privaten Haushalte mit Bargeld, Einlagen und Wertpapieren, weitere rund 10 Prozent. Erst an vierter Stelle kommen die Guthaben der nichtfinanziellen Unternehmen, welche aber die meisten Arbeitsplätze sicherstellen. Dabei haben in vielen Unternehmen Mehrheitseigentümer und Verwalter von Fonds die Macht übernommen.

Rücksichtsloser Eigennutz ist seit einem Dritteljahrhundert das Credo einer Gesellschaft, die das Gemeinsame und Öffentliche, das jede Zivilisation ausmacht, zerfallen lässt. Die Einkommensschere zwischen den Ein-Dollar-pro-Tag-Menschen der Armutsgebiete, den Unter- und Vollbeschäftigten in den Industrieländern und den Globalisierungsprofiteuren öffnet sich weiter denn je. Das Ausgrenzen der für diese Art von Wirtschaft überflüssigen Menschen gehört zum System. Und selbst die qualifiziert Arbeitenden gehören zu den Verlierern. Die Globalisierer sehen sich berufen, ihre schwindende Basis gegen die erdrückend wachsende Mehrheit der Ausgegrenzten zu mobilisieren. Dabei ist jedes Mittel gut genug für Diskriminierungen: Nationalismus und Fremdenfeindlichkeit, Oppositionellenverfolgung und Religion. Wo Utopien fehlen, werden alte Ideologien zu Hilfe genommen.

Vielleicht misslingt die Aufklärung gegen die Angstmacher, die ihre wirtschaftliche Macht zunehmend auf die politische ausdehnen – wie der Medienkönig und reichste Italiener Berlusconi, der von Frankreich bis zur UBS gut verflochtene Sarkozy, die Republikaner in den USA oder Christoph Blocher in der Schweiz. Mündet der Verfall des globalen Kapitalismus in Völkerwanderungen, Bürgerkriege und neue Diktaturen? Wie kommen wir da hindurch? Mit Sicherheit muss ein neues Verhältnis zwischen Mensch und Natur und zwischen Arbeit und Reichtum gefunden werden. Die Ziele für den Umweltschutz sind formuliert, die Menschenrechte auch. Die Industrialisierung und ihre Produktivitätssteigerung legen als entscheidenden Faktor des Zusammenhalts und der Erneuerung sozialer Bewegungen eine Gesellschaft nahe, in der alle weniger erwerbsmässig arbeiten, damit alle eine sinnvolle Beschäftigung finden und umweltfreundlicher leben können.

Hans-Peter Bärtschi, im Winter 2010/11

I BERGBAU

Steinreiche Schweiz

Bergbau, Rohstoff- und Baumaterialindustrie

1950 19 000 Beschäftigte = 4%[1]

2010 5 000 Beschäftigte = 0,6%

1 Bohnerz aus dem Jura – Abstich im Eisenwerk.
Choindez, Zeichnung H. B. 1980

Am Anfang der Menschwerdung und am Anfang fast jeder industriellen Tätigkeit stand und steht das Gewinnen von Rohstoffen – seit der Steinzeit bis heute, vom Silexbergbau über die Erdölgewinnung bis zum Aufspüren von Molybden oder Wolfram. Staatliche und private Bergbau- und Verhüttungsunternehmen gewannen in der Schweiz bis um 1860 die meisten notwendigen mineralischen Rohstoffe: Das kleine Land war in wesentlichen Bereichen des Wirtschaftens selbstversorgend. 100 Jahre nach der Vollendung des Eisenbahnnetzes endete der Erzbergbau. Der Kohlebergbau erfuhr jeweils in Notzeiten eine staatliche Förderung. Bis heute halten die Kantone die Salzförderung aufrecht. Die umfangreichsten und für Private lukrativen Aktivitäten dienen der Gewinnung von Baurohstoffen. Gegenläufig zur stark abnehmenden Rohstoffgewinnung in der Schweiz entwickelt sich die Präsenz diskreter Schweizer Konzerne im globalen Rohstoffhandel – Glencore und Xstrata in Zug, Diamantenhändler in Luzern oder Öldealer in Genf kontrollieren grosse Teile des Handels mit den Grundstoffen der Weltwirtschaft.

Der Mythos von der Rohstoffarmut

Die Schweiz sei ein armes Land, steht in den Schulbüchern. Die 60 Prozent der Landesfläche bedeckenden Alpen seien kaum nutzbar, der 10 Prozent des Bodens umfassende Jurabogen sei karg und karstig. Dass die rohstoffarme Schweiz dennoch reich sei, verdanke sie ihren wehrhaften Alphirten, die es dank ihrem Fleiss zu städtischem Wohlstand gebracht hätten. Die erfolgreiche Pflege dieses Mythos hat dazu geführt, dass dieses Land kaum als Industrienation wahrgenommen wird. Genau das aber – eine führende Industrienation – war die Schweiz über eine längere Zeitspanne. Dabei profitierte sie von einer vielfältigen Bergbautradition. Im Tagebau nutzt die an Steinen reiche Schweiz ihre mineralischen Rohstoffe weiterhin stark. Bodenschätze für Beton, Gipsplatten, Gleisschotter, Ziegel oder Streusalz sind reichlich vorhanden. Multinationale Konzerne und viele kleine Firmen bauen jährlich 40 Millionen Tonnen Kies und Sand, 5 Millionen Tonnen Kalk, 3 Millionen Tonnen Ton und Mergel, 450 000 Tonnen Salz und 300 000 Tonnen Gips ab, ferner Natursteine für Kopfsteinpflaster oder Marmorplatten. Der Tagebau hat den Vorteil, dass er wenig langfristige, hohe Investitionen benötigt.[2]

Das bergmännische Gewinnen von Rohstoffen hingegen gehört hierzulande im Wesentlichen der Geschichte an. Dazu beigetragen haben neben den hohen Lohnkosten und Billigimporten das Fehlen von dauerhaften Bildungsstätten für Bergbau und die Beschaffenheit der schweizerischen Lagerstätten. Das Aufsuchen und Gewinnen von mineralischen Rohstoffen unter Tage ist in der Schweiz keine einfache Sache: Die Vorkommen liegen auf Höhen bis zu 3000 Metern, und die Alpenfaltung hat sie stark verworfen. Dennoch bezeugen Spuren von Tausenden von Gruben die bergmännische Tätigkeit seit über 3500 Jahren.[3]

Das Erforschen der schweizerischen Lagerstätten beschränkt sich hierzulande mit einer Ausnahme auf private Aktivitäten. Die letzten bedeutenden Bundesinvestitionen erfolgten während der beiden Weltkriege, massgeblich gefördert von Hans Fehlmann (1882–1965), lange Jahre Chef des eidgenös-

2 Viele frühe Bergbaustätten finden sich in der Schweiz in hochalpinen Lagen. Am Glärnisch wurde zwischen 1538 und 1560 auf über 1300 Höhenmetern Eisenerz abgebaut. **Guppenalp, Foto H. B. 2000**

sischen Bergbaubüros.[4] Die damals geschaffene Sammlung befindet sich bei der Geotechnischen Kommission an der ETH in Zürich.[5] Die Schweizerische Gesellschaft für historische Bergbauforschung bildet die bedeutendste nationale Vereinigung von Bergbaufreunden.[6] Weitere Institutionen sind die Eisenbibliothek der Georg Fischer Stiftung mit der Zeitschrift «Ferrum»[7] und der Verein der Freunde des Bergbaus in Graubünden.[8] Wichtige Anlagen und Sammlungen hüten die bedeutendsten Besucherbergwerke in Bex (Salz, Kanton Waadt),[9] Elm (Schiefer, Kanton Glarus)[10] und Käpfnach (Braunkohle, Kanton Zürich),[11] im Gonzen (Eisen, Kanton St. Gallen),[12] im Val-de-Travers (Asphalt, Kanton Neuenburg)[13] und in Davos-Silberberg und S-charl (Blei, Silber, Kanton Graubünden).[14] Weitere Anlagen sind frei zugänglich, so in Goppenstein (Blei, Kanton Wallis)[15] und Gondo (Gold, Kanton Wallis).[16] Diese Anlagen werden im Folgenden neben noch aktiven Betrieben unter den jeweiligen Rohstoffgruppen vorgestellt.

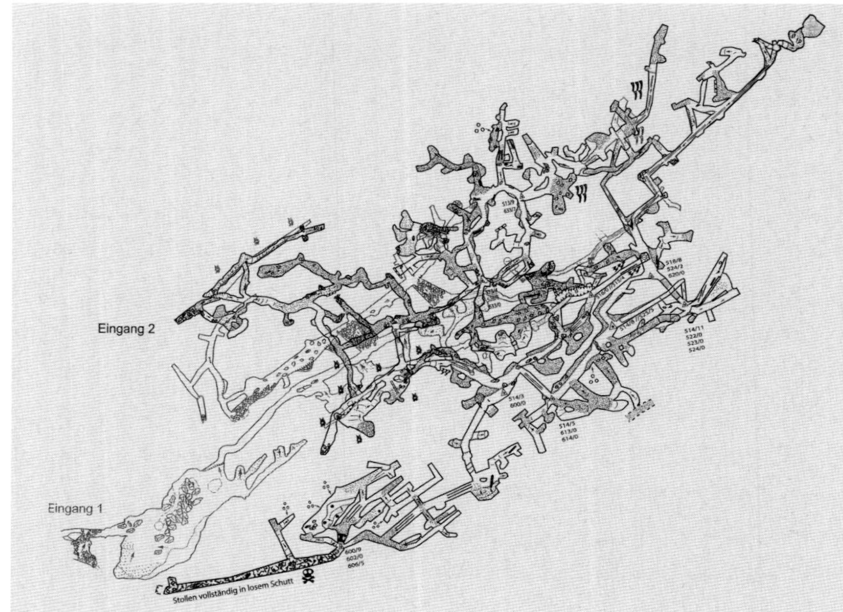

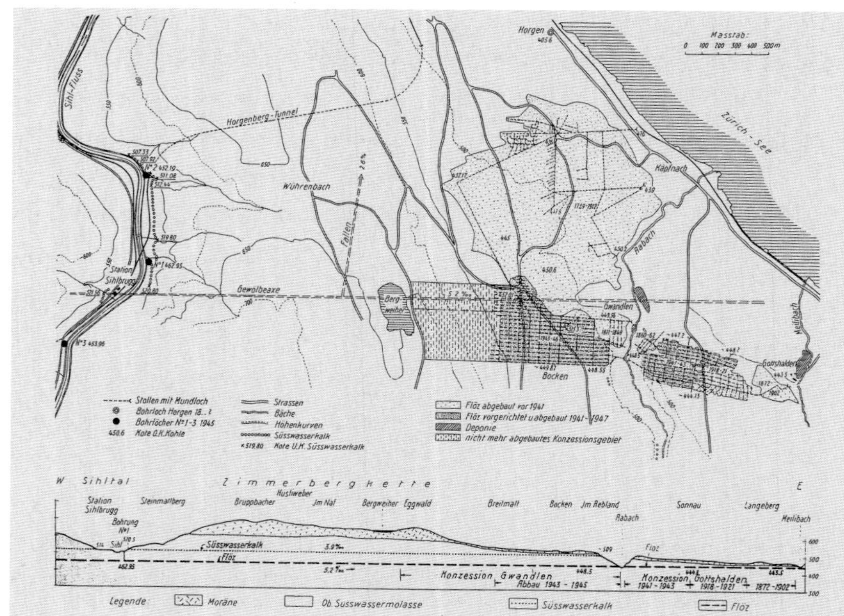

3 Im frühgeschichtlichen und mittelalterlichen Bergbau schlugen die Bergleute Stollen entlang der erzhaltigen Adern. Oberhalb von S-charl sind 20 Kilometer zwischen 1317 und 1520 erbaute Stollen vermessen. **Cuogn Nair, Vermessung Tom Herrmann 2003**

4 Am Zürichsee bei Käpfnach entstand ein regelmässiges, orthogonales Stollen- und Abbaunetz von rund 100 Kilometern Länge. **Horgen 1947, Jahrheft 1982**

Erzabbau und Verhüttung

Schlackenfunde am Oberhalbstein im Kanton Graubünden bezeugen, dass im Gebiet der heutigen Schweiz schon während der Bronzezeit Metall erschmolzen wurde. Spuren der Erzverhüttung treten in der Römerzeit auf und nehmen dann vor allem im Mittelalter zu. 1589 waren allein im Kanton Graubünden 93 Gruben bekannt. Weitere Erzvorkommen liegen im Wallis und im Jura. In der ersten Hälfte des 19. Jahrhunderts blühte ein vielfältiger Erzbergbau zum letzten Mal auf. Die Vollendung des Eisenbahnnetzes mit internationalen Anschlüssen ermöglichte ab 1857 den billigen Import von schweren Massengütern. Das hob den Vorteil kurzer Transportwege für viele kleine Bergwerke auf.

Von über 1000 Vorkommen wurden noch rund 100 über längere Zeit und mit grösseren Investitionen abgebaut. Auch die bisher lokale Verhüttung von Eisen, Mangan, Blei und Zink mit wenig Silber und von kleinen Mengen von Kupfer, Nickel und Gold internationalisierte sich. In den beiden Weltkriegen des 20. Jahrhunderts unterstützte der Bund den Abbau und die Verhüttung von Erz, was weitere kurze Blütezeiten ermöglichte. Zwischen 1939 und 1945 förderten die Bergwerke der Schweiz 1,[illegible] Millionen Tonnen Eisenerz, 800 Tonnen Kupfererz und 540 Tonnen Blei-Zink-Erz. Mit der Schliessung der beiden grössten Erzbergwerke Gonzen im Jahr 1966 und Herznach im Jahr 1967 endete vorläufig die Geschichte des schweizerischen Erzbergbaus. 1983 erlosch in Choindez der letzte Hochofen.

5 Seit dem Zweiten Weltkrieg importiert die Schweiz immer mehr Rohstoffe. Bis 1983 verhütteten die Eisenwerke in Choindez noch selbst Eisenerz. **Choindez, Foto Von Roll um 1940**

6 Auf der Suche nach Silbererz fand der Staat Bern in Trachsellauenen Eisen, Blei, Zink und Baryt. Nach grossen Investitionen befand eine Expertise 1805 die Vorkommen als nicht mehr abbauwürdig. **Schacht Gnadensonne, Foto H. B. 1995**

7 Stand- und Luftseilbahnen verbanden die Eisen- und Bleiminen am Mont Chemin mit den Verladestationen im Rhonetal und an der Martigny-Orsière-Bahn. Nach der Einstellung des Bergbaus 1945 kam es noch bis 1976 zu Prospektionen, die jedoch zu keiner Wiederaufnahme der Abbautätigkeit führten. **Trappistes, Foto H. B. 1998**

S-charl: vom mittelalterlichen Bergbau zum Bergbaumuseum

S-charl liegt am Rand des schweizerischen Nationalparks in der einst strategisch wichtigen Lage im heutigen Grenzgebiet zwischen der Schweiz, Österreich und Italien. Lange vor dem Aufbau des Naturreservats ab 1909 entwickelte sich hier und am Ofenpass ein reger Bergbau, der auch mit Holzraubbau verbunden war. Die unter Kaiser Maximilian geförderte Schmelzra S-charl verhüttete Blei und Silber. Der Bergbaumeister wohnte im heutigen Museum, das als Verwalterhaus gebaut worden war. Die dazugehörenden Minen befinden sich hauptsächlich am Mot Madlain auf 2150 Metern über Meer. In den wichtigsten Abbauphasen zwischen 1317 und 1520 schlugen dort Bergleute von Hand den erzführenden Adern entlang ein Stollensystem von 20 Kilometern Länge ins Gebirge. Das Bergbauamt in Innsbruck beklagte sich: «Die alten (Gruben-)Gebäude sind alle versunken. Sonst wäre wohl bei allen Gruben Erz zu hauen vorhanden. Sie können aber 16 Wochen und mehr zu Winterszeiten Wassers halber nicht bearbeitet werden.»[17] 1499 befahlen die Österreicher den Bau eines Basisentwässerungsstollens. Dieser Stollen war erst 1566, nach 67 Jahren Vortrieb, vollendet. Solche Entwässerungsanlagen nannte man Erbstollen. Denn sie erbten das Wasser der höher gelegenen Gruben, und die Besitzer dieser Stollen hatten das Recht, von allen Bergwerken, deren Wasser sie ableiteten, eine Erbstollengebühr zu erheben. So entwickelte der Bergbau nicht nur spezielle Techniken und zahlreiche Handwerke, es entstand auch ein eigenes Bergbaurecht mit Bergrichtern, Bergmannspflichten und Münzprägerechten.

In S-charl war das Bergwerk bereits nach 1600 wieder in bedenklichem Zustand, weil die Bündner «bessere Händler als Mineure» seien, wie die Österreicher urteilten. Die Reformation des Unterengadins verschärfte die Krise. Der Mord an Jörg Jenatsch und der Einmarsch österreichischer Truppen durch die Schlucht gegen S-charl waren Ausdruck der blutigen Bündner Wirren. Die nachfolgende Pest verdarb den S-charler Bergbau ganz. Als das Unterengadin 1652 endgültig bündnerisch wurde, endete der Abbau in S-charl – abgesehen von einer kurzen Wiederaufnahme 1819 unter Johannes Hitz. Dieser betrieb damals auch die Silbermine von Davos-Monstein, wo ebenfalls bedeutende Bergbauzeugen erhalten sind. Nach dem Konkurs von Hitz im Jahr 1829 zerfiel die letzte Hüttenanlage. Inzwischen sind die für die Schweiz einzigartigen Anlagen relativ gut erforscht.[18] Ein besonderes Zeugnis des Bergbaus ist die Siedlung S-charl. Gut erhalten ist das Knappenhaus aus der Bauzeit zwischen dem 16. Jahrhundert und 1824. Hier wohnten die ärmeren Bergmänner mit Gesellenbrief und die Kranken. Solch grosse Wohnhäuser gab es früher nur in Klöstern. Auf privater Basis entstanden vergleichbare Wohnhäuser in der Schweiz erst im 19. Jahrhundert. Stark umgebaut existiert auch noch das Bergrichterhaus der Tiroler: Das heutige Hotel Crusch Alba war ein «Haus samt Krautgarten, Bettstätten, Ketten für gefangene Leute, Bergordnung und Register».[19] 1822 gab es hier gar eine Schule. Unbekannt ist, wie die über 30 abgegangenen Häuser aussahen.

Bergbaumuseum, 7550 Schmelzra S-charl, und Bärenmuseum, 081 864 86 77, geöffnet Juni bis Oktober

Bergbaumuseum, 7270 Davos-Monstein, www.silberberg-davos.ch, geöffnet an einzelnen Tagen

8 Schmelzra heisst die Stätte der Blei- und Silber-Aufbereitungsanlage bei S-charl. Die Ruinen und das Verwalterhaus im Hintergrund sind inzwischen gesichert bzw. wieder aufgebaut. **S-charl, Foto H. B. 1985**

Gold aus Gondo

Im Grenzgebiet um den Monte Rosa wurde während Jahrhunderten Gold gewonnen.[20] Während der Goldbergbau auf Schweizer Gebiet nach 250 Jahren Abbautätigkeit durch den Konkurs der privaten Société des Mines d'Helvétie 1897 sein Ende fand, förderte Italien noch während der Autarkiebestrebungen unter dem faschistischen Regime den massiven Ausbau der Anlagen. Selbst nach dem Sturz Mussolinis fand in der Republik Ossola eine nochmalige Steigerung des Erzabbaus und der Goldproduktion statt.[21] Auf schweizerischer Seite löste ein letzter Goldrausch 1892 in der Gemeinde Zwischbergen grosse Investitionen aus. Das bei Gondo in Kaskaden abstürzende Zwischbergental umfasst die von Süden her eingeschnittenen Goldabbaugebiete: riesige, vertikale Schnitte, Risse in der Talflanke, abgründig steil und tief. Bis zu 500 Bergarbeiter haben zwischen diesen Wänden, die sich teilweise so dicht gegenüberstehen, dass sie kein Echo erschallen lassen, Gold abgebaut. Sie haben auf den an Adlerhorste erinnernden Plattformen Erz gepocht und übernachtet, bis der spekulative Goldrausch mit Kapital aus der Schweiz und Frankreich nach fünf Jahren jäh zusammenbrach.

Zwar besitzt das Landesmuseum Goldvreneli aus Gondo-Gold, aber die materiellen Zeugnisse an Ort und Stelle wurden erst ab 1988 systematisch aufgenommen. Da alles, was nicht niet- und nagelfest war, während des Ersten Weltkrieges nach Italien gelangte und das raue Bergklima die Bauten weitgehend zerstört hat, gestaltete sich die Erforschung des einstigen Betriebes nicht einfach.[22] Die Aufbereitungsanlage Minenboden lag auf 1052 Metern am Stockalperweg, später nahe an der Napoleon-Strasse und somit an der Hauptroute von der Schweiz nach Italien. Kaspar Stockalper (1609–1691), der König vom Simplon, hatte den ersten Simplonweg bauen lassen, er gehörte auch zu den ersten Goldbergwerksbetreibern. 200 Jahre später baute die neue, industrielle Aktiengesellschaft zusätzlich zu den Stockalper- und Napoleonwegen eine Fahrstrasse von der Gondoschlucht zum Bergwerk und eine Villa für den Direktor. Direktor Froment feierte hier zur Empörung der Einheimischen und des Pfarrers «Feste der Verschwendung» mit Kapitalgebern und italienischen Tänzerinnen. Eine Gruppe von Mineuren hingegen hauste im Walde nahe der Galerien in Steinhütten und schlief auf Buchenlaub. Wolldecken wurden schichtweise geteilt. Verpflegung musste selbst mitgenommen werden. Die relativ hohen Stundenlöhne für die schwere, ungesunde und oft auch gefährliche Arbeit betrugen zwischen 1.20 Franken und 4 Franken.

Von der damals modernsten Transporteinrichtung, einer Y-förmigen Seilbahn für die Förderung des Golderzes, sind nur wenige Relikte erhalten. Das System überwand eine Höhendifferenz von 350 Metern. Die Seilbahn förderte allein im Juni 1895 1300 Tonnen Erz zu Tal, aus denen vier Kilogramm Gold verhüttet wurden. Die Société des Mines d'Helvétie setzte 1892 in vielen Bereichen auf die modernste Bergbautechnik und elektrifizierte die neuen Anlagen von Anfang an. Das Hüttenwerk besass neben der elektrischen Kraftzentrale umfangreiche Wasserkraftanlagen. Die acht mexikanischen Schleppmühlen, Arrastras genannt, waren von je einer Turbine angetrieben. Sie zerkleinerten das zuvor zerstampfte, amalgamierte und geröstete Erz zu Pulver. Dieser Prozess fand nass statt, wobei Quecksilber beigemischt wurde. Der in den 1890er-Jahren noch allgemein übliche Schlussprozess bestand darin, das Amalgam durch Beutel vom überflüssigen Quecksilber abzufiltrieren und anschliessend in Öfen aufzuheizen, sodass das Quecksilber verdampfte. Zurück blieb Gold, das nur noch raffiniert werden musste.

Der Hauptgrund für den Konkurs im Jahr 1897 waren die spekulativ überhöhten Erwartungen über den Goldgehalt des Erzes. Die Erzgänge erwiesen sich als zerklüftet und weniger mächtig als angenommen. Und statt systematisch ein grosses Abbaunetz aufzubauen, begann die Gesellschaft an 34 Stellen mit dem Abbau in bisherigen und in neuen Stollen: Man hatte ja die Seilbahn – aber nur für wenige, nahe gelegene Stollenmünder. Spätere Prospektionen ergaben ernüchternde Resultate: Bei 500 000 Tonnen Erzvorräten hätte nur etwa eine Tonne Gold gewonnen werden können. Das machte zwei Gramm Gold pro Tonne Erz statt der ursprünglich zehnmal so hohen Erwartungen.[23]

9 Die 1897 stillgelegte Goldaufbereitungsanlage im Zwischbergental verwendete zum Ausmahlen des Erzes spanische Arrastramühlen. **Minenboden bei Gondo, Foto H. B. 1988**

Goppenstein – Ruinen der Bleimine

Die Bleivorkommen am Roten Berg bei Goppenstein sind seit einem halben Jahrtausend bekannt. Die älteste Urkunde stammt von 1474. Wo Blei ist, gibt es oft auch Silber. Doch die Hoffnungen auf Silberfunde wurden immer wieder enttäuscht. Die ergiebigsten Vorkommen lagen hoch über dem Tal auf 1860 Metern. Dort trieben die Mineure Stollen und Abbaukavernen in den Berg. Das Erz musste mit Schlitten auf einem eigens dafür erstellten Weg ins Tal gebracht werden. Nach Unterbrüchen der Bergbautätigkeit übernahmen 1849 vier Engländer die Minen. Sie investierten in die Fahrstrasse nach Gampel und in Schmelzöfen. Die Spekulationen auf hohe Gewinne gingen auch hier nicht auf, die Anlagen erlebten mehrere Handänderungen. Bis zu einer Betriebseinstellung im Jahr 1907 beschäftigte die deutsche Bergwerks-Actiengesellschaft Helvetia 50 in- und ausländische Berufsleute in den Minen und 20 einheimische Hilfskräfte in der Aufbereitung. Zwölf davon waren Mädchen, die das Erz pochten und wuschen. Bereits um 1850 war am Ufer der Lonza die grosse Herberge für die Knappen des Bergwerks entstanden. Dieses Knappenhaus existiert noch heute.

Der Krieg zwischen den USA und Nordkorea/China führte 1950 im Westen zu einer Rohstoffkrise. Blei- und andere Mineralienpreise schnellten in die Höhe, nun schien der Abbau in Goppenstein wieder rentabel. Der Walliser Bergbauunternehmer Joseph Dionisotti investierte in eine neue Anlage. Oberhalb der heutigen Autoverladerampe liess er die Aufbereitung nach amerikanischem Vorbild neu einrichten. Eine Luftseilbahn und eine Schienenseilbahn brachten das Erz zum höchstgelegenen Bunker der Anlage. Von dort fiel es durch sein eigenes Schwergewicht stufenweise auf die Brecher, Sortiermaschinen und Waschtische, bis sich das Blei vom toten Gestein trennte. Doch die ganze Investition blieb unrentabel. 1954 stellte Dionisottis Firma alle Aktivitäten ein. Die teilweise in gefährlichem Steinschlaggebiet gelegenen Anlagen sind inzwischen stark zerfallen.[24]

10 In die Bleiaufbereitungsanlage beim Bahnhof Goppenstein wurde ein letztes Mal während des Koreakrieges investiert. Seit 1954 zerfallen die Bauten. **Goppenstein, Foto H. B. 1994**

Gonzen – das grösste Erzbergwerk der Schweiz als Schaubergwerk

Geschätzte 25 Millionen Tonnen Eisenerzvorräte sind in der Schweiz nachgewiesen. Doch die Investoren hielten sich zurück und trieben den Abbau nur an wenigen Stellen aufwändig voran. Besonders umfangreiche Anlagen entstanden am Gonzen. Das Gewinnen von Gonzenerz ist seit 2200 Jahren belegt und seit 1396 urkundlich erwähnt. Das Erz wurde zwischen dem 15. und dem 19. Jahrhundert mit Unterbrüchen in Plons verhüttet, 1943 versuchsweise in Flums. Die Stollen des Bergwerks liegen zwischen 330 und 1500 Metern über Meer. In den beiden Weltkriegen des 20. Jahrhunderts wurde der Bergbau in-

tensiviert, denn das Gonzenerz enthält wenig Phosphor, verfügt aber über einen hohen Eisengehalt von 55 Prozent beziehungsweise einen Mangangehalt von 50 Prozent. Zudem waren die Transport- und die Arbeitsbedingungen günstig. Über Schüttelrutschen, Bremsberge, Stollen- und Luftseilbahnen gelangte das abgebaute Erz in die Rheinebene und dort in die Brech- und Sortieranlage. Im Berg entstand ein Netz von Abbaukavernen, Förderstollen und Bremsbergen, insgesamt 90 Kilometer. Eine Werkbahn führte das aufbereitete Erz auf der Normalspur zum Hauptbahnnetz. Auf diese Weise wurden zwischen 1921 und 1966 2,8 Millionen Tonnen abgebautes Eisen- und Manganerz transportiert und verarbeitet.[25] 1943 beschäftigte das Bergwerk 375 Kumpel. Am 3. Mai 1966 verloren die letzten 119 Gonzenknappen ihre Arbeit mit den Bohrhämmern, den Zündern, Sprengstoffen, Schrappern, Seilwinden, Fördertonnen, Grubenhunden und Grubenlokomotiven: «Gehörschäden hatte man nach kurzer Zeit im Stollen, der Lärm war so, dass man oft das eigene Wort nicht verstand», berichtete Werner Gräppi (1913–1984), der bis zum Schluss im Berg arbeitete und danach noch Inspektionsgänge durchführte.[26] Nach der Stilllegung sorgte Professor Wilfried Epprecht (1931–2008) im Auftrag der Eisen verarbeitenden Industriekonzerne GF und Sulzer mit einem Team für den Unterhalt der Anlagen, bis sich der erste Museumsbergwerks-Verein der Schweiz bildete. Dieser Verein Pro Gonzenbergwerk hat in den stillgelegten Anlagen seit 1983 kontinuierlich das grösste Schaubergwerk der Schweiz aufgebaut.

Gonzenbergwerk, 7320 Sargans, www.bergwerk-gonzen.ch, geöffnet März bis Dezember

11 Die Gonzen-Aufbereitungsanlage war bis 1966 für das Brechen, Sortieren und Waschen von Eisenerz in Betrieb und danach noch für Baumaterialunternehmer. Sargans, Foto H. B 1989

12 Bremser an der Bremstrommel eines Bremsberges im 90 Kilometer langen Stollensystem im Bergwerk Gonzen. Gonzen vor 1966, Sammlung SIK

Erzbergwerke und Eisenindustrie im Jura

Abseits des Gonzens liegen die ergiebigsten Erzvorkommen im Jura. Am Rand des Tafeljuras, im Fricktal, fuhren die Bergmänner bis 1967 in den Berg ein. Auch hier war der Höhepunkt im Zweiten Weltkrieg erreicht. 140 Bergleute sprengten grosse Abbaukavernen, in denen sie gegen den Bergdruck in regelmässigen Abständen Erzpfeiler stehen liessen.[27] Eine mit Silos und Masten aus Beton konstruierte Transportanlage verband das Feld- und Grubenbahnnetz über eine Lorenseilbahn mit der Verladestation an der Bundesbahnlinie Basel–Zürich.

Die Bohnerzlagerstätten des Bassin de Delémont sind schon seit der gallorömischen Zeit bekannt. Grabungen datieren die Schmelzöfen der Gegend ins Mittelalter zurück. Während der industriellen Revolution lockten die reichlich vorhandenen Rohstoffe Kalk, Brennholz und Wasser für Blasbalgantriebe Unternehmer aus Basel, Frankreich und Solothurn in den Jura. Sie gründeten eine beeindruckende Dichte von kleinen, Eisen verarbeitenden Betrieben. Unter der Stadt Delémont entstanden 50 Kilometer Stollen, aus denen Eisenerz ans Tageslicht gefördert wurde. In einem Vorort der Stadt stand noch lange ein hölzerner Erzförderturm. Er gehörte zur Giesserei Rondez des Von-Roll-Konzerns. Das Unternehmergeschlecht von Roll erlangte in der Eisenindustrie des schweizerischen Juras grossen Bekanntheitsgrad. Ludwig, der Sohn des Marschalls und Freiherrn von Roll von Emmenholz, eines Solothurner Patriziers, liess 1810 mit väterlicher Unterstützung in der Juraklus bei Balsthal seinen ersten Holzkohle-Hochofen errichten. Bald folgten weitere Gründungen in Gerlafingen, Gänsbrunnen und Matzendorf. Doch dann forderte mangelnde Liquidität persönliche Opfer. 1823 verpachtete Ludwig seine Werke vorübergehend, und er veräusserte sogar das väterliche Schloss Emmenholz. Das Ausharren lohnte sich langfristig. Die Nachfahren behielten von Roll als Namen der Firma, die als Aktiengesellschaft zum grössten schweizerischen Stahlproduzenten mit drei Werken heranwuchs. Zusammen mit den Giessereien und Maschinenfabriken beschäftigte von Roll gegen 10000 Mitarbeiter. Heute gehören mehrere Von-Roll-Werke mit 3000 Beschäftigten nach diversen Handänderungen der Familie des Baron von Finck.

Der letzte Hochofen der Schweiz, der Erz verhütten konnte, stand in der Von-Roll-Giesserei Choindez zwischen mächtigen Felswänden im tiefen Kessel der Juraklus. Früher trug der Ort den Flurnamen Schwendi. Der Industriestandort bildete eine Arbeits- und Lebenseinheit, eine Kleinstadt für sich. Noch heute füllen die Stahl- und Giessereihallen, trotz diversen Abrissen, den Talgrund entlang der Birs. Aber im Bahnhof halten keine Personenzüge mehr. Wohnblöcke, die Direktorenvilla mit Park, das Verwaltungsgebäude, ein Schulhaus, das Wohlfahrtshaus mit Kantine und Hotelzimmern stehen leer oder sind abgebrochen. Nach der Stilllegung der schweizerischen Erzbergwerke bezog von Roll noch während 15 Jahren Erz aus Übersee, um es im elektrisch betriebenen Niederschachtofen aus dem Zweiten Weltkrieg zu verhütten. Auch nach der Einstellung des Hüttenbetriebs ist Choindez ein Ort des flüssigen Eisens geblieben. Das Werk spezialisierte sich auf die Herstellung eiserner Rohre für die Kanalisation und die Wasserversorgung. Im Schleuderverfahren gegossen, erreichen sie eine Lebensdauer von 200 Jahren. Gut 400 Menschen gehen hier im harten 24-Stunden-Betrieb ihrer Arbeit nach.[28]

13 Ein Kipplorenzug fährt vom Eisenbergwerk zur heute umgenutzten Bahnverladestation bei Herznach. Herznach vor 1967, Sammlung SIK

Kohlebergbau für Notzeiten

1857 verbilligte der Anschluss an das internationale Eisenbahnnetz den Transport von ausländischer Kohle in der Schweiz dermassen, dass sich der einheimische Abbau kaum mehr lohnte. Importierte Kohle, später Öl und Erdgas ersetzten den Abbau der einheimischen Braun- und Steinkohlevorkommen und die intensive Verwendung von Brennholz. Doch in Notzeiten erinnerte man sich immer wieder an die Bergbautradition. Im Ersten Weltkrieg war die Versorgungslage derart prekär, dass viele Menschen nicht mehr kochen und heizen konnten. Der Eisenbahnverkehr musste wegen Kohlemangels auf den Betrieb von kriegswichtigen Zügen eingeschränkt werden. Als Massnahme gegen die allgemeine Kohle- und Versorgungsnot beschloss der Bundesrat einerseits 1916 die Vollelektrifizierung der Bahnen, andererseits veranlasste er über das Eidgenössische Volkswirtschaftsdepartement die Gründung der Abteilung für industrielle Kriegswirtschaft mit einem Bergbaubüro, das die bekannten Lagerstätten aller Rohstoffe systematisch aufzuzeichnen begann. Die Wiederaufnahme von Bergbautätigkeiten war subventioniert. Auf dieses Modell griff die Eidgenossenschaft auch im Zweiten Weltkrieg zurück, sodass die Schweiz Ende der 1910er- und Mitte der 1940er-Jahre nochmals eine intensive Bergbautätigkeit erfuhr. Die eidgenössische Bestandesaufnahme von Lagerstätten folgte den kriegswirtschaftlichen Prioritäten: 1. Steinkohlebergbau, 2. Braunkohlebergbau, 3. Schieferkohlebergbau. Dann Talk- und Asbestbergbau, Erzbergbau und Salzgewinnung.[25]

In allen Sparten kam es zu vielfältigen, neuen Tätigkeiten. Das Braunkohlebergwerk Käpfnach am Zürichsee wurde bis 1947 auf ein Abbau- und Stollennetz von 100 Kilometern ausgebaut. Weniger ermutigend zeigte sich die Bestandesaufnahme für den Steinkohlebergbau. Die Anthrazit-Flöze im Wallis entsprechen zwar der Formation der berühmten Kohlereviere des Ruhrgebiets, Belgiens und des Saarlandes. Man hoffte, beim Abbau hochwertigen Anthrazit in grossen Mengen gewinnen zu können. Doch liegt das spezifische Gewicht der Kohle hier bis zu 50 Prozent über demjenigen der Ruhrkohle, und die Vermengung mit Glimmer bewirkt einen hohen Aschegehalt. Trotzdem wirke «die Preisgestaltung ausländischer Kohle für die (erneute) Ausbeutung der schweizerischen Kohlevorkommen anregend [...]. 1914 kostete die Tonne Saarstückkohle franko Basel 29.25 Franken, am 15. Juni 1918 201.50», fasste Hans Fehlmann 1919 seine Untersuchungen zusammen.

Ruinen eines Steinkohlebergwerks im Wallis

Ab 1917 brachten die Unterwalliser Bergwerke Stück- und Staubkohle für die Industrie und Kohle und Briketts für den Hausbrand auf den Markt. Insgesamt bauten zwei grössere und zehn kleine Bergwerke im letzten Kriegsjahr und im ersten Nachkriegsjahr 70 000 Tonnen Anthrazit ab. Das waren im internationalen Rahmen kleine Mengen. Die Mine Dorénaz war das grösste Walliser Kohlebergwerk. Während das benachbarte, neu aufgefahrene Bergwerk Collonges schon zwischen 1825 und 1894 intensiv betrieben worden war, stellte Dorénaz eine kriegswirtschaftlich geförderte Neugründung dar. Die Stollen der Société Anonyme des Charbonnages du Valais Dorénaz-Vernayaz liegen hoch über dem Nordufer der Rhone. Zwischen den Sohlen wurde das steile Flöz über je 25 Meter nach oben und unten abgebaut. Ein Bremsberg verband die drei Sohlen vom höchsten Punkt auf 1685 Metern über Meer zur 100 Meter tiefer gelegenen Seilbahn-Bergstation. Hier erstellte die SAC du Valais ein Chalet für den Aufseher, ein Dutzend Bungalows für Techniker und hölzerne Schlafbaracken beziehungsweise eine viergeschossige, massive Mietskaserne mit Aborttrakt und 48 Kammern für die übrige Belegschaft. Keines der Zimmer hatte fliessendes Wasser, und die Abortanlage für den Grossteil der Belegschaft befand sich über dem Abgrund am Rand der Siedlung. Eine Brunnenanlage, eine Duschenbaracke und zwei Kantinen dienten, hierarchisch getrennt, den 200 Beschäftigten. Wichtiger als der Komfort waren die Produktions- und Transportbauten, die Stromversorgung vom privaten Wasserkraftwerk in Vernayaz, die Kompressorenanlage mit den Bewetterungsventilatoren, die Schmiede und die Stallungen. Die Luftseilbahn brachte die Kohle zur Aufbereitungs- und Brikettfabrik nahe der Simplonbahn hinunter. 1920–1940 fand kein Abbau statt. 1941–1947 baute Dionisotti nochmals 40 000 Tonnen Kohle ab, also pro Jahr nur noch etwa halb so viel wie am Ende des Ersten Weltkrieges. Das lag nicht an der Lagerstätte, sondern wahrscheinlich am geringeren Einsatz von Arbeitskräften und an den nicht sehr hohen Investitionen für den Ausbau der Förderstollen und die Erneuerung der Seilbahn.[30]

Sechzig harte Winter haben inzwischen Schnee und Eis über die Bauten dieses alten Gebirgsbergwerks gefegt. Einzelne Häuser bei der Bergstation der Seilbahn sind am Ende des Zweiten Weltkrieges notdürftig instand gestellt und neu gedeckt worden. Bergwanderer haben die Schlafbaracken noch lange benutzt, auch als sie längst nicht mehr mit Strom versorgt wurden. Bis heute haben die massiven Hau-

steinbauten, einzelne hölzerne Konstruktionen, eiserne Bettgestelle, Drahtseile und Seilbahngetriebe der Witterung standgehalten. Das Entdecken der touristisch nicht erschlossenen Ruinen ist eine Wanderung wert.

Touristisch gut erschlossen sind an den gegenüberliegenden Steilwänden des Rhonetals weitere bedeutende Bergbauzeugen. Sie sind allerdings nicht dem Kohle-, sondern dem Erzbergbau zuzuordnen: Am Mont Chemin brachten drei Seilbahnen insgesamt 65 000 Tonnen Erz ins Tal hinunter. 65 Jahre nach der Einstellung der letzten Abbautätigkeit und 30 Jahre nach der letzten Prospektion sind immer noch beeindruckende Bergbauruinen erhalten. Der Sentier des Mines verbindet mit steilen Wegen die Sehenswürdigkeiten zwischen der Bergkuppe und den Talorten Trappistes und Martigny.

Zürcher Braunkohlebergwerke: Riedhof und Käpfnach

Mangels eigener Steinkohlevorkommen forcierte der Stadtstaat Zürich den Abbau von Braun- und Schieferkohle. Von dieser Tätigkeit zeugen umfangreiche Bergbauanlagen in Horgen-Käpfnach und weitere aufgelassene Bergwerke: 33 überwiegend dem Kohleabbau dienende Bergwerkstandorte mit 50 Gruben und mindestens 150 Stollenmundlöcher hat es im Kanton Zürich gegeben.[31] Käpfnach und ein kleineres ehemaliges Bergwerk sind heute touristisch erschlossen: Bei Strassenbauarbeiten entdeckte ein Bauer im oberen Reppischtal 1786 Braunkohle. Die Flöze beim Riedhof wurde unter staatlicher Kontrolle bis 1814 abgebaut. Im Ersten Weltkrieg schürften wieder 30 Arbeiter rund 1200 Tonnen Kohle. Die erneute Energiekrise während des Zweiten Weltkrieges führte 1942–1947 zu einer letzten Abbauphase. Für die Giessereien Sulzer und Georg Fischer entstand ein Grubensystem mit 7 Kilometern Stollen. Seit 2002 nimmt sich der Verein Bergwerk Riedhof der erhaltenen Zeugnisse dieses Bergbaus an. Am Fuss der Anlagen ist in einem Zivilschutzkeller das Museum eingerichtet. Der eingestürzte Gotterstollen ist gesichert und wieder zugänglich.[32]

Die Braunkohlevorkommen am Zürichsee wurden im 16. und 17. Jahrhundert nur in geringem Masse abgebaut. Ab 1784 förderte der Staat Zürich die Kohlegewinnung mit Fachleuten und schloss nach und nach die privaten Schürfgebiete zu einem Stollensystem zusammen. Am Seeufer entstanden heute verschwundene, von der Kohle abhängige Industriebetriebe. 1870 förderten 160 Mann 50 000 Tonnen Kohle. Nachdem vorübergehend kein Abbau stattgefunden hatte, kam im Ersten und im Zweiten Weltkrieg wieder Leben in das kleine Revier. Für die

14 Ruinen der Feld- und Luftseilbahn, die von der Mine de Champex ins Rhonetal führte. **Dorénaz 1998, Foto H. B.**
15 Ein Teil des Braunkohlebergwerks Käpfnach ist mit Grubenbahnmaterial aus anderen Bergwerken zum Besucherbergwerk ausgebaut. **Horgen, Foto H. B. 1991**

systematische Erschliessung der Abbaufelder waren in den orthogonal abzubauenden Flözen rund 100 Kilometer Abbaustrecken und Querschläge geplant. Aber erst am Ende des Zweiten Weltkrieges waren die lohnenden Lagerstätten voll aufgeschlossen. Vom Juli 1945 bis zum Juni 1946 förderten dann 228 Mann 13 234 Tonnen Kohle. Schon ab 1947 ruhte wieder alle Tätigkeit. Seit 1987 hat der Verein Bergwerk Käpfnach 1,4 Kilometer Förderstollen für Grubenbahnfahrten zugänglich gemacht und ein Bergwerksmuseum aufgebaut.[33]

Braunkohlebergwerk Käpfnach, 8810 Horgen,
www.bergwerk-kaepfnach.ch, geöffnet April bis November nach Anmeldung

Museum Bergwerk Riedhof, 8914 Aeugst a. A.,
www.bergwerk-riedhof.ch, geöffnet jeweils am ersten Samstag des Monats

Salzförderung – bis heute

Ohne Zucker bliebe der Mensch gesünder, ohne Salz kann er nicht leben. Er braucht davon jährlich etwa 7 Kilogramm. Bis zu den revolutionären Umwälzungen um 1800 durften nur die Mächtigen Kochsalz lagern und transportieren. Salz war ein wichtiges Tauschmittel, etwa für den Wirtschaftszweig der Käserei. Auf dem Salzhandel gründeten grosse Vermögen. Salzmonopolisten wie der erwähnte Kaspar Stockalper verfügten über einen dominierenden politischen Einfluss. Um die Abhängigkeit von Salzlieferungen aus Österreich, Deutschland und Frankreich zu verringern, förderte vor allem der Kanton Bern ab 1684 den Aufbau eigener Salinen.[34] Ursprünglich liessen die Salinenmeister von Hand Salzwasserstollen vorantreiben. In der Neuzeit gingen sie dazu über, Steinsalz mit Wasser auszulösen. Das Salzwasser – Sole genannt – konzentrierte man in der Saline in sogenannten Gradierwerken. Das sind grosse Gestelle mit Reisigbündeln, über welche die Sole fliesst. Das Konzentrat enthielt 21 Prozent Salz, es wurde in Pfannen verdampft. Dazu benötigte man für eine Tonne Salz 11 Tonnen Holz. Im 20. Jahrhundert entwickelte die Salzindustrie energiesparendere Prozesse; die Standorte der Salinen waren nicht mehr an grosse Waldgebiete gebunden. Während das Monopol für den Salzhandel in allen europäischen Staaten aufgehoben wurde, blieb die Schweiz eine Ausnahme. Das aus Notzeiten stammende Salzregal dient nicht nur der Grundversorgung, es bringt auch Steuereinnahmen. Seit 1973 sichert es in moderner Form die Existenz der Schweizer Salzindustrie. Nach wie vor beliefern die Waadtländer Minen den Kanton Waadt, während die Rheinsalinen die übrigen 25 Kantone versorgen. Diese sind mit dem Fürstentum Liechtenstein zusammen zu 90 Prozent Eigentümer der Schweizer Rheinsalinen AG.

Die Salinen von Bex

Die Minen und Salinen von Bex weisen in der Schweiz die längste Bergbau- und Fördertradition auf. Nachdem die Berner 1475 die Region von Aigle erobert hatten, erteilten sie in Kenntnis der Salzvorkommen der lokalen Bevölkerung Quellnutzungs- und Siederechte für die Salzgewinnung. Im 17. und 18. Jahrhundert entstanden die sechs Salinen von Bevieux, Devens, du Rhône, Panex, Aigle und Roches. Die Verdampfungsanlagen gehörten zu den ersten Industrieanlagen der Schweiz überhaupt. Im Berg betrug die monatliche Vortriebsleistung der Knappen anfänglich 4 Meter für einen Stollen von 1,60 Metern Höhe und 60 Zentimetern Breite. Später kamen das Feuersetzen und schliesslich Schwarzpulver und Dynamit zu Hilfe. So entstand über vier

16 Eines der grossen, im 18. Jahrhundert angelegten Sole-Reservoire der Waadtländer Salinen dient heute als zentrale Besucherhalle. **Panex, Foto H. B. 1980**

Jahrhunderte ein Labyrinth von 40 Kilometern Gängen, Treppen und Schächten. Vorerst wurde das natürlich gelöste Salz durch Leitungen aus Lärchenholz zu den Salinen geführt und dort in Heizpfannen verdunstet. Wegen des Rückgangs des Salzgehaltes mussten Kavernen geschaffen werden, in denen sich die Sole sammeln konnte. Nun erforderten die Absenkungen im Berg eine künstliche Wasserhaltung, wie sie aus dem deutschen Bergbau bekannt war. Der Investitionsaufwand stieg, und die Schwierigkeiten zur Beschaffung der grossen Holzmengen wuchsen. So verstaatlichte Bern 1684 die Waadtländer Salinen, um die Salzversorgung zu gewährleisten. Das sicherte einen für die Schweiz einzigartig erfolgreichen Bergbau. Denn Bergbau ist immer auf langfristige Investitionen angewiesen. Vorangetrieben wurde nun ein Schacht von 250 Metern Tiefe, eine Treppe mit 734 Stufen und ein Wasserheberad von 10,8 Metern Durchmesser. Trotz einer ersten Zusammenlegung der Verdampfungsstätten in nur mehr zwei Orten beschloss der von Bern unabhängig gewordene Kanton Waadt 1865 die Stilllegung seiner Salinen: Das importierte Salz war billiger. Doch führten Pressionen und unregelmässige Salzimporte schon im darauffolgenden Jahr zu Versorgungsschwierigkeiten.

1867 nahmen Bürger von Bex die Salzproduktion wieder auf. Die Saline Bevieux lieferte nun auch Salz an die chemische Fabrik von Monthey, die zu einem der drei grössten Walliser Betriebe heranwuchs. Die Rentabilität stieg, und der Kanton erhöhte seinen Aktienanteil auf über 50 Prozent. Im Ersten Weltkrieg trieb die Saline Probebohrungen voran. Aber erst 1960 sollte das natürliche Salzlaugen durch das Einspritzen von Frischwasser beschleunigt werden. Seit der Modernisierung der Saline Bevieux können jährlich bis zu 50 000 Tonnen Salz gewonnen werden.[35] 1980 eröffnete die Saline das erste Besucherbergwerk der Schweiz. Man fährt mit der Stollenbahn 1,6 Kilometer in den Berg hinein und erlebt auf einem Rundgang in mehreren Kavernen die Geschichte des Salzbergbaus von Bex mit all seinen Einrichtungen und originalen Werkzeugen. Die jährlich 65 000 Besucherinnen und Besucher ergänzen den Produktionsbetrieb optimal und verbessern seine Rentabilität.[36] Heute beschäftigt das Unternehmen in der Produktion 31, in der Administration 9 und für die Führungen 16 Personen.

Mines de Sel des Alpes, 1880 Bex, www.mines.ch, geöffnet auf Anmeldung

17 Bis in die 1990er-Jahre fuhr das meterspurige Salz-Tram mit Arbeitern, Baumaterial und Salzprodukten von der Saline Bevieux zum SBB-Bahnhof Bex. **Bevieux, Foto H. B. 1979**

Rheinsalinen: Konkurrenz bis zum letzten Salzkorn

Neben den Salinen im Waadtland entstanden fünf weitere am Rhein. Die Entdeckung der reichen Salzlager der Rheinebene geht auf den deutschen Salinenmeister Carl Christian Friedrich Glenck (1779–1845) zurück. Glenck schloss aufgrund der um 1820 bekannten geologischen Oberflächenuntersuchungen auf das Vorhandensein mächtiger Salzlager im Mittelland. Als Bohrspezialist liess er sich von Salzagenten während 15 Jahren Bohrungen bis auf 225 Meter Tiefe finanzieren. Seine Hartnäckigkeit wurde selbst von Goethe unterstützt, der ihm 2000 Taler für die Fortführung der Bohrungen lieh. Politische Wirren kamen Glenck zu Hilfe: 1832 spaltete sich der Kanton Basel-Landschaft nach einem kurzen Bürgerkrieg vom Stadtstaat Basel ab und unterstützte den umtriebigen Meister. 1836 zeigte Glencks Hartnäckigkeit Erfolg. Er bohrte 150 Meter unter der Rheinebene ein mächtiges Steinsalzlager an. Zusammen mit seinem Salzagenten Gutzwiller schritt er tatkräftig zum Aufbau einer Saline. Aber der Grundstückbesitzer des Bohrloches, der mächtige Remigius Merian aus dem alten «Basler Daig», beanspruchte den Erfolg für sich. Da sich die Salzlager aber nicht an die oberirdischen Grundstücksgrenzen halten, baute Glenck seine Saline etwas weiter westlich. Dort steht heute die Villa der Saline Schweizerhalle.

Die Vermutung, die Salzlager könnten sich über grosse Gebiete unter der Rheinebene ausdehnen, rief bald Konkurrenten aus dem benachbarten Kanton Aargau auf den Plan. In Erwartung riesiger Gewinne durch das weisse Gold wurde 1843 die Rheinsaline Möhlin gegründet, 1845 diejenige von Rheinfelden CH, 1848 die Saline Riburg und noch

1914, dank erneuten Prospektionserfolgen, die Solvay-Fabrik Zurzach. Obschon die beteiligten Kantone die Abnahme des Salzes garantierten, wuchs eine erbitterte Konkurrenz einerseits unter den Rheinsalinen und andererseits mit den Salzlieferanten aus Frankreich. Mit den deutschen Nachbarländern bestand ein Stillhalteabkommen, zumal die Glencks dort in der Salzindustrie eine wichtige Stellung einnahmen. Nach dem Deutsch-Französischen Krieg fielen die Salinen des Elsasses in deutsche Hände. Das verbesserte die Situation für die Schweizer Salzproduzenten. 1878 kam es zu einer ersten Allianz der Rheinsalinen.

Die Konkurrenz zwischen den Rheinsalinen und den ausländischen Lieferanten führte zu Preissenkungen. Investitionen wurden vernachlässigt. In Schweizerhalle regierte nun die dritte Generation Glenck. Aber um 1900 waren die Arbeiter nicht mehr bereit, mit überholten Einrichtungen für schlechten Lohn gute Arbeit zu leisten. Es kam zu Streiks. Die Qualität des lebensnotwendigen Nahrungsmittels Salz schien nicht mehr gesichert. Das gab der Verstaatlichung Auftrieb: Die Landesversorgung musste gewährleistet sein. Gerade noch rechtzeitig vor dem Ersten Weltkrieg kam es ab 1909 zu einer Teilverstaatlichung. Ab 1912 veränderten grosse Investitionen das Gesicht der Vereinigten Schweizerischen Rheinsalinen VSR. Zur Verbesserung des

18 Über den 1914 abgeteuften Bohrlöchern der Sodafabrik Zurzach stehen die Pumptürme unter Denkmalschutz. **Zurzach, Foto H. B. 1978**

19 2005 vollendete die Holzbaufirma Häring das Logistik- und Lagerzentrum der Rheinsalinen mit einer 31 Meter hohen Holzkuppel. **Riburg, Foto H. B. 2005**

Absatzes gewannen die Behörden und Verwalter für die Umgebung der Salinen Salz verarbeitende Industrien und Solbäder, so in Muttenz und Rheinfelden. Schweizerhalle verdichtete sich mit dem Chemiewerk und der Säurefabrik zum eigentlichen Industriegebiet und erhielt einen eigenen Verschiebebahnhof. Zusätzlich bauten die nicht zu den VSR gehörenden Salzgewinnungsanlagen in Zurzach ab 1915 die Sodawerke auf.

Heute produziert die Vereinigte Schweizerische Rheinsalinen AG mit 150 Arbeitenden in Schweizerhalle und Riburg jährlich 500 000 Tonnen Streusalz und Kochsalz verschiedener Qualität.[37] Die traditionsreiche Industrie hat in Übereinstimmung mit den Denkmalpflegeämtern der Kantone Aargau und Basel-Landschaft ganze Gruppen von holzverschalten Salzbohr- und Fördertürmen für die Nachwelt gesichert, obwohl die Sole heute aus kleinen, in den Äckern versteckten Kavernenpumpwerken gefördert wird – die Bohrungen werden nur noch mobil mit Lkw-Bohrvorrichtungen gemacht. In der Gründungsstätte der Rheinsalinen, am Rheinufer in Schweizerhalle, ist in der Glenck-Villa von 1860 das feine Museum «Die Salzkammer» eingerichtet. Der Unternehmergarten dient mit Exponaten der Salzgewinnung als Salinepark. Von aussen sehenswert sind, neben den alten Salzbohrtürmen, auch die Hetzerbinder-Lagerhallen in Riburg und Schweizerhalle, ganz besonders aber der Salzdom in Riburg. Er entstand 2005 mit einer 31 Meter hohen Kuppel als Holzkonstruktion für die Lagerung von 100 000 Tonnen Salz.

Rheinsalinen Schweizerhalle, Villa Glenck, 4133 Pratteln, www.rheinsalinen.ch, geöffnet nach Vereinbarung

Gewinnung und Verarbeitung von Baurohstoffen

Mengenmässig und wirtschaftlich dominiert heute in der Schweiz der Abbau von mineralischen Rohstoffen, die für die Baubranche verarbeitet werden. Dank grossen Mengen der Materialien und geringer Wertschöpfung pro Kubikmeter geniessen vor allem Schüttgüter einen faktischen Schutz vor Importen über weite Distanzen. Darum lohnt sich der heimische Abbau weiterhin. Das gilt für die Ausbeutung von Kies, Sand, Gips und Kalk, aber auch für Zuschlagstoffe für die Landwirtschaft, die Metall- und die Papierindustrie. Bei Natursteinen und Ziegeln hingegen ist die Konkurrenz ebenso global wie bei den Kapitalanlagen in der schweizerischen Baustoffindustrie, was weiter unten noch dargestellt wird: Zürich verbaut Kopfstein-Pflastersteine aus China, und Holcim investiert in Vietnam.

In den folgenden Abschnitten werden zwischen die Gewinnung und Verarbeitung von Baumaterialien die historisch interessanten, aber heute eingestellten Aktivitäten im Schiefer- und im Asphaltbergbau eingeblendet. Anschliessend folgen die Gewinnung der Rohstoffe für den Beton und Hinweise auf schweizerische Pioniertaten in seiner Anwendung.

Ziegeleien und Keramikfabriken für die Verstädterung

Ziegel und Tonwaren gehören zu den ältesten Zeugnissen menschlicher Kultur. Von Hand geformte, an der Sonne getrocknete Lehmziegel finden in armen Ländern noch heute Verwendung als Baumaterial. Gebrannte Ziegel, also Backsteine, sind seit 6500 Jahren auf Kreta nachgewiesen. In der Schweiz erstellten die Römer erstmals Bauwerke vollständig aus Ziegeln. Auf diese Technik wurde wieder im Hochmittelalter zurückgegriffen, nachdem Brände die Holzhäuser ganzer Ortschaften vernichtet hatten. Rasch fanden der Abbau von Lehm und Ton und das Ziegelbrennen Verbreitung. Das feuergefährliche Gewerbe des Ziegelbrennens musste ausserhalb der Ortschaften stattfinden. Der Geschichte dieser Handziegeleien widmet sich die Stiftung Ziegelei-Museum Cham.[38]

Mitte des 19. Jahrhunderts erfasste die Industrialisierung auch die Ziegelherstellung. Dampfgetriebene Formpressen, Schneidemaschinen und neue, ökologischere Brennverfahren ersetzten die Handziegeleien. Die wichtigsten neuen Ofenprinzipien waren der Hoffmann'sche Ringofen und später der Tunnelofen. Am Anfang des 20. Jahrhunderts gab es in der Schweiz 350 Ziegeleien. Davon arbeiteten erst knapp 200 mit industriellen Verfahren. Zu jedem Betrieb gehörte mindestens eine Grube, die sich in der Nähe des Produktionsbetriebs befand. Feldbahnen und Lorenluftseilbahnen ermöglichten das Erschliessen der weiter abgelegenen Gruben. Von diesen Werkbahnnetzen hat bis Anfang des 21. Jahrhunderts nur dasjenige der Ziegelei Körbligen bei Gisikon im Kanton Luzern überlebt.[39] Die letzte Ringofenziegelei der Schweiz wurde im Jahr 2000 in Schlatt im Kanton Thurgau abgebrochen.[40] Die einst gesamtschweizerisch führenden Zürcher Ziegeleien wurden im Zuge der Verwandlung von Teilen des Industrieimperiums Schmidheiny in Finanzbeteiligungsgesellschaften unter Jacob Schmidheiny III an die österreichische Wienerberg-Gruppe veräussert.[41] Elf der heute noch produzierenden Ziegelei-

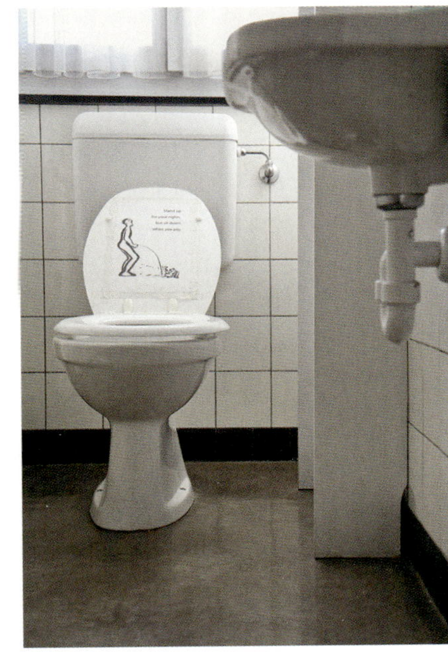

20 Die Gewinnung und Verarbeitung von Baurohstoffen ist heute das hauptsächliche Aktivitätsfeld der verbliebenen Primärindustrie: Zürcher Sichtbacksteinarchitektur am Mühlerama. **Zürich-Tiefenbrunnen, Foto H. B. 2009**

21 Die reichen Ton- und Mergelvorkommen im Fricktal liessen dort im 19. Jahrhundert grosse Tonwerke und Ziegeleien entstehen. In den Gruben ist eine seltene Dichte von Knochenversteinerungen von Sauriern entdeckt worden. **Tongruben Frick, Foto H. B. 1993**

22 Ab 1870 fanden die Water-Closets mit Siphons Verbreitung. Die schweizerische Keramikindustrie erreichte Weltgeltung. Heute wird im Ausland produziert, oder die noch verbliebenen Unternehmen befinden sich in globalem Kapitalbesitz. **Laufen-Keramik in Winterthur, Foto H. B. 2009**

unternehmen sind im Verband der Schweizer Ziegeleien VSZ zusammengeschlossen.

Parallel zur Ziegelei wuchs ab dem 16. Jahrhundert ein keramisches Gewerbe, das in der Regel geeignete Rohstoffe aus den Tongruben verwendete. Die Vorkommen waren gering, genügten aber über Generationen für die Herstellung der berühmten Fayencen und Ofenkacheln der Familie Pfau aus Winterthur, von Porzellan in der Manufaktur Schooren am Zürichsee, von Baukeramik in der grossen Steinzeugfabrik Embrach und von vielen weiteren keramischen Produkten in Nebenbetrieben der Ziegeleien. Von internationaler Bedeutung waren die Produktionsstandorte Langenthal, Laufen und am Zürichsee (Geberit) in den Bereichen der Herstellung von Porzellan-Isolatoren für die Stromübertragung und von WC- und Bäderkeramik. Inzwischen sind die meisten grösseren Betriebe der keramischen Industrie eingestellt. Die genannten, architektonisch wertvollen Fabrikanlagen Schooren und Embrach haben Neuüberbauungen weichen müssen. Und während die 1874 von Albert Gebert in Rapperswil gegründete Firma Geberit heute hauptsächlich im süddeutschen Pfullendorf produziert, gehört Laufen dem spanischen Roca-Konzern und die Porzellanfabrik Langenthal einem tschechischen Unternehmen, das sich in der Schweiz auf den Handel von Gütern ohne heimische Rohstoffe beschränkt.[42]

Ziegelei-Museum Meienberg, 6330 Cham, www.ziegelei-museum.ch, geöffnet auf Anfrage ab 8 Personen

Tagebauten für die Kies- und Sandgewinnung

Die Baukonjunktur seit dem Zweiten Weltkrieg hat die Rohstoffe Kies und Sand zur wichtigsten Gruppe von genutzten Gesteinen in der Schweiz gemacht. Als Grundlage der Beton- und der Tiefbaubranche bildet der Kies- und Sandabbau einen wichtigen selbstversorgenden Teil der Volkswirtschaft. Von diesen Rohstoffen werden pro Einwohner jährlich stattliche zwölf Tonnen verbaut – weltweit einer der höchsten Werte. Aus den einst vereinzelten, kleinen Gruben sind an ergiebigen Standorten grosse Tagebaugebiete geworden. So dominieren heute Grossbetriebe mit modernen Abbau- und Transportmethoden die Kieswirtschaft, die in den Hochkonjunkturzeiten um 1975, 1989 und 2000 mit 7000 Arbeitskräften einen Jahresumsatz von 1,2 Milliarden Franken machten. Abgebaut werden hauptsächlich eiszeitliche und nacheiszeitliche Moränen- und Schotterschichten im Mittelland. Dazu in der Zentralschweiz, im Wallis und im Bündnerland auch Fluss- und Seeablagerungen. Das Material gelangt zu über 90 Prozent auf Lastwagen zum Verbraucher, der Rest auf Lastkähnen und in Kieszügen.

23 Grösste Dimensionen erreicht der Tagebau in der Schweiz für die Kiesgewinnung entlang des Rheins und seiner Zuflüsse. Rafz, Foto H. B. 1983

Die grössten und eindrücklichsten Abbaugebiete befinden sich im östlichen Hochrheingebiet. Zwischen Eglisau und Weiach bestehen bis zu 42 Meter hohe Kies- und Sandablagerungen. Diese werden seit den 1920er-Jahren von verschiedenen Firmen abgebaut. Kantonal bewilligt sind Abbauflächen von gegen 5 Quadratkilometern, wobei zwischen Hüntwangen und Wil ZH aktiver Tagebau auf einer Fläche von höchstens einem halben Quadratkilometer gemacht werden darf. Die Firmen Toggenburger und Hastag benutzen modernste Abbau-, Förder-, Brech- und Sortieranlagen. Gemeinde- und Kantonspolitiker legen bei den Abraum- und Kiestransporten grossen Wert auf die Benutzung des Schienenwegs – ein 1000-Tonnen-Kieszug ersetzt 65 Lastwagenfahrten. Die abgebauten Gruben werden mit Bauschutt verfüllt und renaturiert. Obwohl genügend Kiesreserven vorhanden sind, müssen dem Abbau wegen der Grundwasserhaltung und der Landwirtschafts- und Siedlungszonen Grenzen gesetzt werden.[43]

Heute wirtschaftlich unbedeutend ist der Sandabbau für Giessereien, Glashütten und andere industrielle Betriebe. Als Kuriosum erwähnenswert ist das Quarzsandbergwerk bei Buchs im Kanton Zürich. Die 1891 gegründete, 2002 geschlossene Glashütte Bülach unterstützte für ihren Bedarf an verschiedenen Orten die Quarzsandgewinnung.[44] Neben mehreren privaten Tagebauten förderte auch der Bauer Johannes Spühler (1858–1933) bei Buchs hinter seinem Hof ab 1898 bergmännisch Quarzsand. Da er kein Bergbaufachmann war, trieb er auf einer Fläche von 350×400 Metern ein Labyrinth von Stollen vor, ohne die ganze Schicht abzubauen. Die ungenügende Rentabilität veranlasste Spühler 1910, mit 1.-April-Scherzen Schaulustige zu gewinnen, die im Bergwerk seine naive Skulpturenkunst bewunderten und sich danach in seiner Gaststube verpflegten. Das Restaurant zum Bergwerk wurde 1924 neu aufgebaut. Heute bietet die Wirtefamilie Wetzel im Skulpturenbergwerk Führungen an.[45]

Skulpturen-Quarzsandbergwerk, Restaurant Bergwerk, 8107 Buchs ZH, Tel. 044 844 17 50, geöffnet auf Anfrage

Steinbrüche – seit der Steinzeit

Die Geschichtsschreibung für den Homo sapiens beginnt mit der Epoche der Steinzeit. Mit grossem Geschick schlugen die Neolithiker Werkzeuge und Waffen aus den Silexknollen des Jurakalks und bauten sich am Neuenburgersee Kultstätten mit bis zu 5 Tonnen schweren Steinblöcken. In der gallorömischen Zeit fanden Natursteine als Baumaterial eine allgemeine Verbreitung. Vom Spätmittelalter bis zum ausgehenden 19. Jahrhundert waren Natursteine das wichtigste Baumaterial für öffentliche Bauten. Allerdings blieb der Abbau in den unzähligen Steinbrüchen bis zur industriellen Revolution von den lokalen Bauvorhaben abhängig – nur wenige Steinbrüche erreichten grosse Dimensionen und eine lange Lebensdauer. Für einen längerfristigen Abbau sorgten am ehesten die Brunnenbauer und die Müller mit ihrem Bedarf an Mühlsteinen.

Vom Aufkommen der Dampfschiffe, der Kunststrassen und der Eisenbahn profitierten jene Steinbrüche, die an diesen neuen Transportachsen lagen. Etliche entwickelten sich zu mittleren Betrieben mit über 100 Beschäftigten. Um 1900 zählte man in der Schweiz 700 Steinbrüche. Wie viele davon im Jahr 2000 noch aktiv waren, ist schwer zu ermitteln. Denn die Unternehmen, die Fest- und Brechgestein ausbeuten, sind in einer Vielzahl von Interessenvereinigungen zusammengeschlossen. Die Arbeitsgemeinschaft Pro Naturstein schätzt die Anzahl der direkt in der Natursteingewinnung tätigen Arbeitskräfte auf über 1000. Eine weit höhere Anzahl beschäftigt sich mit der Steinbearbeitung für Bauzwecke, Grabsteine, Kunstgegenstände, Strassenbeläge und gebrochenen Schotter. Die Gewinnung und die Verarbeitung von gebrochenem Gestein konzentriert sich für den Kalksteinschotter auf knapp 30 Stätten im Jura und für den Hartschotter aus Kiesel- und Quarzsandstein auf das Säntisgebiet, das Berner Oberland und die Region des unteren Rhonetals bis Bulle. Hartsteine für Bauzwecke werden hauptsächlich am Gotthard, im Tessin und im Unterwallis gewonnen. Stark abgenommen hat der einst bedeutende Abbau von Sandstein am Rorschacherberg, in der Region Bern, am Zürich- und am Vierwaldstättersee. Hier wird eine kleine Auswahl von Steinbrüchen vorgestellt. Dazu gehört insbesondere der historisch bedeutsame Schieferbergbau im Glarnerland.

Eine lange Geschichte weist der Abbau von Kalkstein an der Lägern auf. In den Kalkfelsen dieses Juraausläufers fanden Steinzeitmenschen bereits Silex. Im 19. Jahrhundert war es dann der Städtebau, der zu einem Aufschwung führte und 1873 zur Gründung der Lägernkalksteinbrüche AG, die bis zu 130 Arbeiter aus Italien und Österreich beschäftigte. Im Steinbruchgebiet wurden während des Zweiten Weltkrieges auch polnische Internierte eingesetzt, wie eine Steininschrift beweist. Die Firma sägt noch heute Platten und verarbeitet und verkauft ein vielfältiges Sortiment von Steinen.

Grosse Dimensionen erreichte der Abbau von Berner Sandstein. Seit dem Mittelalter wurde an vielen Stellen abgebaut, so auch bei Burgdorf und Oberdorf. Da ziehen sich entlang der Emme mächtige Sandsteinlager in Richtung Süden. Der bekannteste der Berner Sandsteinbrüche ist derjenige von Ostermundigen. Der Sandstein dieser Gegend ist feinkörnig, von grün-grauer Färbung. Für den Abtransport der Steinblöcke bestand 1870–1902 die erste gemischte Adhäsions- und Zahnradbahn von Riggenbach.[46] Berner Sandstein wurde für den Bau zahlreicher Altstadthäuser und auch für das Bundeshaus und das Winterthurer Stadthaus von Gottfried Semper verwendet. Sein Nachteil ist die relativ geringe Wetterfestigkeit.

Zwei grössere Steinbrüche für Schotter aus Muschelkalk befinden sich am Beatenberg und im Kandertal. Der Steinbruch Balmberg liegt am Ufer des Thunersees. Seit 1876 wird hier der sogenannte helvetische Kieselkalk abgebaut. Der Steinbruch ist ein Kesselbruch, das heisst, dass seine Form durch Grosslochsprengungen von oben nach unten in Stufen entsteht. Mit 1,25 Tonnen Sprengstoff können in einem Sprengvorgang rund 5000 Kubikmeter Fels gelöst werden. Die Grundfläche des Steinbruchs beträgt nur rund 100 × 300 Meter, die umgebenden Felswände sind bis zu 130 Meter hoch. Er ist durch einen Stollen mit den Aufbereitungsanlagen am See verbunden. Im Kandertal wird bis heute im Tagebau Kieselkalk abgebaut.[47] Die Entreprise Générale du Loetschberg benutzte nach 1906 Schotter aus den Steinbrüchen an beiden Kanderufern bei Mitholz. Die Dienstbahn wurde so angelegt, dass diese Vorkommen leicht genutzt und transportiert werden konnten. Für die Beschotterung der Lötschbergbahn wurde 1909 ein mechanisches Kieswerk aufgebaut. Heute umfasst die Aufbereitung von Schotter aus dem abgebauten Kieselkalk in der ersten Phase das Brechen des Gesteins. Hartschotter, Kies und Splitt müssen eine bestimmte Grösse aufweisen. Deshalb ist ein mehrmaliges Brechen und Sieben des Gesteins notwendig. Der Steinbruch Blausee-Mitholz AG (SHB) verkauft neben diesen Produkten eine grosse Palette von Natursteinen aus Alpenkalk. Dazu gehören Cheminée- und Brunnensteine, Natursteinblöcke und Bodenplatten, Fensterbänke, Gartentische und Grabsteine. Der SHB ist das letzte Privatunternehmen im Kandertal mit einem eigenen Bahngleisanschluss.

Ein historisch interessanter Steinbruch für Kopfsteinpflaster befindet sich am Guber beim Kistengrat zwischen 860 und 1020 Metern Höhe. Vor 1988 war es mit über 200 Beschäftigten der grösste Steinbruch nördlich der Alpen. Das Familienunternehmen Hösli & Toneatti erstellte bereits 1904 eine Seilbahn zur 500 Meter tiefer gelegenen Station der Brünigbahn. Am Rand der Steinbrüche klopften die Steinrichter in ihren einfachen Hüttchen Steine für Strassenbeläge. Das Unternehmen baute Verwaltungs- und Magazingebäude, Arbeiterwohnhäuser, Werkstätten und eine eigene Stromversorgung. Eine überregionale Rarität war die 1925 erneuerte Transportanlage mit einem weit verzweigten Gruben-

24 Das Steinbruchgewerbe erleidet durch den Import von Material aus Ländern, wo für wenige Franken am Tag gearbeitet werden muss, eine ruinöse Konkurrenz. **Bignasco, Foto H. B. 1975**

25 Der Schieferabbau im Kanton Glarus hat riesige Hohlräume geschaffen – und die grösste durch unsachgemässen Bergbau verursachte Katastrophe. **Landesplattenberg Engi, Foto H. B. 1992**

bahnnetz von 400 Millimetern Spurweite, einer schiefen Ebene und einer 3,7 Kilometer langen Luftseilbahn, die die Loren der Grubenbahn zu Tal beförderte. In Alpnach fand sich eine Brech- und Waschanlage, und die fertigen Steine fanden in Normalspurwagen auf Rollschemeln der Brünigbahn ihren Weg zu den Strassenbaumeistern.[48] Seit 1988 werden die Transporte mit Lastwagen durchgeführt. Die Guber Naturstein AG beschäftigt 40 Mitarbeitende.

Schiefer aus dem Glarner Hinterland ist ein Thema, dem besonders viele Schriften gewidmet sind. Anlass dazu bildete die grösste Katastrophe im Schweizer Bergbau. Der unsachgemässe Kavernenabbau oberhalb von Elm führte 1881 zu einem Bergsturz, der mit 10 Millionen Kubikmetern Gestein grosse Teile des Dorfes zerstörte und 115 Menschen begrub.[49]

Schwarzer Dachschiefer wird seit dem 16. Jahrhundert gewonnen. 1862 waren hier 150 Bergarbeiter beschäftigt. Glarner Dach-, Boden- und Schreibplatten wurden in alle Welt exportiert. 1832 verstaatlichte der Kanton den Landesplattenberg; 1921 wurde er wieder privatisiert. 1961 erfolgte die Stilllegung des letzten Glarner Schieferbergwerks. Die Schweizerische Gesellschaft für historische Bergbauforschung gab 1992 den Anstoss zur musealen Sicherung des Landesplattenbergs.[50] Mit der Zürcher Schule für Gestaltung wurden daraufhin Projekte ausgearbeitet. Klanginszenierungen in den grossen Kavernen brachten in den besten Jahren bis 8000 Interessierte in den Berg hinein.[51]

Landesplattenberg, 8765 Engi-Hinterdorf,
www.plattenberg.ch

Saurol vom Saurierberg und Asphalt aus dem Jura

Eine eigenartige Stellung in der schweizerischen Rohstoffindustrie hatten die Bitumenwerke im Jura und im Tessin. Während des Zweiten Weltkrieges wurde versucht, aus dem bitumenhaltigen Gestein am Monte San Giorgio Treibstoff zu gewinnen. Zuvor, und noch bis in die 1950er-Jahre, erzeugte eine Destillationsfabrik aus den 220 Millionen Jahre alten Meeresablagerungen Saurol. Es war bekannt, dass die bituminösen Schichten am San Giorgio teilweise aus dichten Gruppen von versteinerten Sauriern bestanden. Die abbauwürdigen Gesteine wurden auf 2 Millionen Tonnen geschätzt, und 2 Kilometer Stollen führten durch diese Schichten. Das «Saurier-Öl» galt als hervorragendes Mittel gegen Hautkrankheiten. Die Saurolo-Fabrik schätzte, 160 Tonnen dieses Gesundheitsöls herstellen zu können. 1960 wurde der Betrieb geschlossen.

Die sensationellen Funde von einigen der frühesten Fossilien verschiedener Land- und Wassertiere und die natürlich intakte Tessiner Bergkuppe führten dazu, dass die Stollen verschlossen und der Monte San Giorgio zum Weltnaturerbe erkoren wurden.

26 Zu den eigenartigen Abbaustätten gehört die Asphaltmine im Val-de-Travers. Sie wurde als Letzte in der Schweiz mit Pferden betrieben. Heute zeigt dort eine Dieselwalze des Besucherbergwerks den Verwendungszweck des gewonnenen Rohstoffes. **Travers, Foto H. B. 2002**

27 Im heutigen Weltnaturerbe-Gebiet des Monte San Giorgio wurden ölhaltige Schichten abgebaut und fabrikmässig zum kosmetischen Saurier-Öl Saurolo verarbeitet. **Saurolo-Fläschchen, ab 1907, Sammlung SIK**

Von längerfristiger wirtschaftlicher Bedeutung war die Bitumengewinnung im Val-de-Travers. In der Aufbereitungsanlage La Presta wurde das bitumenhaltige Gestein bis 1986 zu Asphaltblöcken verarbeitet. Diese dienten hauptsächlich dem Strassenbau nach dem 1872 von Mac Adam eingeführten neuen Belagsprinzip des Teerens. Aber auch dem Abdichten von Dächern und Fugen. Die Minengesellschaft setzte als Letzte in der Schweiz bis 1973 unter Tage Pferde ein. Während der 260 Jahre des Abbaus entstand auf Sohlen bis minus 70 Meter unter dem Mundloch ein Stollensystem von 83 Kilometern Länge. Eingesetzt waren maximal 160 Mineure. Nach der Stilllegung flutete man die untersten Sohlen und erschloss zwei gut zugängliche Sohlen für Touristen. Die mit Inszenierungen ausgestattete Mine d'Asphalte Val-de-Travers gehört seither zu den erfolgreichsten Besucherbergwerken der Schweiz.

Mine d'asphalte, La Presta, 2105 Travers, www.gout-region.ch/mines.php, geöffnet Mai bis Oktober

Einheimischer Gips für Stuck, Putz und gebrochene Glieder

Gips ist das Rohmaterial für Stuck, Putz und Platten, über Jahrhunderte diente er dem Einschienen von gebrochenen und verzerrten Gliedern. Gips ist auch eine Komponente für die Dünger-, Keramik-, Ziegel- und Zementherstellung. Gips ist ein Material, das durch Brennen, Kochen und Mahlen die Eigenschaft gewinnt, in der Mischung mit Wasser schnell zu einer beständigen Form zu erstarren. Das machte diesen Rohstoff im 19. Jahrhundert immer begehrter. Der Ersatz des Naturdüngers durch Kunstdünger, Exporterschwernisse und moderne Abbaumethoden führten zu einer Krise im Gipsgewerbe. Am Anfang des 20. Jahrhunderts waren nur noch 25 Gipsunternehmen aktiv. 18 davon taten sich 1903 in der Firma Gips-Union zusammen. 2003 meldete die Gipsunion-Fixit AG noch fünf aktive Standorte.

Das älteste ununterbrochen produzierende Gipswerk gehört historisch zum Industriequartier am Rozberg über dem Vierwaldstättersee. Gemäss einem Nidwaldner Ratsprotokoll von 1617 war die Ausfuhr des seltenen Rohstoffes verboten: Gips sollte für die eigenen Kirchenstuckdecken verwendet werden. Im 19. Jahrhundert verbesserte ein Verbund von Gipsfabrik, Kalkwerk und lokaler Papierfabrik die Wasserkraftnutzung zwischen der Löchlimühle und dem Seeufer mit genieteten Rohrleitungen und Turbinen. Ab 1931 wurden die nahe gelegenen Gipssteinbrüche Rübenen zugunsten der Erschliessung der grossen Lager im Melbach an der Südflanke des Stanserhorns aufgegeben. Seither bringt eine 2,5 Kilometer lange Pendelseilbahn das Rohmaterial ins Tal, wo es mit Lastwagen nochmals 3 Kilometer weit in die Fabrik gefahren wird. Die Gipsfabrik Ennetmoos beschäftigt 150 Arbeiter, davon sind 40 im Abbau und in der Renaturierung der Terrasse um Terrasse abgesprengten Sedimente auf 1000 Metern Höhe tätig.

28 Der Gipsgewinnung gewidmet ist das Bergbaumuseum in Schleitheim. Dort sind an Dutzenden von Stellen kleine Bergwerke entstanden. **Schleitheim, Foto H. B. 2009**

Auch am Thunersee hat die Gipsindustrie eine lange Tradition. Bereits im 18. Jahrhundert wurde am Südufer des Sees Gips abgebaut. Der Gips-Anhydritbruch Leissigen oberhalb der Seestrasse besteht seit 1930. Auch hier wird heute aus Gründen des Umweltschutzes im terrassenweisen Tagebau gearbeitet. Das gebrochene Rohmaterial gelangt über Zwischensilos entweder in das Gipswerk am See oder zum Bahnverlad. Im Gipswerk wird ein Einbrand-Gips hergestellt, welcher als Rohstoff zur Herstellung der Rigips-Platten dient. Die Rigips AG hat 1998 die Nachfolge der Gipsunion des Schmidheiny-Imperiums angetreten. Sie gehört heute der weltweit tätigen Compagnie de Saint-Gobain.

Von den stillgelegten Gipsgruben sind vor allem diejenigen von Felsenau und Schleitheim erwähnenswert. Im aargauischen Felsenau bei Brugg eröffnete die Gipsunion kurz nach ihrer Gründung mit modernsten Methoden einen Gipsbergbau, der die mächtigen Gipslagen unter dem bisherigen Tagebau erschloss. Auf fünf Sohlen entstand ein Stollensystem von 24 Kilometern Länge. Abgebaut wurde in Kammern, wobei jede Sprengung 100 Tonnen Gipsgestein löste. Nach 90 Jahren Tätigkeit stellte die Gipsunion 1989 den Abbau ein. Für einige Jahre noch dienten die Stollen einer Champignonzucht und als Deponie, bis sie 1997 im Rahmen einer Umweltverträglichkeitsprüfung vor der Fusion mit der Compagnie de Saint-Gobain verschlossen wurden.

Der Gipsindustrie ist in Schleitheim ein kleines, liebevoll aufgebautes Museum gewidmet. Es befindet sich im alten Gewerbequartier nahe der deutschen Grenze bei der Wutach. Das Gipsgewerbe dieser Region erlebte um 1860 seinen Höhepunkt mit 400 Beschäftigten in 15 Gipsmühlen und noch mehr Gruben. Die geringen Vorkommen wurden an vielen Stellen abgebaut, mehrheitlich bergmännisch. Die Gipsunion AG erachtete den Schleitheimer Gipsbergbau als zu wenig rentabel. Er wurde mit Unterbrüchen nur in kleinem Rahmen in den Krisen- und Kriegszeiten bis 1944 weiterbetrieben. 1990 hat die Stiftung zur Förderung des Gipsmuseums und des Gipsbergwerks das Knappenhaus bei Oberwiesen übernommen und mehrere Hundert Meter Stollen zugänglich gemacht. Im Knappenhaus ist eine Ausstellung zur Geschichte und Geologie des Gipsbergbaus eingerichtet.[52]

Gipsbergwerk Oberwiesen, 8226 Schleitheim,
www.museum-schleitheim.ch, geöffnet jeweils am ersten Sonntag der Monate April bis Oktober

Pionierleistungen aus der Zement- und Kalkindustrie

Erste kleinindustrielle Zementwerke entstanden zwischen 1830 und 1870 in rohstoffnahen Lagen am Jurafuss. Sie produzierten im Unterschied zu den bisherigen Kalkbrennwerken sogenannten Romanzement, aus dem Zementbausteine und auch Betonröhren fabriziert wurden. Bei Aarau hatte Karl Herosé ein kleines Zementwerk gegründet, das schon 1840 imstande war, eine Stampfbetonbrücke von 7,2 Metern Länge mit einem Bogen von 3 Metern zu bauen. Eine verbesserte Zusammensetzung des Zements ermöglichte es, Kunststeine herzustellen, deren Lebensdauer und Bruchfestigkeit an die Qualität der natürlichen Kieselkalksteine von Portland heranreichten.

Dieser Zement wurde Portland-Zement genannt. Er bestach durch grössere Dichte und Festigkeit und ein langsameres Abbinden mit geringerer Feuchtigkeitsanziehung. Nach wissenschaftlicher Bekanntgabe der neuen Mischung aus 60 Prozent Kalk, 23 Prozent Kieselsäure, 7,5 Prozent Tonerde, 3,5 Prozent Eisenoxyd und Zusätzen wie Gips kam es an guten Rohstoffstandorten zu rasch aufeinanderfolgenden Gründungen von Portland-Zementwerken. Entscheidend für die Standortwahl waren die Nähe zu den Steinbrüchen und den Holzvorräten und gute Antriebs- und Transportmöglichkeiten.[53]

Mit dem verbesserten Zementmaterial konnten Ende des 19. Jahrhunderts neue Konstruktionen gewagt werden. Die frühen experimentellen Bemühungen galten dem Brückenbau. Die vereinigten Zementfabrikanten boten 1882 an der ersten Landesausstellung unter Führung von Robert Vigier das Spektakel einer Brückenbelastung bis zum Bruch an. Die nicht armierte «Teufelsbrücke» wies einen Bogen von 6 Metern bei einer Scheiteldünne von 10 Zentimetern auf. Berechnet wurde eine Belastbarkeit von 23 Tonnen. Doch erst bei über 32 Tonnen brach das Werk vor dem staunenden Publikum zusammen. 1884 baute die Zementfabrik Aarau eine Brücke von 12 Metern Spannweite. Sie existiert ebenfalls nicht mehr.

Ludwig von Tetmajer, Sohn des Direktors einer Eisenhütte in Polen, wurde als Leiter der Eidgenössischen Materialprüfungsanstalt EMPA ein Förderer der Betonbauweise. Die EMPA genoss als Anstalt der Eidgenössischen Technischen Hochschule ETH bei Fachleuten und Politikern hohes Ansehen mit internationaler Ausstrahlung, auch noch nachdem Tetmajer 1901 dem Ruf nach Wien gefolgt war. Das Fundament für Lehre und Forschung in Zürich war gelegt. Die Lobby des aufstrebenden neuen Industriezweigs pries Betonbauwerke auch mittels Ästhetisierung des Béton brut an.

Am Anfang des 20. Jahrhunderts entstanden kühne Bauten in bisher nie da gewesenen Formen.

29 Oft sind die der Betonherstellung dienenden Werke selbst Skulpturen, die der Gestaltungsabsicht für kubische Sichtbetonkörper entsprechen. **Brunnen, Foto H. B. 2008**

Robert Maillart entwickelte sich zum Genius für schlanke Berechnungen und kreative Nutzung der neuartigen Verbindung von Eisen und Beton. 1903 konstruierte er die Billwilerbrücke über die Thur, 1904 die Rheinbrücke bei Tavanasa, 1905 im Lokomotivdepot Sankt Gallen einen Wasserturm als monolithischen Betonguss mit Armierung. Im gleichen Jahr war im Appenzellerland über die Sitter bei Teufen die Gmündertobelbrücke mit 79 Metern Spannweite vollendet. Ein anderer Betonpionier war der Schweizer Ingenieur Eduard Züblin. Seine Firma gründete er mit Stammsitz in Strassburg und einer Lizenz für Betonelemente nach dem System Hennebique. Züblin war wie Maillart ein Meister im Minimieren von Dimensionen. Von ihm stammt der Bogen von 100 Metern aus dem Jahr 1912 für den Langwieser Viadukt der Chur-Arosa-Bahn. Züblin gehört heute zur international tätigen, deutschen Bauholding Strabag.

Eisen und Beton waren noch teure Baumaterialien, die man sparsam verwendete. Die Anwendung des neuen Materials beendete die Dualität von tragenden und lastenden Teilen. Besonders Robert Maillart integrierte die Fahrbahnen als Zugband in die lasttragenden Bögen. Er wurde auch im Hochbau tätig und kreierte mit seinem Wissen aus dem Brückenbau die Pilzdecke. Seine Entwürfe und Berechnungen waren international gefragt. Maillart war insbesondere auch in Russland tätig. Inzwischen ist sein unglaublich umfangreiches Werk in der Schweiz weitgehend inventarisiert. Verschiedene seiner Bauten sind denkmalgeschützt. Sie erfüllen nach sorgfältigen Sanierungen auch die Anforderungen für die immer schnelleren, grösseren und schwereren Fahrzeuge.

Die frühe Bindemittelindustrie

Die frühen Fabriken von Constant Peck (1836–1880) und Robert Vigier (1823–1886) in Péry-Reuchenette und Luterbach entstanden als einige der weltweit ersten Zementfabriken. Bereits 1653 wurde in Reuchenette für das Fürstbistum Basel bergmännisch Bohnerz abgebaut, ab 1874 bergmännisch auch Mergel. Damals erzeugte Peck in der Juraklus Mörtel und Zement, während Vigier in Luterbach die erste schweizerische Portland-Zementfabrik erstellte und nach Reuchenette expandierte, wo er 1891 sein Hauptwerk in Betrieb nahm. 1902 kaufte er dort auch das teilweise illegal erstellte Betonwerk der Nachfahren von Peck. Die reichen Vorkommen an Kalk, Mergel und Ton werden seit 1953 forciert im Tagebau genutzt, und zwar beidseits der Klus an den steilen, bis 300 Meter hohen Wänden durch Sprengen. Das standhafte Gestein ermöglicht den Abbau auf wenigen Sohlen, die durch Fahrstrassen, einen Lkw-Tunnel und Förderbänder erschlossen sind. Zum Rangierbahnhof für die Rohstoff-Kesselwagen und die Zementsilowagen führen zwei Bahnbrücken über die Schüss. Anfänglich diente Holzkohle als Brennmaterial, später Steinkohle, Alt- und Schweröl, Pneus, Tiermehl. Die Rohmaterialien werden in bis zu 60 Meter hohen Silotürmen und in Lagerhallen gesammelt, anschliessend gemahlen, homogenisiert und in 60 Meter langen Drehöfen bei 1450 °C zu Zementklinker gebrannt, gemahlen und siliert.[54]

Während es vor dem Betonzeitalter im Lande Hunderte von Kalkbrennöfen gab, überlebten bis zum Ende der Bauhochkonjunktur nach dem Zweiten Weltkrieg 30 grosse Zement-, Klinker- und Kalkfabriken. Zementfabriken produzieren Portland-Zement und Klinker, der Produktionsprozess der

Kalkfabriken war auf die Herstellung von Mauersteinzement oder Mörtel und ungelöschten Weisskalk ausgerichtet. Der Verbrauch dieser Produkte erreichte in der Schweiz sein Allzeithoch im Jahr 1972. Die darauf folgende allgemeine Krise wirkte sich im Bauwesen besonders stark aus. Die Nachfrage nach Baurohstoff brach um einen Drittel ein. Trotz einem Zwischenhoch im Jahr 1989 fand bis 2008 ein extremer Konzentrationsprozess statt, der nur sechs Zementwerke und die Kalkfabrik Netstal übrig liess. Von den bedeutenden Kalkbergwerken Walenstadt und Saint-Ursanne sind grosse Abbaukavernen erhalten. Die 1862 eröffneten Kalksteinbrüche oberhalb der Seemühle bei Walenstadt belieferten über den See auch das Werk Unterterzen, welches vollständig abgebrochen ist. Oberhalb der Seemühle dienen die beeindruckenden Steinbrüche und die bis zu 200 Meter tiefen Kavernen seit 2001 punktuell als Steinschlag-Versuchsanlage. In Saint-Ursanne wurden 1907 bis 1993 bergmännisch pro Jahr bis zu 50 000 Tonnen Kalk abgebaut. Durch die Förderstollen konnten grösste Lastwagen fahren. Nach einer vorübergehenden Nutzung als Deponie musste der Zugang ganz verschlossen werden. Von weiteren stillgelegten Kalkbrüchen und grossen Zementwerken sind bei Roche, in Thayngen, Holderbank, Laufen, Liestal, Münchenstein, Würenlingen-Siggenthal, Olten-Hammer und Saint-Maurice nur die Landschaftswunden und Relikte der einst dominierenden Anlagen geblieben. Vorderhand nicht abgebrochen sind die stillgelegten Portland-Zementwerke Rekingen, Brunnen und Saceba bei Chiasso. Rekingen kam erst 1975 in Betrieb und wurde 1997 stillgelegt. Das Werk Brunnen verfügte bis 2008 über eigene Normalspur-, Feld- und Umlaufseilbahnen. Es nahm den Betrieb 1879 für die Herstellung von hydraulischem Kalk oder Mörtel für den Bau der Gotthardbahn auf und wurde 2008 als Zementwerk geschlossen. Das stillgelegte Zementwerk Saceba besitzt ein 4,5 Kilometer langes Abbaustollennetz, das zusammen mit den Resten der Fabrik im Rahmen des Geoparks touristisch attraktiv zugänglich gemacht werden kann. Der Einbruch in der schweizerischen Zementproduktion hängt einerseits mit der nachlassenden Baukonjunktur zusammen, andererseits mit der zunehmenden Verwendung von anderen Baumaterialien und auch mit der sich verschärfenden internationalen Konkurrenz.

Auf- und Ausstieg der Familie Schmidheiny aus dem Baurohstoffgeschäft

In der Schweiz gibt es 2010 noch sechs grosse Zementfabriken, die den Rohstoff für Staumauern,

30 Der Abbau von mächtigen Gips- und Kalkschichten hat in manchen Bergwerken grosse Kavernen entstehen lassen. Diese sind heute – wie diejenigen in Saint-Ursanne – verschlossen. **Saint-Ursanne, Foto H. B. 1999**

31 Das heute abgebrochene Kalkwerk Unterterzen war mittels Ledischiffen über den Walensee hinweg mit dem Kavernenabbau bei Walenstadt verbunden. Die Kavernenöffnungen links im Bildrand haben Höhen von bis zu 25 Metern. **Unterterzen, Foto H. B. 1992**

32 Im Valle Muggio befindet sich die dichteste Einheit von historischen und modernen Kalkverarbeitungsstätten. Neben frühen Wasserradantrieben sind ein Stollensystem, Tagebauterrassen und das stillgelegte, 1963 erbaute Zementwerk Saceba erhalten. **Morbio Inferiore, Foto H. B. 1992**

Autobahnplatten, Hochbauten und Brücken liefern. Drei davon betreibt der Konzern Holcim, drei andere die Konzerne CRH und Vicat: Das traditionsreiche Jura-Zementwerk Wildegg gehört zum irischen CRH-Konzern, der in 34 Ländern 92 000 Mitarbeiter beschäftigt, das Pionierwerk Vigier dem französischen Vicat-Konzern. Diese grossen Zementunternehmen und 350 mittlere und kleinere Anbieter von Beton betreiben über 1000 Kiesgruben und 475 Betonwerke. Sie erzeugen mit 3500 Beschäftigten jährlich 36,58 Millionen Tonnen Beton und einen Umsatz von 1675 Millionen Franken.[55]

Holcim und weitere Baumaterialbetriebe wurden vom Familienunternehmen Schmidheiny aufgebaut. Ihrer Industriepolitik haben sie den Aufstieg zu einer der reichsten und politisch einflussreichsten Familien des Landes zu verdanken. Vier Generationen dieser Familie prägten ab den 1930er-Jahren die Wirtschaft des Landes so grundlegend, dass wir bei der Abhandlung einiger der grössten Konzerne immer wieder auf den Namen Schmidheiny stossen werden: Escher Wyss, Landis & Gyr, Wild-Leica, Swatch, BBC/ABB, bei der Swissair und den SBB – als Verwaltungsräte – und in diesem Rohstoff-Kapitel bei den Zürcher Ziegeleien, bei Holcim und – Eternit. Zur Zeit des Eternit-Skandals war der Konzern bereits aufgeteilt. Der 1943 geborene Jacob Schmidheiny III betreute das erwähnte Gründergeschäft der Ziegeleien, der 1945 geborene Thomas Schmidheiny das Zementgeschäft und sein 1947 geborener Bruder Stephan das Eternitgeschäft und die grossen Industriebeteiligungen. Das ewig haltbare Baumaterial Eternit ist ein Faserzementstoff, der Asbest enthält. Entwickelt um 1900, gelangten 1962 in Schweden medizinische Untersuchungen in die Presse, welche die tödliche Wirkung der Arbeit mit diesem Material belegten. Asbest – so heisst die Stadt im Ural, in der das Material bis heute abgebaut wird – kann beim Einatmen schon geringer Mengen nach 20 bis 30 Jahren zur tödlich verlaufenden Krebserkrankung führen.[56] 1975 beschäftigte Eternit im glarnerischen Mutterwerk in Niederurnen 1300 Arbeiter und ein Mehrfaches in anderen Ländern. Max Schmidheiny, der Vater von Thomas und Stephan, verketzerte die Warner als fernostgesteuerte Hetzer. Das Eternitgeschäft übergab er an Stephan. In die Schusslinie der öffentlichen Auseinandersetzung geraten, trennte sich dieser 1982 von der Eternit-Gruppe. Die Vergangenheit holte ihn 20 Jahre später ein, als nachgewiesen werden konnte, dass mindestens 12 italienische Gastarbeiter aus Niederurnen an Asbesterkrankungen starben.[57] Zusammen mit an-

33 Von den sechs landesweit verbliebenen Zementwerken ist die Hälfte im Eigentum französischer und irischer Konzerne, und die Holderbank-Cement weist eine starke russische Beteiligung auf. **Jura-Cement-Werk Wildegg, Foto H. B. 2009**

deren Asbestklagen, auf die wir im Zusammenhang mit amerikanischen Entschädigungsforderungen an die ABB zurückkommen, baute sich ein gefährliches Gewitter auch über Stephan Schmidheiny auf. In der Schweiz wurde Asbest erst 1990 verboten, und bei Abbrucharbeiten wird die Freisetzung der tödlichen Partikel noch heute aus Spargründen nicht immer unter Kontrolle gehalten.[58] Gegen Stephan Schmidheiny als obersten Verantwortlichen der Produktion bis 1982 wird 2010 in Italien ein Prozess geführt. Der damalige Industrielle und Herr über 50 000 Arbeitsplätze möchte heute von dieser Geschichte am liebsten nichts mehr wissen. Er hat sich vom kämpferischen Liberalisierer und vierfachen Milliardär zum Philanthropen mit Wohnsitz in Lateinamerika gewandelt. Seine industriellen Positionen in der Schweiz hat er aufgegeben und sein Vermögen in die Anova-Stiftung eingebracht, die ökologische Projekte unterstützt.[59]

Aus der vierten Generation Schmidheiny wandte sich auch Thomas Schmidheiny vom Industrie- und Baumaterialgeschäft ab. Holcim bleibt zwar ein weltweit tätiger Zementkonzern mit über 92 000 Beschäftigten.[60] Aber der langjährige Leiter liess sich mit seinem fünffachen Milliardenvermögen mit 57 Jahren pensionieren, indem er sich von der Holcim-Spitze zurückzog. Mit seiner 20-Prozent-Beteiligung führte er noch einen Abwehrkampf gegen den ebenfalls am Konzern beteiligten russischen Finanzinvestor Filaret Galtschew. Lieber als mit solchen Kämpfen beschäftigt sich Thomas Schmidheiny mit seinen Weingütern in Argentinien und seiner Hodler-Gemäldesammlung.[61]

Jura-Cement-Fabriken, 5103 Wildegg, www.juracement.ch, auf Anmeldung

Holcim, 7204 Untervaz, www.holcim.ch, auf Anmeldung

Eine positive Entwicklung: Baumaterial und Sekundärrohstoffe durch Recycling

Das Bewusstsein über die zunehmende Belastung der Umwelt durch Abfälle hat ein politisches Umdenken eingeleitet. Es wird von Umwelt- und Fachverbänden getragen. Im eidgenössischen Umweltschutzgesetz von 1983 werden Abfälle als bewegliche Sachen definiert, «deren sich der Besitzer entledigen will oder deren Verwertung, Unschädlichmachung und Beseitigung im öffentlichen Interesse geboten ist». Detaillierte Entsorgungsvorschriften haben zu neuen Tätigkeitsfeldern für die Aufbereitung von Abfällen und von Aus- und Abbruchmaterial geführt. Entscheidend ist dabei die disziplinierte Trennung und Sortierung der verschiedenen Abfallsorten.

Die grösste Menge von wiederverwertbaren Abfallstoffen entsteht zurzeit durch den Bau der neuen Alptransittunnel. Der Tunnelausbruch wird gezielt deponiert oder als Baumaterial wiederverwertet. Etwa halb so viel verwertbare Abfallstoffe, rund 2 Millionen Tonnen pro Jahr, entstehen in den Kieswaschanlagen. Es folgen die Sparten Betonmauerabbrüche, Asphalt- und Strassenaufbruch und die Wiederverwendung von Altschotter, der bei Gleisbauarbeiten anfällt. Von Bedeutung ist auch die Wiederverwendung von Schlacke aus den Kehricht-

34 Viel Material wird durch Recycling zurückgewonnen. Zu den vier KMU mit Shreddern gehört die Firma Thommen. Sie verwertet alles, vom Computer über den Kühlschrank und das Auto bis zum Panzer und zur Lokomotive. **Kaiseraugst, Foto H. B. 2003**

verbrennungsanlagen und schliesslich das in der Schweiz gut funktionierende Altglas-Recycling. Die Verwertung von Altmetall geschieht zu einem wesentlichen Teil in der Schweiz, allerdings wird seit der Stilllegung eines grossen Teils der Stahlwerke nur noch ein kleiner Teil des Schrottes im Land selbst verarbeitet. Dabei entsteht etwa dieselbe Menge an verwertbarer Schlacke wie in den Kehrichtverbrennungsanlagen, rund 75 000 Tonnen im Jahr. Die Schlacke aus diesen Prozessen enthält allerdings Schwermetalle und kann als Strassenbaumaterial nur beschränkt eingesetzt werden, da ein Auswaschen in das Grundwasser vermieden werden muss.[62]

Die Schweiz – eine Steueroase für Rohstoffhändler

Unter den Tausenden von Briefkasten-Holdings, die zwischen dem Zürichsee und dem Pilatus domiziliert sind, befinden sich Anschriften wie Marc Rich Investment, Glencore, Trafigura oder Xstrata. Marc Rich war ein Pionier der globalen Spekulation mit Rohstoffen. Der Patriarch mit Wohnsitz in Meggen und Büros in Zug wurde zum anderthalbfachen Milliardär, indem er globale Preissteigerungen wegen Mangelsituationen und Katastrophen vorwegnahm. Der amerikanische Präsident Bill Clinton rettete an seinem letzten Amtstag Marc Richs Reich nach Bekanntwerden massiver Steuerbetrügereien durch

35 Mit Werken in Balerna und Marin gehört die Metalor SA weltweit zu den bedeutendsten Raffinerien für die Herstellung von Feingold. **Marin, Foto H. B. 1996**
36 Das Gold für den physischen Goldumschlagplatz Schweiz kommt mehrheitlich aus Entwicklungsländern. Die Freegold-Minen bei Johannesburg förderten längere Zeit weltweit am meisten Gold aus einem Abbaugebiet. **Welkom-North, Foto H. B. 1991**

37 Die globalisierte Gesellschaft baut am Turm zu Babel: Die in Baar bei Zug domizilierte Rohstoffhändlergruppe Glencore ist mit 6000 Chinesen in Island am Bau des grössten europäischen Wasserkraftwerks für die Century Aluminiumhütte beteiligt. **Karanjukar, Foto H. B. 2006**

eine Amnestie. Bereits 1974 hatte Marc Rich Glencore gegründet. Die Finanzgruppe kaufte systematisch Bergwerke und Aufbereitungsanlagen in fast allen Rohstoffbereichen. Die Gruppe beschäftigte im Jahr 2008 im Finanz- und Werbesektor 2000 Leute und in 19 Rohstoffgewinnungsanlagen 60 000 Werktätige. Sie handelt mit jeder Art Rohstoff und ist über Rohstoffderivate ein mächtiger Finanzspieler der Weltmärkte. Glencore ist, am Umsatz gemessen, das mit Abstand grösste Schweizer Unternehmen. Am Hauptsitz in Baar verkehren auch Vertreter des russischen Milliardärs Oleg Deripaska, der an den russischen Bergbaukonzernen Rusal und Norils Nikel beteiligt ist. 2008 erhielt Glencore den Public Eye Swiss Award. Dieser Negativpreis galt der skrupellosen, paramilitärisch kontrollierten Ausbeutung einer Kohlengrubenbelegschaft in Kolumbien und der Glencore-Finanzierung der Gletscherwassernutzung für die neue Century Aluminiumhütte auf Island. Mit einer Beteiligung von über einem Drittel dominiert Glencore auch die ebenfalls im Steuerparadies Zug ansässige Xstrata. Diese Firma, die sich selbst als Schweizer Bergbauunternehmen bezeichnet, entstand 1999. Sie deklariert sich als nachhaltig tätige Unternehmung mit weltweit 50 000 Beschäftigten im Bergbau. Allerdings gelangten trotz intensiver Eigenwerbung Berichte über Arbeitsbedingungen mit tödlichem Krankheitsausgang in südafrikanischen Bergwerken in die Medien. 2009 bemühte sich Xstrata, den traditionsreichen, in Südafrika tätigen Konzern Anglo American mit seinen über 200 000 Beschäftigten für 50 Milliarden Euro zu übernehmen.[63]

Zwei Mitarbeiter von Glencore gründeten 1993 den Rohstoffhandelskonzern Trafigura mit Sitz in Luzern. Heute ist Trafigura der zweitgrösste Rohstoffhandelskonzern im Nichtmetallbereich. 1900 Büroangestellte organisieren den Rohstoffhandel, unter anderem auf 60 gecharterten Schiffen. Das undurchsichtige und verschwiegene Unternehmen zeitigte mit illegalen Rohstofftransporten, Giftmüllexporten nach Afrika und Explosionen von Deponiematerial an der Elfenbeinküste und in Norwegen mediale Wirkung. Der Schweiz bleibt nach 30 Jahren des Ausverkaufs ihrer Industrie im Rohstoffbereich noch eine paraindustrielle Basis: Bergbauunternehmen, die sich als schweizerisch bezeichnen, mischen auf dem Weltmarkt ausschlaggebend mit.

II NAHRUNGSMITTEL

Gehütete Lebens- und Genussmittel-industrie

Herstellung von Nahrungsmitteln, Getränken und Rauchwaren

1950 34 000 Beschäftigte = 7,2 %[1]

2010 65 000 Beschäftigte = 8,4 %

38 Versorgung der Schweiz wohin? **Kilometer 0 in Olten 1856, Zeichnung H. B. 2003**

Der Mensch ernährt sich nur noch zu einem kleinen Teil von Brot – entgegen der ersten materiellen Forderung im christlichen Grundgebet: Gib uns heute unser täglich Brot. Der Bedeutungsverlust des einstigen Grundnahrungsmittels spiegelt Verschiebungen innerhalb der Nahrungs- und Genussmittelproduktion in einer neuen globalen Organisation der Verteilung. Die Mechanisierung der Landwirtschaft und die Industrialisierung der Verarbeitung haben die ganze Nahrungsmittelkette auf den Kopf gestellt. Die Wertschöpfung für das Erzeugen der existenznotwendigen Lebensmittel ist stark gesunken. Auch die Privathaushalte geben dafür einen schwindenden Anteil ihres Budgets aus. Dieser ist aber gestiegen bei den Ausgaben für Fleisch, Convenience Food, Genussmitteln und Alkohol. Zu dieser für die Wertschöpfung vorteilhaften und für die Volksgesundheit nachteiligen Entwicklung gesellt sich die Verlagerung der Nahrungsmittelproduktion in ärmere Länder. Mit Schutzzöllen und Subventionierung der heimischen Landwirtschaft wird versucht, die Abhängigkeit zu mildern:[2] Der Wegfall von Importen würde in der Schweiz eine Unterversorgung von 40 Prozent auslösen.

Von der gelben zur grünen Schweiz

Bis zur industriellen Revolution bildete die landwirtschaftliche Produktion die Grundlage der Wirtschaft. Der teure Transport und die beschränkte Lagerfähigkeit der Güter schützten einheimisches Schaffen. Verbunden mit gewerblicher Hand- und Heimarbeit sicherte der Landwirtschaftssektor in guten Zeiten die Existenz der Bevölkerungsmehrheit.[3] 1798 bis 1848 erfolgte die Ablösung der feudalen Abgaben durch Kapitalschulden. Parallel dazu verdrängte die Industrie die Heimarbeit, die die Erhaltung vieler landwirtschaftlicher Betriebe ermöglichte. Missernten infolge eines weltweiten Ascheregens nach einem Vulkanausbruch in Indonesien führten 1817 zu einer grossen Hungerkatastrophe nicht nur in der Schweiz. Allein in den verarmten Gebieten der Ostschweiz starben gegen 5000 Men-

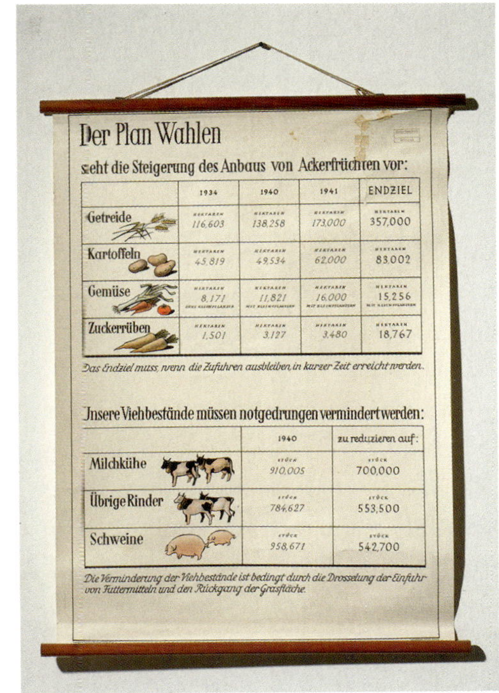

39 Essen und Macht – über das Schlemmen, Schlachten und Hungern. Die Ausstellung von Karin Renold und Franziska Rüttimann im Mühlerama thematisierte 2008 diesen Zusammenhang. **Zürich, Mühlerama 2008**

40 In den Notzeiten beabsichtigte der Bundesrat, die Entwicklung von der gelben zur grünen Schweiz rückgängig zu machen. Das Ziel war die Förderung des Ackerbaus zulasten der Viehwirtschaft. **Plan Wahlen für die Anbauschlacht 1940, Historisches Museum Bern**

schen an Unterernährung. Dann zerstörte die Reblaus die Grundlage des Weinbaus in reicheren Landwirtschaftsgegenden. Schliesslich ermöglichte der Eisenbahnbau den billigen Import von Korn. Der Brotgetreideanbau überlebte nur noch auf grossen, mechanisierten Höfen. Kleinere Betriebe setzten nun – forciert durch die Nahrungsmittelindustrie und den Konsum in den wachsenden Städten – auf die Vieh- und Milchwirtschaft. Sie führten die Stallhaltung und die Düngerwirtschaft ein.

Brachten die Bauern um 1870 noch gleich viel pflanzliche wie tierische Produkte hervor, so wandelte sich dieses Verhältnis bis 1913 auf 1 zu 3: Die Umnutzung von Ackerbauland in Viehwirtschaftsland liess die Schweiz vom gelben zum grünen Land werden. Die Anbaufläche von Getreide sank auf einen Drittel. Die Versorgungsschwierigkeiten während der Weltwirtschaftskrise und im beginnenden Zweiten Weltkrieg bewogen den Bundesrat, ab Sommer 1940 die Anbauschlacht auszurufen. Mit Subventionen und grossen Anstrengungen konnte die Anbaufläche für Getreide und Kartoffeln auf 4600 Quadratkilometer vergrössert werden. Durch die Anbauschlacht und die Lebensmittelrationierungen für (fast) alle Haushaltungen war die Schweiz in der Lage, bis Kriegsende wieder 60 Prozent der Nahrungsmittelversorgung aus heimischer Produktion sicherzustellen. Seither blieb dieser Anteil erhalten dank Produktivitätssteigerungen und einem Preis- und Absatzschutz für die Bauern, festgeschrieben im Landwirtschaftsgesetz von 1952. Der Schutz der Landwirtschaft durch den Staat, neue Anbaumethoden unter anderem mit Dünger, landwirtschaftliche Schulen und der weltweit höchste Mechanisierungsgrad pro Hektare ermöglichen es den Bauern, heute pro Kopf 60-mal mehr zu produzieren als vor 200 Jahren. Sie erzeugen mit 3,4 Prozent Anteil der berufstätigen Bevölkerung fünfmal mehr als die 75 Prozent aller Erwerbstätigen in der Landwirtschaft um 1800.[4]

Agrotechnorama,[5] 8356 Tänikon TG, www.agrotechnorama.ch, geöffnet auf Anfrage

Agrarmuseum Burgrain, 6248 Alberswil LU, www.agrovision.ch, geöffnet Mittwoch bis Sonntag

Fleisch – der grösste Umsatzfaktor

Noch bis in die zweite Hälfte des 19. Jahrhunderts war der Fleischkonsum reichen Familien und – vor allem – mächtigen Männern vorbehalten. Ausgeweidete und mit Kopf präsentierte Tiere erhöhten auf einer reich gedeckten Tafel das Prestige des Gastgebers, der demonstrative Verzehr galt als Zeichen der Männlichkeit – Jagen, Töten und Fleischessen versinnbildlichen absolute Machtausübung über andere Lebewesen. Schliesslich förderte der oben skizzierte Wandel von der gelben zur grünen Landwirtschaft die Massentierhaltung. Zur Erzeugung von tierischen Produkten wie Eiern und Milch kam nun die Zucht von Kälbern, Rindern und Schweinen für die Fleischproduktion. Die Herkunft des Fleisches wurde unsichtbar gemacht, Fell, Federn, Füsse und Tierköpfe kamen nicht mehr auf den Esstisch. Um 1900 konnte sich auch die Mittelschicht Fleisch leisten. Gleichzeitig litt die Mehrheit der Werktätigen an einseitiger und mangelnder Ernährung. Fleisch machte auf dem Speisezettel eines ungelernten Arbeiters nur etwas mehr als ein Prozent der eingenommenen Nahrungsmittel aus.[6]

Inzwischen ist die Fleischbranche in allen Industrieländern bei weitem der umsatzreichste Zweig der Nahrungsmittelindustrie. In der Schweiz wurden 2007 rund 475 000 Tonnen Fleisch gegessen.[7] 12 Prozent davon sind Meerestiere, die überwiegend mit Schleppnetzen in Fabrikschiffen gefangen werden. Dabei entsteht allein für die Schweiz ein Beifang von mehr als dem Doppelten der verkauften Meerestiere. Dieser Beifang wird als tierischer Abfall ins Meer entsorgt.[8]

Die globale Ausrichtung auf die Nahrungsgewohnheiten von gut versorgten Menschen hat die Schere zwischen Fettleidenden und Notleidenden weiter geöffnet.[9] Mit einer Hektare Kulturland können tierische Produkte für zwei Menschen erzeugt werden, mit Kartoffelanbau könnten 20 Menschen ernährt werden. Die Nutztierhaltung in der Schweiz basiert nicht allein auf einheimischen Futtermitteln. Fast jedem Tier wird hier auch importiertes Futter, vor allem Soja, verfüttert. Wegen des weltweit steigenden Fleischkonsums blühen der Anbau und der Handel mit Soja aus armen Ländern, wo eine Milliarde Menschen an Unterernährung leiden. Zudem müssen oft Kleinbauern der Ausweitung der Futtermittel-Monokulturen weichen.

Industrielles Schlachten: Kommunalisierung und Reprivatisierung

Die feierlich-schaurige Metzgete auf dem Bauernhof und in den dörflichen Schlachthäuschen kam im Lauf des 19. Jahrhunderts in den Ruf, unhygienisch zu sein. Der Zusammenhang zwischen unsauberen Schlachtbedingungen und Erkrankungen oder gar Seuchen war bald erwiesen. Die Behörden schrieben daher getrennte Räumlichkeiten für unreine Bereiche vor, in denen das Tier noch mit Fell war, und reine, in denen das Fell abgezogen war. Bereits 1807 hatte Napoleon den Bau öffentlicher Schlachthöfe verordnet. Ab 1863 entstand mit La Villette im Norden von Paris der Prototyp eines Schlacht- und

Viehhandelshofs.[10] Zusammen mit dem Fliessband-Know-how aus den USA entwickelte sich die moderne Schlachtfabrik. Die Amerikaner waren die Pioniere im Mechanisieren des Schlachtens: Die Viehtrecks aus dem Süden endeten in den Schlachthöfen des Nordens, wobei die Fleischproduzenten die Abläufe ab den 1840er-Jahren systematisch industrialisierten. Cowboys wurden durch Viehzüge ersetzt. Das Töten mit Bolzen mechanisiert. Das Aufhängen der toten Körper, das Anstechen zum Ausbluten, das Fellabziehen und Ausschlachten fliessbandmässig organisiert, das Kühlen, Abpacken und Versenden des Fleisches logistisch zusammengefasst – lange bevor Henry Ford seine Automobilfliessbänder entwickelte.[11]

Allerdings bleibt das Schlachten bis heute eine Manufakturarbeit. Zwar gibt es die schon im 19. Jahrhundert eingeführten Kratzmaschinen, Motorsägen und Hochbahnen, an denen die toten Tiere kopfüber herabgehängt werden. Aber das Ausschlachten der ungleich gewachsenen Tierkörper ist immer noch Handarbeit. Eindrücklich schilderte Upton Sinclair die Ausbeutungs- und Lebensverhältnisse in den Schlachthöfen von Chicago in seinem Werk «Der Dschungel».[12]

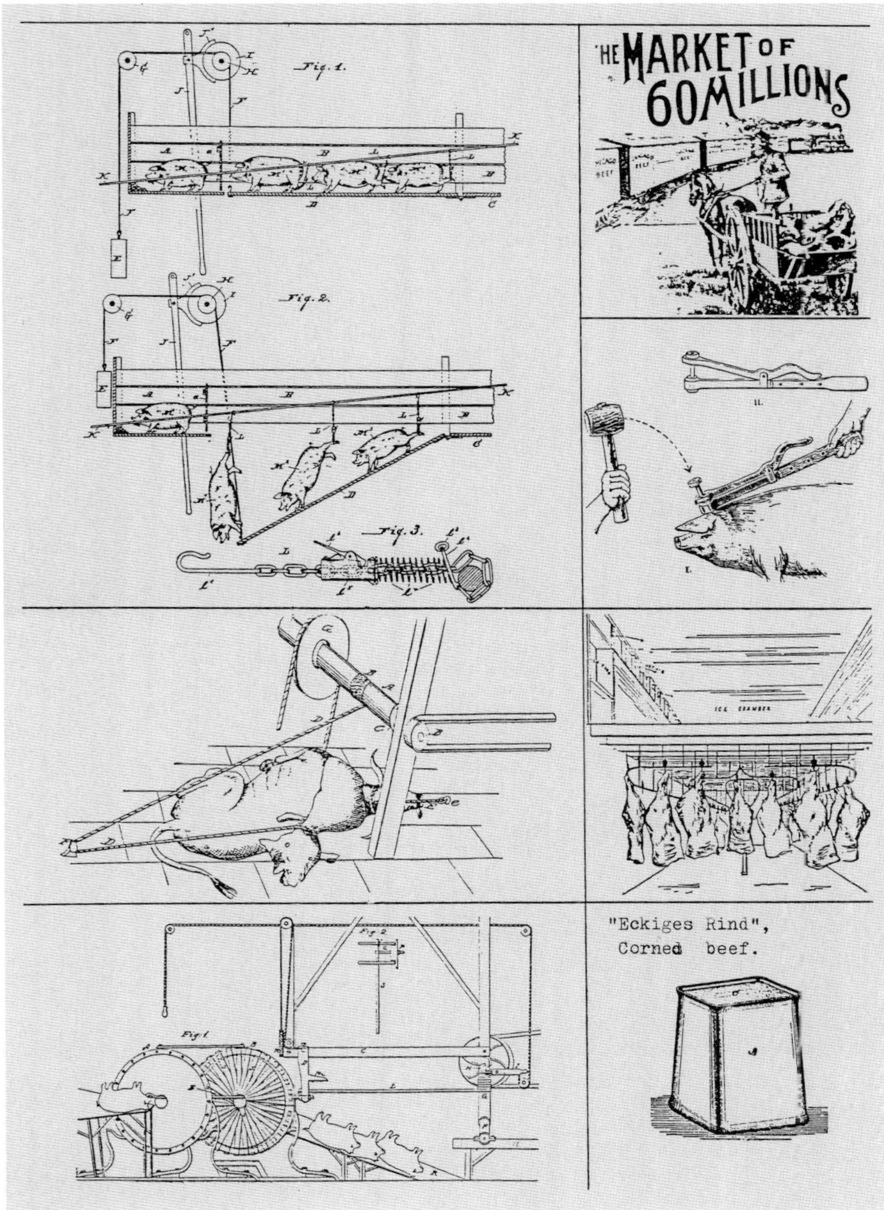

41 Der bekannte Pionier der Moderne, Sigfried Giedion, stellte in seinem Werk über die Herrschaft der Mechanisierung das Fliessbandschlachten in den USA als Ursprung der Autofliessbänder dar. **Mechanization takes command, Giedion 1948**

Der früheste, noch erhaltene Schlachthof der Schweiz entstand 1849 auf der Rhone-Insel in Genf. Die Produktion wurde zwar 1876 und noch einmal 1943 an den Stadtrand versetzt, die ursprüngliche Anlage aber dient seither als Markthalle. Die Stadt Basel erstellte 1864 bis 1915 einen monumentalen Schlachthof in St. Johann. Die Anlage wurde Ende 1979 abgebrochen. Weitere Stadtgemeinden in der Schweiz erhielten öffentliche Schlachthöfe, von denen Teilanlagen in La Chaux-de-Fonds und Lugano erhalten sind.

Der älteste bis heute in Betrieb stehende Schlachthof befindet sich in Zürich. Er entstand im Zuge der Infrastrukturverbesserungen nach der Eingemeindung der Vororte im Jahr 1893, nachdem eine Untersuchung die unhygienischen Zustände in den 33 lokalen Schlachthäusern ins Bewusstsein gerückt hatte. Abhilfe erhoffte man sich durch die Konzentration in einer einzigen städtischen Anlage. Deren Realisierung ging allerdings nicht so rasch

42 Hängehochbahn, Metzger und Schweineköpfe im inzwischen abgebrochenen Schlachthof Winterthur. Er war zur Bauzeit 1939 der modernste in Europa. **Winterthur, Foto H. B. 1989**

43 Die mittelalterliche Kapelle St. Jakob in Zürich-Aussersihl diente bis 1902 als Metzg und Bratwursterei. Es handelte sich um eines von 33 unhygienischen Schlachtlokalen der Stadt. **Zürich, Baugeschichtliches Archiv Zürich**

44 Die Grossstädte errichteten im 19. Jahrhundert zentrale Schlachthöfe, die inzwischen mehrheitlich abgebrochen worden sind: Schlachthof Basel im letzten Winter seines Bestandes. **Basel, Foto H. B. 1979/80**

45 Das älteste in der Schweiz erhaltene Schlachthaus liegt in Genf auf der Rhone-Insel. Es dient seit der Verlegung der Schlachtaktivitäten als Markthalle. **Genf, Foto René Sauvin 1993**

über die Bühne wie andere Projekte der neuen Grossstadtgemeinde, denn die Metzgermeister widersetzten sich. Erst 1903 lag ein bewilligungsfähiges Projekt für eine städtische Monumentalanlage auf dem Tisch. 1909 wurde sie unter der Federführung von Stadtbaumeister Arnold Geiser vollendet. Dem Zeitgeist entsprechend, integrierte er Grünbereiche und Jugendstilornamente in die Anlage. Prominentester Bau ist die 125 Meter lange Verbindungshalle zwischen dem Kühlhaus und den Schlachthallen. Der Hochkamin der ehemaligen Kühldampfmaschinen dominiert die Sichtbacksteinhallen der Anlage. In sie wurde unter Bewahrung der wesentlichen Gebäude zwischen 1981 und 1985 ein moderner Schlachthof integriert.[13] Allerdings verkaufte die Stadt Zürich 1995 ihre Schlachthof-Aktien. Seit dieser Privatisierung beschränkt sich die öffentliche Hand auf die Kontrolle der Tiere und des Fleisches bezüglich Geniessbarkeit. Die Kontrolle hat seit der Verbreitung des Rinderwahns (BSE-Seuche) an Bedeutung zugenommen. Verseuchtes Fleisch muss zwingend verbrannt werden, verunreinigtes Fleisch kann durch Drucksterilisation als Tierfutter oder Düngemittel verwendet werden. Im Schlachthof Zürich sind 500 Menschen tätig, die im Jahr 2007 rund 340 000 Tiere verarbeiteten.[14]

Wurden ab den 1880er-Jahren die privaten Schlachtbänke auf Anordnung der Behörden in öffentlichen Anlagen konzentriert, so fand 100 Jahre später eine Trendwende hin zu grossen privaten Fleischproduzenten statt. Das hatte die Stilllegung und den Abbruch vieler öffentlicher Schlachthöfe zur Folge. Importe und die Produktion des grössten privaten Schlachthofes des Landes machen heute den Hauptteil des jährlichen Fleischhandelsumsatzes von 4,1 Milliarden Franken aus. Migros, der wichtigste Einzelhandelskonzern des Landes, gründete 1958 die Micarna AG mit Sitz in Courtepin und baute 1966 den Schlachthof Bazenheid. Der laufend wachsende Fleischkonsum und die offensive Verkaufspolitik ermöglichten der Micarna ein stetiges Wachstum – und zunehmend auch Exporte und die Belieferung von Gastronomiebetrieben und Grossverbrauchern ausserhalb der Migros-Läden.[15] Grill-, Geflügel- und M-Budget-Produkte bilden die Basis der Micarna-Fleischerei. Sie hat einen Umsatz von über einer Milliarde Franken und beschäftigt mehr als 2000 Leute.[16] Nach der Rinderseuche richtete Micarna eine Cervelat-Task-Force zur Rettung der Schweizer Nationalwurst mit verträglichen Häuten ein. Im Jubiläumsjahr 2008 feierte der Migros-Betrieb im Einkaufszentrum Länderpark Stans einen Rekord mit dem grössten Grill, der gleichzeitig 684 Poulets ausstossen kann.

46 Der monumentalste Schlachthof der Schweiz dient weiterhin seinem Ursprungszweck. Unter Wahrung der historischen Bausubstanz entstand 1985 in der Anlagemitte ein Neubau. **Schlachthof Zürich, Foto H. B. 1979**

Käse, Milchschwemme und Monopole

Bereits im 18. Jahrhundert hatte die Käserei im Kanton Bern eine starke Stellung. Der Käseexport machte Grossbauern und Händler reich. Die Ausdehnung der Viehwirtschaft ins Mittelland verbesserte vorerst die Bodenqualität. Der Mist des Weideviehs, die Jauche und der Stallmist dienten als Dünger und erhöhten die Fruchtbarkeit der Ackerböden. Schliesslich ermöglichten die Forschungsarbeiten des französischen Chemikers Louis Pasteur die Haltbarmachung von Milch. Molkereien begannen, Krankheitserreger durch Pasteurisierung abzutöten. Durch Sterilisieren und Uperisieren konnte Milch längerfristig lagerfähig gemacht werden. Zwischen Cham und Greyerz bildete sich ein Kerngebiet der Schweizer Milchwirtschaft. Zuchterfolge liessen den täglichen Milchertrag pro Kuh auf über 20 Liter verdreifachen. Milch wurde nun zum Grundnahrungsmittel des Volkes erklärt und während des 20. Jahrhunderts immer stärker subventioniert. Gleichzeitig wurde die Milchverarbeitung industrialisiert. Es entstanden Fabriken für die Verarbeitung von Milch zu Rahm, Butter, Käse, Joghurt, Milchkonserven, Futtermitteln oder Milchschokolade. Der hohe Investitionsbedarf führte zu einem Konzentrationsprozess von Milchhütten und Molkereien. In Spezialbehältern konnte die Milch immer weiter transportiert werden. 1907 gründeten neun Milchproduzentenorganisationen den zentralen Landesverband ZVSM.[17] 1919 schlossen sich auch die restlichen Milchproduzenten dem ZVSM an: Die Förderung der Milchwirtschaft durch den Bund versetzte die Milchverbände in eine Monopolstellung. Östlich von Zürich vertrat der Verband der nordostschweizerischen Käserei- und Milchgenossenschaften ihre Interessen. Am Sitz in Winterthur entstand ab 1916 die spätere Toni-Molkerei. Die Bahnhofsnähe gewährleistete den Gleisanschluss, der auch der Pflichtlagerhaltung diente. Zum Verwaltungsgebäude kamen 1939 die Chäs-Stube und noch 1960 neue Abfüllanlagen für Einwegverpackungen. Im Zürcher Industriequartier entstand die grosse Toni-Produktionsanlage.

In den 1970er-Jahren aber machte sich eine Überproduktion in Form der Milchschwemme bemerkbar. Als Massnahmen führte der Bundesrat 1977 die Milchkontingentierung und ab den 1980er-Jahren neue Formen der Landwirtschaftssubventionierung ein. 1990 erreichte der Toni-Verband den Beschäftigungshöhepunkt mit 1100 Mitarbeitenden. Parallel dazu bestanden der zentralschweizerische Verband mit den Emmi-Produkten in Emmen und das Milchverarbeitungsunternehmen Säntis in Gossau. Zudem hatte Migros bereits 1960 in Estavayer ihr Milchverarbeitungszentrum gegründet. Diese vier Milchverarbeitungszentren, ferner Nestlé, später Cremo und die Molkereien Hochdorf und Aarau dominierten das Geschehen und den Fluss der Subventionen.[18]

Ein letzter Konzentrationsprozess führte Ende des 20. Jahrhunderts zum Zusammenschluss von Toni, Säntis und weiteren Regionalverbänden zu Swiss Dairy Foods SDF. Probleme mit der Milchschwemme, Auslandabenteuer in Japan und Ecuador, Veruntreuungen eines Direktors und der Ausstieg von Coop bei SDF Ostermundigen führten zum Absturz des Konzerns. Zuerst verlor Winterthur seine Funktion als Zentrum der nordostschweizerischen Milchverarbeitung, und mit der dazugehörenden Toni-Molkerei ging auch der Standort Zürich ein.[19] Nach dem Konkurs verschwand der Globalisierungsname Swiss Dairy Foods bis Ende 2005 vollständig. Einzelne Labels wie Pierrot gingen an globale Unternehmen wie Unilever, die Zürcher Molkerei zur Umnutzung an die Gläubigerbank ZKB. Der private Marktteilnehmer Emmi übernahm alle SDF-Inlandaktivitäten. Als Endverarbeiter besitzt Emmi eine führende Marktstellung in einem hoch geschützten, subventionierten Wirtschaftsbereich.[20] Emmi erreichte 2009 mit 3500 Beschäftigten, davon 700 ausserhalb der Schweiz, einen Umsatz von gegen zwei Milliarden Franken.[21]

Von der Kondensmilch zur Weltmacht: Nestlé

Schon im 19. Jahrhundert stellte sich die Frage, wo all die Milch ihren Absatz finden sollte. In den Milchwirtschaftsgebieten siedelten sich neben den unmittelbaren Verarbeitungsbetrieben weitere Nahrungsmittelfabriken an. Sie suchten ihre Standorte in Regionen, in denen grosse Mengen frischer Milch verfügbar waren. So kamen die Anglo Swiss Condensed Milk Company nach Cham und die Milchschokoladenfabriken Cailler und Peter nach Broc beziehungsweise nach Orbe. Die in neuartigen Produkten haltbar gemachte Milch konnte rentabel in die explodierenden Städte abgesetzt werden, bevor moderne Kühltransportketten zur Verfügung standen.

Es waren die amerikanischen Gebrüder Page und der in Frankfurt geborene Henri Nestlé, welche die neuen Marktchancen in der Schweiz früh nutzten. Charles Page, US-Konsul in Zürich, schätzte die hochgezüchteten Schweizer Kühe. Zudem kannte er das 1856 in den USA entwickelte Verfahren des Zuckerns, Kondensierens und Verpackens von Milch in Blechdosen. 1866 gründete er mit seinen Brüdern in Cham die Anglo Swiss Condensed Milk Company. Dieses Jahr gilt als Gründungsjahr des Weltkonzerns Nestlé, weil Anglo Swiss einer der beiden Pfeiler war, auf denen der heutige Weltkonzern aufbaute. Die Maschinen kamen aus Amerika. Das erfolgreiche Unternehmen expandierte nach Deutschland und England.[22]

Ähnlich wie der amerikanische Konsul hatte der deutsche Kaufmann, Apotheker und Chemiker Henri Nestlé beruflich nichts mit Milchverarbeitung zu tun. Seit 1843 in Vevey ansässig, experimentierte er mit Alkohol, Zement, Kunstdünger, Leuchtgas und Milchnahrung für Kinder. Als Apotheker fand er es

stossend, dass jedes fünfte Kind an Krankheit und Mangelernährung starb. Er spezialisierte sich auf die Nahrungsmittelherstellung für Kinder und konnte 1873 in seiner kleinen Fabrik in Vevey mit 30 Arbeitskräften täglich 2000 Büchsen mit konzentriertem Mehl an Apotheker, Ärzte und Spitäler verkaufen. Mit dem grossen Gewinn liess er sich im 61. Lebensjahr pensionieren, nachdem er seine Fabrik verkauft hatte – das Label Henri-Nestlé-Kindermehl, beste Alpenmilch enthaltend, war Bestandteil des Verkaufsvertrags. Bis heute ist das Milchmädchen ein Markentitel des Nestlé-Konzerns.[23]

Lange nach dem Tod der Gründer von Nestlé-Kindermehl und Anglo Swiss kam es 1905 zur Fusion der beiden Firmen, wobei vorerst noch beide Namen gemeinsam geführt wurden. In rascher Expansion kaufte das Unternehmen in den folgenden Krisen- und Kriegsjahren Nahrungsmittelbetriebe auf – einzelne wie die Schokoladenfabriken Cailler und die Suppenfabrik Maggi sind in den folgenden

47 a, b Das Milchmädchen warb schon für die Vorgängergesellschaft des Nestlé-Konzerns; die Werbung für die Schokolade aus Neuenburg hat die Stilllegung der Fabrik überlebt. **Milchschokolade, Suchard o. J.**

48 In Vevey am Genfersee baute Henri Nestlé seine Gründerfabrik aus. Vevey ist Konzernsitz geblieben, das Steuerdomizil allerdings wurde ins Steuerparadies Zug ausgelagert. **Flash Personalzeitung Nestlé, SPN 58, April 1983**

49 Von rund 1,2 Millionen Werktätigen, die für Nestlé arbeiten, sind 8600 in der Schweiz tätig. Das grösste Produktionszentrum von Nestlé Schweiz befindet sich in Orbe. **Orbe, Foto H. B. 1989**

Abschnitten dargestellt.[24] Nach dem Zweiten Weltkrieg profitierte der Konzern davon, dass seine Schweizer Betriebe nicht zerbombt waren. Absprachen, Preisdumping, das eigene Verteilnetz, neue Produkte wie der Nescafé und eine langfristige Personalbindung verhalfen Nestlé zum globalen Durchbruch. Facharbeiter und Kaderleute bleiben durchschnittlich 25 Jahre im Konzern und erhalten bis heute spezielle Firmengeschenke zu Weihnachten. Auf der Basis der erfolgreichen Expansion wuchs Nestlé zum grössten Lebensmittelkonzern der Welt heran. 2009 machte Nestlé folgende Milliarden-Umsätze: je über 19 mit Milchprodukten und Eiscreme und mit Getränken inklusive Kaffee, ohne Wasser, 17 mit Fertiggerichten, 13 mit Tierfutter, 12 mit Schokoladen und Süsswaren, 10 mit übrigen Nahrungsmitteln, 9 mit Wasser und 8 mit Pharmaprodukten.[25] Für das Unternehmen setzten 283 000 Lohnabhängige, 600 000 nur für Nestlé arbeitende Bauern und zusätzlich 300 000 in der Distribution Arbeitende gegen 110 Milliarden Franken um. Allerdings beschäftigt Nestlé weniger als 1 Prozent seines Arbeitenden-Heeres in der Schweiz: 8600. Die Hauptverwaltung bleibt in Vevey, der Firmensitz im steuergünstigen Zug.

Erfolgsgeschichte und Kritik an der Konzernpolitik bilden seit Jahrzehnten die beiden Seiten der Nestlé-Medaille. 1974 löste Nestlé einen Ehrverletzungsprozess aus gegen die Arbeitsgruppe Dritte Welt. Die Gruppe Dritte Welt kritisierte die Nestlé-Praxis, als Krankenschwestern verkleidete Werbefrauen Baby-Pulvermilch verbreiten zu lassen, wohlwissend, dass die lokale Bevölkerung diese kaum mit sauberem Wasser und in der notwendigen Konzentration verwenden konnte. Es kam zu zahlreichen Todesfällen. Der Prozess blieb unentschieden, da das Gericht die Kritik zwar für richtig befand, ihr aber das öffentliche Interesse absprach. Entwicklungshelfer hielten die Vorwürfe betreffend Ausbeutung von Bauern in Entwicklungsländern und gegen die vom Konzern verteidigte Gentechnik aufrecht. Im Zusammenhang mit kritisch Recherchierenden liess Nestlé einzelne von ihnen privat überwachen. Zudem kam zuerst der Nestlé-Chef Helmut Maucher und dann sein Nachfolger Peter Brabeck ins Gerede, weil sie jeweils die Ämter des CEO und des Verwaltungsratspräsidenten auf sich vereinten. Brabeck verbreitete das beliebte amerikanische Cliché eines Aufstiegs vom Glaceverkäufer zum Konzernchef. Tatsächlich hatte der Sohn aus gutbürgerlicher Familie zwischen seinem Wiener Welthandelsstudium und seiner Schweizer Nestlé-Karriere kurz in der Nestlé-Tochterfirma Findus gearbeitet. 2006 bezog Brabeck bei Nestlé 17,5 Millionen Franken, zuzüglich Einnahmen aus seinen Verwaltungsratsmandaten bei Roche, L'Oréal und der Credit Suisse. Gemäss «Bilanz» gehörten er und sein Vorgänger zu den drei einflussreichsten Männern der Schweiz. In dieser Stellung warnte Brabeck 2008 das Land vor Massnahmen gegen die exorbitanten Managerbezüge und drohte mit dem Abzug des Nestlé-Geschäftssitzes.[26]

Nestlé Vevey: Alimentarium, 1800 Vevey,
www.alimentarium.ch

Unser täglich Brot

Der Wandel von der gelben zur grünen Schweiz hat sowohl die Bedeutung der Getreidewirtschaft als auch jene der Müllerei vermindert. Nicht nur ist die Anbaufläche kleiner geworden, auf diesen kleineren Flächen hat auch eine Verschiebung des Anbaus von Brotgetreide zu Futtergetreide stattgefunden: 1970 betrug das Verhältnis zwei zu eins, 1990 eins zu eins. Aus acht Kilo verfüttertem Getreide entsteht in einer Mästerei ein Kilo Fleisch. Die Anbaufläche für Brotgetreide ist zwischen 1997 und 2007 um 22 Prozent gesunken. Dabei konnte die Erntemenge dennoch leicht gesteigert werden.[27] Die Liberalisierung des Marktes für den Anbau und das Lagern von Getreide und Ölsaaten führt zu weiteren Veränderungen, sowohl in der Landwirtschaft als auch in der Müllerei. Mit einer schweizerischen Regulierung wird versucht, im Rahmen der Bestimmungen der World Trade Organisation eine Inlandproduktion für zwei Drittel unseres aktuellen Brotkonsums zu sichern. Dennoch beschleunigt die aktuelle Liberalisierung den Konzentrationsprozess in der industriellen Getreideverarbeitung zusätzlich.[28]

Der Konzentrationsprozess von 3000 Gewerbemühlen ...

Mahlgänge waren die ersten Mechanismen, mit denen der Mensch Getreide fein vermahlen konnte. Sie zerreiben das Korn zwischen zwei horizontalen Mühlsteinen. Der Bodenstein liegt auf dem Mühlenboden, der obere, der Läuferstein, wird in Drehbewegung versetzt. Anfänglich geschah das von Hand, später auch mit Tretmechanismen und Tierantrieb. Im Mittelmeerraum setzte sich das Wasserrad als allgemeiner Antrieb durch. Auf dem Gebiet der heutigen Schweiz wurden im Jahr 563 erstmals Wasserräder in Genf erwähnt. In Zürich dürften die ersten Wassermühlen am oberen Limmatsteg spätestens seit dem 9. Jahrhundert in Betrieb gewesen sein. Die mittelalterliche Technik der Kraftumlenkung mittels Kammrad, Wellen und Riemen wurde bis ins 20. Jahrhundert weiterentwickelt. Die deutsche Mühle vervollständigte die Technik ab 1500 mit dem Beutelwerk, welches Mahlgut von der Kleie trennt. Im 18. Jahrhundert gelang es mit der Einführung zusammengesetzter Steine, Mahlgänge mit bis zu anderthalb Metern Durchmesser zu bauen.[29]

In der Schweiz gab es um 1900 über 3000 Getreidemühlen. Allein im Kanton Zürich wurden im Verlauf des 19. Jahrhunderts 837 Wasserrechte vergeben. Die meisten waren mit Mühlebetrieben verbunden.[30] Heute ist in den Städten Zürich und Winterthur noch je eine Mühle in Betrieb. In der Landschaft gibt es vier weitgehend neu eingerichtete Museumsmühlen und noch fünf Handelsmühlen mit vollständiger Maschinerie. Ohne öffentliche und privatwirtschaftliche Unterstützung ist dort der längerfristige Betrieb nicht gewährleistet. Erschwerendes Problem: Im Unterschied zu Sägereien und anderen mechanischen Einrichtungen duldet der Müllereibetrieb aus hygienischen Gründen keine längeren Phasen des Stillstandes.[31]

Die Vereinigung Schweizer Mühlenfreunde setzt sich dafür ein, die historischen Mühlen der Öffentlichkeit zugänglich zu machen. Sie führt seit 2000 jeweils am Samstag nach Auffahrt den Schweizer Mühlentag durch, an dem sich 120 historische und aktuelle Betriebe beteiligen.

VSM Vereinigung Schweizer Mühlenfreunde,
www.muehlenfreunde.ch

50 Einzigartig in der schweizerischen Müllereigeschichte war die Einrichtung von vier Wasserrädern mit Mahlgängen in den Karsthöhlen von Col-de-Roches. Sie sind inzwischen museal restauriert. **Modell Robert Maag, Foto H. B. 1990**

Mühlerama, 8008 Zürich, www.muehlerama.ch

Moulins souterrains du Col-de-Roches, 2400 Le Locle,
www.lesmoulins.ch

... auf 70 Industriemühlen

Die industrielle Revolution brachte die Verbreitung von neuen Arbeits-, Antriebs- und Transportmaschinen. Was der Müllerei fehlte, war eine effiziente Mahlmaschine. Der Tüftler, Revolutionär und Luzerner Hofrat Josef Anton Müller entwickelte in den 1820er-Jahren eine Maschine mit horizontalachsigen Porzellanwalzen. Dieser Walzenstuhl vermahlt das Korn zwischen zwei gegenläufig und mit unterschiedlicher Geschwindigkeit drehenden Walzen.[32] Müller gründete mit dem Frauenfelder Ingenieur Johann Jakob Sulzberger eine Aktiengesellschaft für den Bau einer ersten Grossmühle, in der seine Erfindung zum Tragen kommen sollte. Müllers Tod zwang Sulzberger, das unvollendete Werk selbst fertigzustellen. Seine Walzmühle Frauenfeld war imstande, besonders feines Mehl in grossen Mengen herzustellen – allerdings mit sehr häufigen Betriebsunterbrüchen: Die Feineinstellung der Walzen über Differenzialgetriebe und der Werkstoff Porzellan waren der Grund für dauernde Reparaturen. Obwohl nach dem Frauenfelder Vorbild und mit schweizerischem Kapital 1835 bis 1839 Porzellanwalzmühlen in Mailand, Mainz, Stettin, Leipzig und Budapest erbaut wurden, konnte sich das Prinzip der Walzmühle vorerst nicht allgemein durchsetzen: Kraftmaschinen und Transmission waren noch zu wenig genau regulierbar, und der Werkstoff Porzellan wies zwar eine genügende Härte, aber eine zu grosse Bruchhäufigkeit auf. Der Frauenfelder Prototyp der frühen Walzmühlen stellte seinen Betrieb 1846 ein. Der aus Ungarn stammende Friedrich von Martini richtete dort eine mechanische Werkstätte ein.

Zum Durchbruch der neuen Walzenmahltechnik führte die Verwendung von Eisen anstelle von Porzellan. Führend wurde dabei die Firma von Sulzbergers ehemaligem Mitarbeiter Abraham Ganz. Aus einer Embracher Lehrerfamilie stammend, wanderte Abraham nach Ungarn aus und gründete in Budapest eine erfolgreiche Giesserei. Er brachte sich allerdings 1867 wegen gesundheitlicher und wirtschaftlicher Probleme um. Sein Mitarbeiter Wegmann, auch er ein Schweizer, vollendete dann 1873 in Budapest den ersten Gusswalzenstuhl. Zusammen mit anderen Maschinenbauspezialitäten wuchs das Unternehmen unter der sozialistischen Herrschaft bis in die 1960er-Jahre mit dem alten Namen Ganz-MAVAG zum Konzern mit 30 000 Mitarbeitenden. In der Wendezeit wurde der Konzern filetiert.

Auch in der Schweiz begannen Unternehmer wie Daverio in Zürich, Ammann in Langenthal und Bühler in Uzwil Walzenstühle zu bauen, was nach 1880 zur raschen Verdrängung der Steinmahlgangmühlen durch Walzmühlen führte. Von den 3000 Mahlgangmühlen des 19. Jahrhunderts blieben 1989 350 Mühlen in Betrieb. Mit der Aufhebung der Brotgetreideverbilligung sank die Anzahl kommerzieller Mühlen in der Schweiz seither auf rund 70, wobei vier Grossmühlen zwei Drittel des Marktes beherrschen.[33]

Die grösste Mühle des Landes befindet sich mitten in Zürich. Sie steht an der Limmat, deren Wasser einst 14 Mühlen antrieb. Die Stadtmühle, die heutige Swissmill, ist auf den Fundamenten des Ostflügels einer 1785 erbauten Stoffdruckerei aufgebaut. Als Mühle wurde sie 1843 eingerichtet. 1875 erhielt sie Transmissionsenergie vom Wasserwerk.

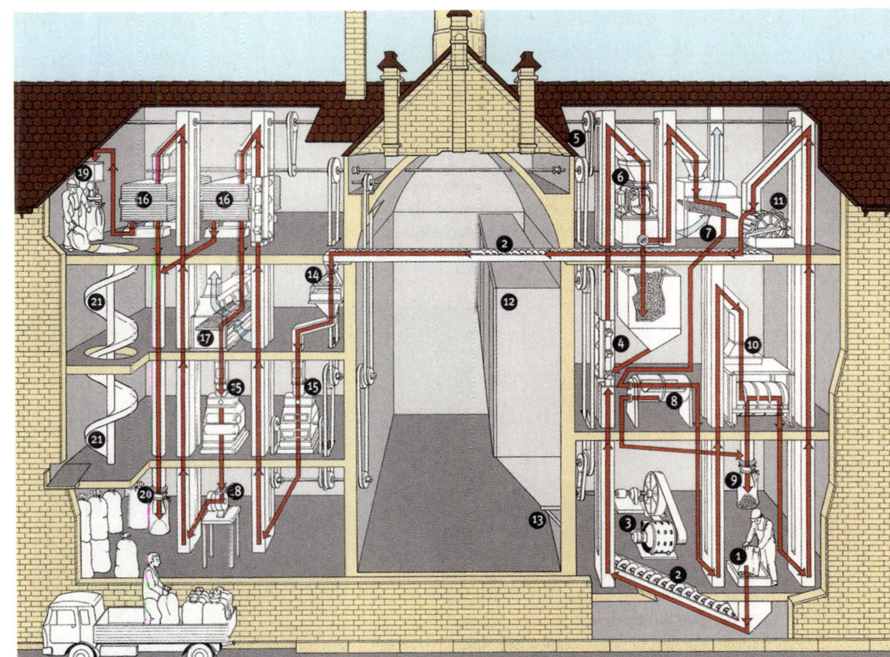

51 Die modernen Walzenstühle sind eine schweizerische Entwicklung. Walzenstühle von Bühler, Daverio und anderen einheimischen Maschinenfabriken mahlen täglich in 70 Mühlen Mehl. **Handelsmühle Kirchberg, Foto H. B. 2005**

52 Mitten in der Stadt Zürich steht die grösste Mühle der Schweiz. Die heutige Swissmill des Coop-Konzerns wurde an diesem Standort 1843 gegründet und kontinuierlich vergrössert. **Zürich-West, Foto H. B. 2009**

53 Das Mühlerama Zürich ist das einzige Müllerei-Industriemuseum der Schweiz, das den vollständigen, komplexen Produktionsablauf vom Korn zum Mehl zeigt. **Schema Mühlerama Zürich 2008**

Damals führte Eugen Maggi die Mühle. Der Adoptivsohn eines Glaubensflüchtlings aus Italien war der Halbbruder des Nahrungsmittelkonzern-Gründers Julius Maggi in Kemptthal. Eugen Maggi geriet um 1900 unter anderem wegen seines ausschweifenden Lebensstils in Liquiditätsschwierigkeiten. Eine Nahrungsmittelverknappung führte 1912 zur Gründung der Mühlengenossenschaft Schweizerischer Konsumvereine. Diese kaufte die Stadtmühle. 1985 übernahm das Nachfolgeunternehmen Coop die Mühle.[34] Der Detailhandelskonzern erweiterte die Fabrikanlage am Sihlquai. 1990 erfolgten Neubauten für die Lagerung und die Verpackung. Mit noch 90 Vollzeitbeschäftigten verarbeitet die Swissmill inzwischen jährlich 220000 Tonnen Getreide. Dieses gelangt mit Blockzügen über das Industriegleis von 1875 zur Mühle. Wegen des Abbruchs des Coop-Silos im Basler Rheinhafen zugunsten des dortigen Novartis-Campus wird das Silo am Limmatufer ab 2010 zum Kornhaus mit 120 Metern Höhe aufgestockt.

Teig- und Backwaren vom Fliessband

Bei Wasser und Brot. Wes Brot ich ess, des Lied ich sing. Das sind Redewendungen, die auf die grundlegende Bedeutung des Brotes in früheren Zeiten hinweisen. Auch in der Schweiz ist der Brotkonsum trotz steigender Bevölkerung seit den 1950er-Jahren um einen Drittel zurückgegangen. Zudem haben die weitere Industrialisierung und der damit verbundene hohe Kapitalbedarf zur Einstellung von vielen Kleinbetrieben geführt. Der Schweizer Bäcker-Konditorenmeisterverband SBKV stellte zu seinem 125-Jahre-Jubiläum 2010 einen kontinuierlichen Schrumpfprozess vor allem bei der Anzahl von Bäckereien fest. Nur die Kombination von Bäckereien mit Konditoreien und vor allem mit Cafés konnte sich nach der Lockerung staatlicher Kontrollen halten. Der SBKV zählte bei seinen Mitgliedern in 3000 Verkaufsstellen 30000 Arbeitsplätze. Dabei sind immer mehr Verkaufsstellen zum Bezug von Tiefkühlbackwaren übergegangen.

Pionierin bei deren Herstellung war die 1967 in Schlieren gegründete Bäckerei Hiestand, die seit 1975 Gipfeli und andere Backwaren tiefgekühlt vom Fliessband vertreibt. Die Grossverteiler Coop und Migros bauten schon früher eigene Backfabriken – einige der frühen Konsumbäckereien, zum Beispiel in Zürich und Winterthur, sind bereits wieder abgebrochen. Die grösste schweizerische Backwarenfabrik ist die Jowa mit der 1977 erbauten Hauptfabrikationsstätte in Volketswil. Zusammen mit sieben Regionalbäckereien und weiteren Betrieben beschäftigt Migros in der Jowa 3260 Leute. Zu diesem Produktionsbetrieb gehören auch zwei Teigwarenfabriken. Dieser andere, aus Italien eingeführte Zweig der Getreideverarbeitung ist ebenfalls von über 100 Produktionsstätten auf einige wenige zusammengeschrumpft.

54 Die landwirtschaftlichen Genossenschaften entwickelten eine eigene Verarbeitungsindustrie für Mehl, Teig- und Backwaren. Abbruch der Volg-Mühlen zugunsten einer Büro-Überbauung. **Winterthur, Foto H. B. 1990**

55 Suppen, Saucen, Konserven, Tiefkühlprodukte aus der Schweiz: Die Marke Maggi gibt es noch, Knorr wird unter globalem Management noch im Lande produziert. **Werbefigur Knorrli, Unilever-Knorr 2007**

56 Die Suppen- und Gewürzfabrik Maggi Kemptthal besass eigene grosse Ländereien, auf denen das Gemüse für die Fabrik angepflanzt wurde: Ein Traktor führt eine Ernte in die Fabrik. **Kemptthal, Maggi-Archiv 1935**

Convenience Food – bequeme Kost

Suppenbeutel, Konserven, Tiefkühlwaren, auf Neudeutsch Convenience Food genannt, kamen im 19. Jahrhundert zur Erleichterung der Arbeit von werktätigen Hausfrauen auf. Deren Fabrikarbeitszeit betrug bis zu 80 Stunden. Konserven und Beutel erleichterten ihnen die Kinder- und Hausarbeit. Bereits erwähnt worden ist die in Dosen abgefüllte Kondensmilch, die zum Erfolg des Nestlé-Konzerns führte. Und immer neue, schnell zubereitbare, verpackte Lebensmittel fanden den Weg in die Zubereitungsstätte, die einst Küche genannt wurde. Convenience Food und andere Bequemlichkeiten haben weite Teile des Haushalts erobert: Kochbeutel, Mikrowellenprodukte, ganze Fertiggerichte. Aufgekommen aus der Not an mangelnder Freizeit, ist die bequeme Verköstigung in der Freizeitgesellschaft ein Mittel für die Beschleunigung der Zeitnot geworden.[35] Dementsprechend hat sich ein bedeutender, vielfältiger Industriezweig entwickelt, der teilweise in andere Zweige übergreift. Grosse Bedeutung erlangten die heute zu Migros gehörende, 1909 gegründete Konservenfabrik Bischofszell und die Hero-Fabriken. Hero, 1886 gegründet als Früchtekonservenfabrik, beschäftigte 1965 international 5500 Menschen. Nach der Übernahme durch die deutsche Schwartau im Jahr 1995 wurde das Mutterwerk in Lenzburg als Hero Schweiz weitergeführt. 2010 wurde der Produktionsbetrieb an den Stadtrand verlegt.[36] Zwei weitere Firmen mit bekannten Markentiteln und aufwändig gestalteten Werbefassaden tragen die Namen Maggi und Knorr.

Pulversuppen von Maggi und Knorr

«Das wissen selbst die Kinderlein: mit Würze wird die Suppe fein», dichtete Frank Wedekind für den Suppenfürsten Julius Maggi (1846–1912). Der Halbbruder des Maggi-Müllers von Zürich brachte 1886

Fertignahrungsbeutel auf den Markt. Der Erfolg ermöglichte einen raschen Ausbau der 1834 in Kemptthal bei Winterthur erbauten Hammermühle. Die Suppen- und Gewürzfabrik dominierte schliesslich den ganzen Ort mit Gerüchen, Landwirtschaftsbetrieben, Arbeiterkolonien, Villen und Wohltätigkeitseinrichtungen und auch den Friedhof Lindau: Dort ist dem Pionier im monumentalen Familiengrab ein Denkmal gesetzt. Zur Umgehung der deutschen Schutzzölle baute Maggi 1887 einen Steinwurf ausserhalb der Schweizer Grenze in Singen die bis heute aktive Zweigfabrik. Inklusive betriebseigene Landwirtschaft beschäftigte Maggi 1000 Leute. 1947 erfolgte die Fusion mit dem Weltkonzern Nestlé. Für den Produktionsstandort war es ein Glücksfall, dass Givaudan 2002 das Aroma-Geschäft von Nestlé übernahm und die Fabrik in Kemptthal weiternutzte. Der im Chemie-Kapitel noch zu behandelnde Konzern aus Vernier bei Genf stellt seit 2004 mit 250 Mitarbeitenden in der alten Suppenfabrik und mit zusätzlichen 450 Personen in Dübendorf Aromastoffe her.[37]

Während also in Kemptthal keine Beutelsuppen, Maggiwürfel und Gewürzgläser mehr abgefüllt werden, bleibt die andere bekannte Herstellungsstätte für bequem zuzubereitende Nahrungsmittel weiterhin aktiv. Karl Knorr hatte 1838 in Deutschland eine Kaffeesurrogat-Fabrik gegründet. Er und sein Sohn weiteten die Produktion kontinuierlich auf andere günstige Nahrungsmittel wie Teigwaren und, parallel zu Maggi, auf verpackte Suppen- und Gewürze aus. Zu den Gründungen im Ausland gehörte 1907 die Knorr-Fabrik im schaffhausischen Thayngen. Im Ersten Weltkrieg gerieten die deutschen Werke unter die Heeresdienstverwaltung. Während der Nazizeit erreichte die Belegschaft von Knorr inklusive Thayngen 3800 Leute. Damals entstand in der Schweiz die Werbefigur Knorrli. Die Schweizer Belegschaft zählte in den 1980ern über 1000 Personen. Durch Fusionen mit Lipton und Sais gelangte das Werk an die Unilever-Gruppe. Im Jubiläumsjahr 2007 baute Unilever in Thayngen 100 Arbeitsplätze ab und verlegte den Hauptsitz nach Hamburg.[38]

57 In der Maggi-Fabrik herrschte Fliessbandarbeit. Vor der Elektrifizierung erzeugten mechanische Transmissionseinrichtungen die Fliessbandbewegung für das Abpacken. **Kemptthal, Maggi-Archiv 1896**

58 Zuckerzug in Kuba am Ende des kubanischen Rohrzucker-Handelsmonopols mit dem Ostblock: amerikanische Dampflok vor einer der einst über 200 amerikanischen Zuckerfabriken. **Ingenio Mal Tiempo, Foto H. B. 1996**

Das Geschäft mit den Genussmitteln

Zuckerwaren, Schokoladen, Tabak, Alkohol und Kaffee sind immer wieder Themen von kontroversen Auseinandersetzungen. Die verführerischen Trost- und Aufmunterungsmittel gehören nicht zur Grundnahrung des Menschen. Sie können stimulieren, aber auch reizbar, süchtig oder schlaff machen. Vielleicht mit Ausnahme des Kaffees dienen sie nicht unbedingt der Förderung disziplinierten Arbeitens. Im Ausmass der heutigen Konsumgewohnheiten schädigen sie die Gesundheit. Bis ins Mittelalter war in Europa nur das Trinken von Alkohol bekannt. Die anderen Genussmittel haben sich hier erst verbreitet, nachdem vor 500 Jahren die exotischen, in subtropischen Gebieten wachsenden Rohstoffe entdeckt worden waren. Beim Import, beim Handel und in der Produktion von Genussmitteln wurden Schweizer Unternehmen in verschiedenen Bereichen zu führenden globalen Akteuren. Inzwischen übertreffen die Umsätze mit Genussmitteln diejenigen der Grundnahrungsmittel. Dieses grosse Geschäft wird mit aggressiven Werbe- und Handelsfeldzügen gemacht. Der teuren Werbung stehen relativ geringe Mittel für die Prävention gegenüber.

Zuckerinselkriege, Zuckerrüben-Anbauschlacht

Als am 16. März 1521 der Portugiese Fernando Magellan, bezahlt vom spanischen König, auf der Insel Mactan landete, erhielt er vom Inselhäuptling als Willkommensgeschenk Zuckerrohrsaft. Danach kam Magellan im Kampf gegen ihn um. Dennoch eroberte diese Süssigkeit ebenso wie die Gewürze Indiens und Indonesiens die Küchen und Konditoreien Europas. Die Spanier erklärten Mactan 1565 zu einem Teil ihres Kolonialreichs und bekehrten die Bevölkerung der islamisierten Inselgruppe, mit Ausnahme von Mindanao, zum katholischen Glauben. Der Erobererkönig Philipp II. gab dem fernöstlichen Inselreich seinen Namen. In den 327 Jahren der Kolonialisierung machten die Spanier den Zuckerrohranbau auf den Philippinen zum wichtigsten Wirtschaftszweig. Nach dem Verlust Hispanoamerikas blieben Kuba und die Philippinen die letzten Zuckerkolonien Spaniens. 1897 mobilisierten die Vereinigten Staaten diese Inselvölker mit dem Versprechen auf Freiheit, besetzten Hawaii und übernahmen nach dem Pariser Friedensvertrag 1899 Puerto Rico, die Philippinen und die Aufsicht über Kuba. Die amerikanische Zuckerindustrie auf diesen Inseln blieb während der ersten Hälfte des 20. Jahrhunderts weltweit führend.[39]

Inzwischen hat vor allem die Landwirtschaftspolitik der Industrieländer dazu geführt, dass der Import von Rohrzucker aus subtropischen, armen Ländern beinahe versiegt ist. Auch in der Schweiz ist der Anbau von Zuckerrüben zur Sicherung der Bauerneinkommen immer wichtiger geworden. Erste Zuckerrüben wurden 1898 in Aarberg verarbeitet. Nach dem Zweiten Weltkrieg beschäftigte allein die Zuckerfabrik Aarberg über 1000 Leute. 1997 förderte der Bund den Zuckeranbau mit 30 Millionen Franken Subventionen, 2001 waren es 45 Millionen. Ohne diese Steuermittel gäbe es in der Schweiz kaum Zuckerrübenanbauer, Zuckerrübenzüge und Zuckerfabriken. Die Zuckerrüben haben hier im Vergleich zu Deutschland den doppelten Preis, die Maschinenkosten sind viermal höher.[40] Parallel zur Produktionssteigerung der schweizerischen Zucker-

59 Zuckerzug in Frauenfeld und Rübenzuckerwagen. Die Subventionierung des Zuckerrübenanbaus hat die Zuckerwirtschaft von den subtropischen Ländern in die Industrieländer verlagert. **Frauenfeld, Foto H. B. 2006**

wirtschaft hat sich der Konsum erhöht: Die Schweiz gehört mit 32 Kilo pro Person und Jahr zu den Ländern mit sehr hohem Zuckerkonsum.

1997 haben sich die Zuckerfabriken Frauenfeld und Aarberg zusammengeschlossen. Jeden Herbst rollen 350 000 Tonnen Zuckerrüben in das Frauenfelder Werk und in die Aarberger Fabrik 700 000 Tonnen. Noch vor einem Jahrzehnt geschah das alles auf Eisenbahnwagen. Der Abbau von Gütergleisen hat dazu geführt, dass von 600 Freiverladeanlagen gerade noch etwa 100 benutzt werden können. So bringt denn heute jeder fünfte der 8000 Zuckerrübenanpflanzer seine Ernte mit dem Motorfahrzeug in die Fabrik. Die Zuckerfabrik Frauenfeld hat durch Rationalisierungen den Bestand an dauernd beschäftigen Leuten auf 100 reduziert. Die Rüben gehen nach der Ernte so rasch wie möglich in die Verarbeitung, damit der 18-prozentige Zuckergehalt genutzt werden kann. In 24 Stunden werden bis zu 170 Bahnwagen geleert, die Mehrheit über Nacht. Nach dem Waschen und Schneiden gelangen die Rübenschnitzel in einen Prozess, der dem der Zuckerrohrfabriken Kubas oder Indonesiens ähnlich ist: Extrahieren mit heissem Wasser, Binden der Fremdstoffe mit Kalk, Verdampfen und Kristallisieren. Abfälle gibt es keine. Die nicht zu Zucker verarbeiteten Bestandteile dienen als Silofutter, Trockenschnitzel oder Melasse für die Futtermittelindustrie. Grossabnehmer der Zuckerindustrie sind die Getränke- und Schokoladenfabriken.[41]

60 Wie bei allen Produkten aus der Feldwirtschaft ist auch bei der Verarbeitung der Zuckerrüben der erste Prozess das Reinigen: aussortieren von organischem und metallischem Abfall. **Frauenfeld, Foto H. B. 2006**

Die Schokoladen-Schweiz und was davon blieb

Milch und Zucker standen Pate bei der Geburt der Schokoladenindustrie: In einer 100-Gramm-Milchschokolade sind neben Kakao 250 Gramm Milch und eine unterschiedlich grosse Menge Zucker verfestigt. Die Europäer entdeckten Kakao als Genussmittel bei der Eroberung Mittel- und Südamerikas. Die gezuckerte Kakaobrühe der Azteken galt bald als Königsgetränk an den Höfen. Im 19. Jahrhundert liessen die Industrialisierung der Produktion und das Haltbarmachen in Schokoladentafeln das Luxusprodukt zum Konsumgut für breite Schichten werden. In Afrika und Lateinamerika entstanden grosse Kakaoplantagen, ergänzt durch Zuckerrohrplantagen und Viehfarmen mit riesigen Flächen in der Grössenordnung des Kantons Thurgau. Besonders erfolgreich im Aufbau von Schokoladen-Imperien waren die Engländer, die Amerikaner und die Schweizer. Die Konzerne Cadbury und Hershey entwickelten sich zu Grossgrundbesitzern mit eigenen Eisenbahnen, Schifffahrtsgesellschaften und den Fabrikstädten Bournville in England und Hershey in den USA.[42]

In der Schweiz schuf sich die Süsswarenindustrie im Bündnis mit den Bauern das Image des Schokoladen-Landes: «Europa hat ein Schokoladen-

61 Mit der Einführung von «Conchen» (spezielles Rührwerk) gelang den Schweizer Schokoladenfabriken die Herstellung besonders feiner Kakaomassen. Heute unterscheiden sich die Schokoladen vor allem durch ihre Verpackung. **Villars Fribourg, Foto H. B. 1979**

herz – die Schweiz», verbreitete Lindt & Sprüngli noch 1996 in einem internationalen Werbespot.[43] Tatsächlich nehmen Schweizer Entwicklungen in der Geschichte der Schokoladenproduktion eine bedeutende Stellung ein. 1875 kreierte Daniel Peter die Milchschokolade, und 1879 erfand Rudolf Lindt die Technik des Conchierens, was die Herstellung besonders feiner Schokolade ermöglichte. Markenschokoladen wie Lindt, Suchard, Cailler, die 1908 entwickelte dreieckige Tobleroneschachtel, die im Zweiten Weltkrieg kreierte Ragusa von Camille Bloch geniessen internationale Beliebtheit.

Dem Bild der Schweiz als Schoggi-, Kuhhirten- und Heidiland steht das Spiegelbild der Globalisierung gegenüber. Einerseits stammt der Hauptrohstoff Kakao aus armen Ländern. 60 Prozent des exotischen Rohstoffs für die schweizerische Schokoladenindustrie kommen heute aus Ghana. Eine NGO-Kampagne hat den Verband Chocosuisse dazu gebracht, für die 250 000 Kinder, die auf den Plantagen mithelfen müssen, ein Schulprogramm einzuführen. Andererseits liegt der Schweizer Anteil an den jährlich weltweit verkauften 27 Milliarden Schokoladentafeln unter 4 Prozent. Allerdings sind die Schweizer selbst Weltmeister im Schokoladenessen. Dennoch arbeiten hier nur noch 4750 Menschen direkt in Schokoladenfabriken. Die grössten sind die zum Nestlé-Konzern gehörende Cailler-Fabrik in Broc, Lindt & Sprüngli in Kilchberg am Zürichseeufer, Frey von Migros in Buchs und die Halba von Coop in Wallisellen. Mittelgrosse Fabriken haben in Caslano mit dem Markennamen Alprose, in Courtelary mit dem Familienunternehmen Camille Bloch und kleinere an anderen Orten überlebt.[44] Von den Chocolatiers im Bleniotal ist wenig mehr als die Fabrikruine der Cima Norma übrig geblieben.[45] Villars stellt im monumentalen Sichtbacksteinbau in Fribourg noch Nischenprodukte her.[46]

Eine dramatische Plünderung erfuhren die grossen, traditionellen Schokoladenfabriken Suchard und Tobler.[47] Philippe Suchard hatte seine Fabrik im Jahr 1826 gegründet. Bis 1900 entstand in der Schlucht von Serrières und am Ufer des Neuenburgersees die bedeutendste Schokoladen-Fabrikstadt des Landes. Suchards Meditationshaus mit Minarett, eine Standseilbahn für die Erschliessung der Fabriken, eigene Dampfschiffe, Verkaufsläden in aller Welt und die Vorarbeitersiedlung Cité Suchard ge-

62 Handarbeit am Fliessband spielt in den Schokoladenfabriken noch heute eine bedeutende Rolle für die Qualitätssicherung: Mohrenkopf-Band in der Schokoladenfabrik Villars. **Fribourg, Foto H. B. 1979**

63 Zuckerbäcker und Chocolatiers aus der Südschweiz gehörten zu den Ersten, die die neuen Genussmittel in Europa verbreiteten. Die Schokoladenfabrik Cima Norma ist seit 1968 stillgelegt. **Dangio-Torre Tessin, Foto H. B. 1998**

64 Eine Schokoladenstadt mit Villa und Arbeitersiedlung baute Philippe Suchard bei Neuenburg auf. Pläne der Vorarbeitersiedlung am Seeufer dienten an der Weltausstellung 1893 der Firmenwerbung. Serrières, Foto H. B. 1989

hörten dazu. Kurz vor dem Ersten Weltkrieg schenkte Suchard der Armee ein Flugzeug. Diese nahm Suchard Notrationen in Schokoladenform für die Soldaten ab. Schoggi galt nun als Grundnahrungsmittel. Milchschokoladen der Marke Milka und Bonbons der Marke Sugus verbesserten den Absatz laufend. 1970 fusionierte Suchard mit Tobler. Die grosse Berner Schokoladenfabrik war 1867 von Jean Tobler als Confiserie gegründet worden. 1979 holte alt Bundesrat Nello Celio als Verwaltungsratspräsident den deutschen Kaffeeproduzenten Klaus Jacobs in das Unternehmen. Dieser verlegte zum Dank für Steuerbegünstigungen seinen Geschäftssitz von Bremen nach Zürich und richtete da sein Johann-Jacobs-Museum ein.

Durch unfreundliche Übernahmen entstand ab 1982 die Unternehmensgruppe Interfood. Diese wuchs mit 16 000 Arbeitsplätzen nach Nestlé zum grössten Nahrungsmittelkonzern der Schweiz an. Das alte Suchard-Management wurde ersetzt, die Herstellung von Tafeln in Neuenburg eingestellt. 1990 verkaufte Jacobs die Werke Suchard und Tobler an den amerikanischen Zigarettenkonzern Philip Morris, der bisher mehr mit Marlboro als mit Suchard identifiziert wurde. In Neuenburg kamen im gleichen Jahr die letzten Osterhasen auf die Fliessbänder. Die Sugus-Rechte gingen an den US-Süsswarenproduzenten Wrigley. Während die neue Tobler-Fabrik bei Bern für Philip Morris weiterhin Toblerone-Schokolade herstellt, wurde die alte Fabrik 1993 für die Universität Bern umgenutzt. Die grossen Suchard-Werke in Neuenburg-Serrières stehen leer. Jacobs wurde einer der reichsten Bewohner der Schweiz. Zum Besitz seiner Beteiligungsgesellschaft gehörte das 1996 fusionierte Unternehmen Barry Callebaut. Dieses stellt in weltweit 40 Werken einen Viertel aller Schokoladenrohstoffe her. Das Vermögen von 4,5 Milliarden Franken konnte der 72-jährige Jacobs 2008 nicht mit ins Grab nehmen. Aber der Pfarrer rühmte im Zürcher Fraumünster seinen Spenderwillen für benachteiligte Jugendliche. Eine autorisierte Autobiografie hatte der Spender noch zu Lebzeiten schreiben lassen.

Fabrik Cailler-Nestlé SA, 1636 Broc, http://main.cailler.ch

Chocolat Frey AG, 5033 Buchs, www.chocolatfrey.ch

Chocolats Camille Bloch SA, 2608 Courtelary, www.camillebloch.ch

Kolonialwaren und Kaffeeröstereien

Der Urkaffee ist der türkische – aus dem osmanischen Reich kam die Tradition des Kaffeekränzchens in den Westen und erhielt bald den Nimbus einer sozialen Interaktion, die der geistigen Konzentration dient. Allerdings war richtiger Kaffee noch bis in die 1950er-Jahre so teuer, dass in der Schweiz jeder zweite Kaffee aus einem Ersatzstoff gemacht wurde. Am bekanntesten wurde das Franck-Aroma: Franck stellte bis zur Fusion mit Nestlé in der grossen Fabrik in Basel Kaffee-Ersatz aus Zichorien her.[48] Doch hatte echter Kaffee aus gerösteten Bohnen des subtropischen Schattengewächses schon im 18. Jahrhundert die Haute-Volée erobert. Kaffee wurde zu einem der wichtigsten Güter im Kolonialwarenhandel. Es waren Niederländer und Franzosen, die in ihren Kolonien Kaffeeplantagen aufbauten. Über Französisch-Guayana verbreiteten sich die Pflanzungen nach Brasilien. 42,4 Prozent aller Bohnen kommen heute aus Brasilien.[49]

In Genf, Basel und schliesslich auch in Zürich entstanden Kaffeehäuser für die noble Herrschaft. Derweil wanderten verarmte Schweizer in die Kaffeeplantagen nach Brasilien aus. Das gelobte Land erwies sich als Tropenhölle mit Seuchen, Sklaven- oder Leibeigenenarbeit. Eindrücklich schildert das Eveline Hasler in ihrem faktenreichen Auswanderer-Roman «Ibicaba», der um 1855 spielt.[50]

Zum führenden schweizerischen Kaffeehändler entwickelte sich das Handelshaus Volkart in Winterthur. In der aufstrebenden Industriestadt bestand ein Netz, das dem gewinnbringenden Tausch von Produktionsgütern gegen Rohstoffe förderlich war – vorerst gegen Baumwolle aus Indien. Nach Georg Volkarts Tod führte der verschwägerte Theodor Reinhart das Unternehmen. Mit seinen Söhnen Georg, dem Musikförderer Werner und dem Gemäldesammler Oskar setzte er Teile des immensen Reichtums für die Entwicklung Winterthurs zur Kulturstadt ein. 1929 entstand der monumentale Geschäftssitz am Georgenplatz, heute genutzt von der Zürcher Hochschule für Angewandte Wissenschaften. Nach dem Zusammenbruch des britischen Kolonialreichs verlagerte das Unternehmen seine Schwerpunkte auf den Handel mit Baumwolle aus Nordamerika und Kaffee aus Brasilien.[51] Volcafe, die Kaffeesparte der Volkart-Gruppe, wuchs zum zweitgrössten Kaffeehändler der Welt. 1989 verkauften die Reinharts das Kaffeegeschäft an den Winterthurer Autohändler Hugo Erb. In den 1990er-Jahren gehörten beide Familien zu den reichsten der Schweiz. Während Andreas Reinhart sein Vermögen ausserhalb der Schweiz angelegt und teilweise verspekuliert hat, machte die Familie Erb Konkurs. 2003, im Todesjahr des alten Automilliardärs Erb, wurde die Erb-Gruppe der Söhne Rolf und Christian liquidiert. Volcafe ging aus der Konkursmasse an die englische ED & F Man-Holdings Limited.[52] Der Erb-Erbe vermachte sein Erbe mit dem Schloss Eugensberg kurz vor dem Konkurs seinen einjährigen Zwillingen.

Einen nachhaltigen Durchbruch auf dem Weltmarkt mit einem Schweizer Kaffeeprodukt schaffte Nestlé. Im 19. Jahrhundert waren verschiedene Versuche, ein konserviertes und direkt lösliches Kaffeeprodukt auf den Markt zu bringen, noch gescheitert. Nestlé hatte bereits mit einer vertiefenden Forschung begonnen, als die Weltwirtschaftskrise 1929 in Brasilien enorme Ernteüberschüsse zur Folge hatte. Auf Anfrage der Kaffeelobby und ihrer Banken forcierte Nestlé ab 1932 mit Max Morgenthaler die Entwicklung eines neuartigen Kaffeepulvers, das Nescafé genannt wurde. Beinahe wäre das Projekt

65 Arme Schweizer wanderten im 19. Jahrhundert in die brasilianischen Kaffeeplantagen aus. Auf den Grossgrundbesitzen von bis zu 1000 Quadratkilometern Fläche herrschen bis heute unmenschliche Verhältnisse. **Denkmalgelände Ibicaba, História viva 2006**

aufgegeben worden, weil der Kaffee beim Konservieren das Aroma verlor. 1938 produzierte Nestlé in Orbe dann doch ein Extrakt aus reinem Kaffee, ein Extrakt, das erst beim Lösen das Aroma freigab. Pro Tasse war Nescafé zwar teurer als frischer Kaffee, und der ausbrechende Weltkrieg beschränkte die Marktprobe vorerst auf die Schweiz. Das Nescafé-Patent kam nach dem Weltkrieg mit neuen Produktionsstätten in Südamerika, Australien und Südafrika zum Tragen. Ab 1964 liess das Gefriertrocknungsverfahren weitere Verbesserungen des Produktes zu. Schliesslich sicherte die Lancierung des Nespresso-Kapselsystems die global führende Stellung von Nestlé in der Kaffee-Industrie weiter. – Mit Kehrseiten für die Produzenten: Die Liberalisierung der Rohstoffmärkte, verbunden mit Warentermin-Spekulationen auf kommende schlechte oder gute Ernten, liessen den Kaffeepreis zusammenbrechen. Bei einem Restaurantpreis von 4 bis über 5 Franken pro Tasse Kaffee erhält der Plantagenarbeiter davon etwa einen Rappen. Für Nestlé macht das Kaffeegeschäft mit 8 Milliarden Franken Jahreseinnahmen gegen 10 Prozent des Umsatzes aus.[53]

Kaffeemuseum, 8034 Zürich, www.johann-jacobs-museum.ch, geöffnet Freitag bis Sonntag

Die Raucherfestung Schweiz

«Raucher, unterstützt die heimische Industrie!» Diese Bundeswerbung diente 1935 der Exportrisikogarantie für ein Tauschgeschäft von Schweizer Dampflokomotiven gegen bulgarischen Tabakimport.[54]

Das Plakat und eine ärztliche Empfehlung zum Rauchen schmückten viele Schaufenster von Tabakwarenläden. Die Tabakindustrie erreichte damals in der Schweiz ihren Zenit. Das südamerikanische Nikotingewächs gelangte als Anbaupflanze erstmals 1680 ins Land. Grösste Verbreitung fand der Tabakanbau im Broyetal, im aargauischen Stumpenland und im Tessin während der industriellen Revolution. Die Zigarrenindustrie entwickelte sich in und um die Tabakanbaugebiete. Nebenprodukte waren Pfeifen- und Schnupftabak. Im Ersten Weltkrieg kamen die in Papier gewickelten, schnell abbrennenden Zigaretten auf – ohne und mit Filter. Den Kampf gegen Kritik und Konkurrenz führten die Tabakindustriellen schon früh mit harten Bandagen. Im Stumpenland verteidigten die Tabakfabrikanten die schlechten Löhne ihrer Angestellten und selbst die Kinderarbeit gegen die neuen Industrien. Dabei wandten sie Methoden wie die Verweigerung von Landverkäufen und politische Pressionen an. Der nationalen und internationalen Tabakindustrie hat die Schweiz eine hartnäckige Raucherlobby zu verdanken. Das Nachrichtenmagazin Facts hat 2003 die Schweiz als Tabakfestung bezeichnet:[55] In keinem anderen Land habe die Tabaklobby so viel Einfluss, ob es nun um Werbung und Suchtförderung für Jugendliche oder Teerstoffreduktion gehe. Die schweizerischen Tabakfabrikanten verzögerten gemeinsam mit Politikern wie alt Nationalrat Edgar Oehler und mit Vertretern der grössten Tabakkonzerne BAT, Philip Morris und JT International die Einführung eines wirksamen Schutzes vor dem Rauchen.

Die globale Verflechtung des Tabaklandes Schweiz ist gewachsen. Bereits 1960 ging Vautier an die British American Tobacco BAT. BAT beschäftigt heute in Boncourt 400 Leute und ist dort der grösste Arbeitgeber. Philip Morris errichtete in Serrières ihre Marlboro-Zigarettenfabrik, welche mit 800 Beschäftigten die grösste Steuerzahlerin des Kantons Neuenburg ist. Auch die dritte führende Weltmarke ist in der Schweiz vertreten: Rinsoz & Ormont produzierten ab 1930 Meccarillos und die französischen Zigaretten der späteren Marke Gauloises. Diese Produktionen gingen 1990 und 1992 an den Westschweizer Zigarettenhersteller Burrus und an Burger. Burger katapultierte sich in den 1990er-Jahren mit dem Kauf der Tessiner Zigarrenfabrik Brissago und weiteren Betrieben auf den weltweit dritten Rang der Zigarrenhersteller. Auf Rang 14 steht der Tabakverarbeiter Villiger, der ebenfalls auf die Industrialisierungszeit des Aargaus zurückgeht.[56]

Verbunden mit der Tabakindustrie sind Bereiche der Landwirtschafts-, der Sozial- und der Arbeitsplatzpolitik: Pro Hektare wird der Tabakanbau mit gegen 30 000 Franken abgegolten; die Zigarettenfabriken und der Handel bringen Arbeit für über

66 In der grössten Krise des 20. Jahrhunderts rief der Bund 1934 die Exportrisikogarantie ins Leben. Winterthur lieferte sechs Lokomotiven nach Bulgarien, das dafür Tabaklieferungen versprach. **Plakat 1935, Sammlung SIK**

67 Zu den wenigen verbliebenen Zigarrenproduzenten gehört das Familienunternehmen Villiger. 1953 warb die Firma mit Fernweh und Tabakeinkauf per Swissair-Langstreckenflugzeug. **Plakat, Zigarrenmuseum Menziken**

10 000 Menschen – und über die Tabaksteuern jährliche Beiträge für die Altersvorsorge von 1,7 Milliarden Franken. Die Krebs- und die Lungenliga rechnen mit jährlichen Krankheits- und Invaliditätskosten von 10 Milliarden Franken.[57]

Alkohol – das grosse Geschäft

Gelegentliche Bierseligkeit und ein gesundes Gläschen Wein gehören zu den Lebensfreuden vieler Menschen. Die Dimensionen des Wirtschaftens mit Alkohol werden dabei selten bewusst. Die Schweizerische Fachstelle für Alkohol- und andere Drogenprobleme schätzt den jährlichen Umsatz mit Alkoholika bei den Endverbrauchern auf 10 Milliarden Franken.[58] Somit wird mit alkoholischen Getränken im Vergleich zu den anderen hier dargestellten Branchenbereichen am meisten Geld umgesetzt. Der Handel mit Alkohol hat seit der Liberalisierung von Gastgewerbe und Alkoholverkauf stark zugenommen, was dem Fiskus zugute kommt: Die im internationalen Vergleich relativ hohen Alkoholsteuern füllen die Bundeskassen.[59] Allerdings erleichtert seit 1999 eine 50-prozentige Preissenkung den Import von Spirituosen. Paradox: Denn andererseits wird die einheimische Spirituosenproduktion durch Beiträge für Hochstammbäume gestützt. Dies alles fördert eine Verlagerung des Alkoholkonsums weg von Bier und Wein hin zu Spirituosen. Die Schweizerische Fachstelle für Alkohol- und andere Drogenprobleme stellt eine Zunahme des chronischen Trinkens und Rauschtrinkens fest, dies speziell in neuen Kundensegmenten: bei Schulkindern und Jugendlichen. Die Stelle schätzt die Zahl der Alkoholiker in der Schweiz auf 300 000, die jährliche Zahl alkoholbedingter Todesfälle auf 2000.

58 Die beiden globalen Bierkonzerne Carlsberg und Heineken haben die Vielfalt von einst 530 Brauereien ersetzt. Nur eine grössere Brauerei im Lande ist noch in Schweizer Besitz. **Bieretiketten von Schweizer Brauereien, Sammlung SIK**

Globalisierte Getränkeindustrie

Unterschieden werden im Getränkegeschäft die Hauptmarktsegmente Wasser und Süsswasser, Bier, Wein und Spirituosen. Die bedeutenden Produzenten von Süsswassergetränken sind alle dominiert von Konzernen: Die Mineralquelle Henniez gehört zu Nestlé, die Mineralquelle Aproz zu Migros, die seit 2008 auch die Marke Rivella vertreibt. Eine besondere Rolle nimmt der Coca-Cola-Konzern in der Schweiz ein. Der 1892 gegründete, grösste Süssgetränkehersteller der Welt eröffnete 1936 in Brüttisellen bei Zürich eine bis heute betriebene Abfüllanlage. 2002 übernahm Coca-Cola die Mineralquelle Vals mit der dortigen Getränkefabrik.

Der Weinbau hat in der Schweiz seit den 1960er-Jahren eine Renaissance erfahren. Das Keltern ist immer noch stark gewerblich organisiert. Industriebetriebe sind die Ausnahme. So betreibt der Verband Ostschweizerischer Landwirtschaftlicher Genossenschaften Volg neben 550 Läden eine Grosskellerei in Winterthur.[60]

Ebenfalls in etlichen Unternehmen konzentriert sind 80 Prozent der Herstellung und des Vertriebs von Spirituosen.[61] Den Handel mit Spirituosen hingegen dominieren zehn Grossbetriebe, die mehrheitlich auch international tätig sind.[62] In der Schweiz sichern die Brennereien einen wesentlichen Teil des schweizerischen Obstbaus: 40 Prozent der Ernte werden gebrannt. Dennoch haben der sinkende Absatz an frischem Obst, Importfrüchte und der hohe Arbeitsaufwand den Bestand an Hochstammbäumen seit 1960 um 80 Prozent dezimiert.

Abschied von den Brauereischlössern

Brauereien waren der Inbegriff der Architektur als gebautem Werbeträger. Mehrheitlich in Familienbesitz, bauten die Unternehmen ihre Anlagen im Stil von Schlössern. Mit ihnen wurde auf Bierdeckeln, Tischservietten und Bieretiketten Werbung für den geselligen Spass gemacht. Bier ersetzte nach der Reblauskrankheit den Wein nicht nur als Genussmittel, sondern mit Bierrezepten oder Biersuppen auch als Grundnahrungsmittel. Den Höhepunkt erlebte das Brauereiwesen vor dem Ersten Weltkrieg. Die Brauereien kauften Liegenschaften mit Bierausschank auf und begannen Süsswasser abzufüllen, um lokale Märkte zu dominieren. Wer es als Brauer schaffte, moderne Brau-, Lager- und Kühleinrichtungen zu finanzieren, der konnte zu grossem Reichtum gelangen. Nicht nur das Sudhaus, auch die anderen Produktionsgebäude, die Pferdestallungen und die Villa erhielten reich ornamentierten Schmuck. Viele davon sind verschwunden. Ende 19. Jahrhundert gab es in der Schweiz 530 Brauereien. Hundert Jahre später

69 Zu den stillgelegten und umgenutzten Brauereischlössern gehört die 1856 gegründete und ab 1889 als Aktiengesellschaft ausgebaute Brauerei Warteck: Glasfenster mit Fabrikdarstellung. **Warteck Basel, Foto H. B. 2007**

waren es noch 20. Neben einigen Kleinbrauereien existierten 2010 noch vier grössere im Eigentum von globalen Konzernen und einige mittlere wie die 1779 in St. Gallen gegründete Brauerei Schützengarten oder die Brauerei Müller in Baden, die noch unabhängig sind. Im Kanton Zürich sind alle Grossbrauereien verschwunden, Wädenswil ganz abgebrochen, von der Brauerei Löwenbräu sind nur Rudimente erhalten.

70 Erhalten ist die Brauerei Uster mit musealisierten Sudkesseln und der letzten Dampfmaschine des Zürcher Oberlands. Die Sulzer-Ventilmaschine und ein Kältekompressor stammen von 1897. **Uster, Foto H. B. 1980**

71 Eine der fünf letzten aktiven Grossbrauereien wurde 1876 bis 1970 sukzessive und konsequent im Schloss-Stil als «Feldschlösschen» erbaut. Die moderne Flaschenabfüllerei entstand 1974 abseits der alten Anlage. **Rheinfelden, Foto H. B. 1990**

Die Grossbrauerei Hürlimann entstand ab 1866 in sechs Bauetappen in Zürich-Enge. Auf der Kuppe der Brandschenke steht der Brauereikomplex, daneben die grosse Villa Sihlberg. Die eigene Quelle Aqui versorgte die Mineralwasseranlage. Vom Bahnhof Selnau gab es einen Gleisanschluss. Auch diese Brauerei besass eine Kette von eigenen Restaurants an zentralen Lagen und in der Landschaft. Nach der Übernahme durch den Carlsberg-Konzern braute Hürlimann im Spätsommer 1997 in Zürich das letzte Bier. Die Neuüberbauung des Areals umfasst die Erhaltung der ältesten Bauteile, neue Wohn- und Dienstleistungsbauten und Zürichs grösste Wellness-Oase.[63]

Das bekannteste Industrieschloss des Landes, die Brauerei Feldschlösschen, steht unübersehbar oberhalb von Rheinfelden. Auch diese grösste Brauerei des Landes ist in den vergangenen Jahren Gegenstand einer Fusion geworden. Im Zuge der Kampagne zur Erhöhung der Aktienwerte entdeckte der Verwaltungsratspräsident von Feldschlösschen und vormalige Kreditanstalt-Generaldirektionspräsident Robert Jeker stille Reserven in den Liegenschaften. Brauen lohne sich nicht mehr. Anhänger des Produktionsstandortes Schweiz mit Schweizer Kapital, darunter Minderheitsaktionäre mit Familientradition wie Hoffmann und damals noch Hürlimann, wehrten sich vergebens gegen den Ausverkauf. Seither mietet sich Feldschlösschen zur Absatzsicherung in rund 200 bisher eigenen Liegenschaften ein. Rheinfelden verlor von einst über 1000 Arbeitsplätzen deren 400.[64] Mit Carlsberg als Käufer hat Feldschlösschen vielleicht mehr Glück als andere verkaufte Brauereien. Das Unternehmen wurde von J. C. Jacobson gegründet und erhielt seinen Namen nach dessen Sohn Carl, der ein noch verrückteres Brauereifabrikschloss, als es das «Feldschlösschen» ist, auf einem Berg nahe Kopenhagen aufbaute. Architektonische Tradition gehörte im inzwischen aufgegebenen Gründerareal ebenso zum Namen wie in Rheinfelden.[65]

72 Das Sudhaus ist das Herz jeder Brauerei. Die kupfernen Maisch- und Läuterbottiche sind zu Ehren des Feldschlösschen-Gründers Theophil Roniger monumental angeordnet und geschützt. **Rheinfelden, Foto H. B. 1979**

73 Das grosse Geschäft beim Kauf von Brauereien waren deren Liegenschaften. Etliche historische Brauereien mussten Neuüberbauungen weichen: Abbruch der Brauerei Wädenswil am Zürichsee. **Wädenswil, Foto H. B. 2004**

Carlsberg ist auch Besitzer der zweitgrössten Brauerei der Schweiz, Cardinal in Fribourg. Dort haben sich die Brauleute kurzfristig erfolgreich gegen die Stilllegung gewehrt: Im Juni 2011 wird die traditionsreiche Brauerei Cardinal in Fribourg jedoch geschlossen.[66]

Mit Heineken ereilte das Globalisierungsschicksal auch die 1843 in Winterthur gegründete Brauerei Haldengut. Das klassizistische Brauereigebäude mit Kühlkeller im Hang, Reservoir und Kantine stand am Fuss des Lindbergs. Während 150 Jahren verdichtete sich ein Brauereikonglomerat auf einem oberen und einem unteren Areal. 2003 liess Heineken die Produktion einstellen, nachdem der Konzern auch diese Brauerei aufgekauft hatte. Zugunsten einer neuen Wohnüberbauung wurden 2008 im oberen Areal alle Bauten mit Ausnahme der Gründerbaugruppe und eines Silos abgebrochen. Aus dem unteren Areal zog die Verwaltung ins steuergünstigere Luzern.[67] Dort steht auf der Gemeindegrenze zu Kriens die Heineken-Brauerei Eichhof. Das Bier Marke Haldengut wird in Chur von der Heineken-Brauerei Calanda gebraut. Freddy Heineken, der aus Erholungs- und Steuergründen einen Wohnsitz in der Schweiz fand, vermachte den Einfluss im Getränkekonzern seiner Tochter Charlene de Carvalho-Heineken. Sie gilt mit ihren geschätzten 5 bis 6 Milliarden Vermögen als Bierkönigin der Schweiz.[68]

III TEXTIL

Take-off mit Textilien

Textil-, Bekleidungs- und Lederwarenindustrie[1]

1950 127 000 Beschäftigte = 27,0%

2010 16 500 Beschäftigte = 2,1%

74 Frauenarbeit: gerissene Fäden mit Fingerspitzengefühl anknüpfen. **Aathal, Zeichnung H. B. 2000**

Die Textil- und Bekleidungsindustrie war die dominierende Industriebranche: In diesem Wirtschaftszweig arbeiteten schon im 18. Jahrhundert zwischen 150 000 und 200 000 Menschen. Diese Zahl sollte sich durch das ganze 19. Jahrhundert halten, wobei die Einwohnerzahl auf das Doppelte stieg.[2] Von allen Industriezweigen erzielte die Textilindustrie die höchsten Warenexportwerte. Die Schweiz stand, relativ betrachtet, an der Spitze aller Baumwolle verarbeitenden Länder.[3] Das Aufkommen grosser stehender Heere, das Anwachsen der städtischen Bevölkerung und neue Konsumgewohnheiten steigerten den Absatz stetig, was auch grosse Verschiebungen innerhalb der Branche bewirkte. Zuerst verschwand die auf heimischen Rohstoffen basierende Leinenindustrie. Dann überflügelten die Stickerei- und die Seidenindustrie die Baumwollindustrie. Die Weltwirtschaftskrise von 1929 traf die Textilindustrie hart. Inzwischen hatte sie als Motor der Industrialisierung die Gesellschaft umgewälzt und andere Industriezweige initiiert. In den 1960er-Jahren begann ihr letzter Abstieg zum marginalen Wirtschaftsbereich.[4] Heute überwiegen die Importe aus den Ostländern die Exporte aus der Schweiz bei weitem. Einheimisch sind meistens noch die Marken und die Gewinne aus dem Modegeschäft, manchmal das Mode-Design, in Ausnahmefällen die Produktion.

Mitteilungen über Textil-Industrie

Gewerbe-Ausstellung Zürich 1894: Silberne Medaille • Schweiz. Landesausstellung Genf 1896: Silberne Medaille

Schweizerische Fachschrift für die gesamte Textil-Industrie

Seidenstoffe u. Bänder, Wirkerei, Stickerei, Baumwolle, Wolle, Leinen, Vorbereitungs- u. Hülfsindustrien

Export - Import - Handel - Industrie - Technik - Mode - Sozialpolitik

Offizielles Organ des Schweizerischen Wirkereivereins und des Verbandes kaufmänn. Agenten der Schweiz, des Vereins ehemaliger Seidenwebschüler Zürich und der Vereinigung ehemaliger Webschüler von Wattwil.

Die „Mitteilungen über Textilindustrie" erscheinen in der Regel am 10. u. 25. jeden Monats. Probe-Abonnements können jederzeit beginnen

Inserate Grundschrift Nonpareile. Zeilenpreis 30 Cts. Wiederholungen und Stellengesuche Rabatt. | Abonnementspreis Für die Schweiz: vierteljährlich Fr. 3.— „ „ „ halbjährlich Fr. 6.—

No. 12/13. XXVI. Jahrgang. | Chefredaktion: FRITZ KAESER, Metropol, Zürich. | 10. Juli 1919.

Henry Baer & Co., Zürich

Elisabethenstrasse 12

Wir bauen als Spezialität:

Sämtliche Sortier-, Titrier- und Messinstrumente

für die Textil-Industrie

Stärke- und Dehnungsmesser

für einfache Garne und Zwirne.

Schußzähler

Bewährte, mechanische

Kettenfadenwächter

für offene Aufsteck- od. geschlossene Lamellen.

Automatische Schusswechsel-Apparate

zum Anbau auch an ältere Unter- u. Oberschlagstühle

Konditionier-Apparat

zur Bestimmung der in Rohmaterial oder Garnen, Seide, Baumwolle, Wolle etc. enthaltenen Feuchtigkeit.

Haspel, Bogenwage

Fachkontrollapparate

Zwirnzähler

Blatteinzieh-Maschinen

Kettbaumbremsen etc. etc.

Sämtliche Apparate können in unserem Probesaal stets im Betrieb besichtigt werden.

75 Vom 18. Jahrhundert bis in die 1920er-Jahre bot die Textilindustrie in der Schweiz am meisten industrielle Arbeitsplätze. Die Leitindustrie entwickelte sich vom Verlags- und Manufakturwesen über das Baumwollfabrikwesen zur Luxusgüterindustrie. **Zeitschriftentitel Textil-Industrie 10. 7. 1919, Sammlung SIK**

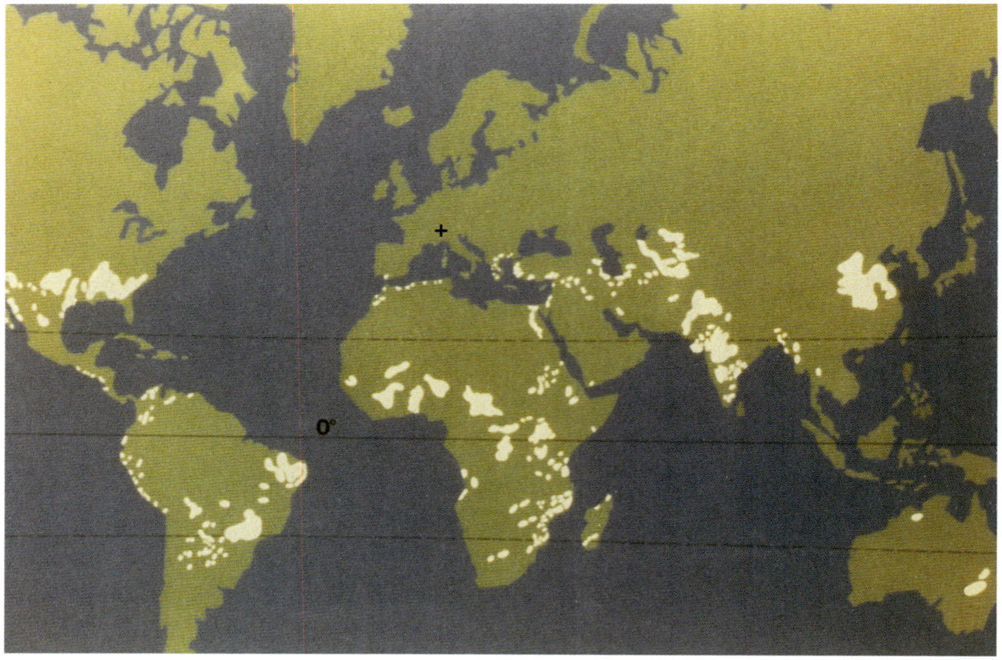

76 Die Grundlage der frühen Industrialisierung der Schweiz war der globale Handel mit Baumwolle aus subtropischen Gebieten: Baumwollanbaugebiete im 20. Jahrhundert. **Repro 2010, Sammlung SIK**

Protoindustrie: Integration in den internationalen Handel

Die aufstrebenden Stadtstaaten der späteren schweizerischen Nation entwickelten bereits vor der Reformationszeit überregionale Handelsnetze. Zwischen dem 14. und dem 18. Jahrhundert ermöglichten die städtischen Patrizierfamilien den Landleuten gewerbliche Initiativen, sofern diese ihre angestammten Tätigkeiten nicht konkurrenzierten. Dabei kontrollierten sie den Handel.[5] Absatzmärkte fanden sie in den Nachbarländern und in den aufstrebenden Kolonialmächten England, Holland und Schweden. Zunftherrschaften, die diese Chancen wahrnahmen, entwickelten sich zu frühindustriellen Zentren. Genf und Zürich waren Ausgangsorte der Reformation gewesen, andere Zentren hatten sich mit Ausnahme von St. Gallen reformieren lassen. Sie beschäftigten in ihren Landgebieten Zehntausende von Heimarbeitern, die mit geringen Investitionen in ihre Werkzeuge Rohstoffe verarbeiteten und Textilien herstellten. Dabei spezialisierten sich die Regionen: St. Gallen und Appenzell vorerst auf das Leinwandgewerbe, Basel bis in den Oberaargau hinein auf die Seidenbandweberei, Zürich bis in die Innerschweiz auf die Seiden- und später auf die Baumwollverarbeitung, Genf auf den Stoffdruck und die Herstellung von hochprofitablen Textilien, unter anderem mit Goldfäden.

Den Gegenden ausserhalb der zünftisch beherrschten Gebiete bot die Textilwirtschaft neue Perspektiven – so den Kantonen Neuenburg und Glarus und den gemeinen Untertanengebieten Aargau und Thurgau. Ins wirtschaftliche Hintertreffen gerieten katholisch oder aristokratisch regierte Städte wie Fribourg, Luzern und Bern. Um 1790, noch vor der Mechanisierung der textilen Handarbeit, war die sogenannte Protoindustrialisierung mit organisierter Lohnarbeit in der Schweiz im internationalen Vergleich überdurchschnittlich stark entwickelt. Dabei arbeiteten 95 Prozent der Entlöhnten in ihren eigenen Heimen und 5 Prozent in Manufakturbetrieben. Nebst dem Spinnen, Weben, Veredeln und Nähen von Textilien waren auch andere Tätigkeiten weit verbreitet, so die Strickerei für Strümpfe und Hosen, die Wirkerei oder die Strohflechterei.

Strohmuseum Freiamt, 5610 Wohlen, www.wohlen.ch/de/tourismus/strohmuseum, geöffnet Mittwoch, Freitag bis Sonntag

Verlagswesen und Heimindustrie

Wie funktionierte das Verlagswesen? Der Verleger, ein Stadtbürger mit Handelsmonopol, verlegte die Rohstoffverarbeitung gegen Lohn auf das Land. Als Sammler der Zwischenprodukte gelangte er zu ansehnlichem Reichtum. Die Zwischenhändler wurden Fergger genannt. Der Gegensatz zwischen Reichtum und Armut, zwischen Stadt und Land wuchs. Schon lange vor der reformierten Neuzeit sind erste derartige frühkapitalistische Organisationsnetze in der Wollverarbeitung in Fribourg belegt oder in der Flachsverarbeitung in St. Gallen. Die dortigen Kaufleute erstellten genaue Satzungen für die Qualität der Rohstoffe, Garne und Tücher. Ab 1426 büssten die St. Galler jeglichen Verstoss mit dem Verbrennen der Produkte und mit einer einjährigen Verbannung aus der Stadt. Insbesondere war später das Mischen von Flachs mit Baumwolle zu Kattun verboten. Das reizte zur Opposition aus der Landschaft und zur Abwanderung einzelner Unternehmer. So gründeten die Brüder Hans Jakob und Bartholome Gonzenbach unmittelbar hinter der St. Galler Kantonsgrenze im Untertanenland des Thurgaus 1653 eine Stickerei und 1661 eine Kattun-Manufaktur. In nur zehn Jahren entstanden in Hauptwil 40 neue Bauten – allerdings mussten die Gonzenbach auf das St. Galler Bürgerrecht verzichten. Die einzigartige Siedlung umfasst den ersten Wohnsitz, das damals erbaute Schloss mit Torturm, das Kaufhaus für das Lagern und Ausstellen der Tücher, ehemalige Wirtshäuser, die Färberei und zwei der frühesten Arbeiterhäuser, in denen gewohnt *und* gearbeitet wurde. Im nur 240 Einwohner zählenden Hauptwil entwickelte sich die Gonzenbach'sche Handlung. Mit Hilfe von vielen Zulieferern gehörte sie schon um 1700 zu einem der fünf grössten Textilhäuser der Schweiz.[6]

77 Allein im Zürcher Oberland gab es Ende 18. Jahrhundert über 40 000 Heimarbeiter: Schlichterin und Weber in einem Ostschweizer Webkeller um 1830. **Graphische Sammlung ETH, Repro SIK 1979**

78 Eine einzigartige Manufaktur mit frühen Arbeiterhäusern, zwei Schlössern, Wirtschaften und einem Kaufhaus bauten die Gebrüder Gonzenbach an der Grenze zum Kanton St. Gallen auf: Langbau von 1670. **Hauptwil, Foto H. B. 1994**

Die in einem Ort konzentrierte Gonzenbach'sche Manufaktur blieb eine Ausnahme. Im Zürcher Oberland und in der Ostschweiz entwickelte sich die Textilverarbeitung dezentral in meist schon bestehenden Häusern. Diese wurden durch Unterteilungen und Anbauten zu Konglomeraten verdichtet, in denen bis zu 100 Menschen leben mussten. Im Zürcher Oberland fanden in einst einteiligen Kleinbauernhäusern durch Umbauten schliesslich zwölf Familien Platz. Grössere Menschen bewegten sich in den niedrigen Räumen gebückt, sie musstern «flarzen». Daher bezeichnet man diese Bauweise bis heute mit Flarz. Überwiegend in solchen Häusern zählte das Kaufmännische Direktorium des Kantons Zürich 1787 genau 34075 Arbeitsplätze an Spinnrädern und 6479 an Webstühlen. Aus Kleinbauern mit kleinen, stotzigen Gütern waren Heimarbeiter geworden, die im Nebenbetrieb Kleinvieh hielten und Gemüse anbauten.[7] Die karge Landwirtschaft und die Verdienstmöglichkeiten bei den Verlagsherren hatten die Bevölkerung an diszipliniertes Arbeiten mit langen Arbeitszeiten gewöhnt: «In meinem eigenen Häuschen machte ich einen Webkeller zurecht, lernte selbst weben, und lehrte es nach und nach meine Brüder, sodass zuletzt alle damit ihr Brot verdienen konnten», heisst es in einer der frühesten Beschreibungen der Heimarbeit in « Der arme Mann von Toggenburg» bei Ulrich Bräker im Jahr 1762.[8]

Flarzhaus Rosa Freddi in Undalen, 17. Jahrhundert, bei 8494 Bauma, Besichtigung auf Anfrage bei der Gemeinde Bauma, 052 397 10 25

79 Die Heimarbeiter im Zürcher Oberland mussten sich mit Unterteilungen und Anbauten an bestehende Häuser begnügen: siebenteiliger Flarz mit über 400-jähriger Substanz im Museumsteil in Undalen. **Bauma, Foto H. B. 2009**

Erste Fabriken: Impulse dank Glaubensflüchtlingen und ein früher Streik

Die ländlichen Heimarbeiter hatten eine persönliche Beziehung zu ihren Arbeitsräumen, Werkzeugen, Kunden oder Ferggern. Die städtischen Lohnarbeiter hingegen erarbeiteten mit einer Masse von Werkzeugen Massenprodukte für eine anonyme Masse von Konsumenten. Die Arbeitsstätten gehörten den Kauf- und Zunftleuten, die über das Verlagswesen und den Handel die ganze Produktionskette beherrschten und auch selbst über die profitabelsten Schlussprozesse geboten. Die Organisation dieser Schlussprozesse in Arbeitshäusern nahm die industrielle Revolution vorweg. Statt der Maschinenarbeit herrschte jedoch die Arbeit von Hand vor: manu factum. Dass es in der Eidgenossenschaft zu besonders vielen Gründungen von Manufakturen kam, ist wiederum der Reformation zu verdanken. Bereits 1565 richtete der Glaubensflüchtling Evangelista Zanino mit dem technischen Wissen aus Italien in der Oetenbacher Klostertrotte in Zürich eine fabrikmässige Seidenhaspelei ein: «Um geringen Lohn [trieben] blödsinnige, taubstumme oder blinde Leute, meist weiblichen Geschlechts» über Treträder die grossen Seidenhaspelmaschinen an. Den Zünftern war das ein Dorn im Auge, sie lösten diese erste Fabrik auf. Erst 1730 entstand in Zürich eine weit grössere, nun mit Wasserkraft angetriebene Seidenfabrik. Die Investition kam nun von Heinrich Escher, der dem Zürcher Patriziat angehörte und so keinen Widerspruch abzuwehren hatte.[9] Die folgenden Initiativen für Fabrikgründungen wurden jedoch durch die Zünfte verzögert. Dennoch konnten zwei Färbereimeister unterhalb der Altstadt an beiden Limmatufern 1783 (Hofmeister) und 1786 (Esslinger) bedeutende Fabrikanlagen erstellen. Melchior Esslinger beschäftigte bis zu 500 Lohnarbeiter. Von beiden Anlagen steht noch je ein Fabrikbau.[10]

Wesentliche Impulse erhielt die Zeugdruckerei in der Eidgenossenschaft von Flüchtlingen aus Frankreich. 1685 hatte der König von Frankreich den Religionsfrieden aufgehoben und begonnen, die Protestanten zu verfolgen. Rund eine halbe Million Hugenotten flüchteten nach Holland und in reformierte schweizerische und deutsche Gegenden. Das zusätzliche Verbot des Tragens von bunt bedruckten Stoffen in Frankreich, England (1720) und Preussen (1721) förderte den Aufbau von grossen Stoffdruckereien durch Hugenotten in den Asyl gebenden Ländern. Genf, Neuenburg, Amsterdam und Augsburg entwickelten sich zu Zentren des Zeugdrucks. Wegen der häufigen Verwendung von indischen Mustern erhielt dieser Geschäftszweig auch die Bezeichnung «Indiennerie». Die um 1865 preussisch unterstützte «Fabrique-Neuve» in Cortaillod bei

Neuenburg beschäftigte in ihren besten Zeiten 700 Arbeitskräfte.[11] Die Gründerbauten der zur Kabelfabrik erweiterten Anlage bestehen bis heute. Von weiteren Manufakturen am Jurafuss existieren Anlageteile – sehr bedeutende bilden die Gebäudehülle für das heutige Museum Neuhaus in Biel.[12]

Wo Arbeiter nicht wie im Verlagswesen vereinzelt werkten, sondern in Massen zusammenwirkten, kam es zum Meinungsaustausch und vereinzelt auch zu kollektiven Handlungen. Als im Basler Zeugdruck die täglichen Arbeitszeiten über elfeinhalb Stunden hinaus verlängert wurden und die Teuerung den Wert des Lohnes schmälerte, sprachen die Arbeiter von Sklaverei und Tyrannei. 1794 organisierte ein Drittel der 700 Indienne-Arbeiter in Kleinbasel einen der ersten Streiks der Schweizer Geschichte. Die Obrigkeit versuchte ihn zu unterdrücken und musste schliesslich schlichten.[13]

Museum Neuhaus (Manufaktur ab 1748), 2501 Biel, www.mn-biel.ch

80 Die Verfolgung der Protestanten in Frankreich und das Verbot, bunte Kleider zu tragen, führten zur Flucht von Stoffdruckspezialisten in die Schweiz, die hier diesen Industriezweig einführten. **Aquarell Erwin Bindenwald 1950, Sammlung SIK**

81 Die ab 1871 erbaute «Fabrique-Neuve» war vor dem Ausbruch der industriellen Revolution mit 700 Arbeitsplätzen die grösste Fabrik in der Schweiz. Im Zentrum der Fabrikbauten breitet sich vor der Unternehmervilla der Fabrikantenpark aus. **Cortaillod, Foto H. B. 1981**

Wirtschaftsblüte in Randregionen

Im Thurgau entstanden grosse, frühe Manufakturanlagen in Frauenfeld, Islikon und Aadorf. Die heute restaurierte Greuter'sche Manufaktur in Islikon beschäftigte zusammen mit den Dépendancen in Frauenfeld und im Elsass 2600 Arbeitskräfte.[14] So wie Greuter war auch Sulzer in Aadorf finanziell mit Winterthur verbunden: «Der Kanton Thurgau besass als Produktionsstandort (im Ancien Régime) eine gewisse Anziehungskraft, aber in geschäftlicher Hinsicht gravitierte die Baumwollindustrie nach Winterthur, das mit seiner Donnerstagsbörse den kommerziellen Mittelpunkt der ganzen Branche bildete», schreibt Klaus Sulzer in seiner ausführlichen Geschichte über seine Urahnen in der Rotfärberei.[15]

Eine ähnliche Wirtschaftsstellung wie Winterthur gegenüber Zürich besass Aarau gegenüber Bern. Die Gewerbetreibenden und Kaufleute der Kleinstadt an der Aare suchten Marktnischen und Absatzmärkte, die keinen Zunftbeschränkungen unterlagen. Zwischen 1755 und 1766 entstand eine erste Indienne-Fabrik. Hunziker und Brechbühl waren die Associés des in Bern und Paris verkehrenden Jakob Philipp Oberkampf. In weiteren Verbindungen wurde der Grundstein des späteren Fabrikunternehmens Herosé gelegt. Zu grosser industrieller Bedeutung gelangte Johann Rudolf Meyer. Er baute ab 1780 in der Altstadt von Aarau seine grosse Textilmanufaktur auf. Obwohl keinerlei Geschäftsunterlagen erhalten sind, ist bekannt, dass Johann Rudolf Meyer innerhalb von 20 Jahren protoindustrieller Tätigkeit – gemessen an heutigen Verhältnissen – zum Multimillionär aufstieg. Bereits 1800 galt er als reichster Aarauer. Die vertikal integrierte Meyer'sche Manufaktur umfasste von der Verarbeitung der Rohprodukte Seide, Baumwolle und Flachs über die Zwischenprodukte bis zum Färben, Bedrucken, Lagern und Handeln der Endprodukte alles. Da unter dem Ancien Régime der Aufbau eines gros-

82 Frühe Textilunternehmen besassen oft Landwirtschaftsbetriebe für die Selbstversorgung. 1800–1812 erstellte die Manufaktur Greuterhof die mächtige Scheune für das Aufhängen der Tücher und für das Vieh, dessen Mist für das Färben benötigt wurde. **Islikon, Foto H. B. 1992**

83 Die in der Aarauer Altstadt aufgebaute Meyer'sche Manufaktur baute ab 1791 ein 740 Meter langes, unterirdisches Stollennetz für Frischwasserversorgung und den Fabrikantrieb mit Wasserrädern. **Aarau, Foto H. B. 1995**

sen Gebäudekomplexes ausserhalb der Stadtmauern nicht erlaubt war, grub Meyer ab 1791 bergmännisch ein 740 Meter langes Wasserkraftsystem. 1798, als das Ancien Régime stürzte und Aarau vorübergehend Hauptstadt der Helvetischen Republik wurde, waren die Rahmenbedingungen, die zum Aufbau eines Grossbetriebes in Altstadthäusern zwangen, hinfällig. Der Boden wurde zum handelbaren Spekulationsgegenstand, die freie Wohnsitznahme, die Handels- und Gewerbefreiheit – später vorübergehend wieder beschnitten – ermöglichten die Aussiedlung auch für Meyer.[16]

Zu einer besonders langen Blüte gelangte der Kattundruck im Glarnerland. 1740 eingeführt, erlebte er seinen Höhepunkt, als er in anderen Regionen bereits verschwand: 1868 bedruckten in diesem Gebirgskanton 6000 Menschen in 22 Betrieben 48 000 Kilometer Tücher.[17] Die Tücher wurden nach jedem Druckgang ausgewaschen und an Lufthängetürmen aufgehängt. Für diesen Zweck entstanden im 20 Kilometer langen Haupttal über 40 «Hänggitürme», wie sie im Dialekt genannt wurden. Etliche dieser Tröcknetürme wurden mit Heizungen zum Trocknen im Inneren ausgestattet.[18] Tröcknetürme sind auch in anderen Gegenden der Schweiz entstanden, aber im 20. Jahrhundert weitgehend abgebrochen worden. Im Kanton Glarus sind vorderhand noch knapp ein Dutzend dieser landschaftsprägenden Sonderbauten erhalten. Einer davon steht – versetzt und wieder aufgebaut – in Ennenda. Heute gehört die Glarner Stoffdruckerei Mitlödi AG zu den letzten derartigen Betrieben in der Schweiz.[19]

Museum des Landes Glarus, 8752 Näfels, www.Freulerpalast.ch, geöffnet von April bis November

84 22 Glarner Kattundruckereien beschäftigten 6000 Arbeitskräfte Das typische Merkmal der frühen Industrielandschaft an der Linth sind die Lufttröcknetürme. Der erste 1865 mit Heizung erbaute «Hänggiturm» in Ennenda ist versetzt erhalten geblieben. **Ennenda, Foto H. B. 1981**

Heftig und brutal: die industrielle Revolution

Die industrielle Revolution wird in Schulbüchern in der Regel dargestellt als eine Folge von Erfindungen, welche die Produktivität in kurzer Zeit vervielfachten. Die Fabrikarbeit verdrängte das handwerkliche Arbeiten, eine gesellschaftliche Umwälzung setzte ein. Als ausschlaggebende Erfindungen gelten die Dampf- und die Spinnmaschine. Tatsächlich hat die Dampfmaschine in der Schweiz lange Zeit keine wesentliche Rolle gespielt, da reichlich Wasserkräfte zur Verfügung standen. Hingegen hat das 1772 durch Richard Arkwright fabrikmässig eingeführte mechanische Spinnen das Verlagswesen in den Jahrzehnten nach 1800 hinweggefegt.[20] Die Anstösse für

85 Bis in die 1860er-Jahre bezogen die schweizerischen Textilindustriellen die meiste Baumwolle aus den USA. Die Sklavenarbeit auf den dortigen Plantagen hat Harriet Beecher Stowe 1852 im Buch «Onkel Toms Hütte» angeprangert. **Filmbild aus «Uncle Tom's Cabin» 1927, Sammlung SIK**

diese Umwälzung kamen von aussen: Der Welthandel mit textilen Rohstoffen hatte sich einseitig auf die gut verarbeitbare Baumwolle verlagert. Die Besetzung der alten Eidgenossenschaft durch Napoleon beendete in Etappen die alten Handelsvorrechte der städtischen Zünfte, Unternehmer aus der Landschaft gelangten zu Reichtum und Macht. So blieb die Mechanisierung des Textilgewerbes auf die alten Textilregionen fixiert. Hier entstand für die Ausrüstung der Spinnereien und Webereien auch eine Maschinenindustrie, welche eine weitere Etappe der industriellen Revolution einleitete.

Auf dem Buckel der Sklaven: von heimischen zu subtropischen Rohstoffen

Die Erfindung und Kombination von neuen Arbeitsmaschinen öffneten zusammen mit der politischen Revolution einen Engpass in den Produktionsverhältnissen. Vorausgegangen war der Jahrhunderte währende Prozess der Kolonialisierung der Welt durch die europäischen Mächte. Noch im 17. Jahrhundert bildete in der Schweiz das Leinengewerbe den wichtigsten Zweig der Protoindustrie. Der Anbau und die Nutzung der einheimischen Textilrohstoffe Tierhaar, Hanf und Flachs wurden noch bis nach dem Zweiten Weltkrieg geschützt.[21] Der Rohstoff Baumwolle hingegen stammt aus einem bereits um 1800 globalisierten Markt.

Die europäischen Kolonialmächte hatten im 18. Jahrhundert begonnen, industriell billigen Schmuck herzustellen. An den westafrikanischen Küsten tauschten sie den Tand und andere Güter gegen schwarze Sklaven. Sehr viele starben auf dem Transport, etwa 12 Millionen kamen in den subtropischen Gebieten Amerikas an. Hauptsächlich wurden sie auf den Baumwollfeldern eingesetzt. Die Segelschiffe kehrten mit Baumwollballen beladen nach Europa zurück. Als letzte Länder betrieben Brasilien und die Vereinigten Staaten von Amerika in grossem Umfang Sklavenhandel.[22] Die USA waren in der Blütezeit der schweizerischen Baumwollindustrie der Haupthandelspartner. Als sich die amerikanischen Südstaaten mit ihren Baumwollplantagen 1861 von den Nordstaaten abspalten wollten, kam es zum vier Jahre dauernden Krieg mit 650 000 Toten. Während dieses Bürgerkrieges schrieben die Nordstaaten immer mehr den Kampf gegen die Sklaverei auf ihr Banner. Mit der Kapitulation mussten die Südstaaten 1865 die Einstellung der Sklavenhalterei unterschreiben. Das bedeutete das Ende billiger Baumwollimporte aus den USA. Nicht zufällig fanden die letzten bedeutenden Gründungen von neuen Baumwollspinnereien in der Schweiz in den ersten Monaten des amerikanischen Bürgerkrieges statt. Im Zürcher Oberland war das im Jahr 1862 die Baumwollspinnerei Uster. So entstand am «Mil-

lionenbach» genau 50 Jahre nach der ersten Gründung einer Spinnerei die letzte. Danach führte eine Welle von Betriebskonzentrationen zur Stilllegung vieler Kleinbetriebe. Jedoch wuchs die Zahl der Spindeln in der Schweiz noch bis 1884 auf 1,866 Millionen. Baumwolle aber kaufte man nun billig in Ägypten und Indien.

Spinnfabriken und Elend in den alten Heimarbeitergegenden

Die Kriegs- und Krisenzeit der Neuordnung Europas durch und nach Napoleon wollte nicht enden. Sie dauerte mit Unterbrechungen 50 Jahre, bis 1848 in der Schweiz mit dem Bundesstaat eine nachhaltige neue Ordnung zustande kam. Napoleons Kontinentalsperre gegen England hatte vor den Billigimporten aus England geschützt. Unternehmerische Personen aus der dörflichen Oberschicht gründeten dank Napoleons Importschutz gegen 300 mechanische Baumwollspinnereien. Diese wiederum ruinierten die Existenzgrundlage der grossen Masse der Heimarbeiterbevölkerung. Maschinengarn machte ihre Arbeit zum Fluch: «Du spinnsch» war gleichbedeutend mit: etwas Überflüssiges tun.

Viele verarmte Schweizer wanderten aus, nach Pommern oder Amerika. Napoleons Kontinentalsperre bot eine Verschnaufpause. In die Fabrik zu gehen, war für viele Arbeitslose gleichbedeutend mit dem Abstieg in die Hölle. Als billige Arbeitskräfte mussten sie dort extrem lange Arbeitszeiten erdulden, bis zu 84 Stunden in der Woche. Fabrikarbeit leisteten mehrheitlich Frauen und Kinder. 1817 fan-

86 Die textile Verarbeitung von Wolle, Flachs und Hanf genoss noch bis in die 1940er-Jahre eine staatliche Förderung vor allem im Kanton Bern. Die Verarbeitung der heimischen Rohstoffe war aufwändig: Schafwollverlesen in der Kammgarnspinnerei. **Archiv Schoeller Hardturm (ca. 1910), Repro H. B. 1992**

87 Ausschlaggebend für die industrielle Revolution war die Mechanisierung der Spinnerei. Heute erzeugt eine Fabrikarbeiterin so viel Baumwollgarn wie vor 200 Jahren 3000 Heimarbeiterinnen an den Spinnrädern: Spinnerin an der Vorspinnmaschine. **Flums, Foto H. B. 1999**

den in den Spinnfabriken des Zürcher Oberlandes 3800 Menschen Arbeit – sie produzierten mehr Garn als zuvor die 34 000 Heimarbeitenden. Als in jenem schlimmen Unwetterjahr die bäuerlichen Erträge in der Ostschweiz weitgehend ausfielen, kam es in der Schweiz zur grössten Hungersnot der vergangenen zwei Jahrhunderte. Allein zwischen Schnebelhorn und Säntis starben über 5000 Menschen an Hunger.

Neben dem Heer arbeitsloser Heimarbeiter war die reichlich zur Verfügung stehende Wasserkraft ein zweiter Grund für die Konzentration der neuen Fabriken in den alten Gegenden der Textilindustrie in der Nordostschweiz. Während der Pionierzeit bis 1820 entstanden die neuen Betriebe an kleineren, relativ gut beherrschbaren Gewässern. Kein Bezirk des Kanton Zürichs erhielt so viele Wasserräder und später Turbinen für Fabrikantriebe wie der Bezirk Hinwil. Insgesamt 176 Kleinstkraftwerke gab es westlich des Schnebelhorns, weniger als 30 haben bis heute überlebt.[23] Mit dem Wachsen der Fabriken aber genügte die Kraft der kleinen Bäche nicht mehr für den Antrieb. Es kam zu einer ersten Verlagerung von Fabrikstandorten. Bevorzugt für Gründungen wurde der Aabach, weil er im Pfäffikersee entspringt und dort ein grosses natürliches Staubecken für die trockenen Sommermonate besitzt. Der Boom von Gründungen an diesem 10 Kilometer langen, 100 Meter abfallenden Bach führte mit 30 Fabriken zu einer einmaligen Dichte. Die meisten von ihnen waren Baumwollspinnereien.[24] Zum mächtigsten Fabrikherrn entwickelte sich Oberst Heinrich Kunz mit Spinnereien in Uster und in der übrigen Schweiz, mit Beteiligungen in Italien und Polen. Umgerechnet auf heutige Verhältnisse brachte es der Spinnereikönig zu einer knappen halben Milliarde Vermögen – Milliardenvermögen gab es damals trotz allen sozialen Gegensätzen noch keine.

Heiri Kunz duldete keinen Widerspruch. In seinen Fabriken herrschte nur er. Erst 23 Jahre alt, hatte er sich 1816 ein viergeschossiges Wohn- und Handelshaus direkt an seine Musterspinnerei anbauen lassen. Eine Spinnerin klagte, Oberst Kunz habe sie geschwängert. Das Kind starb, die Untersuchung wurde eingestellt. 1859 starb Kunz ohne Nachfolger im Schloss Greifensee. Die Familie Heusser-Staub, Hesta, erwarb einen Teil des Kunz'schen Erbes, führte soziale Reformen durch und baute einen Konzern auf, welcher noch bis 1983 Textilien herstellte. Die neue Ausrichtung von Hesta hiess Apparatebau. Diese Verdienstgrundlage von 2000 Menschen allein in Uster und von weiteren 10 000 an anderen Orten ist Thema des weiter unten folgenden Kapitels über Uhren und Apparate. 2005 baute die Hesta in Uster die letzten Werkplätze ab und verwandelte das zwölf Hektaren grosse Areal in einen Firmenpark.[25]

Inzwischen sind auch die letzten Tage der einst grössten Spinnfabrik der Schweiz, der Baumwollspinnerei Spoerry, gezählt. Die Maschinen gelangen in den Osten, 140 Menschen zur Arbeitslosenkasse. Was vom Imperium Spoerry bleibt, ist für schweizerische Verhältnisse ebenso bedeutend wie die Spinnereiachsen am Aabach und im Tösstal.[26] Während fast 150 Jahren bildeten die Industrien von Spoerry & Co das wirtschaftliche Fundament des Hauptortes Flums im Bezirk Sargans. Reichtum wurde demonstriert, aber auch für die Arbeiter eingesetzt. Davon zeugen zwei Fabrikanlagen, vier Villen, zehn Wasserturbinen und 30 Arbeiterhäuser. Die reichen Wasserkräfte der Flumserberge waren der Grund, weshalb die Spoerrys aus dem Zürcher Oberland hier 1864 jene Spinnerei gründeten, die mit 100 000 Spindeln und 550 Werktätigen zur grössten des Landes werden sollte. Erst im Januar 2009 bewog die neueste globale Krise die Firmenleitung dazu, die Produktion einzustellen. Den Hauptabsatzmarkt hatten die USA gebildet. Dort fand das spezielle Garn aus Flums reissenden Absatz: Die Fäden «Swiss Shield» waren mit einem Metallkern versehen, der vor elektromagnetischen Strahlen schützt, zum Beispiel beim langen Telefonieren mit dem Handy. Die anderen Spoerry'schen Gründungen im Zürcher Oberland, in Vaduz und Triesen haben ihre Tore schon in den 1990er-Jahren geschlossen.[27]

88 Zu einer Anlage mit amerikanischen Dimensionen entwickelte sich die Baumwollspinnerei Spoerry, zu welcher 6,5 Kilometer Wasserleitungen, eine grosse Arbeitersiedlung und vier Villen gehörten. 2009 stellte die Fabrik als zweitletzte grosse Spinnerei der Schweiz den Betrieb ein. Flums, Foto H. B. 2009

Als letzte grosse Spinnerei produziert heute die Spinnerei Hermann Bühler in Winterthur-Sennhof feinste Garne, 20 Prozent davon mit Bio-Label. Zur Zeit der Erbteilung vor 150 Jahren boten die Bühler'schen Fabriken gegen 1000 Arbeitsplätze an.[28] Jetzt erzeugen 140 Menschen pro Schicht zusammengeknüpft einen Faden, der 25-mal die Erde umspannen könnte. Neben dieser letzten Grossspinnerei existiert nur noch die kombinierte Weberei-Spinnerei Jenny im glarnerischen Haslen. Doch gibt es im einstigen Spinnereiland noch etliche Zwirnereien und Spezialgarnbetriebe.[29]

Dem einst wichtigsten schweizerischen Industriezweig ist die Museums-Spinnerei Neuthal gewidmet. Sie bildet den Höhepunkt am Industrielehrpfad Zürcher Oberland, der 1979 vom Autor des vorliegenden Buches gegründet worden ist. Das Fabrik-Villa-Arbeiterhaus-Ensemble baute ab 1825 Johann Rudolf Guyer auf, der Vater des späteren «Eisenbahnbarons». Das Einzugsgebiet für die beiden Fabrikturbinen umfasst ein wildromantisches, unverbautes Gelände von 6,2 Quadratkilometern Fläche. 1965 wurde die Fabrik stillgelegt und später vom Kanton erworben, weil es sich um das intakteste Spinnereiensemble handelt. Seit 1991 findet die Spinnmaschinensammlung Streiff und seit 2010 die Webmaschinensammlung Rüti in Neuthal eine Bleibe. Nach jahrelangem Fronarbeitseinsatz vor allem von ehemaligen Rieter-Monteuren läuft hier die komplette Maschinerie, die zur Herstellung von Garn und Stoff benötigt wird.[30]

Museums-Spinnerei Neuthal bei Bauma, 8344 Bäretswil, www.museums-spinnerei.ch, geöffnet jeweils am ersten Sonntag der Monate Mai bis Oktober

89 Die frühen Textilunternehmer bauten oft kleine Reiche auf. Hervorragend erhalten und musealisiert ist die Baumwollspinnerei Neuthal. Zu ihr gehören drei Fabrikweiher, je zwei Villen und Fabrikantenparke, die Spinnerei von 1827 mit Werkstatt und Weberei und die vom Sohn des Fabrikgründers finanzierte Bahnlinie.
Bauma, Tuschzeichnung H. B. 1989/90

Maschinensturm gegen die mechanische Weberei

Die Mechanisierung der Spinnerei geschah zwar in Schritten, aber bereits ab den 1830er-Jahren war sie zu einem vollständigen Maschinenprozess zusammengefasst. Die Mechanisierung der Weberei hingegen zog sich über eine sehr lange Zeit hin. Die Buntweberei erforderte komplizierte Mechanismen mit Zugschnüren für das differenzierte Öffnen des jeweiligen Webfaches. In Diderots berühmter «Encyclopédie» sind verschiedene Bandwebstühle dargestellt,[31] deren Bedienung ein hohes Geschick erforderte. Lange nach dem Bandwebstuhl entwickelte Joseph-Marie Jacquard schliesslich 1805 in Lyon seinen halbautomatischen Lochkarten-Webstuhl. Beide Entwicklungen dienten – im Unterschied zur Massenproduktion in der Baumwollspinnerei – vorerst der Herstellung von Luxusgütern. Seidenkleider konnten sich nur sehr wohlhabende Damen leisten, Seidenbänder, Bänder oder Posamenten zierten auch das Haar, die Kopfbedeckung, die Wäsche und die Tracht der Bäuerinnen. Die erwähnte Manufaktur Meyer stellte 1810 in Aarau auf Band- und auf Jacquard-Webstühlen 70 Bandsorten mit bis zu 20 verschiedenen Farbstellungen und Buntwebstoffe mit Blumen- und Alpenpanoramabildern her.[32] Während Basel sich ab 1666 zum Zentrum der Bandweberei entwickelte, konzentrierte sich im Osten von Zürich die Tuchproduktion.[33]

Solche Manufakturen wie auch das Weben im Verlagswesen waren sehr arbeitsintensiv – jeder Webstuhl musste von einer geschickten Person bedient werden. Um der Arbeitslosigkeit zu entgehen, sattelten zu Beginn der industriellen Revolution viele Heimspinner auf das Handweben um, investierten in Webstühle und in den Ausbau von Webkellern. 1830 bedrohte die Einführung von automatischen Webmaschinen auch die Existenz der Webstübler. Sie forderten vom Regierungsrat «die Hinhaltung der mechanischen Webereien, weil wir wissen, dass uns zuletzt der Bettelstab noch übrig bleibt». Weil nichts geschah, riefen sie 1832 am Ustertag, dem 22. November, zu einer Demonstration gegen die Liberalen und ihre Maschinen auf. Dabei steckten sie die Spinnerei Trümpler in Brand. Denn dort befanden sich seit kurzem die ersten Webmaschinen. Darauf liess der Regierungsrat das Zürcher Oberland militärisch besetzen und verhaftete die Unruhestifter. Ein Zeitzeuge dieser Unruhen war Jakob Stutz (1801–1877). Er wuchs an verschiedenen Orten im Zürcher Oberland als Heimarbeiter, Hirt, Mühlen- und Pfarrersknecht auf, nachdem seine einst wohlhabenden Eltern 1813 verarmt gestorben waren. Ganz anders als Goethe, der die Idylle der Heimarbeit schilderte, schrieb der Gelegenheitslehrer Stutz Geschichte von unten. Und in der Sprache der Landleute. Für die Industriegeschichte von besonderer Bedeutung ist das 1836 erschienene «Zeitgemälde: Der Brand von Uster oder die Folgen verabsäumter Volksaufklärung in Wort und That». Der homosexuelle Aufklärer, Invaliden- und Armenbetreuer kannte die Welt auch als Gefangener und Kantonsverbannter. Immer suchte er die Nähe zum Zürcher Oberland, verbrachte die Jahre nach 1841 nahe der Grenze bei Wald, im Toggenburg und im Appenzellischen, und kam schliesslich in Sternenberg zur Ruhe.

90 Als nach der Einführung der mechanischen Spinnerei auch noch die Weberei mechanisiert wurde, kam es in Oberuster zum Maschinensturm. Die zeitgenössische Lithografie zum Brand von Uster vom 22. 11. 1832 erschien 1833. **Sammlung Zentralbibliothek Zürich**

Von der Massen- zur Luxus-produktion

Schliesslich sollte in den 1840er-Jahren ausgerechnet das Zürcher Oberland zu einer weltweiten «Brutstätte» der Mechanisierung der Weberei werden. Als Katalysator wirkten Caspar Honeggers Innovationen und seine Webmaschinenfabrik in Rüti. 1842 brachte er seinen Oberschlag-Webstuhl zur Serienreife. Ein Webstuhl aus der zweiten Konstruktionsserie von 1860 stand 100 Jahre lang in Roanne im Betrieb, seit 2009 ist er in der Museums-Spinnerei Neuthal ausgestellt. Bereits 1867 verliess die 30 000-ste Maschine die Joweid-Fabrik. Honegger-Webstühle wurden weltbekannt und erhielten auf europäischen Industrieausstellungen Auszeichnungen und Ehren-Medaillen.

Unter den verschiedenen Verfahren der Webtechnik verbreitete sich dasjenige mit Spulenschützen am weitesten. Die Maschinenfabrik Rüti stellte diese Technik 1889 an der Weltausstellung in Paris aus und konnte die beachtliche Drehzahl von 400 Schuss pro Minute ausweisen. 1894 entwickelte der US-Engländer John Northrop den automatischen Spulenwechsel. Grosse Stückzahlen von Spulenwechsel-Webmaschinen verliessen Rüti.[34] Immer wichtiger wurden Maschinen für das Weben von feinsten Mustern, die erwähnten Jacquard-Webstühle mit Lochkarten-Steuerung, die ab 1890 nach einem neuen System auch in Rüti gebaut wurden. Über eine halbe Million Webmaschinen verliessen die Maschinenfabrik in alle Welt, wo der eingegossene Schriftzug «Rüti» noch an vielen Orten präsent ist.

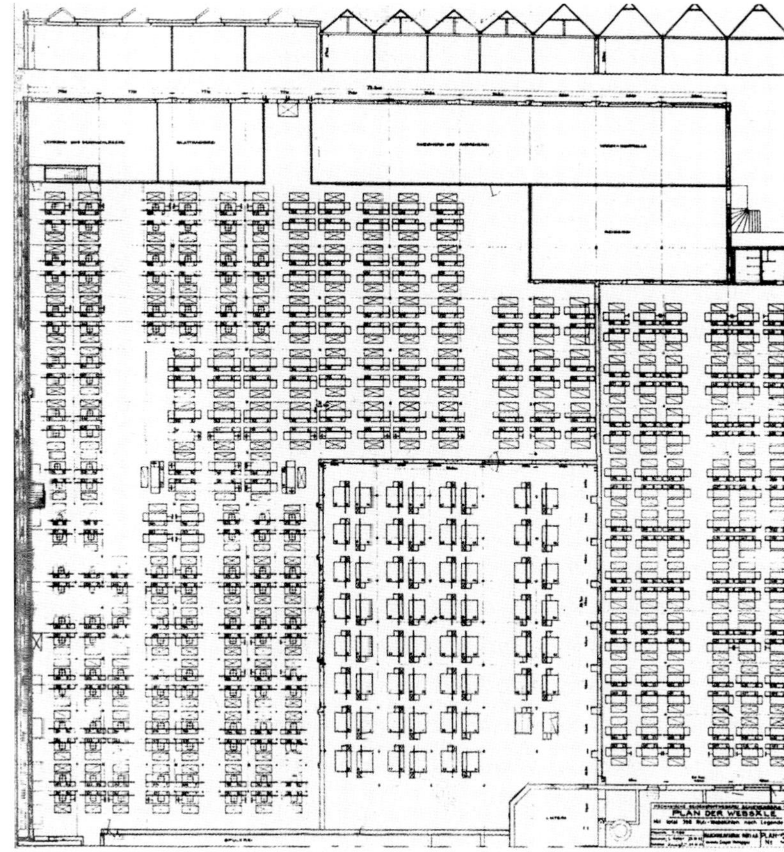

So setzte sich die Mechanisierung der Weberei in den Jahrzehnten nach dem Amerikanischen Bürgerkrieg durch. Es war die Zeit, als «King Cotton» bereits durch die kaiserliche Seide abgelöst wurde. Zwar waren die Webereien in Wald, dem «Manchester der Schweiz», noch der Verarbeitung von Baumwollgarn gewidmet.[35] Doch fanden sich nun die meisten Arbeitsplätze in der Seidenindustrie. Die Zürcher Seidenhäuser führten 40 000 Menschen auf ihren Lohnlisten. Das Dreieck zwischen Zürich, St. Gallen und Glarus mit Ausläufern in den Aargau und den Thurgau verdichtete sich weiter zur textilindustriellen Region. Neue Zweige des Luxuskonsums, vor allem die Stickerei, gewannen an Bedeutung.[36]

Kraftzentrale Seidenweberei, 9215 Schönenberg an der Thur, www.kraftzentrale-schoenenberg.ch, Gruppenführungen

91 Der Fabriksturm verzögerte die Mechanisierung der Weberei, die sich dann ab 1860 doch gesamtschweizerisch durchsetzte: Webmaschinenplan der 1862 gegründeten und mit 690 Arbeitsplätzen vorübergehend grössten schweizerischen Weberei in Schönenberg an der Thur. **Schaubetrieb Kraftzentrale Schönenberg, Plan Sammlung SIK**

Zürich als Zentrum der globalen Seidenindustrie

Seide entsteht aus dem Kokon der Seidenraupe. Die Raupe hängt sich an ein Maulbeerbaum-Blatt und puppt sich mit einem 3 Kilometer langen Gespinst ein. Schon vor 6000 Jahren brühten die Chinesen die Larven auf, verzwirnten das Gespinst zu Fäden und stellten Seidengewebe her. Versuche, in der Schweiz Seidenraupen zu züchten, wurden seit dem Mittelalter im Tessin, in Chur, Basel und Zürich gemacht – und immer wieder aufgegeben. Es blieb beim Rohstoffbezug über den regen Chinahandel. In der «Belle Époque», um 1900, erreichte die Seidenverarbeitung in der Schweiz ihren Höhepunkt. Zürich wuchs neben Krefeld, Lyon und New Jersey zu einem Zentrum der globalen Seidenindustrie heran. Das Aufkommen der Seidenschappe- bzw. Florettseide-Spinnerei und automatische Webmaschinen bewirkten eine rasche Fabrikindustrialisierung. Zu den alten Seidenorten am Zürichsee kamen grosse Neugründungen in Rüti, Adliswil und Winterthur. Die Mechanische Seidenweberei Adliswil MSA entwickelte sich ab 1862 zum grössten Betrieb der Branche – der damals errichtete Langbau weist 200 gleichartige Fenster auf. Am rechtsufrigen Sihlbogen verdichtete sich eine Fabrikanlage, die in den 1920er-Jahren 2000 Menschen beschäftigte. Am gegenüberliegenden Sihlufer baute die MSA Arbeiterwohnblöcke, die Angestelltensiedlung «Sihlau» und für den zweitgrössten Aktionär eine Villa.

Neben der Roten Fabrik in Zürich und der heute noch aktiven Seidenweberei Gessner in Wädenswil entstand Ende des 19. Jahrhunderts als grosser Betrieb die «Sidi», die Seidenstoffweberei in Winterthur. Ihre Grossaktionäre und Verwaltungsräte waren in der Industrie und Politik der Region verankert. Das damalige Eigenkapital wäre heute 200 Millionen Franken wert. Die Aktiengesellschaft engagierte für ihren Aufbau die Maschinenindustriellen Rieter und Sulzer; Oskar Rieter-Dölly war Verwaltungsrat der Seidenweberei. Die Maschinenfabrik Honegger Rüti lieferte die Webmaschinen. 1900 arbeiteten 850 Werktätige an 500 Webstühlen. Die Arbeitszeiten waren mit 64 Wochenstunden immer noch lang, die Löhne knapp. Es galt das 1877 eingeführte Fabrikgesetz, das die Arbeitszeit beschränkte, Kinder- und Sonntagsarbeit verbot. Ferien gab es keine. «Die Arbeit gefiel mir gut, aber sie war streng, eine böse Akkordhetzerei. Da ein bestimmter Rhythmus der Bewegungen den Leistungen förderlich war, durften wir sogar singen. Das gab unserer ganzen Arbeit noch den Schein einer gewissen Gemütlichkeit», schrieb die Gewerkschaftskämpferin und spätere Kommunistin Lisel Bruggmann (1900–1973) über ihre Arbeit in der «Sidi». Fast 100 Jahre lang wurden in der «Sidi» Seidentücher gewoben. 1969 erwarb der Kanton Zürich das Areal und errichtete bis 2009 eine Wohnüberbauung, wobei die Randbauten und die Energiezentrale mit Hochkamin erhalten wurden.

Sidi-Areal Seidenstoffweberei mit Kesselhaus,
8400 Winterthur, www.inbahn-ausfluege.ch,
Gruppenführungen

92 Die Verarbeitung von Seide löste diejenige von Baumwolle als wichtigsten Industriezweig ab. Die grössten Seidenwebereien entstanden in der Region Zürich. In der «Sidi» Winterthur sind die Strassenrandbebauung und die Energiezentrale mit Hochkamin erhalten. **Schaubetrieb Kesselhaus «Sidi», Foto Andreas Fahrni 2009**

Krisen, Kriege, Kunstseide und der Niedergang der Seidenindustrie

Im Gefolge der Weltwirtschaftskrise gingen allein in der Seidenstoffweberei bis 1937 über 7400 Arbeitsplätze verloren. Die MSA entliess trotz einem kantonalen Betriebsbeitrag die ganze Belegschaft. In Winterthur war es ein Abbau auf Raten. 1960 arbeiteten in der «Sidi» noch 200 Leute. 1968 schloss sie ihre Tore endgültig. Neben den konjunkturbedingten Einbrüchen war die Einführung von billiger Kunstseide ein zusätzlicher Auslöser für den Niedergang der Seidenindustrie.

Versuche, den edelsten, aber auch teuersten Textilrohstoff Naturseide durch ein billigeres Kunstprodukt zu ersetzen, lassen sich bis ins 17. Jahrhundert zurückverfolgen. Erst die Industriegesellschaft des ausgehenden 19. Jahrhunderts entwickelte zum einen die technischen Voraussetzungen zur billigen Massenherstellung von Kunstseide und förderte gleichzeitig die Massennachfrage nach einem derartigen Ersatz-Luxusartikel. Den Durchbruch schafften um 1900 die englischen Chemiker Cross, Bevan und Beadly mit der Entwicklung des Viskoseverfahrens. Dieses nutzte anstelle des Rohstoffs Baumwollzellulose die billigere Holzzellulose. Die viskose, honigartig flüssige Spinnlösung wird in Natronlauge aufgelöst und mittels Hochdruckpumpen durch die einige Hundertstel Millimeter feinen Öffnungen der Spinndüsen gepresst, in einem Fällbad verfestigt und aufgespult. Der verzwirnte Endlosfaden wird «Rayon» genannt, im Gegensatz zum Garn aus Zellwollfasern, die zerschnitten und auf herkömmlichen Spinnmaschinen rein oder vermischt mit Naturfasern versponnen werden.

In der Schweiz baute, nach mehreren Anläufen, die französische Investorenfamilie Carnot 1905 in Emmenbrücke eine frühe Kunstseidenfabrik auf. 1908 verliess die erste Kunstseide das Werk in Emmenbrücke. Kurz vor Ausbruch des Ersten Weltkrieges beschäftigte die «Viscose» in Emmen bereits 800 Personen, davon die Hälfte Frauen. Danach florierte das Kriegsgeschäft, auch wegen der Herstellung von Explosivstoffen. Die Fabrik erhielt in der Hanglage neue Sichtbacksteingebäude mit Türmen und die Baugruppe im frühen Stil des Neuen Bauens: Die Rayon-Spinnerei von 1916 gehört zu den ältesten Eisenbeton-Skelettbauten. Ab dem gleichen Jahr erstellte die «Viscose» die Arbeitersiedlung Sonnenhof auf einem in der Schweiz selten grosszügigen Gartenstadt-Grundriss. Die günstige Konjunktur setzte sich nach einer kurzen Krise fort: 1924 war die «Viscose» in Emmenbrücke mit 2400 Beschäftigten die grösste an einem Ort konzentrierte schweizerische Textilfabrik. Sie führte mit ihrer nun mehrheitlich schweizerischen Aktienbeteiligung den Markennamen Viscosuisse. In Widnau im St. Galler Rheintal stand bereits das erste Zweigwerk mit 840 Beschäftigten, und es gab Beteiligungen in der Tschechoslowakei und in Spanien. Es entstand allerdings Konkurrenz: in Rorschach die Feldmühle mit ihrer Kunstseidenherstellung und in Steckborn die Borwisk Kunstseidenwerke AG. Letztere ging später an die Viscosuisse. Das Unternehmen aus Emmen machte die grosse Krise ab 1939 mit der Produktion von Kriegszellwolle mehr als wett. Es betrieb sogar eigene kleine Torf- und Kohlebergwerke. Nach 1945 erzeugte es Verstärkungseinlagen für Autoreifen und begann, die in den USA entwickelte Kunstfaser Nylon zu produzieren. Nylon ist eine vollsynthetische Faser mit hoher Festigkeit und Elastizität. Die Unterlizenz des Du-Pont-Verfahrens hatte sich die Viscosuisse über den französischen Nylonhersteller Rhodiaceta aus Lyon erworben. In Emmenbrücke dauerte die Expansion bis in die 1960er-Jahre. Nach einer weitgehenden Stilllegung der alten Werke bot der französische Rhône-Poulenc-Konzern ab 2000 ein Gastspiel, während sich die Viscosuisse noch der Pensionskasse und dem Erwerb, der Verwaltung und Veräusserung von Beteiligungen an Unternehmungen aller Art widmete.[37] Schliesslich kam der Produktionsbetrieb wieder in Schweizer Hände. Unter dem Firmennamen Monosuisse erlebt das letzte Kunstgarnwerk des Landes einen erneuten Aufschwung.[38]

Blütezeiten der Stickerei

1753 liess ein St. Galler Handelshaus erstmals Mousseline besticken und wirkte somit als Wegbereiter für einen neuen Erwerbszweig. Ungewöhnlich rasch dehnte sich die Stickerei aus, gab weiten Teilen der Ostschweiz, des Vorarlbergs und Schwabens Arbeit. Bereits 1773 arbeiteten rund 6000 Stickerinnen für

93 Im 20. Jahrhundert verdrängten die künstlichen Textilfasern vor allem die echte Seide. Bei Luzern entstand mit der Viscosuisse die vorübergehend grösste Textilfabrik der Schweiz: «Alles fährt Ski»-Werbung 1972. **Plakat Sammlung Hochparterre**

die St. Galler und Appenzeller Handelshäuser. 1790, nach der Effizienzsteigerung des Verlagswesens durch Ferggereien auch in Schwaben, waren es bis zu 40 000. Anstelle der heimischen Stoffe wurden nun mehrheitlich Stoffe aus englischem Baumwollgarn bestickt. Die Kriegs- und Krisenzeit brachte die frühe Luxusgüterindustrie zum Erliegen. Doch schon 1801 nahm in St. Gallen die erste mechanische Spinnerei der Schweiz im Kloster St. Gallen den Betrieb auf. Bereits bis 1814 entstanden in der Ostschweiz weitere 23 Spinnereien.[39] Auch die Stickerei blühte erneut auf, zuerst mit Handstickmaschinen bei Heimarbeitern in vereinzelten Stickereilokalen. 1840 entstand in der Stadt St. Gallen die erste fabrikmässige Stickerei mit zwölf mechanischen Stickmaschinen. In Degersheim kamen 1842 erste Stickmaschinen in Betrieb. Die neuen Maschinenfabriken St. Georgen St. Gallen und Benninger Uzwil förderten die Verbreitung der seit 1828 teilmechanisierten Stickmaschinen.[40]

Während zwischen 1870 und 1910 alte Textilregionen wie der Aargau Arbeitsplätze einbüssten, wuchs deren Zahl in den Kantonen St. Gallen, Thurgau und Appenzell dank der Stickerei von 46 100 auf 87 600.[41] Weit verstreut über das Land errichteten Gewerbetreibende kleine Stickereibauten für eine einzige Stickmaschine oder Unternehmer ganze Fabriken. Noch heute zeugen Stickerquartiere von diesem Boom. In Degersheim zum Beispiel entstanden ab Mitte des 19. Jahrhunderts rasterförmig angelegte Quartiere für Stickereiheimarbeiter. Die gleichartigen Häuser wiesen im Erdgeschoss das Sticklokal auf und in zwei Obergeschossen die Wohnräume für die grossen Familien: «Im Parterre befand sich eine Handstickmaschine mehrheitlich aus den Firmen Benninger und Martini. [...] Die Stickerei bot eine schöne, saubere Erwerbsmöglichkeit. [...] Der Vater sass auf dem Stickstuhl, die Mutter besorgte das Fädeln und Aufstecken und die Kinder wurden schon früh zur Mithilfe herangezogen.»[42] Auf dieser wirtschaftlichen Grundlage entstanden in Degersheim die Stickereifachschule, Fabrikbetriebe und Fabrikantenvillen. Der bedeutendste Fabrikant war Isidor Grauer (1859–1940). Er liess die grosse Stickereifabrik bauen, förderte bis 1910 das Zustandekommen der Bodensee-Toggenburg-Bahn und die kommunale Wasserversorgung und brachte internationales Flair ins Dorf. Die reformierte Kirche mit ihrem burgartigen Turm von Architekt Karl Moser entstand 1906 in einer Phase wirtschaftlicher Hochkonjunktur. Dagegen stärkte die katholische Kirche ihre Anhängerschaft mitten in der Krise mit dem Bau der St. Jakobskirche, was auch der Arbeitsbeschaffung diente.[43] Nach den kurzen goldenen Zwanzigerjahren endete der brüchige Wohlstand von Zehntausenden fleissigen Stickerinnen und Stickern, die in die bittere Armut der Arbeitslosigkeit abstürzten. Eindrücklich schildert das Elisabeth Gerter in ihrem Roman «Die Sticker»:[44] Die Weltwirtschaftskrise von 1929 leitete in der Stickerei-Industrie einen dramatischen Niedergang ein, der in der übrigen Textilindustrie in Wellenbewegungen langsamer verlief.[45] Die einseitige Abhängigkeit ganzer Regionen von nur einem Industriezweig veränderte auch die Rangliste der Städte: St. Gallen, 1888 noch die sechstgrösste Stadt der Schweiz, wurde ab den 1940er-Jahren von der Maschinenindustriestadt Winterthur auf den siebten Platz verwiesen.

Textilmuseum, 9000 St. Gallen, www.textilmuseum.ch

94 Der letzte bedeutende Textilindustriezweig, der Zehntausende von Arbeitskräften beschäftigte, war die Stickerei. Ganze Gegenden waren von ihr abhängig. Degersheim wuchs bis 1910 zum Ort mit 3766 Einwohnern und erreichte diese Zahl seither nie wieder.
Stickerei Grauer, Foto H. B. 2009

Veredelung und übrige Textilindustrie

Die Endprodukte der Textil- und Bekleidungsindustrie sind sehr vielfältig. Zu ihnen gehören zum Beispiel Kinderkleider, Bettwäsche, Verbandstoffe, Vorhänge, Teppiche, Bodenbeläge oder Schiffstaue. Die verschiedenen Rohstoffe und der unterschiedliche Gebrauch verlangen unterschiedliche Verfahren und Behandlungen, welche im Begriff «Veredelung» zusammengefasst sind. Diese Produktionsschritte umfassen auch die Einteilung der Rohware und die Qualitätskontrolle bis zur Zubereitung als versandfertige Ware. Die erwähnten Textilfirmen waren in vielen Fällen mit Betrieben für das Bleichen, Färben, Drucken oder Walken kombiniert. Am Schluss des Produktionsprozesses gehören zum Ausrüsten auch das Imprägnieren, das Behandeln gegen das Knittern, das Griffigmachen, Beschichten oder das Aufarbeiten mit bioziden, geruchs- oder flammenhemmenden Prozessen. Diese Behandlungen erfolgen in der Regel nacheinander und werden oft mehrmals wiederholt. In den Bereichen der Veredelung und der übrigen Textilindustrie ist in der Schweiz eine grosse Vielfalt von Gewerbe- und Industriebetrieben entstanden. 1950 arbeiteten in der Veredelung und in der übrigen Textilindustrie, zu der auch die Jute-, Kokos-, Krepp- und Ramieverarbeitung oder die Klöpplerei gehörten, noch 15 000 Menschen. Zu den grossen Unternehmen, die in mehreren Bereichen tätig waren, gehörten die Färbereien und Ausrüstereien in Horgen, Zürich und Winterthur und die Textilfirma Heberlein. Letztere wurde 1836 gegründet als Färberei. Sie übernahm 1866 in Wattwil die im gleichen Jahr erstellte Weberei Raschle. 1908 liess Georges Heberlein zwecks Vergrösserung seines Firmenareals die Thur verlegen. Im Geiste des orthogonalen Planens richtete er Werkstrassen, Rollbahnen und Leitungssysteme bis zum neuen Ufer ein. Neben Arbeiterhäusern erbaute die Firma ab 1939 die Wohnkolonie Brendi und noch 1969 drei 15-geschossige Wohnhochhäuser, die im Volksmund «drei Eidgenossen» genannt werden. Damals beschäftigten die Textilwerke Heberlein 1300 Menschen in Wattwil, das Standort der Schweizerischen Textilfachschule wurde. Die aufgekaufte Stoffdruckerei Richterswil wurde zum Gummiwerk Richterswil, Gurit, umgenutzt. Die Firma begann sich ganz aus dem Textilsektor zurückzuziehen und setzte 2005 den weitgehenden Abbruch der Gründeranlage durch.[46]

95 Für die mannigfaltigen Prozesse der Veredelung von Textilien entwickelte sich im Dreieck St. Gallen–Zürich–Glarus ein bedeutender Industriezweig. 2005 liess die traditionsreiche Veredelungsfirma Heberlein ihre Gründeranlage weitgehend abbrechen. **Wattwil, Foto H. B. 2005**

Bally ausverkauft: die schweizerische Leder- und Schuhindustrie

Ein wichtiger Zweig der Bekleidungsindustrie basierte lange Zeit auf der Verarbeitung von Tierhäuten zu Schuhen, Lederkleidern und Pelzwaren. Eng mit der Ausbreitung der Viehwirtschaft auf Kosten der Getreidewirtschaft verbunden war die zunehmende Anzahl von Gerbereien. 1883 gab es in der Schweiz deren 356. Für die Landesversorgung teilweise geschützt, überlebten in den 1940er-Jahren noch 40 industrielle und 50 handwerkliche Gerbereien. Zusammen mit den Sattlereien und den Kunstlederbetrieben beschäftigten sie 1950 7700 Menschen.[47] Weit wichtiger als dieser Industriezweig war in der Schweiz die Schuhindustrie. Mitte des 19. Jahrhunderts verdrängte die industrielle Schuhherstellung die traditionelle Schuhmacherei. Die erste Schuhfabrik entstand 1847 in Winterthur. Sie stellte – verlegt nach Elgg – bis ins Jahr 2002 Schuhe her. Die Schuhe mit der Schweizer Qualitätsmarke Elgg werden seither in Spanien und Italien produziert.[48]

Noch 1950 gab es in der schweizerischen Schuhindustrie 11 130 Beschäftigte. Inzwischen ist diese Zahl auf 6 Prozent der damaligen Arbeitsplätze gesunken, und ein Drittel davon wird im Tessin von Grenzgängern besetzt. Grosse Betriebe wie die Fabrik- und Wohnsiedlungen Walder in Brüttisellen[49] oder Bata in Möhlin[50] sind seit langem stillgelegt. Vor allem aber stellt die bedeutendste schweizerische Firma dieser Branche, Bally, seit 2000 keine Schuhe mehr her.

Bally prägte während fast 200 Jahren mit mehreren industriellen Betrieben das solothurnische Niederamt. Der Gründer Franz Ulrich Bally begann um 1800 mit dem Handel von Seidenbändern und produzierte diese um 1820 mit seinem Sohn Peter Bally selbst. Vier Jahre nach der Gründung einer ersten Schuhfabrik in Winterthur begann Bally 1851 in Schönenwerd Schuhe zu fabrizieren. Nach amerikanischem Vorbild rüstete Peter Bally den Betrieb für die maschinelle Produktion auf und erregte Widerstand: Zweimal kam es zu Streiks, die mit Aussperrungen und Entlassungen beantwortet wurden. 1900 war Bally der weltweit grösste Schuhhersteller. Die Firma besass Läden in London, Paris, Montevideo, Buenos Aires und in der Schweiz. Für den eigenen Detailhandel entfaltete Bally eine intensive Werbung. Der Absatz von Militärschuhen versetzte das Unternehmen im Ersten Weltkrieg in eine Hochkonjunktur.[51] 1916 erreichte die Belegschaft mit 7000 Mitarbeitenden den Höhepunkt. Schwieriger wurde es in der Weltwirtschaftskrise und im Zweiten Weltkrieg. In den 1940er-Jahren versiegten die Lederlieferungen unter anderem aus Argentinien. Als Ersatzstoffe dienten Segeltuch, Kork, Holz oder Gummi. Nach 1945 erlebte die Schuhfabrik in Schönenwerd nochmals einen Boom, der in den 1960er-Jahren zusammenbrach. 1976 gelang es Werner K. Rey, Bally unter seine Kontrolle zu bringen.[52] Das 1945 geborene Zürcher «Finanzgenie» stieg über Investment-Fonds zum Olymp der Wirtschaft auf.

96 Im Gefolge der Umstellung von der Acker- auf die Viehwirtschaft entstand in der Schweiz eine bedeutende Gerberei- und Schuhindustrie. Heute kommen sowohl die meisten Schuhe als auch die Pelz-, Fell- und Lederstoffe aus Schwellen- und Entwicklungsländern. **Gerberei Barraca Patagonia, Foto H. B. 2003**

6 WIRTSCHAFT

«Landbote»-Interview mit dem neuen Sulzer-Verwaltungsrat und -Grossaktionär Werner K. Rey:

«Wir wollen Sulzers industrielle Zukunft sichern»

Dem in Bankenkreisen gefeierten Financier wurde von den Betroffenen die Plünderung der Substanz von Bally vorgeworfen, welche er schon 1977 wieder abstiess. Mit dem Gewinn baute er ein undurchsichtiges Finanzkonglomerat auf, das 1992 mit 3 Milliarden Franken Konkursschulden einen der grössten bisherigen Bankrotte der Weltgeschichte provozierte.[53] Nach Jahren des unentdeckten Aufenthalts auf den Bahamas wurde Rey als bislang einziges «Finanzgenie» 1999 zu vier Jahren Zuchthaus verurteilt und bereits 2000 vorzeitig entlassen. Der neue Bally-Eigentümer, der aus der Waffenfabrikation hervorgegangene Mischkonzern Oerlikon Bührle, verkaufte Bally 1999 der US-amerikanischen Texas Pacific Group.[54] Diese verlegte den Hauptsitz und die gesamte Produktion ins Tessin nach Caslano.

«Bally hinterliess Spuren: Archive, Maschinen, erstklassige Architektur und eine einmalige Schuhsammlung», sagt der Bally-Nachfahre Philipp Abegg, der wesentliche Zeugnisse des einstigen Imperiums erhalten will. Dazu gehören der erste Bally-Bau, die sogenannte Werkschule von 1837, die erste Sulzer-Dampfmaschine des Unternehmens von 1862, die Arbeiterhäuser an der Hüsligasse, der 1870 bis 1890 im Stil des englischen Landschaftsgartens angelegte Bally-Park, die Betonskelettkonstruktion der Stanzerei von 1911 und die ein Jahr zuvor in Dottikon vollendete Schuhfabrik, die amerikanische Dimensionen hat. Jahrzehntelang erschien die Bally-Hauszeitung, Jubilare wurden gefeiert und belohnt, es gab eine eigene Kranken- und Pensionskasse, einen Sportklub, einen Hausverband und eine Bibliothek. Geblieben sind grosse Archive, leere Fabrikhallen, Wohn- und Fabrikantenhäuser, der kommunalisierte Bally-Park, das Schuhmuseum sowie die Sammlung von Maschinen für die Schuhfabrikation.[55]

Ballyana-Archiv, 5012 Schönenwerd, www.ballyana.ch, öffentliche Führungen

97 Zur grössten Schuhfabrik der Welt entwickelte sich Bally in Schönenwerd. Das Unternehmen erstellte Arbeitersiedlungen und umfangreiche Sozialeinrichtungen, so den Bally-Park und das Wohlfahrtshaus. **Schönenwerd, Foto H. B. 2004**

98 Werner Rey gehörte zu den Ersten, die fast ohne Eigenmittel gezielt Industriebetriebe aufkauften, um sie zu filetieren und mit bisher unvorstellbaren Gewinnen zu veräussern. Am Anfang seiner Karriere standen der Kauf und der Verkauf von Bally, am Schluss sein 3-Milliarden-Franken-Bankrott. **Der Landbote Winterthur 6. Mai 1988**

Kleider machen Leute – Leute machen Kleider … im Osten

Lange Zeit bot die Textilbranche am meisten Arbeitsplätze in der Kleiderherstellung. Die geringen Investitionen liessen hier das Verlagswesen bis in die 1950er-Jahre überleben.[56] Es waren vornehmlich Frauen, die im Jahr 1950 55 800 Arbeitsplätze belegten. Sie fertigten Wäsche und Kleider für Damen, Kinder und Männer, Hüte, Handschuhe, Schlafsäcke, Schirme, Strümpfe, Kunstblumen, Bürsten, Pinsel und Zeughauswaren. Es war selbstverständlich, dass Verkehrsbetriebe und die Schweizer Armee alle Uniformen, Decken oder Lederwaren in der Schweiz herstellen liessen. Zu den grossen Fabriken gehörten Calida, Eskimo, Schild, Spengler.

Adrian Schild (1865–1952), ein Tuchfabrikant aus Grenchen, übernahm 1920 in Liestal die Tuchfabrik Brodtbeck-Rosenmund AG, welche auf einen Betrieb mit Färberei, Walke und Bleicherei am 1825 erstellten Gewerbekanal zurückging. 1922 erwarb Schild in Luzern auch die Volkstuch AG. In den folgenden Jahren erweiterte die Firma das Filialnetz. Ab 1939 erfolgte am Rotsee der Neubau der Kleiderfabrik Schild. Auch hier entstand eine Arbeitersiedlung und ein Kinderhaus für die Fabrikarbeiterinnen. Noch 1973 erstellte Schild ein automatisches Warenlager mit Hochregalbewirtschaftung und Hängebahn. Der Globalisierung nach 1989 folgte der Verkauf des Versandhandels und bis 1996 der Verkauf der Filialen in der Westschweiz. Doch beschäftigte die Firma noch immer über 850 Mitarbeitende. 2004 übernahm Schild die Modehauskette Spengler, welche 200 Arbeitsplätze abbaute. Gleichzeitig stellte Schild am Rotsee eine der letzten Produktionsstätten für Masskonfektion in der Schweiz ein.[57]

Inzwischen kommen auch die Pyjamas von Calida aus Ungarn und anderen Ländern: Es rentiert kaum mehr, in der Schweiz Garn, Gewebe, Kleider oder Schuhe herzustellen. Während die Kleiderimporte jährlich auf 6 Milliarden Franken geschätzt werden, machte die schweizerische Textil- und Bekleidungsindustrie 2009 noch 4 Milliarden Franken Umsatz, wobei der Industriezweig einen starken Einbruch der Bestellungen um gegen einen Viertel meldet.[58]

Steigender Modekonsum

Während die Herstellung von Textilien in der Schweiz immer weniger rentiert, läuft das Modeverkaufsgeschäft so gut, dass man in den teuersten Geschäftslagen der Innenstädte bald nur noch Modegeschäfte findet. Der rasche Modewechsel ist der Garant für den steigenden Textilienverbrauch, der sich in der Schweiz im 20. Jahrhundert auf jährlich gegen 20 Kilogramm pro Kopf verzehnfacht hat. Die Erziehung zum Modekonsum beginnt ab Kindesbeinen. Die Teenager-Modellpuppe Barbie folgte seit ihrer Kreation im Jahr 1959 mit den hinzuzukaufenden Kleidern den aktuellen Modetrends. Zur blonden Barbie mit Badekleid aus der amerikanischen Puppenzauberwelt gesellte sich bald der befrackte Ken, gefolgt vom grinsend zähnefletschenden Superstar Barbie. Inzwischen sieht die über Fünfzigjährige immer noch wie eine schlaksige Fünfzehnjährige aus und bleibt kinderlos. Neu gibt es sie auch mit weniger kleinem Hirn, kürzeren Beinen und anderen Haut- und Haarfarben. Die Puppe verkaufte sich eine Milliarde Mal, dazu das Mehr-

99 Die einst bedeutende schweizerische Bekleidungsindustrie hat ihre Produktion weitgehend in Ostländer verlagert. 2004 und 2005 stellten auch Schild und Calida ihre Produktion in Luzern beziehungsweise Sursee ein: Masskonfektion an Hochschienenbahnen im Hochregallager Rotsee. **Luzern, Foto H. B. 2002**

fache an Kleidern. In der Modebranche sorgt ein globales Heer von Modedesignern, Fashion-Scouts, Label-Kreatoren und Life-Style-«Botschaftern» für steigende Umsätze. Reisebüros bieten Städtetouren mit Shopping-Events an. Und bald herrscht mit Lockvogelangeboten für Schnäppchen zum doppelten Preis das ganze Jahr Ausverkauf. Interessant ist, wer 2004 in der Schweiz in diesem Marktbereich die höchsten Umsätze erzielte: 1. Migros, 2. Vögele, 3. H & M, 4. Manor, 5. Coop, 6. C & A, 7. Ochsner-Dosenbach-Schuhe, 8. Globus, 9. Spengler und Brunschwig und 10. das älteste deutsche Versandhaus Ackermann, das 2007 in seinem Versandlager in Entlebuch eine Teilliquidation durchführen musste.[59]

Überleben mit Innovationen und Investitionen?

Was die Textilfabrikanten betrifft, die mit Ausnahme eigener Fabrikläden nur in Ausnahmefällen im Detailhandel aktiv wurden, so versuchten diese mit Innovationen und Investitionen zu überleben. Kein anderer führender Industriezweig hat im Westen pro Arbeitsplatz so viel in die maschinelle Ausrüstung investiert wie die Textilindustrie. Überlebt haben zwei Drittel der Betriebe in den traditionellen Textilmärkten. Ein Drittel wurde in neueren Marktsegmenten aktiv. Sie stellen Sitzbezüge, Airbags, Sicherheitsgurten, Fang- und Schutznetze, Helme, Klima-, Strahlen-, Verletzungsschutz- und Medizinaltextilien oder auch Förderbänder her – und sind so nicht abhängig von der Mode, aber von der Auto- und Sportindustrie.[60]

Dass grosse Investitionen allein das Überleben nicht garantieren, zeigt das Beispiel der Spinnerei Uznaberg, die 1998 nochmals für 30 Millionen Franken Maschinen installierte und 2004 den Betrieb doch schliessen musste. Oder die Weberei Boller & Winkler, die eine ähnliche Summe in computergesteuerte Jacquard-Webmaschinen investierte und 2007 dennoch den Webereibetrieb einstellte. Gerade die Garnhersteller stehen unter extremstem Renditedruck. Eine einzige Spinnereiarbeiterin erzeugt heute so viel Garn wie vor 200 Jahren 3000 Heim-

100 Während die neuere Maschinerie aus stillgelegten Fabriken häufig in Ostländer gelangte, sind die Bauten abgebrochen oder umgenutzt worden: Spinnsaal im Jakobstal – die Fabrik stand unter Denkmalschutz und wurde mehrfach in Brand gesteckt. **Bülach, Foto H. B. 1983**

spinnerinnen. Die Fabriksäle surren laut und meist menschenleer vor sich hin. In der warm klimatisierten Atmosphäre ist hie und da ein Transport notwendig, eine Reparatur, das Anknüpfen gebrochener Fäden – immer noch mit geschickten Fingern! Effizient erfüllen die verbliebenen Schweizer Textilindustriebetriebe höchste Qualitätsansprüche. Ungünstig ist hingegen ihre Gesamtstruktur, analysiert ETH-Professor Roland Stolz: Es werde zu lokal, in zu kleinen Einheiten, zu wenig firmenübergreifend produziert, viel in Maschinen, aber zu wenig in Ausbildung und neue Produkte investiert. Die relativ hohen Löhne seien, international verglichen, dank guter Ausbildung, Infrastruktur und mittlerem Steuerniveau kein Negativfaktor. Sehr paradox sei die europafeindliche Schweizer Aussenpolitik: 70 Prozent der Textilexporte gehen in die Europäische Union.[61] Die Kehrseite dieser nationalistisch glänzenden Medaille ist bei abnehmendem Export die zunehmende Abhängigkeit vom Import, aus dem 95 Prozent unserer Kleider stammen.

Liegenschaften verwalten statt Billiglohnländer konkurrenzieren

Im Februar 2004 teilte auch die Spinnerei Streiff AG STA die Schliessung ihrer letzten Fabriken im Aathal mit. Einst waren in neun Streiff'schen Fabrikgebäuden rund 1000 Menschen beschäftigt. Nun gaben der CEO und der Rat der Verwalter unter dem späteren Bundesrat Merz bekannt, man wolle sich auf das Standbein Immobilien und Vermögensverwaltung stützen. Durch solche Reduktionen der Geschäftstätigkeit haben sich schon viele Unternehmen Krücken beschafft. Immer mehr Kapital fliesst in Liegenschaften und ist somit totes Kapital, das keinen Mehrwert schafft. Denn der Boden hat eigentlich nur den Wert, der durch menschliche Arbeit, durch das Bebauen, in ihn hineingesteckt wird. Er ist nicht vermehrbar, aber in zentralen, rohstoff- oder aussichtsreichen Lagen kann mit ihm spekuliert werden. Lange Zeit galt der Besitz von Fabrikliegenschaften lediglich als zwar notwendiger, aber unproduktiver Kapitaleinsatz. So haben denn auch während eines ganzen Jahrhunderts drei Generationen Streiff im Aathal Ländereien zusammengekauft, damit sie für ihre Fabriken abgeschriebene Grundstücke, billige Wasserkraft, Pflanzplätze und günstigen Wohnraum für die Arbeiterfamilien besassen. Vom Aabachwehr beim Pfäffikersee bis zur Gemeindegrenze von Uster war alles Grundeigentum entlang des Aabachs fast ganz in der Hand der Familie Streiff und Standort von sieben zusammengekauften Spinnereien. In der Zwischenzeit hat sich allgemein die amerikanische Organisation durchgesetzt. Die Industriefirmen sind gespalten in Profitzentren für die Produktion und die Liegenschaften. Entweder berechnet die Liegenschaftenabteilung der Produktionsabteilung Mietzinse, oder sie sorgt dafür, dass die Produktion zugunsten einer Nutzung mit höheren Mieterträgen eingestellt wird. Um eine bessere Grundrendite zu erzielen, werden Arbeitsmittel und Arbeitsplätze vernichtet – Prozesse, Maschinen, Infrastrukturen, Teams, Know-how. Mit einem solchen Beschluss werden die während 100, 200 Jahren akkumulierten Mittel und das gesammelte Wissen der Väter, Gross- und Urgrossväter «devestiert», verscherbelt.[62]

Billigstarbeit und bis zu 200-fache Handelsmargen

Der Niedergang der Textilindustrie in der Schweiz und in den anderen Industrieländern steht im engen Zusammenhang mit der Liberalisierung seit der Wende. Mit dem Ende des Ost-West-Konflikts im Jahr 1989 wurden viele bis dahin errungene Sozialstandards abgebaut. Produziert und transportiert wird dort, wo die grösstmöglichen Gewinne zu erzielen sind. Also dort, wo Löhne, Sozialabgaben, Steuern und Umweltauflagen am geringsten sind. Zum Beispiel kaufen Schweizerinnen und Schweizer jährlich für 20 Millionen Franken T-Shirts. Vom Verkaufspreis berechnet die Hilfsorganisation «Brot für alle» 46 Prozent für Lager und Verkauf, 26 Prozent für den Zwischenhandel, 17 Prozent für die Modewerbung, 6 Prozent für Transporte und Zölle. Die Herstellerinnen müssen sich mit 5 Prozent begnügen. Das Fabrizieren von Turnschuhen ist mit gegen 0,5 Prozent am schlechtesten bezahlt, dasjenige von Hosen mit durchschnittlich 17 Prozent am besten. Sponsoring und Werbung für Turnschuhe kosten 20-mal mehr als deren Herstellung.[63] Seit der Aufhebung der World-Trade-Kontingente kommt jedes zweite Kleidungsstück aus China. China ist auch der grösste Baumwollproduzent, gefolgt von Indien. Gepflückt wird zunehmend wieder wie zur Sklavenzeit von Hand, wobei die Baumwollblüten zwecks Schädlingsbekämpfung Pestizide enthalten.[64] China aber will kein Schwellenland bleiben und verlagert wie Indien Arbeiten mit niedrigstem Investitionsbedarf in jene Nachbarländer, wo die allertiefsten Löhne bezahlt werden. So nähen, färben und montieren Menschen zu Löhnen von einem Dollar pro Tag in Bangladesh oder Indonesien T-Shirts oder Turnschuhe mit bekannten Markennamen wie Nike. In mehreren Fällen sind Arbeiterinnen verschwunden, die höhere Löhne gefordert hatten. Aus Rumänien, wo H & M produzieren lässt, sind chinesische Billigstarbeiterinnen wegen Protesten als Straffällige in ihr Herkunftsland zurückgeschickt worden.

Neben dem wachsenden Gefälle zwischen Armut, Wohlstand und High Society hat diese globale Produktionsweise zur Folge, dass die Rohstoffe, Zwischen- und Endprodukte mehrfach um die Welt transportiert werden, bis sie zum Verbraucher gelangen.

Den Konsumenten in der Schweiz ermöglicht der Globalismus bei einer Verfünffachung der gekauften Warenmenge eine Halbierung der Ausgaben: 1960 wurden 9 Prozent des Haushaltbudgets für Kleider und Schuhe ausgegeben, 2003 noch 4,2 Prozent.[65] Im Gegenzug werden Kleidersammlungen für oft nicht erreichte Bedürftige unterstützt. Eine wirkungsvollere Unterstützung organisieren jene Hilfswerke, die sich direkt vor Ort gegen unsoziale und umweltschädigende Praktiken einsetzen. Unter deren Druck haben die beiden grössten Detailhändler der Schweiz bei ihren Produkten eine Herkunftsbezeichnung eingeführt, die zwar nicht faire Löhne garantiert, aber immerhin Transparenz für globalisierungskritische Konsumenten schafft.

101 Die Theorie von einer Desindustrialisierung im Westen und einer Industrieverlagerung in den Osten sieht in der Praxis oft so aus, dass dort Arbeitsverhältnisse entstehen, die für die 1-Dollar-pro-Tag-Menschen schlimmer sind als diejenigen um 1800 in den Industrieländern: Handdruckerei für Tücher in Indien. **Moradabad, Foto H. B. 1989**

Auf dem Holzweg zur Papierflut

Holz-, Papier- und Druckerei-Industrie[1]
Schweiz 1950 70 200 Beschäftigte = 15%
Schweiz 2010 93 000 Beschäftigte = 12%

102 Ehret jede Hand mit Schwielen! Harte Arbeit im Holzbau. Zeichnung H. B. 2003

Holz ist ein günstiger, leicht zu verarbeitender Rohstoff. Lange Zeit war es der wichtigste Brennstoff. Entsprechend seiner vielseitigen Verwendbarkeit findet es seit Anbeginn der Zivilisation im Hausbau und für den täglichen Bedarf Verwendung. Holzraubbau hat früh zu Umweltschäden geführt, was in der Schweiz bis heute strenge Schutzmassnahmen für den Wald zur Folge hat. Trotz der attraktiven heimischen Holznutzung findet auch in dieser Teilbranche eine Konzentration und eine Internationalisierung statt. Noch stärker gilt diese Tendenz für die Papierindustrie. Ihre Materialbasis war in der Epoche zwischen 1850 und 2000 das heimische Holz. Inzwischen ist es Altpapier. Und die seit 1960 um 2400 Prozent gewachsene Papierflut für Werbe-, Verpackungs- und Haushaltzwecke wird zunehmend durch importiertes Papier aus Holz der grossen östlichen und nördlichen Wälder gespeist.[2] Technisch extrem gewandelt hat sich die ursprüngliche Hauptverwendung von Papier in der Druckerei-Industrie. Die Ablösung des Bleisatzes durch die elektronische Datenverarbeitung hat Berufsgattungen zum Verschwinden gebracht. Parallel zur Konzentration im Druckereiwesen verlief diejenige der schweizerischen Presse. Sie wird von nur mehr drei Konzernen dominiert, was auch Einfluss auf den öffentlichen Meinungsbildungsprozess hat.

Eine Holzwirtschaft mit hohen Investitionen

Holz war bis zum Bau der Eisenbahnen die weitaus wichtigste Heiz- und Antriebsenergie, lange vor Torf, Wasserkraft und Kohle.[3] Sehr viel Holz brauchte die Metallerzeugung. Nur schon die Bleischmelzöfen von S-charl machten um 1600 das Abholzen von einem Quadratkilometer Wald pro Jahr nötig. Das Eisen erforderte für das Schmelzen und Schmieden eine noch höhere Menge von Energieholz.[4] Das regellose Abholzen der Wälder für Köhlereien, Brenn- und Bauholzbetriebe und auch der Viehtrieb in die Wälder verringerten die Holzernte. Die Umweltschäden durch Erosion, Überschwemmungen und Lawinenniedergänge nahmen zu.

Auch als Baumaterial stand Holz bis in die Neuzeit an erster Stelle. Der älteste bekannte Holzbau der Schweiz ist nach den Pfahlbauten das Haus Nideröst in Schwyz. Über die Bestimmung der Jahrringe des Holzwachstums ist es auf das Jahr 1176 datiert. Es musste einem Neubau weichen und hofft, demontiert in einem Zwischenlager, auf den Wiederaufbau. Im 17. Jahrhundert führte die Übernutzung der Wälder zu einer Verknappung des Holzangebots. Sparsamere Bauweisen mit Riegelwerken und Ausfachungen ersetzten den Bohlenständerbau.

103 Jahrhundertelang wurde auch in der Schweiz Holzraubbau betrieben. Holz war noch 1851 mit 87 Prozent am Energiehaushalt das wichtigste Brennmaterial. Heute macht es dank Förderung wieder 3,6 Prozent aus. **Köhlerei Bergbaumuseum S-charl, Sammlung SIK o. J.**

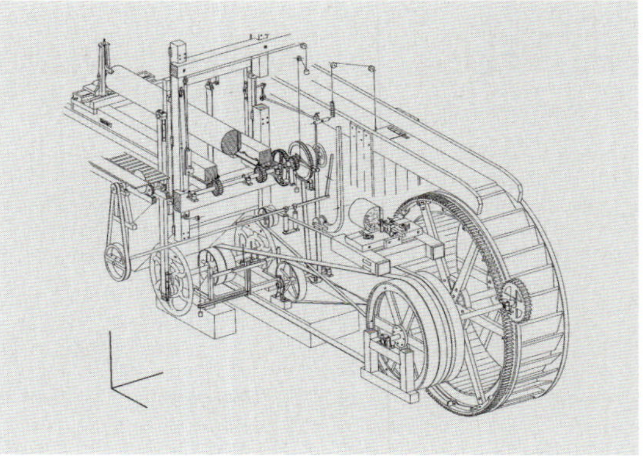

In einzelnen Waldgebieten förderten die Gemeinwesen eine planmässige Holzwirtschaft, so etwa Zürich im Sihlwald, der mit einem Waldbahnnetz erschlossen wurde. 1876 setzte die eidgenössische Forstgesetzgebung der Übernutzung der Wälder gesamtschweizerisch ein Ende. Es war die Zeit, als importierte Kohle das Energieholz zu ersetzen begann. Das erste Waldschutzgebiet entstand, als der Tourismus wichtiger wurde als die Holznutzung. Zwischen 1909 und 1961 erliess der Bund für das heutige Gebiet des Schweizerischen Nationalparks im Unterengadin Verordnungen für den Schutz vor allen menschlichen Eingriffen, nachdem dort über Jahrhunderte abgeholzt und sogar Kahlschlag betrieben worden war.[5]

Dank den staatlichen Schutzmassnahmen ist die Schweiz zu 30 Prozent bewaldet geblieben. Ein Waldsterben, wie es Naturschützer 1984 prophezeiten, hat zwar nicht im befürchteten Ausmass stattgefunden. Aber dank jener Auseinandersetzung wurden der Wert des Waldes und die Bedrohung der sogenannten Lunge des Landes wahrgenommen. Förster und Private haben die Waldpflege intensiviert und die Holzwirtschaft auf naturnahe Waldpflege umgestellt. Hohe Investitionen fliessen in das gut unterhaltene, sehr dichte Waldwegnetz. Selbst in den Bergen ermöglicht es eine intensive Waldpflege.[6] Wie in der Landwirtschaft ist auch in der Forstwirtschaft der Mechanisierungsgrad in der Schweiz sehr hoch. Die vielen kleinen und kommunalen Waldbesitzer bewirtschaften ihre Grundstücke mit grossem Aufwand und überdurchschnittlichem Gefahrenpotenzial – in keinem anderen Wirtschaftszweig ist die Unfallgefahr höher als in der Holzindustrie.[7] Insgesamt kann die Schweiz pro Flächeneinheit in Europa die höchsten Holzerträge ausweisen. Allerdings wird nur die Hälfte der nachwachsenden Vorräte voll verwertet. Es besteht ein Interessenkonflikt: hier die öffentlich finanzierten Reservatsbestrebungen der Naturschützer, dort die eigenwirtschaftlich handelnden Walbesitzer und Holzverarbeiter, die Lastwagentransporte und regelmässig gepflanzte, schnell wachsende Hölzer bevorzugen. Zudem macht importiertes Holz dem einheimischen auch preislich Konkurrenz. Es ist fast unmöglich, gesicherte Zahlen zum internationalen Holzhandel zu erhalten – gemäss WWF beruht der Import von mehr als einem Viertel der Hölzer aus Osteuropa, Asien und Lateinamerika auf illegalem Holzraubbau.[8]

104 Der Schutz des Waldes und seine intensive Bewirtschaftung ermöglichen eine vielfältige Holzverarbeitung. Noch existieren 350 meist kleine Sägereien. **Gais, Foto H. B. 2002**

105 Wasserradsägereien zeigen anschaulich die Umwandlung von Wasserkraft über Zahnräder, Wellen, Riemenscheiben und Riemen auf den Sägegatter, den Wagenvortrieb und die Abkantsäge. **Bielensäge Unterschächen, Zeichnung Berthold Moog 1994**

Immer weniger Sägereien

Einst stand neben fast jeder zweiten Getreidemühle eine Sägerei, die als Nebenmühle galt. Müller und Säger verarbeiteten eigenes Holz, mehrheitlich aber arbeiteten sie für die kleinen Waldbesitzer und die Gemeinden. Weit über 1000 Wasserräder bewegten Gattersägen, die pro Durchgang einen Schnitt machen konnten.[9] Heute sind im Land noch 350 Sägereien vorhanden.[10] Die älteren unter ihnen zeigen anschaulich die Kraftumwandlung vom Wasserradantrieb über die Transmission auf den Sägegatter und den Vortrieb für den Wagen, auf dem der Baumstamm eingespannt ist. 1886 gründeten die Sägereibesitzer eine Dachorganisation, die heute mit weiteren Holz verarbeitenden Betrieben im Verband Holzindustrie Schweiz zusammengefasst ist. Von den 400 Mitgliedsfirmen betreiben allerdings nur die wenigsten regelmässig eine Sägerei. In immer weniger Sägereien sind immer weniger Leute beschäftigt. Allein seit dem Jahr 2000 sind sieben Grosswerke entstanden, in denen jeder Arbeiter doppelt so viel Holz verarbeiten kann wie in den bisherigen Kleinsägereien. Im Vollbetrieb stehen nur

106 Von den 6000 Wasserrädern, die es in der Schweiz gab, trieben viele Sägewerke an. Sie entstanden oft als Nebenbetriebe von Getreidemühlen: ab 1844 entstandener Sägereikeller. **Beromünster, Foto H. B. April 1993**

107 Abbruch der Sägerei Hintermühle Beromünster. Ein schweizerisches und ein österreichisches Unternehmen beschleunigen mit ihren Industriesägewerken den Konzentrationsprozess in der Holzverarbeitung. **Beromünster, Foto H. B. Mai 1993**

noch Werke mit rationellen Transportnetzen, Mehrfachgattersägen und modernen Holzbearbeitungsmaschinen.

Die grössten Sägewerke der Schweiz besitzen Schilliger und Mayr-Melnhof. Das 1861 gegründete Schwyzer Traditionsunternehmen Schilliger betreibt mit 170 Mitarbeitern mehrere schweizerische Sägereien, die täglich einen Kilometer Frischholz sägen. Anstelle der Realisierung des geplanten Grosswerks in Luterbach hat Schillinger aus einer Konkursmasse im Elsass die Klenk Holz France mit 120 Beschäftigten billig gekauft. Noch internationaler ist die Mayr-Melnhof-Gruppe. Sie machte bis zur Krise mit gegen 2000 Beschäftigten in Österreich, Deutschland und Russland eine Milliarde Franken Umsatz mit Holzgeschäften. In der Schweiz kaufte sie die Kartonfabrik Deisswil und richtete 2007 in Domat/Ems das grösste Sägereiwerk ein. Die internationale Gruppe gab dem Werk den Namen Swiss Timber, baute bereits im zweiten Betriebsjahr wieder Arbeitsplätze ab und beschloss 2010 gegen grossen Widerstand die Stilllegung der Kartonfabrik in Deisswil.[11] 2010 meldet die Sägerei in Domat/Ems den Konkurs an, nachdem der Grosse Rat von Graubünden weitere finanzielle Hilfeleistungen abgelehnt hat. Die Holztransporte für österreichische Sägewerke haben ebenso zugenommen wie die Papierholzimporte aus dem globalen Markt. Schweizerische Grosssägereien importieren billiges Holz aus Osteuropa, statt hiesiges Holz zu verarbeiten. Ein gegenüber dem Euro starker Franken verteuert die Exporte von Holz und Holzprodukten. Der Konzentrationsprozess in Europa galoppiert voran.

Museums-Sägereien, siehe Mühlentag VSM,
www.muehlenfreunde.ch

Vielfältige Holzverarbeitung trotz Globalisierung
Der leichten Verarbeitbarkeit entsprechend, diente Holz lange Zeit als Rohstoff für die Herstellung von Produkten wie Rädern, Fässern, Kisten, Skiern und Giessereiformen. Noch 1950 arbeiteten in der Schweiz über 5000 Menschen als Drechsler, Küfer, Kistenmacher oder Modellschreiner.[12] Kunststoffe und Importgüter haben inzwischen solche Holzhandwerke weitgehend aussterben lassen. Im 19. und 20. Jahrhundert unterstützten Behörden die Holzverarbeitung zwecks Arbeitsbeschaffung. So förderten Kantone wie Bern und St. Gallen oder Bezirke wie Hinwil in den wirtschaftlich schwachen Gebieten das Holzschnitzen. Das Gewerbe knüpfte an die Fertigkeiten von Bauern an, die in ihren Tennen schon immer mit Holz gearbeitet hatten. 1816 entstand in Brienz eine Ausbildungsstätte für Schnitzerlehrlinge. Um 1890 schnitzten dort 1000 Holzschnitzer Souvenirs für Touristen. Zu den Holz verarbeitenden Betrieben gehörten ab den 1840er-Jahren auch Zündholzfabriken, vor allem im Berner Oberland und in der Zürcher Landschaft. So setzte sich Landsäckelmeister Friedrich Schneider im Kandertal gegen die Abwanderung ein und errichtete 1850 die erste Zündholzfabrik. Bereits 15 Jahre später gab es im Amt 11 Betriebe dieser Art. Sie gingen an der Konkurrenz neuer Zündmittel und an der grossindustriellen Produktion in Schweden zugrunde.[13] 1976 schloss die letzte schweizerische Zündholzfabrik in Unterterzen am Walensee ihre Tore.

Schweizerisches Zündholzmuseum, 5012 Schönenwerd,
www.zuendholzmuseum.ch, Eröffnung geplant

108 Im 18. Jahrhundert bekannt für gewagte Holzkonstruktionen waren die Baumeister Grubenmann aus Teufen. Der Konstrukteur des Färberei-Dachstuhls in Herisau ist allerdings nicht bekannt. **Schwarzes Haus am Aabach, Foto H. B. 2000**

Auch andere exotische Betriebe der Holzverarbeitung sind Geschichte. Die Nutzung der Tessiner Kastanienwälder für die Herstellung des Gerbstoffes Tannin führte 1929 zum Bau eines industriellen Betriebes in Maroggia am Ufer des Luganersees. Der sich 63 Meter in den Tourismushimmel erhebende Hochkamin der Firma Tannini Ticinesi wurde vom bekannten Betoningenieur Robert Maillart konstruiert. Nach der Stilllegung des Werks kam es zu einer öffentlichen Auseinandersetzung um den Abbruch, der bis 1990 schliesslich doch durchgeführt wurde.[14] Ein anderer grosser Tessiner Industriebetrieb im Bereich der Holzmaterialverarbeitung war die Linoleumfabrik Giubiasco. Sie wurde 1905 von Pirelli gegründet und stellte bis 1965 aus Kork, Leinöl und Jutegewebe den bekannten elastischen Bodenbelag her. Im Jahr 1925 beschäftigte die Fabrik 350 Arbeiter. In den Hallen von Giubiasco stellt heute der Forbo-Konzern synthetische Bodenbeläge her.[15]

Bekannt und beliebt waren die hölzernen Schaukelpferde, Leiterwagen und Abakus-Holzrahmen von Wisa Gloria aus Lenzburg. Das 1882 gegründete Unternehmen vergrösserte die Fabrik 1930, eine Dampfmaschine trieb die Säge- und Holzbearbeitungsmaschinen an. Kurz nach der Wende, 1992, verlagerte Wisa Gloria ihre Kinderspielzeugherstellung in den Osten. Verkauft wurden die Produkte noch eine Weile im Fabrikareal, das nun der Immobilienfirma der einstigen Fabrik gehört.[16]

Weiterhin aktiv in der Verarbeitung von Holz ist eine bekannte Schweizer Markenfirma: Die Fabrique genevoise de crayons in Genf wird seit 1924 unter dem Namen Caran d'Ache geführt. Die Bezeichnung kommt vom russischen Wort für Bleistift, Karandasch. Heute stellt die Firma vor den Toren Genfs mit 300 Mitarbeitern 4500 verschiedene Schreib- und Malutensilien her, inklusive der traditionellen Holzbleistifte, die inzwischen aus kali-

109 Neue Materialien verdrängten die Holzbaukunst. Noch 1859 entstand die inzwischen abgebrochene Maschinenfabrikhalle Sulzer als später stahlverstärkte Holzkonstruktion. Heute findet der Schweizer Holzbau wieder internationale Anerkennung. **Winterthur, Foto H. B. 1999**

110 Eine grosse, Baumrinde verarbeitende Fabrik entstand am Luganersee aus Eisen und Beton. Den Hochkamin konstruierte der Betonbauingenieur Robert Maillart. **Maroggia, Foto H. B. 1986**

fornischem Zedernholz gefertigt werden und schon längst kein Blei mehr enthalten.[17]

Einen anderen Bezug zur Schweiz hat der Konkurrent und weltgrösste Hersteller von Holzstiften, Faber-Castell aus Nürnberg. Anton Wolfgang Graf von Faber-Castell residiert an der Zürcher Goldküste. Sein Unternehmen beschäftigt 6500 Mitarbeiter in 16 Fertigungsstätten und 19 Vertriebsgesellschaften.[18]

Den grössten Teil der Beschäftigung bietet die Holzverarbeitungsbranche traditionell in den Bereichen Holzbau und Wohnungsausstattung. Die Faserplatten-, Furnier- und Möbelhersteller haben sich mit den Holzhausproduzenten, Imprägnierern, Holzverpackungs- und Fensterfabrikanten mit je eigenen Verbänden in der «Lignum» zusammengeschlossen.[19] Die Tätigkeitsfelder der überwiegend kleinen Unternehmen haben sich bezüglich Material und Techno-

111 Zu den international bekannten Schweizer Markenfirmen gehörte die Wisa Gloria mit ihren Kinderspielzeugen aus Holz. Sie wurde nach Auslagerung der Produktion in den Osten stillgelegt. **Sammlung Wisa Gloria Lenzburg**

112 1956 kostete eine Aussteuer einen Jahreslohn einer Heimarbeiterin. Heute ist die Herstellung von Möbeln globalisiert. In der Schweiz werden noch Designmöbel gefertigt. Der Reichste in der Schweiz ist der Ikea-Möbelfabrikant Kamprad. **Anzeige Radiozeitung 10. 6. 1956, Sammlung SIK**

logie im globalen Umfeld stark verändert. Früher bedeutende Holzverarbeiter sind ganz von der Bildfläche verschwunden. So etwa die Möbelfabrik Stählin in Lachen mitsamt ihrer ab 1923 erbauten, 110 Meter langen Halle für das Lagern der gesägten Bretter.[20] Oder das Spanplattenwerk Fideris: Nach Problemen mit dem Umweltschutz schloss es 2002 den Betrieb und entliess die 120 Beschäftigten.

113 50 Papiermanufakturen entstanden ab 1411 in der Schweiz. Im Museum in der Basler Papiermühle wurde nach einem Brand bis 1982 ein Stampfwerk für textilen Altstoff rekonstruiert. St. Alban-Tal Basel, Foto H. B. 1996

Die Marktleader im Möbelverkauf, Möbel Pfister und Ikea, sind in der Schweiz reine Händler. Die Pfister Arco Holding betreibt von ihrem grossen Lagerhaus in Suhr aus mit 1700 Angestellten die Möbelhäuser Pfister und Mobitare. Ikea hat weltweit ein Heer von 123 000 Mitarbeitenden und lässt in der Slowakei und in China schreinern. Ihr Eigentümer Ingvar Kamprad ist mit 35 Milliarden Franken Vermögen der reichste Mann in der Schweiz, sein offizieller Wohnsitz befindet sich im Waadtland.

Derweil engagieren sich etliche kleine Holzverarbeiter für das inzwischen international anerkannte ökologische Bauen mit Holz in der Schweiz. Es ist ein eigentlicher Boom entstanden. Bereits 15 Prozent der Neubauten entstehen aus Holz: Minergiehäuser, mehrgeschossige Wohnblöcke (in Graubünden gerade ein fünfgeschossiges Haus), Hallen und Brücken, Blockhäuser.[21] Holzbauten sind der beste Garant für eine bessere Nutzung der heimischen Holzvorräte. Auch die Nutzung von Holz für Heizungen nimmt schnell zu. Der Einsatz von Energieholz erreichte 1980 den Tiefpunkt. Seither hat er dank 10 000 Holzschnitzel-, 15 000 Pellet- und 650 000 Schnittholzheizungen auf 3,6 Prozent des Gesamtenergieverbrauchs zugenommen.[22] Jährlich werden 2000 zusätzliche Wohneinheiten mit Pellets beheizt, und Kollektivheizungen sind Grossabnehmer des uralten, aber modern aufbereiteten Heizmaterials geworden.

Die Papierindustrie: lange Tradition, multinationaler Besitz

Zu den neueren Nutzern von schweizerischem Holzstoff gehören seit 1843 die Papierfabriken. Gut 400 Jahre zuvor entstanden die ersten Papiermanufakturen. Die moderne Papierindustrie erreichte ihren Höhepunkt in der Schweiz mit 15 000 Beschäftigten nach dem Zweiten Weltkrieg, als in den Nachbarländern noch viele grosse Fabriken wegen Bombenschäden nicht oder wenig produzierten. Inzwischen arbeiten noch 11 000 Personen in den Schweizer Papier- und Kartonfabriken. Diese befinden sich zu 70 Prozent in ausländischem Besitz. Die Produktion wurde zwischen 1960 und 2005 von

500 000 Tonnen auf 1 750 000 Tonnen gesteigert und ist seither leicht gesunken.[23] Grund: diverse Stilllegungen von Fabriken.

In der ersten Hälfte des 20. Jahrhunderts diente zerfasertes Holz als fast einziger Rohstoff für die Papierherstellung. Inzwischen wird 58 Prozent aus Altpapier gewonnen: Die Schweiz gehört in etlichen Bereichen immer noch zu den führenden Ländern des Recyclings.[24] Bedauerlich ist, dass Zellulose nicht mehr direkt in der Schweiz erarbeitet wird. Denn die globalisierte Holzfaserverarbeitung schafft in wenig regulierten Regionen grosse Umweltprobleme auch bezüglich der Boden- und Wasserbelastung durch Chemikalien.

500 Jahre Papierherstellung aus Hadern

Der ägyptische Papyrus gilt als ältestes Schreibmaterial, er besteht aus kreuzweise aufeinandergepressten Streifen der Papyrusstaude. Aus Pflanzenfasern verfilztes Papier fand vor 2000 Jahren zuerst in China Verwendung und ab dem 7. Jahrhundert zur Verbreitung des Korans im gesamten islamischen Raum. Die technisch-gewerblichen Umwälzungen in Europa brachten die Papierherstellung ab 1411 in das heutige Gebiet der Schweiz. Der 1445 von Johannes Gutenberg eingeführte Buchdruck mit beweglichen, einzeln gegossenen Buchstaben liess den Papierverbrauch stark steigen. Während vier Jahrhunderten war textiler Altstoff das Rohmaterial für die Papierherstellung. Die Lumpen oder Hadern wurden mittels wasserbetriebener Stampfwerke in Fasern zerlegt, mit Wasser und Füllstoffen zu einem Brei verdünnt, in Bütten von Hand gesiebt und schliesslich zu Papierbogen gepresst. Das Sammeln und Sortieren der als Rohstoff gesuchten Lumpen war behördlich geregelt.[25]

Nach Peter Tschudin, dem Pionier der schweizerischen Papiergeschichtsschreibung, fügt sich die Entwicklung in der Schweiz nahtlos in die europäische Papiergeschichte ein. Ähnlich wie bei den Seidenmanufakturen übernahmen die frühen Papiermacher das Wissen aus Italien. In der Regel kauften sie eine bestehende Mühle mit Wasserrad und Daumenwelle und bauten sie in eine Stampfmühle um. Die Drahtsiebe für die Bütten bezogen sie im 15. Jahrhundert noch aus Italien, da es hierzulande an Ziehereien für dünne Drähte fehlte. Insgesamt entstanden in der Schweiz rund 50 Papiermühlen.[26] Zum Zentrum der Papiermanufaktur entwickelte sich Basel. An einer Kanalableitung der Birs entstand im St. Alban-Tal gegen das Rheinufer ein ganzes Papiermacherquartier. Drei Arme des Kanals versorgten die Stampfwerke der Familien Halbisen und Gallician und die vom 16. bis ins 18. Jahrhundert gegründeten Betriebe mit Wasser. Die Blüte der Basler Papiermanufaktur war eng verbunden mit derjenigen des Buchdrucks. In beiden Bereichen wurde Basel zum Produktionszentrum von europäischer Bedeutung. Es strahlte in die Region aus, mit weiteren Gründungen von Papiermühlen auch ausserhalb der heutigen Landesgrenzen. Dieser Geschichte ist am Originalschauplatz in der Basler Papiermühle ein Museum gewidmet, das Schweizerische Museum für Papier, Schrift und Druck. Es ist ein Museum zum Anfassen, in dem man selbst Papier schöpfen oder Schriften setzen kann.[27]

Schweizerisches Museum für Papier, Schrift und Druck, St. Alban-Tal, 4052 Basel, www.papiermuseum.ch

Konzentration der Papier- und Kartonindustrie

Das 18. Jahrhundert brachte für die Papierherstellung eine Reihe von Neuerungen wie erste Versuche

114 An einem künstlich von der Birs abgeleiteten Kanal entwickelte sich das Quartier St. Alban in Basel zu einem Papierzentrum von internationaler Bedeutung. **St. Alban-Tal Basel, Foto H. B. 1996**

115 Eine wesentliche Verfeinerung der Papierherstellung ermöglichte der sogenannte Holländer: Der vom Mühlrad angetriebene Rollgang walzte die Fasern der textilen Altstoffe aus. **Ehemalige Kartonfabrik Ellikon an der Thur, Foto H. B. 2008**

116 Mit dem Gründungsjahr 1836 war die Papierfabrik an der Sihl der erste derartige Industriebetrieb in der Schweiz. Nach 140 Jahren schloss sie ihre Tore. **Zürich, Foto H. B. 2004**

117 Im 19. Jahrhundert löste Holz den textilen Altstoff ab. Die skandinavischen Länder wurden die grössten Papierexporteure: Holzbahnhof mit Holzlager, holzgefeuerter Dampflokomotive und Holzzug. **Bei Jyväskylä, Finnland, Foto H. B. 2003**

mit pflanzlichen Rohstoffen und mit der Altpapierverwertung. Eine technische Innovation war der sogenannte Holländer, ein Rollgang für das Verfeinern der Fasern. Der Industrialisierung zum Durchbruch verhalf schliesslich die Kombination von Schöpfmaschinen und Papiermaschinen mit Trockenzylindern. In der Schweiz gründeten Zürcher Patrizier 1836 die erste moderne Papierfabrik in der Altstadt Zürich. Die Papierindustrie förderte wiederum die Maschinenindustrie: Beteiligt war auch Escher Wyss. Die Maschinenfabrik lieferte fünf Jahre nach der Gründung erste selbst konstruierte Papiermaschinen. Insgesamt entstanden in der Schweiz 50 industrielle Papier- und Kartonfabriken. Die Papierfabrik an der Sihl produzierte 140 Jahre lang Papier. Von ihr sind die Eingangsbauten und die Papierausrüsterei, ein früher Betonskelettbau von 1911, und der Hochkamin erhalten. Der Kanal ist verschwunden, die wenigen Altbauten bilden einen Sockel für die 2007 eröffnete Sihlcity. 600 Millionen Franken haben hier die Credit Suisse und die Swiss Prime Site in eine Freizeit- und Dienstleistungsüberbauung investiert, in der sich Bürobetriebe, 13 Restaurants und 80 Läden eingemietet haben.

Über Jahrzehnte sicherten der steigende Verbrauch von Druckpapier und Verpackungskarton, ein Zollschutz für schweizerisches Papier und das Kartell der Papierfabrikanten die inländische Produktion. Mit dem Fall des Eisernen Vorhangs fand eine Verlagerung der Papier- und Kartonproduktion vom Westen in den Osten Europas statt, begünstigt durch die geringeren Umwelt- und Sozialauflagen. 2010 blieben in der Schweiz nur noch 13 Papier- und Kartonfabriken übrig.

Dazu gehört die Papierfabrik Utzenstorf am Emmekanal. Sie geht auf die 1865 gegründete Holzstofffabrik in Bätterkinden zurück und wurde am heutigen Standort seit 1892 aufgebaut. Utzenstorf gehört wie die Thurpapier-Fabrik[28] zu den Recyclingbetrieben für Altpapier. Das Altpapier wird in einer Aufbereitungsanlage aufgelöst und von den Druckfarben befreit, bevor es in die Papier- und Kartonproduktion gelangt. Für die günstigere Herstellung von Zeitungspapier schloss sich die Papierfabrik Utzenstorf mit der Papierfabrik Biberist zusammen. Jene bereits 1862 gegründete Fabrik entwickelte sich zum Grossindustriebetrieb mit 1250 Beschäftigten. 1996 gingen diese Fabriken an den finnischen Konzern Myllykoski[29] und 2008 weiter an die südafrikanische

Sappi-Gruppe. Nachdem die Finnen mit ihren reichen Holzvorräten in Europa lange Zeit eine führende Stellung in der Papierindustrie eingenommen haben, ist nun Sappi die Nummer eins geworden. In Biberist wurde die Belegschaft halbiert und die Produktion verdoppelt.

Eine weitere grosse Papierfabrik ist die Perlen Papier AG bei Luzern. Sie beschäftigt als Fabrik der Chemie + Papier-Holding noch 500 Leute. Kleinere Fabriken wie die dem amerikanischen Konzern Mercer International gehörende Papierfabrik Landquart oder das Werk Cham der Cham Paper Group sind weitere Beispiele für den hohen Globalisierungsgrad der Papierindustrie. Für die Kartonfabrik Deisswil hat die Mayr-Melnhof-Gruppe 2010 die oben erwähnte Stilllegung beschlossen. Nicht nur die Mehrheit des Kapitals ist multinational, sondern auch der Warenstrom. Ein hoher Frankenkurs, knappe Margen und Überkapazitäten beschleunigen Take-overs und nicht enden wollende Umstrukturierungen.

Übersichtlich ist es noch in der ehemaligen Papierfabrik Bischofszell. Der dortige Schaubetrieb zeigt, wie die Produktionsabläufe 1928 waren. Die von einem Motor angetriebene Papiermaschine ist 223 Tonnen schwer. Seit der Stilllegung im Jahr 1991 engagieren sich Vereinsleute um die Erhaltung und den (trockenen) Betrieb der unter Denkmalschutz stehenden Maschine.[30]

Papierfabrik, Fabrikstrasse 26, 9220 Bischofszell, geöffnet jeweils am ersten Sonntag der Monate April bis Oktober

118 Von einst 50 industriellen Papier- und Kartonfabriken produzieren noch deren 13. Zu den alten und grossen gehört die 1874 gegründete Papierfabrik Perlen an der Reuss. **Perlen bei Luzern, Foto H. B. 1996**

119 Abfallgebühren und Papiersammlungen machen das Altpapier mit 58 Prozent Anteil an der schweizerischen Papierherstellung zum wichtigsten Rohstoff. Altpapierfabrik-Lager vor der Stilllegung. **Bischofszell, Foto H. B. 1991**
120 Ein Koloss aus dem Zeitalter vor dem Computer ist die Papiermaschine Nummer eins in Bischofszell. Die denkmalgeschützte, 223 Tonnen schwere Maschine wird von einem einzigen Motor aus angetrieben. **Bischofszell, Foto H. B. 1987**

Verschaukelte Holzrohstoffbetriebe

Noch 1880 war das Kleidersammeln die wichtigste Rohstoffbasis der Papierindustrie. Je nach Gegend stand Stroh an zweiter Stelle. Um 1900 überflügelten Holz und Altpapier die alten Rohstoffe. Holz ermöglichte die Massenproduktion von Papier und Karton. In einer ersten Phase mussten Holzarbeiter das Holz zuerst auf Scheitergrösse zerkleinern, bevor sie es unter Wasserzugabe auf Schleifsteinen in Fasern zerlegen konnten. Später verarbeiteten die Holzstoffwerke ganze Baumstämme, Schwarten und Sägemehl. Chemische Verfahren verhalfen dem Holz als Rohstoffbasis für die Papierindustrie vollends zum Durchbruch, denn nun konnte Zellulose für vielerlei Zwecke produziert werden. Von verschiedenen Umwandlungsverfahren hat sich dasjenige mit Kalzium und Sulfid durchgesetzt, auch in der Schweiz.[31]

Ein frühes Holzstoffwerk stand im bernischen Bätterkinden nördlich des Zusammenflusses der Urtenen mit der Emme. Von der 1862 gegründeten Fabrik ist nur das erneuerte Kraftwerk erhalten, denn 1910 baute die nahe Papierfabrik Utzenstorf eine eigene Holzschleiferei. In Rondchâtel diente ein Holzschleifwerk ab 1883 der Papierfabrik Biberist, fünf Jahre später kam eines in Frinvillier dazu. Auch hier sind die Standorte durch die grossen zur Verfügung stehenden Wasserkräfte begründet: Stollen, Druckleitungen und Kanäle von drei ehemaligen Industriekraftwerken liefern noch heute Strom, ein Bahnanschluss und eine eigene Schienendrahtseilbahn dienten dem Güterverkehr. 1991 geriet die Papierfabrik Biberist in Turbulenzen, wurde 1996 an einen finnischen Konzern und wenige Jahre später an Sappi weiterverkauft, der das Werk Rondchâtel 2005 stilllegte und abbrechen liess.[32]

Das grosse Zellstoffwerk der Schweiz trug den Namen des Weilers Attisholz an der solothurnischen Aare. Es wurde ab 1881 an beiden Flussufern und mit reichlicher Wasserversorgung vom zweitgrössten Strom der Schweiz aufgebaut. Das Unternehmen war wegweisend bei der Einführung von gebleichtem Zellstoff. Für die Säureprozesse liess die Firma schon früh Eisenbeton-Skelettbauten erstellen. So 1913 das erste Kochergebäude und schliesslich 1928 den Säureturm, das Wahrzeichen jeder Sulfidzellstoffanlage. Attisholz belieferte die eigene Papierfabrik Balsthal mit jährlich 110000 Tonnen Zellulose, erwarb andere Zellstofffabriken und Hygienepapierfirmen und stellte als Nebenprodukte Sprit, Natronlauge, Chlor, Javelwasser, Futter- und Nähr-

121 Die Papierfabriken im Jura bauten sich eigene Holzschliffwerke auf, so 1881 und 1888 diejenigen an der Suze in Rondchâtel und Frinvillier. Die Fabriken wurden nach der Stilllegung bis 2005 abgebrochen. **Rondchâtel, Foto H. B. 2003**

122 Holzschleifereien und Papierfabriken sind energieintensiv, sie entstanden an guten Wasserkraftstellen. Bei La Reuchenette brachte eine Drahtseilbahn die Produkte aus der Schlucht zur Bahnanlage. **Rondchâtel, Foto H. B. 2003**

hefe her. Die Aktiengesellschaft baute eine eigene Kehrichtverbrennung und eine Kläranlage auf und besass ein Verbundsystem für die Wärmerückgewinnung. Gegen eine halbe Million Tonnen Holz, Schüttgut und Flüssigkeiten brachten oder holten die SBB jedes Jahr zum und vom werkeigenen Rangierbahnhof. Allerdings blies das Unternehmen, das in den besten Zeiten 1700 Personen beschäftigte, doppelt so viel Schwefeldioxid aus wie der landesweite motorisierte Individualverkehr bis zur Einführung der Katalysatoren, jedoch kaum Stickoxid, Kohlenwasserstoff und Kohlenmonoxid.[33] 1984 investierte Attisholz grosse Summen in die Abgasreinigung. 1999 begann der Ausverkauf. Die Hygienepapierfirmen Hakle und Tela gingen an die amerikanische Gruppe Kimberley-Clark. Die Verkaufsgewinne wurden auf drei viertel Milliarden Franken geschätzt. Den Kernbetrieb in Attisholz erwarb der Financier Christoph Blocher. Dieser verkaufte das allein nicht mehr gewinnbringende Filetstück 2002 für 130 Millionen Franken dem norwegischen Chemiekonzern Borregaard. Die letzten 450 Arbeiter kämpften um ihre Arbeitsplätze und suchten Lösungen, gewinnbringende Teilbetriebe aufrechterhalten zu können. Vergebens. 2008 legten die Norweger die einzige Zellulosefabrik des Landes still.[34]

Globaler Holzraubbau, geschützte Schweizer Wälder

Die Papierindustrie spielt eine Schlüsselrolle für die Zukunft der Wälder. Jährlich holzt die Menschheit Wälder von knapp der doppelten Fläche der Schweiz ab, ohne diese Flächen wieder aufzuforsten. Etwa die Hälfte des geschlagenen Holzes geht in die Zellstoff- und Papierproduktion.

123 Jährlich verschwindet auf der Welt eine Waldfläche der doppelten Grösse der Schweiz. Umweltschutzverbände haben dafür gesorgt, dass hierzulande kaum mehr Tropenholz verbaut wird. **Holzhafen Djakarta, Foto H. B. 1999**

Die Einwohner der Schweiz, die ihre eigenen Wälder schützen, sind in Europa mit Abstand die grössten Verbraucher von Hygiene- und Haushaltpapieren. Ihr Gesamtpapierverbrauch stagniert zwar, liegt aber über dem globalen Durchschnitt. Angestrebt ist eine Einschränkung der Verschwendung im sogenannt papierlosen Zeitalter. Mit hartnäckiger Arbeit haben Umweltorganisationen in den vergangenen 30 Jahren eine drastische Verminderung des Verbrauchs an verbautem Tropenholz in der Schweiz bewirkt. Denn bereits ist die Hälfte der Tropenwälder mitsamt ihrer Artenvielfalt vernichtet. International gehandelte Holzschlagkontingente haben den Ausverkauf der Wälder von Amerika über Georgien bis Sibirien forciert. Die Nutzung der grössten Holzvorräte der Welt ist kaum reguliert, was den Kampf um dieses Holz und den Raubbau zulasten der CO_2-Bilanz verschärft. Zwar erreicht die Schweiz die Umweltziele des Kyoto-Protokolls knapp – dank einer Rechnung, die den hohen Anteil der Waldfläche im Land berücksichtigt. Aber die heimischen Rohstoffe werden nur ungenügend genutzt. NGO und vor allem der WWF machen bei den Grossverteilern Druck, dass Papier – wenn es denn schon verschwendet wird – aus Altpapier hergestellt werde oder keinen Rohstoff aus dem Holzraubbau enthalte. Zu diesem Zweck ist vereinsmässig das Forest-Stewardship-Council-Zertifikat FSC eingeführt worden. Der WWF hat in seinem Rating von 2007 bekannt gegeben, dass Migros den grössten Anteil an Recycling- und FSC-Papier anbietet. Weniger gut haben in diesen Belangen die Warenhausketten Coop und Lidl abgeschnitten.[35]

Das Druckereiwesen: von der Vielfalt zur Einfalt?

550 Jahre lang, von der Verbreitung der Gutenberg'schen Drucktechnik bis zur Verallgemeinerung der Computertechnik in den Haushalten, behielt das Druckereiwesen die Führungsposition in der Meinungsbildung. 50 Jahre nach der Einführung der neuen Vervielfältigungsmöglichkeit gab es in Europa bereits 1000 Druckereien. Das war um 1500. Basel galt als bedeutendes Druckereizentrum, und in Zürich druckte der Zwingli-Anhänger Christoph Froschauer zwischen 1519 und 1529 die erste vollständige Bibel in deutscher Sprache. Sein Unternehmen brachte über 900 Werke heraus. 1760 übernahm das spätere Verlagshaus Orell Füssli OF die Druckerei Froschauer.[36] OF entwickelte sich im 20. Jahrhundert zu einem bedeutenden Verlags- und Druckereiunternehmen mit artistischem Institut, grafischen Betrieben und der umsatzstärksten Buchhandlungskette in der Schweiz. Des Banknotendrucks wegen hält die Schweizerische Nationalbank am Unternehmen einen Anteil. Im Zusammenhang mit solch heiklen Eigentumsverhältnissen überraschend war die Meldung vom 6. April 2010, Dieter Meier, Wohnsitz in Buenos Aires, sei nun im Besitz von 14 Prozent des Aktienkapitals der Orell Füssli Holding AG. Gemäss offizieller Mitteilung fokussiert OF sich auf

124 Ein Vorgängerverlag von Orell Füssli druckte 1529 die erste vollständige deutsche Bibel. Die Druckereigeschichte ist eines der drei Themen des Museums für Papier, Schrift und Druck in der Papiermühle Basel.
St. Alban-Tal Basel, Foto H. B. 1996

die Kerngeschäfte Banknoten- und Sicherheitsdruck, auf Industriesysteme zur Individualisierung von Wertdokumenten und auf den Buchhandel. OF erzielt mit 1100 Mitarbeitenden in zehn Ländern einen Umsatz von 370 Millionen Franken und ist an der Schweizer Börse kotiert.

Die Verlags- und Druckereiunternehmen hatten in den vergangenen Jahrzehnten einen doppelten Umbruch zu bewältigen. Schon die Mechanisierung und dann die Automatisierung des Bleisatzes hatten bis in die 1960er-Jahre grosse Investitionen gefordert. Dann setzte sich der Fotosatz und schliesslich die Digitalisierung durch. Setzer, Lithografen, Lichtpausspezialisten und Laboranten in chemischen Fotolabors wurden überflüssig. Diese stolzen Facharbeiter, lange Zeit eine Vorhut der Gewerkschaftsbewegung, wurden Hilfsarbeiter oder mussten sich umschulen lassen. Auf der Flucht nach vorne machten sich die grossen Unternehmen stärker vom Kapitalmarkt abhängig, investierten in die Schnellpresse und in die Logistik. Gleichzeitig aber öffnete die billiger werdende Digitalisierung mit Homecomputern, Scannern und Druckern den Markt für Kleinunternehmen in den Bereichen Grafik, Vervielfältigung und Werbung. Die Reklame wurde zum zentralen Bestandteil für das Wachstum des grafischen Gewerbes und der ganzen Marktwirtschaft, die für ihre Überproduktion kaufkräftige Konsumenten finden muss. So ist der Beschäftigungszuwachs im Verlags- und Druckereigewerbe zwischen 1950 und 2009 hauptsächlich der Werbebranche zuzuschreiben – die Zahl der Arbeitsplätze stieg von 22 500 auf 39 000.

Die Zersplitterung in kleine und mittlere Unternehmen ist aber nur die eine Seite der Medaille. Gleichzeitig fand in der Branche ein extremer Konzentrationsprozess statt. Das Pressewesen wird zunehmend von den drei Konzernen Ringier, Tamedia und Neue Zürcher Zeitung dominiert. Zusätzlich haben sich 2002 die 1833 gegründete Zofinger Druckerei von Ringier, die 1860 gegründete NZZ-Fretz AG und die Lausanner Imprimeries Réunies mit der 1789 gegründeten Zollikofer AG zur Swiss Printers AG zusammengeschlossen. 2006 schloss sich die Edipresse an, womit das grösste Druckereiunternehmen mit 1300 Beschäftigten entstand. Das verstärkt einerseits die Abhängigkeit verschiedener Medien von immer weniger Druckereien, andererseits bricht eine solche Konzentration auch die historische Einheit von Druck und Presse auf: Die Konzentration im Druckerei- und Logistikwesen ist so weit fortgeschritten, dass sie diesen Zusammenhang aufweicht und sich alte Konkurrenten wie Ringier und NZZ in der gleichen Aktiengesellschaft finden – finden müssen, in einem härter umkämpften Werbemarkt und bei schrumpfenden Auflagen von Zeitungen, die nicht gratis zu haben sind.

Das Buch: vom Kulturgut zum kurzlebigen Bestseller

Seit der Entstehung des Buchdrucks bis ins 20. Jahrhundert blieben die meisten Verleger zugleich Buchdrucker. Sehr wichtig für die Vielgestaltigkeit der Schweizer Buchpresse war 1848 die Aufnahme der Pressefreiheit in die erste Bundesverfassung. Sie kann zur Abwehr von Gefahren für den Staat und die Machtträger, aber auch bei Verletzung von Persönlichkeitsrechten ihre Gültigkeit verlieren. Es war die Bedrohung der Meinungs- und Pressefreiheit, die in den Jahrzehnten vor und nach 1940 zur höchsten Blüte des schweizerischen Verlagswesens führte. Die Verfolgung aller kritischen Intellektuellen in Deutschland brachte der Schweiz einen Zustrom von Schriftstellern und liess die schweizerische Buchproduktion für den deutschen Kulturraum aufblühen. Bücher von Schweizer Verlagen fanden internationalen Absatz. Zwischen 1938 und 1946 stieg die Anzahl der in der Schweiz publizierten Bücher von jährlich 1700 auf über 4000. In dieser Zeit kam auch die auf gewerkschaftliche Initiative hin in Leipzig entstandene Büchergilde Gutenberg als erste unabhängige Buchgenossenschaft in die Schweiz. Sie hatte 1945 110 000 Mitglieder. Furore machte der schweizerische Spiegel-Verlag mit der Veröffentlichung des ersten Tatsachenberichts über die Konzentrationslager unter dem Titel «Die Moorsoldaten».[37] Der Theaterregisseur Langhoff berichtete, wie er Ende 1932, vor den letzten Wahlen vor Hitlers Machtergreifung, mit Zehntausenden von Oppositionellen in Schutzhaft und anschliessend im KZ gefoltert worden war.

Das Buch galt als zu bewahrendes Kulturgut, das mittels Buchpreisbindung vor Dumping geschützt wurde. Allerdings konnte sich der Schweizer Buchhändler- und Verleger-Verband SBVV mit der Marktregulierung auf lange Sicht nicht oder nur teilweise durchsetzen. Zu den Pionieren der Umgehung der Buchpreisbindung gehörte der Migros-Gründer Gottlieb Duttweiler, der 1949 den Ex-Libris-Verlag mit eigenen Verkaufsläden ausserhalb des SBVV-Verbandwerks gründete. Ex Libris entwickelte sich um 1990 zum Bücher-Discounter. Vorbild war der angelsächsische Raum, wo parallel zur Unterdrückung der Gewerkschaften das Verlagswesen zum «business as usual» wurde. Das Fallenlassen der Buchpreisbindung katapultiert gut propagierte Titel in die Bestsellerlisten. Grosse Mengen, Rabatte und Supermarkt- oder Online-Bookshop-Verkäufe garantieren

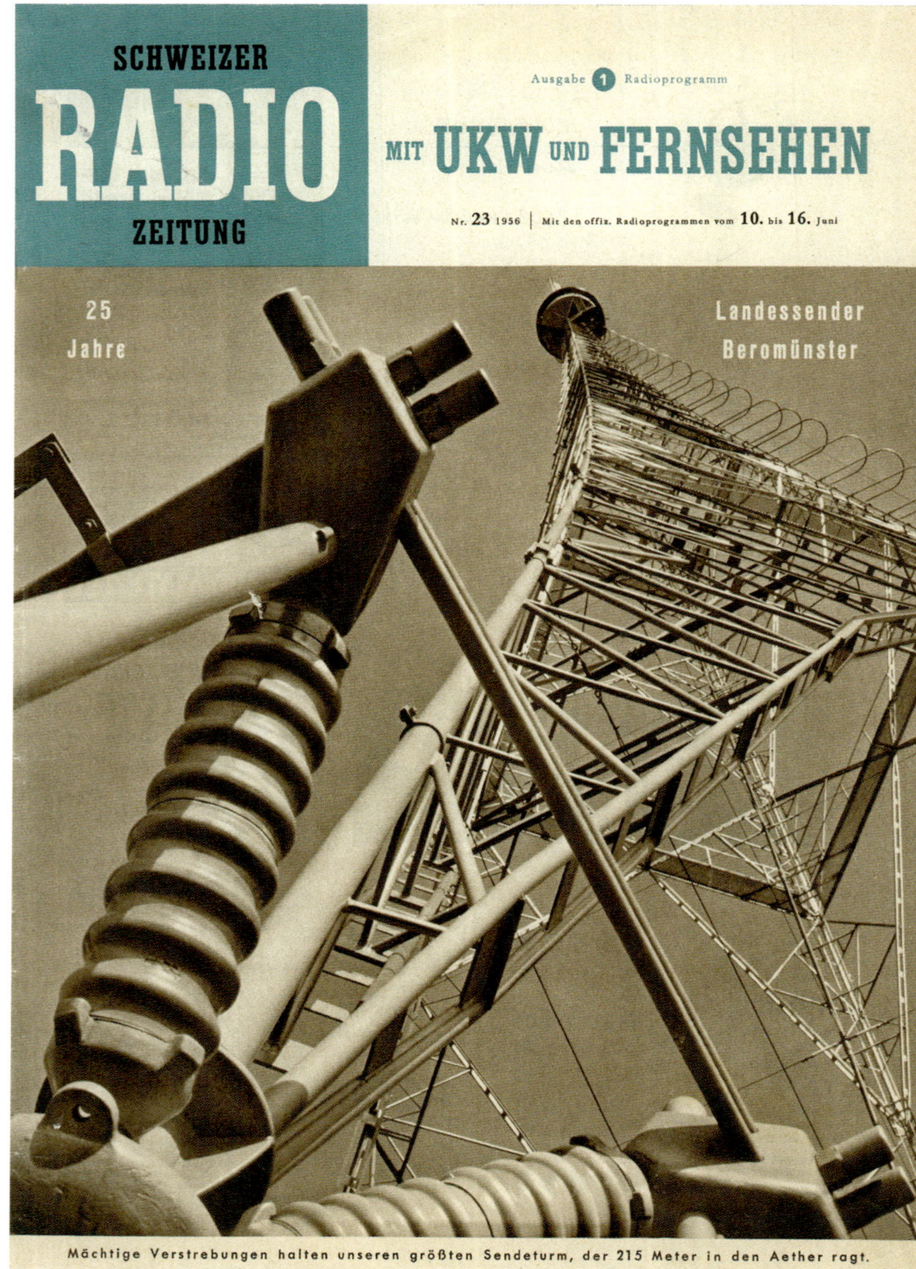

das Best Selling. Paradoxerweise erscheinen bei einem stagnierenden Buchverkauf im deutschen Raum dennoch immer mehr Titel – weil immer mehr vermögende Leute veröffentlicht werden wollen und die Drucklegungsdefizite gleich selbst bezahlen. Es gibt Teilmärkte, in denen der Bücherverkauf kaum einen Fünftel der Produktions- und Logistikkosten einbringt, so zum Beispiel bei Kunstbüchern. Mehr Titel in einem stagnierenden Markt bedeutet sinkende Auflagen, sinkende Wirtschaftlichkeit und letztlich die Abhängigkeit von Sponsoren.

125 Die elektronische Datenverarbeitung macht den Druckereien nicht nur mit weiteren neuen Medien Konkurrenz, sondern auch durch Wiedergabe von Drucksachen unter Umgehung von Urheberrechten. **Winterthur, Foto H. B. 2010**

126 Der Zeitungsverlegerverband erwirkte 1926 und 1964 eine Koordination mit den neuen Medien Radio und Fernsehen: Schweizer Radiozeitung 10. bis 16. 6. 1956 mit Sendeturm Beromünster. **Sammlung SIK**

Ein weiteres Element für den Zerfall des Verlagswesens ist der Open Access. Google digitalisiert Millionen von Büchern, ohne es mit dem Copyright allzu genau zu nehmen, Amazon und andere bieten mit eigenen Geräten E-Books an.[38] Das machen auch Universitäten und andere Wissensinstitutionen. Die ungehinderte und kostenlose Nutzung von Publikationen kommt einer Entrechtung der Autoren und der Verlage gleich.[39] Überraschend ist dennoch, dass rein zahlenmässig nicht nur die Menge der Buchtitel, sondern auch diejenige der Verlage in der Schweiz auf gegen 200 zugenommen hat. Von den neueren Verlagen aber drucken die meisten nicht mehr selbst, sie erfüllen überwiegend Werbezwecke für Konsumgüter, Verbände, Religionsgemeinschaften und andere Institutionen. Oder sie sind teilweise oder ganz in deutschem Besitz, so die bekannten Verlage Artemis, Benziger, Birkhäuser, Helbing & Lichtenhahn, Manesse, Nagel & Kimche, Sauerländer. Die Verlage der grossen Zeitungen, Gründungen aus der Zeit nach 1968 wie Limmat oder Rotpunkt und alteingesessene Häuser wie Diogenes, Haupt, Schwabe oder Stämpfli bleiben in Schweizer Besitz. Zurzeit beschäftigen die Buchverlage mitsamt dem Fachbuchhandel noch rund 4000 Personen.

Schweizerisches Museum der grafischen Industrie und der Kommunikation, 1700 Fribourg, www.gutenbergmuseum.ch

Viele Zeitungen – wenig Vielfalt

Bücher bestehen aus gebundenen Bünden, Broschüren aus broschierten Blättern, Hefte aus gehefteten Faltblättern. Der wesentliche Unterschied vom Buch zur Zeitschrift ist sein einmaliges Erscheinen, vielleicht in mehreren Auflagen. Periodisch publizierte Drucksachen also Zeitungen und Zeitschriften, erschienen bald nach den ersten Büchern. In der Schweiz gab es erste Monats- und Wochenschriften ab 1597 in Rorschach, ab 1610 in Basel, ab 1622 in Zürich und bald in weiteren Städten. Diese in Handarbeit hergestellten Periodika hatten einen geringen Umfang, keine Reklamen und kleine Auflagen von 150 bis 300 Exemplaren. Ihre Herausgeber waren oft im Handel oder im Postwesen tätig, und ihre Berichterstattung war der Zensur unterstellt. Erste Blätter, die über lange Zeit hinweg erschienen, waren zwischen 1674 und 1924 die Freitags-Zeitung aus Zürich und 1677 bis 1798 die Gazette de Berne. Als ältestes ununterbrochen erscheinendes Blatt gibt es seit 1780 die liberale Neue Zürcher Zeitung. Die zwischen 1832 und 1874 eingeführte allgemeine Schulpflicht machte das ganze Volk zum potenziellen Marktteilnehmer für die Zeitungsverleger. Es entstanden regionale und überregionale Zeitungen und solche für bestimmte Zielgruppen, die an einzelnen Themen wie Sport, Wirtschaft, Kultur oder Technik interessiert sind. Bis in die 1970er-Jahre entwickelte sich eine Vielfalt von 120 Tageszeitungen in den drei grossen Landessprachen und von 160 Periodika, die ein- bis viermal in der Woche erschienen. Die Schweiz war das Land mit der grössten Zeitungsdichte pro Einwohner. Jede dieser Zeitungen besass eine eigene Redaktion, viele eine eigene Druckerei. Leser waren hauptsächlich treue Abonnenten. Boulevard-Blätter, also Zeitungen mit schriller Aufmachung, die überwiegend durch Kioske verkauft wurden, bildeten die Ausnahme und waren vor allem in der französischen Schweiz verbreitet: die inzwischen fusionierte La Suisse, Le Matin, die Tribune de Genève und in der deutschen Schweiz der Blick. Die damalige grosse Vielfalt war parteipolitisch bürgerlich orientiert, mit starker freisinniger Dominanz. Die katholische Kirche vertrat und vertritt ihre konfessionellen Interessen mit ihrem eigenen Mediendienst und der Arbeitsgemeinschaft der katholischen Presse in Fribourg. Es gab noch eine Presse für jenen Drittel der Wählerschaft, der heute mit keiner Tageszeitung mehr bedient wird: In mehreren Städten erschien die AZ, die Arbeiter-Zeitung. Heute ist Work, die Zeitung der Unia-Gewerkschaft, die einzige auflagenstarke, knapp wöchentlich erscheinende Zeitung im links-grünen Umfeld.[40]

Der Niedergang der Pressevielfalt ist nicht allein den Konkurrenzmedien zuzuschreiben. Die Liberalisierung und eine einseitige staatliche Regelung haben die Pressekonzentration gefördert. Die Liberalisierung der Post führte für die meisten Zeitungen und Zeitschriften zu einer Erhöhung der Beförderungsgebühren um 30 bis 80 Prozent. Lokal- und Wochenzeitungen mit kleiner Auflage konnten diese Preissteigerungen nicht wie die grossen Konzerne mit einem eigenen Verteilnetz auffangen. Eine staatliche Presseförderung gibt es mit jährlich 30 Millionen Franken vor allem für Regionen mit sprachlichen Minoritäten.Die privaten Radiosender erhalten 48 Millionen, und die SRG bezieht jährlich die obligatorischen Haushaltgebühren für Radio und Fernsehen in der Grössenordnung von 1,1 Milliarden Franken.[41] Bei der Presse sind zusätzlich neue Konkurrenzprodukte entstanden: Zu den alten Periodika sind neue Sonntagszeitungen hinzugekommen, die beiden grossen Detailhandelsgruppen Migros und Coop verbreiten eigene Werbeblätter mit Auflagen von über 2 Millionen Exemplaren, und vor allem überschwemmen Haus- und Gratiszeitungen Pendlerzüge, Hörsäle und Freizeiteinrichtungen. Die multinational und von den grossen Medienhäusern

127 Die Medienkonzentration hat dazu geführt, dass von einst 300 Periodika-Titeln mit eigenen Redaktionen heute 75 Prozent der Tageszeitungen von den drei Medienkonzernen Ringier, Tamedia und NZZ herausgegeben werden. **Titel der zentralen Organe der drei dominierenden Verlage, Repro hier + jetzt 2010**

herausgebrachten Gratiszeitungen sollen dank minimalem redaktionellem Einsatz und fetten Werbegewinnen zu den rentabelsten Zeitungen der Welt gehören.[42] Das Überangebot an Zeitungen und der bereits seit der Oktoberkrise 2000 stagnierende Inseratemarkt beschleunigten eine unheilvolle Pressekonzentration.

Einen aufsehenerregenden Auftakt machten das Unfriendly Take-over und die nachfolgende Aufsplittung des Jean-Frey-Verlags, der die Bilanz, den Beobachter und die Weltwoche herausgab.[43] Nach einer ersten Phase von Übernahmebestrebungen wurde der Verlag aufgeteilt. Das beliebte, kritische Zweiwochenblatt Beobachter ging an den konservativen deutschen Medienkonzern Springer und ebenso die Wirtschaftszeitschrift Bilanz. Die Bilanz hatte zuvor publiziert, Christoph Blocher habe seinen Partner Martin Ebner mit einem dreistelligen Millionenbetrag vor dem Konkurs gerettet, damit gewisse Verflechtungen nicht aufflogen.[44] Der Chefredaktor von Bilanz, René Lüchinger, wurde vom neuen Eigentümer entlassen. Parallel dazu wandelte sich die Weltwoche in zwei Etappen vom linksliberalen zum rechtsnationalen Blatt. Nach einer Kapitalspritze des Financiers Tito Tettamanti erhielt der von der NZZ und vom Tages-Anzeiger her kommende Roger Köppel den Posten als Chefredaktor, ging aber nach Auflageverlusten nach Berlin. In einem zweiten Anlauf wurde er mit Eigenkapital ausgestattet. Woher das Kapital kam, «bleibt wohl ein gut gehütetes Geheimnis», schrieb die NZZ.[45] Nach Köppels definitiver Machtübernahme entliess dieser 2006 den Rest der alten Redaktion. Die Weltwoche unterstützt seither konsequent Blochers privat finanzierte Kampagnen gegen «Linke und Nette», gegen Minarette und Deutsche. «Letztendlich war der Verkauf an die Gruppe um Tito Tettamanti kein wirtschaftlicher, sondern ein politischer Entscheid. Sie hätten noch 10 Millionen draufgelegt, wenn wir das auch gemacht hätten», gibt der mitbietende Konkurrent Michael Ringier preis.[46] 2010 übernehmen Financiers aus dem Umfeld von Tettamanti nach dem gleichen Muster auch das bedeutendste unabhängig gebliebene Blatt, die Basler Zeitung.[47]

Die Finanzkrise von 2008 hat die Umwälzungen in der Printmedienlandschaft weiter beschleunigt. Der Reklamemarkt ist bis 2010 von jährlich zwei Milliarden Franken um einen Viertel eingebrochen.[48] Nach hektischen Käufen und Verkäufen von Zeitungshäusern werden nun drei Viertel aller Tageszeitungen von noch drei Medienkonzernen herausgegeben: vom Familienkonzern Ringier, von der Aktiengesellschaft der Tages-Anzeiger-Medien (Tamedia) und von der Neuen-Zürcher-Zeitungs-Gruppe. Ringier ist mit 8130 Beschäftigten der grösste Schweizer Medienkonzern.[49] 2008 feierte das Unternehmen sein 175-jähriges Bestehen. Im Druckzentrum Zofingen erscheinen die Boulevard- und Gratiszeitungen Blick, Blick am Abend, die Glückspost, die Schweizer Illustrierte und in der Westschweiz L'Hebdo. Ringiers Aktivitäten im ehemaligen kommunistischen Osten sollen als Joint Venture mit Springer zusammengeführt werden.[50] Das System von Kopfblättern für aufgekaufte Zeitungen pflegt die Tamedia besonders intensiv. Der zweitgrösste Schweizer Medienkonzern beschäftigt 2500 Leute. Er hat sein Verlagszentrum seit der Gründung im Jahr 1893 im Zürcher Werdquartier, gibt aktuell die traditionsreichen Blätter Tages-Anzeiger, die Zürcher Landzeitung (Zürichsee-Zeitung, Zürcher Oberländer, Zürcher Unterländer), Tagblatt der Stadt Zürich, Berner Zeitung und Bund heraus und ist für das Pendlerblatt 20-Minuten, die Schweizer Familie, Annabelle, Radio 24, TeleZüri und weitere Medien zuständig. Der älteste der drei Konzerne geht aus der 1780 von Salomon Gessner gegründeten Zürcher Zeitung hervor, die seit 1821 NZZ heisst. Das neue Druckzentrum in Schlieren gehörte bei der Vollendung 2004 mit 110 Millionen Franken Investitionen international zu den modernsten. Die NZZ ist mit ihren journalistischen Ressourcen in der Schweiz führend in der internationalen und in der Wirtschaftsberichterstattung. Das Zentralorgan der Hochfinanz verpflichtet seine Redaktoren auf einen liberalen Standpunkt, von denen einige als Mitglied der Mont Pèlerin Society oder anderer neoliberaler Schulen Karriere gemacht haben. Bis vor wenigen Jahren gehörten alle Aktionäre der Freisinnigen Partei an. Insbesondere in den Kulturbeilagen bringt die NZZ auch andere Standpunkte zur Druckreife. Die NZZ-Gruppe zählt 1800 Mitarbeitende, ihr gehören aktuell, neben der Neuen Zürcher Zeitung, das St. Galler Tagblatt, die Neue Luzerner Zeitung, die Thurgauer Zeitung, die Anzeiger von St. Gallen und Bern und verschiedene Fachzeitungen und neue Medien.

Über 1500 Medienleute beschäftigt die Financiergruppe von Tito Tettamanti, der bei der Basler Zeitung einen neuen Verleger mit «wirtschaftsfreundlichem Kurs und positiver Grundhaltung» eingestellt hat.[51] Weiter ist die Publigroupe mit 3000 Beschäftigten an etlichen Zeitungen beteiligt. Sie betreibt mit der Publicitas hauptsächlich das Annoncengeschäft und zählt zu den Dienstleistern, weniger zu den Produzenten. Von den weiteren Zeitungsunternehmen in der schweizerischen Medienlandschaft ist noch die Aargauer-Zeitungs-Mediengruppe (Aargau, Solothurn, Baselland) mit über 600 Beschäftigten von Bedeutung.[52]

Im globalen Medienpoker der vergangenen Jahre ging es nachweislich in etlichen Fällen um die Kontrolle der öffentlichen Meinung – nicht nur in totalitären Staaten, wie die Beispiele Berlusconi oder Murdoch zeigen.[53] Solchen Kontrollbestrebungen kommt die systematische Entpolitisierung der Kommunikation entgegen. Sachliche Auseinandersetzungen sind der Personalisierung durch Selbstdarsteller und emotionalisierten Shows von Kampagnenleitern gewichen.

V CHEMIE

Vom Laboratorium zum Campus

Chemie, Gummi- und Kunststoffindustrie[1]

1950	387 000 Beschäftigte	= 16,4%
2010	93 000 Beschäftigte[2]	= 2,4%

128 Wo Berge sich erheben: höchste Gewinne in der chemischen Industrie. **Zeichnung H. B. 2004**

Chemie durchdringt alle Lebensbereiche. In den westlichen Industrieländern erreichte die chemische Industrie ihre vielfältigste und höchste Blüte in der Mitte des 20. Jahrhunderts. Auch in der Schweiz erlangte dieser Wirtschaftszweig in den 1960er-Jahren seine grösste ökonomische Bedeutung. Seither haben die zehn grössten Chemiefirmen des Landes ihre Produktion weitgehend ausgelagert. Von ihren 312 000 Arbeitsplätzen befinden sich noch 42 000 in der Schweiz, also weniger als die Hälfte der inländischen Arbeitsplätze dieser Branche.[3] *Die Anzahl der Arbeitsplätze in der Chemie schrumpft im Vergleich zu anderen Industriezweigen überdurchschnittlich stark, die Gewinne hingegen schnellen empor. Die Struktur innerhalb dieses Wirtschaftszweiges hat sich laufend gewandelt. Viele Unternehmen haben ihre Gründeraktivitäten aufgegeben und sind heute in lukrativeren Bereichen tätig. So hat sich auch der grösste Schweizer Chemiekonzern, Novartis, von den Anfängen in der Farbstoffherstellung hin zu den Life Sciences gewandt. Grundlegende Verbesserungen im Gesundheitswesen oder die Erhöhung landwirtschaftlicher Erträge sind Errungenschaften, die der aufwändigen Forschung und Produktion der chemischen Industrie zu verdanken sind. Immense Probleme, zum Beispiel mit Altlasten, Chemieunfällen oder mit der Gentechnik, gehören zu den unabsehbaren Folgen für die Gesellschaft und die Natur.*

Die Textilindustrie – Keimzelle der Farbstoffindustrie

«Laboratorium» hiess die erste chemische Fabrik in der Schweiz, die 1778 gegründet wurde und 1782 in Winterthur ihre Produktion aufnahm. Es war die Zeit, als der Glaube an die Wissenschaft wuchs und der technische Fortschritt grenzenlos schien. Die treibende Kraft im Laboratorium war Johann Sebastian Clais, aufgewachsen nördlich von Basel im badischen Nachbarland. Clais machte Karriere als technischer Berater und Leiter in Chemie-, Bergbau- und Salinenunternehmen. Seit 1776 stand er in Briefkontakt mit Johann Heinrich Ziegler, der einen grossen Destillationsapparat entworfen hatte – mit Kenntnissen aus England, wo man seit 1746 Schwefelsäure in Bleikammern produzierte. Die Vitriolöl genannte Schwefelsäure fand beim Textilfärben und für medizinische Zwecke Verwendung. Clais und Ziegler verbesserten das Verfahren.

Entscheidend war, dass ein Partner von Ziegler, sein Schwager Johann Jakob Sulzer, mit Naturstoffen für das Färben von Textilien handelte. Ziegler war in Winterthur Ratsherr, Sulzer Stadtrichter. Die Fabrik bot neben Schwefelsäure Alaun, Glaubersalz, Eisen-, Kupfer- und Zinnsulfat an. Destilliert wurde durch Verdampfen der entsprechenden Lösung unter Zusatz von Salpeter. Salpeter war ein ge-

129 Chemische und pharmazeutische Fabriken prägten das Bild der modernen Schweizer Industrie: Ciba, Rheinhafen St. Johann und Sandoz. Die Basler Chemische Industrie an der Schweizerischen Landesausstellung. **Katalog 1914**

130 Die Laboratoriumstrasse erinnert in Winterthur an die erste chemische Fabrik der Schweiz. Sie entstand ab 1778 und wurde 1960 abgebrochen. **Winterthur, Foto H. B. 2009**

131 Der Farbenbedarf der Textilindustrie forcierte die chemische Herstellung künstlicher Stoffe: Indigo-Blau der Chemischen Industrie Basel, Ciba. **Muster um 1900, Sammlung SIK**

fragter Naturrohstoff für die Herstellung von Sprengpulver und für Stickstoff-Verbindungen. Salpeter gewann man aus Tierkot, der am einfachsten aus Chiles Wüsten importiert werden konnte – dort gab es dicke Schichten von Vogeldreck.[4] Anfänglich hatte das Laboratorium 60 Kammern, die bald durch zwei grosse bleierne Hüttenöfen von je 20 Metern Umfang ersetzt wurden. Den grossen Bedarf an Brennmaterial deckte das Laboratorium mit neu aufgeschlossenen Kohlevorkommen bei Elgg. Der Erfolg im Laboratorium ermöglichte Clais im Jahr 1800, zusammen mit anderen Winterthurern, die erste grosse, mit Wasserkraft angetriebene Spinnerei der Schweiz zu gründen. Die Fabrikbauten des Laboratoriums sind 1960, über 100 Jahre nach der Stilllegung des Chemiebetriebs, abgebrochen worden.[5]

Die Chemische Fabrik Uetikon – der erste Chemiegrossbetrieb der Schweiz

In den Gründerjahren nach 1800 entstanden etliche Laboratorien, die Farbstoffe und andere chemische Substanzen erzeugten. Aber einzig die von den Gebrüdern Schnorf 1818 ins Leben gerufene Chemische Fabrik Uetikon CFU wuchs zum grossen Industriebetrieb heran, der noch heute produziert. Die CFU stellte, wie das Laboratorium in Winterthur, vorerst Schwefelsäure für die Garn- und Tuchfärberei her, erweiterte die Produktion aber bald auf Pottasche oder Soda zum Bleichen von Textilien.

Für die Sodaherstellung braucht es Schwefelsäure und Salz. Das Verfahren ist das Resultat eines Wettbewerbs, den die französische Akademie der Wissenschaften 1775 ausgeschrieben und den Nicolas Leblanc 1779 gewonnen hatte. Zusätzlich zum Leblanc-Verfahren war die Verbesserung der Schwefelsäureherstellung in einem kontinuierlichen Prozess entscheidend. Mit diesem Wissen erstellte die CFU ab 1863 vier grosse Bleikammeranlagen. Als drittes Element für den durchorganisierten Produktionsprozesses nutzte die CFU die hochgiftigen Abgase durch Auswaschen und gewann so weitere wertvolle Chemikalien. Die Fabrik am Zürichsee gehörte so zu den frühen umweltfreundlichen Chemiewerken. Das im Sodaprozess anfallende Salzsäuregas ging in säurefesten Behältern konzentriert an die Weiterverarbeiter. Der Transport der Rohstoffe und der Produkte geschah über den See. Die Chemische Fabrik besass einen eigenen Hafen und bis zur Vollendung der rechtsufrigen Zürichseebahn im Jahr 1894 eine Trajektfähre für Bahngüterwagen.

In den 1870er-Jahren erzeugte eine zunehmende Zahl von Gaswerken immer mehr Ammoniak. Der Belgier Ernest Solvay ersetzte nun in seinem neuen Sodaprozess Salpeter durch Ammoniak. Platin-Katalysatoren verbesserten die Schwefelsäure-Herstellung, und schliesslich konnte Salpetersäure auch künstlich hergestellt werden.[6] Die CFU wuchs, indem sie ihre Anlagen unter Einbezug dieser neuen Technik erweiterte: 1871 entstand auf einer kantonal konzessionierten Aufschüttung im See der Sodabau, 1895 die Pyritofen-Anlage, später die Düngerfabrik. Und zwischen der Seestrasse und der Dorfkirche stehen die Unternehmervillen und die Arbeiter- und Angestelltenwohnhäuser.[7] Passerellen führen über die Seestrasse. Eine Lücke zwischen monumentalen Sichtbacksteinbauten und Leichtbaufassaden gibt den Blick auf das ehemalige Hafenbecken der Fabrik frei. Nach dem Übergang der CFU an die Chemie + Papier Holding AG wurde ein Wohnbauprojekt publik, dem grosse Teile der chemischen Fabrik hätten weichen sollen. Eine Opposition setzte sich für die letzte grosse Fabrik an der Zürcher Goldküste ein. Das juristische Argument war, dass die Seeaufschüttungen einst kantonal konzessioniert worden waren und dass somit Kantonsland zugunsten von Privaten vergoldet würde. In der Folge entstand bis 2009 ein reduziertes Wohnbauprojekt. In der Fabrikanlage wird weiterhin produziert.[8]

132 Die Chemische Fabrik Uetikon am Zürichsee entwickelte sich als Erste zu einem grossindustriellen Betrieb (v. l. n. r.): Düngerfabrik ab 1902, Bleikammeranlage ab 1863, Hafen und Gründerbauten ab 1818. **Uetikon, Foto Kantonale Denkmalpflege Zürich 1981**

Stammbaum der Basler Chemie

Die Entwicklung von Basel zum Zentrum der chemischen Industrie in der Schweiz war langsam und setzte spät ein. Johann Rudolf Geigy betrieb zwar in der Seidenherrenstadt bereits 1758 eine Drogen-, Chemikalien- und Farbwarenhandlung. Aber erst 99 Jahre später entstand daraus eine Farbenfabrik in Familieneigentum. Die Firma wurde 1901 in eine Aktiengesellschaft umgewandelt. Den grossen Aufschwung erlebte Basels Chemie im Ersten Weltkrieg, als die Umsätze um das Siebenfache stiegen.

Auch im Zweiten Weltkrieg herrschte Hochkonjunktur für Medikamente, Uniform- und Fahrzeugfarben. 1948 erhielt der Geigy-Forscher Paul Hermann Müller den Nobelpreis für das von ihm entwickelte Insektizid DDT. Das ausgezeichnete Mittel zum Schutze von Pflanzen vor Insektenbefall musste wegen seiner Giftigkeit ab den 1970er-Jahren verboten werden, wobei das Problem der nachhaltig verseuchten Böden geblieben ist.[9] Geigy stellte auch andere Chemikalien für die Landwirtschaft her, konzentrierte sich aber zunehmend auf pharmazeutische Produkte und fusionierte 1970 mit der Ciba.

Die Gesellschaft für Chemische Industrie Basel geht auf den Seidenfärber Alexander Clavel zurück. Die neuesten Erkenntnisse der Kohlenstoffchemie nutzend, produzierte auch er ab 1859 künstliche Farbstoffe für die Textilindustrie. Nach Handänderungen expandierte die nun Ciba genannte Firma mit neuen Werken in der Region Basel, in Monthey, Clayton, Mailand, Berlin und Russland. 22 Jahre nach der Fusion mit Geigy hielt der Konzern nur noch den Markennamen Ciba aufrecht. In Basel dehnten sich die Fabriken von Ciba und Geigy oberhalb des Hafenbahnhofs am rechten Rheinufer und entlang des Flusses Wiese aus. Zusammen mit den Lager-

133 Unterhalb der Altstadt von Basel ist beidseitig des Rheins das Schwerindustriegebiet mit den Chemiefabriken, Häfen, Gaswerken und Schlachtbetrieben entstanden. **Blick auf St. Johann um 1920, Foto Alfred Kugler**

134 Am rechten Rheinufer bauten Ciba und Geigy ihre chemischen Fabriken auf. Die Ciba erstellte 1955 den 120 Meter hohen Betonhochkamin. **Basel, Foto H. B. 1992**

und Verkehrsanlagen zwischen dem Badischen Bahnhof und dem Rheinhafen Kleinhüningen entwickelte sich hier eines der dichtesten Industriegebiete der Schweiz.[10]

Die dritte der vier grossen Basler Chemiefabriken geht auf die Gründung von Alfred Kern aus Bülach und Edouard Sandoz aus Neuenburg zurück. Die 1886 gegründete Firma entwickelte sich zu einem in allen Bereichen tätigen Konzern für Medikamente, Textil-, Papier-, Leder- und Agrochemikalien. Bekannt geworden ist Sandoz 1899 mit dem künstlichen Süssstoff Saccharin, ab 1945 mit dem LSD und 1986 mit der Chemiekatastrophe in Schweizerhalle. Sandoz exportierte das Halluzinationsmittel LSD nach dem Zweiten Weltkrieg vor allem in die kommunistischen Länder des Ostblocks. Der Sandoz-Forscher Albert Hoffmann gewann es aus dem Mutterkorn und entdeckte die Halluzinationswirkung bei Versuchen an sich selbst. Mutterkörner sind pilzbefallene Getreidekörner, die schon ab fünf Gramm für den Menschen tödlich wirken können. Sandoz liess den Mutterkorn-Pilz auf eigens dafür angebauten Getreidefeldern gedeihen und ernten. Solche Felder erstreckten sich etwa um den Landessender Beromünster. LSD, von der Hippie-Bewegung 1968 als Droge entdeckt, wurde ab 1971 von den meisten Staaten verboten, wird aber weiterhin in der Psychiatrie und für militärische Zwecke benutzt. Da es weniger abhängig macht als Heroin oder Kokain, verschwand es aus den illegalen Märkten.

Das Sandoz-Werk Schweizerhalle wurde zu einem Fanal für die Technikgläubigkeit, als am 1. November 1986 1350 Tonnen Chemikalien in Flammen aufgingen. Verunreinigtes Löschwasser gelangte in den Rhein und vernichtete bis nach Holland Teile des tierischen und pflanzlichen Lebens. Dies geschah zu einer Zeit, als der Gewässerverschmutzung durch die chemische Industrie bereits grosse Publizität zukam: Die an der Grenze zu Frankreich und Deutschland gelegenen Werke hatten den Rhein über Jahrzehnte für das Entsorgen ihrer chemischen Abfälle missbraucht.[11] Bis in die 1970er-Jahre hatten sich die chemischen Fabriken zwischen dem Rheinhafen und dem Bahnhof St. Johann zu einem dich-

135 Am linken Rheinufer erstellte Sandoz ihre chemischen Fabriken. **Blick Richtung Basler Münster, Foto Sandoz 1978**

136 Mit dem Erfolg der chemischen Industrie wuchsen auch die Gefahren für Mensch und Umwelt. Explosionen und Brände forderten über 100 Tote, 15 davon im Lonzawerk Bodio. **Foto Comune di Bodio, 21.1.1921**

137 Die unmittelbar an der Grenze situierten Basler Chemiewerke nutzten den Rhein für ihre Entsorgung. Der Gewässerschutz, beschleunigt durch die Chemiekatastrophe in Schweizerhalle, verlangte den Bau von Kläranlagen. **Basel, Foto Sandoz 1978**

ten Stadtteil entwickelt, zu dem auch der Schlachthof, die Dampfzentrale des Elektrizitätswerks Basel und die Kehrichtverbrennungsanstalt gehörten. 1976 beschäftigte die chemische Industrie in den beiden Basler Halbkantonen 32 000 Menschen und weitere 10 000 in der Nachbarregion. Noch im Jahr 1990 generierte die Chemie in Basel jeden dritten produktiv erwirtschafteten Franken.

Sandoz wuchs noch bis zur Fusion mit der Ciba zur Novartis im Jahr 1996 durch den Kauf der Ovomaltine-Fabrik Wander AG, der Babynahrungsfabrik Gerber AG und durch den Ausbau des Forschungsinstituts in Wien. Im Umfeld der Novartis-Fusion gelangen verschiedene Verkäufe und entsprechende Milliardengewinne: Die Spezialitätenchemie wurde 1995 unter dem Namen Clariant AG mit Sitz in Muttenz verselbständigt, die Ciba-Spezialitätenchemie mit Sitz in Basel 1997 ausgegliedert. Die Ovomaltine-Fabrik Wander AG gelangte 1999 zum Konzern Functional Food Aviva und 2002 weiter an die Associated British Foods.[12] Für den Verkauf der Sparte Babynahrung Gerber an Nestlé erhielt Novartis im Jahr 2007 5,5 Milliarden US-Dollar. 2008 wurde in Wien das Sandoz-Forschungsinstitut, das 220 Mitarbeitende beschäftigte, geschlossen. Die aktuelle Entwicklung in den zentralen Novartis-Arealen in Basel wird im abschliessenden Abschnitt dieses Kapitels behandelt – nach der Darstellung des Sonderweges, den der vierte Basler Chemiekonzern, Hoffmann-La Roche, gegangen ist.

Seifen, Sprengstoffe, Dünger und Kunststoffe

Die Verbesserung der landwirtschaftlichen Erträge und der Kampf für die Hygiene brachten im 19. Jahrhundert neue Wirtschaftszweige hervor: die Seifen- und die Düngemittelindustrie. Das Seifensiederhandwerk hat sich mit der Verstädterung ab den 1830er-Jahren zur Industrie entwickelt. Es nutzte vorerst tierische und pflanzliche Rohstoffe. Eine Umwälzung in der Seifenindustrie brachte die Herstellung von Soda.[13] Als erster schweizerischer Industriebetrieb stellte die erwähnte Chemische Fabrik Uetikon 1856 Soda und Ätzlaugen für die Seifen- und Glasindustrie her. Auf der Basis der lokalen Salzvorkommen entstand in Zurzach zwischen 1892 und 1914 die Schweizerische Sodafabrik. 1922 ging der grossindustrielle Betrieb an die belgische Firma des Erfinders des Sodaherstellungsprozesses, Solvay. Ab den 1990er-Jahren hätten Umweltauflagen grosse Investitionen erfordert, sodass Solvay den schweizerischen Betrieb 2005 schloss.[14]

Seifenfabriken sorgten für Hygiene und Umweltverschmutzung

Sauberkeit ist für die menschliche Gesellschaft grundlegend. Das Zusammenleben erfordert Körperhygiene, Waschen der Kleider und Reinigen der Wohn- und Arbeitsstätten, ferner das Entsorgen der Abfälle. Im 19. Jahrhundert verschlangen der Kauf von Nahrungsmitteln, Heizmaterial und Mietzinse fast alle finanziellen Mittel eines Arbeiterhaushaltes. Den Luxus zum Beispiel einer Badewanne gab es nur für ein paar wenige Reiche. So verursachten mangelnde Hygiene und das dichte Zusammenleben in den Arbeiterquartieren Seuchen. Sie forderten in Zürich in den 1850er- und 1860er-Jahren 623 Todesopfer – nicht nur unten in den Arbeitervierteln, sondern durch Dienstmädchen auch oben am Zürichberg.[15] Ende 19. Jahrhundert forcierte das Bürgertum die Hygienebewegung. Aber es sollte mehr als ein halbes Jahrhundert dauern, bis der Aus-

SEIFEN-FABRIK
FRIEDR. STEINFELS
ZÜRICH.
DEP. FABRIK MARKE F.ST.
ZURICH 1883 Diplom I. Cl. der schweiz. Landesausstellung
SEIFEN FÜR DEN HAUSBEDARF; SEIFEN FÜR TECHN. ZWECKE; TOURNANTE, OLIVENOEL, TALGKERZEN, BOUGIES, SPEISE-TALG, TALG FÜR TECHN. ZWECKE, KRISTAL SODA.
VIENNE 1873 MEDAILLE DE PROGRES
PARIS 1867 MEDAILLE D'ARGENT
Gegründet im Jahr 1834.
NEUE SEIFEN FABRIK HARDGUT AUSSERSIHL
OELMAGAZIN AUSSERSIHL
SEIFEN FABRIK. HIRSCHENGRABEN ZÜRICH
SEIFEN FABRIK. ROHR AUSSERSIHL
Soll
für untenbeschriebene Waare verkauft: Frei ab hier, 3 Monat Termin gegen meine Tratte nach Verfall ohne weitern Bericht oder 4% Sconto für umgehende Baarzahlung zahlbar in gesetzlichem Werth und versandt durch

1894	F ST №	Brutto	Tara	Netto		à	Frs.	Cts.

138 Die Soda- und Seifenindustrie besass in der Schweiz eine starke, staatlich geschützte Stellung. Auch internationale Konzerne produzierten hier. **Sammlung Sunlight/Unilever Olten, Foto B. Stickel, Arias-Industriekultur 2007**

139 Zu den frühesten Seifenfabrikanten gehörte die Zürcher Familie Steinfels. In der fünften Generation löste sich das Unternehmen mit Nachfolge-Auseinandersetzungen auf. **Zürich 1894, Sammlung SIK**

bau der öffentlichen Infrastruktur allen Einwohnern der Schweiz ein Leben mit Abort, Waschgelegenheit sowie Abwasser- und Abfallentsorgung ermöglichte.

Die Politik förderte die einheimische Seifenindustrie: Der Bundesrat beschloss 1938 das Halten von Pflichtlagern an Seife. Kurz darauf versiegte die Zufuhr dieser und wichtiger Lebensmittel wegen der kriegerischen Einkreisung der Schweiz durch die Achsenmächte Italien und Deutschland. Die Lagerhaltung von Waschmitteln und den entsprechenden Rohstoffen erfolgte durch die Importeure und Hersteller, die Vorräte gemäss ihrem Marktanteil anlegten. Finanziert wurden diese aus einer gemeinsamen Kasse, die durch Abgaben auf Importe gespeist und durch die Treuhandstelle der Schweizerischen Fabrikanten und Importeure von Seifen und Waschmitteln (TSSW) verwaltet wurde.

Noch 1950 verschlang das Existenznotwendige an Nahrungsmitteln und Kleidern 40 Prozent eines Arbeiterfamilienbudgets, heute noch 15 Prozent. Dafür stiegen die Ausgaben für Versicherungen, Altersvorsorge, Krankenkasse und Automobilität. Chemische und maschinelle Haushalthilfen wurden für alle erschwinglich. Das erleichterte vor allem der Frau das Leben: Die Waschmaschine löste das Reibeisen ab, der Geschirrspüler das Waschbecken, der Staubsauger den Besen, Heizkörper und Kochherde die Holz- und Kohleheizung. Fast alles braucht Strom, vieles Seife. Es entstand eine vielfältige In-

140 Auf der Basis der Salzgewinnung der Rheinsalinen entwickelte sich eine Soda-Industrie mit grossindustriellem Charakter. **Schweizerhalle, Foto H. B. 1981**

141 Die Zurzacher Sodafabrik nutzte ab 1914 eigene Salzvorkommen und transportierte die Rohstoffe mit einer Lorenluftseilbahn zum Werk. 2005 stellte Solvay den Betrieb in der Schweiz ein. **Zurzach, Foto H. B. 1987**

dustrie für Toilettenseifen, Waschpulver, Geschirrspül- und Putzmittel. Schweizer Fabriken priesen international bekannte Markenprodukte an: Colgate-Palmolive, Steinfels,[16] Henkel, Sträuli, Sunlight, Schnyder …

Der bis in die 1960er-Jahre zunehmende Seifenverbrauch hatte den Nachteil, dass immer mehr Seifenrückstände und auch Nitrate aus dem Dünger der Landwirte die Flüsse und Seen verunreinigten. Auf dem Höhepunkt der Gewässerverschmutzung mussten etliche Badeverbote erlassen werden. 1970 verordnete der Bund den Fabrikanten, zu deklarieren, was sich in ihren Packungen an schädlichen Stoffen verbarg. Etliche Schadstoffe verboten die Behörden ab 1972 mittels Gewässerschutzgesetz. Zusätzlich erlaubte der Bau von Kläranlagen seither, die schweizerischen Gewässer zu sanieren.

Mit der allgemeinen Liberalisierung verzichteten die Behörden auf die Pflichtlager im Bereich der Seifen und Waschmittel. 2004 wurden die letzten Bestände liquidiert.[17] Die einst in der Schweiz hergestellten Seifen und Waschmittel Colgate-Palmolive, Henkel oder Sunlight kommen heute weitgehend aus dem globalisierten Markt, die Fabriken in Zürich, Wetzikon oder Winterthur sind umgenutzt oder abgebrochen.

Tempi passati: Leim, Karbid und 1.-August-Raketen aus der Schweiz

Weil die Viehhaltung mit der Zeit den Ackerbau zurückdrängte, vergrösserte sich auch das Angebot an Fellen, Tierknochen, Häuten, Klauen, Ohren und Hörnern. Häute, Knorpel und Knochenmark gehen nach dem Tod des Tieres in Fäulnis über. In einer Übergangszeit können daraus wertvolle Essenzen gewonnen werden. Diese dienen seit der Antike als Rohstoffe für Leimlösungen, Feuermittel aus Gelatine und Medikamente. Mitte des 19. Jahrhunderts setzte auch bei den Leimhütten die Industrialisierung ein. Die frühe Stufe im Prozess der Gelatine- und Leimgewinnung kann noch an verschiedenen Orten nachvollzogen werden. In einem der abgelegensten Orte des Kantons Zürich, im Steinenbachtal in der Gemeinde Sternenberg, steht genau auf der zürcherisch-thurgauischen Kantonsgrenze seit 1865 ein Kleingewerbebetrieb, der dem Verstampfen von Knochen und anderen Zwecken diente. Die Anlage ist seit 2002 restauriert.

Knochenstampfe an der Sagi 2, 8833 Richterswil-Samstagern, www.sagi-samstagern.ch, Zugang öffentlich

Das nach der Uetiker Fabrik zweitälteste noch aktive Zürcher Unternehmen im Bereich der Chemie geht auf eine 1851 gegründete Leimfabrik zurück. Sie hat der Leimgasse im Zürcher Seefeld ihren Namen gegeben. 1869 siedelte die Leimfabrik Geistlich ins Limmattal über. In der für die Rohstoffgewinnung günstigen Gegend von Wolhusen baute die Firma ein Zweigwerk auf, basierend auf Knochenstampfen und Gerbereien. Aus der geruchsintensiven Verarbeitung von Tierknochen zu Fett, Leim und Knochenmehl entwickelte sich die Sparte für Kalzium- und Vitamintabletten. Der Personalbestand stieg bis auf 500, wovon in Wolhusen 300 Leute tätig waren. Die Knochenverarbeitung zog in Wolhusen auch Ratten und Krähen an, und Ortsfremde nannten Wolhusen auch spöttisch Stinkhusen. Das Wissen aus der Knochenverarbeitung nutzend, richtete sich Geistlich seither auf die Herstellung von Knochenersatzmaterial aus. Mit aufwändigen Veredelungsverfahren wird ein biologischer Zement für Zahnoperationen hergestellt, der imstande ist, zerstörte Knochen, Knorpel und Weichteile wieder aufzubauen. Ein Kilogramm dieses Materials kostet etwa 200 000 Franken. Pro Eingriff braucht es allerdings nur ein Gramm. Für die Entwicklung und erfolgreiche Herstellung dieses Knochenersatzpräparats Bio-Oss erhielt Geistlich einen Innovationspreis. Die einheimische Produktion des bekannten Geistlich-Leims hingegen wurde im ersten Jahrzehnt des 21. Jahrhunderts aufgegeben, die Fabrikanlagen in Schlieren und Wolhusen wurden abgebrochen. Für die Firma arbeiten in der Schweiz heute rund 140 Personen im Bereich der Biotechnik.[18]

142 Im Worblental entstand 1849 die nicht mehr existierende Eidgenössische Kriegspulverfabrik und 1926 die denkmalgeschützte Stufenfabrik für die Zelluloidherstellung. **Ittigen, Foto H. B. 1990**

143 Das zweitälteste Zürcher Chemieunternehmen Geistlich spezialisierte sich auf die Herstellung von Knochenersatzmaterial und liess ihre alten Leim- und Düngerfabriken abbrechen. **Wolhusen 2004, Sammlung E. Bachmann NLZ**

Eine lange und oft auch unrühmliche Tradition hat die Fabrikation von Sprengstoff. Schon früh diente Gelatine aus der Tierabfallverwertung zur Sprengstoffherstellung. Schwarzpulver wird seit Beginn der Neuzeit für den Berg- und Tunnelbau, aber auch für Kriegszwecke genutzt. 1864 trat der junge Schwede Alfred Nobel als furchtloser Experimentierer in Aktion. Das erste von seinen drei Laboratorien flog in die Luft, und beim Sprengstofftransport ereilte dieses Schicksal mehrere Dampfer. Dann brachte er seinen neuen Sprengstoff mit Kieselgur unter Kontrolle. Alfred Nobels Dynamit war bei Generälen und Tunnelbauern sofort heiss begehrt, und der Erfinder gelangte zu grossem Reichtum, der unter anderem auch die Vergabe der Nobel-Preise erlaubt. Schon 1871 trieben Ingenieure den Mont-Cenis-Tunnelbau mit Dynamit voran. 1882 konnte die Gotthardbahn verspätet, aber nur dank Dynamit eingeweiht werden, 1906 der Simplontunnel. Bald krachte es nicht nur im Berg, sondern ab 1914 auch auf den Schlachtfeldern Europas.

Eine direkte Beziehung zu Alfred Nobel hat die Sprengstofffabrik in Isleten am Vierwaldstättersee.

Sie erhielt 1873 ein Patent zur Herstellung von Dynamit, und die französische Nobel-Tochter hielt bis 1964 eine Beteiligung an Isleten. Während der Hochkonjunktur des Tunnelbaus arbeiteten 150 Menschen in der Dynamitfabrik Isleten, um 2000 waren es noch 14 und ebenso viele im Vertrieb.[19] Eine zweite, ähnliche Fabrik entstand 1894 für den Bau des Simplontunnels als Société Suisse des Explosifs in der Gamsa-Schlucht bei Brig.[20] Sie ist heute noch am Gründerstandort aktiv in den Bereichen Raketenantriebsmittel, Sprengstoffe und Feinchemie.

Die Kriegsmaterialverwaltung der Eidgenossenschaft übernahm eine Reihe von Pulvermühlen von privaten und kantonalen Vorläuferorganisationen. Als letzte wurde 1976 die Eidgenössische Pulvermühle Chur stillgelegt. Die ab 1848 erstellte Anlage umfasst 22 Kleinbauten, die wegen der Explosionsgefahr mit grossen Abständen frei nebeneinanderstehen. Vier Pulvermühlen sind mit Wasserrädern angetrieben, eine mit einer Turbine. Die Verwaltung betrachtete es als ihre Pflicht, die Mühlengebäude wegen ihrer Kontaminierung mit explosionsgefährlichem Pulver zu liquidieren. 1995 wurde der Anlage nationale Bedeutung zugemessen, ein Projekt sieht vor, sie der Öffentlichkeit zugänglich zu machen.[21] Eine modernere Pulverfarik besteht bei Wimmis. Die Heimatstilbauten Direktion, Kantine, Labor und Remise kamen am Ende des Ersten Weltkrieges in Betrieb. Die Maschinenhalle wurde ursprünglich für das Vermahlen des Pulvers mittels Rollgängen genutzt. Im Wald zur Kander befinden

144 Pulvermühlen, Sprengstoff- und Munitionsfabriken galten lange Zeit als kriegswichtige Betriebe. Nur wenige sind noch aktiv. **Kollergang Pulvermühle Chur, Foto H. B. 1993**

sich drei Mannschaftsbunker. Die vielen Arbeitsplätze in der Pulverfabrik liessen die Wohnbevölkerung in Wimmis anwachsen. Heute nutzt die Nitrochemie AG das Gelände.

Aus dem Zweiten Weltkrieg stammt die Pulverfabrik Erlenbach mit ihren Pulvermischanlagen und Lagergebäuden: Nach der Stilllegung der Pulvermühlen Worblental und Chur schlossen sich die verbliebenen und bisher bundeseigenen Munitionsfabriken Thun, Altdorf, Wimmis und Aubonne 1995 zu den Schweizerischen Munitionsbetrieben zusammen.[22]

Eine ähnliche Anlagedisposition wie die alten Pulvermühlen wies die Kunstfeuerwerk-Fabrik Hamberger in Oberried am Brienzersee auf. Gegründet 1875, erlebte sie ab 1890 mit der Einführung des Nationalfeiertages eine erste Blüte und kam 1914 auf 50 Beschäftigte. Im Ersten Weltkrieg war mehr das Kriegs- denn das Kunstfeuerwerk gefragt, woraus das Unternehmen seine Lehren zog: Im Zweiten Weltkrieg stellte die Fabrik auch Gewehrpatronen und Leuchtmunition her. Es war der 18. Dezember 1941, als grosse Teile der Kunstfeuerwerk-Fabrik explodierten, was 12 Todesopfer forderte. Die mit kleineren und frei stehenden Gebäuden wieder aufgebaute Fabrik stellte noch bis 1989 Raketen für den 1. August und anderes Kunstfeuerwerk her. 2007 wurde der weitgehende Abbruch der Fabrikationsstätte beschlossen.[23]

Karbid verbreitete sich um 1900 als wichtiges Leuchtmittel für die Arbeiter im Tunnel- und Bergbau. Für die energieaufwändige Herstellung entstanden in der Schweiz mehrere mit Kraftwerken verbundene Fabriken. Auf die Karbidherstellung geht der Lonza-Konzern mit seiner inzwischen abgebrochenen Fabrik in Gampel an der Lonza zurück.

Weitere derartige elektrochemische Unternehmen entstanden in Amsteg, Kallnach und Meiringen. Mit dem Bau von Karbidwerken sicherten sich einige der frühesten Elektrizitätswerke ihren Stromabsatz. Nach einem Boom im Ersten Weltkrieg stellte das Werk Kallnach seinen Betrieb infolge der Weltwirtschaftskrise ein. Seit 1946 nutzt die Eisengiesserei Mezger das Areal.[24] Das Karbidwerk Meiringen nutzte den überschüssigen Strom von drei Kleinkraftwerken an den Reichenbachfällen, die 1896 bis 1917 für die Elektrifizierung des Hotelkomplexes und der Standseilbahn gebaut worden waren. Die Ablösung der Karbidlampen durch elektrische Beleuchtung und das Aufkommen der Petrochemie verdrängten nach und nach Karbid als Ausgangsstoff. Das Werk Meiringen schloss 1979 als letzte Karbidfabrik der Schweiz seine Tore.[25]

145 Von den Karbidfabriken Lonza, Amsteg, Kallnach und Meiringen stehen ausser in Gampel (Lonza) noch überall stillgelegte Anlagen. **Meiringen, Foto H. B. 1999**

Elektrochemie in Ems – Machtbasis für Christoph Blochers Karriere

Zur wirtschaftlichen Grossmacht in Graubünden entwickelten sich die Emser Werke. Der grösste Industriebetrieb des Gebirgskantons beschäftigte über lange Zeit mehr als 2000 Leute. Die Geschichte dieser chemischen Fabrik ist in mehrerlei Hinsicht ein Sonderfall. Die ursprüngliche Zweckbestimmung der Emser Werke war die Herstellung von Alkohol und Mischtreibstoff aus Abfallholz durch die Holzverzuckerungs AG Hovag. Entstanden und subventioniert wegen der Energienot im Zweiten Weltkrieg, diente die Firma ab 1974 als Startrampe für die Karriere von Christoph Blocher zum Multimilliardär und Bundesrat.

Die Hovag wurde 1936 von Werner Oswald gegründet und kantonal gefördert.[26] Mit dem Ausbruch des Zweiten Weltkrieges erlebte sie einen rasanten Aufschwung. Denn wehrpolitische und energiewirtschaftliche Überlegungen führten 1941 zu langfristigen Abnahme- und Preisgarantien durch die schweizerische Eidgenossenschaft. Zusätzlich erhielt Werner Oswald vom Bund Forschungsaufträge und Verträge für die Lieferung von Hefe und Spezialtreibstoff für die Flugwaffe. Die Hovag erhielt während des Krieges mehrere Kraftwerke mit langfristigen, günstigen Konzessionsverträgen. So ergänzten die Elektrizitätswerke Pintrun, Obersaxen, Tavanasa und Russein den laufenden Ausbau des Energie verschleissenden Werks in Ems. Nach dem Krieg lief die subventionierte Holzverzuckerung noch zehn Jahre unangefochten weiter. Gleichzeitig stellte die Hovag schrittweise auf die Nachkriegsproduktion um, indem sie die Ammoniak- und Harnstoffsynthese einführte, Schwefelsäure, schweres Wasser und Kunststofffasern der Marke

Grilon zu produzieren begann. 1955, nach dem Koreakrieg, geriet die Bundesunterstützung für die Hovag zunehmend unter öffentlichen Druck. Interessenvertreter der Holzwirtschaft, die Hovag und der Kanton Graubünden forderten die Aufrechterhaltung der Garantien für die heimische Treibstoffherstellung. Die nationalen Automobil- und Wirtschaftsverbände setzten sich 1956 in einer vehementen Abstimmungskampagne gegen die weitere Begünstigung der Hovag ein: «Das Mass ist voll – was hat man mit den 130 Millionen Franken gemacht?»[27] Das Volk entschied sich gegen die Hovag, nur die Bündner stimmten für ihre Emser Werke. Nach dem negativen Abstimmungsresultat intensivierte das Unternehmen seine neuen Zweige der Nachkriegsproduktion.[28]

1962 weihten die Emser als Hauptaktionäre das neue Kraftwerk Reichenau ein. Die Chemiefabrik verschlang nun mehr Strom als der ganze Kanton Graubünden und produzierte diesen mit inzwischen sieben Kraftwerken auch selbst. Ganz nebenbei entwickelte sie sich zum Grossgrundbesitzer mit 6 Quadratkilometern Land, eigenen Wohnsiedlungen, Sportanlagen und den Schlössern Rhäzüns und Fürstenau. Kritiker bezeichneten die Oswald als Feudalherren, die Gewässerverschmutzungen verursachten, Zonenpläne zu ihren Gunsten abänderten, den Gemeindepräsidenten und den Baufachmann ihrer Standortgemeinde stellten und Natur- und Kulturschutzgüter aus den Listen streichen liessen. Zur Besprechung eines Grossauftrags im Iran wurde der Schah von Persien ins Werk eingeflogen. Wichtige Kunden logierten im Schloss Rhäzüns, welches mit dem Bau der Nationalstrasse 13 auf Bundeskosten eine Fundamentsicherung erhielt.[29]

Die Krise im Jahr 1975 traf auch die Emser Werke, welche einen «Kurzlohn» einführten und diverse Mitarbeitende entliessen, vornehmlich Frauen. Das Unternehmen geriet zusätzlich ins Schlingern wegen der Nachfolgeregelung. Von den fünf Oswald-Kindern wollte niemand in die Fussstapfen des Vaters treten. Der auserkorene Kronprinz Christoph Oswald zog es vor, Dampflokomotiven zu sammeln,[30] statt das Unternehmen zu leiten. Später ging er als Mitglied einer Sekte einer Gottesberufung nach. Sein Studienkollege, Christoph Blocher, absolvierte 1969 in den Emser Werken ein Praktikum. Christoph Oswalds Vater Werner schätzte den politisch rechts orientierten jungen Juristen, der 1940 als siebtes von elf Kindern in einer Pfarrersfamilie im zürcherischen Laufen am Rheinfall geboren worden war und eine Karriere zum Obersten und Doktor des Rechts aufweisen konnte. Oswald machte den Ziehsohn Blocher zum Privatsekretär, als Ersatz für seine eigenen unwilligen Thronfolger. Ab 1971 ernannte Oswald Blocher zum Direktionsvorsitzenden und Delegierten des Verwaltungsrates der Ems-Chemie AG.

Unter der Regie Blochers kam es 1976 zu seltsamen Ereignissen um zwei nicht linientreue Ems-Direktoren. Sie wurden des wirtschaftlichen Nachrichtendienstes beschuldigt, von der Bundesanwaltschaft aus den Betten geholt, bis in ihre Abfallsäcke durchsucht und schliesslich fristlos entlassen.[31] Danach fasste Blocher diverse Ems-Tochtergesellschaften zu einer Holding zusammen. Es fand ein massiver Aktientausch statt, was das Ausschalten der Publikumsaktionäre zur Folge hatte. 1979 starb Werner Oswald mitten in einer Besprechung. Die Hauptaktiven der im steuergünstigen Hurden im Kanton Schwyz domizilierten Oswald Holding AG gingen

146 Die Emser Werke entstanden im Zweiten Weltkrieg für die Herstellung von Treibstoff aus Holz. 1983 verkauften die Erben Oswald die Anlage mitsamt den Kraftwerken und dem Grossgrundbesitz an Christoph Blocher. **Domat/Ems, Foto H. B. 1999**

1983 mitsamt den Grundstücken und Schlössern an Christoph Blocher, der auf der Suche nach Investoren bei sich selbst und bei der Vorläuferbank der heutigen UBS, der Schweizerischen Bankgesellschaft, fündig wurde. Diese stattete ihn mit einem Kredit von 20 Millionen aus.[32]

Das ganz grosse Geld – Blochers Privatvermögen wird auf gegen drei Milliarden Franken geschätzt – machte er anschliessend mit Finanzgeschäften, Beteiligungen und Verkäufen von Kraftwerken und grossen Industriekonzernen. Als Blocher in den Bundesrat einzog, musste er seine wirtschaftliche Funktion bei der Ems-Chemie abgeben. Er übertrug das Szepter zu Jahresbeginn 2004 seiner Tochter Magdalena Martullo-Blocher, die das Unternehmen «mit eiserner Faust» und einem reduzierten Arbeitsplatzangebot weiterführt.[33]

Lonza: Düngemittel und Milliardenspekulationen im Wallis

Die Lonza-Gruppe entstand aus dem Karbidgeschäft und wurde unter Blocher zum Filetstück des Alusuisse-Lonza-Konzerns. Das Hauptgeschäft war lange Zeit die Düngerproduktion. Künstliche Dünge-

147 Die grössten elektrochemischen Werke der Schweiz entstanden im Wallis. Für den hohen Energiebedarf betrieb der Alusuisse-Lonza-Konzern eigene Kraftwerke.
Visp-Lalden, Foto H. B. 2007

mittel sind, wie bereits angetönt, eine Errungenschaft der chemischen Industrie aus der zweiten Hälfte des 19. Jahrhunderts. Die Stallhaltung des Viehs war bis 1865 eine wesentliche Massnahme zur Steigerung der Fruchtbarkeit der landwirtschaftlichen Böden. Die Bauern richteten bei den Ställen Jauchegruben und Miststöcke ein und düngten die Felder. Als Zusätze verzettelten die Bauern Gips und Mergel. Aus dem Wissen um die fruchtbarkeitsfördernde Wirkung dieser Rohstoffe entwickelte sich vorerst in der Salzindustrie die Düngemittelherstellung. So entstand aus der 1836 bei der Saline Schweizerhalle gegründeten Chemischen Fabrik eine frühe Düngemittelfabrik. In den 1860er-Jahren begannen die Salinen im benachbarten Elsass in grossem Massstab, zusätzlich zu den hochwertigen Salzstöcken minderwerte Lager von Kalisalz abzubauen. Zahlreiche Fabriken wandelten nun Kali in Superphosphat um. Die Stahlindustrie entwickelte sich mit ihrem Abfallprodukt Thomasmehl zu einem zusätzlichen Düngerlieferanten. Der Kunstdünger steigerte die Bodenerträge dermassen, dass auch Viehbauern ihre Wiesen zu düngen begannen. Zwischen 1880 und 1914 verzehnfachte sich in der Schweiz die Düngemitteleinfuhr. Der Erste und der Zweite Weltkrieg drosselten die Einfuhren so stark, dass die einheimische Düngemittelherstellung als kriegswichtig eingestuft wurde. Der inländischen Produktion zu Hilfe kam das 1913 entwickelte Haber-Bosch-Verfahren mit der Ammoniaksynthese für die Herstellung von Stickstoffdünger. Das Verfahren ermöglichte es, den bisher importierten Salpeter zu ersetzen.

Den neuen, lukrativen Wirtschaftszweig nutzten nicht nur Salinen wie diejenige in Schweizerhalle, die später von der Lonza gekauft wurde. Die Lonza emanzipierte sich von ihrem Gründerwerk in Gampel: Der Erfolg dieses frühen elektrochemischen Werks ermöglichte Beteiligungen und weitere Gründungen von Kraftwerken und chemischen Fabriken in Österreich-Ungarn, in Deutschland und im Wallis. Als noch kaum genutztes Wasserschloss der Schweiz wurde das Rhonetal im Wallis zum Standort von besonders stark Energie verschleissenden Industriebetrieben. Zwar hat sich die Bevölkerung unter Anleitung der katholischen Kirche gegen die Industrialisierung und das neue Fremde gewehrt, auch weil die Investoren nicht aus dem Gebirgskanton kamen. Aber schliesslich ermöglichte die Industrie den Familien einen schnellen Wohlstand und den Bau eines Chalets an den Berghängen, in denen sie weiter tätig sein konnten. Denn die Nachtschichten erlaubten ihnen, als «Rucksackbauern» Schichtarbeit zu leisten und tagsüber ihrem Handwerk und dem Bewirtschaften ihrer kleinen, zersplitterten Felder nachzugehen. Die Abgelegenheit und die grosse Distanz zu den Universitäten bewirkten einen «Begabtenüberhang», der viel zum Erfolg der Industrie im Wallis beitrug.

Zur Lonza-Gruppe kamen 1904 das Elektrochemiewerk Thusis, 1909 das Werk Visp und 1914 das Werk Waldshut-Tiengen mit Strombezug von mehreren Rheinkraftwerken, die Lonza-Beteiligungen aufwiesen. Seit 1913 verbesserte eine Materialseilbahn von der neuen Lötschbergbahn aus die Rohstoffversorgung des Lonzawerks Gampel. Mitten im Ersten Weltkrieg, 1916, nahm das Forschungs- und Entwicklungslaboratorium Lonza in Basel seine Tätigkeit auf. 1924 erwarb die Lonza von Motor Columbus das Kraftwerk Bodio, um dort unter dem Namen Gotthardwerke AG die ebenfalls energieintensive Grafitproduktion aufzunehmen.[34]

Die Lonzawerke haben sich in Visp und am gegenüberliegenden Rhoneufer in Lalden über das ganze Tal ausgebreitet. Sie nehmen eine viel grössere Fläche ein als die Altstadt von Visp. Der gebändigte Fluss hatte der Industrie das Land freigegeben, und sein Wasser erzeugte die grossen notwendigen Energiemengen. Die Lonza entwickelte sich zum weitaus grössten schweizerischen Produzenten von Düngemitteln und agrochemischen Produkten. Der Aufstieg schien grenzenlos zu sein. In den 1940er-Jahren erstellte sie in Sins im Reusstal auf Verlangen

148 Mit der profitablen Filetierung des Alusuisse-Lonza-Konzerns durch Christoph Blocher und Martin Ebner verschwanden Chemie-Werke, die ohne günstigen eigenen Strom nicht rentierten. **Lonza Waldshut, Foto H. B. 2005**

149 Die chemische Industrie hat die profitbringendsten Plünderungen durchgemacht. Über drei Viertel der Arbeitsplätze sind verloren gegangen. **Lonza Waldshut, Foto H.B. 2005**

der schweizerischen Militärbehörden ein neues Werk für Ammoniak, Salpetersäure und Motortreibstoffersatz. Gegen 1962 erlebte die Lonza mit dem Einstieg in die Petrochemie eine neue Hochkonjunktur, sie vollendete in Basel das markante Verwaltungshochhaus auf rhomboidförmigem Grundriss. 1974 fand die Fusion mit der Alusuisse statt. Der Konzern beschäftigte bis zu 40 000 Menschen, davon 11 000 im Kanton Wallis.[35]

In der Konzernleitung folgten turbulente Jahre. Zusammen mit dem erfolgreichen Sanierer Sergio Marchionne[36] übernahmen die befreundeten Financiers Martin Ebner und Christoph Blocher 1997 die Macht in der Holding Alusuisse-Lonza. 27,5 Prozent der Aktien gehörten Ebners BZ-Visionen. 1999 löste Blocher für sich das hochrentable Filetstück Lonza-Biotechnik aus dem Konzern. Die elektrochemische Produktionseinheit von leistungsfähigen Kraftwerken, die billigen Strom für die eigenen Grossverbraucher erzeugten, wurde ebenfalls wegfiletiert. Für den Verkauf der Kraftwerke unter anderem an die Energie Baden-Württemberg AG, die ihrerseits vor allem der Électricité de France gehört,[37] rechneten die Medien mit Gewinnen von über einer Milliarde Schweizer Franken. Der für seine Vaterlandspropaganda bekannte Christoph Blocher und sein politisch weniger aktive Partner Martin Ebner profilierten sich als Pioniere des Ausverkaufs von schweizerischer Industriesubstanz. Die Medien meldeten, die Lonza sei nun gesundgeschrumpft.[38] Im November 1999 wurde die Walliser Lonza AG eine Konzerntochter der Lonza Group mit Sitz in Basel. Anfang Oktober 2002 musste Martin Ebner mit sofortiger Wirkung als Lonza-Verwaltungsrat zurücktreten, nachdem er seine Lonza-Beteiligungen zur Abwendung seines Milliardenkonkurses für 800 Millionen Franken veräussert hatte.[39] Blocher fuhr seine Beteiligung Stück um Stück zurück. Bei einem Arbeitskampf im Februar 2008 dachten die Lonza-Angestellten, der Konzern gehöre noch zum Blocher-Imperium. Sie mussten von der Gewerkschaft Unia erfahren, dass die Familie Blocher ihre Anteile längst an US-Investment- und Pensions-Funds verkauft hatte. Der wirtschaftsschwache Kanton Wallis hat trotz seinen Zugeständnissen an die Financiers – Steuervergünstigungen und Strompreissubventionen – über 10 000 Industriearbeitsplätze verloren, zu denjenigen der Alusuisse-Lonza addieren sich die 2400 der Ciba Monthey, die ebenfalls «gesundgeschrumpft» und danach an die deutsche BASF verkauft wurde.[40] Vom ehemaligen Lonza-Imperium sind Teile des Werks Visp-Lalden veräussert worden und ebenso das Werk Bodio. Vollständig abgebrochen sind die Werke Gampel und Waldshut-Tiengen.[41] 2010 wurde die Kooperation der Lonza mit dem deutschen Weltkonzern Bayer bekannt gegeben – über eine Bayer-Tochter sollen künftig die Produkte gemeinsam weiterentwickelt werden.[42] Visp bleibt jedoch trotz weiterem Abbau von Arbeitsplätzen mit 2000 Beschäftigten das bedeutendste Werk des Konzerns. Die Herstellung von Zwischenprodukten für andere chemische und pharmazeutische Konzerne ist inzwischen aufgegeben worden zugunsten der Produktion von Nahrungszusätzen und Wirkstoffen für Biopharmaka. Mit grossen Investitionen entstehen neue Werke. Diese Investitionen werden von den Kunden vorfinanziert. Das verändert die Produktion. Die Prozesse müssen noch genauer sein als früher und noch reiner. Unter den extremen Hygienebedingungen braucht ein Arbeiter für den Gang zum Abort durch alle Schleusen hindurch eine Viertelstunde.

Von der Apotheke zur pharmazeutischen Industrie

Die pharmazeutische Industrie verfügt heute in der Schweiz über weitaus am meisten Chemiearbeitsplätze. Rechnet man auch die Industrien dazu, welche Vitamine, Aromen und Diagnostika herstellen, so finden sich derzeit in diesen Bereichen zwei von drei Arbeitsplätzen der chemischen Industrie.

Den Ursprung hat dieser Industriezweig in den Apotheken und barmherzigen Anstalten des Mittelalters. Krämer-Apotheken boten Heilmittel für gut Betuchte an, die Caritas der katholischen Kirche pflegte armengenössige Kranke nach dem Vorbild des Samariters, der die Bedürftigen als lebendiges Abbild von Christus versteht und sich zur Hilfe an ihnen verpflichtet. Mit Almosen erwarben sich der Klerus, Lehnsherren und wohlhabende Bürger einen Teil ihres Seelenheils. Die Almosenpflicht konnte allerdings in Krisen-, Kriegs- und Seuchenzeiten den Bedarf an Pflegemitteln bei weitem nicht decken. Zudem machten sich im Klerus korrupte Missbräuche von Almosenmitteln breit. Die erstarkenden weltlichen Institutionen des sich herausbildenden Staates und des aufstrebenden Bürgertums bekämpften dieses System ab dem 17. Jahrhundert auch mit dem Ziel, die Gesellschaft für eine effiziente Produktionswirtschaft umzubauen. Not galt nun als selbst verursacht, in Not geratene Menschen wurden in Armenhäusern eingesperrt, die zugleich als Arbeitshäuser dienten.

Bis ins 20. Jahrhundert hinein vergrösserte sich die Kluft zwischen den Fortschritten der Forschung und der medizinischen Versorgung der armen Be-

150 Gemeinnützige Krankenanstalten und Apotheken, die nur für die Reichen da waren, bilden die Ursprünge der Heilmittelindustrie. **Apotheke Hôtel-Dieu Tournus, Foto H. B. 2009**

151 Heute bietet die pharmazeutische Industrie mit ihren arbeitsintensiven Forschungs- und Produktionszweigen über 60 Prozent aller Stellen in der schweizerischen Chemiebranche. **Pharma Schweiz 1990, Sammlung SIK**

völkerung: Die Armen waren für die Apotheken keine lohnende Kundschaft, und die Ärzte verdienten ihr Geld in den reichen Bevölkerungsschichten.[43] Erst der Ausbau der Sozialgesetzgebung garantierte in den alten Industrienationen ab der zweiten Hälfte des 20. Jahrhunderts eine allgemeine Gesundheitsversorgung, insbesondere die Krankenkassenpflicht sorgte für boomende Krankenkosten.[44] Von der Vielzahl kleiner Heilmittelhersteller, die im 19. Jahrhundert entstanden, haben zwar einige kleinere, vornehmlich aber die ganz grossen überlebt. Der Grund liegt auch in diesem Chemiezweig im hohen Investitions- und Forschungsaufwand. Die Entwicklung eines neuen Medikamentes kann zwölf Jahre dauern und gegen eine halbe Milliarde Franken kosten.[45] Freilich rechnen Pharmakritiker den Konzernen vor, dass sie in sehr vielen Fällen nur bekannte Substanzen anders kombinierten, verpackten und mit neuen Eigenschaften deklarierten. Ein weiterer Kritikpunkt liegt darin, dass manche Medikamente für Massenkrankheiten in ärmeren Ländern gar nicht ernsthaft entwickelt würden, weil die Kaufkraft fehlt. In den reichen Nationen hingegen garantieren verschreibungspflichtige Medikamente einen wesentlichen Teil des Marktes. Der Markt für rezeptfreie Medikamente und diagnostische Mittel wird mit Vergünstigungen für Ärzte durch die Pharmaindustrie mitkontrolliert. Die Krankheitsausgaben wachsen folglich nicht nur wegen der Überalterung und einer ungesunden Lebensweise vieler Menschen.[46]

Pharmazie-Historisches Museum der Universität Basel, 4051 Basel, www.pharmaziemuseum.ch

Düfte und Geschmacksverstärker

Ein zum Pharmamarkt paralleles Wachstum ermöglichte bisher der zunehmende Einsatz von Vitaminen, Aromen und Riechstoffen in Lebensmitteln, Kosmetika und Parfüms.

Riech- und Geschmacksstoffe sprechen zwei unserer fünf Sinne an. Ihre früheste Entwicklung geht bis in die alten Hochkulturen zurück. Die Ägypter opferten ihren Göttern aufwändig entwickelte Duftstoffe und nutzten sie zum Einbalsamieren von Verstorbenen. Im Mittelalter brachten die Kreuzritter Aromastoffe aus Arabien nach Westeuropa. Seit der Renaissance blüht das Gewerbe der Parfumerie. Der Einsatz von Geschmacksverstärkern ist jüngeren Datums. Die Forschung ermöglichte im 19. Jahrhundert die Entwicklung und zunehmend auch die künstliche Herstellung von Duft- und Geschmacksstoffen. Viele Seifenfabriken erzeugten eigene Duftstoffe, andere chemische Unternehmen wurden ebenfalls in diesem Marktbereich aktiv. Der Einsatz von mehr Technik und steigende Forschungsinvestitionen führten im 20. Jahrhundert zu einem Konzentrationsprozess, der in der Schweiz nur noch einen grossen Marktleader übrig liess: Givaudan. Das Unternehmen mit 8800 Beschäftigten ist weltweit der grösste Hersteller von Aromen und Duftstoffen. Essenzen von Givaudan finden sich in vielen Seifen, Parfums, Zahnpasten, Kosmetika und auch in Nahrungsmitteln von Nestlé, dem grössten Aktionär bei Givaudan. Das 1895 in Zürich von Léon und Xavier Givaudan gegründete Unternehmen errichtete ab 1895 in Vernier bei Genf eine grossindustrielle Anlage. Die Arbeit mit Alkohol, Säure und Lauge bewog das Unternehmen, Betonskelettbauten zu erstellen und dafür den bekannten Betonbauingenieur Robert Maillard beizuziehen. In der Anlage in Vernier arbeiten 700 Personen, das Netz von Leitungen für die Herstellung von mehreren Tausend verschiedenen Essenzen ist 200 Kilometer lang.[47]

1948 kam Givaudan wieder zu einem Firmensitz im Kanton Zürich, indem sie in Dübendorf die ehemalige Seifen- und Aromafabrik Flora übernahm. Zwischen 1963 und 1999 folgte eine bewegte Zeit. In diesen 36 Jahren gehörte Givaudan dem Konzern Hoffmann-La Roche. 1965, mit dem Einstieg in die Herstellung von Desinfektionsmitteln und Medizinalseifenzusätzen, erwarb Givaudan in Seveso bei Mailand die Industrie Chimiche Società Azionaria. Dort führte am 10. Juli 1976 eine Explosion zu einer Chemiekatastrophe, die zu schweren Verätzungen von 200 Mitarbeitenden und Anwohnern des Werks

führte. Trotzdem wurde noch eine Woche lang weitergearbeitet. Schliesslich mussten 40 hochkontaminierte Häuser abgebrochen und Entschädigungen von 225 Millionen Franken bezahlt werden. Über die Beseitigung des Dioxins entspann sich ein jahrelanger Streit. Niemand wollte das höchstgiftige Material entsorgen, ein Teil Dioxin-Fässer galt als verschwunden. Schliesslich musste das sichergestellte Material in Basel entsorgt werden.[48]

Nach der Ausgliederung aus dem Hoffmann-La-Roche-Konzern expandierte Givaudan mit dem Aufkauf von anderen Riech- und Geschmacksstoffbetrieben. Von Nestlé übernahm die Firma die Suppen- und Gewürzfabrik Maggi und stellte dort 2002 die Produktion auf Riechstoffe um. Seit 2004 produziert Givaudan nun auch in Kemptthal mit 250 Mitarbeitenden und in Dübendorf mit zusätzlichen 450 Personen Aromastoffe.[49]

Hoffmann-La Roches Pflege der pharmazeutischen Industrie in der Schweiz

Die grösste Schweizer Pharmafirma und ein weiterer bedeutender Produzent wurden von einem Apotheker und einem Drogisten gegründet. Die Pharmafirma Siegfried in Zofingen war 1873 eine Gründung des Apothekers Samuel Siegfried. Sie beschäftigte 135 Jahre später 825 Mitarbeitende. Hoffmann-La Roche ist eine Gründung des Ehepaars Fritz Hoffmann und Adèle La Roche. Hoffmann hatte vor der

152 Givaudan ist global führend in der Produktion von Duft- und Geschmacksstoffen. Für das Werk Vernier konstruierte Robert Maillart in den 1910er-Jahren Betonbauten im traditionellen Stil. **Vernier, Foto H. B. 1998**

Gründung seiner eigenen Firma im Jahr 1896 in einer Drogerie und in einem Labor gearbeitet. Emil Christoph Barell war als erster Leiter der Fabrik an der Grenzacherstrasse in Basel Hoffmanns rechte Hand. Hustensirup, Jod und Therapiemittel gegen Tuberkulose gehörten zu den ersten Produkten. Die kriegsbedingt gesteigerte Nachfrage nach Einwegspritzen, Schlaf-, Schmerz- und Beruhigungsmitteln liess die Firma 1916 in Basel, 1917 nach Zürich-Altstetten und danach auch international expandieren. Die Vitaminfabrikation brachte einen weiteren Aufschwung.[50] Die zweite Ehe der Schwiegertochter des Gründers, Maya Hoffmann-Stehlin, mit dem Dirigenten Paul Sacher verstärkte 1934 die Integration der Firmenleitung in den «Basler Daig»: Unter Generaldirektor Emil Barell prägte Paul Sacher als Verwaltungsrat die Firmenkultur stark.[51] Für die Erweiterung des Chemiewerks war nun der bekannte Pionier des Neuen Bauens, Otto Salvisberg, zuständig. Das Architekturbüro Salvisberg-Rohn realisierte für das Stammhaus am Rhein eine gesamtschweizerisch einzigartige, einheitliche Firmenarchitektur mit rhythmischer Front gegen den Rhein hin. Im Fabrikgelände bildet das L-förmige, 1934–1936 erbaute Personalhaus ein Hauptwerk des Architekten Salvisberg.[52] Der Verwaltungsbau von 1971 war das erste Hochtechnologie-Bürogebäude der Schweiz mit Fernsehstudio, infrarotgesteuerten Sitzungssälen und reicher Ausstattung mit Kunst am Bau, wozu die Skulptur Oyarak II von Eduardo Chillida gehört. Die Ausstattung der Fabrikanlage mit Kunstgegenständen macht auch vor den Arbeitsräumen nicht Halt.

Nach dem Zweiten Weltkrieg konzentrierte sich Hoffmann-La Roche trotz Diversifikationen weiterhin auf die Herstellung von Heilmitteln. Meilensteine für neue Marktauftritte gelangen 1960 mit dem Valium, 1973 mit dem ersten Mittel gegen die Krankheit Parkinson und in den 1980er-Jahren mit gentechnischen Substanzen. Das zum Weltkonzern angewachsene Unternehmen blieb in Familienhand. Der heute grösste Arbeitgeber von Basel soll eine Börsenkapitalisierung von 165 Milliarden Franken haben.[53] Beinahe hätte der lukrative Biotechnik- und Pharmakonzern auch das Schicksal anderer Grossindustrien erlitten. Der Financier Martin Ebner besass vorübergehend doppelt so viele Aktien wie die Angehörigen des Familienunternehmens, die aber über die Vinkulierung ihre Herrschaft im Konzern abgesichert hatten. Eine vinkulierte Namensaktie bedarf zu ihrer Übertragung der Zustimmung der ausgebenden Aktiengesellschaft. Damit wird die ohnehin geringe Verkehrsfähigkeit von Namensaktien weiter eingeschränkt: Die Gesellschaft darf die Zustimmung zur Übertragung verweigern, und die im Aktienregister eingetragene Aktionärsfamilie ist allein berechtigt, die aus dem Besitz resultierenden Rechte geltend zu machen. Ebner liess deshalb berichten, die Besitzerfamilien Oeri und Hoffmann liessen sich unverschämt hohe Summen aus dem Konzern zufliessen. Allzu gerne hätte er, wie bei anderen Firmen, entscheidende Aktienpakete übernommen und den Triumph der Übernahme des Konzerns gefeiert.[54] Doch der «Daig» der Familien Hoffmann und Oeri klebte mit ihren 50,01 Prozent der stimmberechtigten Inhaberaktien gut zusammen.[55] Die Familienaktionäre liessen sich nicht

153 Für die grösste, weiter in der Schweiz aktive Pharmafirma realisierte das Architekturbüro Salvisberg-Rohn eine einzigartige, einheitliche Anlage mit rhythmischer Front gegen den Rhein. **Basel 1994, Archiv Hoffmann-La Roche**

gegeneinander ausspielen. Die Hoffmann und Oeri gelten mit einem geschätzten Vermögen von 19 Milliarden Franken als zweitreichste Familie der Schweiz. Andreas Oeri sorgte mit umsichtigen Gesprächen in der grossen Erbengemeinschaft für die Einheit. Ihre diskrete Macht erlaubt es, Entscheide schnell und unkompliziert zu fällen, Wachstum mit hoher Liquidität und eigenen Mitteln zu finanzieren und ungeheure Entschädigungen auch an die Manager zu verteilen. Roche-Verwaltungsratspräsident Franz Humer steigerte seine Jahresbezüge 2009 von 15,3 auf 16,4 Millionen Franken, der Chef von Genentech kassierte für die Übernahme seines Konzerns durch Roche 359 Millionen Franken.[56] Der positiven Werbung dient die Förderung des Fussballclubs und der Kulturstadt, für die auch umstrittene Hochhausprojekte entstehen,[57] und vor allem die Tatsache, dass Hoffmann-La Roche weiterhin in Basel forschen und produzieren lässt. Roche schafft in Basel sogar neue Arbeitsplätze. 8000 von den 81 500 Roche-Angestellten arbeiten im Konzernsitz in Basel und in den Werken Reinach, Birsfelden, Kaiseraugst und Sisseln.[58]

Einer der letzten grossen Erfolge des sechstgrössten Pharmakonzerns der Welt war die EU-Zulassung für das Grippemittel Tamiflu im Jahr 2002. 2009 wurde die Schweinegrippe ausgerufen. Dank staatlicher Tamiflu-Abnahme steigerte Roche 2009 die Pharmaverkäufe um 11 Prozent und die Grippemittelumsätze um 400 Prozent.[59] Es war auch das Jahr, in dem die Pharmaindustrie im Bündnis mit den Ärzten und Apotheken in der Gesundheitskommission des Nationalrats den Vorstoss für billige Generika-Medikamente bodigte.[60]

Historisches Archiv und Ausstellung Roche, 4070 Basel, auf Anmeldung 061 687 02 65, alexander.bieri@roche.com

154 Mit grossem Traditionsbewusstsein hat die Ciba noch 1977 ihre erste Methyl- und Äthylbromidanlage von 1892 restauriert und als Denkmal im Zentrum des Werks erhalten. **Basel, Foto H. B. 2002**

Novartis: 22 Milliarden Franken Fusionsgewinn, 38 000 Stellen reduziert

Die globalen Finanzkapitalbesitzer überbieten sich seit den 1990er-Jahren mit dem Aufkauf von Firmen, mit Einsparungen durch massenhaften Abbau von Arbeitsplätzen und Verkäufen von Unternehmensteilen oder Liquidationen von nicht maximal rentablen Bereichen. Mit vorübergehenden Aktienkurssteigerungen und anderen Finanzhebelinstrumenten wird die in vielen Jahrzehnten erarbeitete Substanz geplündert. Speziell bei Pharmafusionen kamen Summen in bisher unbekannter Höhe ins Spiel: 174 Milliarden Dollar beim weltgrössten Pharmakonzern Pfizer für die Fusionen von 1999 und 2002, 74 Milliarden Dollar beim viertgrössten, GlaxoSmithKline, im Jahr 2000, rund 100 Milliarden Dollar bei den europäischen Megafusionen von Rhône-Poulenc mit Hoechst zur Aventis und von dieser wiederum mit Sanofi zu Sanofi-Aventis in den Jahren 1999 und 2005 und 36 Milliarden Dollar bei Astra-Zeneca im Jahr 1999. Die Kosteneinsparungen und Erhöhungen des Shareholder-Values sei im Interesse der Aktionäre und der Patienten, kommentierte die NZZ,[61] während andere Zeitungen meldeten: «Wenn sich der Aktionär freut, bangt der Arbeiter um die Stelle.»[62] Mit «Aktionär» ist wohl der Grossaktionär gemeint.

Nachvollziehen lässt sich das am Beispiel der grössten Industriefusion der bisherigen Schweizer Geschichte. Am 7. März 1996 stand Sandoz-Chef Marc Moret, der zehn Jahre zuvor bei der Chemiekatastrophe in Schweizerhalle nicht ansprechbar war, im Rampenlicht. Im schwarzen Cadillac vor dem Konferenzzentrum des Basler Flughafens vorfahrend, enthüllte er sein Projekt Rio Grande: die Zusammenlegung von Ciba und Sandoz zu Novartis. Moret machte Daniel Vasella zum Chef des neuen Konzerns. Beide hatten das katholische Gymnasium Saint-Michel in Fribourg besucht. Mit der Fusion schnellten die Börsenwerte über Nacht in die Höhe, um 18 Milliarden Franken. Die beiden Konzernpartner hatten vor der Fusion rund 134 000 Beschäftigte. Im Umfeld der Zusammenlegung wurde die Belegschaft kurzfristig um 10 000 «Einheiten» und längerfristig um weitere 28 000 reduziert,[63] was die Börse honorierte: «Zusammenschluss setzt grosse Sparmöglichkeiten frei – Analysten reagieren begeistert.»[64] Von den verkauften Teilbereichen verlegte Clariant bis 2010 fast alle Arbeitsplätze in den osteuropäischen und asiatischen Raum,[65] Ciba verabschiedete sich als eigenständige Firma mit dem Verkauf an die BASF von der Schweiz,[66] während der ehemalige Agrochemiebereich als Syngenta in der Schweiz immerhin noch 2750 Stellen anbietet.[67] Parallel zum Stellenabbau verlief die Einstellung der firmeneigenen Sozialwerke. Zum Beispiel verkaufte Novartis die für ihre Mitarbeiter zwecks günstiger Mietkonditionen erbaute Werksiedlung Augarten in Rheinfelden. Die 3300 Einwohner mussten massive Mietzinserhöhungen erdulden.

155 Zehn Jahre nach der Novartis-Fusion verschwindet die faszinierende Dichte von Industriebauten an den beiden Rheinufern in Basel. Blick vom ehemaligen Ciba-Areal Richtung St. Johann mit dem Produktionsstandort Sandoz. **Basel, Foto H. B. 1999**

Vasellas Vision: Milliardenprojekt «Campus» anstelle der Chemiewerke

Während die Tagespresse Jahr für Jahr die von Novartis kommunizierten Rekordergebnisse mit Milliardengewinnen publiziert,[68] zieht das Wirtschaftsfachmagazin Bilanz eine andere Bilanz: Kein anderer Schweizer Konzern habe so viel Firmenwert verloren. Für die Jahre 2004 bis 2007 rechnet die Zeitschrift einen Wertverlust von 41,4 Milliarden Franken vor: «Es wurden immer grössere Summen in den Sand gesetzt. [...] Novartis liegt damit als Wertvernichter mit deutlichem Abstand an der Spitze.»[69] Die Entschädigungen für den sich selbst beaufsichtigenden Novartis-Führer scheinen proportional

156 Novartis liegt als Wert- und Arbeitsplatzvernichter im Chemiesektor mit deutlichem Abstand an der Spitze. Die fusionierten rund 134 000 Arbeitsplätze sind auf 96 700 reduziert worden. **Sandoz Basel, Foto H. B. 1982**

157 In Kleinbasel wird der 1955 erbaute, 120 Meter hohe Ciba-Betonobelisk als höchster Fabrikschlot der Schweiz abgetragen. **Basel, Foto H. B. 2005**

zum angerichteten Schaden auszufallen.[70] Auf die Frage, ob seine Jahresentschädigung von 21,3 Millionen Franken gerechtfertigt sei, antwortete Vasella im Januar 2006: «Ich habe den Lohn redlich verdient.»[71] Und bis 2009 erhöhte er sich seine Jahresbezüge auf 42 Millionen Franken.[72] Ein Normalsterblicher müsste dafür 500 Jahre lang arbeiten. Vielleicht ist es aber auch nur ein Wettbewerb, wem in diesem Land am meisten zusteht: Kapital, Salär, Macht, Prestige – eine Villa im steuergünstigen Zug, eine 40 Quadratkilometer grosse Jagdpacht im Tirol,[73] ein Firmenschiesskeller mit Verpflegungsstätte unter dem Novartis-Campus, ein eigener Flughafenbereich in Basel-Mulhouse mit Jetport, Hangar und zwei Flugzeugen.[74] Die Rechtfertigung von Masslosigkeit ist lediglich eine Frage der Kommunikation, für die jeder Konzern eine Abteilung professioneller Propagandisten einsetzt. Das funktioniert jedoch nicht mehr, wenn die Presse nördlich des Rheins feststellt, dass ein neues Novartis-Medikament gegen degenerative Altersbeschwerden 50-mal teurer ist als ein Vorläufermedikament, das nun nicht mehr verschrieben werden darf. Die deutschen Krankenkassen rechnen mit Mehrauslagen in Milliardenhöhe.[75] Ein anderes Kampffeld des Konzerns ist Indien. Novartis hat gegen das wichtigste Produktionsland von Generika 2007 eine Klage wegen Verletzung von Patentrechten angestrengt. Da es sich im konkreten Fall um ein Aidsmittel handelt, empört sich speziell die Organisation Ärzte ohne Grenzen.[76] 2007 erhielt Novartis den Big Brother Award wegen Bespitzelung seiner Angestellten.

Ist Novartis für Basel das erfolgreiche Flaggschiff, als das es sich feiern lässt? Novartis entwickelt, produziert und vertreibt hauptsächlich Medikamente und Tierpräparate. Bekannt sind entzündungshemmende Mittel wie Voltaren oder Fenistil, Lamisil zur Behandlung von Pilzkrankheiten, Blutdruck- und Krebsmittel. Novartis ist mit knapp 100 000 Mitarbeitern in 140 Ländern präsent. Weniger als jeder achte davon hat seinen Arbeitsplatz in der Schweiz. Die schweizerischen Novartis-Angestellten generieren jedoch 14,4 Prozent aller Exporte dieses Landes. Novartis erwirtschaftet aber nur 1,5 Prozent ihres gesamten Umsatzes in der Schweiz. In Basel verschwinden die Produktions-

158 Die 7-Milliarden-«Vision» für den Campus des Wissens ersetzt die Fabriken des Könnens.
Basel, Foto H. B. 2002

stätten, die Fabriken von Sandoz in St. Johann, die Ciba-Bauten in Kleinbasel, wo der 1955 erbaute, 120 Meter hohe Betonobelisk als höchster Fabrikschlot der Schweiz abgetragen wird. An der Stelle der Fabriken soll der Campus des Wissens entstehen. So bezeichnete der Novartis-CEO und VR-Präsident in Personalunion (bis 2010) seine «Vision». Auf einer Fläche von über 20 Hektaren entwickelten ETH-Professoren und Vertreter der Architekturprominenz einen Masterplan für «befruchtende Begegnungsstätten mit allen Annehmlichkeiten», Labor- und Bürobauten. Das Gesamtprojekt ist bis 2032 angelegt, mit geplanten Investitionen von über 7 Milliarden Franken. Für die Erweiterung ihres Areals kauft Novartis der Stadt Basel für 100 Millionen Franken den stillzulegenden Hafen St. Johann ab, damit dort eine weitere Uferpromenade entstehen kann, während im alten Ciba-Areal im Norden zwei 120 Meter hohe Türme geplant sind – mit einem Hochschulzentrum für Life Sciences. Ein Ökozentrum, das der Staat über die Universität bezahlt, besteht bereits.[77] Die Wahrscheinlichkeit, dass Vasellas Vision das Schicksal anderer Seifenblasen teilt, ist ebenso gross wie die Gewissheit, dass in den ehemaligen Sandoz- und Ciba-Arealen nicht mehr produziert wird. Vasella liess im Zusammenhang mit den Abzocker-Anschuldigungen mitteilen, der Konzernsitz könne allenfalls verlegt werden, doch er betonte, das sei keine Drohung.

159 Für die verlagerten Arbeitsplätze sind die hohen Umwelt- und Sozialauflagen der alten Industrieländer nicht gültig. **Bangalore, Foto H. Bachmann 2008**

VI UHREN UND APPARATE

Rettung mit Rolex und Swatch

Herstellung von Präzisionsgeräten
(Uhren, Nachrichten- und Bürogeräte)

1950	140 000 Arbeitsplätze	= 5%[1]
2010	139 000 Arbeitsplätze	= 3%

 Uhrenland Swiss Made. Zeichnung H. B. 2004

Die erste intensive und weitverbreitete Verarbeitung von Metall galt in der Schweiz nicht der Erzeugung von Investitionsgütern, sondern der manufakturmässigen Herstellung von Uhren. Daraus entwickelte sich eine feinmechanische Werkzeugindustrie und später die Apparate- und Elektronikindustrie. Für die Produkte müssen auch Glas, Leder und Kunststoff verarbeitet werden. Die Abgrenzung der feinmechanischen Industrie zur Maschinen- und Elektroindustrie und zur Bijouterie ist fliessend. Seit dem Aufblühen dieses Gewerbezweigs gelangen bis zu 95 Prozent seiner Produkte auf den Weltmarkt. Im Jurabogen sind viele Orte wirtschaftlich von der Herstellung von Präzisionsgeräten abhängig, Krisen haben immer wieder schwerwiegende Folgen. Insbesondere die Grossbetriebe der Apparateindustrie haben 50 000 Arbeitsplätze abgebaut. Umso erstaunlicher ist die heute noch starke Stellung dieser Branche auf dem Arbeitsmarkt, die sich seit den 1970er-Jahren den technologischen Herausforderungen und den neuen Marktsituationen stellt. Die Produkte der feinmechanischen Industrie der Schweiz bleiben weltweit anerkannte Boten für Schweizer Qualität. Sehr erfolgreich sind – auch bezüglich der Erhaltung von Arbeitsplätzen – die beiden Konzerne Rolex und Swatch.

161 Für das Untertor in Winterthur baute Lorenz Liechti 1529 eines der frühesten komplizierten Uhrwerke mit astronomischer Anzeige. Uhrwerk und Zifferblatt sind im Lindengut erhalten. **Litho Emanuel Labhart, Repro Stadtbibliothek Winterthur**

Uhren: Zeit- und Luxusmass

Mehr als Schokolade und Käse prägen heute Uhren das Image der Schweiz. In diesem Land erhielt die Uhrenfabrikation ihren Anstoss für den späteren Welterfolg durch die Reformation. Sie förderte eine unerbittliche Ausrichtung nach der Zeit, gemessen am Fortschreiten des Uhrzeigers, getrieben von einem Teil, das bezeichnenderweise «Unruhe» heisst.

Vorerst legte die Turmuhr die Zeit der Neuzeit und der neuen Arbeitsmoral fest, später die luxuriöse Stubenuhr, im 19. Jahrhundert die Taschenuhr.

Die Zeitmesser wurden zum Mass jeglicher Zeit, die nun in Arbeits- und Freizeit aufgeteilt wurde. Die Einführung der Eisenbahn erzwang endgültig fahrplanmässige Pünktlichkeit. Schon 1848 begann die Schweiz mit der Zeitvereinheitlichung: Als verbindliche Schweizer Zeit galt diejenige der Sternwarte Bern, auch für die Westschweizer. 1859 sicherte sich Neuenburg mit der neuen Sternwarte den Standort für das Messen der Schweizer Zeit und übermittelte diese über das im Aufbau begriffene Telegrafennetz. Als die Zeitzonen dann nach Meridianen und nicht nach Sprachen oder Ländergrenzen neu geordnet wurden, kam die Schweiz zu spät. Sie beharrte noch bis 1894 auf ihrer Schweizer Zeit.[2]

Die Armbanduhr schuldet ihre allgemeine Verbreitung den Grabenkriegen im Ersten Weltkrieg, als die Angriffe synchronisiert werden mussten. Darum hiessen die frühen Modelle «poilu» oder Tank. Die Schweiz stieg damals zum grössten Uhrenproduzenten der Welt auf. Nach Einbrüchen in der Zwischenkriegszeit wuchs die Beschäftigung nach dem Zweiten Weltkrieg auf gegen 100 000 Stellen an. Die Schweizer Uhrenindustrie entwickelte Quarz als neuen Taktgeber, wendete die Erfindung aber nicht selbst an. Die Branche versuchte, sich mit dem Uhrenstatut, also mit protektionistischen Massnahmen, zu schützen. Es war ja nicht nur verboten, Produktionsmittel für die Uhrenherstellung zu exportieren, auch Maschinen unterlagen der Exportbewilligung. Diese korporatistische Ordnung, die bis in die 1970er-Jahre bestand, führte ins Verderben der Uhren- und Feinmechanikindustrie. Mit der Verbreitung von Quarzuhren aus anderen Ländern brach die Beschäftigung in der Schweiz bis 1991 um zwei Drittel ein: Die Massenproduktion von Roskopfuhren und dann auch der klassischen Ankeruhren brach ein. Seither ermöglichten neue Produktions- und Marketingmethoden diesem für die Schweiz wichtigen Industriezweig eine Erholung: Bis 2007 stieg die Zahl der Arbeitsplätze auf über 40 000.

Pünktlichkeit – das neue Mass der Reformation

Chronos, die Zeit der Griechen, richtete sich nach der Sonne: Im Winter ist der Tag kürzer, im Sommer länger. Während der Nachtruhe steht die Zeit still, ein Schiff auf dem Meer aber nicht. Uhren sind nötig für die Navigation und für die Astronomie. Davon ging ein starker Schub aus. Im Frühkapitalismus des 14. Jahrhunderts schuf der Mensch einen Mechanismus, der die Zeit auseinandernahm und

162 1601 entstand mit Hilfe französischer Glaubensflüchtlinge in Genf die erste Uhrmacherzunft. Es entwickelten sich Manufakturen mit über 3000 Beschäftigten. **Genf, Foto H. B. 1998**

mit Rädern und Schrauben wieder zusammensetzte, sodass er sich fortan Tag und Nacht danach zu richten hatte. 1405 entstand in Bern die berühmte «Zytglogge» im nach ihr benannten Turm. Die Reformation machte sich die genutzte Zeit zum Programm. Die Tageszeit, eingeteilt in Stunden, sollte der Lohnarbeit dienen, Musse oder zu vertreibende freie Zeit waren nun verpönt.[3] Die heutige Schweiz, die sich im 16. Jahrhundert mit der Reformation mehrheitlich von der katholischen Kirche emanzipierte, entwickelte sich bis ins 19. Jahrhundert zum globalen Zentrum der Herstellung von Zeitmessgeräten. Anstoss dazu gaben die Religionskämpfe. Auf dem Höhepunkt ihrer Macht beherrschte das islamische Türkenreich ein Gebiet von Nordafrika über Vorderasien bis nach Ungarn. Im bedrängten Westeuropa erliess der Papst 1563 einen Index verbotener Bücher und verschärfte die Verfolgung der Protestanten. In den Niederlanden erhoben sich die Protestanten gegen die spanisch-katholische Herrschaft.

163 Die Normierung der Rohwerke machte die Verlagsarbeit möglich: L'atelier dans la ferme – Heimarbeit im Bauernhof hiess das Erfolgsrezept der Uhrmacherei im Jura. **La Chaux-de-Fonds, Foto H. B. 1989**

In der Eidgenossenschaft erklärten die reformierten Kantone 1566 ihre Abkehr vom Papst. Besonders grosse Freiheiten bot Genf. Der calvinistische Stadtstaat gehörte weder zur Eidgenossenschaft noch zu Frankreich. Genf wurde – wie schon im Textilkapitel dargestellt – zur Hochburg für Glaubensflüchtlinge. Goldschmiede und ab 1574 ein erster Uhrmacher aus Autun förderten die Herstellung von Luxuswaren. 1601 wurde die erste Uhrmacherzunft gegründet. Es entstand ein Quartier, in dem 100 Meister mit 300 Gesellen jährlich 5000 Uhren herstellten. Die ersten mechanischen Meisterwerke konnten mit einmal Aufziehen zwölf Stunden laufen und die Stunden anschlagen.

Gegen 1800, vor der industriellen Revolution, gab es in Genf 1000 Uhrmacher mit 1300 Angestellten.[4] Die Mechanisierung der Uhrmacherei nutzend, wurde Genf im 19. Jahrhundert ein Zentrum für das Uhrenverlagswesen im Jura, mit eigenen Veredelungswerken auch im Mikromechanik- und Schmuckbereich.[5] Diese Arbeitsteilung zwischen Genf und dem Jura blieb lange das Grundmuster der Uhrenindustrie. Rolex ist ein Beispiel dafür: Genf galt als Ursprungsort der Firma, obschon die meisten Produkte aus Biel kamen und auch die Familie Heiniger in Biel zu Hause war. Im 20. Jahrhundert sind die Fabriken in der Jonction umgenutzt worden, aber Genf bleibt Sitz des unten behandelten Rolex-Konzerns. Dieser stellt, nach 100 Millionen Franken Investitionen in den Fabrikneubau, in der Rhonestadt teure Uhren auf effizienteste Art her.[6]

Auch in anderen Städten der Schweiz entwickelte sich das Uhrmachergewerbe, gefördert durch die Reformation: Zeit ist Geld! Das älteste öffentliche Zeichen dieser neuen Zeit ist die Turmuhr. 1529 konstruierte Lorenz Liechti in Winterthur für das Stadttor am unteren Bogen ein hoch kompliziertes Uhrwerk mit astronomischem Zifferblatt und Sonnen-, Mond- und Tierkreiszeigern. Die Uhrmacherdynastie Liechti blieb im Geschäft, bis ihre vollständig selbst gebauten Tisch- und Wanduhren im 18. Jahrhundert gegenüber den arbeitsteilig hergestellten Uhren aus dem Welschland preislich nicht mehr konkurrenzfähig waren.[7] Eine letzte derartige Manufaktur mit 210 Jahren Tradition existierte mit der Turmuhrenfabrik Mäder in der Region Winterthur. Das Kleinunternehmen wurde 2007 liquidiert.[8]

Der Aufstieg von La Chaux-de-Fonds und Le Locle zu Uhrenatelier-Städten

Die Französische Revolution sprengte 1798 die Zunftherrschaft auch in Genf. Doch die Uhrenfabrikation blieb noch Jahrzehnte mit ihrer Fertigungstiefe auf einzelne Ateliers beschränkt. Das von der Textilindustrie her bekannte Verlagswesen setzte sich nur langsam durch. Ausschlaggebend waren die Normierungsbemühungen von Georges-Auguste Leschot. 1839 von der Uhrenmanufaktur Vacheron Constantin angeheuert, baute er nicht nur ungewöhnlich präzise Uhren, sondern machte auch sämtliche Teile des rohen Uhrwerks austauschbar. In der Mitte des 19. Jahrhunderts entstanden in Genf jährlich 100 000 Luxusuhren, die von 3600 Personen in 63 Ateliers hergestellt wurden. Aber parallel zur Entwicklung um den Genfer Stadtstaat verbreitete sich das Verlagswesen selbständig im benachbarten Jura. Regionale Verleger machten sich unabhängig von den Genfer Handelsleuten, denen der Sinn für handwerkliche Qualitätsarbeit fremd wurde. Zudem förderten lokale und überregionale Behörden im Jura die Uhrmacherei zwecks Arbeitsbeschaffung. Das waadtländische Vallée de Joux und das Dorf Sainte-

Croix wuchsen noch unter der Berner Herrschaft zu Zentren der Uhrenmanufaktur. Der Neuenburger Jura jedoch überholte dank der Arbeitsteilung alle bisherigen Uhrmacherregionen.

Das reformierte Fürstentum Neuenburg war de iure bis 1848 preussisch und bot fernab von Berlin noch grössere Gewerbefreiheiten als Genf. Die karge Landwirtschaft im trockenen Kettenjura regte zu Nebenbeschäftigungen und Tüfteleien an. Zu den ersten Uhrmachern gehörte der gelernte Goldschmied Daniel JeanRichard, der um 1700 in La Sagne, dem Kältepol der Schweiz, ein Uhrmacheratelier einrichtete.[9] Im 18. Jahrhundert förderte der Preussenkönig Friedrich II. die Uhrmacher Pierre Jaquet-Droz, dessen Sohn Henri-Louis und Jean-Frédéric Leschot, den Vater des erwähnten Uhrwerk-Normierens Georges-Auguste Leschot. Pierre hatte in Basel Theologie und unter anderem bei Professor Bernoulli Mathematik studiert. Internationales Wissen kam zusammen. Die drei Uhrmacher konstruierten ab 1768 die drei berühmten mechanischen Menschen, die naturalistisch mit Tönen das Orgelspielen und lesbar auf Papierbogen das Schreiben und das Zeichnen nachvollziehen. 1770 entstand im Val-de-Travers

164 Nach Bränden und durch die Verdichtung der Wohn- und Arbeitsstätten entwickelten sich auf 1000 Metern über Meer die Atelierstädte La Chaux-de-Fonds und Le Locle. **La Chaux-de-Fonds, Foto H. B. 1981**

165 Die Stadtanlagen von La Chaux-de-Fonds und Le Locle sind im Unterschied zu anderen Rasterstädten nicht durch Blockrandbebauungen, sondern durch frei stehende Blöcke geprägt. **La Chaux-de-Fonds, Sammlung SIK o. J.**

eine erste Uhrenmanufaktur. 1817 montierten die Neuenburger Etablissements 120000 Luxusuhren. «Science, technique, art, philosophie et passion» hiess die Parole. In Tausenden von Bauernhöfen, dörflichen und städtischen Ateliers beschäftigte sich ein Heer exakt arbeitender Spezialisten mit der Fabrikation von Dutzenden von verschiedenen Einzelteilen wie Uhrensteinen, Schalen, Zifferblättern, Uhrengläsern, Zeigern, Federn, Spiralen und mit der Herstellung einer riesigen Vielfalt von Uhrmacherwerkzeugen. Dieses Heer arbeitete lang und billig, «weil die Konkurrenz unter den Arbeitern, die zu Hause arbeiten wollen, am grössten ist, die Zersplitterung der Produktion in eine Masse heterogener Prozesse wenig Verwendung gemeinschaftlicher Arbeitsmittel erlaubt und der Kapitalist bei der zerstreuten Fabrikation die Auslage für Arbeitsgebäude erspart», analysierte Karl Marx 1867.[10] Und weiter stellte er fest, dass diese Arbeitsweise seinen Niederschlag auch in der Architektur fand: «La Chaux-de-Fonds kann man als eine einzige Uhrenmanufaktur betrachten.»

Zusammen mit der Nachbarstadt Le Locle entstanden auf 1000 Metern über Meer zwei einzigartige Uhrmacherstädte. In den Blütezeiten lebte hier jeder dritte Einwohner von der Uhrmacherei. Beide Städte planten nach verheerenden Bränden von 1794 und 1835 neue, rasterförmige Grundrisse. In beiden Städten herrscht eine Bebauung vor mit kompakten Blöcken für Wohn- und Atelieräume. Denn im Gegensatz zu den weiten Strassenrastern für die engen Hinterhofbebauungen von Paris oder Berlin müssen hier die eng beieinanderliegenden breiten Strassen Licht in die Atelierräume bringen.[11] Dieser Raster ermöglichte den permanenten Verkehr zwischen den arbeitsteilig arbeitenden Ateliers, vor allem im

Winter, wenn viel Schnee lag, der jeweils zu Riesenhaufen an den Strassenrand geschaufelt wurde. So entwickelte sich auf der Grundlage dieser Produktionsanforderungen besonders La Chaux-de-Fonds zu einem Schmelztiegel der Moderne. Charles-Edouard Jeanneret, Le Corbusier genannt, baute hier 1916 für den Uhrenfabrikanten Schwob ein frühes Meisterwerk, bevor er aus seiner Vaterstadt nach Paris auswanderte; der Autofabrikgründer Louis Chevrolet[12] und der Schriftsteller Blaise Cendrars stammen aus der Uhrenstadt.

Die Arbeiterbewegung erlebte in den Uhrenstädten eine frühe Blüte. Mit der Sozialistischen Partei erreichte sie in La Chaux-de-Fonds ab 1912 und später im ganzen Kanton die politische Mehrheit, in Le Locle dominieren die Kommunisten von der Partei der Arbeit POP bis heute. Der Parti Ouvrier et Populaire stellt dort den Bürgermeister Denis de la Reusille und hat in der Exekutive die Mehrheit.

Innerhalb der Gewerkschaftsbewegung spielten die hoch bezahlten Uhrenfacharbeiter eine besondere Rolle, waren diese doch voll in die Korporation mit den Unternehmern eingebunden. Die Integration der «petites mains», der italienischen und spanischen Hilfsarbeiterinnen, war nicht ihr Ziel. Hingegen säuberten sie als virulent antikommunistische Kraft die eigenen Reihen immer wieder von den «Roten».

Dies änderte sich tendenziell mit dem Entstehen grosser, zentralisierter Uhrenfabriken. Diese schulhausartigen Produktionsstätten begannen die Ateliestädte zu ergänzen. Bei Le Locle war die Uhrenfabrik Zenith die grösste. Sie beschäftigte auf ihrem

166 In den Uhrmacherstädten entwickelte sich früh eine Arbeiterbewegung mit starken anarchistischen und utopischen Tendenzen. Ein Zeugnis davon ist das Kommunehaus «Le Manège» von 1855/1868. **La Chaux-de-Fonds, Foto H.B 1997**

167 La Chaux-de-Fonds war mit Avantgardisten wie Jeanneret, Chevrolet oder Cendrars ein Schmelztiegel der Moderne. Jeanneret, Le Corbusier genannt, baute die Villa Turque 1916 für den Uhrenfabrikanten Schwob. **La Chaux-de-Fonds, Foto H. B. 1981**

Höhepunkt 1000 Uhrmacher. 2009, neun Jahre nach dem Verkauf an die französische Luxusgüter-Gruppe LVMH, allerdings nur noch 140. In La Chaux-de-Fonds entstanden Fabriken wie die Electra oder später die Uhrenfabrik Corum, die 1995 einen gläsernen Erweiterungsbau erhielt.[13]

Zwar hat sich La Chaux-de-Fonds zu einem Ausbildungs- und Konstruktionszentrum für Mikrotechnik entwickelt, aber dennoch sind die meisten Produktionsstätten seit 1970 eingegangen. Damals hatte Le Locle 18 000, heute 10 000 Einwohner, in La Chaux-de-Fonds waren es 42 300, heute leben dort 37 400 Menschen. Die lange wirtschaftliche Stagnation konservierte die beiden Industriestädte in wesentlichen Teilen, bis sie 2009 von der Unesco als Welterbe anerkannt wurden.[14] La Chaux-de-Fonds und Le Locle bleiben aussergewöhnliche Zeugnisse einer verlagsmässigen, industriellen Städtebauentwicklung. Hier entstand eine Stadtlandschaft, die das Produzieren und Wohnen eng miteinander verband.

Musée International d'Horlogerie, 2301 La Chaux-de-Fonds, www.mih.ch

Musée d'Horlogerie, 2400 Le Locle, www.mhl-monts.ch

Die Nachbarregionen überflügeln die Neuenburger Uhrenindustrie

Für die Miniaturisierung des Uhrwerks war die Verbesserung der Ankerhemmung wichtig. Entscheidende Impulse kamen im 18. Jahrhundert aus England und Frankreich und zwischen 1830 und 1862 aus der Schweiz. Die schweizerische «ligne droite» der Kolbenzahnhemmung setzte sich international durch und ermöglichte den Bau von günstigen und genau laufenden Uhren.

Ein anderes Element im globalen Konkurrenzkampf betraf die Arbeitsorganisation. Hier waren – wie schon beim Metzgereifliessband – die Amerikaner führend. Ab 1854 entstand in Waltham bei Boston die damals grösste Uhrenfabrik.[15] Das beeindruckte die traditionellen Verlagsherren und Atelierbetreiber im Jura vorerst wenig. Von den 13 700 Neuenburger Uhrmachern war die Hälfte Heimarbeiter, die andere Hälfte arbeitete in kleinen und mittleren Betrieben. Die neuen amerikanischen Fliessbandwerke beeinträchtigten dennoch den schweizerischen Absatz in Amerika. Und sie brachten in der Schweiz kapitalkräftige Investoren auf den Plan, die zusammen mit geschickten Uhrmachern aus dem Jura neue Fliessbandfabriken gründeten. So veränderte sich die Rangliste zwischen den Uhren produzierenden Kantonen innerhalb von wenigen Jahrzehnten. Bis 1870 stieg der Kanton Bern – mit dem Uhrenzentrum Biel – zum grössten schweizerischen Uhrenproduzenten auf. Dem nur noch zweiten Rang des Neuenburger Juras folgte bis 1910 der Solothurner Jurafuss mit beinahe 6000 Arbeitsplätzen allein in Grenchen, das mit dem unten behandelten ETA-Werk von Swatch bis heute eine wichtige Stellung einnimmt. Genf wurde noch vor dem Ersten Weltkrieg vom Waadtländer Jura auf den Platz fünf verwiesen. Aber dort wurde noch immer viel Wertschöpfung generiert, denn Biel arbeitete lange auch für Genf. Auf den sechsten Rang stieg bis 1920 der Kanton Basel-Landschaft auf mit 1500 Uhrenarbeitsplätzen vor allem im Waldenburgertal. Der dort erfolgreiche Gédéon Thommen

168 Von 1770 stammen diese mechanischen Meisterwerke, die Figuren der automatisch schreibenden, zeichnenden und musizierenden Kinder. Sie sind im Musée d'art et d'histoire Neuchâtel original erhalten. **Foto Musée d'art et d'histoire Neuchâtel**

169 Neben Frankreich und England war die Schweiz entscheidend an der technischen Verbesserung der Uhrwerke beteiligt. Das ermöglichte eine zunehmende Miniaturisierung. **Sammlung SIK/Foto Chronos, o. J.**

170 Die Zeitmessung präzisierte sich von der Sonnenuhr über die Turmuhr zur Zimmeruhr und schliesslich zur Taschen- und Armbanduhr mit immer höherer Genauigkeit. **Omega-Museum Biel, Foto H. B. 1998**

hatte in Genf eine kaufmännische Lehre absolviert und war Artillerieoffizier und Batteriekommandant. Thommen initiierte den Bau der Waldenburgerbahn und liess sich über dem Endbahnhof eine Villa bauen. Der Wechsel von Reinhard Straumann als Techniker von der schweizerischen Flugwaffe zur Uhrenfabrik Thommen war 1918 der Beginn der Spezialisierung auf avionische Armaturen und Vorrichtungen, die das Kanonenfeuer an der Propellerbewegung vorbei synchronisierten. Straumann pflegte als Fliegeroffizier gute Kontakte zur Flugwaffe. Noch heute produziert die Firma Revue Thommen mit 140 Beschäftigten Messgeräte für den Flugverkehr. Ein anderes bedeutendes Uhrenunternehmen in Baselland ist die Ronda AG mit Sitz in Lausen und einem Zweigwerk im Tessin. Sie stellt Uhrwerke und Uhren der Marke Oris her.[16] Von den wenigen weiteren grösseren Uhrenfabriken, die nicht im Jurabogen entstanden, überlebte nach Konkursen und Handänderungen nur die 1869 in Schaffhausen gegründete International Watch Company IWC.[17] Die im Boom der 1990er-Jahre gegründeten Manufakturen, die mit wenig Fertigungstiefe und viel Werbung teure Uhren auf den Markt gebracht haben, verschwinden wieder. Denn die Wirtschaftskrise von 2008 hat den schlimmsten Einbruch seit den 1980er-Jahren zur Folge – es werden 22 Prozent weniger Uhren exportiert. Zusammen mit Hayek, der seine ETA-Rohwerke nicht mehr in fremde Uhren einbauen lassen will, sind vor allem jene Unternehmen existenziell bedroht, die wenig in ihre Produktionsmittel investiert haben.[18]

Uhrmacherstrasse Genf-Vallorbe-Yverdon-Travers-Le Locle-Biel-Basel, www.juraregion.ch/de/entdeckungen/museen.html

Vom Atelier zum Konzern: Swatch und Rolex

Mit Ausnahme der Textilbranche war noch nie zuvor ein Fabrikationszweig so nachhaltig in die Krise geraten wie die Uhrenindustrie in den 1980er-Jahren. 1970 lebten im schweizerischen Jura und am Jurafuss 90 000 Familien von der Uhrmacherei. Biel war zu diesem Zeitpunkt ein Zentrum der Uhrenfabrikation und der Feinmechanik. Der Zusammenbruch des Exportmarktes liess auch Biels Einwohnerzahl sinken – zwischen 1970 und 1990 von 64 333 auf 51 428. In den erwähnten, noch schlimmer betroffenen Uhrenstädten herrschte Untergangsstimmung. Anstoss gab der Absatzeinbruch dieser Schweizer Vorzeigebranche um fast die Hälfte. Bis 1983 schrumpfte der Anteil der Schweizer Uhren auf dem Weltmarkt von 53 auf 15 Prozent. 1000 der einst 1600 Fabriken machten zu. Die Fusion der Société Suisse pour l'Industrie Horlogère SSIH mit der Allgemeinen Schweizerischen Uhren AG Asuag zum grössten Uhrenkonzern der Welt wird weiter unten dargestellt. Sie ermöglichte es Nicolas Hayek, das Zepter zu übernehmen und diesen Industriezweig in der Schweiz ins 21. Jahrhundert hinüberzuretten. Mit radikal neuen Herstellungsmethoden, mit einer stärkeren industriellen Integration und mit neuen Mode- und Luxusuhren haben die Uhrenkonzerne Swatch und Rolex ihre Inlandfabrikation gerettet – und damit das Überleben vieler kleiner und mittlerer Unternehmen.

Berner Jura: Uhrenfabriken mit Weltgeltung
Die grossen Uhrenfabriken des Berner Juras hatten sich in der zweiten Hälfte des 19. Jahrhunderts entwickelt.[19] Weltgeltung erlangten die 1867 in Saint-Imier gegründete Longines und die 1878 und 1880 in Biel gegründeten Fabriken Rolex und Omega, ferner die Rado in Lengnau, die Tavannes Watch und die Record Watch in Tramelan. 1888 gab es zusätzlich zu den 13 735 Uhrenindustriebeschäftigten des Kantons Bern Tausende von Zulieferern für Gehäuse, Zifferblätter, Zeiger, Uhrsteine, Rädchen oder Trieb-

171 Die Uhrenindustrie war verbunden mit einer mannigfaltigen Zulieferindustrie für Werkzeuge, Gläser, Gehäuse, Schmuck. Original im Zustand von 1917 erhalten ist die Uhrenwerkzeugfabrik Langel. **Courtelary, Foto H. B. 1998**

federn.[20] Die Hersteller dieser Zwischenprodukte, die durch Langdrehen, Stanzen, Pressen und viele andere Arbeitsgänge entstanden, die Decolleteure, arbeiteten nun nicht mehr verlagsmässig wie im Kanton Neuenburg, sondern fabrikmässig. In den abgelegenen Orten hielt sich diese wichtige Zulieferungsproduktion bis in das frühe 20. Jahrhundert. Die Uhrenfabriken und ihre Zulieferer förderten den Werkzeugmaschinenbau, der zum zweiten Eckpfeiler der südjurassischen Industrie wurde. Zum Schwerpunkt des stark spezialisierten Wirtschaftszweiges wuchs Moutier mit der Erfindung des Langdrehautomaten von Jacob Schweizer im Jahr 1882. Die vom Thurgauer Mechaniker Nicolas Junker umgesetzte Erfindung findet im Maschinenindustrie-Kapitel unter der heutigen Firma Tornos AG Erwähnung.[21]

Zu Orten mit grossindustriellen Betrieben wuchsen Tavannes, Tramelan und neben Biel auch Saint-Imier heran. In Tavannes und Tramelan hat die Uhrenindustrie heute ihre Bedeutung fast vollständig verloren. Dort war sie zum Zweck der Arbeitsbeschaffung entstanden. Die Gemeinde Tavannes erstellte 1890 einen Atelierbau für Uhrenfabrikanten. 1908 bis 1914 liess Henry Sandoz den grossen Uhrenfabrik-Komplex beim Bahnhof und bis 1918 daneben die Maschinenfabrik bauen. Tavannes entwickelte sich zum industriellen Musterort mit Fabriken für 2000 Arbeiter, Werksiedlungen und Infrastruktureinrichtungen. 1986 schlossen die Fabriken ihre Tore.

Tramelan erhielt seinen Uhrenstadt-Grundriss wie La Chaux-de-Fonds und Le Locle nach einer Feuersbrunst. Der Ort wurde ab 1839 mit klassizistischen Fassaden neu aufgebaut. 1900 wohnten da schon über 5500 Menschen, 1000 mehr als heute. Den Höchststand erreichte die Einwohnerschaft mit der Eingemeindung der umliegenden Weiler im Jahr 1952. Uhren-, Elektro-, Metall- und Maschinenfabriken boten damals die Mehrheit der Arbeits-

172 In Bévilard beschäftigte die Werkzeugmaschinenfabrik Schaublin 1990 530 Arbeiter, 2010 noch 115. Es gab Uhrendörfer, die mit dem Niedergang der Industrie die Hälfte der Bevölkerung verloren. **Bévilard, Foto H. B. 2005**

173 Tavannes Watch prägte den gleichnamigen Ort mit Fabriken, Infrastruktur- und Wohnbauten. Die Uhren- und Maschinenfabrik beschäftigte auf ihrem Höhepunkt 2000 Angestellte. 1986 schloss sie ihre Tore. **Tavannes, Foto H. B. 2003**

plätze. Heute ist die Werkzeugmaschinenfabrik Kummer Frères Tramelan der grösste Arbeitgeber.[22]

Saint-Imier hatte 1760 nur 330 Einwohner und wuchs bis Ende des 19. Jahrhunderts zur Kleinstadt mit 8000 Einwohnern heran, die vom Uhrmacher-Handwerk lebten. Im traditionsbewussten, urbanen Ort führt ein historischer Lehrpfad vom Bahnhof über das Ortsmuseum zur Talstation der Standseilbahn auf den Mont Soleil. Eine Hausanschrift ist Michael Bakunin, dem Anarchistenführer, gewidmet. Er strebte die freie Gesellschaft freier Produzenten an und lehnte den Staatssozialismus ab. Die isoliert und selbständig arbeitenden Uhrmacher waren der Nährboden für diese Strömung der Arbeiterbewegung. Nach drei internationalen Konferenzen mit den anderen Fraktionen überwarfen sich die Anarchisten 1872 in Saint-Imier mit den Marxisten. Im 20. Jahrhundert ging die Bevölkerung um mehr als einen Drittel zurück. Saint-Imier verlor seine Bedeutung als sozialistisches Zentrum. Das erfolgreich überlebende, grösste Unternehmen von Saint-Imier bleibt die Uhrenfabrik Longines. 1866 übernahmen die Gründer Francillon und Agassiz ein Atelier mit Wasserkraftantrieb an der Schüss in den «Longines». Nach einem USA-Aufenthalt war ihr Ziel der Aufbau einer Fabrik mit amerikanischen Dimensionen. In den acht Jahren bis 1907 wurde die erste Million Uhren, danach in sechs Jahren die zweite Million hergestellt. In der Krisenzeit ab 1979 wuchs Longines durch Integration von kleineren Konkurrenten, 1984 schliesslich wurde die Sportzeitmesser-Marke in den späteren Swatch-Konzern integriert. 2008 stellte Longines die 34-millionste Uhr her. Der allen Durchreisenden auffallende Fabrikkomplex im Talesgrund besteht aus drei parallelen Zeilen von Fabrikhochbauten. Gegen Westen steht die viergeschossige Montagefabrik, die seit 1914 mit dem fünfgeschossigen Eckturm und dem steilen Pyramidendach ein Wahrzeichen der Anlage bildet.[23]

Longines-Museum, Longines 2610 Saint-Imier, www.longines.com/brand/museums, geöffnet auf Anfrage

Die Omega-Saga

Omega, der letzte Buchstabe im griechischen Alphabet, steht für das A und O in der Uhrenfabrikation, für Astronautenuhren und Olympiade-Zeitmessung. Die Erfolgsgeschichte begann 1848 in La Chaux-de-Fonds im Atelier des 23-jährigen Louis Brandt. 1880 richteten sich seine Söhne in einer grossen, stillgelegten Fabrik am Flüsschen Schüss in Biel ein. Es handelte sich ursprünglich um die erste als mechanische Weberei erstellte Fabrik der Schweiz – die Gründung im Kanton Bern war eine Folge des Maschinensturms im Zürcher Oberland. Omega spezialisierte sich in dieser Fabrik auf die Herstellung möglichst genauer Zeitmesser und liess diese unter der Qualitätsbezeichnung «Chronometer» vom Neuenburger Observatorium zertifizieren. Zudem baute Omega kombinierte Armband- und Stoppuhren, die Chronografen. Zur weiteren Spezialität wurden Uhren für besondere Druck- und Temperaturverhältnisse. Bei der Quarztechnik und in der Elektronik war das Unternehmen an vorderster Front dabei. Deshalb konnte Omega die Systeme für die Zeitmessung in allen Disziplinen an fast allen Olympischen Spielen seit 1932 einrichten. Besonders stolz ist die Firma, dass sie seit 1965 der amerikanischen Weltraumagentur Nasa alle Armbanduhren für die Weltraumfahrer liefern kann. Das Werk für die Apollo-Uhr wurde allerdings nicht in Biel, sondern bei der Lemania im Vallée de Joux gefertigt. Auch Schmuckuhren sind eine Spezialität, mit Preisen bis zu 250 000 Franken.

Das Omega-Areal liegt im Osten von Biel. Das benachbarte Rangierbahnhof-Areal und das frühe Stromverteilernetz verbesserten den Standort, weshalb die Uhrenfabrik Omega hier 1882 ihren Hauptsitz einrichtete. Gegenüber der Verwaltungs- und Fabrikationsanlage baute die Firma 1948 ihr Wohlfahrtshaus mit Kantine und Bibliothek, in dem etappenweise das Firmenmuseum eingerichtet wurde. Im grossen Fabrikkomplex der Uhrenfabrik Omega arbeiteten einst 2700 Menschen. Heute sind es noch 400.[24]

Omega Museum, 2504 Biel, www.omegawatches.com/de/spirit/history/museum

174 Das Uhrenunternehmen Longines entwickelte sich nach dem amerikanischen Vorbild der Fliessbandfabrik. In der isolierten Anlage werden unter dem Dach der Swatch-Gruppe bis heute Luxusuhren hergestellt.
Saint-Imier, Foto H. B. 2005

175 Louis Brandt und seine Brüder waren die Begründer der Uhrenfabrik Omega. Die Fabrik in Biel beschäftigte über 2700 Leute, heute noch 400. Als Repräsentationsunternehmen der Swatch-Gruppe führt sie ein eigenes Museum. **Omega-Museum Biel, Foto H. B. 2004**

176 Mit der Fusion von Omega und Tissot zur SSIH entstand der drittgrösste Uhrenkonzern der Welt. Er warb stolz mit seinen Chronometern, die unter anderem seit 1965 von Nasa-Astronauten benutzt werden. **Omega Museum Biel, Foto H. B. 2004**

Zusammenbruch der alten Uhrenkonzerne und Aufstieg der Swatch-Gruppe

Bereits 1930 hatte sich Omega mit Tissot zur SSIH-Gruppe zusammengeschlossen. Weitere Uhrenfabriken mit den Markennamen Lemania, Lanco, Cortébert, Rayville, Marc Favre und Hamilton schlossen sich der Gruppe an. In den 1970ern war die SSIH der drittgrösste Uhrenkonzern der Welt. Nach 1980 aber drohte der ganzen Uhrenindustrie der Absturz. Das Uhrenland Schweiz galt nun als Standort, an dem man keine Uhren mehr produzieren könne. Die grössten Gläubiger waren der Schweizerische Bankverein und die Schweizerische Bankgesellschaft. Vertreter dieser UBS-Vorläuferbanken sassen in den Verwaltungsräten der SSIH und der Asuag und forcierten die erwähnte Grossfusion. Dabei mussten aber erst die alten Aktionäre ausgeschaltet werden. Dies gelang mit einer künstlich herbeigeführten Unterkapitalisierung. Mit neuem Kapital wurde das alte Kapital auf einen geringen Prozentsatz abgeschrieben, wobei die Banken ihre Kredite in Aktienkapital umwandelten. So kamen die Banken in Besitz des fusionierten Konzerns. Was dabei im Kern gelang: Ein Fertiguhren-Konzern und der grösste Werkeproduzent der Welt kamen zusammen. Als Sanierer beigezogen wurde der Unternehmensberater Nicolas Hayek mit seiner Beratungsfirma Hayek Engineering. Der in Beirut aufgewachsene Sohn eines Zahnchirurgen hatte 1951 das dort beschäftigte Au-pair-Mädchen aus der schweizerischen Industriellenfamilie Mezger geheiratet. 1964 wurde er Schweizer Bürger und gewann als Kunden nach und nach viele Grossfirmen, die in Schwierigkeiten geraten waren. Im Unterschied zu Beraterfirmen wie McKinsey suchte Hayek nie zuerst Wertsteigerungen durch Kostensenkungen, sondern durch produktive Verbesserungen. In der 1983 fusionierten «Asuag-SSIH Schweizerische Uhrenindustrie AG» sah der damals 55-Jährige die Chance eines Neubeginns für die Schweizer Uhrenindustrie. Aber der neue Konzern befand sich mit seinem auf 300 Millionen Franken bilanzierten Kapital weitgehend im Besitz der erwähnten Banken. Diese aber wollten sich aus dem gemäss ihren Analysen nicht zukunftsträchtigen Geschäft zurückziehen.

Swatch, die 1982 lancierte Billiguhr Swiss Watch, sei das Aushängeschild des neuen Konzerns, postulierte Hayek. Der Name Swatch müsse durch modisch rasch wechselnde Aufmachung in der ganzen Welt bekannt werden. Es sei falsch, in der Schweiz nur teure Spezial- und Schmuckuhren herstellen zu wollen. Das ausgereifte Konzept war von den Elektronikfachleuten Elmar Mock und Jacques Müller noch unter dem ETA-Generaldirektor Ernst Thomke entwickelt worden. Das Motto hiess «reduced to the max». Anstelle der bisher mindestens 91 Metallbestandteile betrug die maximal minimierte Anzahl von Modulen noch 51. Und diese werden mit Ultraschall in ein Spritzgussgehäuse aus Kunststoff eingeschweisst. An der Swatch ist nicht der tiefe Preis entscheidend, sondern die billige Produktionsweise mit Robotern. Die tiefen Herstellungskosten machten es möglich, eine hohe Marge zu generieren, die für Marketing-Anstrengungen verwendet wurde. Im Fusionsjahr nahm die voll automatisierte Uhrenfabrik ETA in Grenchen die Produktion von Swatch-Uhren auf.[25] Zum Konzern gehören aber auch die erwähnten Fabriken für die Herstellung von Uhren der mittleren Preissegmente und für Luxusuhren wie Blancpain oder Glashütte: Swatch macht mit grossen Stückzahlen Umsatz, die grosse Wertschöpfung liegt bei den teureren Uhren.

1983 konnte eine Million Swatch-Uhren verkauft werden, 1984 bereits das Vierfache. Hayek suchte nun einen Financier, der die Banken ersetzen sollte. Alleine – das legte er offen – konnte er nur 5 bis 10 Millionen beisteuern. Mit dem neuen Financier wollte er die Aufsplittung zwecks Weiterverkauf einzelner grosser Namen wie Omega und das Verscherbeln des Familiensilbers – der Grundstücke von Uhrenfabriken – verhindern. Anstelle des fusionierten Buchstabensalates sollte ein neuer, schlagkräftiger Konzernname zum Aufschwung verhelfen: Swatch sollte die Gruppe von 18 Unternehmen heissen. Nach mehreren Absagen gewann Hayek 1985 den 38-jährigen Stephan Schmidheiny, Spross der führenden Rheintaler Unternehmerdynastie mit Wohnort im steuergünstigen Kanton Schwyz, für sein Vorhaben. Die Börsenkapitalisierung des Konzerns wurde nun auf das Fünffache der

177 Mit Kapital von Stephan Schmidheiny erwarb Nicolas Hayek in der Uhrenkrise 1985 die grössten Schweizer Uhrengruppen SSIH und Asuag und brachte sie mit dem Markennamen Swatch zu neuer Blüte. **Foto Chronos Special, Ulm 1997**

ehemaligen Bankenkredite eingeschätzt, wobei Schmidheiny und Hayek den Konzern kontrollierten. Zwischen dem besonnen rechnenden Schmidheiny und dem impulsiv dominierenden Hayek entstanden bald Spannungen, die dazu führten, dass sich die beiden Konzerngründer nicht mehr duzten. Nick war nun wieder Herr Hayek, und Schmidheiny warf ihm mangelnde Fairness vor.[26]

Derweil ging das Label Swatch um die Welt. Die Swatch-Fabriken gehören zu den reinsten und geheimsten Produktionsstätten dieser Welt. Le savoir-faire! In den hellen, langen Fabriksälen stehen Drehautomaten, viele noch von Tornos und Bechler in Moutier hergestellt. Wenige Frauen kontrollieren jeweils mehrere Maschinen, eine stille Arbeit, unspektakulär, höchst diszipliniert. 1992 verliess die 100-millionste Uhr das Werk in Grenchen. Gleichzeitig lancierte Hayek das Swatch-Mobil, ein Kleinauto, das schliesslich nicht in Kooperation mit VW realisiert, sondern von Mercedes in anderer Form allein gebaut und erfolgreich vertrieben wurde. Hingegen halfen die billigen Swatch-Uhren den teuren Markenuhren der Gruppe wieder zum Durchbruch: Breguet, Blancpain, Certina, Glashütte, Jaquet Droz, Tiffany, Tissot, Tourbillon usw. 1993 führte Hayek eine Kapitalreform durch, die seine Macht und seinen Einfluss markant verstärkten.[27] Schmidheiny beabsichtigte, sich aus dem Swatch-Konzern zurückzuziehen, und bemerkte lakonisch: «Ich bin ein völlig untalentierter Börsianer – ich denke in Unternehmenspositionen.»[28] Schliesslich setzten beide Seiten Juristen ein. 1997 verkaufte Schmidheiny seine letzten Beteiligungen am Uhrenkonzern, und der als Nationalheld gefeierte Nicolas Hayek brauchte niemanden mehr in seiner Machtnähe zu dulden. Sein Vermögen wuchs innerhalb von zehn Jahren auf über 3 Milliarden Franken. In seinem letzten Jahr als Swatch-Chef hatte er sich noch mit den kleineren schweizerischen Uhrenfabrikanten auseinanderzusetzen. Hayeks ETA lieferte ihnen rund drei Viertel aller rohen Uhrwerke. Diese veredelten sie, verkauften sie aber teilweise auch als die ihrigen. Die ETA führte Prozesse und teilte mit, nur noch fertige oder gar keine Uhrwerke liefern zu wollen. 2002 erzwangen die KMU über die Wettbewerbskommission Kompromisse.

2003 übergab Vater Hayek die Swatch Group mit 4 Milliarden Franken Jahresumsatz und weltweit 20 000 Beschäftigten seinem Sohn Nicolas junior. Seine Tochter Nayla band er als Verwaltungsrätin in den Konzern ein. Die Finanzkrise hat zwar den Börsenwert des Unternehmens vorübergehend reduziert. Dabei kommunizierte die Familie Hayek ihren Groll gegen Börsen und Banken. Vater Hayek hegte immer eine Abneigung gegen den reinen Finanzkapitalismus und das Spekulieren auf Aktienkursveränderungen, welche allerdings auch ihn reich gemacht hatten. Der 2010 verstorbene Hayek setzte sich mit seinen Nachkommen für den Werkplatz Schweiz ein und hat mit der Swatch den Beweis angetreten, dass man in der Schweiz billig produzieren kann. Seine Kinder und Enkel wollen den Uhrenkonzern auch weiterhin mit Erfolg führen.

Luxusuhren und der Sonderfall Rolex

Das Zurschaustellen von Luxusuhren öffnet in einer Zeit der auseinanderdriftenden Einkommens- und Vermögensverhältnisse ein so noch nicht dagewesenes Marktsegment. Die letzten Fürsten und die neuesten Neureichen schmücken sich ebenso gerne mit Luxusuhren wie die unsympathischsten politischen Machthaber. So sollen der venezuelanische Präsident Hugo Chavez oder der ukrainische Viktor Janukowitsch Uhren im Werte von bis zu 2,7 Millionen Franken am Handgelenk tragen.[29] Das Marketing für reiche Russen knüpft an den Prunk des Zarentums an, dasjenige für reiche Inder an die Maharadschas, Chavez träumt vielleicht vom Inkagold. Auch die Swatch Group ist aktiv in diesem Segment, Richemont preist die Markenuhren Cartier, Jaeger, Piaget, Baume und IWC an, und der dritte Grosse in der Schweiz, der immer eigenständige Rolex-Konzern, produziert ebenfalls im Luxusuhrensegment. Bis zur Finanzkrise 2008 wuchs der Umsatz der Schweizer Uhrenindustrie bei teuren Uhren auf jährlich über 10 Milliarden Franken, bei den Billiguhren lediglich auf über 2 Milliarden. Limitierte Schmuckuhrenserien mit Preisen jenseits von einer Million Franken waren ausverkauft. Veredelung bringt Umsätze. Quantitativ ist die Schweizer Uhrenindustrie auf dem Weltmarkt ein Zwerg: Die Schweiz stellt jährlich 25 Millionen Uhren her, China eine Milliarde. Aber in wie vielen Uhren tickt ein kopiertes oder ein echtes Schweizer Uhrwerk?

2008 brach vor allem der Luxusuhrenmarkt um einen Viertel ein. Im Jura wurde einmal mehr massiv Kurzarbeit eingeführt, und es folgten Entlassungen. Jeder elfte Uhrenarbeiter bezog Arbeitslosenunterstützung, die Arbeitslosenrate im Neuenburger Jura stieg bis gegen neun Prozent.[30] Rolex hingegen hat keine Entlassungen bekannt gegeben. Die führende Schweizer Herstellerfirma von teuren Uhren wurde 1908 von Hans Wilsdorf gegründet. Er war Marketing-Spezialist. Seine Marke Rolex registrierte er in La Chaux-de-Fonds. Die wasserdichten Uhren liess er in der 1878 gegründeten Uhrwerkfabrik Aegler in Biel herstellen und siedelte hier 1915 seinen Firmensitz an. Verwaltung und Entwicklung kamen

178 Einen Sonderfall bildet der Uhrenkonzern Rolex. Rolex beschäftigt als Stiftung in den beiden grössten neuen Uhrenfabriken der Schweiz in Genf 2000 und in Biel 1800 Angestellte. Die alten Rolex-Fabriken sind seit dem Bezug der Neubauten stillgelegt. **Neubau Rolex Biel, Darstellung Gebert Architekten 2010**

1919 nach Genf. In den 1930er-Jahren baute Rolex mit dem Patent von Emil Borer die ersten automatischen mechanischen Uhren. Die Borer-Nachfahren gehören noch heute zu den reichsten Schweizern.[31] Oyster-Uhren von Rolex waren an Tauchrekorden beteiligt und verbreiteten den «Brand» zusammen mit aggressiven Werbemethoden. 1944 vermachte Wilsdorf seine Aktien der Rolex-Stiftung, die die Gewinne für Forschung und humanitäre Zwecke einsetzt. Die in Schweden verbreitete, in der Schweiz aber seltene Unternehmensform sicherte in diesem Fall das langfristige Bestehen der Firma. 1973 baute Rolex ein eigenes Werk für Quarzuhren und verzichtete – mit einer Ausnahme für die Tudor-Uhren – auf den Bau von hochkomplizierten Uhren mit zugekauften Rohwerken und geriet so in keine Abhängigkeit. Funktionssicherheit und eine Dauerhaftigkeit der Modelle für über 50 Jahre, garantiert durch eine grosse Fertigungstiefe, gehören zur Unternehmensstrategie. Rolex schützt seine Markenuhren einerseits durch ein kontrolliertes Vertriebsnetz und andererseits durch einen erfolgreichen Kampf gegen Plagiate aus Asien – Produktepiraten kennen keine Krise.[32] 1990 verliess die 10-millionste Luxusuhr die Rolex-Werke. Der verschwiegene Konzern beschäftigt heute über 6000 Arbeitskräfte. Die alten Fabriken am Höheweg im Zentrum von Biel wurden nach Investitionen in dreistelliger Millionenhöhe zugunsten der Produktion in spezialisierten Neubauten aufgegeben. Mit 2000 beziehungsweise 1800 Arbeitsplätzen gehören die neuen Rolexwerke in Biel-Bözingen und Genf heute in der Schweiz zu den grössten integrierten Fabriken überhaupt.[33]

Apparate- und Geräteindustrie im Umbruch

Initiiert durch die Uhrenindustrie oder parallel zu deren Wachstum entwickelte sich im 19. und 20. Jahrhundert eine vielfältige feinmechanische Industrie. Weitere Entwicklungen boten die Präzisionsmetallbearbeitung und die Materialveredelung mit Metallüberzügen oder Email. Für den gehobenen Konsumbereich entstanden Tätigkeitsfelder in der Herstellung von mechanischen Spielzeugen, Musikautomaten und Musikinstrumenten. Daraus wiederum wuchsen Zweige für die Produktion von mechanischen Schreibhilfen und Haushaltgeräten. Wo solche Geräte hergestellt werden können, sind weitere Schritte naheliegend: die Herstellung von Messapparaten, Vermessungsgeräten, chirurgischen Instrumenten, Stromzählern oder Beleuchtungen. In diesen Fabrikationsbereichen fand ab den 1940er-Jahren nochmals ein kräftiges Wachstum statt, welches den Verlust von zwei Dritteln der Uhrenarbeitsplätze zu kompensieren vermochte.

Die grosse Nachfrage im und nach dem Zweiten Weltkrieg hat die Schweiz im Bau von Apparaten und Instrumenten vorübergehend weltweit führend gemacht. Zu Konzernen wuchsen die abschliessend in diesem Kapitel behandelten Firmen Hasler, Zellweger-Uster, Wild-Kern und Landis & Gyr. Die Ursachen des Niedergangs dieser Industrien sind nicht allein im aktuellen Raidertum auszumachen. Ein Heimatschutz mit speziellen Schweizer Normen und gesichertem Absatz hat die Strukturanpassung verzögert. Insbesondere wurde die Bedeutung des

Computers unterschätzt. Zwar entwickelte die ETH von 1948 bis 1957 den ersten Computer in Europa und ist Genf die Geburtsstadt des Internets. Aber die neue Technik diente wissenschaftlichen und militärischen Zwecken – der ETH-Professor Ambros Speiser mass ihr kein kommerzielles Potenzial im Alltagsleben bei. Das Fehlen von Risikokapital und Tüftlermilieus erschwerte die Verbreitung der neuen Technologie zusätzlich.[34] Der Wegfall des Ost-West-Konflikts und damit die vollständige Globalisierung der Märkte beschleunigten den Niedergang und schliesslich die Auflösung der grossen Schweizer Konzerne.

Abhängig von Spieldosen und Schreibmaschinen: Sainte-Croix

Im 18. Jahrhundert verbreitete sich auch auf dem 1152 Meter über Meer gelegenen Hochplateau von Sainte-Croix die Heimarbeit für Uhrenbestandteile. Speziell aber entwickelte sich hier die Fähigkeit zur Herstellung von mechanischen Spieldosen. Neuenburger und Genfer Uhrmacher hatten um 1800 die Stimmgabeltechnik so weit entwickelt, dass sie in hölzerne Dosen, in Modellvögel und gar in Fingerringe eingebaut werden konnte. Aus den «boîtes à musique» erklangen mehrstimmige Melodien. Verbunden mit Orchestern in Modellformat, war sogar das Abspielen von Geigenmelodien auf drei Saiten möglich. Aus Sainte-Croix kamen auch grosse Musikautomaten mit automatischen Klavieren, Trommeln und Blechinstrumenten. Den Anschluss an die elektrische Zeit verpasste der Ort nicht, stellte Grammophons und Radios der Marke Thorens her, Kameras der Marke Bolex und die berühmten Schreibmaschinen von Paillard-Hermes. Die ersten Schreibmaschinen kamen 1874 aus der amerikanischen Waffenschmiede Remington. Die 1814 gegründete Uhrenmanufaktur Paillard kreierte 1914 den Markennamen Hermes und entwickelte ab 1932 die Hermes Baby. Diese Reiseschreibmaschine hatte in einem Aktenkoffer Platz und wurde zum Exportschlager. Schriftsteller und Geschäftsleute konnten nun überall dort, wo sie gerade waren, mit ihrem «Baby» perfekte Manuskripte herstellen. 1938 war Paillard mit 42 000 verkauften Hermes Babys der weltweit drittgrösste Schreibmaschinenexporteur. Die Baby verkaufte sich millionenfach, Paillard beschäftigte in Sainte-Croix und Yverdon 6000 Menschen und weltweit rund 10 000. Allein in der Büromaschinenfabrik Hermes-Präzisa arbeiteten 1800 Personen. Um 1960 erreichte Sainte-Croix eine Einwohnerzahl von gegen 7500.[35]

In den 1970er-Jahren brachte der amerikanische Elektronikkonzern IBM die Kugelkopfmaschine auf den Markt, und auch Paillards grosse Konkurrenten – Olivetti aus Italien und Triumph aus Deutschland – stiegen ins Elektronikgeschäft ein. Taschenradios liessen den Verkauf von Thorens-Radios einbrechen, und Super-Kameras von Kodak auch denjenigen der 16-Millimeter-Bolex-Kameras. Die patriarchalische Leitung des Paillard-Unternehmens war der Konkurrenz nicht gewachsen. 1981 ging die Aktienmehr-

179 Sainte-Croix entwickelte sich einseitig zum Ort für die Fabrikation von Spieldosen, Büromaschinen und Kameras. In der 1946 erbauten und 1985 geschlossenen Hermes-Fabrik arbeiteten bis zu 1800 Menschen. **Sainte-Croix, Foto H. B. 1997**

heit an den Olivetti-Konzern, der sich in Richtung Telekommunikation spezialisierte. Olivetti wiederum erlitt über verschiedene internationale und inneritalienische Milliardendeals eine Filetierung. In Yverdon existiert als Relikt der grossen Konzerngeschichte noch die Olivetti-Engineering. In Sainte-Croix hingegen ist die grosse Bürogerätefabrik seit 1985 geschlossen. Über dem Haupteingang verkündete ein Transparent: «14 500 m² à louer, de Fr. 25.– le m²», fünfmal weniger als für einen vergleichbaren Standard im sich ebenfalls desindustrialisierenden Winterthur. Sainte-Croix verlor die Hälfte der Einwohner und galt weit herum als Geisterstadt.

Die Bürogeräte-, Radio- und Kameraindustrie ist aus Sainte-Croix verschwunden. Auf der Hochterrasse über dem Mittelland haben sich in zerfallenden Fabriken Altersresidenzen und Loftbesitzer eingenistet, was allerdings die Abwanderung nicht wettmachen konnte. Eine Spielautomatenfabrik gibt es in der Heimat der Musikdose noch: Reuge. Die 1865 gegründete Firma beschäftigt 140 Leute, 260 Menschen sind in der Gegend zusätzlich mit dem Herstellen von Spieldosen beschäftigt. Der Geschichte der Präzisionsmechanik widmet sich in einer umgenutzten Fabrik im Ortskern das Museum «Centre International de la Méchanique d'Art Cima».[36]

Reuge SA, Fabrique et Villa, 1450 Sainte-Croix, www.villa-reuge.ch, geöffnet auf Anmeldung

Originalwerkstatt Musée Baud, 1454 L'Auberson, www.museebaud.ch, geöffnet von Juli bis September

Centre International de la Méchanique d'Art Cima, 1450 Sainte-Croix, www.musees.ch

Stecker und Sackmesser nach Schweizer Norm

Breit gefächert sind die Aktivitäten von kleinen und mittleren Unternehmen im Bereich der Herstellung von Geräten für den Haushalt und für pharmazeutische und medizinische Zwecke. Einzelne Produkte der Maschinen- und Nahrungsmittelindustrie sind unter ihren ehemaligen Mutterhäusern erwähnt – so die Nespresso-Maschinen von Nestlé, die Elna-Nähmaschinen von Tavaro aus Genf oder die Sulzer-Metallgelenke von Zimmer aus Winterthur. Die Medizinaltechnik ist ein bedeutender Wachstumsbereich, der direkt vom Know-how der Feinmechanik abhängt. Firmen wie Ypsomed mit 1250 Beschäftigten in Burgdorf oder die Sterilisationsgerätefirma Belimed, die mit 2600 Beschäftigten aus der Metall Zug herausgewachsen ist, gehören zu den Grossunternehmen des Landes. Die einst bedeutende Haushaltgeräteindustrie hat sich unter dem Druck der asiatischen Konkurrenz mehrheitlich auf Endmontagen und den Handel beschränkt. Einige bekannte Firmen mit Produktionsstandorten in der Schweiz sind jedoch geblieben. So bietet die 1931 gegründete Elektroapparate-Aktiengesellschaft mit der Schweizer Traditionsmarke Jura immer noch gegen 300 von ihren international 650 Arbeitsplätzen in der Schweiz an. Die Nähmaschinenfabrik Bernina produziert in Steckborn mit 320 von ihren insgesamt 1100 Mitarbeitenden. Die eigene Erfindung der Hohlsaum-Nähmaschine ermöglichte Karl Gegauf im Jahr 1890 die Gründung dieser traditionsreichen Fabrik.

Ein Beispiel einer Fabrik, die unter anderem dank den speziellen Schweizer Normen für Stromverbindungen im Haushalt gross wurde, ist die Firma Feller hoch über dem Zürichsee. Adolf Feller baute ab 1909 Drehschalter, Stecker und Steckdosen. Es entstand ein dichter Fabrikkomplex. 1992 verkaufte die Familie Züst-Feller den Betrieb an die französische Firma Merlin-Gerin, die zum Industriekonzern Schneider gehört. Die älteren Gebäude wurden zu Lofts umgebaut. Im nördlichen Teil des Areals wird noch heute produziert. Zum aktuellen Produktionsprogramm gehören Bewegungsmelder, Sender, Infrarot-Fernbedienungen, Thermostaten, Leucht- und Schliesssysteme.

180 Victorinox ist heute mit 920 Beschäftigten allein in Ibach die grösste Taschenwerkzeugfabrik Europas. Das bekannteste Erfolgsprodukt ist seit über 100 Jahren das Schweizer «Offiziersmesser». **Foto Victorinox**

Weltweite Ausstrahlung zeichnet die Taschenwerkzeuge von Victorinox aus. Der Name setzt sich aus Victoria, der Mutter des Gründers, und Inox, dem rostfreien Inox-Stahl, zusammen. Das 1884 als Messerschmiede gegründete Unternehmen patentierte 1897 das Offiziersmesser. Es zeichnet sich durch stabile, klappbare, rostfreie Stahlklingen und den Schaftschmuck mit dem Schweizerkreuz aus. Verschiedenste Varianten haben bis zu 64 Einzelteile. In den Jahren 2002 bis 2005 übernahm das bedeutendste produzierende Unternehmen des Kantons Schwyz das Konkurrenzunternehmen Wenger aus dem Kanton Jura, um eine Veräusserung insbesondere auch des Labels an nichtschweizerische Investoren zu verhindern. Die seither grösste Messerfabrik Europas beschäftigt 1700 Leute, davon 920 am Stammsitz in Ibach. Victorinox stellt jährlich 26 Millionen Messer und Utensilien für den Haushalt und die Armee her.[37] Im Ausland produziert werden Gepäckstücke und weiteres Zubehör. Im aktuellen Swissness-Streit musste Victorinox bei Importprodukten das weisse Kreuz auf rotem Grund durch eines auf schwarzem Hintergrund ersetzen.

50 000 Arbeitsplätze verscherbelt: Hasler, Zellweger, Wild und L & G

Ein steiler Auf- und Abstieg war der Apparatefirma Hasler-Ascom beschieden. Das Unternehmen entstand durch Privatisierung eines Bundesbetriebes: Mit dem Aufkommen der Telegrafie übertrug sich der junge Bundesstaat vorerst 1851 das ausschliessliche Recht zur Errichtung elektrischer Telegrafen und gründete 1854 in Bern die «Eidgenössische Telegraphenwerkstätte». Der Aargauer Feinmechaniker Gustav Adolf Hasler übernahm die Leitung und ab 1865 den ganzen Betrieb. Hasler entwickelte nun auch meteorologische Instrumente, Wasserstandsmelder, Postschliessfächer und ab 1877 Telefonapparate. Hasler blieb Hoflieferant des bundeseigenen Post-, Telefon- und Telegrafenbetriebes PTT. Nach dem Tod des Gründers im Jahr 1900 baute der 22-jährige Gustav Hasler den Betrieb zum Konzern aus. Hunderttausende von Sicherungsapparaten und Fahrtenschreibern wurden entlang von Bahnstrecken und in Lokomotiven und Autos eingebaut. 1927 übernahm Hasler die vom Schwachstrompionier Matthias Hipp gegründete Favag, entwickelte neuartige Telefonzentralen und Hochfrequenz-Sendeanlagen, unter anderem für den inzwischen abgebrochenen Radiosender Schwarzenburg. Die Lieferung von Feuerleitsystemen für Kanonen stärkte das Unternehmen im Zweiten Weltkrieg.[38] 1974 war Hasler mit 4600 Beschäftigten der grösste Industriebetrieb im Kanton Bern. Durch Fusion mit der solothurnischen Autophon entstand die Ascom-Holding AG, die 1989 über 14 000 Menschen beschäftigte. Autophon hatte vor der Fusion das Nationale Autotelefon Natel entwickelt. 1975 führte die Schweiz das Natel-A-Netz ein, 1983 das B-Netz und 1994 das heutige GSM. Die ersten Natels kosteten noch 10 000 Franken. Dem internationalen Wettbewerb unter den Mobiltelefonherstellern konnte Ascom nicht standhalten. Mit der Zersplitterung des PTT-Konzerns schwand auch der Absatz im Inland. 2009 hatte Ascom international noch 2100 Angestellte, davon 500 in der Schweiz. Einmal mehr hat sich ein Produktionsunternehmen «devestiert». Neben ihren in Schweden zugekauften Industrietätigkeiten beteiligt sich die «verschlankte» Ascom an in- und ausländischen Unternehmen und am Verkauf und Erwerb von Liegenschaften.[39]

181 Fliessbandarbeit war die Regel in der Uhren- und Apparateindustrie. Hasler-Ascom war mit 14 000 Beschäftigten führend in der Herstellung von elektrischen Geräten für das Transport- und Kommunikationswesen. **Bern, Foto Hasler 1952**

182 Hesta entwickelte sich zum Unternehmen mit 11 430 Mitarbeitenden, die Telefone, Messgeräte, Klimaanlagen und anderes herstellten. Allein in den beiden Fabrikanlagen in Niederuster waren 2000 Leute beschäftigt. Rohn-Bauten oben, umgenutzte Turicum-Fabrik unten. **Niederuster, Foto Stadt Uster 1982**

Dasselbe Schicksal beschied die letzte Eigentümerfamilie des Hesta-Konzerns der Apparatefabrik Zellweger Uster AG. Der einst stolze Mischkonzern Heusser-Staub hatte seine Wurzeln in der weiter oben dargestellten Textilindustrie des Zürcher Oberlandes und bot in verschiedenen Industriebetrieben 11 430 Arbeitsplätze an. Allein die Hesta-Tochter Zellweger beschäftigte 2000 Mitarbeiter. Sie war in Uster der grösste Arbeitgeber.[40] Die bekanntesten Produkte waren Telefonapparate, Textilmaschinen-Messgeräte und die berüchtigten Strassenverkehrs-Geschwindigkeitsmesser, die «Blechpolizisten». Die Apparatefabrik Zellweger hatte sich im 12,5 Hektaren grossen Areal der zweiten Musterspinnerei von Heinrich Kunz entwickelt. Für das parkartige Gelände entwarf der bekannte Industriearchitekt Roland Rohn 1960 einen Gestaltungsplan. Es entstanden Fabrikationshallen mit Scheddächern, ein Hochregallager, Verwaltungsgebäude und der Ausstellungspavillon am unteren Weiher. Nach 130 Jahren Firmentradition zerlegte und verkaufte Thomas Bechtler 2005 die Firma. Bechtlers vielfältige Mandate in den grössten Bank- und Versicherungskonzernen und seine militärischen und politischen Beziehungen machten ihn zu einem der einflussreichsten Wirtschaftsführer. Seine Leidenschaft aber gilt dem Fördern und Ankaufen von Werken von bekannten Kunstschaffenden wie Pipilotti Rist oder Peter Fischli. Zwischen 1987 und 2002 war Bechtler Präsident des Zürcher Kunsthauses.[41] Die im Zellweger-Areal gesammelten Skulpturen, Gemälde und Fotografien sind im Zuge der Arealräumung mehrheitlich in andere Liegenschaften disloziert worden. In der alten Industrielandschaft entsteht ein neues Stadtquartier mit teuren Wohn- und Dienstleistungsräumen.[42]

Es gab noch die grossen Messgerätefirmen Kern und Wild. Auch sie teilten das Schicksal von anderen feinmechanischen Industriekonzernen. Die ältere der beiden Firmen geht auf den Zirkelschmied Jakob Kern zurück. Als Waisenkind fand er 1799 Unterschlupf beim Aarauer Seidenindustriellen Johann Rudolf Meyer, von dem bereits im Textilkapitel die Rede gewesen ist. 1819 stellte Kern die ersten eigenen Reisszeuge her. 1835 lieferte er dem Ingenieur und späteren General Guillaume-Henri Dufour einen Theodolit für dessen Vermessungsarbeiten. Die Firma beschäftigte in Kerns Todesjahr 1867 über 100 Techniker. Nach der schwierigen Zwischenkriegszeit blühte die Firma dank dem Beizug von Heinrich Wild auf. Grundlegend für den weiteren Erfolg war der Aufbau einer leistungsfähigen Ent-

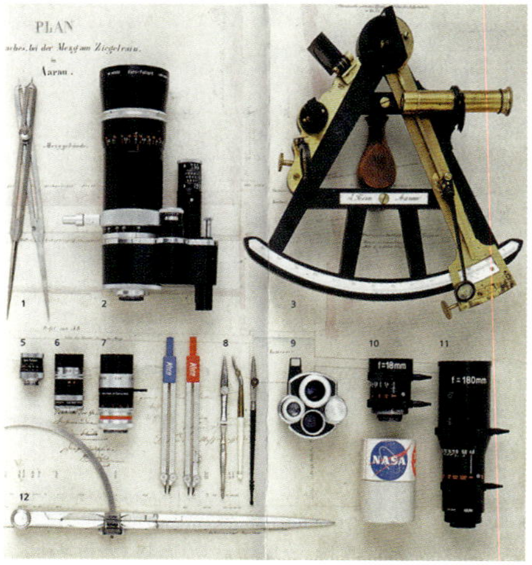

183 Der Zusammenschluss von Wild-Heerbrugg mit Kern Aarau und den deutschen Unternehmen Zeiss und Leica ergab einen Konzern von 11 900 Beschäftigten, der 1997 aufgelöst wurde. **Sammlung Kern, Stadtmuseum Aarau**

wicklungsabteilung nach Wilds Tod ab 1951. In den 1960er-Jahren lieferte Kern mit 1300 Beschäftigten Instrumente und Objektive für Vermessungsgeräte, Waffen und Mondflüge. In den 1980er-Jahren geriet das Unternehmen in eine existenzielle Krise. Nach der Fusion mit der Wild-Leitz-Gruppe wurden die Fabriken in Aarau 1991 geschlossen.[43]

Heinrich Wild gab seiner Firma Wild-Heerbrugg den Namen und brachte das wesentliche Know-how für das Überleben der Firma Kern mit. Zehn Jahre nach dem Tod von Jakob Kern geboren, studierte er am Technikum Winterthur Vermessungstechnik und baute ab 1908 bei Zeiss in Jena die Abteilung für Vermessungsgeräte auf. 1921 kam Wild in die Schweiz zurück. Unterstützt von der Industriellenfamilie Schmidheiny, baute er in einer stillgelegten Stickerei in Heerbrugg eine Fabrik für die Herstellung von Vermessungsinstrumenten auf. In der krisengeplagten Stickereigegend galt die neue Fabrik als Wirtschaftsförderungsprojekt, auch bei den Schmidheiny. Es kam aber zu Meinungsverschiedenheiten betreffend Entwicklungskosten, sodass Wild im elften Betriebsjahr aus seiner Firma austrat. Ab 1936 arbeitete er für den Konkurrenten Kern gegen das von ihm selbst gegründete Unternehmen. In den 1970er-Jahren übertraf die Zahl der Beschäftigten in Heerbrugg mit 1800 diejenige von Kern in Aarau. Wie Kern, so geriet aber auch Wild unter den Druck der fernöstlichen Konkurrenz. Die Schmidheiny waren nun bei Wild mit Thomas Schmidheiny vertreten. Dieser forcierte 1987 den Zusammenschluss mit der führenden deutschen Optikfirma Leitz. 1988 übernahm Wild Leitz mit Kern auch das älteste Vermessungsinstrumenten-Unternehmen der Schweiz. Schon 1989 kamen weitere Firmen hinzu, und Stephan Schmidheiny ersetzte in der Firmenleitung seinen Bruder Thomas. Stephan gründete 1990 unter Einschluss des bekannten Kameraproduzenten die Leica Holding, die in Kooperation mit Elektronikfirmen in den GPS-Markt einstieg. Die Schmidheiny, mit der Baumaterialindustrie in Heerbrugg gross geworden, wollten ihr Kind Wild-Heerbrugg mit den hinzugekauften Partnern stärken. Es entstand eine «Familie» mit 11 900 Beschäftigten. Aber ihre Mitglieder waren zerstritten. Reibungsverluste in der Chefetage belasteten das Unternehmen. Die Reaktion auf den schlechten Geschäftsgang war die übliche: 4000 Arbeitsplätze verschwanden, und die Konzernspitze stärkte die Bankenpräsenz. Der neue Verwaltungsratsdelegierte hiess Robert Jeker, der auch Generaldirektionspräsident der Schweizerischen Kreditanstalt wurde. Da der Fusionskaskade offensichtlich kein Erfolg beschieden war, zerlegte die Konzernspitze unter Jeker und dem abtretenden Stephan Schmidheiny das Unternehmen. 1996 wurde die Leica Camera AG abgespalten, 1997 erfolgte die Aufteilung in Leica Geosystems und Leica Microsystems.[44]

Den Untergang der Apparatefabrik Landis & Gyr haben hauptsächlich die Finanzmarktakteure bewirkt. Das einst grösste Unternehmen des Kantons Zug beschäftigte auf dem Höhepunkt 16 000 Mitarbeitende. Die Firma wurde 1896 von Adelrich Gyr gegründet, 1905 wurde Ingenieur Heinrich Landis Teilhaber. Sie stellte damals mit 55 Technikern Stromzähler, Telefoninduktoren und Fonografen her. Der neue Elektrizitätsmarkt boomte, die Belegschaft des Unternehmens verzehnfachte sich bis zum Beginn des Ersten Weltkrieges und überschritt danach die Zahl von 1000. Mit neuen Produkten für die Fernmess- und Fernwirktechnik sowie für wärmetechnische Steuerungen expandierte das Unternehmen weiter. 1970 waren im Stammhaus beim Bahnhof Zug 5200 Menschen beschäftigt mit Stampfen, Schleifen, Lackieren, Montieren, Wickeln und Entwickeln. An den Fliessbändern arbeiteten fast nur Frauen, von denen viele wegen des Arbeitskräftemangels aus Italien rekrutiert worden waren. Ab den 1980er-Jahren verdichteten sich über dem Konzernsitz bedrohliche Gewitterwolken. Unter den 17 Gründernachkommen verschärfte sich ein Generationenkonflikt. Und der Pensionskasse drohte eine Unterdeckung. In jenen Jahren entwickelte sich Zug zu einem Steuerparadies und Spekulationszentrum. Das Interesse am industriellen Produzieren schwand. Ein Übernahmeangebot kommentierte «der Mächtigste der Eidgenossenwirtschaft», Stephan Schmidheiny, folgendermassen: «Die technologische Basis für eigene Entwicklungen ist zu schmal.»[45] Aber im

Zusammenschluss mit einem zu suchenden anderen Grossunternehmen sah er ein grosses Potenzial. Am 30. September 1987 übernahm Schmidheiny zwei Drittel des Kapitals der Landis & Gyr Holding AG. Zwar hatte Schmidheiny, anders als die damals hoch gelobten Raider Werner Rey oder Tito Tettamanti, nicht das schnelle Geld im Sinn. Aber seine Kontrolle über den Zweimilliardenkonzern konnte nur über «ganz massive und rigorose Massnahmen einen attraktiven Vermögenszuwachs garantieren».[46] Als erste Verbesserung der Ertragskraft wurden 350 Stellen in der Fertigung gestrichen. Und der für die Entwicklung als zu klein erachtete Konzern wurde in kleinere Divisionen «vertikalisiert». Der alte Finanzchef des Konzerns trat nach 35 Jahren Dienst «auf eigenen Wunsch vorzeitig in den Ruhestand». In der Firmenleitung sassen nun Gefolgsleute der Familie Schmidheiny, die zur «Verschlankung» die Streichung weiterer 2000 Stellen bekannt gaben. In den Verwaltungsrat und in dessen Ausschuss kam 1993 Robert Jeker von der Schweizerischen Kreditanstalt. Dieser liess die riskanten Derivatgeschäfte des Pensionskassenleiters verschärft beaufsichtigen. Der unter Schmidheiny zum Konzernchef und Präsidenten der Pensionskassenstiftung ernannte Willy Kissling hatte den Kassengeschäftsführer mit «neuen Finanzinstrumenten» und Privattransaktionen wirtschaften lassen. Ende 1994 kam es zum ersten grossen Skandal im staatlich verordneten und privat gehandhabten obligatorischen Altersvorsorgewesen. Die Presse schätzte die Bruttoverluste der Zuger Firmenpensionskasse auf 260 bis 410 Millionen Franken.[47] Ein ehemaliges Betriebskommissionsmitglied von Landis & Gyr forderte Stephan Schmidheiny auf, einen Teil des Lochs zu stopfen. Stattdessen wurde 1995 auf eine Dividendenerhöhung verzichtet. 1996 stellte der Revisorenbericht fest, dass «kaum jemand auch nur ansatzweise verstanden habe, welche Risiken die Pensionskasse von Landis & Gyr eingegangen sei». Inzwischen hatte Schmidheiny den Verwaltungsrat verlassen und sein Aktienpaket an die Elektrowatt verkauft. Im Verbund mit anderen zusammengekauften Firmen wurde einmal mehr weltweite Marktführerschaft und ein langfristiges Engagement propagiert. Doch auch die Elektrowatt fiel höheren Interessen zum Opfer: 1998 filetierte deren Mehrheitseigentümerin Credit Suisse ihre in der Elektrowatt gebündelten Tätigkeiten und verkaufte Gebäudetechnik und Zählersparte dem weltgrössten Elektrokonzern Siemens. 2002 trennte sich Siemens von sieben Randgeschäften und 24 000 Mitarbeitenden und vermeldete beim Verkauf an die US-Financiers Kohlberg, Kravis, Roberts & Co. KKR einen Erlös von 2,6 Milliarden Franken. Mit dem Zählergeschäft im Paket befand sich die Näfelser Netstal Maschinen AG. Dort hatte Siemens zuvor den Anteil von Christoph Blocher erworben.[48] KKR erwies sich wiederum nur als Zwischenstation auf dem Weg, der Landis & Gyr 2004 zur Investmentgesellschaft Bayard Capital führte.[49] Bayard erkannte das Wachstumspotenzial intelligenter Zählertechnik und investierte in den Aufbau des Marktführers für Smart Metering. Nach insgesamt 13 Akquisitionen zum Marktführer aufgestiegen, machte man sich die zurückgewonnene Strahlkraft der Marke Landis & Gyr zu eigen. Als Landis & Gyr Holdings dislozierte die einstige Bayard 2009 vom australischen Sydney nach Zug, um von dort aus einen möglichen Börsengang anzuvisieren. Mit der Rückkehr nach Zug sind dort zurzeit 350 Arbeitsplätze gesichert.

Sammlung Ascom im Museum für Kommunikation, 3000 Bern, www.mfk.ch

Sammlung Kern im Stadtmuseum Schlössli, 5000 Aarau, www.museumaarau.ch

184 Mit dem Bau von Haushalt-Stromzählern gross geworden, entwickelte sich Landis & Gyr zum Konzern mit 16 000 Werktätigen, davon 5200 im Mutterwerk Zug. Nach dem Ausverkauf gibt es dort noch 180 Arbeitsplätze. **Winterthur, Foto H. B. 2010**

Geplünderte Schwerindustrie

Metallbearbeitung, Maschinen- und Fahrzeugbau

1950	166 346	Arbeitsplätze	=	7%[1]
2010	216 000	Arbeitsplätze	=	5,6%

185 Maschinenbau von Weltgeltung: Kaplanturbine für China. Zeichnung H. B. 2004

Die schweizerische Maschinen-, Elektro- und Metallindustrie MEM wuchs in den 1920er-Jahren zur grössten Arbeitgeberin des Landes und wurde dementsprechend zu einem entscheidenden Faktor in Wirtschaft und Politik. Die MEM-Produkte aus der Schweiz sind überwiegend Investitionsgüter, die für einen langfristigen Bedarf entwickelt werden.[2] *Von Konsumgütern wie Autos besteht im Vergleich zu den Nachbarländern eine geringere direkte Abhängigkeit. Indirekt zeigt der massive Bestellungseinbruch bei den schweizerischen Autozulieferern seit 2008 dennoch eine hohe Abhängigkeit. Zudem ist die Branche besonders stark vom Rückgang langfristiger Investitionen und von den kurzfristigen Substanzentnahmen durch den Finanzsektor betroffen. Dieser Widerspruch hat im ersten Halbjahr 2006 zur Ankündigung des Austritts des MEM-Unternehmerverbands Swissmem aus dem Wirtschaftsdachverband Economiesuisse geführt: Die ultraliberale Politik von Economiesuisse komme vor allem den Banken und der Chemieindustrie zugute. Der definitive Austritt ist dann aber nicht erfolgt. Trotz widrigen Bedingungen ist aber die Metall- und Maschinenindustrie der bedeutendste Exporteur und die grösste industrielle Arbeitgeberin des Landes geblieben. 2010 waren von der Million Arbeitsplätze im zweiten Sektor 22 Prozent in der Maschinen- und Metallindustrie zu finden. Zusammen mit der Uhren- und Apparateindustrie sind in der Schweiz 28 Prozent aller in der Industrie und im Bau Tätigen direkt oder indirekt mit der Verarbeitung von Metall beschäftigt.*[3]

186 Fliessendes Eisen bildet die Grundlage der Schwerindustrie. Die Giessereien Von Roll im Jura und am Jurafuss gehören zu den traditionsreichsten Eisenindustriebetrieben der Schweiz. **Rondez, Foto H. B. 1990**

Eisenzeit, Silber aus Lehm und Golddrehscheibe in der Schweiz

Die Fähigkeit, Metall zu schmelzen, ist prägend für die Entwicklung der menschlichen Zivilisation. Vor 7000 Jahren gelang es vorderasiatischen Völkern, Gold zu giessen und zu schmieden. Seit über 4000 Jahren verarbeitet der Mensch Bronze, eine Kupfer-Zinn-Legierung. 2000 Jahre lang wurde im Jura Eisen verhüttet.[4] – Die Rohstoffe der steinreichen Schweiz sind das Thema des ersten Kapitels in diesem Buch. – Tatsächlich wurden bis zum Bau der Eisenbahnen die meisten mineralischen Rohstoffe im Land selbst abgebaut. Bei vielen Abbaustätten entstanden Verarbeitungsanlagen, die teilweise bis heute aktiv sind. Paul-Louis Pelet weist allein in der Südwestschweiz 171 Eisenbergbaustätten, Hüttenwerke und Giessereien nach. Von diesen waren 1960 noch 22 aktiv: Die Schweiz hat eine lange und vielfältige Tradition in der Metallverarbeitung.[5] Nach einem Vierteljahrhundert des Schmelzhütten- und Giessereisterbens sind 2010 noch 54 Firmen Mitglied im Giesserei-Verband. Dort sind die meisten produzierenden Metallhütten, Umschmelzwerke, Eisen- und Nichteisengiessereien zusammengeschlossen.[6] Mittelgrosse Unternehmen wie die 2005 verkaufte Fonderie Moudon, die filetierte traditionsreiche Firma Benninger Uzwil und auch die lange Zeit sehr erfolgreiche Präzisionsgiesserei Wolfensberger in Bauma erleiden seit 2008 einen massiven

Bestellungseinbruch und bauen Arbeitsplätze ab, während die Stahlgiesserei Stadler in Biel, die Mezgergroup in der ehemaligen Karbidfabrik Kallnach oder die vielseitige Giesserei Hegi in Oberburg[7] noch ausgelastet sind. Ein Kuriosum ist die Kunstgiesserei Rüetschi in Aarau. Der Betrieb wurde 1367 gegründet und ist heute aktiv im Giessen von Musikinstrumenten, Skulpturen, Brunnensäulen, Kirchenglocken und im Bau der dazugehörenden Konstruktionen.[8] Grosse, heute im Bereich der primären Metallverarbeitung nicht mehr tätige oder verkaufte Konzerne werden im Folgenden ausführlicher dargestellt: Von Roll im Jura, von Moos in Luzern, zusammengefasst und verkauft als Swiss Steel, Georg Fischer in Schaffhausen, die Alusuisse im Wallis, die Selve in Thun, Swissmetal und die Goldraffinerien der beiden Grossbanken.

Glocken- und Kunstgiesserei H. Rüetschi AG, Rain 44, 5001 Aarau, geöffnet auf Anmeldung, www.guk.ch

Georg Fischer, Von Roll, von Moos und Swiss Steel ohne Swiss

Der Bau der Eisenbahnen hatte einen Eisenbedarf zur Folge, der auch in der Schweiz eine bedeutende Eisen- und Stahlindustrie entstehen liess. Stahl wird in zwei Stufen gewonnen: durch Reduktion des Eisenerzgesteins mittels Koks und Zuschlagstoffen im Hochofen und anschliessend durch Kohlenstoffentzug aus dem Eisen in Sauerstoffkonvertern oder in Elektrolichtbogenöfen. Eisen und Stahl werden schliesslich in Giessereien und Walzwerken umgeformt. Da Eisen erst bei 1536 °Celsius schmilzt, schränkte die Erzeugung der notwendigen Temperatur mittels Holzkohle die Eisenproduktion ein. Das im 18. Jahrhundert in England eingeführte Verhütten mittels Koks revolutionierte die Eisenproduktion. In der zweiten Hälfte des 19. Jahrhunderts ermöglichten die neuen Frischverfahren von Henry Bessemer und Siemens-Martin die massenhafte Herstellung von Stahl.[9]

Nach einer langen Tradition der Erzverhüttung mittels Holzkohle erstellte die im Bergbau-Kapitel kurz behandelte Firma Von Roll moderne Hochöfen in Choindez. Mit dem Kaltstellen des dortigen Elektrolichtbogenofens im Jahr 1982 endete in diesem Land die eigene Erzverhüttung, nachdem bereits zuvor die grössten Erzbergwerke stillgelegt worden waren. Hingegen wird Schrott als zweiter wichtiger Rohstoff für Stahl weiterhin rege verwertet.

Die Stahlindustrie hat seit dem Zusammenbruch des kommunistischen Ostblocks einen extremen Konzentrationsprozess durchgemacht. Bis 1989 galt dieser Industriezweig als kriegswichtige Grundlage von Nationen, Militär- und Wirtschaftsblöcken. Nationale Konzerne in Westeuropa und in den USA erzeugten 77 Prozent des weltweit gehandelten Stahls. Zwei Weltkriege waren unter anderem um französische oder heute polnische Schwerindustriegebiete geführt worden. Nun öffneten die Liberalisierung im Westen und die Privatisierung im Osten die Schleusen für den Abfluss von Milliardenbeträgen aus den Schwerindustriebetrieben. Unter Verlusten von Hunderttausenden von Arbeitsplätzen verschwanden Konzerne wie British Steel oder Thyssen Krupp und die staatlichen Stahlgigan-

187 Die Stahlgiesserei Georg Fischer entwickelte sich ab 1802 im Talkessel des Mühletals. Im Zweiten Weltkrieg wurde der Hauptbau auf 272 Meter Länge ausgebaut. Seit 1992 ist das Werk stillgelegt. **Schaffhausen, Luftaufnahme, Foto GF um 1960**

ten der Ostblockländer entweder vollständig, oder sie wurden aus den Spitzenpositionen der weltgrössten Stahlunternehmen verdrängt. Mit der Übernahme der europäischen Arcelor-Gruppe ist der indische Familienkonzern Mittal heute mit Abstand der grösste Stahlproduzent der Welt. China erzeugt weltweit am meisten Stahl – für den Binnenmarkt. Mit Baosteel holt die Volksrepublik auch international auf.[10] Diese Globalisierung hat weitreichende Auswirkungen auf die ganze Maschinen- und Metallindustrie – auch in der Schweiz.

Mit ihren Stahlwerken und den über 4200 Beschäftigten allein in Schaffhausen wuchs die Aktiengesellschaft Georg Fischer (GF) im Ersten Weltkrieg zu internationaler wirtschaftlicher Bedeutung. Das Familienunternehmen erlangte zwischen 1802 und 1896 mit dem eigenen lokalen Bohnerz und der selbst entwickelten Verfahrenstechnik internationalen Ruhm. Die Namen Johann Conrad Fischer und Georg Fischer I–III sind in die Wirtschafts- und Technikgeschichte eingegangen.[11] Nach der Weltwirtschaftskrise von 1929 schuf sich die Aktiengesellschaft erneut eine regionale Energie- und Rohstoffbasis mit Kraftwerken und Erzbergwerken. Im Zweiten Weltkrieg konnten die Schaffhauser Werke einen neuen Höchststand an Beschäftigten ausweisen. Danach trieb die Firma ihre internationale Expansion voran. Sie liess die Belegschaft in Schaffhausen um 1970 Personen auf 7000 und international auf 15 000 anwachsen. Schaffhausens Wirtschaft war im 20. Jahrhundert stark vom Giessereiunternehmen GF geprägt – in guten wie in schlechten Zeiten. In den vergangenen drei Jahrzehnten verschob sich der Anteil der Arbeitsplätze innerhalb der Konzernstandorte. Im Unterschied zu vielen anderen Schweizer Schwerindustriebetrieben hielt die GF jedoch am inländischen Produktionsstandort fest, sodass um die Jahrtausendwende immerhin noch 2000 Arbeitsplätze in Schaffhausen erhalten blieben. Von diesen finden sich allerdings nur noch 2 Prozent im traditionellen Stahlgussbereich, während sich das Unternehmen auf Leichtmetallguss, Kunststoffprodukte, Anlagen- und Maschinenbau konzentriert hat. Im grenznahen Singen jedoch betreibt die Georg Fischer Automobilguss GmbH seit 2004, nach einer Produktionsverlagerung aus England, eine der grössten Eisengiessereien Europas. Staatliche Rettungsmassnahmen für die Automobilindustrie in Deutschland und die gelungene Abwehr eines Übernahmeangriffs haben um 2010 die Konsolidierung eines Konzerns mit 14 000 Arbeitsplätzen ermöglicht.[12]

GF ist mit seinen Produkten weltweit in vielen Bereichen präsent: etwa mit anonymen Teilen in Automobilen, mit Werkzeugmaschinen von Agie Charmilles, mit Abertausenden von mit +GF+ gekennzeichneten Eisenbahnkupplungen und mit weit über 100 Millionen Rohrverbindungen in allen Bereichen von öffentlichen und privaten Installationen. Der internationalen wirtschaftsgeschichtlichen Bedeutung der GF entsprechen die vom Unternehmen im Mutterwerk im Mühletal realisierten städtebaulichen Pläne von 1907 und 1939, wobei renommierte Architekten wie Karl Moser und Rudolf Mewes beigezogen wurden. Die Hauptbauten sind gesamtschweizerisch einzigartige Zeugen der Wirtschaftsgeschichte.[13] Zu den kulturellen Leistungen von GF gehört auch die 1948 geschaffene Stiftung Eisenbibliothek, die seit 1952 im restaurierten Klostergut Paradies untergebracht ist.

Eisenbibliothek, Stiftung der GF, Klostergut Paradies, 8252 Schlatt, www. eisenbibliothek.ch, geöffnet nach Vereinbarung, 052 631 27 42

Im Nordjura erlebte die Gewinnung und Verarbeitung von Eisen die im Bergbau-Kapitel thematisierte Blüte. Die Giessereien, Stahl- und Walzwerke entstanden zwischen Delémont, Choindez und dem Jurafuss. Mit dem Schriftzug «von Roll» kamen

188 Im engen Mühletal transportierte GF die schweren Güter über ein Meterspurnetz, das Verbindungen mit der Trambahn und dem Bahnhof besass. **Schaffhausen, Foto H. B. 1993**

189 GF ist eine der wenigen Grossfirmen, welche die schwierige Kriegsgeschichte aufarbeiten liessen. Von Schaffhausen aus erfolgten Kriegsmaterialexporte, und das grenznahe Werk Singen geriet 1937 unter nationalsozialistische Führung. **Singen, Foto GF August 1938**

millionenfach Hydranten, Schachtdeckel, Seilbahnkabinen, Cheminées, Ver- und Entsorgungsanlagen auf den Markt.[14] Heute zeugen an vielen Von-Roll-Standorten nur noch verlassene Schwerindustrieanlagen vom einstigen Imperium, zum Beispiel in der Klus, in Olten und Bern, in grossem Ausmass in Bodio. Dort allein beschäftigten die im Zweiten Weltkrieg gegründeten Monteforno-Werke 1750 Arbeiter.[15] Nach der Fusion mit von Moos Emmenbrücke gab Von Roll 1996 das Stahl- und Walzwerk Gerlafingen an die Swiss Steel ab. Das Fundament des Konzerns war weg. Es folgte der Abbau von über 4000 der einst 10 000 Arbeitsplätze bis zum Jahr 2001, und es hiess, die Konzernleitung konzentriere sich auf die Kernbereiche Giesserei, Isolationssysteme und Entsorgungsanlagen. Mit den verbliebenen 5600 Mitarbeitenden erwirtschaftete sie noch den Umsatz von 1,6 Milliarden Franken. In der NZZ vom 8. Juni 2002 wird mit der Konzernleitung ungewöhnlich scharf abgerechnet: «Ungute Gefühle kommen bei den Dienstleistungen für Entsorgungsanlagen. Von Roll ist hier in einen gravierenden Bestechungsfall verwickelt und greift nicht energisch durch. [...] Damit kommen delikate personelle Fragen ins Spiel: Wer, wie die Konzernleitung, nur auf Kostensenkung und konjunkturelle Belebung setzt, müsste jetzt nicht nur Schlüsselkunden besuchen, sondern auch in die Betriebe steigen, um zu erklären und zu motivieren. Stattdessen will sich die Konzernleitung – im Konzernsitz fernab jeder Berührung mit den eigenen Werken – auf Funktionen einer Beteiligungsholding zurückziehen, schwergewichtig wohl Finanzen, Kaderförderung und Recht.» Das Wissen über Materialien, Prozesse und Kunden, das Von Roll so lange gepflegt hat, wäre die profitable Kernkompetenz gewesen. Nun verkaufte die Konzernleitung auch die Giessereien, halbierte die Belegschaft noch einmal und liess erneut via Medien verlauten, sie konzentriere sich auf die Kernbereiche, die nun noch Isoliermaterial und Verbundstoffe heissen. 2003 hielten es Investoren für genügend interessant, die Giessereien im Jura weiterzuführen zu einem Zeitpunkt, als nach all den Zerstörungen industrieller Kapazitäten die Preise für Stahlprodukte auf einen Rekordstand stiegen. Rondez und die ebenfalls traditionsreiche Giesserei Emmenbrücke werden unter dem Markennamen von Roll-Casting mit 600 Arbeitsplätzen weitergeführt. In Choindez hat die Unternehmensgruppe für den Bereich von Roll-Hydro sogar das Werkmuseum beim alten Kraftwerk neu eingerichtet. Andere Von-Roll-Werke gehören nach verschiedenen Handänderungen wieder einer aristokratischen Familie, die den Titel «von» tragen darf, diesmal ist es eine deutsche: Das Unternehmen von Finck baut in den Fussstapfen von Von Roll mit knapp 3000 Beschäftigten Solarenergiesysteme, Isolatoren und Transformatoren.

von Roll Museum Choindez, Route de Moutier, 2830 Choindez, www.vonroll-hydro.ch, geöffnet auf Anmeldung

190 Die paternalistischen Unternehmen erstellten Wohlfahrtshäuser und Arbeiterkolonien. Von Roll baute 1880 bis 1922 Häuser mit über 500 Wohnungen. Sie sind heute weitgehend verkauft und teilweise abgebrochen. **Choindez, Foto H. B. 1980**

191 Mit der Fusion der Stahlwerke Von Roll Gerlafingen und von Moos Emmenbrücke entstand der Konzern Swiss Steel, der 2006 weiterfiletiert und nach Deutschland verkauft wurde. **Emmenbrücke, Foto H. B. 2003**

192 In Emmenbrücke wurde das Stahlwerk noch 1980 durch ein neues, dreiadriges Warmwalzwerk ergänzt. 15 Jahre später steigerte die Veräusserung der werkeigenen Kraftwerke die Aktienkurse. **Kraftwerk Emmenweid, Foto H. B. 2003**

Der Von-Roll-Partner bei der Fusion zur Swiss Steel hiess von Moos. Die Familie betrieb schon 1680 in Obernau in Kriens ein Hammerwerk und 1765 ein Eisenwarengeschäft, das auch Eisen aus dem Jura bearbeitete. 1842 erwarb sie am heutigen Stahlwerkstandort Boden und das Wasserrecht von einer Getreidemühle, in der sie einen Drahtzug mit Nagelfabrik einbaute. Schon 1846 ergänzte ein zweiter Fabrikkanal die Anlage. 1847 kam eine Schuhnagelfabrik hinzu. 1889 nahm von Moos den ersten Siemens-Martin-Ofen der Schweiz in Betrieb, 1895 das neue Drahtwalzwerk, das ab 1896 elektrisch angetrieben wurde. Von Moos entwickelte sich so zu einem Pionier der frühen Elektrifizierung. Im Ersten Weltkrieg florierte die Herstellung von Schrauben, Nieten, Hufnägeln und Geschosshülsen. 1918 erwarb die Firma das Eisenwerk Frauenfeld. Die Stahlerzeugung wurde nach einer Pause wegen des Rohstoffmangels bis 1924 wieder aufgenommen. 1939, beim Ausbruch des Zweiten Weltkrieges, stellte sich erneut die Frage nach der Versorgung der Eisenwerke mit Halbzeug. Schon im September kam ein Stahlofen System Héroult in Betrieb, zwei weitere, kleinere Öfen folgten. Die Belegschaft wuchs auf 1800 Personen an, und im Krienser Bergwerk

193 Ein bedeutender Stahlwerkstandort mit eigener Stromversorgung waren die Gotthardwerke. Am Ende des Zweiten Weltkrieges gegründet, war Monteforno der grösste Arbeitgeber der Leventina. **Bodio, Foto H. B. 1988**

194 1977 kaufte Von Roll das Stahlwerk Monteforno und legte es 1995 still. 2005 verkaufte Swiss Steel das Gelände. Teile des Walzwerks stehen seit 15 Jahren leer. **Bodio, Foto H. B. 1999**

Sonnenberg wurde eigene Braunkohle abgebaut. Aber auch Holz, Torf und gar Tannzapfen dienten als Brennmaterial. Nach dem Krieg begann die Umstellung der Walzwerköfen auf Ölfeuerung. Die schweizerische Stahlindustrie erlebte einen Aufschwung, der sich mit Unterbrüchen bis in die 1970er-Jahre fortsetzte. In entsprechendem Tempo baute von Moos die Kapazitäten aus. 1946 nahm man die Produktion von Torstahl, einem Betonstahl nach österreichischem Patent, auf. 1955 ergänzte eine neue Drahtstrasse das Walzwerk, und 1961 kam die Feineisenstrasse hinzu. Ab 1959 erlaubte die landesweit erste Concast-Einstrang-Giessmaschine den kontinuierlichen Guss des Halbfertigproduktes Stahlknüppel. Neben laufenden Modernisierungen kam 1980 nach zweijähriger Bauzeit das neue dreiadrige Warmwalzwerk auf Littauer Boden in Betrieb.

Auch der Konkurrent Von Roll hatte inzwischen im Stahlwerk Gerlafingen und in Bodio investiert, als sich national und international eine Überproduktion bemerkbar machte. Der darauf folgende Stellenabbau war von Arbeitskämpfen begleitet, vor allem in der gebeutelten Leventina. Von Moos seinerseits baute 1400 der 2500 Arbeitsplätze ab und verpasste sich eine Holding-Struktur. Nach 150 Jahren Familientradition trat André von Moos als letzter Spross aus der Firmenleitung zurück. Es erfolgte 1996 die erwähnte Fusion mit von Roll zum Swiss-Steel-Konzern, welcher in der Schweiz einen jährlichen Stahlausstoss von einer Million Tonnen vorweisen konnte. Doch es ging auch ohne «Swiss», was die Übernahme der Swiss Steel durch Schmolz & Bickenbach im Jahr 2006 zeigte. Der Aktienkurs stieg um das Sechzehnfache.[16] Der neue Chef Benedikt Niemeyer erhielt 2007 zusätzlich zu seinen Salären in Deutschland Vergütungen aus der Schweiz in der Höhe von 8,4 Millionen Franken.[17] 2008 führten seine aggressiven Akquisitionen zu hohen Verschuldungen. 2009 nahm Schmolz & Bickenbach wegen Unterfinanzierung und ausstehender Bankkredite zulasten des deutschen Konjunkturpaketes II eine Bürgschaft von gegen 300 Millionen Euro auf,[18] was auch den Arbeitsplätzen in Emmen diente.

Alusuisse – die Filetierung eines Weltkonzerns

Der Rheinfall war die Geburtsstätte von einer der drei weltweit ersten Aluminiumhütten. Das Areal dieser Pionierfabrik wurde nach langen Auseinandersetzungen zwischen Industrieförderern und Naturschützern geräumt, nur das Kraftwerk, zwei Portalbauten und die Verwaltung sind geblieben. 1810 hatten hier die Gebrüder Neher ein bestehendes Eisenwerk mit Wasserradantrieb erneuert. Das zu verhüttende Bohnerz kam aus dem Randen. Später beteiligte sich die Firma auch am Gonzenbergwerk, betrieb eine zweite Hütte bei Sargans und war an der Gründung der Schweizerischen Industriegesellschaft SIG beteiligt. Die Eisenverarbeitung blieb für den Investitionsgüterbereich die Schlüsselindustrie des 19. Jahrhunderts. Aber findige Köpfe ruhten nicht, neue Materialien zu erproben. Bereits in den 1820er-Jahren erschmolzen Franzosen bei Les Baux-de-Provence aus Tonerde ein undurchsichtiges, leichtes, rostfreies und silbrig dekoratives Material. Den

195 Das Schmelzwerk Valmoesa verarbeitete im Bleniotal Schrott für das Stahlwerk Monteforno. Nach der Stilllegung wurde es abgebrochen. Die Region Tre Valli wies in den 1990er-Jahren die höchste Arbeitslosenrate der Schweiz auf. **San Vittore, Foto H. B. 1967**

196 Hunderttausende von Dolendeckeln und Hydranten weisen noch heute die eingegossenen Schriftzüge von einigen der bedeutendsten schweizerischen Eisenverarbeitern auf. **Winterthur, Foto H. B. 2009**

Rohstoff benannte man nach dem Ort, Baux-it, das Produkt Aluminium. Silber aus Erde zu erschmelzen, war wegen des hohen Energiebedarfs extrem teuer. Ein Esslöffel aus Aluminium war zwar leichter und geschmacksneutraler, aber nicht billiger als einer aus Silber. Die günstige Aluminiumgewinnung ermöglichten erst Charles Hall und Paul-Louis Héroult mit ihrem Schmelzflussverfahren durch Elektrolyse. Für die Elektrolyse bedurfte es grosser Wasserkräfte und auch des entsprechenden Könnens beim Bau von Elektrizitätswerken. Speziell zu diesem Zweck wurde die Schweizerische Metallurgische Gesellschaft gegründet, die 1887 das Neher'sche Eisenwerk samt Wasserrechten kaufte. So wurde der Rheinfall zur Wiege der europäischen Aluminiumindustrie. Eines der frühesten werkeigenen Elektrizitätswerke deckte den hohen Energiebedarf für das Schmelzen von Aluminium. Die Hütte nannte sich nun Aluminium-Industrie-AG AIAG und später Alusuisse. Man war stolz auf diese schweizerische Pionierleistung. Die Konkurrenz schlief nicht, Bauxitvorkommen gab es auch in Kanada, Australien und Guinea. Und gleichzeitig mit der Hütte am Rheinfall vollendeten die Amerikaner an der Grenze zwischen Kanada und den USA ihre eigene erste Aluminiumhütte an einem vergleichbaren, aber noch besseren Wasserkraft-Standort: an den Niagarafällen. Die AIAG schlug sich im globalen Wettbewerb gut. 1892 war in Neuhausen das erste Walzwerk vollendet. Hinzu kamen die deutsche Hütte in Rheinfelden, Alusingen, und die österreichische Hütte in Lend.

Das ganz grosse Projekt aber galt der Nutzbarmachung der enormen Wasserkräfte des Kantons Wallis für die Aluminiumerzeugung. Parallel zum Chemiekonzern Lonza begann die AIAG, das Wasserschloss der Schweiz zu erobern. Bei Leuk zweigte man die Rhone ab und führte durch den Pfynwald und in Stollen einen 8 Kilometer langen Kanal nach Chippis. Im Kessel des Val d'Anniviers führte man jeden Tropfen Wasser zu Druckleitungen. So viel und so billige Energie war nur noch im Wallis zu haben. 1908 ging die Aluminiumhütte Chippis in Produktion. Im Ersten Weltkrieg boomte die Nachfrage, und danach noch mehr. Aluminium fand Verwendung für Fahrräder, Flugzeuge, Schienenfahrzeuge, Folien. Es wurde zum Massenprodukt. Die Werke galten nun als strategisch wichtige Schlüsselindustrie. In Sierre war 1929 das neue Walz- und Presswerk vollendet.[19] 1940 verlegte die AIAG ihr Domizil von Neuhausen nach Chippis, und es gab dort eine «maison Nazi» für deutsche Kontrollbevollmächtigte, denn wesentliche Anteile der Walliser Aluminiumproduktion gelangten an Hitlers Flugzeugindustrie.[20] 1956 bis 1963 erfolgten weitere grosse Investitionen im Werk Sierre, und mit dem Neubau des Musterwerks Steg gelang eine produktionstechnische Sensation. Der Konzern liess in Zürich am See vom Landesausstellungsarchitekten Hans Hofmann seinen neuen Geschäftssitz bauen. In Australien, wo 53 Prozent der begehrten Tonerde herkommen, besass die Alusuisse nun eine eigene Rohstoffbasis mit riesigen Tagbauten. Die Werke produzierten jährlich 700 Millionen Tonnen Aluminium. Nach dem Vorbild des Werks Steg nutzte die Alusuisse Islands Wasserkräfte und baute dort eine neue Hütte. 1974 übernahm sie das Walliser Chemieunternehmen Lonza. Der Konzern beschäftigte in seinen besten Zeiten 44 000 Leute. 1979 publizierte die Alusuisse-Lonza Holding AG stolz, sie sei im Wallis der weitaus wichtigste Arbeitgeber, in der Schweiz würden 11 000 Arbeitskräfte beschäftigt.

Doch in der Teppichetage schwelten die Konflikte. Der stellvertretende Generaldirektor des Konzerns, Emanuel Meyer, galt als Anhänger und Hauptsponsor der Sekte von Swami Omkarananda.[21] Als Gegenleistung vermittelte der Swami Anhängerinnen als Sekretärinnen, hiess es. Der esoterische Guru kaufte mit dem Geld seiner Anhänger in Winterthur mehrere Häuser und liess sie als Divine Light Zentrum DLZ blau streichen: «Der geistige

197 Die AIAG – die spätere Alusuisse – entstand als erste Aluminiumhütte Europas am Rheinfall. Dessen Wasserkraft diente der energieintensiven Elektrolyse. Vom Werk stehen heute nur noch die Portalbauten. **Neuhausen, Foto AIAG um 1920**

Lehrer braucht keine Vernunft, er ist die absolute Erkenntnis.» Ende der 1970er-Jahre brachte die Kriminalpolizei einen Bombenanschlag auf den Zürcher Regierungsrat Jakob Stucki mit dem DLZ in Verbindung. Es folgten die Verhaftung und Ausweisung des Swami und Rückzahlungsforderungen von Anhängern, um welche noch 2006 gefochten wurde.[22]

Die konfliktreichen Jahre in der Alusuisse-Leitung und eine vorübergehende Überproduktion brachten den Konzern ins Schleudern. Für die Liquiditätssicherung verkaufte der Konzern 1985 erstmals Kraftwerke, nach dem Motto: «Wie man die Legehenne verkauft und die Eier behält».[23] Während einer kurzen Erholungs- und Aufschwungphase übernahm das Financier-Duo Christoph Blocher und Martin Ebner zusammen mit dem Finanzstrategen Sergio Marchionne die Macht in der Alusuisse-Lonza Holding. 1997 gehörten – mit sicherem Instinkt für Verkaufsgewinne – 27,5 Prozent der Aktien Ebners Firma BZ-Visionen.[24] Alsbald wurde der Kanton Wallis unter Druck gesetzt. In die Alusuisse würde nicht mehr investiert, Arbeitsplätze müssten abgebaut werden, wenn nicht Rabatte auf die Gewinnsteuer gegeben würden. Der Kanton müsse zugunsten der Alusuisse zusätzlich auf 8 Prozent ihrer Wasserkraftsteuer verzichten. Die bis 2005 ausgehandelten Rabatte sollten den Kanton 30 Millionen Franken kosten, als Gegenleistung erhielt er die Zusicherung, die Elektrolyse Steg werde für 20 Millionen Franken erneuert und weitere Investitionen würden getätigt. Das in der Presse verkündete langfristige industrielle Engagement von Christoph Blocher und Martin Ebner war von kurzer Dauer. Wie weiter oben im Chemie-Kapitel dargestellt, wurde die Lonza-Keule aus der Holding herausgeschlagen, und Blocher schnitt später das Filetstück Biotechnik heraus, um sich schliesslich ganz aus dem Lonza-Konzern zu verabschieden. Vom Hinterteil der ehemaligen Alusuisse entfernte man das Schweizerkreuz und ging unter dem Namen Algroup auf Suche nach Übernahmepartnern. «Die Fusion ist auf gutem Weg», berichteten die Medien im Juni 2000.[25] «Suisse» wurde durch «Canada» ersetzt: Alcan, der zweitgrösste Aluminiumhersteller der Welt, übernahm die Hütten in Steg, Chippis und Island, das Halbzeugwerk Sierre, den in Neuhausen immer noch aktiven Alusuisse-Bereich Technology & Management und weitere Teile, aber *nicht* die für das Produzieren mit günstigem Strom entscheidenden werkeigenen Kraftwerke. Die Schlächter zerteilten eine ökonomisch und ökologisch sinnvolle Einheit schweizerischer Industriekultur in maximal lukrative Portionen. Die Rückenteile der einstigen Alusuisse-Lonza-Gruppe gingen wie Koteletts separat an die Meistbietenden. Unter dem Strich resultierten aus den Veräusserungen des Polymer-Bereichs der Lonza und des Energiegeschäfts mit den Kraftwerken Erträge von über einer Milliarde Franken, berichtete der Lonza-Chef Markus Gmür später

198 Die AIAG baute grosse Wasserkraftwerke im Wallis. Der integrierte elektrometallurgische Konzern wurde in den Wandelhallen der ETH in einem Gemälde gepriesen.
Zürich, Foto H. B. 1973

199 1979 beschäftigte die Alusuisse weltweit 44 000 Arbeitskräfte, einen Viertel davon in der Schweiz. Die Hütte und das Halbzeugwerk bei Sierre waren das Zentrum.
Hütte Chippis, Foto H. B. 1979

stolz. Blochers Kraftwerke der Ems-Chemie machten denselben Wandel mit, aber etwas unkonventioneller, mit einer Abgeltung in Bargeld sowie Lieferverträgen zu sehr günstigen Bedingungen. Algroup-Aktionär Christoph Blocher und Bankanalysten äusserten sich zufrieden über den Preis, den Verwaltungsratspräsident und Mehrheitsaktionär Martin Ebner für den Zusammenschluss von Algroup und Alcan herausgeholt hatte meldete die NZZ.[26] Die Zufriedenen erhielten pro Algroup-Aktie 17,1 Alcan-Titel, eine Nennwertrückzahlung von 90 Franken und eine Sonderdividende von 135 Franken. Während die NZZ keine Gesamtsummen bekannt gab, berechnete die SonntagsZeitung den Verkaufsgewinn zugunsten von Ebners BZ-Gruppe auf 800 Millionen Franken, Blochers Vermögen sei um 220 Millionen Franken gestiegen. Andere Zeitungen kamen auf geringere Beträge.[27] Jedenfalls «kassierte Blocher in einem Quartal mit dem Ebnerschen Visionsgeschäft mehr Management-Fee als die Chefs von UBS und CS zusammen im besten Geschäftsjahr», kommentierte der freisinnige Nationalrat und Unternehmer Ruedi Noser.[28] In Sierre gingen vorerst 50 Stellen verloren, die Belegschaft der Walliser Alusuisse-Werke betrug noch die Hälfte des Höchststandes von einst 3000 Mitarbeitenden. 2002 verkaufte Ebners BZ unter dem Liquiditäts- und Liquidationsdruck auch die Lonza-Beteiligung, die über Umwege wieder in Blochers 2,5-Milliarden-Vermögen zurückfloss und dort abermals abgestossen wurde.[29] Die NZZ: «Blocher, ein Mitstreiter Ebners der ersten Stunde, lässt sich nicht in die Karten blicken. [...] Eine genaue Bewertung der Beteiligungen ist deshalb unmöglich, weil die BZ-Gruppe Holding AG nicht kotiert ist und deshalb keine öffentlich zugängliche Rechnung ablegen muss.»[30]

Die von Blocher bis 2005 ausgehandelten Stromrabatte galten danach nicht mehr. Da die Aluminiumproduktion extrem energiefressend ist, betragen die Stromkosten +/- 35 Prozent der Produktionskosten. Blocher hatte beim Verkauf der Alusuisse-Kraftwerke mit den Käufern einen Stromtarif zu etwa der Hälfte des Marktpreises vereinbart.[31] Als die Verhandlungen von Alcan für die Verlängerungen der auslaufenden Abmachungen scheiterten, stellte der Konzern 2006 die Öfen in Steg ab, entsorgte die Altlasten und veräusserte das Areal für weitere Recycling-Arbeiten. 2007 rangen die weltweit grössten Bergbaukonzerne, die britisch-australische Rio Tinto Group und der US-amerikanische Alcoa-Konzern, um die Übernahme des angeschlagenen Alcan-Konzerns.[32] Rio Tinto überbot Alcoa um einen Drittel, womit die grösste Transaktion der kanadischen Geschichte für 39 Milliarden Dollar über die Bühne ging.[33] Rio Tinto-Alcan wies danach weltweit etwa anderthalb Mal so viele Arbeitsplätze auf wie der Alusuisse-Konzern zu seinen besten Zeiten – aber kaum mehr welche in der Schweiz: Ende 2009 verkaufte Rio Tinto den Firmenbereich «Alcan Composits Neuhausen».[34] Auch die grossen Aluminiumwerke Rorschach wurden vom Schicksal ihrer Käuferkonzerne ereilt und sind heute stillgelegt.[35]

Ausverkauf der Buntmetallwerke

In der Verarbeitung von Buntmetallen, also von Nichteisenmetallen, hatte die Schweiz eine starke Stellung, unter anderem wegen der Uhrenindustrie und des starken Bankenplatzes. Zu den aktiven mittelgrossen Unternehmen mit regionalem Kapital gehören die 1895 gegründete Metalyss mit 90 und die Aluminium Laufen AG mit 320 Mitarbeitenden. Globalisiert ist die Alu Menziken. 1871 im Val-de-Travers gegründet, baute das Unternehmen 1908 ein Werk im «Stumpenland», in Menziken. Die Firma produzierte Aluminiumprofile, Dampfkochtöpfe, Guss- und Walzteile.[36] In den 1970er-Jahren stellten die rund 1000 Beschäftigten auch rostfreie Metallfensterrahmen, Lamellenstoren und Flugzeugteile her. Nach dem Zusammenbruch des kommunistischen Blocks expandierte die Firma Richtung Osten. In der 1936 übernommenen Pfannenfabrik Sigg Frauenfeld erbaute die Alu Menziken noch ein neues Hochregallager, projektierte dann aber 1996 anstelle des Fabri-

200 Bis 2002 verscherbelten Martin Ebner und Christoph Blocher die Alusuisse-Kraftwerke und die Alusuisse-Hütten. **Druckleitungen Chippis, Foto Alusuisse 1907**

kationsbetriebes eine Büro- und Wohnnutzung.[37] Nach 2000 wurde die Alu-Menziken-Gruppe durch Investitionen im Mutterwerk und Abstossen ganzer Firmenbereiche für einen Verkauf attraktiv gemacht. 2007 übernahm die US-amerikanische Montana Tech Components die traditionsreiche Firma.

Das Schicksal der Buntmetallwerke Dornach, Boillat und Selve ist ebenfalls mit den Spielen von Finanzjongleuren verbunden. Else Selve-Wieland hiess die 1888 geborene Unternehmerin aus Thun, die mütterlicherseits aus dem Winterthurer Maschinenfabrikantenzweig Sulzer und väterlicherseits aus der Familie Wieland, Metallwerke Ulm, kam. 1910 heiratete sie Werner von Selve, den Sohn eines deutschen Metallfabrikanten und Gründer der Metallwerke Thun. Ab 1933 führte Else Selve das Unternehmen allein. Ihr besonderes Interesse galt dem Ausbau der Sozialwerke für ihre Arbeiter. Zusammen mit den zentral und am See gelegenen grossen Grundstücken lockten solche sogenannt unrentablen Budgetposten nach ihrem Tod 1971 Investoren an. Tettamanti, Ebner und Rey gehörten damals zu den frühen Raidern, die mit neuen, in den USA entwickelten Bewertungsmethoden der Industrie Investitions- und Betriebsmittel zu entziehen trachteten. In manchen Fällen wurde der über kaum eigene Mittel verfügende, aber sympathische Werner Rey anderen Investoren vorgezogen, so bei Bally, ACMV Vevey, Sulzer und auch bei Selve. Das Finanzgenie entwickelte auch in Thun bald anstelle der Fabriken Grossprojekte für Wohn- und Geschäftsüberbauungen. Nach dem Konkurs des dreifachen Milliardärs Rey verloren 1993 die letzten 400 Selve-Arbeiter ihre Arbeit. Die grosse Anlage in Thun zerfiel zu Ruinen und wurde 2008 weitgehend dem Erdboden gleichgemacht.[38]

In den traditionsreichen Metallwerken Reconvilier,[39] Dornach[40] und im vorübergehend dazugehörenden Werk Cossonay arbeiteten einst über 1000 Menschen. 1986 in Verbindung mit Selve zu den Schweizerischen Metallwerken UMS zusammengeschlossen, gingen sie 1989 zur Swissmetal Holding über. 2005 beschloss der neue CEO Martin Hellweg, die Produktion zunehmend in Dornach zu konzentrieren. Nach einem ersten Streik musste er den Standort Reconvilier garantieren. Boillat-Reconvilier war rentabel, und die Giesser hatten ein hoch entwickeltes Fachwissen und Können, mit Kundschaft bis in die Luftfahrtindustrie. Dann übernahm der britische Hedge Funds Laxey, unter Führung eines 32 Jahre jungen Investmentdirektors aus Basel, ein grosses Aktienpaket und das Zepter. Laxey kennen wir von den Angriffen auf Saurer, Sulzer, Implenia und andere Schweizer Unternehmen. Der Hedge

201 Die Buntmetallwerke Selve wurden eines der frühen Opfer der Financiers. Nach dem Konkurs von Werner Rey führte eine weitere Spekulationsrunde 1993 zur Stilllegung. Die Fabriken zerfielen und wurden 2008 weitgehend abgebrochen. **Thun, Foto H. B. 2006**

202 Über 1000 Werktätige arbeiteten für die Buntmetallwerke, die zur Swissmetal fusioniert wurden. Gegen die Schliessung der 1851 gegründeten Giesserei Boillat streikten die Betroffenen im Jahr 2006 mit Unterstützung der Behörden. **Reconvilier, Foto H. B. 2003**

Funds baute seinen Anteil an Swissmetal bis auf einen Drittel der Aktien aus. Der Plan war, Swissmetal zu filetieren und das Werk Reconvilier mit seinen noch 380 Arbeitsplätzen faktisch stillzulegen. 2006 traten die Boillat-Arbeiter in den zweiten Streik. Es sollte einer der hartnäckigsten der jüngsten Schweizer Geschichte werden. Unterstützt von der breiten Bewegung «La Boillat vivra» und den Behörden erzwang die Belegschaft vorerst den Erhalt des Werks. Doch die Demontage begann schon am ersten Tag nach dem Streik: Die Besitzer liessen angesichts des hohen Kupferpreises die Produkte aus Reconvilier wieder einschmelzen. Der Ausverkauf kam in Gang. Im Mai 2010 bekundete Laxey, man wolle die Beteiligung verkaufen. Übrig blieben 120 Arbeiter – noch.[41]

Veredeltes Gold – aus der Schweiz?

Gold aus der Schweiz? Der Aufstieg des an Goldminen armen Landes zu einem Weltzentrum des Goldraffinierens begann im Ersten Weltkrieg. Zur Absicherung von Kriegs- und Krisenrisiken erwarb eine der beiden Vorläuferbanken der UBS, der Schweizerische Bankverein, 1918 das 1852 gegründete Uhrengoldwalzwerk in Le Locle. Dieses Unternehmen gründete zwei grosse Goldschmelzwerke in Neuenburg und Marin. Sie raffinierten Gold auf den höchsten Reinheitsgrad zu Goldbarren und Rohprodukten für die Uhren- und Schmuckindustrie. 1936 gab der Bankverein den Produktionsstätten den Namen «Métaux Précieux S. A. Le Locle», Metalor. Die Firma entwickelte sich zum wichtigen Recycler von gold- und edelmetallhaltigen Abfällen von Zahnärzten, Bijouterien und Industriebetrieben. Metalor beschäftigte in den besten Zeiten 1400 Leute. Ein zweites Werk des späteren Bankenkonzerns UBS entstand in Mendrisio für die Schweizerische Bankgesellschaft. Diese Goldraffinerie verarbeitet jährlich bis zu 400 Tonnen Gold zu Barren. Auch die damals dritte Grossbank, die Schweizerische Kreditanstalt, gründete 1961 eine Goldraffinerie, die Valcombi S. A. in Balerna. 1968 taten sich die Grossbanken zum Goldpool zusammen. Die Aufrechterhaltung des Apartheid-Regimes im damals wichtigsten Goldförderland Südafrika rückte zu strategischer Wichtigkeit auf. Die Schweiz wuchs zum bedeutendsten physischen Goldhandelsplatz der Welt heran und profitierte von Ländern mit unsicheren Währungen und politischen Instabilitäten, was dem Horten von Gold förderlich ist.[42] Allerdings schafften die USA zwischen 1969 und 1971 auf Druck Frankreichs die Goldparität ab, das heisst, sie nahmen sich aus der Pflicht, gegen Dollars Gold herauszugeben. Das seit 1944 stabile Währungssystem brach 1973 zusammen. Langfristig bewirkte das auch die Loslösung der Banken von ihren wenigen eigenen Produktionsstätten. 1998 überliess die soeben fusionierte UBS die Metalor einer Gruppe von Investoren um die Bank am Bellevue mit dem ehemaligen Uhrenmanager Ernst Thomke. Die neuen Eigner bauten schon bald 110 Arbeitsplätze ab. Das Werk Mendrisio ging an die Firma Argos-Heraeus, in die wiederum die Commerzbank einstieg. 2003 trennte sich auch die Credit Suisse von der Valcombi, die noch 150 Leute beschäftigte. Das Wirtschaftsmagazin Bilanz monierte, dass das Schweizer Establishment vor allem mit der jüngsten Veräusserung von Metalor im Jahr 2010 dreistellige Millionenbeträge gescheffelt und sich eine goldene Nase geholt habe: «Private Equity-Deals unterliegen keiner Informationspflicht. Beim Verkauf der früheren Tochtergesellschaft des Schweizerischen Bankvereines (heute UBS) nach Frankreich drängt sich ein Blick hinter die Kulissen geradezu auf, weil es sich dabei während über eines Jahrzehnts um eine ebenso gut getarnte wie ausgesprochen lukrative Spielwiese für namhafte Exponenten der Schweizer Wirtschaftsprominenz handelte.»[43] – Als Profiteure der hoch verzwickten Gewinnabwicklung, unter anderem über eine Briefkastenfirma auf den Britischen Jungferninseln, nennt Bilanz den Metalor-Miteigner Ernst Thomke, den Saurer-Investor Giorgio Behr und André Hoffmann, welcher seine Hoffmann-La Roche-Connection spielen liess.

203 Nicht alles, was glänzt, ist Gold. Und nicht alles Gold ist gediegen: Im physischen Handel und in der Veredelung von Gold war die Schweiz lange Zeit weltweit führend. **Goldbarren von Degussa, Foto Sammlung Andreas Fahrni**

Wirtschaftsbasis kleine und mittlere Unternehmen

Die führende Produktionsbranche der Schweiz ist aus Kleinbetrieben mit weniger als 50 Beschäftigten herausgewachsen, und sie besteht auch heute wieder mehrheitlich aus kleinen und mittleren Betrieben, aus KMU. Diese Betriebe sind geprägt durch die Persönlichkeit des Unternehmers oder der Unternehmerin, die Eigenkapital im Unternehmen haben und selbst Risikoträger sind. Sie pflegen persönliche Kontakte zu Kunden und Mitarbeitenden und müssen auf Nachfragen und ihre Schwankungen flexibel so reagieren, dass sie ihre Kernbelegschaft behalten können und ihre Investitionen nicht aufs Spiel setzen. Trotz der hohen Komplexität der Produkte der Maschinen- und Elektroindustrie sind Tausende von KMU in diesem Bereich tätig – in der Zulieferung, im Werkzeug- und Werkzeugmaschinenbau, im Ausrüsten, im allgemeinen Maschinenbau und in der Umwelttechnik. Kurzlebigere Maschinen und ein riesiger Occasionsmarkt haben den KMU neue Marktnischen geöffnet. Da die Grossindustrie zudem im Zuge der Globalisierung viele eigene Betriebsleistungen ausgelagert hat, sind die Betriebe trotz aller wirtschaftlicher Konzentration durchschnittlich kleiner geworden. Allerdings sind solche ausgelagerte Betriebe und viele andere KMU enorm abhängig von den Konzernen. Die Metall verarbeitenden KMU im Rahmen dieses Überblicks alle nennen zu wollen, ist nicht möglich. Die Darstellung muss sich auf ausgewählte Entwicklungen beschränken.

Nägel, Draht und Stifte

Fast so verbreitet wie die Mühlen waren früher die Schmieden. Kaum eine der 3000 Gemeinden des Landes war zur Zeit, als das Pferd als allgemeines Transportmittel diente, ohne Schmiede. Vielen Werkstätten war eine Schmiede angegliedert. Neben Hufeisen, Hufnägeln, Werkzeugen und Beschlägen entstanden in diesen Urwerkstätten der Eisenbearbeitung alle möglichen Gebrauchsgegenstände für den Alltag. Allerdings bildeten Schmieden mit Wasserradantrieb die Ausnahme. Einzelne historische Hammerschmieden sind museal erhalten. So die 1791 gegründete Hammerschmiede in Corcelles BE, die bis 1955 kommerziell betrieben wurde. Oder die Nagelschmiede in Vallorbe, die heute das Musée du fer et du chemin de fer beherbergt. Oder die weiterhin kommerziell betriebene Kunst- und Kaderschmiede Mühlehorn.

Musée du fer et du chemin de fer, 1337 Vallorbe, www.museedufer.ch

Martinet de Corcelles, 2747 Corcelles, www.cremines.ch, geöffnet April bis Oktober Sa 9–12h, 13.30–17h

Kunst- und Kaderschmiede, alte hammerschmiede, 8874 Mühlehorn, www.hammerschmiede.com, geöffnet werktags auf Anmeldung

Ab der Mitte des 19. Jahrhunderts wurden die teuren, geschmiedeten Nägel durch die billigen, kalt verformten Stifte verdrängt. Das Rohmaterial Draht kommt aus Drahtzügen, von denen es viele gab. Das Verformen von Draht zu Drahtstiften, Agraffen, Beschlägen wie Fensterstreichern und später auch zu Betoneisen-Bindern geschah nun maschinell. Vertikale und im 20. Jahrhundert dann horizontale Stifteschlagmaschinen beschleunigten die Nagelproduktion. Überall entstanden Nagelfabriken, die in den besten Jahren in der Schweiz über 10000 Tonnen Drahtstifte produzierten. Zur grössten Draht- und Nagelfabik wuchsen die vereinigten Drahtwerke

204 Einst besass fast jedes Dorf seine Schmiede. Einige Hufschmieden, einzelne musealisierte Hammerschmieden und wenige Industrieschmieden haben überlebt. **Corcelles BE, Foto Denis Rossé 1996**

Biel heran. Sie stellten auch Drahtseile unter anderem für Drahtseilbrücken her, beschäftigten über 500 Personen und besassen eigene Kantinen, Wohnhäuser und Kraftwerke in der Klus der Schüss. Die reissende Kraft dieses Flusses war der Grund für die Ansiedlung der ersten Bieler Drahtzugfabrik schon im 17. Jahrhundert. Das 1884 erneuerte Kraftwerk gehörte mit seinem 620 Meter langen Stollen zu den ersten Elektrizitätswerken der Schweiz.[44] Die Blüte dauerte bis in die Zeit nach dem Zweiten Weltkrieg, als einerseits neue Verbindungsmittel aufkamen und andererseits günstige Transporte den billigen Import von Nägeln ermöglichten. Der Konzentrationsprozess liess 1970 nur mehr sieben Draht- und Nagelfabriken übrig – in Biel, Emmenbrücke, Leimbach, Münchwilen, Reinach AG, Kempten und Winterthur. Diese versuchten, sich in einem Kartell abzuschotten. Nach dessen Auflösung Ende 1992 schlossen die grossen Drahtwerke Biel und von Moos Emmenbrücke ihre Pforten.

1997 blieb als einzige derartige Verarbeitungsstätte des Landes die Schweizerische Nagelfabrik in Winterthur erhalten. Als einst kleinstes von den letzten sieben Werken stellt sie seither 100 Prozent der im Land produzierten Nägel unter dem Markennamen Schweizer Stifte her. Zwölf Werktätige erzeugen eine grosse Vielfalt von über 100 Nagelprodukten – rund 1000 Tonnen pro Jahr. Die Gründerfabrik von 1895 wird mitsamt der originalen Transmissionseinrichtung von der Gesellschaft für Industrie- und Bahnkultur-Ausflüge als Schaubetrieb gezeigt.[45]

Schaubetrieb Nagli, St. Gallerstrasse 138–140, 8400 Winterthur, www.nagli.ch, geöffnet Oktober bis Mai, jeden ersten Samstag des Monats 10 und 11 h Führungen

Kabel- und Eisenkonstruktionen aus der Schweiz

Aus der Drahtindustrie entwickelte sich als Spezialzweig die Kabelindustrie. Die Schweiz war das Pionierland für den Bau von Drahtkabelbrücken – der spätere General Henri Dufour konstruierte 1823 in Genf über den Stadtgraben die weltweit erste permanente Hängebrücke mit Drahtseilen. 1834 entstand in Fribourg der Grand pont suspendu mit einer 273 Meter langen Fahrbahn, die an vier Kabeln von je 1056 Drähten hing.[46] Der Boom für diesen Produktionszweig wuchs mit der Telegrafie, weitete sich mit der Telefonie aus und erreichte mit der Elektrifizierung im 20. Jahrhundert seinen Höhepunkt. Die Herstellung von Kabeln war verbunden mit deren Isolation, hauptsächlich aus Gummi. Das Ziehen, Verseilen und Umhüllen von dünnsten Drähten bis hin zu dicken Kabeln erfordert umfangreiches Wissen und grosse Produktionseinrichtungen. Im Verdrängungskampf überlebt haben vier Firmen. Huber + Suhner geht auf zwei Gründungen in Herisau und Pfäffikon zurück. Im zürcherischen

205 Von den vielen Nagelfabriken steht die Schweizerische Nagelfabrik AG als letzte in kommerziellem Betrieb. Das Team InBahn-Ausflüge zeigt die Maschinen von 1895 im Schaubetrieb Nagli.ch. **Winterthur, Foto Luca Zanier 2009**

206 Nach dem Bau einer ersten Kabelbrücke durch Henri Dufour in Genf realisierte der Lyoner Ingenieur Joseph Charley 1832 bis 1840 zwei grosse Hängebrücken über die Saane und den Gottéron. **Grand pont suspendu Fribourg, Lithografie Lemercier Paris um 1840**

Pfäffikon baute Hans Rudolf Huber ab 1882 eine Fabrik für Hutdrähte zur Kabelfabrik aus. Mit maximal 900 Beschäftigten war die «Huebi» für Pfäffikon wirtschaftlich bestimmend. Halb so viele arbeiten heute immer noch im ausgedehnten Industrieareal in Pfäffikon. 1969 erfolgte die Fusion mit dem 1864 gegründeten Kabelwerk Suhner in Herisau, wo sich seither der Firmensitz befindet. Suhner wuchs zum grössten appenzellischen Unternehmen mit über 1000 Angestellten. 2008 beschäftigte das Unternehmen in 17 Tochtergesellschaften 3500 Personen.[47]

207 Für die Kabelwerke Dätwyler entwarf Roland Rohn 1958 eine moderne Fabrikanlage. Heinrich Danioth schmückte die Eingangshalle mit Fresken zum Thema des Gotthardtransits. **Altdorf, Foto Edi Müller 2001**

Aus einer weiteren kleinen Kantonshauptstadt einen Industrieort gemacht hat Adolf Dätwyler. Nach Wanderjahren baute der Aargauer im Ersten Weltkrieg in Altdorf seine Kabelfabrik auf. Zeitweilig beschäftigte Dätwyler in Altdorf und Pratteln 1600 Leute. In seinen letzten Lebensjahren galt sein besonderer Ehrgeiz der Modernisierung seiner Fabriken – auch architektonisch. Zu diesem Zweck zog er Roland Rohn bei, der als Industriearchitekt auch für Hoffmann-La Roche, Zellweger Uster und die BBC Generalpläne entwarf. Im neuen Empfangsbereich liess Dätwyler 1958 von Heinrich Danioth das Freskenbild zum Gotthard-Transit malen. In den 1990er-Jahren erlebte die Firma mit der Herstellung von Glasfaserkabeln eine weitere Blüte, musste dann allerdings den Personalbestand auf inzwischen 780 Mitarbeitende reduzieren.[48]

Die dritte Kabelfabrik der Schweiz betrieb Werke in Cortaillod, Cossonay und Breitenbach. Herausgewachsen aus der frühesten grossen Fabrik der Schweiz, aus der im dritten Kapitel behandelten Kattundruckerei Fabrique-Neuve, baute die Firma ab 1879 allein in Cortaillod fünf Werke auf. 1994 machte der französische Konzern Alcatel-Alsthom ein Übernahmeangebot und vertikalisierte danach die Unternehmensgruppe. Von den drei Unternehmensbereichen Kabelherstellung, elektrotechnisches Material und Kabelnetze wurde Letzterer 1996 an Cablecom weiterverkauft, das Werk Cossonay stillgelegt und Breitenbach noch für die Auslieferung genutzt. 2001 erfolgte eine weitere Umwandlung, mit der die Produktionsbereiche nun den Namen Nexans als Schweizer Filiale der gleichnamigen französischen Gruppe erhielten.[49]

Die 1896 gegründeten Kabelwerke Brugg schliesslich sind heute noch in der Seiltechnik in der Schweiz präsent mit Werken in Romanshorn, St. Gallen und Birr. Im Bereich der Rohrsysteme pro-

duziert das Werk in Kleindöttingen Rohre für Tankstellen. Die Gruppe Brugg, in der noch immer die Gründerfamilie Suhner – übrigens verwandt mit der gleichnamigen Familie in Herisau – den Ton angibt, ist heute ein weltweit tätiger Konzern mit insgesamt gegen 2000 Mitarbeitenden.

Auch im Hoch- und Tiefbau ermöglichte die Metallverarbeitung im 19. Jahrhundert neue Konstruktionen. Gusseisen erlebte seine Blütezeit als Baumaterial zwischen 1779 und 1875. Textilfabrikanten nutzten es in England als Material für vermeintlich brandsichere Konstruktionen. In der holz- und steinreichen Schweiz fand diese Bauweise nur wenig Verbreitung.[50] Gusseiserne Säulen, vor allem aber Zierrat, setzten sich ab den 1870er-Jahren durch. Das war bereits die Zeit, als die Verbilligung der Stahlerzeugung die Verwendung von günstigen Walzprofilen ermöglichte. Fast gleichzeitig kamen 1889 in England die Brücke Firth of Forth und in Paris der Eiffelturm und die grosse Maschinenhalle für die Weltausstellung zur Vollendung. In der Schweiz bauten Eiffel, Decker Cannstatt und andere Eisenbauunternehmen aus den Nachbarländern grosse Eisenbrücken. Für kleinere Konstruktionen setzten viele einheimische Schlossereien auf das neue, mehrheitlich importierte Material. Zu den frühen erfolgreichen Firmen des schweizerischen Stahlhochbaus gehörten die Centralbahnwerkstätte Olten von Niklaus Riggenbach, Gabser aus Wil, die Eisenwerke Bosshard aus dem glarnerischen Näfels und neben Von Roll und Bell Kriens die Ateliers de Constructions Mécaniques de Vevey. Ab den 1890er-Jahren kamen Albert Buss aus Basel, Wartmann und Valette aus Brugg, Zschokke aus Döttingen, Geilinger aus Winterthur und die Zürcher Eisenbauwerkstätten Löhle und Koch hinzu. Diese Firmen waren in der Regel mittelgrosse Unternehmen, oder es handelte sich um Abteilungen grosser Firmen. Mittels Vorfabrikation, Vormontage und guter Baustellenleitung in Zusammenarbeit mit anderen Unternehmen waren sie in der Lage, auch grosse Stahlbauaufgaben zu bewältigen. Bedeutende Werke der schweizerischen Stahlbauer waren verschiedene Eisenskelett-Fabrikbauten, viele Hochspannungsmasten, 1902 die Trisannabrücke der Arlbergbahn, 1912 die Lichthofkuppel der Universität Zürich, 1938 der geschweisste Radiosenderturm Beromünster, 1939 das Hallenstadion Zürich oder 1964 der Sulzer-Turm in Winterthur. Die Eisenbaufirma Geilinger Winterthur bot über 1000 Leuten Arbeit. Nach dem Konkurs wurde sie 1999 liquidiert.[51] Im Stahlbauzentrum Schweiz sind heute noch 36 verarbeitende Betriebe Mitglied, 70 sind als Zulieferer verzeichnet, und 133 Büros widmen sich der Stahlbauplanung.[52] Die wohl älteste Traditionsfirma dieses Wirtschaftszweigs ist das 1864 gegründete Familienunternehmen Tuchschmid in Frauenfeld, das dort 150 Leute beschäftigt.[53]

208 Die Kabelwerke Cortaillod entwuchsen der 1779 gegründeten Textilmanufaktur. In der Fabrik Nummer 1 befand sich in der grossen Halle der Drahtzug. **Cortaillod zwischen 1898 und 1905, Sammlung H. B.**

209 Die Kabelwerke Cossonay erlebten in der Schlussphase der Vollelektrifizierung der Schweiz ihre höchste Blüte. **Anzeige Cossonay 1951, Sammlung H. B.**

Genève: Il était une fois l'industrie …

Von der Metallverarbeitung lebten in der Rhonestadt noch in den 1960er-Jahren über 15 000 Menschen, insgesamt fanden sich 45 Prozent der Genfer Arbeitsplätze in der Industrie. Die Firmennamen der damaligen Grossbetriebe sind in Vergessenheit geraten, einzelne wenige sind legendär geblieben. Der Aufstieg von Genf zur Maschinenindustriestadt hat seinen Ursprung in einigen findigen Köpfen des ausgehenden 19. Jahrhunderts. Der Einflussreichste unter ihnen war Théodore Turrettini, Ingenieur, Bürgermeister und Präsident des Zentralkomitees der zweiten Schweizerischen Landesausstellung, die 1896 in Genf stattfand. Zwischen dem Eidgenössischen Schützenfest von 1887 und dieser Ausstellung forcierte er die Elektrifizierung und den Ausbau des grössten schweizerischen Tramnetzes, die Wasserversorgung, eine Verwaltungsreform und die Integration der politischen Kräfte, insbesondere der in der deutschen Schweiz verfolgten Sozialisten. In der grandiosen Halle des Machines demonstrierte die Rhonestadt der Welt das Bild einer prosperierenden Industrie.[54] Turrettini, persönlich bekannt mit Werner Siemens, hatte die hervorragenden Ingenieure René Thury und Michel Cuénod zur Seite. Turrettini und Thury waren an der Société Genevoise d'instruments de physique, SIP, beteiligt.[55] Die auf den Bau von Präzisionswerkzeugmaschinen und opti-

210 Das Werbeblatt der Maschinenfabrik Bell gibt einen Überblick über die Vielfalt der Eisenkonstruktionen, die diese und ähnliche Firmen für alle Zwecke vorfabrizierte und montierte. Kriens 1930er-Jahre, Sammlung H. B.

schen Instrumenten spezialisierte Firma soll 1960 über 2000 Menschen beschäftigt haben. 20 Jahre danach gab es nach Übernahmen noch 140 SIP-Mitarbeiter. Cuénod gab auch die Impulse zur Gründung der späteren Cuénoterm und der grossen Elektromaschinenfabrik Sécheron. Beide beschäftigten zusammen ebenfalls 2000 Mitarbeitende. Sécheron verlor 1400 Arbeitsplätze nach der Übernahme durch BBC und durch die spekulative Veräusserung des Werkareals über mehrere Eigentümergenerationen. Überlebt haben Nachfolgejobs bei der Sécheron Hasler Holding. Von der berühmten Motorenfabrik Hispano-Suiza – 1580 Arbeitsplätze – ist nach Verkäufen an Bührle, Sulzer und Heberlein nichts geblieben.[56] Motosacoche – 1200 Arbeitsplätze – stellte 1956 den Motorradbau ein und schloss die Pforten 1987. Von Tavaro mit maximal 2000 Arbeitsplätzen sind bei Elna 60 übrig geblieben. Bei der Apparatefirma Gardy arbeiteten 1950 2000 Menschen, die Fabrik dient seit 1995 als École des Beaux-Arts, während die Apparatefirma Sodeco mit einst 1350 Arbeitsplätzen nach der Fusion mit Landis & Gyr das Schicksal der Mutterfirma teilte. Die für hochwertige Drehautomaten bekannte Maschinenfabrik Tarex ging in saudiarabischen Besitz und wurde zur Liegenschaftenfirma. Die bekannte Firma für den Bau von Wasserkraftwerken, Charmilles, vormals Piccard Pictet, verlor die 1400 Arbeitsplätze mit den Handänderungen über Werner Rey und deutschschweizerische Unternehmen: Charmilles Technologies ging 1988 an die GF, die sehr erfolgreiche Sparte Elektroerosionsmaschinen 1996 an die Agie in Losone und Zug, während der Anlagenbau 2000 als Coperion Holding GmbH mit Sitz in Konstanz und einem Standort in Meyrin so verselbständigt wurde, dass etliche Fäden schliesslich wieder bei GF zusammenliefen und 2007 eine Division GF AgieCharmilles entstand.

Ob die Fabriken in Genf schliesslich von saudischen oder von deutschschweizerischen Eignern stillgelegt wurden: Genf beklagte sich jedes Mal über die fremde Dominanz. Dennoch: Am Anfang stand zwar die gezielte Industrieförderung durch den Stadtstaat, am Ende aber immer auch der Verkaufs- und Liegenschaftenprofit auf dem Diplomaten- und Finanzplatz Genf.

211 Noch in den 1980er-Jahren investierte BBC in die Ateliers de Sécheron mit dem Bau eines Hochregallagers für die chaotische, computergesteuerte Lagerung von Maschinenteilen. **Genève, Foto H. B. 1995**

212 Nach Spekulationen um die 30 Hektar grossen Sécheron-Areale und nach Grundstückverkäufen, unter anderem an arabische Besitzer, wurden grosse Teile der einst bedeutendsten Genfer Elektromaschinenfabrik abgebrochen. **Genève 2004, Sammlung H. B.**

Werkzeugmaschinen Swiss Type

Schärfere Werkzeuge, präzisere Werkstücke, automatisch bohren, drehen, fräsen statt von Hand: Werkzeugmaschinen waren ein grundlegender Bestandteil der industriellen Revolution. Schweizer Unternehmen haben viel beigetragen zur Entwicklung der Werkzeugmaschine. Eindrücklich zeigen das die 174 Maschinen des Museums Centre Müller hinter dem Bahnhof von Biel. Die Sammlung ist thematisch gegliedert, beginnend mit der ältesten Holzdrehbank von 1800, mit Bohr-, Fräs-, Hobel-, Schleif- und Schmiedemaschinen, mit mechanischen Hämmern, Blechscheren, Stanzwerkzeugen, Verzahnungs-Atelier, Walzwerk, Schuler-Presse und Oerlikon-Bohrwerk. Die Maschinen werden von Tretmechanismen, Lederriemen oder kleinen Elektromotoren angetrieben. Die traditionsbewusste Familienfirma Müller handelt und repariert Werkzeugmaschinen und führt das einzigartige Museum seit 2002.[57]

Werkzeugmaschinenmuseum Centre Müller,
Wydenauweg 34, 2503 Biel, www.centremuller.ch,
geöffnet Di–So 14–17h

An anderen Orten befinden sich Werkzeugfabriken im Dornröschenschlaf. So die 1906 gegründete Firma Langel in Courtelary. Im Gebäude von 1917 ist die ganze Ausrüstung mit Comptoir, Gussmodell-Lager, Schmiede, transmissionsgetriebenen Werkzeugmaschinen und Musterkollektion von Uhrmacher-Werkzeugen erhalten.[58]

Viel ist von der einst in Fachkreisen hoch geschätzten schweizerischen Werkzeugmaschinen-Industrie nicht übrig geblieben. Die Krise von 2008 liess die Bestellungen international um zwei Drittel sinken. In den Reishauer'schen Fabriken im Zürcher Industriequartier hat sich die Schule für Gestaltung eingerichtet.[59] Produziert wird noch in Wallisellen. Aus Oerlikon ist der Werkzeugmaschinenbau, nach nicht enden wollenden Umstrukturierungen, weitgehend verschwunden.[60]

Moutier, die Stadt der Werkzeugmaschinen-Industrie par excellence, befindet sich trotz hervorragenden Produkten von Weltruf in einer Dauerkrise. Das Erfolgsprodukt aus der Stadt am Ausgang der Juraklus ist die Drehbank «Swiss Type». Moutier darf als Geburtsstätte der automatischen Präzisionsdreherei bezeichnet werden. Die fusionierten Unternehmen Tornos-Bechler-Petermann beschäftigten 1975 über 2000 Arbeiter, das Städtchen hatte knapp 10 000 Einwohner. Für alle Werkzeugmaschinen-Fabriken zusammen arbeiteten allein im Berner Jura über 10 000 Leute. Noch zur Zeit der Familienpatrons wurde in einer 1895 erbauten Unternehmervilla eine gepflegte Drehautomatensammlung untergebracht. Das Museum beherbergt Schriften und Bilder zur Industriegeschichte von Moutier. Originalstiche, Pläne, Maschinenbücher, Fotos und Postkarten von Arbeitsräumen dokumentieren die Arbeitswelt der Gegend.[61] Tornos entwickelte bis ins Jahr 2000 ihre neue, elektronisch gesteuerte Maschine Deco 2000. Der Verkaufserfolg für diese Langdrehautomaten war so gross, dass Tornos noch Anfang 2001 1400 Leute beschäftigen konnte. Dem Investmentfonds Dougthy Hanson war das erneute Glänzen der Perle im Jura nicht entgangen. Er übernahm sie und bereitete den Börsengang vor. Nach Fusionen beschloss die Firmenleitung, an die Börse zu gehen. 20 Prozent Rendite war das Ziel, erreichbar durch Verkäufe von Kerngeschäften, Liegenschaften und Entlassungen, zweimal rund 400. Bei einem auf 180 Millionen Franken geschrumpften Umsatz machten Provisionen, Entschädigungen und unvorhergesehene Kosten geschätzte 20 Millionen Franken aus. Mitarbeitende wurden zum Aktienverkauf angehalten. Sie mussten sich wenig später – als Miteigner – gleichsam selbst entlassen. Verführte Aktionäre hatten Schulden gekauft, und Lieferanten wurden unfreiwillig Aktionäre. Über die Hälfte der Belegschaft übergab man der sozialen Fürsorge des Staates. Wegen nicht erreichter Geschäftsziele wechselte die Firmenleitung innert fünf Monaten zwei Mal. Die Krise sei hauptsächlich eine Folge des

213 Im westlichen Industriebezirk der Maschinenindustriestadt Moutier entstanden ab 1841 die Uhrenglasfabrik und die Uhrendrehautomatenfabriken Junker und Tornos. **Foto Langdrehautomaten-Museum Moutier**

214 Die Werkzeugmaschinen-Fabriken von Moutier wurden weltbekannt mit den Drehbänken «Swiss Type». Noch im Jahr 2000 entwickelte Tornos einen neuen erfolgreichen Langdrehautomaten und geriet dann in den Strudel von Ausverkäufen. **Montagehalle Tornos Moutier, Foto H. B. 1998**

Börsengangs und der Unternehmenspolitik des nachmaligen Verwaltungsratspräsidenten der Post, Anton Menth, stellten Analysten und Wirtschaftsjournalisten fest. Die Politiker der Gemeinde, die schliesslich zur Erhaltung der verbliebenen Arbeitsplätze allerlei Sanierungshilfen boten, reden nicht gern von der bitteren Geschichte der vergangenen Jahre, denn Moutier bleibt vom dominierenden Industriesektor abhängig.

Musée du Tour automatique et d'histoire, rue Industrielle 121, 2740 Moutier, geöffnet Mi und Fr 14–18 h oder auf Anmeldung, 032 493 68 47 / 079 305 22 72

Von Arbenz bis Saurer-Ende: Strassenfahrzeuge aus der Schweiz

Wer kennt sie noch? Die Autos, Motorräder und Nutzfahrzeuge all der Schweizer Fabriken, die Strassenfahrzeuge herstellten? Ajax Zürich 1906–1910, Allegro Neuchâtel 1923–1963, Arbenz Zürich 1904–1922 vorübergehend mit über 1000 Beschäftigten, Berna Olten 1904–1976, Bucher-Guyer Niederweningen 1904 bis heute, Bührer Hinwil 1939–1978, Condor Courfaivre 1893 bis heute, Dufaux Genève 1904–1909, Fischer Zürich 1904–1914, FBW Wetzikon 1905–1983, General Motors Biel 1937–1975, Helios Zürich 1906–1907, Hürlimann Wil 1939–1979, Martini St-Blaise 1902–1934, Monteverdi Binningen 1959–1967, die bereits erwähnte Genfer Firma Motosacoche mit ihren Motorrädern, Mowag Kreuzlingen seit 1950 mit ihren Panzerwagen – 1999 an GM und 2002 an General Dynamics veräussert. Weiter im Alphabet Oehler-GF und SIG 1930 mit ihren Elektromobilen, Oerlikon-MFO 1950 mit den Gyrobussen, Orion Zürich 1900–1976, am Schluss noch mit Maschinenzubehör, Pic-pic-Autos von 1907 mit dem Wissen eines späteren Hispano-Suiza-Ingenieurs, Rapid seit 1899 mit den bekannten kleinen Motormähern, Safir Zürich mit Luxusautos der Jahrgänge 1906–1910, Sauber Hinwil seit 1970 mit der eigenen Rennwagenentwicklung und einigen Sponsorenturbulenzen, Saurer-NAW 1896–2003 ... Auch die Elektromobile von Tribelhorn aus Feldbach und die Luxuskarossen von Weber und Turicum aus Uster wären zu erwähnen. Hundert andere kurzlebige Firmen gab es. Über Autos wurden so viele Bücher geschrieben wie über kein anderes technisches Produkt.[62] Das Automobil, das die meiste Zeit seiner Existenz ein parkiertes oder Kolonne stehendes Immobilium ist, hat so viele Besitzer und Fanatiker wie kein anderes vergleichbar teures Konsumgut. Dementsprechend gibt es unzählige Autosammlungen, Autoausstellungen und -museen, die gar keine sind, weil sie keine Museumsöffnungszeiten haben. Deshalb sei am Rand nur auf das eine grosse verwiesen, das seit Ende 2009 museumspädagogisch hervorragend neu eingerichtet ist.

Halle Strassenverkehr im Verkehrshaus, Lidostrasse 5, 6006 Luzern, www.verkehrshaus.ch

215 Arbenz war in der Gründerzeit mit 1000 Beschäftigten in Albisrieden die grösste Fabrik für automobile Fahrzeuge der Schweiz. Viele Lastwagen-Lieferungen erfolgten im Ersten Weltkrieg. **Verlad in Zürich-Altstetten, Sammlung Ortsmuseum Albisrieden**

216 Die schweizerische Automobilproduktion erreichte ihren Höhepunkt vor und kurz nach dem Ersten Weltkrieg. Der Absatz von Luxusautomobilen endete mit der Wirtschaftskrise 1929. 1938 stellte auch Hispano-Suiza die Autoherstellung ein. **Luzern, Foto H. B. 2005**

Gemeinsam ist den meisten schweizerischen Autobauern, dass sie KMU waren, in Marktnischen und für den Heimmarkt arbeiteten und nur in wenigen Fällen überlebt haben. Denn der motorisierte Individualverkehr entwickelte sich zum Vergnügen einer Minderheit reicher Leute, und in dieser Gründerzeit erlebte die schweizerische Automobilindustrie ihren Boom. Das neue Luxusgut galt wie eine Luxusuhr als Statussymbol, das entsprechend teuer gekauft wurde. Der billigste kleine Martini kostete 11 000 Arbeiterstundenlöhne, die teureren ein Mehrfaches. 1917 waren von den 5000 in der Schweiz zum Spazieren geführten Autos etwa ein Achtel Martinis.[63] Als die Amerikaner das Auto zum Massenkonsumgut machten, konnten die Schweizer Fabriken nicht mehr mithalten. Einige Versuche gab es noch. Martini produzierte noch 1929 in Lizenz Wanderer-Automobile. Bührle investierte 1935 bis 1945 mit einer DKW-Lizenz in der Schweiz in den Bau von 1674 Holzkarosserie-Wagen der Marke DKW-Holka. Die Bieler Stadtregierung baute 1935 zur Bekämpfung der grossen Arbeitslosigkeit hinter dem Bahnhof eine Autofabrik und vermietete sie an General Motors. Nach einer kriegsbedingten Stilllegung kaufte GM die Gebäude 1947 und vergrösserte die Werkanlage bis 1972 für die Montage vieler Modelle. Allein 1957 verliessen 14 500 Opel das Werk, darunter der speziell für die Schweiz entwickelte Opel Ascona. Insgesamt montierte das Bieler Werk eine drittel Million Fahrzeuge, bis es 1975 stillgelegt wurde.[64] Es diente noch bis 1985 als Garage und GM-Verkaufsstelle. Seither stellen hier die Coop-Kunden ihren motorisierten Einkaufswagen ab. Von Opel sind in der Schweiz die Opel-Sanierer Frank Stronach und Sergio Marchionne mit ihren Villen im steuergünstigen Zug geblieben.[65] Das Autogeschäft ist entweder zum Händlergeschäft mit bedeutenden Akteuren wie Amag geworden – der Veteran des Volkswagenimports, Walter Haefner, gehört zu den Multimilliardären der Schweiz. Oder das Autogeschäft ist ein Zuliefergeschäft für kleine oder auch grosse Firmen wie GF und Rieter. Diese profitieren von den insgesamt dreistelligen Milliardenzuschüssen und Autovernichtungsprämien der Autofabriknationen. Das mit Steuergeldern gedeckte Verschrotten von 4 Millionen Autos rettet die Überproduktion der Schlüsselindustrie der reichen Länder über eine

217 Von der vielfältigen schweizerischen Nutzfahrzeugindustrie haben nur wenige Betriebe überlebt. Als Bauern-Rolls Royce galt der Hürlimann-Traktor. Die moderne Fabrik in Wil entstand ab 1929. **Baustelle Amsteg, Foto H. B. 1998**

218 Früh übt sich, wer ein Fahrer werden will. Und welcher Bub will das nicht? Der eigene Selbstfahr-Untersatz ist das teuerste Gut, das sich der Normalsterbliche leistet. **Saurer-Museum Arbon, Foto H. B. 2010**

weitere Runde, gerechtfertigt als Umweltbeitrag – für Autos, deren Benzinverbrauch sich beim Stehen mit angelassenem Motor demjenigen beim Fahren angleicht.[56]

Einen etwas anderen Charakter als die Autoindustrie hat die Nutzfahrzeugindustrie, welche in der Schweiz teilweise mit der Landwirtschaftsförderung verbunden war. Die Mechanisierung der Landwirtschaft schuf einen Markt, der die Gründung von vielen Traktoren- und Landwirtschaftsgeräte-Fabriken ermöglichte.[67] Wenige, so die erwähnte Rapid-Motormäherfabrik oder die einst grösste Landwirtschaftsmaschinenfabrik Bucher-Guyer, haben überlebt. Die Anlagen von Bucher-Guyer breiten sich mitten in der Agrarlandschaft am Endbahnhof der SBB-Linie ins Wehntal mit Industriehallen auf 3 Hektar aus. Den Kern der Anlage bildete die über dem Nordeingang mit dem Baujahr 1603 gekennzeichnete Mühle. 1807 gilt als Gründungsjahr der Firma Bucher. Arbeiterhäuser und die Villa von 1906 gehören zum Ensemble. In der Maschinenfabrik arbeiteten in den 1980er-Jahren über 1000 Menschen – in einer Gemeinde mit 1300 Einwohnern. Bucher produzierte neben Traktoren und Motormähern auch Gemeinde- und Geländefahrzeuge. 2003 wurde in Niederweningen der Landmaschinenbau und 2005 die Aktiensperrminorität der Familieninhaber aufgegeben. Die Firma handelt, montiert und produziert seither unter dem Label Bucher Gemeindefahrzeuge, Glasrecyclinganlagen, Hydraulikkomponenten und Maschinen zur Gewinnung von Nahrungsmitteln.[68]

Abgesehen von Karosserieherstellern wie Hess in Bellach und dem Militärfahrzeug-Bauer Mowag in Kreuzlingen ist das letzte grosse Kapitel der schweizerischen Strassenfahrzeug-Produktion von FBW und Saurer geschrieben worden. FBW steht für Franz Brozincevic Wetzikon. Brozincevic hatte bei verschiedenen frühen Autofabriken in der Schweiz gearbeitet, bevor er sein eigenes Unternehmen in der 1897 erbauten Motorwagenfabrik Wetzikon gründete. In Wetzikon entwickelte FBW eigene Motoren, Aufbauten und Chassis – unter anderem für Unterflurantriebe. Paul Brozincevic übernahm das Werk im Alter von 65 Jahren als Alleinaktionär und verkaufte es 1978 an die mit Bührle und Mercedes verbundene Nutzfahrzeuggesellschaft Arbon & Wetzikon AG, NAW. Diese beschloss 1994 die Verlegung der Restproduktion nach Arbon.[69]

219 Die Frontlenker-Generation ermöglichte mehr Ladefläche oder mehr Fahrgastraum. FBW entwickelte in den 1960er-Jahren eine spezielle Unterflurmotor-Technik. **Bodio, provisorisches Buslager im Stahlwerk, Foto H. B. 2000**

220 Dieseltank-Drehdeckel mit Anzeige des Brennstoffvorrats und doppeltes Saurer-Wappen am Zürcher Bus von 1930: Das Treppengiebelzeichen deutet auf den Saurer-Wohnsitz im Schloss Arbon hin. **Zürich, Foto H. B. 2009**

221 Noch 1962 warb Saurer mit einem typischen Schnauzen-Lastwagen im internationalen Nutzfahrzeug-Katalog für die besondere Qualität der Schweizer Produkte. **Sammlung H. B.**

222 Saurer investierte bis 1980 in die Werke in Arbon. 1941 bis 1961 entstanden moderne Werkhallen von Georges-Pierre Dubois, einem Corbusier-Bewunderer und Neffen des Saurer-Generaldirektors. **Arbon, Foto Arias-Industriekultur Viola Müller 2008**

Arbon ist seit den ersten Jahren, in denen der Thurgau die Fabriken statistisch erfasste, der führende Industriestandort des Kantons. Von den drei grossen Unternehmen des Ortes war die Maschinenfabrik Saurer die grösste. Das 1862 gegründete Unternehmen spezialisierte sich auf die Herstellung von Stickereimaschinen und Motorwagen. Erfindungen wie die Motorbremse, aber auch Kriegslieferungen verhalfen zum internationalen Durchbruch der Firma. Sie baute Fabriken in Wien, bei Paris, in Lindau am Bodensee, in Allentown Pennsylvania und Plainfield New Jersey. Die Patente für die Motorenerfindung von Rudolf Diesel lagen zwar in den Händen der Maschinenfabriken Augsburg-Nürnberg MAN und Sulzer. Aber Saurers Entwicklungen führten zu neuen Patenten, für die sich während des Ersten Weltkrieges sogar MAN bewarb. Dank amerikanischem Fliessband-Akkord entstanden bis 1918 50000 Saurermotoren für Lastwagen, Schiffe und Flugzeuge aller Krieg führenden Parteien.[70] Adolph Saurer hauste nun im Schloss Arbon am Bodensee, und Hippolyt Saurer erwarb das Schloss Eugensberg am Bodensee, das Napoleons Stiefsohn Eugène de Beauharnais erstellt hatte und das heute den Erben des Exmilliardärs Rolf Erb gehört. Der Maschinenfabrik in Arbon waren bedenkenlos Altstadtteile geopfert worden. Als Erweiterungen unmöglich wurden, erstellte Saurer neue Werke südlich des Bahnhofs: Giessereien mit jugendstilartigen, monumentalen Sichtbackstein-Fassaden und 1953 schliesslich moderne Hallen. Im Stil des Neuen Bauens ersetzte die Firma auch alle Altbauten in der Altstadt. Eine neue Standfigur von Ernst Heller vereinigte zum 100. Geburtstag der ersten Giesserei von Franz Saurer einen proletarischen Prometheus mit einem Relief von Franz, Adolph und Hippolyt Saurer. Mit den Erneuerungen durch die Architekten Dubois und Eschenmoser entstanden eindrückliche moderne Fabrikanlagen.[71] Bis in die 1980er-Jahre konnte niemand glauben, dass in Arbon irgendwann kein einziger Lastwagen mehr produziert würde.

Dann kam in Konkurrenz zu Werner Rey Tito Tettamanti, «TT», nach Arbon, selten physisch präsent, aber mit viel Kapital aus seinem Umfeld. Mit seinen politischen und finanziellen Beziehungen und als Anlaufstelle für italienische und andere Investoren diagnostizierte er von seiner Villa in Castagnola aus, dass Saurer unterbewertet sei. 1988 erwarb er eine Saurer-Aktienmehrheit von einer italienischen Holdinggesellschaft, deren Verantwortlicher 1992 bis 1995 wegen des 250-Millionen-Franken-Konkurses eben dieser Holdinggesellschaft in Italien zu einer Zuchthausstrafe verurteilt wurde.[72] Beim Bund, der bis 1980 die Lastwagenimporte mit speziellen Vorschriften begrenzte, liefen Verhandlungen für die Lieferung von 3000 Armeelastwagen durch Saurer. Zur Stärkung des Lastwagensegments von Saurer wurde mit dem italienischen Lastwagenbauer Iveco zusammengespannt, der von seinen 3000 Arbeitsplätzen 1000 abbaute. In Arbon waren von den einst über 3000 Arbeitsplätzen noch 2000 vorhanden, und die Ausgliederung der Forschungs- und Entwicklungsabteilung an eine Iveco-Tochter diente der weiteren Verschlankung. Als Speck fühlten sich diesmal nicht die Arbeiter im

223 Im Gefolge von Tito Tettamantis Globalisierungsplänen verlor Arbon mit den Saurer-Fabriken alle der einst 3000 Arbeitsplätze. Die wertvollsten Gründerbauten mit den polychronen Sichtbacksteinfassaden wurden abgebrochen. **Arbon, Foto H. B. 2001**

Werk, sondern die Ingenieure in den höheren Etagen. Das Management stärkten nun führende Köpfe von Landis & Gyr, Alusuisse und von Banken, unter anderem aus dem Umfeld der Bank am Bellevue, was für die Arbeiter eine schlechte Aussicht bedeutete. Die Aufträge für wenigstens 1200 Armeelastwagen und für viele Busse für öffentliche Verkehrsbetriebe ehrten einheimisches Schaffen; sogar Istanbul bestellte noch 35 Müll-Saurer. Mit diesen Aufträgen leitete das Management streng geheim eine Kooperation mit Daimler-Benz ein. Mit dem Kooperationsgewinn sollte der Textilbereich gestärkt werden. In Arbon verschwanden weitere 1000 Arbeitsplätze, aber mit dem Kauf des weltgrössten Spinnmaschinenherstellers Schlafhorst aus Deutschland entstand ein Konzern von 11 000 Mitarbeitenden. Der Saurer-Sitz wanderte nach Glattbrugg. TT's Italien-Connection blieb erhalten, aber 1993 wurde der Saurer-Verwaltungsratspräsident Vittorio Ghidella wegen Veruntreuung von italienischen Subventionen in Bari verhaftet. Nachfolger wurde der frühere Volkswagenchef Carl Hahn. Doch trotz verabschiedeter Lastwagenproduktion erreichte Saurer die hohen Renditeziele ihrer Financiers und Manager nicht. TT stieg zuerst als Verwaltungsrat und gerade noch rechtzeitig als Grossaktionär aus und konnte stolz vermelden, er habe mit Saurer Geld verdient.[73] Bei Schlafhorst verschwanden 3500 Arbeitsplätze als Folge einer Sanierung durch den altbewährten Sanierer Ernst Thomke. Dafür gelangte mithilfe eines Führungsmitgliedes der Deutschen Bank der Chemiefasermaschinen-Hersteller Barmag zum Konzern. Saurer konnte nun vermelden, der weltweit grösste Textilmaschinenproduzent zu sein. Für eine Grossüberbauung, die in der geplanten Form nie realisiert werden sollte, wurden grosse Teile der Werkanlagen beim Bahnhof geschleift. In diesem Stück Arbon stand eine Brache in Flammen,[74] und die letzten Saurer-Arbeiter verloren ihre Stelle.

Rasende Zukäufe und Stellenstreichungen, verbunden mit Attacken des Hedge Funds Laxey und dem wieder erstarkten Martin Ebner, beschleunigten 2005 den Krebsgang von Saurer. Ein für Investitionen propagierter Überschuss von 140 Millionen Franken trieb den Kurs der Aktien hoch, von denen grosse Pakete ausserbörslich die Hand wechselten. Selbst die NZZ schrieb von Putschversuchen und Spekulationen, «wenn für 40% der Aktien nicht klar ist, wem sie gehören, weil sie nicht eingetragen sind, wenn innerhalb zweier Monate zwei Drittel des ganzen Kapitals die Hand wechselt oder wenn bei Generalversammlungen die Stimmung (der Kleinaktionäre) zwar in der Schweiz gemacht wird, die Abstimmung aber durch Hedge Fonds in London entschieden wird».[75] Schliesslich gehörte Saurer, 2006 von OC Oerlikon übernommen, zum Imperium des russischen Finanzinvestors Victor Vekselberg. Dessen Aufstieg zum grössten industriellen Arbeitgeber der Schweiz wird unter OC Oerlikon und Sulzer thematisiert. Die Sulzer Immobilien AG plant schon seit einigen Jahren die Neuüberbauung der Saurer-Areale in Arbon. Es war ein bitterer Niedergang für die einstige Industriestadt Arbon, die schon in den 1910er-Jahren die 2000 Arbeitsplätze der Stickereifabrik Heine verloren hatte, eine Stadt, die seit 1918 links regiert war und in der die Arbeiter 1922 mit einem Teilerfolg gegen die amerikanischen Antreibermethoden gestreikt hatten. Die Solidarität ging zum Teufel, die Schweizer Herren verkauften an ausländische, und die Arbeiter wehrten sich kaum mehr. 2010 standen auch die 1000 Arbeitsplätze der auf Kücheneinrichtungen und Heizungen spezialisierten Arbonia-Forster in Gefahr, nachdem sich Edgar Oehler mit der AFG-Holding verspekuliert hatte.[76]

Saurer Museum, Seepromenade, 9320 Arbon, neu eröffnet am 1. Mai 2010, www.saurermuseum.ch

Konzentration und Abbau schwerindustrieller Arbeitsplätze

An der ersten Schweizerischen Landesausstellung in Zürich feierte sich Winterthur 1883 als die bedeutendste Schwerindustriestadt der Schweiz. Zürich überliess man den zweiten Rang. Auch 1914, an der dritten Landesausstellung in Bern, gehörten noch dieselben Firmen und einige neue zur Grossindustrie des Landes: die damaligen oder späteren Winterthurer Unternehmen Rieter, Sulzer, SLM, Escher Wyss Zürich, Rüti und Bell Kriens, ferner ein neues und ein nachmaliges Zürcher Unternehmen: die Maschinenfabrik Oerlikon und Brown, Boveri & Cie., dazu die Waggonsfabrik Schlieren.[77] Nebst den beiden Maschinenindustrie-Magneten Winterthur und Zürich zählte später in Ebikon bei Luzern die Firma Schindler und in Uzwil die Firma Bühler zu den grossen Standorten. In der Maschinen- und Elektroindustrie entstanden Arbeitsplatzkonzentrationen wie in keinem anderen Industriezweig der Schweiz. Insbesondere diesem Umstand haben es Zürich und Winterthur zu verdanken, dass sie im 19. Jahrhundert in der Rangliste der grössten Städte des Landes andere, einst bedeutendere Städte überflügelten.[78]

Von Westen her Zürich entgegenfahrend, taucht man heute in die grösste Anhäufung von Arbeitsplätzen und Verkehrswegen der Schweiz ein. 13 Prozent der Bevölkerung der Nation erbringen hier 20 Prozent der Wertschöpfung. Parallel zum stetigen Ausbau des Verkehrsknotens haben sich die S-Bahnen und Busse in den Stosszeiten immer mehr überfüllt, und auf der Autobahn herrscht Stau. Die Anziehungskraft Zürichs zu steigern, ist seit 150 Jahren das Ziel ihrer Wirtschaftsführer, Politiker und Behörden. Ihren grössten Bundesbahnhof unterhöhlen und überbauen sie mit Milliarden von Steuergeldern, ihre grösste Autobahnspange des Landes vollenden sie mit Milliarden aus Steuergeldern, ihren 1947 gegründeten Flugplatz haben sie mit Milliarden von Privat- und Steuergeldern so stark ausgebaut, dass seit der Vollendung des dritten Terminals der zweite wegen Überkapazität stillgelegt ist. Ein neuer Tiefbahnhof muss her. Das seit 30 Jahren unvollendete Projekt für ein Autobahn-Ypsilon mitten durch die Stadt wird wieder diskutiert. Denn Zürich weiss: Dank seiner Verkehrszentralität ist es «Downtown Switzerland» und die einzige Millionenagglomeration der Schweiz geworden. Noch 1893 war es nur die fünftgrösste Schweizer Stadt, hinter Genf, Bern, Basel und Lausanne. Die Bankiers und Bankmanager, von den Engländern auch als «Gnomen von Zürich» bezeichnet, waren damals noch weniger wichtig als die beiden bedeutendsten Bahn- und Industrieunternehmer. Der eine, Alfred Escher, Eisenbahnkönig genannt, hatte zwar die Schweizerische Kreditanstalt gegründet, aber nur, um seine Eisenbahnprojekte finanzieren zu können. Der andere neben dem 1882 verstorbenen «Züriherrgott» hiess auch Escher, Caspar Escher. Der Stammbaum der Escher lässt sich in Zürich bis 1385 zurückverfolgen. Er hat Ratsherren, Bürgermeister, Seidenindustrielle, einen NZZ-Chefredaktor, den berühmten Geologen Escher von der Linth und eben den Nordost- und Gotthardbahngründer Alfred Escher und den Maschinenindustriellen Hans Caspar Escher-von Muralt hervorgebracht. Caspars Giessereien und Werkstätten befanden sich dort, wo heute die ihm zu Ehren benannten Caspar-Escher-Verwaltungsbauten des Kantons stehen. Und auch der Escher-Wyss-Platz hat seinen Namen behalten, obwohl es dort keine Firma Escher Wyss mehr gibt.

Weitaus stärker als Zürich dominierte die Maschinenindustrie Winterthur. Heute stellt dort nur noch die Maschinenfabrik Rieter ihr angestammtes Produkt Spinnmaschinen her. Rieter und die zwei anderen Grossen, die Maschinenfabrik Sulzer und die Lokomotivfabrik, machten mit ihren Zulieferern Winterthur zur schweizerischen Stadt mit der grössten Arbeitsplatzkonzentration in einem einzigen Sektor. Insgesamt bot die Maschinen- und Metallindustrie in der Stadt Arbeitsplätze für 20 000 Beschäftige. Die Industriestadt wuchs zur sechstgrössten Gemeinde der Schweiz heran und erreichte 1973 beinahe das Ziel einiger ihrer Politiker, eine Grossstadt mit 100 000 Einwohnern zu werden. Doch nach 1985 arbeiteten im Industriesektor immer weniger Leute. Winterthur verlor an Bevölkerung und übertraf die Einwohnerzahl von 1973 erst 2008, nun als Grossstadt mit Menschen, die anderthalb Mal so viel Wohnraum beanspruchen und in einem viel grösseren Pendlerumkreis Arbeit finden.

Bühler Uzwil – zurzeit die grösste lokale Maschinenfabrik

Dass die Schweiz im Bau von Nahrungsmittelmaschinen eine internationale Pionierrolle einnahm, ist weiter oben ein Thema der Müllerei-Industrie. Neben Daverio in Zürich entwickelten sich in Zusammenhang mit dem Mühlenbau zwei heute bedeutende Maschinenfabriken: Ammann in Langenthal und Bühler in Uzwil. Die Maschinenfabrik in Langenthal geht auf die Gründung einer Mühlenbauwerkstätte in Madiswil durch Jakob Ammann im Jahr 1869 zurück. 1896 verlegte die Firma ihre Produktion nach Langenthal und spezialisierte

sich auf die Herstellung und Vermarktung von Baumaschinen. Johann Schneider-Ammann erweiterte das Unternehmen seit 1981 im Mutterhaus in Langenthal und in der übrigen Schweiz von 800 auf 1300 Arbeitsplätze und international auf über 3000.[79] Als bedeutender Familienunternehmer, Präsident von Swissmem, hoher Offizier und seit 2010 als freisinniger Bundesrat hat er in der schweizerischen Wirtschaft ein grosses Gewicht – sei es bei Auseinandersetzungen zwischen dem Industrie- und dem Finanzkapital oder wenn vom Bund finanzierte Akademiker die Berufslehre abschaffen wollen.[80]

Uzwil liegt an der internationalen Bahnlinie Zürich–Winterthur–St. Gallen. In den 1980er-Jahren wuchs der Ort zur Stadtgemeinde mit heute über 12 000 Einwohnern heran. Der wesentliche Magnet für das Wachstum waren vorerst Textilfabriken am Flüsschen Uze und später die Maschinenfabriken Bühler und Benninger. Die Uze trieb bereits Textilfabriken an, als Adolf Bühler seine Giesserei gründete. Dass die Katholiken in dieser landwirtschaftlichen Gegend günstiger arbeiteten als die Protestanten im industrialisierten Kanton Zürich, war auch ein Grund, der schon die Benninger aus Winterthur nach Uzwil gelockt hatte. Ebenso wichtige Gründe für die Standortwahl waren der Bahnanschluss und die Nähe zur aufblühenden Stickerei-Industrie. So entstand Bühlers erstes Giessereigebäude 1859 auf einem Grundriss von nur 90 Quadratmetern direkt unterhalb der Maschinenfabrik Benninger. Mit seinen fünf Arbeitern erfüllte er 1860 die ersten Gussbestellungen. Später wurde die Uze mit einem Weiher aufgestaut, damit beide Fabriken genügend Antriebskraft erhielten. 1870, im zehnten Betriebsjahr, gliederte Bühler der Giesserei eine eigene Maschinenfabrik an. Sulzer in Winterthur, GF in Schaffhausen und andere hatten es ihm vorgemacht: Mit Giessen allein blieb man Zulieferer, mit der Fertigung ganzer Maschinen vergrösserte sich die Wertschöpfung. Bühler hatte bis anhin unter anderem Hartgusswalzen für die Mahlmaschinen von Daverio in Zürich hergestellt. Mithilfe des Ravensburger Giessereispezialisten Daniel Huber entwickelte sich Bühler zu einem führenden

224 Der Maschinenfabrik Bühler Uzwil gelang der Durchbruch auf dem Weltmarkt mit dem Giessen und Bearbeiten von Walzen für den Müllereibetrieb: zerlegter Walzenstuhl. **Uzwil, Foto H. B. 2009**

225 2010 konnte Bühler das 150-jährige Bestehen als Familienunternehmen feiern. Während der ganzen Zeit investierte die Firma in den Gründerstandort, an dem 3000 Menschen Arbeit finden. **Uzwil, Foto H. B. 2009**

Hersteller von Müllereimaschinen mit Stahlgusswalzen. Kurz vor seinem Tod, 1894, lieferte die Firma den 10 000sten Walzenstuhl. In 40 Fabrikgebäuden arbeiteten nun 600 Arbeiter. Bald rüstete die zweite Unternehmergeneration ganze Mühlen aus, von der Transmission über den Mahlguttransport, die Lagerung und die Putzerei bis zum Walzenstuhl. Im 20. Jahrhundert erweiterte die Firma das Fabrikationsprogramm für die Öl- und Futtermittelindustrie, für Brauereien, Schokoladen- und Teigwarenfabriken. Als Protestanten im katholischen Gebiet profilierten sich Vater und Sohn Bühler mit gemeinnützigen Projekten. Dazu gehörte 1892 der Bau der Siedlung Neuheim mit zwölf Arbeiterhäusern für 24 Familien. Wohnbaugenossenschaften und der Bau von weiteren werkeigenen Wohnhäusern wurden ebenso unterstützt wie wohltätige evangelische Werke. Am Ende des Ersten Weltkrieges gaben die Frauen des Soldatenwohl-Volksdienstes im Wohlfahrtshaus täglich 150 günstige, gesunde Mittagsverpflegungen aus. Herrschaftliche Wohnhäuser für die leitenden Angestellten von Bühler Uzwil und eine erste Villa säumten schon 1886 den Rand des Werks. Etwas weiter abseits liess sich Adolf Bühler junior 1911 die Villa Waldbühl bauen. In ihrem englischen Landhausstil mit den Jugenstil-Intérieurs und dem Park ist sie in der Schweiz einzigartig. Sie ist ein Gesamtwerk des englischen Architekten Hugh Baillie Scott-Nash.

1920 hatte Bühler Uzwil 2000 Leute auf der Lohnliste und Büros und Werkstätten in London, Freital bei Dresden und Mailand. Nach der krisen- und kriegsbedingten Stagnation expandierte Bühler weiter, ohne Uzwil als zentralen Produktionsstandort aufzugeben. Markante Neuerungen im Werkgelände des Stammsitzes waren die drei Hochhäuser, welche in den Jahren 1975, 1981 und 1985 von der eigenen Bauabteilung geplant und ausgeführt wurden.

Bühler Uzwil entwickelte sich im Gegensatz zu anderen Maschinenfabriken der Nordostschweiz am Gründerstandort weiter. Es sind viele Faktoren, die zur in der Schweiz untypischen Entwicklung von Bühler Uzwil geführt haben. Grundlegend jedoch ist, dass die grosse Maschinenfabrik in Uzwil nicht der globalen Finanzspekulation auf kurzfristiges Filetieren zwecks Erzeugung von Maximalgewinnen ausgesetzt ist: Der Konzern ist mit einer hohen Eigenkapitalquote im Besitz von Verwaltungsratspräsident Urs Bühler, dem Urenkel des Firmengründers. Ein bereits vorgesehener Börsengang wurde fallen gelassen.[81] Mit seinen drei Töchtern hat er die Nachfolge geregelt. Das Geschäftsverhalten entspricht einer börsenkotierten Unternehmung, seit 2001 ist Calvin Grieder der erste auswärtige CEO des Konzerns. 2010 blickt Bühler AG Uzwil auf 150 Jahre Firmengeschichte zurück. Der Konzern ist ein global führendes Unternehmen der Verfahrenstechnik. Bühler ist in 140 Ländern tätig und beschäftigt weltweit 6900 Mitarbeitende, davon rund 3000 auf dem Platz Uzwil. Die Firma ist somit in der Ostschweiz der grösste private Arbeitgeber an einem Standort. Das Lehrlingswesen wird gepflegt. Zurzeit sind 270 technische und kaufmännische Jugendliche in Ausbildung.[82]

Rieter – Raider abgewehrt?

Die älteste Maschinenfabrik in Winterthur ist zurzeit auch noch die grösste: 1795 hatte Johann Jakob Rieter seine Unternehmung für Baumwoll- und Kolonialwarenhandel gegründet. Unter der Kontinentalsperre gegen Napoleon ging Rieter vom Handel zur Produktion über. Man sah sich in Sicherheit vor der englischen Konkurrenz und gründete Spinnereien:[83] 1810 die Sankt Georgen in St. Gallen, 1812 die Fabrik am Wildbach in Winterthur und 1817 die Spinnereien Augarten, Schönthal und Buchenthal an der Steinach in St. Gallen. Diese stattlichen, meist klassizistisch gestalteten Fabriken hatten einen Nachteil: An kleinen Bächen gegründet, waren die Wasserräder nicht imstand, zusätzliche oder neuere Maschinen anzutreiben. Schon 1824 suchte Rieter einen Wasserkraftstandort an einem Fluss und fand ihn an der Töss, wo bei seinem Tod im Jahr 1826 die Musterspinnerei Niedertöss vollendet war. Unter Johann Jakob Rieters Sohn Heinrich Rieter I (1788–1851) und dem Enkel Heinrich Rieter II (1814–1889) erwarb das erfolgreiche Unternehmen 1833 das Kloster Töss und baute darin zuerst eine Spinnerei und ab 1854 die Maschinenfabrik. Für die beiden Fabrikstandorte Kloster und Niedertöss erschloss das Unternehmen drei Krafterzeugungsstandorte am 2,5 Kilometer langen Fabrikkanal. Die verheerende Überschwemmung von 1876 zwang zur Korrektion des Waldstroms mit bändigenden Schwellen. Durch solche Bauarbeiten gewann Rieter Erfahrungen als Generalunternehmer im eigenen Werk. Mit über 1000 Arbeitern bot die Firma nun die Erstellung ganzer Fabrikanlagen, insbesondere von Spinnereien, an. Von der Turbine über die Regler und Transmissionen bis zu den Arbeitsmaschinen wurde alles selbst hergestellt, montiert und in Betrieb gesetzt. Rieter beteiligte sich am Bau einiger der weltweit grössten Turbinenanlagen, die über kilometerlange Drahtseiltransmissionen Fabriken mit Energie versorgten – unter anderem am oberen Rheinfall in Schaffhausen und an der Rhone unterhalb von Genf in Bellegarde. Nach dem Tod von Oberst Heinrich

Rieter II wandelte sich das Unternehmen 1891 in eine Aktiengesellschaft. Zum Programm gehörten jetzt selbst Stahlskelettbauten, Brücken, Rüstungsgüter und elektrische Ausrüstungen. Das Tram zur Maschinenfabrik vom Hauptbahnhof nach Töss, das Elektrizitätswerk Winterthur, die Axenstein- und die Vesuvbahn waren Werke des Winterthurer Maschinenbauers. Liquiditätsengpässe zwangen zum Verkauf der Elektroabteilung an die Maschinenfabrik Oerlikon und des Turbinenbaus an Escher Wyss. Winterthurer Know-how wurde in die Konkurrenzstadt Zürich verkauft. Seit 1915 pflegt das Unternehmen wieder nur noch den Bau von Ausrüstungen für die Baumwollspinnerei. Ohne damals die Worte «Konzentration» und «Kerngeschäft» zur Farce zu machen, führte das Unternehmen diesen Schritt langfristig erfolgreich durch. Angeboten wird seither das ganze System: Öffnen der Ballen, Reinigen, Kardieren, Kämmen, Strecken, Vorspinnen, Spinnen und Transportieren und die voll betriebsfähige Montage. 1965 besass die Firma für ihre 2700 Beschäftigten in Winterthur 1000 Wohnungen. 1995 feierte die Firma als eine der wenigen stolz ihr 200-Jahre-Jubiläum. Mit der Integration der Herstellung von Akustik- und Wärmedämmteilen für die Automobilindustrie wuchs Rieter zum Konzern mit über 15 500 Beschäftigten.

Heute ist in Töss die Giesserei abgebrochen, aber in die Maschinenfabrik ist noch investiert worden. Es sind grosse Flachbauhallen, die nach und nach vom alten Kloster keinen Stein übrig gelassen haben. Nur die Klostermühle steht noch am Tösswasserfall neben dem Fabrikkomplex. Kaum zu glauben ist, dass die modernisierte Musterspinnerei Niedertöss aus dem Jahr 1824 bis heute dem Erproben der neuesten Maschinen dient. Nichts darf bei einer neu auf den Markt kommenden Maschine schieflaufen. Denn Spinnmaschinen bestehen aus extrem beanspruchten Mechanismen, die jahrelang rund um die Uhr einwandfrei funktionieren müssen – im Vergleich dazu ist ein Auto ein Wegwerfartikel. Bei den ungeheuren Produktionsgeschwindigkeiten führt jede Schwachstelle zu unregelmässig dickem Garn, das beim Weben reissen kann oder zu sichtbaren Fehlern im Stoff führt. Man muss sich bei der Entwicklung und Erprobung Zeit lassen, manchmal über zehn Jahre. Wenn dann die Serienfertigung beginnt, wird immer noch an jeder Maschine monatelang gearbeitet. Die Langfristigkeit der Entwicklung und eine gewisse Langsamkeit im sorgfältigen Produktionsablauf waren immer schon Eigenheiten der Maschinenindustrie. Stahl verändert sich nicht mit der Geschwindigkeit einer Mobiltelefonverbindung in ein Maschinenteil. Das wissen die Arbeiter an der Front mit ihrer Ausdauer, das wussten früher die Verantwortlichen in der Maschinenindustrie. Die Herstellungszyklen für Maschinen sind andere als die Konjunkturzyklen der Wirtschaft. Kein Tex-

226 Rieter beschäftigte in Winterthur bis zu 2700 Arbeiter. Ausgebaut im Areal des säkularisierten Klosters Töss, nutzte das Unternehmen die Kirche als Montagehalle. **Winterthur, Foto Sammlung Stadtbibliothek Winterthur, vor 1905**

227 Der Modernisierung wichen 1962 bis 1985 die letzten Bauten des Klosters und die Villa Rieter. Die 1000 werkeigenen Wohnungen wurden bis 2010 veräussert. **Winterthur, Sammlung H. B./Archiv Rieter 1965**

tilbereich, kein Land der Welt könne stabil vorausgeplant werden, von einer absoluten Wachstumszahl sei man abgekommen, erklärt die Geschäftsleitung bezüglich Launen der Konjunktur. Bei 1,5 Milliarden Franken Umsatz müssen Schwankungen von 100 Millionen Franken abgefedert werden können. Rieter war in Winterthur bis 2009 die einzige traditionelle Grossfirma, die eine Leitung mit diesem Bewusstsein aufrechterhalten hat. Das Raidertum von Tettamanti, BZ-Ebner oder Vekselberg hat Rieter vorläufig überstanden und den Eigenkapitalanteil erhöht. Bei Rieter gehören flexible Fertigungsstrukturen, gut trainierte Mitarbeiter und eine interne Nachfolgeregelung mit erfahrenen Kadern zu den Geheimnissen des Überlebens. Die Firma mied bisher spektakuläre Umstrukturierungen, die mit entsprechenden Kosten verbunden sind, und bevorzugt konsequente Anpassungen – seit 2007 allerdings stark nach unten. Der Konzern hat nach Umsatzeinbrüchen in den beiden Sparten Textilmaschinen und Automobilzubehör bis 2010 fünf Fabriken geschlossen und die Belegschaft um 3500 auf 12 500 abgebaut.[84] Die Grossaktionäre Peter Spuhler (Stadler Rail) und Michael Pieper (Franke) haben 2009 den langjährigen Verwaltungsratspräsidenten Kurt Feller und den CEO Hartmut Reuter ersetzt. Die beiden hatten bisher Rieter vor Raidern geschützt.

Von Escher Wyss und Bell zu MAN Turbo

Hans Caspar Escher, der Sohn des Seidenindustriellen Johann Escher, erkannte die Gewinnchance, statt Seide Baumwolle zu verarbeiten, und zwar fabrikmässig. 1805 gründete er mit dem Bankier Salomon von Wyss in Zürich die zweite Grossspinnerei des Landes. Der gelernte Architekt Escher nutzte für diesen Zweck die Neumühle. Stadt und Kanton übergaben ihm zusätzlich einen überflüssigen Festungsbau am Limmatufer zwecks Förderung der Industrie und zum Nutzen des Kantons. 1835 ergänzte Escher die Spinnerei mit Werkstätten für den Bau von Schiffen und Dampfmaschinen, 1844 für den Bau von Wasserturbinen. Bei seinem Tode 1859 stand gegenüber dem Hauptbahnhof Zürich die grösste Maschinenfabrik der Schweiz. Aber die Transportbedingungen waren prekär. Grosse Teile wie die Turbinenräder für das Pumpwerk Genf mussten nachts mit Gespannen von bis zu 16 Pferden über den Limmatquai und die Münsterbrücke zum Bahnhof geführt werden. 1889 beschloss das Unternehmen den Umzug von der innenstädtischen Lage an den westlichen Stadtrand. Gute Bahnerschliessung und flache, billige bäuerliche Grundstücke waren der Grund für die neue Standortwahl an einer Feldwegkreuzung, die heute Escher-Wyss-Platz heisst. Zürich West war damals kein Revier für Lifestylemenschen. Die verarmte Gemeinde Aussersihl galt als «Abfallgebiet». Hier stand einst das Siechenhaus für die pestkranken Heimkehrer der Kreuzzüge. Hier lag der «Cheibenacker» für das Begraben verendeter Tiere. Hierhin siedelte die Stadt feueranfällige Betriebe aus. Hier konzentrierten sich rauchende Industrie, Zentralfriedhof, Kehrichtverbrennung, Militär-, Polizei- und Mietskasernen, Arbeiter, Arme, Ausländer, Kleinkriminelle… Von der Altstadt her gesehen, war Zürich West das Gebiet «ausserhalb der Sihl», Aussersihl, später auch Kreis Cheib genannt. Aussersihl verlangte zwecks Steuerausgleichs die Eingemeindung und wurde dann 1893 ein Teil der Grossstadt. Schon vor dem Umzug von Escher Wyss hatte die Stadt zur Förderung der Ansiedlung von Industriebetrieben am Rand der Gemeinde Aussersihl ein Industriegleis, ein Wasser-

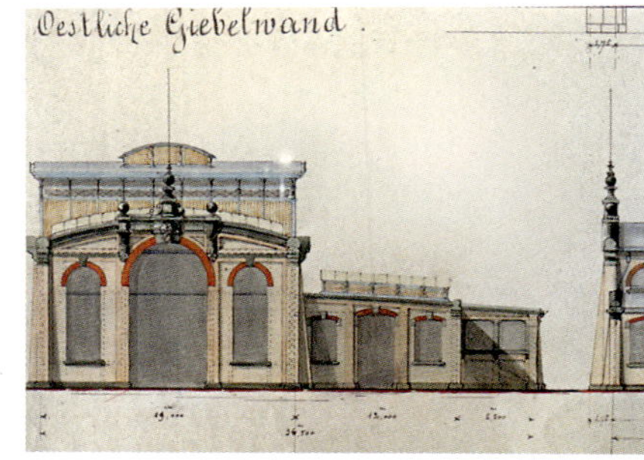

228 Escher Wyss war die erste grosse Maschinenfabrik in der Schweiz. Gegründet im Bereich des heutigen Kaspar-Escher-Hauses gegenüber dem Hauptbahnhof, wurde ab 1892 der Standort am Escher-Wyss-Platz ausgebaut. **Schiffbauhalle Zürich, Plan Baugeschichtliches Archiv Zürich, 1892**

229 In der Weltwirtschaftskrise rettete die Stadt Zürich zwecks Erhaltung der Arbeitsplätze das Unternehmen. Dieses gelangte danach über die Familie Schmidheiny an den Sulzer-Konzern. **Zürich, Foto H. B. 1989**

pumpwerk und eine Kraftübertragungsanlage erbauen lassen. Aussersihl und der Platzspitz waren 1883 der Standort der ersten Schweizerischen Landesausstellung. Mit den Göttern der Industrie geweihten Tempeln wollte Zürich dem Land imponieren. Von den 5000 Ausstellern stammten 1500 aus dem Kanton Zürich, gefördert mit Subventionen. Das Volk war begeistert. Anderthalb Millionen Menschen besuchten die Industrie-Ausstellung, die halbe Schweizer Bevölkerung! Lediglich einen Sechstel zog es zur Kunstausstellung ans Seeufer, nur jeder Zwanzigste interessierte sich für die Landwirtschaftsausstellung. Zürich konnte sich stolz als Zentrum des stärksten Industriekantons der Schweiz bezeichnen. Ab 1893 half die vergrösserte Stadtgemeinde auch im Sihlfeld beim Aufbau der Infrastruktur mit Strassen, Wasser-, Strom- und Gasversorgung. Entlang der Escher-Wyss-Fabriken wurde aus dem Feldweg durch die Hard eine Allee, an deren Ende das Verwaltungsgebäude der Maschinenfabrik stand. Escher Wyss war nun eine Compagnie, Escher Wyss & Cie, denn wegen des frühen Todes von Caspar Eschers Sohn Albert übernahmen allerlei Verwandte aus dem Patriziat wie von Muralt, von Gonzenbach, von Meyenburg und ein Industrieller, von May, die Nachfolge. Mit dem Entwicklungsingenieur von Dampfturbinen, Heinrich Zoelly, besassen sie einen fähigen Ingenieur. Industriekultur wurde im umfassenden Sinn gefördert. Die Hüllen für die Fertigung der modernsten Maschinen erhielten polychrome Sichtbackstein-Fassaden: das Modellmagazin, die Giesserei, die drei Hektaren Fläche überdeckende Maschinenfabrikhalle und die Schiffbauhalle. Ein markantes Hochkamin mit Wasserbehälter dominierte die grosszügige neue Maschinenfabrikanlage. Später kam ein Wohlfahrtshaus hinzu.

Über 500 Schiffe verliessen die Schiffbauhalle, die in der Form einer Basilika erbaut worden war. In weitere 500 Schiffe wurden Escher-Wyss-Antriebe eingebaut. Transportunternehmungen, Armeen, Könige, Kaiser, Paschas und Industrielle setzten Salondampfer und Naphtaboote mit Rohbenzinmotoren von Escher Wyss zwischen dem Zürichsee und dem Amazonas ein. 1929 verschlechterte sich der Geschäftsgang infolge des New Yorker Börsenkrachs. 1935, auf dem Höhepunkt der Weltwirtschaftskrise, liquidierte der Hauptgläubiger, ein Bankenkonsortium, das Unternehmen. Die sozialdemokratisch regierte Stadt aber wollte nicht noch mehr Arbeitslose und subventionierte den Fabrikationsbetrieb mit dem Aufkauf des Firmenareals und einer Verlustgarantie. «Staatssozialismus!», kanzelten die rechte Presse und der Konkurrent Sulzer die Rettungsaktion ab. Zwei Jahre später blühte der Maschinenbau für die Kriegsvorbereitung wieder auf. Kameradschaftliche Kontakte von Escher-Wyss-Direktor Victor Frey mit dem Zementindustriellen Oberst Jacob Schmidheiny ermöglichten die Ablösung der städtischen Verlustgarantie und den Rückkauf des Areals. Unter Schmidheiny prosperierte das Unternehmen bis zur Fusion mit dem Winterthurer Maschinenindustriekonzern Sulzer im Jahr 1969. Oligarchen eigneten sich Supertrusts an, kritisierte die linke Presse die Fusion. 30 Jahre später plante Sulzer die Stilllegung. Doch wollte ein deutscher Konzern am alten Industriestandort weiterproduzieren. 2005 wäre Escher Wyss 200 Jahre alt geworden; das Jubiläum wurde von der Maschinenfabrik Augsburg-Nürnberg MAN gefeiert.[85] Denn Eschers Produkte werden in diesem wahrzeichenhaften Areal weiterentwickelt und hergestellt: Sulzer hat zwar den Arealbereich mit der grossen Halle einer Immobilienfirma verkauft. Diese vermietet aber die Dreihektarenhalle für Fabrikationszwecke. Hier baut MAN mit 500 Arbeitern in der Nachfolge von Sulzer jene thermischen Turbomaschinen, die der Escher-Wyss-Ingenieur Heinrich Zoelly einst patentieren liess. MAN-Vertreter sagen, dieser zentrale städtische Industriestandort sei von Vorteil. Die Nähe zur Eidgenössischen Technischen Hochschule, das gute Bildungsniveau der Facharbeiter und nicht zuletzt die hohen, in diesen alten Hallen verfestigten Investitionen lohnen das Verbleiben. Weshalb sind die Schweizer Manager, die diese Sparten abgestossen haben, nicht auch zu diesem Schluss gekommen?

230 2003 veräusserte der Winterthurer Konzern die letzten Escher-Wyss-Grundstücke. Die Maschinenfabrik Augsburg Nürnberg übernahm von Sulzer den Gasturbinenbau und produziert weiterhin in den Hallen von 1894. **Zürich, Foto H. B. 2005**

Zürich Industriequartier: konsumieren statt produzieren

2003 veräusserte Sulzer das letzte Grundstück des 16 Hektaren grossen Escher-Wyss-Areals, auf dem einst 3000 Werktätige Maschinen für die ganze Welt bauten. 43 Prozent der schweizerischen Bauinvestitionen wurden ums Jahr 2000 in Zürich getätigt, schwergewichtig zur Überbauung der alten Industrieareale im Westen und Norden der Stadt. Im Escher-Wyss-Areal sind der alten Giessereihalle Shops, Ateliers und Wohnungen einverleibt worden. Rost und Russspuren hat man am mächtigen Stahlskelett der Halle bewusst belassen, ebenso in der Schiffbauhalle. Industrieatmosphäre nennen die Theaterleute in ihren unterkellerten Glas- und Bühnenausbauten die kulissenwirksame Umgebung. Junge und alte Besucher schätzen den «Groove». Das, was hier nie angestrebt worden war. Gesunde, gut belüftete, lichtdurchflutete Hallenarbeitsplätze wollte man den Giessern, Nietern und Schweissern bieten. Ihren Staub dürfen sie nun dalassen, nachdem sie sich selbst aus dem Staub machen mussten.

Hinter noch aktiven Fabrikationsstätten, Hotels, Bürogebirgen und Schiffbau-Theaterräumen liegen im Zentrum des alten Fabrikareals zwei grosszügige Plätze. Der Turbinenplatz ist mit fast anderthalb Hektaren Fläche der grösste Platz in Zürich. Noch ist er wenig belebt, abgesehen von den jungen Bäumen, die rasterförmig frisch eingesetzt sind. Spots an schlanken Kandelabern werfen abends gezielt gelbliche Lichtkegel auf gekieste oder mit aufwändigen Belägen versehene Bodenflächen. Ringsum neue Fassaden, auch vor den nicht mehr sichtbaren Altbauten. Die hier verwirklichte Dimension einer Neuüberbauung mit Integration alter Fabrikbauten ist in der Schweiz einzigartig. Ihre Planung hat eine fünfzehnjährige Geschichte, und für ein seltenes Mal sind die Kubikmeter erarbeiteten Papiers nicht schubladisiert worden. Gute Grundideen und kooperative Planungsumsetzung haben zum bestaunenswerten neuen städtebaulichen Ensemble geführt. Auf dem Escher-Wyss-Areal herrschen Design und Lifestyle. Vom Wohnungs- und Bürointérieur über die Fassaden- und Platzgestaltung bis zum alles dominierenden Freizeitvertreib, der alle Zeit so vertreibt, dass keine Zeit mehr bleibt. Gesundheits- und Modesalons, ein halbes Dutzend neue Restaurants, der Technopark und drei Hotels haben sich im ehemaligen Werkgelände eingerichtet. Unglaublich viel Geld wird hier Tag und Nacht ausgegeben. Vorbei ist die Ära, in der das Industriequartier ein Industriequartier war; produzierende Betriebe sind Relikte geworden. Die Menschen, die man zur Blütezeit der Industrie als billige Arbeitskräfte aus Italien oder dem Balkan geholt hat, sind noch da. Aber die damals zu Giessern oder Schweissern Angelernten finden mit ihrer Qualifikation, auf die sie stolz waren, keine Arbeit mehr. Nun sind viele Italiener, Spanier und Portugiesen zurückgewandert, viele Balkanleute haben ihre Familien nachgezogen. Hinzu kommen Flüchtlinge aus Afrika. Sie bevölkern die dicht aneinandergebauten alten Mietshäuser zwischen Escher-Wyss-Platz und Hauptbahnhof. Sie haben da ihren Balkan oder ihr Afrika eingerichtet, mit ihren ganz oder halb legalen Geschäftchen, ihrem Lärmen, ihren Gerüchen. Sie dienen im Trendquartier als Serviertöchter, Putzfrauen, Verkäuferinnen. Aber zwischen den gemeinsam entstandenen Quartierteilen gibt es nichts Gemeinsames mehr. Früher war es die Fabrik, die Schweizer und Ausländer zusammenbrachte. Gemeinsame Arbeit und Ausbildung, die Kantine und firmeneigene Freizeiteinrichtungen wirkten integrierend. 1989 ist die Konkurrenz zum real existierenden Sozialismus zusammengebrochen, und man hat seither all diese Einrichtungen dem Staat aufgebürdet, der gleichzeitig sparen soll.

An den Rändern des ehemaligen Arbeiterquartiers vermischen sich nachts die Ethnien. Multikulti gehört zum modischen Trend. Wer als Ureinwohner im alten Quartierteil lebt, unterdrückt manchmal seine Angst vor der Tatsache, dass hier die ausgegrenzten Ränder der westlichen Zivilisation hereinbrechen. Zur Beruhigung kauft die Stadt Liegenschaften mit hoher Immissionsentwicklung auf. Freudenhäuser hiessen solche Etablissements früher, als die Freier noch nicht mit dem Auto auf die Pirsch gingen. Insgesamt aber ist man stolz auf das Trendquartier: Zürich hat den Strukturwandel geschafft, mehr als drei Viertel aller Lohnempfänger arbeiten im «Tertiären Sektor», zwischenhandelnd, dealend, dienend, liegend, sitzend oder im Fitnesstraining schwitzend.

Vom Aufstieg zum grössten Schweizer Maschinenbauer: Sulzer Winterthur

Die ehemals zusammenhängenden zentralen städtischen Fabrikareale von Sulzer weisen beim Hauptbahnhof Winterthur eine Fläche von 22 Hektaren auf, in Oberwinterthur kamen 55 Hektaren dazu. Dicht gedrängt standen Fabriken an Fabriken, erschlossen von den nun ebenfalls stillgelegten Rangiergleisen. Das zur Bauzeit höchste Hochhaus der Schweiz überragt mit 100 Metern Höhe die Fabrikareale. Seit dem Auszug der Sulzer-Büroangestellten vor 20 Jahren steht es leer. Hallenkolosse schmiegen sich an überteerte Gleisbögen, lassen nur schmale

Gassenräume für den Transport frei. Ein Fernwärme- und Energienetz versorgte alle Bauten mit Wärme, Wasser, Betriebsdampf, Strom. Fünf Passerellen und ebenso viele Unterführungen ermöglichten der Belegschaft, trockenen Fusses von einem zum anderen Arbeitsplatz zu gehen. Die sind inzwischen bis auf eine alle weg. Der dichte Industriewald ist ausgeforstet worden, hat sich zugunsten der Aussicht auf Lofts und neue Büroräume gelichtet. Strassen wie in Einfamilienhaus-Quartieren durchbrechen die einst verbotene Stadt. Auf frisch geteerten Plätzen stehen Gartenwirtschaftsmöbel und Töpfe mit Kunstpalmen. Zumindest ist die Erhaltung der Struktur dieser einzigartigen Stadt in der Stadt seit 2003 dank einem öffentlich-rechtlichen Vertrag gewährleistet.[86]

Sulzer war 150 Jahre lang eine Erfolgsgeschichte. Alfred Sulzer, der letzte Nachfahre, der noch in der Konzernleitung mitgewirkt hat, meint zwar, die Geschichte des Aufstiegs von Sulzer sei in ihren Anfängen eine Geschichte des sozialen Abstiegs gewesen. Eine Grossmutter von Salomon Sulzer sei verwandtschaftlich mit dem Zürcher Patriziat verbunden, und sogar der Reformator Zwingli gehöre zu den Vorfahren. Da konnte es kein Aufstieg sein, im Stadtgraben eine Messinggiesserei betreiben zu müssen. Der Neustart gelang den Söhnen Johann Jakob Sulzer-Hirzel und Salomon Sulzer-Sulzer, kurz Gebrüder Sulzer genannt. Sie erbauten 1834 das heute noch bestehende Eisengiessereigebäude im Tössfeld. Und weil dort später so viele Italiener arbeiteten, nannte der Volksmund den Konzern oft «Fratelli» – Brüder. Es war eine Ehre, bei den Fratelli arbeiten zu dürfen. Die Stelle war quasi vererbbar. Es gab an der Jägerstrasse einen alten Mann, der war 50 Jahre lang Giesser bei den Fratelli gewesen, und auch sein Vater, sein Grossvater, sein Urgrossvater schon. Die Patrons kannte man persönlich. Natürlich auf Distanz.

231 Der Sulzer-Konzern entwickelte sich in Winterthur im Areal Stadt auf 22 Hektaren dicht bebauter Fläche und in Oberwinterthur auf rund 55 Hektaren.
Winterthur 1960, Sammlung H. B.

232 Die erste speziell für die Montage von Maschinen gebaute Halle entstand 1859 als Holzkonstruktion mit Gusseisenversteifungen. 2005 wurde die eingeschossige Bebauung durch eine sechsgeschossige ersetzt.
Winterthur, Foto H. B. 2004

233 Das erste Produkt mit Welterfolg war die ventilgesteuerte Dampfmaschine, die Charles Brown Senior als Angestellter für Sulzer entwickelt hatte. **Bülach-Jakobstal, Zeichnung H. B. 2003**

234 Sulzer gehörte zu den ersten Firmen, die Zentralheizungen mit Kesseln, Wärmeverteilung über Rohrsysteme und Heizkörpern baute. **Foto H. B. 2000**

Aber es gab keinen, den man nicht regelmässig in seinem Betriebsbereich sah. Fast jeder Sulzer hat in der Fabrik einmal schmutzige Hände gekriegt, bevor er in die Chefetage aufstieg. Jene Sulzer, die in der Firma leitende Funktionen einnahmen, genossen zuvor die bestmögliche Ausbildung. Für jeden gab es eine Sparte, in der kaufmännischen oder technischen Geschäftsleitung. Was man selbst nicht bieten konnte, kaufte man ein, Head Hunting würde man das heute nennen. In den ersten Jahrzehnten war Sulzer eine reine Eisengiesserei, Zulieferfirma für andere, auch für Rieter. Mit dem Bau der Eisenbahnen wollte man selbst Maschinen bauen, Dampfmaschinen. Beim weltweit führenden Maschinenbauunternehmen Maudslay, Sons & Field rekrutierte man 1851 den jungen Ingenieur Charles Brown, der für Sulzer die erste Ventil-Dampfmaschine entwickelte.

Neben Escher Wyss war Sulzer der grosse Schiffbauer für die europäische Fluss- und Seeschifffahrt. Die grossartige Salondampferflotte des Genfersees ist in Winterthur entstanden, vormontiert, demontiert und in Ouchy wieder montiert. Als der Bau von Dampfmaschinen ein nicht mehr so gutes Geschäft war, absolvierte Rudolf Diesel ein Praktikum bei Sulzer. 1897 baute Sulzer den ersten eigenen Dieselmotor und wurde später in dieser Sparte auf dem Weltmarkt führend, 37 000 grosse Motoren mit 160 Millionen Pferdestärken trugen das Firmenschild von Sulzer. Auch bei Heizungssystemen, Tunnelbohr- und Webmaschinen wurde Sulzer führend. In den Expansionsphasen verband sich sogar technischer Sinn mit dem kaufmännischen. Politisch galten die Sulzer-Köpfe als hart wie das Eisen, gehörten zum demokratisch-freisinnigen Establishment, das sich nicht mit dem Zürcher Freisinn versöhnen wollte. Die Grenzen gegen rechts steckten die Sulzer meistens ebenso eindeutig ab wie diejenigen gegen links und staatliche Bevormundung. Um der Gewerkschaftsbewegung vorzugreifen, gründeten sie 1890 die erste Betriebskommission in einem Schweizer Grossbetrieb. Die Werkzeitung suggerierte, dass das wirtschaftliche Gedeihen des Unternehmens dem Arbeiter zugute komme, da dieser mit den Unternehmern im gleichen Boot rudere, eine Schicksalsgemeinschaft bilde. Die mit Sulzer-Geldern mitfinanzierte «Gesellschaft zur Erstellung billiger Wohnhäuser» bot günstige Wohngelegenheiten mit baugesetzlich sanktioniertem Grünraum ringsherum. Die Sulzer sahen wie die Rieter in der Bindung des Arbeiters an ein eigenes Stücklein Land eine Massnahme gegen die Entwurzelung, gegen das Revoluzzertum. So wurde Winterthur die grünste grössere Industriestadt der Schweiz. Dass Sulzer zwei Wohlfahrtshäuser und eine eigene Werkschule betrieb, war selbstverständlich. Entgleisungen gab es auch. In der sich zuspitzenden wirtschaftlichen und politischen Lage förderte Oscar Sulzer in den 1930er-Jahren eine eigene, den Nazis nahestehende Arbeiterpartei. Er wurde zurückgepfiffen. Es galt, die Extreme abzuwiegeln. 1937 fand in der neu erstellten Montagehalle für Schiffsdiesel die grosse Abstimmung über Streik oder Arbeitsfrieden statt. Zuvor hatte eine Mehrheit für das Streiken gestimmt, aber ohne die Belegschaften der Tochterwerke. Robert Sulzer-Forrer appellierte vor über 2000 Mitarbeitern an die Verhandlungsvernunft. Statt zu streiken, sollte das vom Von-Roll-Industriellen Dübi und vom Gewerkschaftspräsidenten Ilg vorbereitete Friedensabkommen zwischen Arbeitgebern und Arbeitnehmern unterzeichnet werden.[87] Dieses sah eine jährliche Einigung über materielle und andere Forderungen vor. Nach dem knappen Entscheid gegen den Streik läutete das Fabrikglöcklein auf dem Sulzer-Gründergebäude. Die Belegschaft als Teil der Sulzer-Familie war wieder mit den Patrons versöhnt, jedenfalls die Mehrheit. Bis Anfang der 1980er-Jahre setzte sich die oberste Spitze des Unternehmens aus Nachkommen der Firmengründer zusammen. 2004 starb der letzte grosse Sulzer-Patron, Herbert Wolfer-Sulzer, mit 95 Jahren. Nach 23 Jahren war er als Delegierter des Verwaltungsrates zurückgetreten, hatte zuvor die wichtigste Abteilung, den Dieselmotorenbau, geleitet, setzte sich immer kosmopolitisch für den Industriestandort Schweiz und für Winterthur ein, nannte seinen Betriebskommissionspräsidenten jovial Arbeitskollegen, übergab die Kunstsammlung der Familie mit van Goghs, Bonnards und Vallotons dem Kunstmuseum der Stadt, betätigte sich im Vorstand des Musikkollegiums, förderte die Schweizerische Stiftung für Landschaftsschutz. Tempi passati. Heute sitzt in der Leitung des Schrumpfkonzerns kein Sulzer mehr und auch kein einziger Winterthurer. Man

235 Immer strebten sie für einen Produktebereich nach Weltherrschaft und verkauften die Bereiche auf halbem Weg zum Ziel. Sulzer beherrschte die Hälfte des Grossdieselbaus, die Hälfte des Webmaschinenbaus und dominierte die Hüftgelenkproduktion. **Winterthur, Dieselmontage, Foto H. B. 1989**

fährt mit dem Auto von auswärts in die gemieteten Verwaltungsräume, hat persönlich nichts mit lokaler Politik, Kultur und Arbeitervertretern zu tun, springt im lukrativsten Augenblick ab.

Von 15 000 auf 650 Arbeitsplätze – ein Reformerfolg der Financiers

In den 1970er-Jahren spürte der Sulzer-Konzern mit seinen weltweit 34 000 Mitarbeitern erste Turbulenzen: Einbruch beim Geschäftserfolg, Erholung, erneuter Einbruch, Zehren vom Auftragspolster. Guter Rat war teuer, und er wurde dementsprechend eingekauft. Aus den USA flog man McKinsey ein. 1981 begannen die nie enden wollenden Reformen. Ein schlagkräftiges individuelles Führungsprinzip hätte nach McKinsey das kollektive ersetzen sollen. Der Präsident der Konzernleitung, Pierre Borgeaud, erhielt mehr Macht. In der Folge hob man in gewissen Zyklen des Niedergangs die demokratische Gepflogenheit der Trennung von Exekutive und Legislative, von Direktion und Verwaltungsrat, durch Personalunionen auf. Die Mitglieder der Konzernleitung sollten nach dem neuen amerikanischen Organigramm exekutive Verantwortung haben. Die Ehrenbezeichnung CEO begeisterte die Aufsteiger, die Arbeiter interpretierten die drei Buchstaben als Chef-Exekutier-Offizier. Denn nach McKinsey sollte der Umstrukturierung von oben eine Umstrukturierung von unten folgen. Alles müsse zwecks Kostensenkung umgekrempelt, vertikalisiert werden. Bisher arbeitete man horizontal organisiert, was durchaus in einigen Bereichen ein geruhsames Arbeiten ermöglichte. Zum Beispiel betrieb die Transportabteilung Lokomotiven, Lastwagen, Kranbahnen, Hubstapler und die Spedition für alles – für Gussprodukte, Dieselmotoren, Kompressoren, Webmaschinen und andere Maschinenteile. Lange Wartezeiten für neue Transportaufträge ermöglichten entsprechende Pausen. Nun musste jeder Produktebereich für sich selbst sorgen, transparent die verursachten Kosten aufdecken, ein Profitzentrum sein. Die stolzen, qualifizierten, auch für Modernes offenen Sulzerianer wurden unzufrieden: Zäune wurden durch die Fabrik hindurch gezogen, Gräben errichtet. Man durfte nicht mehr schnell etwas holen, sich aushelfen. Alles ging nun über die Formulare. Eingespielte Teams zerfielen, die Kollegialität litt. Die Reibereien führten so weit, dass nach Feierabend Hilfsarbeiter eines Konzernbereichs zum Beschaffen von Paletten in einem anderen Konzernbereich auf die Pirsch geschickt wurden. Nachdem die Aufregung an der Basis bis zur Leitung hinauf wahrgenommen wurde, führte man eine Reform der Reform durch. Die Chefs wussten selbst nicht mehr genau, was sie nun wollen sollten. Das sprichwörtlich gute Betriebsklima hatte sich schon abgekühlt, man wollte es nicht noch ganz verderben.[88] Der Erfolg der ersten Reorganisationsbemühungen war umwerfend schlecht. 1983 schrieb der Konzern 102 Millionen Franken Verlust. Damit hatte in Winterthur selbst im exklusiven Businesslunch-Treffpunkt, im Haus zur Geduld, niemand gerechnet. Seit vier Jahrzehnten war es immer aufwärts gegangen mit der Maschinenindustrie. Nun wurden 40 Prozent der Belegschaft in Kurzarbeit versetzt. Ein Jahr später platzte eine weitere Bombe: 700 Entlassungen! Sulzer feierte den 150. Geburtstag der Firma still. Die Konzernleitung geriet finanziell in eine schwierige Lage und half sich – mit dem Verkauf ihres Kerngeschäfts. Diesel weg!

Über 10 000 Menschen hatten jeweils am grössten jährlichen Fest in Winterthur, dem Tag der offenen Tür bei Sulzer, nichts so bewundert wie die Dieselmotormontage. Eltern nahmen Grosseltern und Kinder mit zur Besteigung der zehn Meter hohen Kolosse, die Meerschiffe antreiben würden. Soeben hatte man die letzte Neuheit als Silberstreifen am Horizont propagiert: den langsam laufenden, besonders energiesparenden und umweltfreundlichen Longstroke-Motor. Die Verunsicherung stieg mit jeder Mitteilung, die man oft zum ersten Mal in einer Zeitungsmeldung vernahm. Die Konzernleitung hatte Angst vor dem Shareholder Value und vor der Belegschaft, wollte nicht konfrontieren. Schlechte, widersprüchliche und unpersönliche Informationen in der Fabrik liessen die Gerüchteküche brodeln. An Theorien über die Vertikalisierung waren die verängstigten Mitarbeiter nicht interessiert. Sie wollten nur wissen, was mit ihnen geschehe. Manchen wurde acht Jahre vor ihrer Entlassung angekündigt, sie müssten wahrscheinlich entlassen werden. Wir sind doch keine Sklaven, sagten sich gute Leute, Facharbeiter, Chefs, und suchten neue Stellen. Die anderen mussten sich die Sprüche der Sanierer gefallen lassen: Der Konzern wird entschlackt, das Fettpolster abgetrimmt, der Gürtel enger geschnallt. Waren sie die Schlacke und das Fett? Für viele Sulzerianer waren ihre Arbeit und ihr Team der wichtigste Lebensinhalt. Das Umstrukturierungskonzept 95 war bei weitem noch nicht umgesetzt, als die Arbeitsmotivation einen Tiefpunkt erreichte. Ältere Mitarbeiter klammerten sich bis zu einer allfälligen Frühpensionierung an ihre Stelle. Viele, die noch ausharren mussten, litten an Schlaflosigkeit, nahmen vermehrt Medikamente, Alkohol, resignierten, hatten Familienprobleme oder erlitten gar Nervenzusammenbrüche und Herzinfarkte. Der Nachwuchs begann zu versiegen. Welcher fähige, junge Mensch wollte noch bei Sulzer anfangen? Doch das Opferspiel war noch nicht zu Ende. Die Sulzer-Konzernleitung zog Ende der 1980er-Jahre dem Finanzgenie Tettamanti das Finanzgenie Rey vor, der das grösste Aktienpaket der Maschinenfabrik erwarb. Die Zeitungen titelten: «Swiss made hat Zukunft – Rey, Tettamanti & Co: Neue Impulse für die Schweiz» oder «Rey: Wir wollen Sulzers industrielle Zukunft sichern».[89] Doch Reys Interesse galt den Liegenschaften. Er lancierte das Projekt «winti-nova», Dienstleistungen und Wohnungen anstelle der Fabrikhallen. Ein Milliardenprojekt. Die im Werk Winterthur verbliebenen Produktionseinheiten siedelte man mit Dutzenden Millionen Franken Umzugskosten nach Oberwinterthur um, wo weitere Stilllegungen stattfanden. Die von Rey nie umgesetzten Liegenschaftenspekulationen bei Sulzer, ACMV-Vevey und in den Selve-Arealen Thun sowie undurchsichtige Finanzgeschäfte führten den dreifachen Milliardär in den Konkurs. Danach forderte Sulzer weitere Opfer: 1993 die Stilllegung der soeben modernisierten Grossgiesserei, 2006 abgebrochen, 4000 Tonnen Stahlträger, mit 200 Tonnen Giessereistaub bedeckt. Arbeitnehmende sollen flexibel sein, hörten die Giesser, im Jura gebe es noch einzelne Stellen. Man verunsicherte und verkaufte unverdrossen weiter. Denn 3 Prozent des Erlöses landen erfahrungsgemäss bei den Maklern. Die NZZ kommentierte am 21. November 1996: «Die Politik, Erträge über das Auswechseln von Konzernunternehmen zu generieren, ist vergleichbar mit einem Spieler, der gute Karten aufnimmt und schlechte ablegt. Sulzer ist es gelungen, in der Medizinaltechnik starke Karten zu sammeln, Sulzer ist es aber nicht gelungen, schlechte Karten weiterzureichen.» Am 22. März 2003 dann die Meldung im Tages-Anzeiger, das Sulzer-Kerngeschäft Centerpuls, die Medizinaltechnik, sei verkauft: Der Terminator Ulrich Roost war gerade mal ein Jahr lang oberster Verantwortlicher bei Sulzer gewesen, Wohnsitz in Winterthur und Umgebung genommen hatte er nie. Unter dem Namen Sulzer arbeiten seither von den einst gegen 15 000 Beschäftigten in Winterthur noch 650, weltweit von den einst 34 000 noch 12 500.

Erfreulich ist das Beharrungsvermögen von Firmen, die aus Management-Buyouts von Teilen des Sulzer-Konzerns entstanden sind. Stadler Rail und Burckhardt Compression betreiben als schweizerische Firmen im Sulzer-Areal Oberwinterthur Werkstätten mit über 1000 Arbeitsplätzen, nochmals so viele Arbeitsplätze bieten im selben Areal die US-amerikanische Medizinaltechnikfirma Zimmer und der finnische Schiffsdieselbauer Wärtsilä.

236 Der Niedergang von Sulzer Winterthur vom Grosskonzern mit 15 000 Beschäftigten zum KMU mit 650 Angestellten war begleitet von Grundstückverkäufen und Abbrüchen. **Winterthur, Foto H. B. 2005**

In den Tiefen des Everest

Weshalb baut Wärtsilä mit Sulzer-Lizenzen Dieselmotoren, weshalb Krupp statt Winterthur Lokomotiven für die SBB, weshalb kommen die Sulzer-Hüftgelenke nun von Zimmer? Verächter des sozialliberalen Winterthurer Bürgertums glaubten, die Ursachen im Schmähwort Filz gefunden zu haben. Filz, das wären dicht ineinanderverhängte Fasern, die einen zusammenhängenden, zähen Körper bilden. Wo aber war in Winterthur der Zusammenhalt, die zähe Beharrlichkeit? Sulzer symbolisiert das Gegenteil: Zusammenbruch, Ausverkauf. Beim ersten Ausatmen auswärtiger Finanzmagier zerstoben die Fasern, wirbelten ziellos umher. Eine Auflösung folgte der andern, nicht nur bei Sulzer, 1996 auch mit dem erwähnten Konkurs der Stahlbaufirma Geilinger mit 1000 Angestellten, dann mit der Einstellung der Produktion im Toni-Milchverband, in den Volg-Mühlen, in der Brauerei Haldengut, gefolgt vom ebenfalls schon genannten Milliardenkollaps der Erb-Gruppe mit 5000 Arbeitsplätzen im Baugewerbe, in Autogaragen und im Kaffeehandel. Nicht genug: Die «Winterthur», ein anderes Winterthurer Urgestein, gegründet 1875 zur Versicherung der Risiken der Industriebetriebe, ging 1997 an die Schweizerische Kreditanstalt, 27 000 Angestellte, und später an die französische Axa. Im Hintergrund stand – einmal mehr – ein systematischer Aufkauf von Aktien durch Ebners BZ-Gruppe, gedeckt von den Grossbanken.[90] Winterthur, der Stadtname, wurde zum Inbegriff für Rentenklau. Hunderttausende von Zwangssparern erhielten wesentlich niedrigere Renten als versprochen. Winterthur war gelähmt durch Berater, welche die Liquidation der Industrie zugunsten des Finanzkapitals forcierten.

Der Niedergang des Sulzer-Konzerns in Winterthur zog auch die weiteren Konzernstandorte in Mitleidenschaft. 1969 hatte zuerst Georg Fischer aus Schaffhausen die Webmaschinenfabrik in Rüti übernommen, dann 1982 dem Sulzer-Konzern verkauft. Sulzer besass seit 1931 eine Textilmaschinenabteilung. 1950 hatte der Konzern die Waffenfabrik Zuchwil bei Solothurn übernommen, um dort Projektilwebmaschinen herzustellen. Mit der Übernahme von Rüti war Sulzer im Besitz aller gebräuchlichen Webverfahren und strebte eine weltweite technologische Monopolstellung an. Rüti wurde globaler Forschungs- und Entwicklungsstandort für jede zweite neu gebaute Webmaschine. Webmaschinen sind der wichtigste Konzernbereich, liess die Leitung verlauten. Mit dem Produktionskonzept 90 investierte man noch in die Automatisierung der Webmaschinenherstellung. 1996 dann der Schlag in die Eingeweide: Sulzer Rüti sucht mit Rosskur den Erfolg – 950 Stellen weg. Und schliesslich 2001 der Ausverkauf an die italienische Textilgruppe Promatech von Miro Radici. Ähnliches widerfuhr den aufgekauften Maschinenfabriken Bell in Kriens und dem ausführlich behandelten Maschinenbauer Escher Wyss. Meist erfuhren die Politiker von den Massenentlassungen aus der Presse. Verständlicherweise denken viele Menschen mit Bitterkeit an diese Jahre der industriellen Demontage und an die rasch wechselnden sogenannten Verantwortlichen zurück – ein Verwaltungsratspräsident von Sulzer Rüti war weniger als ein Jahr im Amt, ein ehemaliger McKinsey-Berater hat den Chefsessel auch sogleich geräumt. Im Hintergrund führten Financiers unfreundliche Übernahmekämpfe. «Die Fluktuation ist im Top-Management beträchtlich höher als in der gesamten Belegschaft. Zwei Drittel der Schweizer Firmen haben in den letzten drei Jahren ihre Konzernleitungen mit betriebsfremden Managern ergänzt. Im Schnitt bleiben 60% der Manager weniger als drei Jahre», resümierte die NZZ am Sonntag.[91] Rasch zu machende Insidergeschäfte und der Starkult, gekontert durch Anprangerungen, sind Gründe für den immer rascheren Wechsel der Manager, hinter denen eine ganze Generation wertabschöpfender Investoren steht: 1988 Rey gegen Tettamanti, um 2000 René Braginsky mit dem Versuch einer feindlichen Übernahme des Konzerns und schliesslich 2007 die Österreicher Ronny Pecik und Georg Stumpf, die sich auf der Spitze des höchsten Berges der Welt präsentierten: Für ein paar Monate kontrollierten sie mit ihren Everest-Beteiligungen den Sulzer-Konzern, unter vermuteter Hintergehung der Aktieneigner-Meldepflicht, vermittelt durch die Zürcher Kantonalbank ZKB und die von einem Schweizer geleitete Deutsche Bank. Nach Hausdurchsuchungen durch die Eidgenössische Bankenkommission musste der zuständige Chef in der ZKB, Hans Vögeli, seinen Rücktritt verkünden.[92]

Das vorläufig letzte Kapitel der Sulzer-Geschichte schreibt einer, dem wir schon bei Ascom und Saurer begegnet sind: Viktor Vekselberg. Seinem Aufstieg zu einem der zehn mächtigsten Oligarchen Russlands und seinen Industriegeschäften in der Schweiz sind die letzten Zeilen dieses Unterkapitels gewidmet. Dank Zusammenarbeit mit den Everest-Spekulanten gelang ihm die Aneignung des Sulzer-Konzerns. Der letzte Abwehrkampf der übrigen Aktionäre fand am 18. August 2009 in einer tumultuösen Aktionärsversammlung in der Eulachhalle Winterthur sein Ende. Zwei unpassende Verwaltungsräte wurden abgesetzt, die Fragen von Kleinaktionären zum neuen Verwaltungsratspräsidenten

Jürgen Dormann konnten jedoch nicht unterdrückt werden: Ist er in seiner Aufsichtsaufgabe unabhängig? Der aus Deutschland stammende Dormann hatte zuvor die ABB wieder stabilisiert und eine steueroptimierte Bleibe mit Zürichsee-Aussicht in Feusisberg gefunden, seine Antwort konnte nicht anders lauten, als dass er völlig unabhängig sei. Auch Vekselbergs Berater, der aus dem schweizerischen Botschafterdienst geschiedene Thomas Borer, sah das so, wurde aber von wütenden Kleinaktionären niedergebuht: Borer, geh nach Hause![93] Eine «Spende» Vekselbergs und die Vermittlung von Bundesrat Merz machten die Klage des Eidgenössischen Finanzdepartements betreffend Verstoss gegen die Meldepflicht von Beteiligungen von Vekselberg im Herbst 2010 hinfällig. Dieser frohlockte in einem Interview mit dem Winterthurer Landboten: «Der Markt für Energieförderung entwickelt sich schnell. [...] Weil mein Unternehmen Renova eines der grössten privaten Unternehmen des Landes (Schweiz) ist, hoffen wir, dass Sulzer mit unserer Unterstützung leichter in Russland Fuss fassen kann.» Oder umgekehrt: Was dem Weltkommunismus in 75 Jahren Subversionskämpfen nicht gelungen ist, das hat einer der zehn Mächtigsten von Russland auf dem Teppich des Weltkapitals mit einem Schlag geschafft.

Industriegeschichte Winterthur, St. Gallerstrasse 138, 8400 Winterthur, www.inbahn.ch, geöffnet Oktober bis Mai, jeden ersten Samstag 10 und 11h Führungen

Kanonen und Flugzeuge: die ehemals eidgenössischen Rüstungsbetriebe

Als Teil der Maschinenindustrie entwickelte sich die schweizerische Rüstungsindustrie in Etappen bis zu ihrem Höhepunkt in den 1940er- und 1950er-Jahren. Da die Wirtschaftsführer in der Regel eine Offizierskarriere machten, bestand über diese Personalunionen eine weitreichende militärische Verflechtung zwischen Wirtschafts- und Staatsinteressen. Diese ist in kritischen Situationen immer wieder thematisiert worden. Am intensivsten war der Druck für und gegen die schweizerische Rüstungsindustrie im Zweiten Weltkrieg. Ein Siebtel des gesamten Exportes beziehungsweise 90 Prozent der Rüstungsgüter gingen während der vollständigen Einkreisung der Schweiz durch die Achsenmächte an Nazi-Deutschland. Die alliierten Amerikaner und Briten setzten deswegen viele Schweizer Firmen auf ihre schwarzen Boykottlisten.[94] Nach

237 In Deutschland durften nach dem Vertrag von Versailles keine Flugzeuge gebaut werden. So gründete Claude Dornier seine Werke 1924 am schweizerischen Bodenseeufer, wo heute noch Flugzeugteile produziert werden. **Altenrhein um 1930, Archiv Schindler**

1945 mussten die Beschränkungen in einem jahrelangen diplomatischen Ringen beseitigt werden. Noch 50 Jahre später wirbelte die Aufarbeitung dieses Geschichtskapitels Staub auf: Unter Druck aus den USA arbeitete die Historikerkommission von Jean-François Bergier (1931–2009) die noch nicht vernichteten Akten auf, was in rechtsnationalen Kreisen auf grossen Widerstand stiess.[95] Auch die Beschaffung und der Export von Kriegsmaterial seit 1945 sorgten immer wieder für Kontroversen. Trotz einem 1955 erlassenen Verbot der Ausfuhr von Waffen an arabische Länder und an Israel erfolgen solche Exporte. Es besteht zusätzlich eine militärische Kooperation mit Israel. 1964 lieferte Bührle über Deutschland illegal Panzerabwehrraketen an die gegenseitig Krieg führenden Länder Türkei und Griechenland und bis 1968 Waffen an Israel und Südafrika. 1994 wurden Pilatus-PC-7 gegen Aufständische in Südmexiko eingesetzt, und Mowag-Panzerwagen rollen für verschiedene Diktaturen. Im Vorfeld der Abstimmung über ein griffiges Rüstungsexportverbot sei es 2009 zu Bespitzelungen der Initianten gekommen, mitfinanziert vom einst staatlichen Rüstungskonzern, schreibt die SonntagsZeitung.[96] Auch wenn die schweizerische Rüstungsindustrie nur noch 3300 Leute direkt beschäftigt und 1800 von den Zulieferungen abhängig sind,[97] bleiben Beschaffung und Export von Rüstungsgütern ein brisantes Thema.

Neben vielen kleineren, teilweise bereits behandelten Rüstungsbetrieben konzentrierte sich diese Branche auf die drei Zentren Thun, Emmen, Oerlikon und auf die Flugzeugwerke in Altenrhein und Stans. Zudem fertigte in den Kriegszeiten – wie an manchen Stellen erwähnt – eine Mehrheit von Maschinenfabriken Rüstungsgüter.

Bereits im 18. Jahrhundert entstanden in Thun auf der Insel Bälliz erste Fabrikbetriebe. Nach dem Zusammenbruch des Ancien Régime wurde Thun 1819 Zentrum der Eidgenössischen Militärschule. Diese erwarb grosse, seit der Kander- und Aarekorrektion gewonnene Ländereien südwestlich der Stadt und hielt sie bis heute als Übungsgelände für Panzer frei. Zum führenden Arbeitgeber in Thun entwickelten sich die Eidgenössischen Rüstungsbetriebe, die heutige Ruag, und ihre Zulieferer: ab 1861 Aufbau der Pferdeanstalt und der Werkstätten, Munitions- und Hülsenfabriken mit eigener Dampfkraftzentrale, 1901 eigenes Elektrizitätswerk. Im Ersten Weltkrieg – 1915 – gründete die Schweizer Armee in Thun ihre in der Luftfahrtgeschichte frühen Flugzeugkonstruktionswerkstätten, gefördert durch Schweizer Flugpioniere. 1922 entstanden südlich des Kasernenareals neue, lang gestreckte Hallen für die Fertigung von Flugzeugen. Für die Probeflüge entstand der Militärflugplatz beim Allmendhof, den man zum internationalen Flughof ausbauen wollte. Die Anlagen waren bis 1955, bis zum Ende der Militäraviatik in Thun, in Betrieb. Ab 1945 entstanden grosse Armeemotorfahrzeug-Parkhallen und die Panzer- und Ausbildungsanlagen «Polygon». Die Bauten der 1940er- und 1950er-Jahre haben Arnold Itten und andere Architekten des Neuen Bauens gestaltet und formal wie konstruktiv präzise bis zu den Betonfenstersprossen durchdacht. In Personalunion mit den eidgenössischen Betrieben verbunden, standen die bereits erwähnten Metallwerke Selve in der Ära von Instruktor, Kommandant und Selve-Direktor Emil Messner. Auch die Kartonnagefabrik Hoffmann lebte stark von Armeeaufträgen. In den 1990er-Jahren erlitt Thun einen doppelten Schock: Finanzspekulationen beschleunigten den Niedergang der Selve, und auf die Selbstauflösung des sozialistischen Blocks folgte die Armeereform mit einem Abbau von Arbeitsplätzen im Rüstungsbereich. Doch gelang es der zu 100 Prozent dem Bund gehörenden Rüstungs AG Ruag auch am Standort Thun, die Abhängigkeit von der Waffenproduktion zu vermindern und zivile Güter herzustellen.[98]

Das zweite staatliche Rüstungszentrum liegt in Emmen bei Luzern. Mit den von Moos-Werken, der Kunstseidenfabrik und der von der Aufzügefabrik Schindler gegründeten Eisengiesserei war Emmen 1930 die am stärksten industrialisierte Gemeinde des Kantons Luzern. Aber der Tourismusmetropole Luzern gelang es – im Unterschied zu anderen Zentralstädten –, ihre Industrievororte nicht eingemeinden zu müssen. Im Zweiten Weltkrieg erfolgte ein weiterer Industrialisierungsschub. Die Schweizer Armee baute ab 1939 in Emmen Rüstungsindustriebetriebe und den Flugplatz auf und ab 1950 den Armee-Motorfahrzeugpark. Das Eidgenössische Flugzeugwerk Emmen montierte in den neuen Hallen 154 selbst entwickelte C-36-Kampfflugzeuge mit 1000-PS-Motoren von Hispano-Suiza. Im Buholz entstand die Forschungsanstalt. Als bedeutender Industriebetrieb kam noch der Milchverarbeiter Emmi dazu. In den 1960er-Jahren hatte Emmen im Industriesektor über 10 000 Arbeitsplätze. Bis Ende der 1980er-Jahre holten diese Betriebe Tausende von Italienern, Spaniern, später auch Immigranten aus dem Balkan, als günstige Arbeitskräfte. Emmen wuchs mit heute 27 000 Einwohnern zur zweitgrössten Gemeinde der Zentralschweiz heran. Der Abbau der Arbeitsplätze in der Industrie – im Stahlwerk von 4500 auf 660, in der Kunstseidenfabrik von der Viscosuisse von 3300 auf 500, in den Rüstungs- und

Flugplatzbetrieben von 2000 auf 1300 – machte die Gegend in den 1990er-Jahren zu einem Krisengebiet mit hoher Ausländerfeindlichkeit. Inzwischen ist eine Stabilisierung der wirtschaftlichen Situation gelungen. Insbesondere hat sich die Ruag mit Entwicklungen und Akquisitionen im Raumfahrtsgeschäft und im zivilen Flugzeugbau vom Rüstungsbetrieb zum Technologiekonzern entwickeln können. Von den landesweit 7500 Arbeitskräften der Ruag arbeiten fast zwei Drittel für zivile Zwecke.[99]

Neben den Eidgenössischen Flugzeugwerken in Thun und Emmen entstanden kleinere Flugzeugfabriken am Zürichsee, am Bodensee und in Stans. Bis auf Stans sind alle eingegangen. Die Flugzeugfabrik Alfred Comte in Oberrieden ist 1990 einer Wohnüberbauung am Zürichseeufer gewichen.[100] Eine spannende Geschichte haben die Flug- und Fahrzeugwerke Altenrhein. Sie gehen auf die Dornier-Werke Altenrhein AG zurück, die 1924 von Claude Dornier gegründet wurden, nachdem Deutschland im Vertrag von Versailles der Flugzeugbau untersagt worden war. Interesse am Flugzeugbau in der Schweiz zeigten insbesondere die Schweizer Luftwaffe und die Ad Astra Aero, eine Vorgängerin der späteren Swissair. Als Landepisten dienten der Bodensee und eine 600 Meter lange Wiese. Nach dem Zweiten Weltkrieg wurde das Unternehmen der deutschen Kon-

238 Die Flugzeugwerke Emmen, heute Ruag, entstanden als Gründung der schweizerischen Rüstungsindustrie im Zweiten Weltkrieg. Die grosszügigen Hallen wurden ab 1939 geplant und sparsam konstruiert. **Emmen, Foto H. B. 2001**

239 Der Pilatus Porter ist der Inbegriff des einzigen langfristig erfolgreichen schweizerischen Flugzeugbaus. Das Unternehmen baute 2008 in Stans eine neue Montagehalle. **Emmen, Foto H. B. 2001**

trolle entzogen. Doch blieben eigene Flugzeugentwicklungen Ausnahmen – der bekannte Düsenprototyp P-16 der Schweizer Luftwaffe stürzte in den Bodensee. Mit dem selbst entwickelten Schulungsflugzeug Bravo verzeichnete das Unternehmen 1972 einen Erfolg, der die Abhängigkeit von Lizenzbauten verringerte. Ein wichtiger Pfeiler war der Bahnwagenbau. Das Unternehmen wurde ab 1987 schrittweise zerlegt und verkauft. Seither existieren im Gelände die Flugzeugbau-Zulieferin Gautschi, die Stadler Altenrhein, die Schindler Technik AG, der Flugplatz St. Gallen-Altenrhein und das Flugmuseum.

Heute sind die Pilatus Flugzeugwerke der wichtigste Flugzeughersteller der Schweiz. Das Unternehmen baut mit 1100 Mitarbeitern in Stans und 300 weiteren im Ausland Trainings- und Mehrzweckflugzeuge. Die Gründung fand zu Beginn des Zweiten Weltkrieges für den Bau der bekannten Pilatus-Flugzeuge statt. Legendär wurde 1959 der PC-6 mit dem Turbotriebwerk, Pilatus Porter genannt. Vom PC-7 wurden 450 Stück verkauft. Mit dem Ende des Kalten Krieges sank die Nachfrage für Flugzeuge zum Training von Kampfpiloten. Pilatus Aircraft fokussiert sich seither erfolgreich auf den Markt für zivile Mehrzweckflugzeuge. Das meistgebaute schweizerische Flugzeug, der PC-12, fand bis 2009 1000 Kaufwillige. Allerdings hat die Krise zu bedrohlich vielen Abbestellungen geführt, sodass die neu als Holzkonstruktion errichtete Montagehalle vorübergehend als Lagerhalle für neue Flugzeuge dienen musste. Für einen Viertel der Belegschaft wurde Kurzarbeit eingeführt.[101]

Schweizerisches Flieger-Flab-Museum, Überlandstrasse 255, 8600 Dübendorf, www.airforcecenter.ch

Waffenfabrik Oerlikon: Verstösse von Bührle bis Vekselberg

Aus der Maschinenfabrik Oerlikon entstand durch Verkauf ab 1906 der Werkzeugmaschinen- und Waffenkonzern Bührle. Zur Blüte gelangte das Unternehmen im Zweiten Weltkrieg unter Emil Georg Bührle. Die Waffen aus Oerlikon gelangten hauptsächlich an Nazi-Deutschland. Nahe des Bahnhofs Zürich-Oerlikon wurden unterirdische Kanonenschiessplätze erstellt – mit oberirdischen Erdhügeln im Bereich der Kugelfänge. Das Werk erhielt 1943 ein Wohlfahrtshaus im Stil der Landesausstellung von 1939, mit Speisesaal mit Wandmalereien und einem Skulpturengarten. In Seebach baute Bührle am neuen Stadtrand ein zweites Werkgelände auf. Der Tennisplatz war der Werkleitung und geladenen Gästen vorbehalten. In Zürich schätzte man Emil Bührle als Kunsthistoriker: Zwischen 1934 und 1945 hatte sich sein Einkommen von jährlich 24 000 Franken auf 53 Millionen Franken verbessert, was inzwischen mit zehn multipliziert werden müsste. Nach dem Zweiten Weltkrieg gehörte Bührle zu den reichsten Schweizern.[102] Der Industrielle förderte steuerbegünstigt das Zürcher Kunsthaus und wurde selbst zum anerkannten Sammler von zeitgenössischen Gemälden. Eine solche Sammlung wuchs damals noch mehr aus gebildeter Liebhaberei denn als kalkulierte Wertanlage.

Emils Sohn Dieter Bührle führte das Unternehmen bis zur Zersplitterung des Mischkonzerns weiter. Die Kanonenabteilung erhielt die Bezeichnung Contraves, «contra aves». Generalstabsoberst Dieter Bührle stand ab 1970 im Rampenlicht, nachdem er für seine illegalen Waffenexporte den Verdienstorden des südafrikanischen Apartheidregimes erhalten hatte. 1980 erreichte sein Unternehmen durch allerlei Aufkäufe als Holding mit 37 000 Beschäftigten den Zenit. In den 1990er-Jahren jagte eine Umstrukturierung die andere.[103] 2000 hiess das Unternehmen mit nunmehr noch knapp 15 000 Beschäftigten Unaxis. Nach Namensstreitigkeiten wurden die industriellen Tätigkeiten wieder unter dem Namen Oerlikon-Contraves, später unter OC Oerlikon zusammengefasst. Die Finanzinvestoren witterten Unterbewertungen und unaufgelöste Reserven, die Liegenschaften im spekulationsträchtigen Norden von Zürich wurden mehrheitlich verkauft.[104]

Das vorläufig letzte Kapitel OC-Geschichte schreibt einer, dem wir schon bei Ascom, Saurer und Sulzer begegnet sind: Viktor Vekselberg. Der erwähnte Verantwortliche der Zürcher Kantonalbank, Hans Vögeli, hatte mitgeholfen, OC, Saurer und Sulzer über den österreichischen Financier Victory an Viktor Vekselberg zu veräussern, der mit inzwischen 35 000 Arbeitsplätzen der grösste Industriearbeitgeber in der Schweiz ist. Vekselberg kam 1957 als Sohn einer strenggläubigen Kommunistin in der Sowjetunion auf die Welt. Er studierte in Moskau Mathematik und Verkehrstechnik und machte unter dem Diktat der Kommunistischen Partei der Sowjetunion Karriere als Forschungsdirektor für die Entwicklung von Software für staatliche Energiekonzerne. Das Chaos von Gorbatschows Perestroika nutzend, setzte er ab 1985 sein Software- und Staatskonzernwissen für seine privaten Zwecke ein. Für den Wasserkraftwerk- und Aluminiumkonzern Irkutsk importierte er westliche Software und wurde so erstmals Millionär. Nebenbei organisierte er das Einsammeln von Kupfer, das – gemäss seiner Biografie – staatliche Konzerne liegen gelassen hatten. Die galoppierende Inflation und den Zusammenbruch der Sowjetunion nutzte er zu seinem Vorteil,

indem er 1991 mit dem Exilrussen Leonard Blavatnik die Renova Holding gründete. Blavatnik hatte die fortgeschrittensten Finanzhebel und Investmentmöglichkeiten in den USA kennengelernt. Mit Vekselberg nutzte er vorerst alle Chancen für Privatisierungen, die der Zusammenbruch des kommunistischen Weltreichs bot. Denn zur Verhinderung des Staatsbankrotts veräusserte der russische Präsident Jelzin Staatskonzerne zum Butterbrotpreis. Vekselberg erwarb ein 44%-Aktienpaket eines der grössten russischen Öl- und Gasunternehmen, der Tyumen Oil TNK. 1994 übte er sich in einer ersten feindlichen Übernahme eines Industriebetriebs und verlagerte wohlweislich Vermögensteile in sichere Länder. Als Jelzin 1998 das russische Parlament in Brand schiessen liess und der russische Staat bankrott ging, war Vekselberg im Alter von gut 40 Jahren bereits Milliardär. Unter dem Schutz des ehemaligen Geheimdienst-Oberstleutnants und neuen Staatspräsidenten Putin verkaufte Vekselberg einige wenig redlich erworbene Teile von Gazprom dem Staat zurück. Das Schicksal des oppositionellen und vom geschulten Dissidentenverfolger Putin ins Straflager gesteckten Multimilliardärs Chodorkowski blieb ihm so erspart. Gegen den Zusammenschluss von Vekselbergs Kraftwerken und Aluminiumhütten mit neu hinzugekauften Raffinerien zur Siberian-Ural Aluminium Company Sual hatte Putin nichts einzuwenden.[105]

So weit eine Kurzversion von publizierten Informationen über Vekselberg. Wo überall Vekselberg Domizile hat, ist nicht genau bekannt. In Moskau und Manhatten jedenfalls, in Dubrovnik die teuerste Liegenschaft Kroatiens, und in Zürich. Dort befand sich seit 2004 sein steuerbegünstigtes Zweitdomizil, vermittelt von seinem Schweizer Rechtsanwalt, der ihm auch den Schweizer Ex-Botschafter Thomas Borer zuhielt. Im Mai 2010 gab Vekselberg bekannt, er werde nach Zug ziehen, nachdem die Zürcher Stimmbürger gegen die Pauschalsteuer und somit gegen seine maximale Steuerbegünstigung abgestimmt hatten. Vekselbergs Geschäfte überstürzen sich seit 2004 nicht nur in der Schweiz, sondern auch in Italien, wo er den Konzern Energetic Source SPA schluckte. Inzwischen ist er weltweit mit Sitzen, Ablegern und über 100 000 Beschäftigten in vielen Finanz-, Rohstoff- und Energie-

240 Die Werkzeug- und Waffenfabrik Bührle ist auf diesem Werkbild der Maschinenfabrik Oerlikon hellgrau abgedeckt. Die MFO musste sie wegen Liquiditätsproblemen 1906 veräussern, woraus der Bührle/OC-Konzern entstand. **Foto MFO Zürich-Oerlikon 1928**

241 Im Zweiten Weltkrieg entwickelte Bührle eine Flabkanone, die weiterentwickelt noch 40 Jahre als Selbsttötungswaffe gegen zielsicherere Flugzeuge im Einsatz blieb. Die Versuchs-Schiessanlage befand sich unter den Fabriken in Oerlikon. **Foto Bührle Zürich-Oerlikon 1957**

bereichen präsent. Zum Imperium des Mannes mit einem zweistelligen Milliardenvermögen gehören vorerst in der Schweiz die Züblin-Immobilien, dann seit 2006 die OC Oerlikon und Saurer, seit 2007 Ascom und Anteile der Dreierfusion Rusal-Sual-Glencore für den Aluminiumbereich und seit 2009 definitiv Sulzer.

Wegen des Verstosses gegen die Meldepflicht von grossen Aktienbeteiligungen im Fall Oerlikon auferlegte das Eidgenössische Finanzdepartement Vekselberg eine Busse von 40 Millionen Franken. Das wären immerhin 40 Prozent vom Kaufpreis, den Vekselberg 2004 für die Kunstkollektion von Fabergé-Eiern hingelegt hat, oder 8 Prozent der Summe, die er 2010 bei OC Oerlikon eingeschossen hat.[106] Aber Vekselberg rekurrierte, und der russische Vizepremier und Finanzminister Alexej Kudrin hat sich wegen der Busse auf diplomatischem Weg beschwert. Ganz zufällig behinderten die Behörden in Russland die Tätigkeiten von Nestlé und Swiss, und schweizerische Maschinenexporteure befürchteten Sanktionen.[107] Vekselbergs Juristen und der persönliche Einsatz für die Lösung des Falls durch Bundesrat Merz nach einem Treffen mit dem russischen Präsidenten Medwedew erleichterten im September 2010 Vekselbergs Freispruch: Die für die Übernahme von OC und Sulzer eingesetzten Derivate waren nicht reguliert.

242 Während der ersten 25 Jahre des Bahnbaus in der Schweiz wurden fast alle Lokomotiven importiert. Dann entwickelte sich eine Rollmaterialindustrie von Weltgeltung. Der Centralbahn-Werkstattleiter Niklaus Riggenbach baute sich in Aarau eine eigene Lokfabrik. **Aarau, Riggenbach-Fabrik als Armee-Zeughaus, Foto H. B. 1980**

Rollmaterial- und Elektroindustrie: Schweizerkreuz in aller Welt

Die Belle Epoque um 1900 war eine gute Zeit für technische Pioniere. Techniker gründeten 1889 gemeinsam mit Wirtschaftsvertretern den einflussreichen Schweizerischen Elektrotechnischen Verein SEV. Zwei Jahre später starteten Charles Brown und Walter Boveri mit ihrer eigenen Firma Brown, Boveri & Cie. BBC in Baden. Charles Brown junior hatte zuvor die von seinem Vater gegründete elektrotechnische Abteilung der Maschinenfabrik Oerlikon geleitet. Weitere zwei Jahre später richtete die Eidgenössische Technische Hochschule in Zürich den Lehrstuhl für Elektrotechnik ein. Enttäuschungen für die jungen Schweizer Pioniere gab es bei der Auftragsvergabe für die ersten grossen Kraftwerke Wynau, Laufenburg und Bodio. Die Schweizer Banken bevorzugten die etwas älteren und vor allem grösseren deutschen Firmen AEG und Siemens. BBC gründete deshalb 1895 die eigene Finanzierungs- und Betriebsgesellschaft Motor, die spätere Motor-Columbus. Walter Wyssling, der nachmalige ETH-Professor für das Fach Elektrotechnik, wurde nach Amerika entsandt, wo man einen technologischen Vorsprung auszumachen glaubte.[108] Für die Schweiz verlangte Wyssling ein vaterländisches Wirtschaftsprogramm. Der Genfer René Thury, später Chefingenieur der Sécheron-Werke, suchte gar persönlich Thomas Edison auf. Doch diese genialen Köpfe zehrten zu viel Kapital für die Entwicklung von Produkten, für welche die Zeit noch nicht reif war. In Baden war das eben Charles Brown junior, in Oerlikon Emil Huber und in Genf René Thury. Sie bildeten eine unfreiwillige Schicksalsgemeinschaft, als sie der krisenbedingten kaufmännischen Umstrukturierung oder der Expansion ihrer Firmen im Weg standen. Alle drei wurden im Jahr 1911 ihrer leitenden Funktionen enthoben. 20 Jahre nach der Gründung der BBC hatte man sich von ihrem Hauptgründer getrennt, wie es jeweils so sibyllinisch heisst. Charles Brown junior und sein Bruder Sidney hatten sich inzwischen in Baden die zinnenbewehrte Villa Römerburg und die modern ausgestattete Villa Langmatt an der Römerstrasse bauen lassen. Die vom damaligen Stararchitekten Karl Moser im englischen Landhausstil erbaute Villa Langmatt ist seit dem Tod eines Brown-Nachfahren der dritten Generation mit einer Auswahl der gesammelten Kunstschätze öffentlich zugänglich.

BBC expandierte erfolgreich ins Ausland, übernahm in Italien die Westinghouse-Werke und 1913 in Münchenstein den Konkurrenten Alioth. Der Erste Weltkrieg liess die Elektroindustrie boomen. Die Schweizer Energieversorgung, zu 80 Prozent von der Kohle der Krieg führenden Nationen abhängig, brach zusammen. Den Haushaltungen der ärmeren Schichten fehlte die Kohle zum Kochen und Heizen, die Industrieversorgung war rationiert, und selbst planmässige Dampfzüge mussten gestrichen werden. Der Elektrotechnische Verein forderte: Weisse Kohle aus Wasser! Die neue Technik wurde nationalistisch ideologisiert. Auf Plakaten wurde verkündet: Elektrizität aus Wasserkraft, unser nationales Gut. Das half der Industrie. 1916 beschloss der Bundesrat die Vollelektrifizierung der Bundesbahnen. Die Kantone zogen mit Programmen für die flächendeckende Stromversorgung nach. Die Auftragslage für den Bau von Kraftwerken, Übertragungs- und Verteilleitungen, Transformatorenstationen, Antriebsmotoren und Lokomotiven war langfristig gesichert.[109] Auch der Zweite Weltkrieg bescherte reichlich Aufträge, vorerst von beiden Kriegsseiten, dann über die Werke in Ligurien und Mannheim zunehmend von den Achsenmächten. 1944 bombardierten die Alliierten das Werk Mannheim schwer, die Schweizer Werke blieben intakt. Sie waren gerüstet für den Nachkriegsboom. Dieser machte die Schweiz vorübergehend zur zweitwichtigsten Industrie-Exportnation nach den USA. Die Maschinen- und Elektroindustrie erlebte ihren Höhepunkt. Zur BBC in Baden, zur MFO in Zürich und zur Sécheron in Genf gesellten sich als führende Marktteilnehmer die Schweizerische Lokomotivfabrik in Winterthur, die Schweizerische Industriegesellschaft in Neuhausen und das Familienunternehmen Schindler in Luzern.

Halle Schienenverkehr im Verkehrshaus, Lidostrasse 5, 6006 Luzern, www.verkehrshaus.ch

Eine schweizerische Fabrik für alle schweizerischen Lokomotiven

Zwischen 1846 und 1880 kamen die Lokomotiven für die Schweiz hauptsächlich aus Deutschland, teilweise aus dem Elsass. In der Schweiz selbst entwickelte sich nur zaghaft ein eigenständiger Lokomotivbau. 1871 sprang Charles Brown senior nach 20 Jahren Tätigkeit bei Sulzer ab, nach Zwistigkeiten mit der neuen Führungsgeneration. Die Bank in Winterthur, später zur SBG und dann zur UBS fusioniert, unterstützte Brown bei der Gründung der Schweizerischen Lokomotiv- und Maschinenfabrik SLM grosszügig. Den Aufbau der neuen Fabrik unmittelbar auf dem Nachbargrundstück der Maschinenfabrik Sulzer durch den ehemaligen Sulzer-Mitarbeiter empfand das Winterthurer Bürgertum als Provokation. Es kam sogar zu Handgreiflichkeiten. Albert Sulzer-Grossmann verabreichte dem Textilindustriellen Bühler eine Ohrfeige, weil er sich in den Verwaltungsrat der SLM hatte wählen lassen. Entscheidend für das Überleben in der 1877 ausgebrochenen schweren Krise war das Stehvermögen. Dies gelang der SLM dank einer innovativen Produktepolitik und der Unterstützung durch Banken in Winterthur und Basel. Neben dem Bau von Zahnradlokomotiven entwickelte die SLM Sonderbauarten für Werk- und Tramlokomotiven. Von Letzteren konnten 170 Stück geliefert werden, weil man gleich auch den Strassenbahnbau mitfinanzierte. Nach 1884 blieb die SLM in der Schweiz die einzige Anbieterin von Lokomotiven. Die Wirtschaft begann sich von der Krise zu erholen, der Verkehr belebte sich, die von einem Moratorium betroffenen Bahnlinien wurden nach dem zehnjährigen Baustillstand vollendet, der Bedarf an Lokomotiven stieg. Den Weg zum Monopolanbieter in der Schweiz bahnte sich die SLM mit einem flexiblen Angebot verschiedenster Konstruktionen nach englischen, amerikanischen und vor allem deutschen und französischen Vorbildern. Ihre 1884 gegründete elektrotechnische Abteilung allerdings hatte sie noch vor dem Elektrifizierungsboom 1897 abgestossen. Die SLM war dann bei den grossen Bestellungen von elektrischen Lokomotiven ab den 1910er-Jahren als Mechanikerin von den Elektrikern abhängig. Es ist verständlich, dass die SLM am Bau von Dampflokomotiven festhielt, neue Absatzmärkte im Ausland suchte und auch mit grossem Aufwand die neuen technischen Möglichkeiten verfolgte. Der begabte Konstrukteur und SLM-Direktor Jakob Buchli förderte 1919 Versuche mit hohem Kesseldruck von 60 Atmosphären und

243 Die Schweizerische Lokomotiv- und Maschinenfabrik SLM war 1871 eine Gründung von Charles Brown senior, der von Sulzer aus England nach Winterthur geholt worden war und sich selbständig machte. **Firmenprospekt SLM mit Werk I und II, 1940er-Jahre**

244 Die SLM baute in Konkurrenz zu den Riggenbach'schen Werkstätten Zahnradlokomotiven. Sie erlangte in dieser Disziplin das weltweite Monopol, welches an Stadler Rail weiterging. **Rigi-Lok Nr. 1, Zeichnung H. B. 2004**

mit neuartigen Antrieben mit Turbinen und Dampfmotoren, die jedoch nicht zur Serienreife kamen. In jener Zeit war die SLM allein schon mit der Fertigung von Elektrolokomotiven, auch der legendären Krokodile, überlastet. Beim Bau von Zahnradlokomotiven erlangte die SLM weitgehend das weltweite Monopol, das auf den komplexen Antriebssystemen Roman Abt und Winterthur aufbaute. Damals erreichte die SLM mit gegen 3000 Arbeitern ihren höchsten Beschäftigungsstand. Die Fabrik war als Getriebespezialistin auch im Bau von Flug- und Panzermotoren beschäftigt, fabrizierte Dieselmotoren, Pumpen oder die bekannten SLM-Dreiradtraktoren.

Auf Drängen der Elektroindustrie und nach den guten Erfahrungen mit den ersten elektrifizierten Strecken beschlossen die SBB, das Hauptnetz beschleunigt bis 1928 zu elektrifizieren. Bei den weiteren Bestellungen setzte sich der von Jakob Buchli entwickelte Einzelachsantrieb durch. Insgesamt nahmen die SBB 241 Buchli-Loks in Betrieb. Zusätzliche Buchli-Loks taten auch in Frankreich, Deutschland, in den USA, in Japan, Indien und Brasilien Dienst. Doch am Ende dieser hektischen Bestellphase folgte nach dem internationalen Börsenkrach der Zusammenbruch. Die im Lokomotivbau tätigen und seit dem Ersten Weltkrieg stark expandierenden Firmen entliessen bis 1934 in der Schweiz rund die Hälfte ihrer Belegschaften. Die SLM versuchte sich über Wasser zu halten mit allgemeinem Maschinenbau oder mit dem oben erwähnten Tauschgeschäft von Lokomotiven gegen Tabak aus Bulgarien. Auf dem Krisenhöhepunkt 1935 erschien der Rote Pfeil, das erste Leichstahlfahrzeug mit geschweisstem Kasten. Während des Zweiten Weltkrieges erwies sich die international einzigartige, fast vollständige Elektrifizierung der SBB dank Unabhängigkeit von Energieimporten als grosse Stärke. Noch im Krieg konstruierte die SLM Drehgestell-Lokomotiven mit selbsttragenden Kästen. Die neuartige Technik setzte sich international durch. Stolz versahen die SBB das Paradepferd der neuen Generation, die Ae 6/6, mit einem chromgerahmten Schweizer Wappen. Ab 1963 bestellten sie 391 weitere Schweizerkreuz-Lokomotiven der Reihen Re 4/4^{II} und Re 6/6.

Nun setzte aber die Auto- und Lastwagenkonkurrenz den Bahnen immer stärker zu. In der Elektroindustrie entstanden Überkapazitäten. Der Verdrängungskampf führte dazu, dass sich die SLM 1966 Sulzer anschloss. Für die Lokianer bedeutete das einen grossen Aderlass. Alle Produktesparten, mit denen die SLM fast 100 Jahre lang Konkurrenz zu Sulzer gemacht hatte, fielen weg, ebenso die Modellschreinerei, die Giesserei, die Schmiede. Der allgemeine Maschinenbau reduzierte sich auf den Bau von Lokomotiven und Panzergetrieben. Dann aber leitete die Förderung des öffentlichen Verkehrs in den 1980er-Jahren eine neue Blüte ein. Ab 1989 kamen die Zürcher S-Bahn-Lokomotiven zum Einsatz. 1992 war die Lokomotive 2000 die letzte ganz in der Schweiz realisierte Hochleistungslok. Sie ist in der BLS-Variante die stärkste vierachsige Lokomotive der Welt und wurde dank der Fusion der BBC mit der

Asea auch für die skandinavischen Länder und noch für China gebaut. Dieses Symbol für maximale Zugkraft auf leisesten Rädern, welche die Schienen optimal schonen, die Führerstände mit Pininfarina-Design – das war die letzte, perfekte Werbelokomotive der schweizerischen Rollmaterialindustrie.

In den Jahren der fetten Staatsaufträge bezeichnete der Sulzer-Konzern den Lokomotivbau als strategisches Kerngeschäft. Noch 1996 feierte man mit Pomp 125 Jahre SLM, lud Tausende von Kunden und Zehntausende von Bahnfreunden ins Areal ein. Ein Jahr später war der Lokomotivbau der Konzernleitung bereits verleidet. Die Wertschöpfung schwinde, das Geschäftsvolumen sei zu schwankend, die SLM sei zu klein und folglich kein Kerngeschäft mehr. Wer sie haben wolle, könne sie kaufen. In der Presse kundgetan, wirkte das nicht motivierend auf die Belegschaft, die nun zum Verkauf ausgeschrieben war. Jahr für Jahr wurden zusätzliche 40 bis 120 Arbeiter zum Stempeln auf das Arbeitslosenamt geschickt. Führende Köpfe sprangen ab. Dabei lag die Stärke der SLM bis zum letzten Tag im genialen Wissen der Konstruktionsabteilung, die in den Werkstätten mitten in der Stadt ein höchst professionelles Experimentierfeld besass. Das waren keine Computersimulanten, das waren Ingenieure, die ihre Pläne mit den Arbeitern umsetzten. Käufer gab es für die ganze Fabrik keine. Die Konkurrenz wollte nur die Konstruktionsabteilung haben oder das Wissen vom Getriebebau, die unzähligen Patente, Pläne und einzelne Köpfe. Sulzer musste die Loki vorerst behalten, verpasste ihr aber nach 126 Jahren Tradition das geniale Label Sulzer-Winpro. Schliesslich entschied man sich, die Fabrik zu zerschlagen, ihre einzelnen Körperschaften einzeln zu verkaufen. Der Getriebebau für das praktisch weltweite Monopol ging an Stadler in Bussnang, der Dampfbereich an die DLM, das Engineering über ABB-ADtranz an Bombardier. Alle drei Unternehmen erlebten dank den grossen Investitionen in den öffentlichen Verkehr nach 2000 gute Zeiten. Der kanadische Konzern Bombardier beschäftigt in Winterthur 44 Personen. Stadler Rail hat auf nicht weniger als 2500 Mitarbeiter aufgestockt – die Firma hatte beim Eintritt des heutigen Besitzers Peter Spuhler im Jahr 1989 18 Mitarbeitende. In den Werken Bussnang, Altenrhein und in der neuen Fabrik im Sulzer-Areal Oberwinterthur arbeitet mehr als die Hälfte der internationalen Belegschaft. Stadler-Züge fahren inzwischen auch in Deutschland, Italien und Ungarn.[110]

Aufzüge von Schindler, Wagen aus dem Ausland

Schindler, 1874 bei Luzern gegründet, entwickelte seine elektrotechnische Abteilung mit dem Motorenbau für Aufzüge. Als am Ende des Zweiten Weltkrieges grosse Reparaturaufträge und staatliche

245 Stolz schmückte die SLM ihren weltweit exportierten Winterthurer Schrägstangenantrieb mit dem Schweizerkreuz. Letzte Lokomotiven mit diesem Antrieb sind noch 100 Jahre nach dessen Entwicklung im täglichen Betrieb. **Zeichnung H. B. 2004**

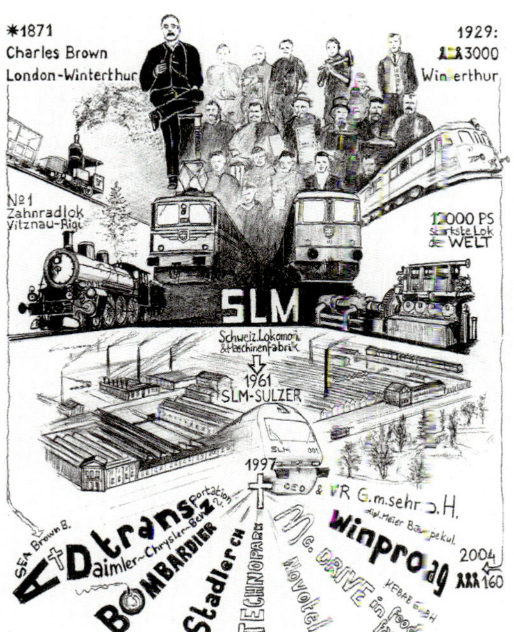

246 Noch 1997 bezeichnete Sulzer die SLM als strategisches Geschäft. Dann rettete ein Management-Buy-out die «Winpro». Ende 2006 kam ihr Leiter Roland Michel im Tsunami um. Seither führt Stadler Rail die traditionsreiche Restproduktion. **Zeichnung H. B. 2004**

247 1960 fusionierten die beiden führenden Aufzugsfabriken Schlieren und Schindler in der Schweiz. Schindler ist seither weltweit führend im Rolltreppen- und Liftbau. **Anzeige 1926, Sammlung H. B.**
248 Schlieren, Schindler und die SIG waren führend im Bau von Leichtstahlwagen. Die in der kreativen Notzeit 1937 entwickelte Konstruktion von selbsttragenden Leichtbau-Chassis fand weltweit Verbreitung. **Anzeige 1941, Sammlung H. B.**
249 Schindler expandierte im Rollmaterialbau und stellte bis zur Einstellung dieses Geschäftsbereichs auch in den Flugzeugwerken Altenrhein und in Pratteln Bahnfahrzeuge her. **Altenrhein, Foto H. B. 1999**

Rollmaterialbestellungen zu erwarten waren, gründete Schindler das Werk Pratteln. Der Bahnwagenbau trug wesentlich zum Aufschwung des Familienunternehmens bei, das weltweit bis zu 32 000 Leute beschäftigte. In Zusammenarbeit mit den anderen schweizerischen Bahnwagenfabriken verbreitete Schindler die erfolgreichen Leichtstahlwagen weltweit. Entwickelt wurden diese 1936 in der Schweizerischen Wagonsfabrik Schlieren SWS. Verschweisste Blechwände verstreben das leichte Stahlgerippe zu selbsttragenden Kästen. 1939 fand die Technik auch für den Bau von Tramwagen Verwendung. In dieser Technik entstanden 28 Jahre lang Standard-Tramwagen und noch viel länger Leichtstahl und Einheitswagen. Wagen dieser Bauart bildeten das Rückgrat der SBB, der Österreichischen Bundesbahnen und vieler weiterer Bahnen und städtischer Verkehrsbetriebe. Sie sind teilweise heute noch zahlreich in Betrieb.

1960 übernahm Schindler Pratteln die 1895 gegründete SWS, die liebevoll «Wagi» genannt wurde. Schindler stärkte mit dieser Übernahme ihre beiden Hauptaktivitäten, denn die 2000 Mitarbeiter in Schlieren stellten auch Fahrstühle her. 1981 kaufte Schindler zudem die 1924 gegründeten Flugzeug- und Fahrzeugwerke Altenrhein. Schindler besass somit ein weitgehendes Monopol für den Bau von Bahnwagen in der Schweiz. Kaum hatte Schindler die Fusionen abgeschlossen, setzte der Konzern ein «Restrukturierungsprogramm» um. Er verkaufte das bei Zürich gelegene, am höchsten gehandelte und insgesamt elf Hektaren grosse Wagi-Areal. 1985 fand in Schlieren die bis dahin grösste Gebäudesprengung der Schweiz statt. 1992 hatte Schindler Waggon noch rund 1500 Mitarbeiter, über 900 im Stammwerk Pratteln. Der Geschäftsleiter deutete darauf hin, dass das Abseitsstehen vom europäischen Wirtschaftsraum und Schweizer Bestellungen im Ausland Probleme verursachen würden. Ausser den Niederländischen Staatsbahnen hatte damals jedes Eisenbahnland eine eigene Rollmaterialindustrie. Und jedes dieser Länder bestellte Wagen im eigenen Land, nur schon zur Sicherung der Arbeitsplätze. In der Schweiz war die Front schon abgebröckelt, obwohl diese Sparte noch 1997 gegen 5000 Leute beschäftigte. 1997 beschloss das im Liftbau erfolgreiche Familienunternehmen, sich auf die Herstellung von Aufzügen und Rolltreppen zu konzentrieren.[111] «Schindler – Schwindler», protestierten die Arbeiter. «In der Schweiz gibt es keine Eisenbahnpolitik», kommentierte der Eisenbahnberater Conrad Brunner. Der Rollmaterialbereich gelangte über eine BBC-Nachfolgefirma und die fusionierten Autokonzerne Daimler-Chrysler an einen ehemaligen Waffenhersteller aus Kanada. Dieser bezahlte für das in der Schweiz akkumulierte Wissen 1,2 Milliarden Franken und baute so die Wagenbauabteilung der Bombardier-Gruppe auf. Bombardier rühmte sich im Jahr 2000, mit 37 000 Beschäftigten der grösste Schienentechnikkonzern der Welt zu sein. Bombardier setzte sich in Europa aggressiv durch, übernahm Talbot und eben auch Werke in Pratteln und Turgi und Teile in Zürich und Winterthur. Das Werk Villeneuve der Vevey Technologies gehörte schon 1998 Bombardier, eine Spätfolge der Milliardenpleite Reys, von der auch die Ateliers Méchaniques de Vevey betroffen waren. Bis 2004 wurden in Pratteln noch Seitenwände für Doppelstockwagen aus Aluminiumprofilen fliessbandmässig zusammengeschweisst. Arbeiterinnen verkabeln die letzten Intercity-Neigezugwagen. Die grosse Bestellung für die Zürcher Cobra-Trams hätte die Arbeitsplätze in Pratteln sichern sollen. Doch als der SBB-Auftrag für die neuen Doppelstockwagen an Siemens ging, warf Bombardier die Flinte ins Korn und schloss 2005 das Stammwerk Pratteln. Bombardier bietet zurzeit in der Schweiz 900 Arbeitsplätze und wird für die Herstellung der neuen SBB-Doppelstockzüge zusätzliche schaffen.

Vom Verkauf der Kerngeschäfte: die Schweizerische Industriegesellschaft

Die Schweizerische Industriegesellschaft SIG war 1853 nicht wegen der Aussicht auf den Rheinfall an diesem Standort gegründet worden. Nein, sie nutzte das Rheinfallgefälle zusätzlich zu den Kraftwerken von Neher und Moser in einem Turbinenhaus und übertrug die Kraft mit einer schmiedeeisernen Welle ins höher gelegene Werk. Die Industriepioniere zogen die Nutzung des grossen Wasserreichtums den teureren Dampfmaschinen vor. Die Initiative für den Waggonbau verdankt die SIG einem ihrer Gründer, Friedrich Peyer. Der Wirtschaftsmann und Politiker war Mitbegründer der Rheinfallbahn und später der Gotthardbahn. Europas Wagen waren in den Anfängen fast alle zweiachsig, die amerikanischen bereits damals vierachsig, mit zwei Drehgestellen. Die SIG gehörte zu den ersten europäischen Fabriken, die ab 1855 Drehgestellwagen bauten. Der andere Kompetenzbereich war der Wagenkastenbau, ursprünglich für Güterwagen und für drei verschiedene Klassen von Personen – Drittklass-Passagiere mussten sich mit Hartsitzen begnügen. In den teureren Reiseklassen genossen die Reisenden einen Beleuchtungs- und Heizkomfort. Die SIG war so auch eine Lüftungs-, Heizungs- und Klimatechnikfabrik, eine Sattlerei, ein Möbeldesigner. Ab 1902 erarbeitete die SIG im Auftrag der Schweizerischen

Bundesbahnen Verbesserungen für den Reisekomfort und die Verbilligung des Wagenunterhalts. Man baute grössere Fenster, mehr Ablageflächen, Armlehnen, Lüftung und elektrische Heizung für alle Klassen. Nicht genug: Die SIG fabrizierte Rollmaterial für den globalen Markt und für alle Wünsche, vom speziellen Güterwagen bis zum luxuriösen Pullman-Wagen, vom Tram über den Zahnradtriebwagen bis zur Luftseilbahn-Gondel für den boomenden schweizerischen Bergbahnbau.[112] Robustheit und Zuverlässigkeit waren Grundwerte der SIG-Produkte. Den abschliessenden Höhepunkt bildete 1998 das Joint Venture mit Fiat für die neuen SBB-Intercity-Neigezüge. Die SIG gewann mit diesem formschönen, in der Innenausstattung alle vergleichbaren Züge Europas übertreffenden Zug den international ausgeschriebenen Wettbewerb.

Aus dem Wissen zur Rollmaterialkonstruktion entwickelte die SIG im 19. Jahrhundert eigene Gewehre. Die Anforderungen waren weniger Gewicht, grössere Reichweite, kleinere Munition und automatisches Nachladen. Funktionsfähigkeit unter schwierigsten Bedingungen. 1868 gelang der SIG mit dem Vetterli-Gewehr der Durchbruch. Friedrich Vetterli war der technische Leiter des SIG-Waffenbaus. Drei Jahre später bestätigte der Deutsch-Französische Krieg die Notwendigkeit einer modernen Bewaffnung der Schweizer Armee. Die SIG wurde Lieferant für alle Handfeuerwaffen. Das Sturmgewehr 1957 war Hunderttausenden von Soldaten der Inbegriff für das Wetteifern an Schützenfesten oder für Qualen angesichts des nahenden obligatorischen Schiessens. Noch 1990 entwickelte die SIG das neue Maschinengewehr. Das Waffengeschäft weitete sich laufend aus, 1971 mit der Sportwaffenfabrik Hämmerli, 1974 mit Sauer & Sohn, noch 1997 mit dem Jagdgewehrhersteller Blaser. Bei vielen Schützen galt die Pistole 210 von SIG als Rolls-Royce unter den Faustfeuerwaffen. Das Ende des Kalten Krieges, die Abrüstung und Umrüstung nicht nur der Schweizer Armee legten es nahe, sich vorerst vom Waffenbau zu trennen. 2000 verkaufte die SIG ihren ganzen Waffenbereich mit dem Markennamen Swiss Arms an die deutsche L & O-Holding. Bis zu diesem Zeitpunkt bewies die SIG eine hohe Kunst im Abfedern von Krisen. Eine flexible Produktion ermöglichte auch den Bau von Bohrhämmern, Stollenlokomotiven, Flugzeugen, Elektro- und Raupenfahrzeugen, Mobilkranwagen, Bugstrahlschrauben für Schiffe, von Druckmaschinen, Postkarten-Verkaufsautomaten und Kläranlagen. In Kriegs- und für Krisenzeiten fertigte man Low-Tech-Produkte, 1000 Infanterie-Anhänger und sogar Leiterwagen und Veloanhänger. Bis zum Ende des 20. Jahrhunderts hatte die SIG ei-

250 1853 gründeten der Uhrenfabrikant Heinrich Moser, der Eisenindustrielle Conrad Neher und sein Verwandter Friedrich Peyer die erste Rollmaterialfabrik der Schweiz, SIG. Mosers umarmende Villa prägt noch heute die Kuppe über dem Rhein bei Neuhausen. **Foto H. B. 2010**

251 35 Jahre vor der Alusuisse nutzte die SIG die Wasserkraft des grössten Kataraktes Europas. Über dem Rheinfall entstanden die Wagen- und Waffenfabriken, angetrieben von einer schmiedeeisernen Welle des fabrikeigenen Kraftwerks. **Neuhausen, Foto H. B. 1985**

nen wenig schwankenden Personalbestand von rund 8000 Beschäftigten. Der Umsatz stieg stetig, aber die Gewinnmarge sank.

Zu den alten Haupttätigkeiten war der Bereich Verpackungsmaschinen hinzugekommen. Diesen Bereich wollte man mit allen Mitteln stärken, weltführend werden. Das war eine Vision. Im schaffhausischen Beringen besass man eine eigene, moderne Verpackungsmaschinenfabrik. In unglaublich kurzer Zeit kaufte oder gründete die SIG neben vier schon bestehenden Firmen 20 Unternehmen. Die Standorte für den Bau und die Wartung von Verpackungsmaschinen und für die Herstellung von Nahrungsmittelverpackungen waren nun über Asien, Ost- und Westeuropa, England und die USA verteilt. Mit dem Erwerb des westdeutschen Kartonverpackungswerks Linnich gelang der Durchbruch auf dem internationalen Markt im Bereich der Getränkeverpackungen. Dies besonders in Deutschland, nachdem wegen geringen Abfallrücklaufs von Dosen auf diese ein Pfand erhoben worden war. Glasflaschen waren ohnehin rückläufig, während PET-Flaschen immer mehr Verbreitung fanden. Auf der Strecke blieb bei der ganzen Konzentration die Herstellung von Schienenfahrzeugen. Bereits das

252 Durch Verkauf der Bereiche Rollmaterial, Waffen und Bergbaumaschinen wollten die Manager der SIG weltweit führend werden im Bau von Verpackungsmaschinen. **Biscuit-Verpackungsstrasse SIG Neuhausen, Foto H. B. um 2000**

253 «From Zero to Hero» war der Slogan der Nuller-Jahre. Nach dem Verkauf von allen Industriebereichen resultierte aus dem Held eine Null ohne Produktionsplätze am Rheinfall. **Foto SIG-Jubiläumsschrift 2003**

Joint Venture und später die Verbindung mit Fiat brachten diesen Bereich auf eine schiefe Bahn. Der in Krise geratene Automobilkonzern Fiat beschloss nämlich, sich auf seine alte Kernkompetenz zu beschränken, und bot den Rollmaterialbereich zum Weiterverkauf an. SIG aber brauchte Mittel für den Aufkauf von Verpackungs- und Maschinenherstellern. So wurde auch die Schienenfahrzeug-Produktion abgestossen. Den Bergbaubereich wollte man nicht mehr, weil er strategisch zu klein sei, hiess es unter den CEOs, die jeweils nach drei Jahren wieder gingen. Dass man in abzustossenden Bereichen seit Generationen führendes Know-how besass und die Produkte durchaus Absatz fanden, kümmerte sie wenig. Mit der Konzentration wollte man in einem und nur einem Bereich weltmarktführend sein. Schon manch einer wollte Sieger an einer Olympiade werden. Doch selbst bei intakten Chancen gelingt das nicht jedem. Bereits 2004 beschloss der SIG-Konzern, sich aus dem Angebot des Abfüllens von Stück- und Schüttgütern zurückzuziehen. Gleichzeitig wurde auch die Maschinenfabrik Beringen als letzte grosse SIG-Fabrikationsstätte in der Schweiz zum Verkauf ausgeschrieben. Man wolle sich auf Getränkeverpackungen konzentrieren.

Am überragenden Know-how im Drehgestellbau bestand grosses Interesse, und so übernahm der französische Rollmaterialhersteller Alstom für vier Jahre den Bahnwagenbau in Neuhausen. Im Sommer 2004 meldete die Zentrale in Paris, der Bedarf sei jetzt gedeckt, denn der grosse Auftrag für die SBB-Neigezüge lief aus. Doch hätte die Fabrikation der Fahrgestelle für die Zürcher Cobra-Tramflotte erst begonnen. Man hatte die Cobras bei der Bestellung einem deutschen Konkurrenzprodukt zugunsten der Arbeitsplätze in der Schweiz vorgezogen. Wie schon so oft, zum Beispiel bei den Bussen und Armeelastwagen von Saurer. Im März 2005 endet nach genau 150 Jahren in Neuhausen die Herstellung von hochkomplexen, sicheren Drehgestellen. Lediglich die Wartung muss von 55 Mitarbeitern in Neuhausen noch gewährleistet werden. Diese sind auch weiterhin zuständig für das Engineering.

In der Rest-SIG kam es 2006 zu einem Kampf zwischen dem damaligen Verwaltungsratspräsidenten und Tito Tettamantis Sterling-Gruppe. Schliesslich ging die SIG an die neuseeländische Rank Group Holding des Milliardärs Graeme Hart. Am 2. November 2007 wurden die Aktien der SIG Holding von der Schweizer Börse Swiss Exchange zurückgezogen und das Unternehmen im April 2009 in SIG Combibloc Group AG umbenannt. Die Rank Group hält seither ausschliesslich Beteiligungen an Unternehmen der Verpackungsindustrie. Ein Interesse am 2004 eingerichteten Werkmuseum bestand nicht mehr, es wurde aufgelöst.[113]

MFO – Outsourcen bis zum Versiegen der Quellen

100 Jahre lang ging der unscheinbare Ortsname Oerlikon um die Welt, eingegossen in Produkte der Maschinenfabrik Oerlikon MFO. Den Durchbruch auf dem Weltmarkt fand die MFO ab 1878 nach einem Neustart unter der Leitung des Unternehmers Peter Emil Huber-Werdmüller. Neben den Escher gehörten die Werdmüller während Jahrhunderten zur Führungselite Zürichs. Huber-Werdmüller engagierte sich 1891 persönlich für die erste erfolgreiche Hochspannungs-Fernleitung vom Kraftwerk Lauffen zur Elektroausstellung in Frankfurt am Main. Seine MFO beschäftigte bereits 1000 Leute. Und ihm glückte die Nachfolgeregelung: Sein technisch hochbegabter Sohn Emil Huber trat in die Firma ein. Emil Huber-Stockar glaubte an die Bahnelektrifizierung mit Hochspannung und nur einem Fahrdraht, während Brown junior die Drehstrom-Elektrifizierung mit zwei Fahrdrähten förderte. Den technischen Glaubenskrieg entschied die MFO nachträglich zu ihren Gunsten. Zuvor hatte sie auf eigene Kosten vor den eigenen Fabriktoren die 22 Kilometer lange Strecke nach Wettingen elektrifiziert. Die erste Einphasen-Wechselstromlok erhielt später den Namen Eva. Aber vorerst führten die grossen Forschungs- und Versuchsinvestitionen bei der MFO zu einer Krise. 1906 beschäftigte die MFO 2000 Leute, musste aber wegen Überinvestitionen in die Forschung und Entwicklung ihre erst zehn Jahre zuvor gegründete Akkumulatoren- und die alte Werkzeugmaschinen-Fabrik verkaufen. 1923 ging Letztere an die Magdeburger Werkzeugmaschinen-Fabrik über, woraus die bereits abgehandelte Waffenfabrik Bührle entstand. Die MFO, Bührle, die Akkumulatorenfabrik und die Maschinenfabriken Gauss und Stierli belegten 1961 ein Industriegelände mit einem Umfang von fast einem Quadratkilometer. Der MFO gelang es damals, mit grossem Entwicklungsaufwand den ersten Zug für vier Stromsysteme auf den Markt zu bringen, den schweizerischen Trans-Europ-Express. 1967 übernahm die BBC die MFO.

10 000 Werkplätze sind in Zürich-Nord verschwunden, 7000 allein in den aus der MFO herausgewachsenen Firmen. Dabei ist noch zwischen 1988 und 1997 alles so positiv dargestellt worden. Kurz vor der Fusion mit Asea hatte die BBC beschlossen, in Oerlikon ein neues Montagewerk zu errichten. «Tramont», Traktionsmittelmontage, nannte man das 175 mal 60 Meter grosse Werk für die Stromrichtermontage, die Detailfertigung und die elektrische

254 MFO-Verwaltungsbau in Zürich-Oerlikon, der 2010 vor dem Abbruch gerettet worden ist. Die Maschinenfabrik Oerlikon leistete Pionierarbeit für die weltweit gebräuchliche Elektrifizierung in Einphasen-Wechselstrom. **Oerlikon, Foto MFO 1925**

Ausrüstung von Schienenfahrzeugen und Trolleybussen. Die 45 Millionen Franken Investition sollten jährlich die Fertigung von 30 Lokomotiven, 60 Trolleybussen und 200 Triebwagen ermöglichen. Dank «time based management» würde die Bauzeit einen Drittel kürzer sein. Im Fusionsjahr 1988 kam das Werk im Stierenried in Betrieb. Der Schweizer Rollmaterialbereich innerhalb der neuen ABB war knapp profitabel, der schwedische nicht. 1996 bis 2000 verkaufte ABB das Geschäft für elektrische Ausrüstung von Lokomotiven – mit Wurzeln in Zürich, Baden, Genf, Ligurien, Mannheim, Wien und Västerås – an die Zwischenfirma ABB-Transportation Daimler-Benz. Daimler-Benz hatte 1994 bereits die noch gewinnbringenden Bereiche der einst weltberühmten Allgemeinen Elektrizitätsgesellschaft AEG übernommen. Hoch dotierte Werbeleute kreierten aus dem Firmensalatfeld den Buchstabencocktail ADtranz, D stand für Daimler, z für den letzten Buchstaben von Mercedes-Benz. Durch die Fusion mit Chrysler wurde Daimler vorübergehend der weltgrösste Privatkonzern mit über 200 Milliarden Franken Umsatz und 421 000 Mitarbeitenden. Dem globalen Autohersteller verleidete es bald, auch Schienenfahrzeuge herstellen zu müssen. So war dem aufwändig propagierten, grössten, führenden Weltkompetenzzentrum für Schienenverkehr mit 22 000 Beschäftigten nur eine kurze Existenz gewährt. Im Oerliker Stierenried entstanden bis 1997 die Forschungsgebäude Toro I und II. Wenn schon im Stierenried, dann auch Toro. «Investitionen in den hochwertigen Werkplatz Schweiz», lobte die NZZ. Vor der Glasfassade steht in Eisen gegossen ein naturalistischer Stier, ähnlich wie in alt Bundesrat Blochers Eigenheimgarten. Der Stier scheint seine Hörner gequält und wütend zu senken, seinen Schwanz hochzuwerfen, stierkampflos verblutend an der permanenten Outsourcerei. Hinter ihm die leere Tramont-Halle, die Anfang der 1990er-Jahre noch voll von S-Bahn-Lokomotiven, Loks 2000 und neuen Bussen für Schweizer Städte war. Die Kunden mochten sich vielleicht noch daran gewöhnen, dass die Traditionslabel MFO und BBC innert fünf Jahren hintereinander durch vier neue Labels ersetzt wurden – solange die Qualität und Funktionstüchtigkeit der Produkte stimmten. Aber gleichzeitig liess die neue Konzernleitung die Fertigungstiefe verringern. «Outsourcing» war das neue Schlagwort. Alle Teile für das schwere und komplexe Produkt Lokomotive wurden dort gefertigt, wo es am billigsten war. Der Finanzakrobat Martin Ebner beschleunigte den Prozess Ende der 1990er-Jahre zwecks Aufwertung der seiner Ansicht nach unterbewerteten ABB-Aktien: «Ich stelle mir die ABB als leichten Dienstleistungs- und Wissenskonzern vor», meldete er den Medien 1998. Die kapitalintensive Produktion werde ausgelagert, an Zulieferer delegiert. Statt Einzelteile herzustellen, werde sich der Elektrokonzern auf das Wissensmanagement und den Service konzentrieren. So wickelte ABB zum Beispiel eine Lokomotivbestellung für die Indian Railways folgendermassen ab: Mit dem Know-how vom Bau der SBB-Lok 2000 liess ABB die mechanischen Teile nicht mehr in Winterthur, sondern in Australien fertigen. Frachtflugzeuge flogen die ersten, bereits fertig gespritzten Lokkasten von dort zum Flughafen Zürich. Umgeladen auf einen Tieflader, erreichte die sperrige Ladung, von Polizeiwagen eskortiert, über die Autobahn Oerlikon. Nach der elektrischen Ausrüstung bei Tramont erfolgte ein weiterer Lastwagentransport, profilbedingt über den alten Hauenstein, nach Basel. Dort brachten Rheinschiffe die Fracht nach Rotterdam, und endlich schwammen die fertigen Lokomotiven dann auf dem Meer gen Indien. Im Neubau des Konzernsitzes am Rand des ehemaligen MFO-Areals wurde scharf und global kalkuliert. Zwar prangen in den aggressiv roten Buchstaben ABB die unrepublikanischen Kreuze der schweizerischen und der schwedischen Flagge. Aber produzieren wollte man in der Schweiz und in Schweden nicht mehr. Die Konzernleitung nannte ihre Residenz vielleicht deswegen Gemini, weil sie sich wie in einer Raumfahrtkapsel weit vom Globus entfernt fühlte oder weil die beiden Gemini-Sterne nur für Übermenschen erreichbar sind. Das Outsourcing in ferne Gegenden würde, durch die unzähligen verschiedenen Betriebssysteme geplant und sprachlich übersetzt, vielleicht automatisch. Computersimulationen würden perfekte Produkte mit Bestandteilen aus verschiedenen Kulturen und Erdteilen garantieren.

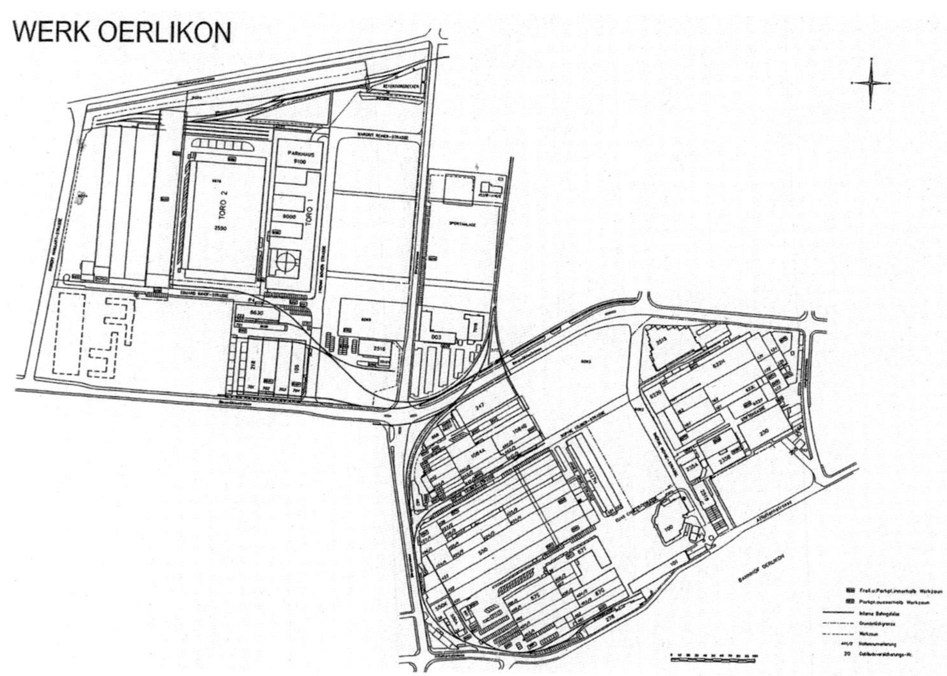

255 Montagehalle der MFO in der Hochkonjunktur der Elektrifizierung. Die Kohlennot bewog den Bundesrat, die Elektrifizierung der Schweiz zu fördern. **Oerlikon, Foto MFO um 1925**

256 Die MFO-Werke befanden sich zwischen Oerlikon und Seebach. In den benachbarten Bereichen entwickelten sich die aus der MFO herausgewachsene Waffenfabrik Bührle und die Akkumulatorenfabrik zu einem Industrieareal von 77 Hektaren. **Plan ABB Oerlikon 1999**

In der Realität entstanden Lokomotivkästen, bei denen die Zweithersteller die Türen von Drittherstellern einpassen mussten, Motoren, die man kurz nach der Inbetriebnahme mit neuen Traktionsmitteln ersetzen musste, Steuerungen, die auf verschiedenste Impulse und manchmal auch auf die Befehle der Lokomotivführer reagierten. 20 Lokomotiven mussten nochmals vollständig neu ausgerüstet werden, fabrikneue Loks standen, statt im Einsatz auf Schienen, auf dem Betonboden der Montagehalle Baden. Klagen, Rückweisungen von Produkten, Konventionalstrafen waren die Folgen. Theoretisch war alles in Ordnung. Der Kopf des Kompetenzzentrums dachte richtig. Jedoch die Glieder, die die Befehle hätten ausführen sollen, gehörten anderen Köpfen mit anderen Denkweisen an. Die Puzzleteile, die der Konzern rund um den Globus fertigen liess, passten erst nach Nachbesserungen zusammen. Schliesslich war der kopflastige Stierenrumpf, dem die Beine abhanden gekommen waren, nicht mehr kampffähig. Als Ebners absurdes Imperium von Optionen auf Optionen auf Firmenanteile mit Kreditversicherungen auf verpfändete Risiken seiner Transaktionen zusammenzubrechen drohte, verlangte er 1999 den Verkauf von ADtranz. Deren Chef trat abrupt und ohne Angabe von Gründen zurück. Es wurde der vollständige Übergang der Transportsparte an den Daimler-Chrysler-Konzern bekannt gegeben. Die Boni für die ABB-Verkaufsmanager Barnevik und Lindahl stiegen auf je 6 Millionen Euro. Über die niederländische Investmentfirma Business Creation ging nach dem schweizerischen Wagenbau nun auch der Lokomotivbau an den kanadischen Bombardier-Konzern. Die letzten Loks 2000 standen zum Nachrüsten in der Tramonthalle, einige Antriebsteile für neue Gelenktriebwagen GTW, als die Montagemeister an Weihnachten 2000 im modernsten Lokomotivausrüstungswerk Europas traurig ihren letzten Christbaum anzündeten. Und die fünfte Nachfolgefirma der MFO beschloss 2004, nun auch ihren mit Kunstherz am Leben erhaltenen rumpflosen Kopf zu begraben. Vor den Forschungsgebäuden Toro I und II erinnert nicht einmal ein Lokomotivdenkmal an die grosse Oerliker Tradition. Nur der eisern erstarrte Stier erinnert an die zerstörerischen Eskapaden der Manager und Financiers der Jahrtausendwende. Jene aber sind im Gegensatz zu vielen Entlassenen nicht oder schon wieder nicht mehr stier …

257 Im letzten Jahr ihres Bestehens machte die BBC 1988 eine letzte grosse Investition in den Lokomotivbau. Vor die neue Montagehalle in Oerlikon liessen sich die Manager als Denkmal einen im Kampf verblutenden Stier stellen. **Oerlikon, Foto H. B. 2002**

258 Am Computer entworfene und ohne Prototypversuche hergestellte Lokomotiven beschleunigten den Niedergang des ABB-Lokomotivenbaus: ohne Gleise zwischengelagerte Loks 2000. **Montagehalle Baden, Foto H. B. 1992**

259 Brown, Boveri & Cie. plante in der Boomphase des Zweiten Weltkrieges eine Werkerneuerung und das Wohlfahrtshaus Martinsberg. Dieses wurde vom Architekten der Landesausstellung 1939, Armin Meili, entworfen. **Baden 1953, Foto ABB-Archiv**

260 In Konkurrenz zum Sozialismus und zu den Gewerkschaften bemühte sich die Industrie zwischen den 1940er- und 1970er-Jahren um die Wohlfahrt ihrer Arbeiter. 2005 verkaufte die ABB den Martinsberg der öffentlichen Hand. **Baden 1953, Foto ABB-Archiv**

Von BBC zu ABB – der grosse Merger für ein kurzlebiges Weltreich

23 Hektaren gross war der Grundbesitz der Brown, Boveri & Cie. BBC in Baden Nord, 100 Jahre lang weitgehend bebaut mit Produktionshallen. Facharbeiter fertigten da Strom erzeugende Dampf- und Gasturbinen, Generatoren, Stromübertragungseinrichtungen und Elektromotoren. Die BBC war wirtschaftlicher Taktgeber von Baden, einer ganzen Region, unentbehrlich für den Kanton Aargau.

Wie erwähnt, übernahm BBC 1967 bis 1969 in Genf die Sécheron und im Norden Zürichs die MFO mitsamt ihren 4500 Beschäftigten. In der Schweiz war ein Monopol entstanden und weltweit ein im Elektrogeschäft führender Konzern mit über 100 000 Beschäftigten. In jenen Jahren setzte die Werbung für die neue Zukunftsenergie, die Kernspaltung, ein. Doch das Milliardengeschäft mit der Kernenergie wurde keines. Der an Liquidität enge Konzern brauchte Kapital und wollte sich dieses bei Banken und Privaten, durch Liegenschaftenprojekte, Fusionen und Teilfirmenverkäufe beschaffen. 1982 ging die französische Tochterfirma Compagnie Electro-Mécanique CEM an den französischen Konkurrenten Alstom, 1983 wurde die Schliessung der Brown, Boveri Turbomachinery BBT beschlossen. 40 Prozent der BBC-Aktienstimmrechte lagen bei der Familie Schmidheiny und bei der ihr nahestehenden Privatbank und Verwaltungsgesellschaft AG. Der rege Kontakt mit dem Präsidenten der Schweizerischen Nationalbank, Fritz Leutwiler, führte dazu, dass dieser Verwaltungsratspräsident der BBC wurde. Das darauf folgende Zerwürfnis mit der Konzernleitung wurde einvernehmlich mit Rücktritten gelöst. 1986 löste Stephan Schmidheiny den Aktionärspool auf, der bisher die Dominanz seiner Familie im Konzern gesichert hatte, während Leutwiler zu neuen Taten aufforderte: Für die Öffentlichkeit völlig überraschend kam es auf den 5. Januar 1988 rückwirkend zum grossen Merger: zur waghalsigen Grossfusion Asea und BBC (ABB). Der Aktienkurs stieg von 400 auf 540 Franken, womit Schmidheiny 30 Millionen Franken reicher wurde. Leutwiler hatte 1986 abklären lassen, weshalb der schwedische Konkurrenzkonzern Allmänna Svenska Elektriska Aktiebolaget Asea besser rentiere als BBC. Der Held, der dieses Renditewunder zustande gebracht hatte, hiess Percy Barnevik. Barnevik stand im Solde der in Schweden alles dominierenden Familie Wallenberg. Stephan Schmidheiny und Peter Wallenberg verkehrten miteinander per Du. Die Wallenberg dominieren über Stiftungen und Finanzbeteiligungen vor allem mit der börsenkotierten Investor-AG 400 000 Arbeitsplätze, unter anderem von Ericsson, Electrolux, SAS, SKF, damals noch von Saab und von weiteren Firmen wie denjenigen des späteren Chemiegiganten AstraZeneca. Sie beherrschen rund 20 Prozent der schwedischen Wirtschaft, was Stieg Larsson in seinem 2400-seitigen zeitkritischen Monumentalwerk «Verblendung – Verdammnis – Vergebung» verklausuliert und teilweise namentlich als Diktatur darstellt.[114]

Die Rivalitäten innerhalb der neuen ABB führten zu heftigen Auseinandersetzungen zwischen der schwedischen und der schweizerischen Fraktion. Leutwiler teilte mit, CEO Barnevik sei ein unkontrollierter Alleinherrscher und habe sämtliche Fäden eisern in der Hand.[115] Man befürchtete den Untergang des Flaggschiffs der Schweizer Industrie und den Verlust des Konzernsitzes: Die ABB drohe mit dem schwedischen Wolfsrudel hinter Barnevik zur Wellenberg-Firma zu degenerieren. In Baden war man konsterniert, und folgende Fabel machte die Runde: Das Huhn A schlägt dem Schwein B ein neues, gemeinsames, hoch lukratives Geschäft vor: ham and egg. Das Schwein ist begeistert, und das Huhn erklärt ihm später die Arbeitsteilung: Es liefert die Eier und das Schwein den Schinken. Tatsächlich war die BBC nicht nur wesentlich grösser, sondern mit ihren Reserven, Rückstellungen und zentral in Europa gelegenen Grundstücken und Immobilien krass unterbewertet. Asea galt zwar als ebenso traditionsreich wie die BBC, hatte aber abgelegenere Grundstücke. Ein im Vergleich zur BBC grösseres Klumpenrisiko war die noch stärkere Ausrichtung auf den Bau von Kernkraftwerken. Unter Aufsicht von Peter Wallenberg war Barneviks Hauptziel die Verdoppelung des Gewinns auf einen jährlichen Rückfluss von 25 Prozent des investierten Kapitals. Die Finanzpresse feierte ihn als Sonne am Wirtschaftshimmel. Von den 170 000 fusionierten Arbeitskräften wurden sofort 4000 abgebaut, Tausende aber auch gleich dazugekauft, was in den jubelnden Medien gleichgesetzt wurde mit der Schaffung neuer Arbeitsplätze. Der neue Weltkonzern sollte global und lokal sein, weshalb er in 5000 Profitcenters von 1200 lokalen Gesellschaften aufgesplittet wurde. Was das für steuerliche Vorteile bot! Eine Firmenpolitik-Bibel diente als Schulungsgrundlage für 15 000 Führungskräfte. Und man konnte jährlich immense Restrukturierungskosten abbuchen. Auf Druck der Schweizer Fraktion wählte die Leitung den Gemini-Neubau am Rand des ehemaligen MFO-Areals zum Hauptsitz und rüstete ihn für Barnevik mit extravaganten Hochsicherheitseinrichtungen aus – in Schweden war 1986 der Ministerpräsident umgebracht worden. Während sich Barnevik sicher fühlen konnte, lernten seine Arbeiter im neuen Konzern das Fürchten. In Deutschland gab es noch 43 000 Arbeitsplätze, in Schweden 30 000, in der Schweiz 22 000 und in Italien 15 000. Barneviks Devise hiess: Expandieren ins billigere Osteuropa, wo soeben der Eiserne Vorhang gefallen war. Für den BBC-Fusionspräsidenten Leutwiler war klar, dass die ABB dort produziert, wo es am günstigsten ist. So erwarb die ABB ehemals staatliche Unternehmungen in der DDR, in Polen, Tschechien und Jugoslawien mit 23 000 Arbeitsplätzen und auch den amerikanischen Kesselhersteller Combustion Engineering mit 29 000 Mitarbeitenden. Barnevik strahlend am Mikrofon: «Wir sind jetzt Amerikaner», und: «Wir wachsen die ganze Zeit und gleichzeitig schrumpfen wir.» Im Shanghaier Motorenwerk seien die Lohnkosten trotz langen Transportwegen für Waren und ABB-Manager mindestens vier Mal geringer, 800 Inder arbeiten billiger als 8 Europäer. In Westeuropa wurden 50 000 Arbeitsplätze abgebaut, aber der Konzern erreichte den Höchstbestand von gegen 220 000 Mitarbeitenden und eine Rendite auf das eingesetzte Kapital von 22,6 Prozent. Die Medien feierten Barnevik als Superman.

261 In einer transparenten Stahlrahmen-Konstruktion entstand die BBC-Montagehalle für Elektromaschinen im Jahre 1928. Das Bauwerk wurde von der Maschinenfabrik Augsburg Nürnberg erstellt.
Baden 1928, Foto ABB-Archiv

262 Die grösste schweizerische Industriefusion liess den schwedisch-schweizerischen Konzern Asea Brown Boveri, ABB, entstehen. Insgesamt wurden ab 1988 Firmen mit über 250 000 Arbeitsplätzen aufgekauft.
BBC/ABB 100 Jahre Unternehmensgeschichte 1991

148 Millionen Franken Pension für einen 55-jährigen Manager

Acht Jahre nach der Fusion übergab Barnevik die Konzernleitung an seinen Gefolgsmann Göran Lindahl, blieb aber Verwaltungsratspräsident. Es folgte nun ein Debakel dem anderen. Der Erfolg der Finanzdienstleistungen erwies sich als aufgeblasen, errechnet aufgrund von Transaktionen aus dem dadurch ausgelaugten Industriegeschäft. ABB, der vertrauenswürdige globale Gesamtanbieter von allem, was mit Strom zu tun hat, irritierte mit aufsehenerregenden Mängeln. Die neuen Gasturbinen mit dem Rekordwirkungsgrad mussten aufwändig nachgebessert werden, die erwähnten Loks 2000 konnten selbst nach dem Ablauf der Konventionalstrafzeit nicht in Betrieb genommen werden. Bestellungen fielen in dem Zeitpunkt aus, als die Deregulierung der Elektrizitätswirtschaft zu einem Investitionsstopp führte. Im heimatlos verzettelten Konzern erfuhr man aus Medienberichten über Insidergeschäfte, illegale Kartellabsprachen, Schmiergeldzahlungen und andere strafbare Handlungen. Schliesslich versetzten amerikanische Anwaltskanzleien dem serbelnden Konzern mit Sammelklagen einen K.o.-Schlag. Bei Erfolgen solcher Klagen kassieren die dortigen Anwälte rund die Hälfte der Entschädigungen. Es ging darum, der von ABB erworbenen Kesselbaufirma Combustion Engineering CE die Verursachung von Asbesterkrankungen nachzuweisen. In einer ersten Runde betraf das geschädigte Arbeiter, die in der Kesselproduktion tätig gewesen waren. Dann aber erschienen ganzseitige Anzeigen zwecks Ermittlung zusätzlicher Asbestopfer. So stieg bei zunehmender Zeitdistanz zur Herstellung und zum Gebrauch von Asbestisolationen die Zahl der Opfer von 21 000 im Jahr 1982 auf

600 000 im Jahr 2000. Sechs Opfer mit medizinisch nicht einwandfreien Befunden und ihre Anwälte erhielten je 150 Millionen Dollar Entschädigung.[116] Die entschädigungspflichtigen Firmen meldeten in vielen Fällen Konkurs an. 60 000 Arbeitsplätze gingen verloren. ABB reagierte mit Rückstellungen und 1999 mit der Schaffung von Liquiditätsreserven – durch Verkauf ihrer traditionellen Kerngeschäfte Lokomotiv- und Kraftwerkbau. Abnehmer für den Kraftwerkbau wurde wiederum Alstom. Der staatlich geförderte Konzern mit Werken nahe der Schweizer Grenze in Belfort beschäftigte 119 000 Leute. ABB Alstom Power sollte mit 54 000 Mitarbeitenden der globale Marktführer im Kraftwerkbau werden noch vor dem Siemens-Konzern, der inzwischen den ältesten US-Stromkonzern Westinghouse übernommen hatte. Keine zwei Jahre später begann Alstom mit massivem Arbeitsplatzabbau. Der französische Staat rettete französische Arbeitsplätze mit einer Finanzspritze von 1,2 Milliarden Franken. Der Abbau von 43 000 Arbeitsplätzen hatte vor allem im Ausland zu erfolgen, auch im Kanton Aargau, wo Alstom mit 4500 Beschäftigten vorübergehend der grösste Arbeitgeber war.

Beim Vier-Milliarden-Franken-Merger pikant war, dass der ABB-CEO Lindahl die mit Asbestklagen eingedeckte amerikanische Combustion Engineering nicht in den Verkauf mit einschloss. Das hätte seinen Bonus geschmälert. Das Ausklammern des Verkaufs des Verlustgeschäfts war abgesegnet von Verwaltungsratspräsident Barnevik, Verwaltungsrat Edwin Somm und Peter Wallenberg.

Die ABB kommunizierte nun, nach dem Zeitalter der Produktion sei dasjenige des Wissenskonzerns angebrochen, die Schweiz sei statt Produktions- nun Denkplatz, statt Technik brauche die Welt Technologie, Automation, Software, Mikro-, Nanotechnologie, die Welt digitalisiere sich, New Economy, Milliardengewinne in Echtzeit! Dass die Stromversorgung pro Erdenbürger wegen Verarmung gleichzeitig abnimmt und digitale Medien ohne Strom kaum funktionieren, wurde in den Chefetagen nicht zur Kenntnis genommen. Jedoch mindestens intern hätte ABB ein Softwareproblem mit seinen 450 verschiedenen Anwendersystemen zu lösen gehabt. Doch wurden weitere Firmen wie die italienische Finmeccanica angekauft oder die Internetfirma Skyva, ein Totalflop. Im Jahr 2000 war der Absturz nicht mehr zu verheimlichen: «ABB tief in den roten Zahlen. Wird ABB ein Fall Sulzer?», kommentierte die NZZ. Der Aktiensplit kostete die ABB 2,2 Milliarden Schweizer Franken, konnte dennoch den Zerfall des einzigen während zwölf Jahren immer hochgehaltenen Wertes, des Aktienkurses, nicht bremsen. In der Generalversammlung waren die über 3000 Aktionäre in der leer stehenden Lokomotivmontagehalle der MFO in Zürich-Nord gezwungen, den Split zu beschliessen. Genau während dieser berüchtigten Veranstaltung fiel dem Wissenskonzern die Medientechnik aus. Der kühle Schwede Barnevik verlor die Haltung. An seiner Stelle vermeldete der von der grössten Schweizer Bank als Vize in den ABB-Verwaltungsrat geholte Robert Jeker den Rücktritt von Göran Lindahl und Donald

263 Als Folge der viel gepriesenen Synergien der Fusion wurden insgesamt 150 000 Arbeitsplätze abgebaut und die zentralen städtischen Industriegrundstücke zur Neuüberbauung freigegeben: Abbruch BBC-Montagehalle. **BBC-Montagehalle Baden, Foto H. B. 1993**

264 In Zürich-Nord und in Baden spekulierte ABB mit rund einem Quadratkilometer Land. Die Liegenschaftenkrise 1991 verzögerte die Neuüberbauung, was den weiteren Niedergang des Konzerns beschleunigte. **Zürich-Nord, Foto H. B. 1998**

265 Nach Milliarden-Plünderungen durch schwedische Manager und schweizerische und schwedische Financiers stand die Uhr still: Die ABB-Aktien sanken auf den Tiefstkurs, gefördert von Banken, die bereits auf den Wiederanstieg der Kurse spekulierten. **Zürich-Nord, Foto H. B. 1998**

Rumsfeld. Letzterer war von Bush zum Verteidigungsminister und Strategen für den Krieg im Irak eingesetzt worden. Rumsfeld hatte mit anderen das militärische Führungsprinzip verkörpert.

Der freie Fall setzte sich fallschirmlos fort. Im Februar 2002 gab der neue CEO Centermann einen Reinverlust von 700 Millionen Franken, den Abbau von 8 Prozent der Arbeitsplätze und die Auflösung der Ländergesellschaften bekannt. ABB Schweiz gab es fortan nicht mehr, dafür Divisionen für Angebotssparten. Im riesigen Werk Birr fand eine Teilschliessung statt. ABB hatte es soeben noch mit Prüfständen für die nicht recht funktionierenden Gasturbinen aufgerüstet. In Interviews sprachen die neuen Verantwortlichen vom neuen «grossen Sprung nach vorne», offenbar in Unkenntnis davon, wie viele Opfer dieser unter Mao Tse-Tung gefordert hatte. ABB-Verwaltungsrat Ebner hatte gerade noch erfahren, dass sich Barnevik und Lindahl fast eine Viertelmilliarde Franken Pensionsgelder hatten auszahlen lassen, zusätzlich zu ihren insgesamt ähnlich hohen Salär- und Bonibezügen. Der mit Obstruktionen und Diffamierungen gross gewordene Financier Ebner drohte rachsüchtig mit Veröffentlichung der «kriminellen Machenschaften». Dem internen Zerwürfnis des damaligen ABB-Verwaltungsrates ist es zu verdanken, dass dieser bösartig berechnend an Barneviks Geburtstag, am 13. Februar 2002, die scheinbar grösste Abzockerei der Schweizer Geschichte bekannt gab. Barnevik hatte sich in seinem Hochsicherheits-Verwaltungsbau Gemini aus ABB-Mitteln eine wahrlich raumschiffartige «Stiftung Gemini» geschaffen. Aus dieser liess er sich 1996 mit 55 Jahren eine Altersvorsorge von 148 Millionen Franken überweisen, geheim zwar, aber dennoch unterschrieben von den beiden Vertretern der alten ABB-Hauptinvestoren, Robert Jeker von der Credit Suisse und Peter Wallenberg von der Investor-Gruppe. Lindahl wiederum erhielt mit Unterschrift von Barnevik nach vier Jahren Konzernleitung Pensions- und Abgangsentschädigungen von 112,5 Millionen Franken. Für kurze Zeit strotzten die Medien mit Geschichten über das Abzocken. Es gab auch rechtfertigende Beiträge. Aber die Frage, ob erfolgreiche Manager nach dem Kassieren von Millionenbeträgen im Falle ihres Scheiterns nicht für die von ihnen verursachten Schäden haftbar gemacht werden müssten, wurde kaum gestellt.

266 a, b, c, d «Gemini» nannten die Schweden ihren Hochsicherheits-Geschäftssitz in Zürich-Nord. Die Raumschiff-Schau hat sich inzwischen auf irdischere Dimensionen reduziert. **Zürich-Nord, Foto H. B. 2002**

In der allgemeinen Entrüstung begründete Barnevik seine Summe mit dem damaligen Wechselkursverhältnis und damit, dass es je nach Berechnung auch 100 Millionen mehr hätten sein können. Lindahl war zur Rückzahlung von 47 Millionen Franken bereit, Barnevik wurde zu Entschädigungen von 90 Millionen veranlasst. Die Strafuntersuchungen wurden eingestellt, da Managerlöhne Privatsache seinen.[117] CEO Centermann sackte nach 20 Monaten Wirken noch 7,5 Millionen Franken ein.[118]

Werner Catrina gehört in der Schweiz zu den wenigen, welche die jüngste Industriegeschichte in grossen Zusammenhängen kritisch zu Papier bringen. Nach seinem Auftragsbuch zum BBC-Jubiläum im Jahr 1991 ergänzte er die damals gemachten Entdeckungen in seinem Buch «ABB – die verratene Vision».[119] Catrina gelang es, mit Barnevik zu sprechen, der am Schluss an Stress und Schlaflosigkeit litt. Doch fand der abgestürzte Topmanager bald bei seinem Paten Wallenberg – in der AstraZeneca – wieder Unterschlupf, ähnlich wie etwas später Ebner bei Blocher. Und Werner Catrina raisoniert, 1989 seien noch alle für das, was sie zu verantworten hatten, geradegestanden. Es sei leicht gewesen, einstige BBC-Manager aufzuspüren, nicht aber die Macher der ABB: «Wer heute die kurze Geschichte des vermeintlichen Superkonzerns aufarbeiten will, fühlt sich zuweilen wie ein Fahndungsbeamter.»

Ebners Absturz und die Bemühungen um den Wiederaufbau

Die Entrüstung gegen hohe Manager-Entschädigungen zu entfachen, ist ein erfolgreiches Manöver, um die Volksempörung von den weit grösseren Kapitaldeals abzulenken. Mit Aktienkäufen haben Financiers alte Unternehmen gefügig gemacht, dem Management und den Verwaltungsräten hohe Zahlungen beschert, fast alles am «Steuervogt» vorbei. Ihr Wirken ging Hand in Hand mit demjenigen der Topmanager, aber es war ursächlich: Im Januar 2000 erreichte die ABB-Aktie noch einmal die Höchstmarke von 220 Franken. Das war der Zeitpunkt, den Martin Ebner zur Machtübernahme in der ABB nutzen wollte. Seit 1997 hatte er unter anderem vom austretenden Stephan Schmidheiny grosse Aktienpakete erworben. Als mächtigster Einzelaktionär sass er nun triumphierend im Verwaltungsrat. Häppchenweise hatte Ebner auf verschlungenen Wegen seine Machtposition in entscheidenden Schaltstellen der Schweizer Wirtschaft ausgebaut. Seine «Visionen» der 1985 gegründeten BZ-Gruppe umfassten im Jahr 2000 Beteiligungen von 31 Milliarden Franken: 4 Milliarden bei der ABB und mit Blocher das erwähnte dominierende Paket bei Alusuisse und Lonza. Sie machten sich daran, die Grossbank CS «im Interesse der Aktionäre» neu zu strukturieren, langten nach der Macht in der Schweizerischen Bankgesellschaft und der Bank Leu, zogen die Winterthur-Versicherungen über den Tisch, versuchten es in Industriekonzernen wie Hoffmann-La Roche und Rieter. Überall sorgte Ebner für sogenannte Wertsteigerungen und «nachhaltige Mehrwerte» – für sich als Inhaberaktionär und einzelne seiner Gefolgsleute. Für die Verwaltung der Visionen hätten Ebner und seine Freunde zwischen 1992 und 1998 über 3 Milliarden Franken an Geschäftsführungsgewinnen aus dem Unternehmen abgezweigt, rechnete der sozialdemokratische Wirtschaftsexperte Rudolf Strahm zusammen. Da wirkt Ebners Empörung über Barneviks 148 Millionen Abfindungsgelder etwas grotesk. Als «Catch-as-catch-can amerikanischen Ausmasses» und Raubritter-

Donnerstag, 14. Februar 2008 | Fr. 1.80 | redaktion@blick.ch | Telefon 044 259 62 62 | Abos: 0800 833 844 | www.blick.ch

Blick

Die Tageszeitung der Schweiz.

Polizei jagt Büsihasser

▸SEITEN 8/9

PREUSSEN-PUTSCH bei der ABB

Dieser Mann schickt besten Schweizer Chef zum Teufel!

Hubertus von Grünberg

FOTOMONTAGE BLICK

▸2/3

267 Mit dem Absturz im Jahr 2002 fand das Raidertum keineswegs ein Ende. Nach einer kurzen Erholung des wieder auf 100 000 Mitarbeiter angewachsenen Konzerns kam es 2008 zu neuen Machtkämpfen. **Blick 14. 2. 2008**

tum bezeichneten Kritiker selbst in Fachorganen wie der Handelszeitung das kurzfristige Schröpfen von langfristig akkumulierter Substanz. Ebners BZ-Trust lasse sich jede Arbeitsstunde mit einer Million Franken vergolden, kommentierte das Wirtschaftsmagazin Bilanz. Die Gewerkschafter bezeichneten Ebner und Blocher in der Zeitung work als Staatsfeinde, die alles unternähmen, Geschäfte an der Steuerpflicht vorbei zu machen, und die Staatsausgaben durch Entlassungen erhöhen würden. Mit dem Umzug seines Domizils in den Kanton Schwyz habe Ebner dem Kanton Zürich Hunderte Millionen an Steuergeldern entzogen.

Im März 2000 sank der Kurswert der ABB-Aktie auf 140 Franken. Ebner sah seine Milliarden wie Sand zwischen gespreizten Fingern zerrinnen. Er forderte an der Generalversammlung den Rückkauf von 6 Millionen Aktien zur Vernichtung. Die Talfahrt des Aktienkurses ging dennoch weiter. Während ex-ABB-CEO Edwin Somm den Finanzjongleur noch als Verwaltungsratspräsidenten vorschlug, brachen die ABB-Aktienkurse nach dem New Yorker Attentat wie die World-Trade-Türme ein. Der Kurs erreichte auf dem Tiefststand den Wert von 1,41 Franken, 64 Tausendstel des Höchstwertes. Gegen Ebner wettete ein anderer Schweizer, Josef Ackermann, den ABB-Aktienkurs auf 0,1 Franken hinunter. 2000 zum Chef der Deutschen Bank nominiert, trat er dort 2002 seinen Posten an. Mit dem Spekulieren auf fallende Kurse versprach er sich längerfristige Renditen von 15 bis 25 Prozent, ein Ziel, das er auch nach der Finanzkrise 2008 wieder bekräftigt hat. Gefördert von solchen Spekulationen, reihte sich der Sturz Ebners in die historischen Rekorde der grossen Börsencrashs von 1878 oder 1929 ein. Ebners riesige Seifenblase platzte. «Fahrlässig herbeigeführter Kollaps des BZ-Imperiums lässt Heerscharen von Geschädigten am Wegrand zurück. Der 57jährige Finanzjongleur muss sein 10 000-Quadratmeter-Grundstück in unmittelbarer Nachbarschaft zum Jachthafen Freienbach verkaufen», bilanzierte die Bilanz in der jährlichen Ausgabe über die Reichsten der Schweiz 2002. Aus dem gefeierten mehrfachen Milliardär wurde ein Sanierungsfall. Die grossen Verlierer waren einmal mehr die Kleinaktionäre, von denen vier Fünftel aus Schweden stammten. 150 000 davon trugen den grossen Teil des ABB-Crashs.

Zwischen August 2002 und August 2003 war auch Ebner praktisch zahlungsunfähig. Doch ein Geheimnisträger geht nicht in Konkurs. Der scheidende Zürcher Kantonalbankdirektor und Parteigenosse von Blocher, Hermann Weigold, kaufte dem Gestrauchelten für eine halbe Milliarde Franken offene Kredite ab und kommentierte: «Es ging nicht um eine Stützungsaktion, Ebner wurde kein Geld nachgeworfen.» Warum ging es Ebner nicht so wie Rey, angeklagt, verhaftet, zehn Jahre zuvor? «Ein Konkursverfahren gegen seine Privatholding mit entsprechender Aufarbeitung der Vorgeschichte hätte bei diversen Exponenten auf dem Finanzplatz wohl für hochrote Ohren gesorgt», orakelt die Bilanz im Juli 2004. Ebner auferstand als Finanzberater bei Ems-Chemie, die Blocher so steuerbefreit und plakativ wie möglich seiner Tochter übergab: «Nun meldet sich die BZ Bank – indirekt via Blocher – erstmals wieder richtig in die Öffentlichkeit zurück. Ebner beweist einmal mehr Sinn fürs schnelle Geld. Bei den aktuellen Aktienrückkäufen und Kapitalausschüttungen geht der Profit steuerfrei durch», kommentierte die Zeitschrift Facts. Zusammen mit Ehegattin Rosi Ebner, die Gotte von Blochers einzigem Sohn ist, kaufte er sich seine BZ-Bank ab und rettete sein Liegenschaftenpaket Intershop. «Der knapp am Konkurs vorbeigeschrammte Börsentycoon bewegt sich wieder im alten Fahrwasser. Dass es so weit kommen konnte, verdankt er einem Freund: Christoph Blocher», recherchierte die Bilanz. Um das Konkursverfahren abzuwenden, strichen sich Exponenten auf dem Finanzplatz als «Kollektiv eine halbe Milliarde Franken ans Bein».[120]

Nach der Ära der Gefolgsleute von Barnevik kam der deutsche Jürgen Dormann als erster nicht schweidischer CEO ans Ruder. Dormann liess sofort weltweit 20 000 Stellen abbauen und den Bereich Structured Finance an General Electric verkaufen. In der Schweiz verblieben 6000 ABB-Stellen, ähnlich viele wie beim früher im Land nicht anwesenden Alstom-Konzern und etwas weniger als beim in der Schweiz sehr aktiven weltgrössten Elektrokonzern Siemens. Mit seinem Stabilisierungsprogramm wurde Dormann als Retter der ABB gefeiert.[121] Verglichen mit einstigen Höchstzahlen an Arbeitsplätzen waren jetzt 120 000 abgebaut, real aber weit mehr, denn während der Expansion waren fusionierte Firmen sogenannt entschlackt und fit gemacht worden. Nun wollte die ABB verkauftes Terrain im Kraftwerk- und im Bahnrollmaterial-Bereich zurückgewinnen. Die Aktienkurse stiegen, aber auch – einmal mehr – die Turbulenzen in der Konzernspitze. CEO Fred Kindle[122] musste gehen: «Preussen-Putsch», titelte der Blick.[123] Im Sommer 2008 wurde die Ernennung von Joe Hogan zum neuen CEO kommuniziert. Die Odysee des einstigen Flaggschiffs der schweizerischen Industrie setzt sich fort, eine neue Strategie wird gewählt: ABB baut eine neue Konzernstruktur auf, investiert in den Bereich Cleantech und will statt Komponentenanbieter wieder Systemanbieter werden. Parallel dazu ist die Beschäftigung im Konzern um 19 000 Stellen auf 119 000 gewachsen.

Und wie sieht es auf dem ehemaligen BBC-Areal in Baden heute aus? Drei Viertel der Immobilien gehören nicht mehr der ABB. Verkaufen und zurückmieten hiess die Devise auch hier. Links des Eingangsplatzes steht die mit öffentlichen Mitteln erhaltene Trafohalle. Statt Transformatorenbau gibt es Entertainment und Food unter Sonnenschirmen mit Betonsockel. Eine Tafel verweist auf die Standorte von 60 im Areal eingemieteten kleinen und mittleren Betrieben. Das Areal wird von der outgesourcten Abwartfirma der ehemaligen Winterthur-Versicherungen verwaltet. An Baugerüsten, Glas- und Glanzpanel-Palästen prangen fantasievolle Werbeschriften wie Pamo-Gesamtplanung, Hieristdasleben, Alstom – Welcome Customer Service und auch noch ABB. Mit der für die Planung und den Betrieb von Kraftwerken gegründeten Motor-Columbus beschäftigte der Elektrokonzern Brown, Boveri & Cie. in Baden einst über 15 000 Menschen, mehr als die Stadt Einwohner hatte. BBC-Baden besass neben Sulzer Winterthur die grösste je von einem Konzern an einem Schweizer Standort konzentrierte Belegschaft. Zurzeit arbeiten für die Nachfolgefirma ABB noch 2500 Personen. Im an Alstom verkauften Geschäftsbereich haben die französischen Manager das Ruder übernommen und Abbau angekündigt. In den entfernteren Arealbereichen stehen hinter Parkplatzflächen noch die alte Energiezentrale, Forschungseinrichtungen mit einer fantastischen Kaminstaffel, Produktionshallen von Roland Rohn und das in der Schweiz einmalige BBC-Wohlfahrtshaus Martinsberg. Im luftig heiteren Bau des Architekten der Landesausstellung 1939, Armin Meili, befanden sich die werkeigene Kantine, Schulräume, Turnhallen, Kino- und Festsäle. Seit der Selbstauflösung des realen Sozialismus ist Wohlfahrt auch im Westen nicht nur hinfällig, sondern lästig geworden. Die konzerneigene Forschung und Ausbildung und das Angebot an Lehrstellen sind auf das notwendige Minimum reduziert, die Grundlagenforschung dem Staat übergeben. Den Martinsberg hat die öffentliche Hand gekauft und hier die Berufsschule eingerichtet.

VIII ENERGIE

Weisse Kohle – schwarze Steueroase

Elektrizitäts-, Gas-, Wärme- und Wasserversorgung

1950 10 000 Arbeitsplätze = 0,4%[1]

2010 26 000 Arbeitsplätze = 0,6%

268 Wasserkraftwerke warben für die Industrie und die Landesversorgung der Schweiz. **Zeichnung H. B. 2004**

Beim Thema Energie und Wasser stellen sich die grossen, akuten Probleme gegenwärtigen Wirtschaftens exemplarisch: Ökologie und Umweltkatastrophen, Zugang und Verteilungsgerechtigkeit. Bereits 1972 hat der Club of Rome auf die Grenzen des Wachstums beim Ressourcenverbrauch hingewiesen. Aber die Macht der Konzerne liess die Politik ohnmächtig bleiben. Das öffentliche Gut Wasser wird knapper und zunehmend zum privaten Geschäft, während eine Milliarde Menschen keinen Zugang zu genügend sauberem Trinkwasser hat. 90 Prozent des weltweiten Energieverbrauchs beruhen auf Verbrennung jener Rohstoffe, die sich während Millionen von Jahren in der Erdkruste angereichert haben. Die Verbrennung schadet der Umwelt, der Atemluft, der schützenden Ozonschicht, den Böden und dem Meer. Ähnlich wie beim Wasser verbraucht der reiche Viertel der Weltbevölkerung drei Mal mehr fossile Rohstoffe als die ärmeren drei Viertel zusammen.

Das Geschäft mit den fossilen Energieträgern bringt den Rohstoffhändlern steigende Profite – besonders denjenigen in der Schweiz. Milliardengewinne und Sparappelle stehen im ungleichen Duell. Der Energieverbrauch steigt auch in der Schweiz laufend, seit 1910 um das Neunfache. Und selbst wenn man die verstromte Wasserkraft mit den anderen inländischen Energiequellen addiert, liegt der Anteil an erneuerbarer Energie mit maximal einem Sechstel heute unter dem Anteil von einem Fünftel im Jahr 1950. Verändert hat sich vor allem die Zusammensetzung der Rohstoffquellen: mehr Erdgas und Atomenergie, viel weniger Kohle und gegenüber dem Verschleisshöhepunkt von 1972 auch leicht weniger Erdölprodukte.

Rauchende Kamine: zu 80 Prozent abhängig von Importkohle

Unerschöpfliche Energien bieten die Sonne, der Wind, das Wasser, Pflanzen und Tiere und, so lange es ihn gibt, der Mensch. Er hatte sich die regenerierbaren Naturkräfte so weit angeeignet, bis sie seinen wachsenden Ansprüchen nicht mehr genügen konnten – die Muskelkraft von Sklaven oder Pferden, Holz als Brennstoff, die Kraft des strömenden Wassers oder den Wind für Windmühlen. Im 17. Jahrhundert erschöpften sich die damaligen Möglichkeiten der Wasserkraftnutzung, und der bereits dargestellte Holzraubbau zwang zur Nutzung neuer Energiequellen. Ausgehend von England, verbreitete sich für das Schmelzen von Mineralien die Nutzung der bergmännisch abgebauten, fossilen Meeresablagerungen.[2] Dass in der Schweiz diese Entwicklung verzögert stattfand, beruhte auf den reichlich vorhandenen, noch nicht voll genutzten Wasserkräften und auf einer immer noch ertragreichen Holzwirtschaft. 1851, zur Zeit der ersten Hochkonjunktur der Kohlewirtschaft in England und der beginnenden Blütezeit in Deutschland und Frankreich, basierte die schweizerische Energiewirtschaft zu 87 Prozent auf Holzenergie. Wichtig war auch Torf mit 9,5 Prozent, gefolgt von Braun- und Steinkohle mit 3 Prozent. Die Wasserkraft lieferte nur ein halbes Prozent der Primärenergie.

Die spät erfolgte Verbindung mit dem internationalen Eisenbahnnetz hatte die völlige Umstellung der Energiewirtschaft des Landes zur Folge. Importkohle wurde zum wichtigsten Transportgut. Bis zum Ersten Weltkrieg verfünffachte sich der Energiekonsum. Kohle lieferte nun 78 Prozent der Primärenergie. Aus Holz wurden noch 16 Prozent der Energie gewonnen. Dank ersten leistungsfähigen Elektrizitätswerken folgte die Wasserkraftnutzung mit nun 5 Prozent. Torf spielte keine Rolle mehr, dafür bereits Erdöl – mit einem Prozent.[3]

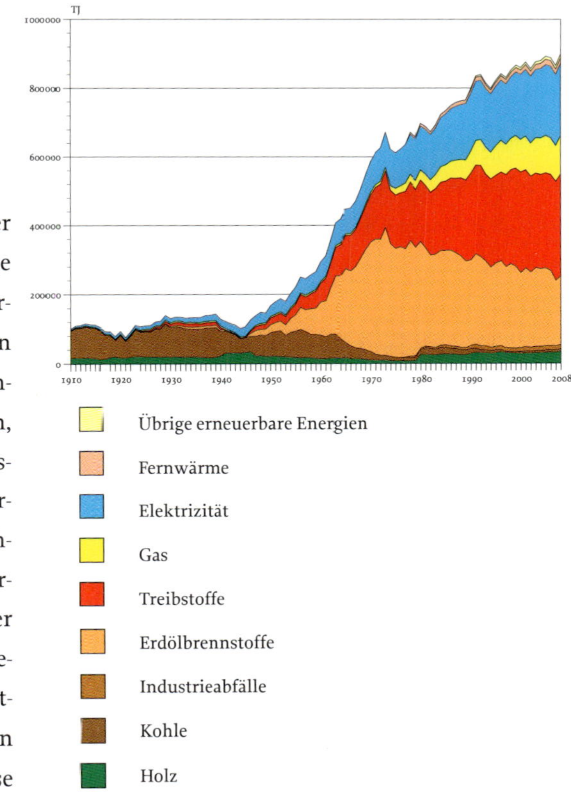

269 Der Energieverbrauch der Schweiz bleibt – Strom aus abgereichertem Uran eingeschlossen – seit 100 Jahren zu rund 80 Prozent von importierten Rohstoffen abhängig. **Gesamtenergiestatistik, Electrosuisse 2008**

Versorgungsnotstand provozierte soziale Unruhen

Das Bild der Schwerindustrie mit Wäldern von rauchenden Kaminen prägte ab den 1870er-Jahren auch in der Schweiz immer mehr Industrielandschaften. Kohle machte Fabrikgründungen unabhängig von nahen Wasserkraftstandorten. Wärmekraftmaschinen liessen sich überall einsetzen, wo in der Nähe ein Gleisanschluss bestand. Dampf, in kohlegefeuerten Kesseln erzeugt, bildete die neue, ungebundene Kraft für den Antrieb von Arbeits- und Transportmaschinen. Die Maschinenfabrik Sulzer wurde international führend im Bau von Dampfkesseln und stationären Dampfmaschinen. Andere schweizerische Firmen forcierten die Kohlewirtschaft mit dem Bau von Dampfschiffen und Dampflokomotiven.[4] Alles setzte auf Kohle als Königin der Energiequellen. Doch als der Erste Weltkrieg ausbrach, hatten die Industrie und ihre Politiker keine nennenswerte kriegswirtschaftliche Vorbereitung getroffen. Der Ausfall eines grossen Teils der Kohleimporte beeinträchtigte jene Industriezweige, die kriegsbedingt boomten. Diese Betriebe und der Güterverkehr galten als kriegswichtig, während den Haushaltungen Kohle zum Heizen und Kochen fehlte. Erst nach drei Kriegsjahren wurde eine Rationierung für einzelne Brenn- und Lebensmittel eingeführt. Eine leichte Verbesserung der Energiesituation erfolgte am Kriegsende dank den Massnahmen des eidgenössischen Bergbaubüros und des Elektrifizierungbeschlusses durch den Bundesrat. Gleichzeitig verschärften die Teuerung, unhygienische Zustände in der Armee und mangelnde ärztliche Versorgung für die ärmere Bevölkerung die sozialen Gegensätze. 1918 grassierte die schlimmste Epidemie der jüngeren Schweizer Geschichte: Die Spanische Grippe forderte 21 000 Tote. Eindrücklich stellt das Meinrad Inglin in seinem zeitgenössischen Roman «Schweizerspiegel» dar.[5] Bürgerwehren, vaterländische Verbände, Sozialdemokraten und Kommunisten erhielten Zulauf. Das Oltener Aktionskomitee forderte die Neuwahl des Nationalrates auf der Grundlage des Proporzes, das Frauenwahlrecht, das Recht auf Arbeit und die 48-Stunden-Woche, eine gesicherte Lebensmittelversorgung und eine Alters- und Invalidenversicherung. Der in den grossen Städten gut befolgte Aufruf zum Generalstreik verschärfte einerseits die politischen Gegensätze, drängte aber auch zur Erfüllung der Streikforderungen.

270 a, b Vor dem Ersten Weltkrieg erreichte die Abhängigkeit der Schweiz von importierter Kohle ihren Höhepunkt: Hochkaminwälder im Tössfeld und in Aussersihl um 1900. **Winterthur und Zürich, Foto Sammlung SIK und Zeichnung H. B. 1989**

Renaissance der Kohle – billige Energie mit teuren Folgen

Seit 1918 verbilligt sich die Energie relativ zur allgemeinen Preisentwicklung jährlich um 2,3 Prozent.[6] Importierte Kohle blieb dabei bis in die 1940er-Jahre die wichtigste Energiequelle der schweizerischen Wirtschaft. Doch im Unterschied zum Ersten Weltkrieg milderten im Zweiten Weltkrieg kriegswirtschaftliche Massnahmen die schlimmsten Versorgungsengpässe. Die 1950er-Jahre bildeten eine Wende in der Energieversorgung. Erdöl und später Erdgas lösten die Kohle als führenden Energieträger ab. Doch wird dabei die bleibende Bedeutung der Kohle in der Energiewirtschaft unterschätzt. Denn das Kohleparadox besteht darin, dass nach einer Stagnation der weltweiten Kohleförderung seit Beginn des 21. Jahrhunderts wieder mehr Kohle verheizt wird. Die Ursache liegt ebenso in den sich erschöpfenden Öl-, Gas- und Uranvorräten wie in der immer teureren, riskanteren und umweltschädlicheren Gewinnung dieser Rohstoffe, etwa aus Öl- und Gasschieferschichten oder aus immer tieferen Lagern unter dem Meeresboden.

271 Das Ausbleiben der Kohlenimporte provozierte eine Energienot vor allem bei den Arbeiterfamilien: Kinder und Frauen beim Klauben von brennbaren Resten in den Schlackenhalden. **Industriequartier Zürich 1916, Baugeschichtliches Archiv Zürich**

272 Das Massenelend und die 21 000 Opfer der Vogelgrippe verschärften 1918 die sozialen Gegensätze derartig, dass die Arbeiterschaft den Generalstreik ausrief. Politische Reformen und gesicherte Arbeit mit 48 Wochenarbeitsstunden waren die Hauptforderungen. **1.-Mai-Plakat, Lithografie Winterthur 1910er-Jahre**

273 Speicher- und Pumpspeicherkraftwerke liefern in der Schweiz am zweitmeisten Strom nach den Kernkraftwerken. Das Hochpumpen des Wassers erfordert mehr Energie als nachher in den Kraftwerken erzeugt werden kann. **Stausee Gelmer der Kraftwerke Oberhasli, Foto H. B. 2000**

274 Die schweizerischen Pumpspeicherwerke nutzen unter anderem billigen Strom aus umweltschädlicher Braunkohleenergie, um teuren Spitzenstrom verkaufen zu können. Global erlebt das Verstromen von Kohle eine Renaissance. **Tagebau Profen Deutschland, Foto H. B. 2006**

Der Streit um die Reichweite dieser Vorräte wird vielleicht bis zu deren Erschöpfung weitergehen. Unbestritten ist jedoch, dass die Kohlevorräte, je nach Weltenergieverschleiss, noch für rund 200 Jahre ausreichen, die anderen fossilen Rohstoffe aber höchstens noch für einige Jahrzehnte.[7] Insbesondere die grössten und am raschesten wachsenden Volkswirtschaften China und Indien, zunehmend aber auch die USA, intensivieren den Kohleabbau.[8] Auch Russland baut 30 neue Kohlekraftwerke, damit das teuer handelbare Erdgas exportiert werden kann. So gleicht sich ein wachsender Teil der unsichtbaren Einspeisungen ins schweizerische Stromnetz dem europäischen Standard an: Der Anteil verstromter fossiler Energie wächst. Fachleute sprechen bereits von systematischen Fehlern in der schweizerischen Energiestatistik, welche die im Strom enthaltene fossile Primärenergie aus dem liberalisierten Strommarkt nicht berücksichtige.[9] Schweizer Stromkonzerne planen Milliardeninvestitionen in umweltschädliche Kohlekraftwerke im Ausland.[10] Das neu gruppierte Bündner Unternehmen Repower beteiligt sich seit 2009 mit 51 Prozent am deutschen Steinkohlekraftwerk-Projekt Brunsbüttel. «Jede Kilowattstunde Strom aus einem deutschen Kohlekraftwerk belastet die Umwelt 56 Mal mehr als Elektrizität aus Schweizer Wasserkraft», behaupten Umweltverbände.[11] Solche Argumente dienen einer starken Opposition im Engagement gegen die Beteiligungsabsichten der Bernischen Kraftwerke BKW, der Groupe E und von weiteren Gesellschaften an Kohle- und Gaskraftwerken.[12] Die BKW zieht sich allerdings nicht deswegen von der 25-%-Beteiligung am Steinkohlekraftwerk Dörpen zurück – ein Kraftwerk, das rund 12 Prozent der gesamten schweizerischen CO_2-Emissionen in die Luft stossen soll: Die Rentabilität dieses Kraftwerkbaus ist seit dem Rückzug der ortsansässigen Papierfabrik Nordland als Hauptabnehmer des Stroms infrage gestellt.[13]

Von der schweizerischen Kohlegasindustrie zum Erdgasimport

Bedeutende Kohleverwerter waren während 150 Jahren die Gaswerke. Versuche für die Herstellung von Kunstgas für Beleuchtungszwecke und Luftballone gehen ins 18. Jahrhundert zurück. Als Erste führten die Spinnereibesitzer die Gasbeleuchtung ein, um die Arbeitszeit in die Nächte ausdehnen zu können. Zu den Pionieren der Gasbeleuchtung gehörten auch Hotels und Tourismusunternehmen. In der Schweiz entstand ab 1823 eine nicht bekannte, grosse Anzahl von privaten Kleingaswerken. Öffentliche «Illuminationen» blieben vorerst die Ausnahme: Die Nacht diente dem Ausruhen, die Beleuchtung von Strassen und Plätzen hingegen würde das Nachtleben und somit die Unsittlichkeit bei Trunkenen und Verliebten fördern, argumentierte man 1819 gegen die Einführung dieser Neuerung in Köln.[14] Damals gab es bereits in London, Paris, München und Wien regionale Gasversorgungsnetze. 1841 liess Bern das erste öffentliche Gaswerk der Schweiz erbauen. Es folgte Genf im Jahr 1844, Basel und Lausanne 1852, Zürich 1856, Winterthur 1859 und Schaffhausen im Jahr 1860.

Wie beim Projekt für einen städtischen Schlachthof gab die erste Zürcher Eingemeindung von 1893 auch für den Bau des neuen Gaswerks in Schlieren den Anstoss. Das ungleich entwickelte Stadtgebilde hatte einen grossen Nachholbedarf für Infrastrukturbauten. Bis 1896 waren die Pläne für ein Grossgaswerk 6 Kilometer limmatabwärts vom Stadtzentrum ausgearbeitet. 1897 entstanden die ersten Gleisanlagen, die Industriestrasse mit Allee und quer dazu Strassen für die Fabrik und die Arbeitersiedlungen. Die Lage abseits der Stadt drängte zum Bau dieses späten Ensembles von Fabrik, Direktorenvilla und Arbeitersiedlung. Die Industrieanlage wurde historizistisch monumental gestaltet. Der Wasserturm zum Beispiel hatte das Stadttor von Baden zum Vorbild. Für die grosse Lagerhalle übernahm die Stadt Zürich die «Halle des machines» von der zweiten Schweizer Landesausstellung in Genf, welche ein Jahr vor der Gaswerkeröffnung stattgefunden hatte. 30 Jahre nach der Gründung wurde die Modernisierung der Anlage für den industriellen Koksbedarf wichtig: Die Bauvollendung der 63 Kopper'schen Kammeröfen im Jahr 1932 machte das Gaswerk Zürich zum grössten schweizerischen Kokslieferanten für die Eisenindustrie. Und die chemischen Nebenprodukteanlagen lieferten Ammoniak, Benzol, Paraffin, Pech und Schwefel. Von den 500 Gaswerkern wurden die an der Front eingesetzten Arbeiter «Neger» genannt, weil ihre Gesichter immer russgeschwärzt waren.

Auf dem Höhepunkt des Gaswerkbaus, 1915, gab es in der Schweiz über 100 öffentliche «Gasanstalten». Doch begann nun der Zusammenschluss der Stromversorgungsnetze die Gaswerke zu konkurrenzieren. Die Kriegszeiten beeinträchtigten die Gasversorgung mehr als die Stromversorgung, auch wenn die Gasindustrie den Ausfall der Importkohle teilweise durch einheimische Kohle, Torf und andere Brennmaterialien ersetzen konnte. Den Verlust des Beleuchtungsmonopols mit Gaslicht versuchte dieser Industriezweig mit dem Einbau von Gasherden, Boilern und Gasheizungen in Privathaushalten wettzumachen. 1938 gab es noch 77 Gaswerke und 6600 Kilometer Gasleitungen.[15] 1966 bis 1974 wurde die Schweiz ans internationale Erdgasnetz angeschlossen, was das Ende der heimischen Gaserzeugung bedeutete. Auch in Zürich-Schlieren wurden die eigentlichen Produktionsbauten nach der Umstellung auf Erdgas abgebrochen. Neben der Kammerofenanlage war das insbesondere das zweite Kohlenhaus, ein Betonskelett-Pionierbau von 1905. Inzwischen haben sich im Gaswerkareal 60 Firmen neu angesiedelt. In der Kraftzentrale ist die originale Dampfmaschine von 1897 betriebsfähig erhalten.[16] Einer der Gasometer konnte auf Initiative des Schweizer Heimatschutzes erhalten werden.

275 Vom 19. bis zum Ende des 20. Jahrhunderts erzeugten in der Schweiz insgesamt 100 öffentliche Gaswerke aus Kohle, Torf und anderen Rohstoffen Stadtgas. **Zürich-Schlieren, Foto H. B. 1980**

Unsichtbares Gas – und wieder zu 80 Prozent abhängig von nicht erneuerbarer Energie
Ende 2006 ist das Gaswerk Schwyz in Seewen stillgelegt worden. Eine eigene Gas-, Koks- und Nebenprodukteherstellung findet seither in der Schweiz nicht mehr statt. Das Ausweichen auf heimische Rohstoffe zur Sicherung der Gasversorgung ist nicht mehr möglich. Parallel zur Einstellung der Kohlegasproduktion hat der Erdgasimport stetig zugenommen. Eine geringe inländische Erdgasförderung gab es in Finsterwald im Entlebuch zwischen 1985 und 1994. War der Erdgasimport in der Erdölkrise 1973 noch unbedeutend, so haben Gas, verstromte Kohle und Atomenergie seither den hohen Stand der Nutzung nicht erneuerbarer Energiequellen aufrechterhalten. Heute ist der Erdgasimport fast so hoch wie die Erzeugung von Strom aus Wasserkraft: Er beträgt über 10 Prozent des Gesamtenergieeinsatzes. Dank guter inländischer Nutzungseffizienz macht Erdgas einen Achtel des gesamten Energieverbrauchs aus. Und die Verbrennungsimmissionen sind wesentlich kleiner als beim Erdöl. Dennoch ist die gesamte Umweltbelastung seit 1973 mit dem zunehmenden Energieverbrauch vor allem für grössere Wohnungen und die grössere Automobilität nochmals um einen Sechstel gestiegen.

Das Transitgas-Transportsystem, welches norwegisches Erdgas bis nach Italien befördert, führt über eine erneuerte Transitleitung durch die Schweiz.[17] Doch liegen die weitaus grössten Erdgasreserven in den südlichen und zentralasiatischen Gebieten der ehemaligen Sowjetunion und die absolut grössten, noch nicht abbaubaren in der Arktis und im Atlantik. Der Transport erfolgt bei Distanzen bis zu 4000 Kilometern durch Pipelines und bei grösseren Distanzen in tiefgekühlten Hochdruckbehältern auf Flüssiggastankern. Die ehemalige Sowjetunion startete 1981 aus wirtschaftspolitischen Gründen den Bau eines 40 000 Kilometer langen Erdgas-Transportnetzes.[18] Heute hat der weltweit grösste Erdgashändler, Gazprom[19], einen Geschäftssitz in Zug: «Russen steuern Erdgas von Zug aus».[20] Als Ende 2008 während der kalten Winterzeit die wichtigste östliche Gaszuleitung nach Europa geschlossen wurde, orakelte die Neue Zürcher Zeitung über die Schuldzuweisung zwischen Moskau und Kiew, stellte aber fest, dass der «in Zug ansässige, der russischen Gazprom nahe stehende Gashändler Rosukrenergo mehr als nur eine Nebenrolle gespielt hat».[21] Und die gleiche Firma drohte mit dem Zudrehen ihrer Gashähne, wenn die westlichen Länder weiterhin versuchen sollten, die Übernahme von Gasversorgern und Stadtwerken durch Gazprom zu behindern![22]

Gaswerk, 8952 Schlieren, www.tgvzu.ch/gasi-museum, geöffnet auf Anfrage

276 Mit der Umstellung auf Erdgas verschwand die einheimische Gasproduktion. 1986 liess auch Winterthur sein Gaswerk abbrechen. Wesentliche Gaswerkteile blieben nur in Zürich erhalten. **Winterthur, Foto H. B. 1986**

277 Gas kommt heute hauptsächlich über Pipelines aus Russland und auf dem Seeweg in Tankschiffen zur Rheingasleitung. Die Schweiz gewinnt im europäischen Gasverbund an Bedeutung. **Erdgas Ostschweiz AG Schlieren, Foto H. B. 1980**

Erdöl in der Schweiz

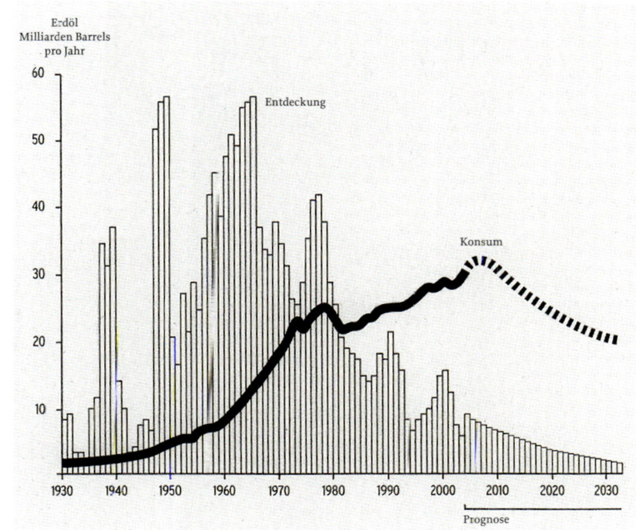

278 1972 publizierte der Club of Rome seinen Bericht über die Grenzen des Wachstums. Neue Erdöl- und Gasentdeckungen verzögerten zwar die Verknappung der fossilen Rohstoffe, liessen aber die Umweltverschmutzung dramatisch anwachsen. **Association for the Study of the Peak Oil and Gas, Uppsala 2005**

Die Araber bezeichnen Öl als «Tränen des Teufels». Um die Abhängigkeit von den arabischen Öllieferungen zu mindern, gründeten der Industrielle Max Schmidheiny, der St. Galler Baudirektor Simon Frick und der Geologe Ulrich Büchi nach dem zweiten Nahostkrieg 1956 die Aktiengesellschaft für schweizerisches Erdöl. Erste Prospektionen begannen, beschleunigt durch den vierten Nahostkrieg von Israel gegen Ägypten im Jahr 1973. Der führte zum Boykott der Organisation erdölexportierender Länder OPEC gegen die westlichen Industrieländer. Die Aufhebung der Goldparität des Dollars verschärfte zusätzlich die Wirtschaftslage in den Industriestaaten zur damals schlimmsten Krise seit dem Zweiten Weltkrieg. Mangels Erdölversorgung wurde auch in der Schweiz ein vorübergehendes Autofahrverbot ausgesprochen. Die nun Swisspetrol genannte Gesellschaft intensivierte die Erdölbohrungen am Rhein und, mit Beteiligung von Shell, Esso und Elf, im Entlebuch. Dort wurden noch bis 1989 kleine Quantitäten von Erdöl gefördert.[23] Auch die im Chemie-Kapitel thematisierte problematische Treibstoffherstellung mittels Holzverzuckerung wurde aufgegeben. Zunehmende Importe decken seither den steigenden Verbrauch fossiler Brennstoffe: Zu viele Konsumenten machen sich mit ihrem Lebensstil vom «schwarzen Gold» abhängig, zu viele Akteure profitieren davon: Öl- und Autokonzerne, Förderländer und Spekulanten, Politiker und Staaten.

2004 kostete die Förderung von einem Liter Erdöl gut sieben Rappen. Die Förderländer und Händler verdienten inklusive Raffinieren und Transport das Fünffache, unabhängig davon, ob der Liter als Heizöl, Diesel oder bleifreies Benzin verkauft wird. Die Zeitschrift Saldo rechnete aus, dass allein die Autofahrer der Schweiz 2009 den Rohstoffhändlern eine Milliarde Franken Spekulationseinnahmen verschafften.[24] Doch nicht genug: Die Gestehungskosten ab Grenze liegen je nach Zeitpunkt für Brenn- und Treibstoffe bei 43 bis 49 Rappen pro Liter. Was den Unterschied zum Verkaufspreis ausmacht, sind die Steuern und die Vertriebsmargen im Land. Fluggesellschaften sind von Abgaben befreit, Hausbesitzer bezahlten bis zur Einführung der Umweltabgaben einen halben Rappen pro Liter, Benzinautofahrer 84, Dieselfahrer 87 Rappen, Bauern, Waldbewirtschafter und öffentliche Busbetriebe haben Vergünstigungen.[25] Mit den jährlich 5 Milliarden Franken Treibstoffeinnahmen begleicht der Bund einen Teil der Bau- und Unterhaltskosten für Strassen. Schliesslich verdienen auch die Anbieter am Treib- und Brennstoffverkauf im Land zwischen 1 und 19 Rappen pro Liter.

Profit und Fluch im Steuerflüchtlingsland

Es ist dieses schwer durchschaubare Geflecht, das den Benzin- und Heizölpreis ausmacht. Die globalen Gewinner dabei sind die Ölkonzerne und die Rohstoffhändler. Und für sie ist die Schweiz als Steuerfluchtasyl eine wichtige Drehscheibe. Die im Bergbau-Kapitel erwähnte, weltweit zweitgrösste Rohstoff-Handelsfirma Trafigura kam 2006 im Erdölbereich in die Schlagzeilen, da sie offenbar illegal Hunderte Tonnen von hochgiftigem Ölschlamm an der Elfenbeinküste entsorgt hatte. Laut UNO-Untersuchung starben 15 Menschen, und 30 000 erkrankten.

Die Muttergesellschaft von Trafigura ist auf den niederländischen Antillen registriert, die Trafigura AG in Luzern. Der Luzerner Finanzdirektor lehnte mit Hinweis auf das Steuergeheimnis gegenüber der SonntagsZeitung eine Stellungnahme ab. Ein Steuerexperte schätzt, dass Trafigura anstelle der ordentlichen 10,5 Prozent Gewinnsteuer in Luzern zwischen 0 und 3 Prozent abgibt.[26]

Der bereits mehrfach genannte, sehr verschwiegene Glencore-Konzern, gegründet von Marc Rich mit Hauptsitz im Kanton Zug, handelt mit Rohstoffen aller Art, unter anderem mit Erdöl. Die für Warentermingeschäfte, Derivate und reale Transaktionen fliessenden Kapitalien sind spektakulär. Allein Glencores Umsatz übertrifft denjenigen von Nestlé um 50 Prozent und entspricht der gesamten Wertschöpfung der 60 ärmsten Länder der Welt.[27] Wie Glencore ist auch die Firma Transocean in Zug domiziliert. Sie hat beim Ausbruch der Finanzkrise 2008 den Hauptsitz von den steuergünstigen britischen Cayman-Inseln in den noch steuergünstigeren Schweizer Kanton verlegt. Die Behörden meldeten, man müsse froh sein um jedes derartige neue Unternehmen, das sich hier ansiedle. Transocean wurde in den Hauptindex der 20 wichtigsten Unternehmen an der Schweizer Börse aufgenommen. Eine Handvoll Manager organisiert am Hauptsitz zusammen mit ihrer Transocean-Financing, einer GmbH, die in der Schweiz für 20 000 Franken gegründet werden kann, weltweit 20 000 Arbeiter, die Tiefseebohrungen durchführen. Als zurzeit grösster Ölbohrkonzern der Welt verfügt die Firma über 138 Ölbohr-Plattformen. Bereits 2009 meldete die junge Schweizer Aktiengesellschaft Einbussen wegen Öllecks auf einzelnen ihrer Plattformen. Am 20. April 2010 berichtete sie über einen «Vorfall auf einer Bohranlage im Golf von Mexiko». Tage später erschienen in der Presse Katastrophen-Schlagzeilen, wobei jeweils nicht die Bohrfirma, sondern die Förderfirma British Petroleum BP als Verursacherin genannt wurde: «Deepwater Horizon-Plattform explodiert und gesunken», «115 schwer Verletzte, 11 Tote», «Ungehindertes Ausfliessen von Erdöl ins Meer», «Schlimmste Ölpest der Geschichte», «Katastrophe für Meerestiere und Mississippi-Delta», «Ölverschmutzung auf einer fünffachen Fläche der Schweiz», «BP setzt Unmengen von Chemikalien ein, um den Ölteppich aufzulösen», «Ölbarone residieren am Zugersee».[28] Viele Wochen später flossen weiterhin jeden Tag Millionen Liter Öl aus, und «Transocean erhält von ihrer Versicherung sogar noch mehr, als die Ölplattform wert war». Zum Milliardenschaden wollte sie maximal 27 Millionen Dollar beitragen. Schon zuvor hatte die Firma be-

279 Je mehr sich die fossilen Rohstoffe erschöpfen, desto aufwändiger und riskanter wird die Erschliessung neuer Quellen. Die Bohrplattformen gehören zu den weltweit grössten mobilen Bauwerken. **Kölner Dom und Troll-Plattform, VSG 1/2010**

280 Die Explosion der Plattform der Zuger Firma Transocean im Golf von Mexiko bringt Steuerflucht-geschäfte ans Licht. Auch beim untransparenten Transportgeschäft mit der Hochseefracht wachsen die Gefahren. **Geisterflotte Djakarta, Foto H. B. 1999**

schlossen, sich eine satte Milliarde Franken als Dividende auszuschütten.[29]

Tatsächlich haben die Händler, Förderer, Verarbeiter und Verteiler von Erdölprodukten bei steigenden Gewinnen und schwindender Regulierung die Sicherheit von Förderanlagen, Raffinerien und Transport vernachlässigt. Auch ohne spektakuläre Kriegseinwirkungen und Katastrophen geschah seit 1990 im Erdölgeschäft durchschnittlich jede Woche ein Unfall, bei dem jeweils über 40 Tonnen Öl ins Meer oder ins Erdreich gelangten.

Zur eigentlichen Drehscheibe des Ölhandels hat sich, von einer breiteren Öffentlichkeit kaum bemerkt, Genf entwickelt. Dort und in der Umgebung sind 400 Firmen mit Transithandelsgeschäften und Rohstoffspekulationen beschäftigt. Etlichen dieser Firmen gemeinsam ist ihre geringe Transparenz, ihre Verstrickung mit Anwaltskanzleien, Beratern, Treuhändern und Sicherheitsfirmen des Finanzplatzes Schweiz.

Ein Finanzhebel ist das Senken von Transportkosten mittels organisierter Verantwortungslosigkeit: Global bewegen sich 90 Prozent aller Güter auf dem Wasser. Dabei ist der Eigner des Schiffs nicht identisch mit der Werft, die es baut und unterhält, die Seeleute werden von einer anderen Firma weltweit mit freizeitlosen Verträgen von 9 Monaten und ohne soziale Absicherung angeheuert, eine weitere Firma managt die Frachtaufträge, versichert und versteuert wird das Ganze «off shore» in Steueroasen und unter Billigflaggen von «Seefahrernationen» wie Liberia. Das erspart die in der Schweiz üblichen Sozial- und Infrastrukturanteile von 60 Prozent der Salärkosten.[30]

Ein anderer Finanzhebel sind Spekulationen mit Handelsabläufen zwecks Einflussnahme auf die Brenn- und Treibstoffpreise. So wird von diesen Firmen Öl etwa künstlich verknappt, indem man es auf den Tankern als schwimmende Lager lange auf den Weltmeeren dümpeln lässt. Das treibt die Preise und erlaubt jede Manipulation, etwa mit Termingeschäften. In einem Fall haben Ölhändler 2009 rund 30 gefüllte Supertanker mit 9 Millionen Tonnen Öl vor Anker legen lassen.[31] Da solche Geschäfte undurchsichtig sind, können nicht einzelne Firmen verantwortlich gemacht werden. Nicht selten wechseln die Tankerladungen auf ihrer langen Reise bis 90-mal den Besitzer.

Namentlich erwähnt werden sollen die drei grössten im Erdölgeschäft tätigen Genfer Firmen: Gunvor, die Firma des diskreten Multimilliardärs Gennadi Timtschenko, der mit 100 Mitarbeitenden als einer der reichsten Russen von Genf aus den weltweit drittgrössten Erdölhandel betreibt,[32] dann die erst 2004 gegründete Erdöl- und Energiehandelsfirma Mercuria Energy Group unter der Leitung von zwei Schweizern, die mit 500 Mitarbeitenden 33 Milliarden Franken Umsatz macht,[33] und Gaddafis nachstehend behandelte Tamoil.

Raffinerien in der Schweiz

Die Schweiz bezieht 60 Prozent der Brenn- und Treibstoffe im raffinierten Zustand: 6 Prozent durch Produktepipelines, 28 Prozent über den Rheinhafen Basel, 18 Prozent in Zügen, die nur aus Kesselwagen bestehen, und 8 Prozent in Lastwagen. 40 Prozent werden in den beiden Raffinerien Cressier und Collombey aus Rohöl erarbeitet.[34] Beide Raffinerien wurden in den 1960er-Jahren aufgebaut und seither mehrfach erweitert und modernisiert.

Nachdem sich der Erdölverbrauch der Schweiz von 420 000 Tonnen im Jahr 1946 bis 1961 verzehnfacht hatte, ergaben Wirtschaftlichkeitsrechnungen, dass es günstiger schien, Rohöl in die Nähe der Verbrauchszentren zu transportieren und dort für die Feinverteilung zu raffinieren. Für die Standortwahl waren die Nähe zu grenznahen Pipelines, gute Bahnanschlüsse und kantonale politische Ein-

281 40 Prozent aller in der Schweiz konsumierten Brenn- und Treibstoffe kommen aus zwei Raffinerien im Landesinnern. Das Werk Collombey gehört dem Tamoil-Konzern des libyschen Diktators Gaddafi. **Cressier, Foto H. B. 2001**

282 Im wirtschaftlichen Verbund mit der Nutzung des Raffinerie-Abfallprodukts Schweröl entstand 1965 das grösste ölthermische Kraftwerk der Schweiz. Es ist seit 1999 stillgelegt. **Chavalon/Collombey, Foto H. B. 1999**

flussnahmen entscheidend. Schliesslich entstand im Kanton St. Gallen bei Sennwald eine Umschlagstelle ab der Rhein-Alpen-Pipeline, im Wallis die Raffinerie an der Rohölleitung von Genua und im Kanton Neuenburg die Raffinerie am Pipelinezweig des französischen Jura. Ziel der damaligen Planung war es, mit den beiden Inlandraffinerien das ganze Land zu versorgen, wobei das explosionsartige Wachstum des Erdölabsatzes unterschätzt worden war. Heute gehören die beiden Raffinerien in der Schweiz im internationalen Vergleich zu den kleinen, die zudem mit hohen Sicherheits- und Umweltauflagen «belastet» sind.

Die Raffinerie Cressier entstand im Auftrag des heute global grössten Erdölkonzerns Shell zwischen 1963 und 1966.[35] Auf der Baustelle arbeiteten bis zu 1500 Leute. Wahrzeichen sind die Trennkolonnen, die Kugelbehälter und Tankzylinder, der Abfackelungskamin und der 100 Meter hohe Abgaskamin, ferner der grösste private Rangierbahnhof der Schweiz. Im 60 Hektaren grossen Werk sind über 1000 Kilometer Rohrleitungen verlegt. Aus 10 000 Tonnen Rohöl entstehen täglich viele Tonnen Brenn- und Treibstoffe und aus den Nebenprodukten Schwefel, Bitumen, Propan- und Butangas. Das verbleibende Schweröl diente früher als Brennmaterial in der schweizerischen Industrie, heute geht es zu einem grossen Teil in die Ölhäfen zurück, wo es mehr oder weniger umweltfreundlich für den Antrieb von Schiffen und für andere Zwecke genutzt wird. Das ähnlich grosse und gleichzeitig errichtete Werk in Collombey beschäftigt ebenfalls rund 200 Mitarbeiter. Es ist heute Eigentum von Gaddafis Erdölkonzern Tamoil. Als Besonderheit war die Raffinerie mit einem eigenen Elektrizitätswerk

verbunden. Die markante Betonskulptur mit Ofenbatterie, Hochkamin und Kühltürmen bei Chavalon dominiert hoch über dem linken Rhoneufer den untersten Walliser Talabschnitt. Als einziges thermisches Kraftwerk in der Schweiz nutzte es direkt das Schweröl einer Ölverarbeitungsanlage – über eine 12 Kilometer lange Pipeline. Anstelle einer umweltfreundlichen Nachrüstung wurde das Kraftwerk 1999 stillgelegt.[36] Der Standort ist heute wieder in Diskussion für ein Gaskraftwerk. Das Seilziehen um ein CO_2-Gesetz auf Bundesebene wird entscheidend sein, ob das Kraftwerkprojekt weiterverfolgt wird.

Abhängigkeit und Erpressbarkeit

Dem libyschen Staat, der seit 1969 von Muammar Gaddafi regiert wird, kommt auf dem Erdölmarkt grosse Bedeutung zu. Durch Zukäufe kam er bis 1990 in Besitz des Erdölkonzerns Tamoil mit dessen Raffinerien, Pipelines und den 3000 Tankstellen in Europa, wovon ein Zehntel in der Schweiz liegen. Tamoil gehörte 2008 zu den 50 umsatzreichsten Firmen mit Sitz in der Schweiz. Über die Afrika-Pipeline und die Raffinerie Collombey beherrscht Libyen 50 Prozent des schweizerischen Rohölmarktes.[37] Ein Schlaglicht auf die starke Stellung der Libyer in der Erdölversorgung der Schweiz warf die Affäre um Gaddafis Sohn Hannibal. Er wurde 2008 in Genf kurzzeitig verhaftet, weil ihn Hausangestellte wegen körperlicher Misshandlungen angezeigt hatten. Im Gegenzug verhängte Libyen einen Öllieferboykott gegen die Schweiz. Mitte 2009 war in Collombey die Ölzufuhr aus Libyen fast ganz versiegt. Zudem reagierte der von Oberst Gaddafi geleitete Sicherheitsapparat mit der Gefangennahme zweier ABB-Ingenieure in Libyen. Bundespräsident Hans-Rudolf Merz sah sich als Retter der beiden Geiseln und reiste ein Jahr nach dem Vorfall nach Libyen, um sich für die Festnahme von Gaddafis Sohn zu entschuldigen, «im Namen des Schweizer Volkes». Im Gegensatz zum italienischen Ehrengast Berlusconi wurde der Schweizer Spitzenpolitiker in Tripolis jedoch nicht empfangen. Indes verschärfte Libyen den Druck auf die Schweiz, zog milliardenschwere Bankguthaben zurück und verklagte den Kanton Genf wegen Misshandlung von Gaddafis Sohn Hannibal. In internationalen Gremien forderte Vater Gaddafi die Auflösung der Schweiz, und Hannibal äusserte sich, am besten sollte man das Land mit einer Atombombe eliminieren.

Zwei Jahre nach Beginn der Affäre kam nach einem zweiten Bundesratsbesuch in Libyen und hohen Erpressungsgeldzahlungen die zweite Geisel frei. Die Welt hofiert den bigottesten Staaten, in denen sich die Mächtigen offen über internationales Recht hinwegsetzen.

283 Gaddafi versorgt mit seinem Öl die Raffinerie Collombey und über 300 Tankstellen in der Schweiz. Nach der vorübergehenden Festnahme seines Sohns, der in Genf Bedienstete misshandelt hatte, reagierte Gaddafi mit massiven Repressionen gegen die Schweiz. **Winterthur, Foto H. B. 2010**

Trinkwasser und Wasserkraft im Wasserschloss Schweiz

Zusammen mit Luft ist Süsswasser das wichtigste Lebensmittel des Menschen. Er braucht es zum Trinken, für die Landwirtschaft, für die Krafterzeugung und zur Entsorgung von Abfällen, zum Beispiel im WC. Wer Wasser hat, hat Macht. Um Wasser werden Kriege geführt. Denn Wasser ist sehr ungleich verteilt. In grossen Teilen Afrikas und ausgedehnten Regionen Asiens herrschen Wasserknappheit oder sogar Wassernot.[38] Die Privatisierung dieses letzten grossen Eldorados für das Kapital geht weltweit rasch voran, in Frankreich, Grossbritannien, in Entwicklungsländern. Führend ist dabei der französische Konzern Veolia. Auch Nestlé gehört zu den grossen Antreibern der Privatisierung. Höhere Wasserpreise und mangelnde Versorgungssicherheit, zum Beispiel wegen defekter Leitungen, begleiten die Privatisierung der Wasserwerke auch in Ländern wie England, wo die moderne Wasserversorgung entwickelt worden ist. Im Wasserschloss Schweiz bleiben die Wasserwerke vorerst mehrheitlich im Eigentum der öffentlichen Hand. Dennoch war und ist die Verteilung des Wasserreichtums auch hier umkämpft. Seit dem Mittelalter gibt es regionale Rechte für die Wassernutzung. Wasserrechte werden befristet oder «ehern», auf ewige Dauer, vergeben. Bund und Kantone erheben Wasserrechtszinse. Die Höhe dieser Zinse ist immer wieder umstritten, obwohl sie innerhalb der gesamten Wasserwirtschaftsgewinne einen geringen Anteil ausmachen:[39] Seit dem 19. Jahrhundert verschärft sich der Kampf ums Wasser, weil sowohl die Landwirtschaft als

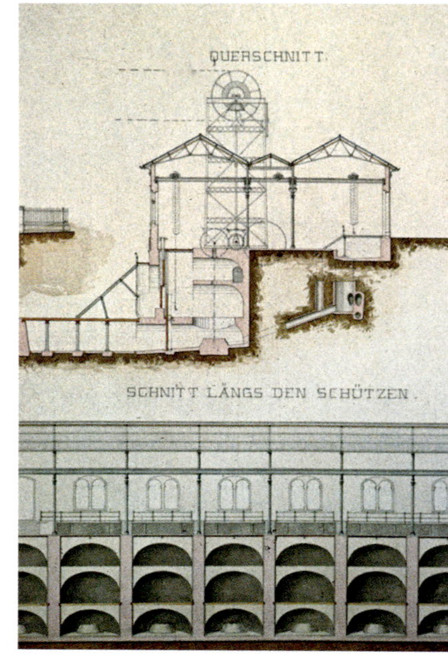

284 Nur 2,5 Prozent des weltweit vorhandenen Wassers ist trinkbar. Der Kampf um die Aneignung des Wassers verschärft sich vor allem in Regionen mit Wassernot und Wasserknappheit. **Eritrea, Foto H. B. 2004**
285 Wasser ist der grösste natürliche Reichtum der Schweiz. Das Ableiten von Kloake ins Grundwasser und in die Flüsse führte im 19. Jahrhundert zu Seuchen mit 1228 Toten allein in Zürich und Basel. **Aborte an der Birs, Sammlung H. B. Glasplatte 1886**
286 Gegen die Seuchenherde wurde die Kloakenreform lanciert. Es dauerte fast 100 Jahre, bis im ganzen Land eine flächendeckende Abwasserentsorgung und eine Versorgung mit gereinigtem Trinkwasser aufgebaut waren. **Zürich, Originalplan Wasserwerk 1874**

auch die Industrie und die Haushaltungen mehr Wasser beanspruchen.

Der Wasserbedarf und der Umgang mit dem Abwasser widerspiegeln die veränderten Lebensgewohnheiten. Im 19. Jahrhundert führten das ungeklärte Abwasser und der Mangel an sauberem Frischwasser zu den erwähnten Seuchen mit 1228 Toten in Basel und Zürich.[40] Die «Kloakenreform» und der Ausbau der Wasserversorgung gehörten ab den 1870er-Jahren zu den ersten Prioritäten der öffentlichen Hand. Der steigende Wasserbedarf liess sich nur durch Ausbau der Seewasserwerke und durch intensive Nutzung der Grundwasserströme decken. Gefolgt von der (fast) flächendeckenden Einführung der Abwasserreinigung dauerte dieser Ausbau gut 100 Jahre.

Das teilweise über weite Strecken gepumpte Seewasser spielt vor allem für die Bevölkerung grösserer Agglomerationen eine wichtige Rolle. Für die Reinigung des frischen See- und Flusswassers mussten wegen der Verschlechterung der Umweltbedingungen laufend neue Reinigungsstufen eingeschaltet werden. Die ersten industriellen Trinkwasserversorgungen entstanden in Genf und in Zürich. Das Pumpkraftwerk Vessy geht aufs Jahr 1865 zurück: Turbinen trieben in einem aufgestauten Gefälle der Arve Pumpen für die erste Wasserversorgung der Schweiz an.[41] 1886 baute Genf am Seeabfluss in der Rhone das bisher grösste Kraftwerk der Schweiz: La Coulouvrenière diente der Trinkwasserversorgung und dem Antrieb von Wassermotoren in den Ateliers. Im monumentalen Bau ist seit der Stilllegung 1997 ein Theater eingebaut. Zürich erstellte ab 1875 ein grosses Pump- und Kraftwerk an der Limmat. Es wurde 1938 und 1951 erweitert und dient seither als Elektrizitätswerk.[42]

Inzwischen sind in der Schweiz stolze 3000 eigenständige Wasserversorgungen entstanden. Der

Grund für diese Vielfalt sind die kantonalen Wasserrechte, die wiederum als Versorgungsauftrag an die Gemeinden weitergegeben werden. Im 19. Jahrhundert kommunalisierte eine Mehrheit der Gemeinden die Wasserversorgung. Die Gemeinden erfüllen ihren Versorgungsauftrag mit öffentlichen Anstalten oder mit Korporationen. In einzelnen Kantonen wird aus wirtschaftlichen und sicherheitstechnischen Überlegungen die Regionalisierung der Wasserversorgung gefördert. Im Zuge der internationalen Liberalisierung der von Leitungen abhängigen Energiemärkte gab es auch in der Schweiz Privatisierungstendenzen.[43] Durch Zusammenschluss entstanden einzelne Verbundunternehmen, welche Elektrizität, Erdgas, Trinkwasser und selten auch Fernwärme verkaufen. So sind die Industriellen Betriebe Aarau in eine Aktiengesellschaft mit öffentlicher Beteiligung umgewandelt worden, und auch die «Energie Wasser Luzern» ist eine AG. Wenige grössere Wasserversorgungen sind seit jeher in privater Hand, so die Wasserwerke Zug AG.[44]

Die Betriebs- und Kapitalkosten der Wasserversorgungen belaufen sich pro Jahr auf rund 1,4 Milliarden Franken. 700 Millionen Franken werden jährlich in die Leitungen und Anlagen investiert. Bei geschätzten durchschnittlichen Erstellungskosten pro Laufmeter Trinkwasserleitung von 600 Franken ergibt dies in der Schweiz ein investiertes Anlagekapital von schätzungsweise 30 Milliarden Franken. Teilweise vernachlässigte Erneuerungen und neue Belastungen durch Pharmaka führen zu Auseinandersetzungen über die Grundabgaben und die Wassertarife. Landwirtschaft, Gewerbe und Industrie versuchen, dem Kostendruck durch vermehrte eigene Wasserförderung auszuweichen. Insgesamt hat aber der gewerbliche Wasserverbrauch dank Produktionsverlagerungen ins Ausland seit 1972 abgenommen. Und seit der Jahrtausendwende haben die Haushaltungen zu sparen begonnen: Der tägliche mittlere Wasserverbrauch sank von 500 Litern auf 350 Liter pro Einwohner. Eine hervorragende, flächendeckende Frischwasserversorgung und der international höchste Grad an geklärten Abwässern weisen die Schweiz als ein Land mit guter Wasserökobilanz aus. Allerdings unter Ausschluss des «grauen», outgesourcten Wasserverbauchs – für die Herstellung einer einzigen Jeanshose berechnen Umweltverbände einen Bedarf von zehn Tonnen Wasser, den wasserintensiven Baumwollanbau mitgerechnet.[45]

287 Das grösste Pumpwerk für Frischwasser entstand ab 1886 in Genf. Für die Ableitung des Überdrucks entstand im See der bekannte Jet d'eau. Im Werk sind drei der alten Maschinengruppen erhalten. **Genf. Foto H. B. 1985**

Im Lande der 6000 Wasserkraftwerke …

Dass die Wasserkräfte ein kostbares Naturgut sind, wurde früh erkannt. Ausgehend von den Klöstern, verbreitete sich die lokale Wasserkraftnutzung vom Mittelalter bis zur Einführung der Elektrizität. 1927 gab es im ganzen Land 6019 Wasserwerke für mechanische und elektrische Kraftumwandlung. 3590 besassen damals noch Wasserräder.[46] Die Dichte an lokalen Wasserkraftanlagen war in der Schweiz hö-

her als in den gut zehnmal bevölkerungsreicheren deutschen Landen, in denen 1925 48 732 Betriebe mit Wasserkrafteinrichtungen gezählt wurden. Die hohe Dichte von Wasserkraftnutzern förderte eine Bau-, Maschinen- und Elektroindustrie, die weltweit Spitzenpositionen einnahm: Im Tiefbau waren es Firmen wie Locher Zürich oder Motor-Columbus Baden, im Turbinenbau Escher Wyss Zürich, Rieter Winterthur, Bell Kriens und ACMV Vevey, im Bau von Elektrizitätsausrüstungen die Maschinenfabrik Oerlikon, Alioth in Münchenstein, Brown, Boveri in Baden und Sécheron in Genf.

Der Bau von immer grösseren Kraftwerken erforderte das Zusammenfassen von kleineren Wasserkraftnutzungen. Parallel dazu hatte die industrielle Konzentration Stilllegungen von vielen Klein- und Mittelbetrieben zur Folge. Ein dritter Faktor, der zur Aufgabe von kleinen Anlagen führte, war die relative Verbilligung der Energie. Kleinstwasserkraftwerke sind bezüglich Kanalunterhalt und Reinigung von Laub, Geschiebe und Eis arbeitsintensiv. So ist die Zahl der Wasserkraftwerke auf 1000 gesunken.

288 Ab dem späten Mittelalter diente das Wasserrad als Antrieb für Mühlen, Sägereien, Textil- und Metallbetriebe. Noch 1927 wurden 6019 Wasserkraftantriebe gezählt. Inzwischen sind es noch rund 1000. **Hammerschmiede Aranno, Foto H. B. 1997**

289 Ab dem 19. Jahrhundert verdrängten Turbinen die Wasserräder. Die Schweizer Industrie baute umfangreiche Drahtseiltransmissionen. In Fribourg entstanden 1872 die erste Betonstaumauer Europas und ein Kraftwerk mit grosser Transmissionsanlage. **Chemin Ritter, Pérolles, Fribourg, Foto H. B. 1980**

Pionierleistungen und Paläste der Stromindustrie

1884 lieferte ein erstes Kraftwerk in der Schweiz Strom über grössere Distanzen: das Werk Biel-Bözingen. In Meiringen und Luzern gingen frühe Elektrizitätswerke ab 1889 ans Netz.[47] 1896 konnten gleich drei Kraftwerke mit neuen Leistungsdimensionen eingeweiht werden: an der Aare die Laufkraftwerke Wynau und Ruppoldingen[48] und an der Rhone bei Genf das Werk Chèvres.[49] 1897 war das damals grösste Wasserkraftwerk Rheinfelden mit deutscher und schweizerischer Konzession vollendet – auch dieses soll nach Vollendung des neuen, weiter oben liegenden Kraftwerks einer teuren Renaturierung weichen.[50] Zu den frühesten Grossanlagen gehörten auch diejenigen der Bernischen Kraftwerke BKW, die während der Aarekorrektion zum Schutz vor Überschwemmungen geplant wurden: 1899 und 1900 gingen die Kraftwerke Spiez und Hagneck ans Netz.[51] Der Grund für den Ersatz all dieser Pionierwerke liegt in den bedeutenden Leistungssteigerungen, die mittels neuer Wasserführung und verbesserter Regulierung in neuen Anlagen möglich sind.

Das grosse Kraftwerk Beznau kam zustande, weil die 1891 gegründete BBC den Absatz für ihre Maschinen vergrössern wollte. Sie gründete zu diesem Zweck 1895 in Baden die AG Motor, die spätere Motor-Columbus. Die AG Motor realisierte bis 1902 das erste grosse Verbundnetz der Schweiz. Das Problem der frühen Stromversorgung war, dass es zwar zahlreiche Kleinkraftwerke mit Inselnetzen gab, diese jedoch den Spitzenstrombedarf nicht decken konnten. Strom muss bekanntlich im Augenblick seiner Erzeugung gebraucht werden, da seine Speicherung in Batterien und anderen Energieträgern nicht wirtschaftlich ist. Die AG Motor stellte sich der Herausforderung und baute gleichzeitig das Flusslaufkraftwerk Beznau und das Speicherkraftwerk Löntsch mit dem künstlichen Klöntalersee in den Glarner Alpen. Zwischen den Kraftwerken spannte die AG Motor Hochspannungsleitungen. In Hauptabnahmeorten wie Winterthur transformierten Umformerwerke und Trafohäuschen den Strom auf Mittel- und Industriespannung hinunter. Die AG Motor verband und verteilte so die Dauerleistung von 8000 PS aus Beznau mit der Spitzendeckungsleistung von 24 000 PS aus dem Kraftwerk Löntsch.

Es war abzusehen, dass sich die Elektrizität zur «allmächtigen Zauberin unserer Zeit» entwickeln würde, dass alles von ihr abhängig werden würde.[52] Und es war bekannt, dass nichts – weder Kohle noch Öl oder Gas – so plötzlich versiegt wie Strom. So baute das Elektrizitätswerk der Stadt Zürich eine erste bedeutende eigene Stromversorgung auf, mit Flusskraftwerken in der Limmat und Speicherkraftwerken im Bündnerland. Dort förderte auch die Elektromaschinenfabrik Alioth mit Basler Kapital den Kraftwerkbau: 1908 entstanden die damals leistungsfähigsten Speicherkraftwerke zwischen Bernina-Hospiz und der italienischen Grenze. Private und

290 1908 war die Kraftwerkkette südlich des Berninapasses der leistungsfähigste Stromerzeuger Europas. Das Gefälle von 1911 wird noch heute fünffach genutzt. **Stausee Lago Bianco, Foto H. B. 1990**

öffentliche Investoren konkurrenzierten sich. Jedoch standen die Signale für die öffentliche Kontrolle seit dem Privatbahn-Debakel und der Gründung der Schweizerischen Bundesbahnen im Jahr 1902 auf Grün. Die Kraftwerke der AG Motor gelangten in den staatlichen Verband der Nordostschweizerischen Kraftwerke NOK, während verschiedene Verteilanlagen schon in der Pionierzeit verstaatlicht wurden, so 1908 per Volksabstimmung die Elektrizitätswerke des Kantons Zürich. Die EKZ übernahmen das bereits vorhandene Netz der AG Motor und begannen, die flächendeckende Stromversorgung für alle Haushalte sicherzustellen.[53]

Bis 1912 entstand nach fünf Jahren Bauzeit das Kraftwerk Augst-Wyhlen mit Wehr quer über den Rhein. Mit 36 000 PS Leistung war es das grösste Laufkraftwerk, 1995 wurde es modernisiert. In Etappen folgte die weitgehende Nutzung der Gefälle des schweizerischen Hochrheins.[54] Es war die Zeit, als durch Zusammenschluss kleiner Stromversorgungsnetze kapitalintensive Unternehmen entstanden, in denen Gemeinden, Kantone oder der Bund Einfluss nahmen. Diese forcierten die flächendeckende Vollelektrifizierung: jedem Dorf, jeder Bahn eine Strom-

291 Die Alusuisse besass drei ab 1908 erbaute Grosskraftwerke. Ihre profitable Veräusserung durch Martin Ebner und Christoph Blocher führte zur Einstellung der Aluminiumproduktion in der Schweiz. **Kraftwerk Navizence Chippis, Foto H. B. 1990**

292 Das Gefälle des Hochrheins wurde ab 1866 für den Bau von sieben Laufkraftwerken genutzt. Das 1954 vollendete Kraftwerk Birsfelden erhielt für seine Leistungsfähigkeit und seine Gestaltung mehrere Preise. **Birsfelden, Foto H. B. 1994**

versorgung. Die Natur der Alpen wurde nach dem Bahnbau und dem Tourismus-Boom ein drittes Mal durch grosse Eingriffe gebändigt. Auf die frühen, grossen Elektrizitätswerke im Bündnerland, im Tessin und im Kanton Wallis wird in den Abschnitten über die elektrochemischen Betriebe Lonza und Alusuisse hingewiesen.[55] Im mehrheitlich privatwirtschaftlich für die Industrie elektrifizierten Kanton Wallis erhielten die letzten Haushalte erst in den 1950er-Jahren elektrische Anschlüsse.

Wie in der Einleitung zu diesem Kapitel dargestellt, deckte die Schweiz 1910 den grössten Teil ihres Energiebedarfs mit Kohle. Im Ersten Weltkrieg brach die Energieversorgung zusammen. Sogar der Personenzugsverkehr musste grösstenteils eingestellt werden. Der Bundesrat beschloss 1916 den Bau von Kraftwerken für die Elektrifizierung der SBB. Im ganzen Land wuchs der politische Wille, die Wasserkraft als eigene Energiequelle möglichst weitgehend zu nutzen.[56] Wie kein zweites Land nahm die Schweiz systematisch die Vollelektrifizierung in Angriff. Eigens für den elektrischen Betrieb der Bundesbahnen finanzierte die Eidgenossen-

293 Die Stromversorgung der SBB weist eine abweichende Frequenz von einem Drittel gegenüber der üblichen auf, weshalb die SBB eigene Kraftwerke erstellten. Dasjenige von Amsteg wurde 1996 für eine halbe Milliarde Franken durch ein neues Kavernenkraftwerk ersetzt. **Amsteg, Foto H. B. 1996**

294 Zu den hervorragenden Staumauerkonstruktionen gehört diejenige von Marécottes. Sie entstand 1925 in einer sparsamen Eisenbetonbauweise mit Streben und Vielfachbögen. **Marécottes/Salvan, Foto H. B. 1989**

295 Die 1961 vollendete Gewichtsstaumauer Grande Dixence bleibt weltweit die grösste dieser Bauweise. 2000 barst die 1675 Höhenmeter überwindende Druckleitung und riss drei Menschen in den Tod. **Zeichnung H. B. 1998**

schaft den Bau der Kraftwerke Amsteg, Ritom, Göschenen, Massaboden und Barberine-Trient-Vernayaz.[57] Der besondere Stolz auf die Leistungen im schweizerischen Kraftwerkbau ist in monumentalen Staudämmen, Druckrohrleitungen, Zentralen und Elektromaschinen gestalterisch und mit Leistungsrekorden manifestiert.

Bereits 1928 galt die Schweiz als Musterland der Stromversorgung. Auf dem Höhepunkt des Kraftwerkbaus, 1950, erzeugten die Wasserkraftwerke 20 Prozent der verbrauchten Energie. 4000 Kilometer Stollen und Kanäle führten 75 Prozent der ertragreichen Wassergefälle auf die Turbinen der Kraftwerke. In den Alpen entstanden bis in die 1960er-Jahre 50 grosse Stauseen, einzelne hinter Talsperren mit Weltrekord-Dimensionen.[58] Die 1946 bis 1961 erbaute, 285 Meter hohe Gewichtsstaumauer Grande Dixence ist mit 15 Millionen Tonnen Gewicht bis heute weltweit die grösste dieses Typs. Eine weitere Region mit gigantischen Elektrizitätswerken ist das Berner Oberland. Die zu den Bernischen Kraftwerken BKW gehörende Kette der Kraftwerke Oberhasli KWO nutzt die Wasserkräfte des oberen Aaretals und des Gadmen- und Gentals bis zur Aareschlucht. Das Gebiet der KWO ist ideal für die Gewinnung von Strom zur Deckung der Verbraucherspitzen: grosse Höhenunterschiede, viel Wasser und fester Fels. Ab 1925 entstanden 9 Kraftwerke mit 25 Turbinen, 7 Pumpen und einer Pumpturbine, gespeist von 8 Stauseen und natürlichen Seen. Die KWO sind grundlegend wichtig für die schweizerische Stromversorgung, decken sie doch 11 Prozent der Speicherkapazität für die Spitzennachfrage im Winter, in den Morgen-, Mittags- und Abendstunden der Werktage.[59] Der weitere Ausbau von Speicherkraftwerken zu lukrativen Pumpspeicher-Kraftwerken ist allerdings umstritten. Das Füllen der Stauseen durch das Hinaufpumpen von Wasser braucht mehr Energie, als damit erzeugt wird. Lukrativ ist es dennoch, weil fossil oder atomar erzeugter Bandstrom importiert und damit teurer Spitzenstrom exportiert werden kann. Wie im Abschnitt zur Renaissance der Kohle dargelegt, stammte 2007 ein Fünftel des Stroms in der Schweiz aus unbekannter Herkunft, davon etwa die Hälfte aus deutschen Kohlekraftwerken. Der exportierte überschüssige Strom kommt immer mehr aus Pumpspeicherwerken. Mit den vier im Bau befindlichen und den zwei geplanten neuen Pumpspeicherwerken resultieren aus rund 10 Milliarden Kilowattstunden Bandenergie 8 Milliarden Kilowattstunden Spitzenenergie.[60]

Kraftwerk Giessen von 1894, auf der Werdinsel, Zürich-Höngg, geöffnet auf Anmeldung, EWZ 044 319 41 11

Kraftwerk Broc von 1921 mit Museum Electrobroc, visite@groupe-e.ch, geöffnet auf Anmeldung werktags, März bis Dezember

Privatisierung durch die Hintertür

Die grossen Wasserkraftwerke der Schweiz werden von wenigen Werktätigen sehr effizient unterhalten, was bei geringen Betriebskosten hohe Renditen sichert – falls keine bedeutenden Investitionen in die Erneuerung und in den Ausbau anfallen. Dieses Refugium eines lukrativen, öffentlichen Eigentums ist seit den 1990er-Jahren ununterbrochenen Angriffen der Privatisierer ausgesetzt. Überall wurde ein «Reformstau» ausgemacht, bis die Europäische Union ihre Mitgliedstaaten verpflichtete, die Energiewirtschaft zwischen 1996 und 2003 zu liberalisieren. Grossbritannien, Deutschland und Skandinavien gingen voran und forderten von den anderen, sie müssten «durch mehr Wettbewerb die Effizienz steigern».[61] In der Schweiz fand diese Aufforderung bei Bundesrat Moritz Leuenberger Gehör: Der Sozialdemokrat und Vorsteher des Energiedepartements wollte den «Strommarkt geordnet öffnen».[62] Dieses Ziel verfolgt auch der grösste Schweizer Stromkonzern Axpo: «Die Anbieter wünschen sich Politiker, die den Markt herzhaft öffnen wollen.»[63] Und sie kaufen sich diese – normalerweise aus dem bürgerlichen Lager – mit hohen Sitzungsstundenlöhnen für Verwaltungsratsmandate.[64] Keine Industriebranche ist im Parlament kapitalmässig so gut vertreten wie die Elektrizitätswirtschaft. Die liberalisierungsfreundlichen Konzerne und ihre Politiker versprachen Tarifermässigungen, mehr Ökostrom und den Haushaltungen die freie Wahl des günstigsten Energielieferanten im «freien Markt der konkurrenzierenden Anbieter».

Das Resultat war ein Wettlauf, wer wen wie schnell schluckt. Im europäischen Energiemarkt entstanden anstelle von vielen öffentlich-politisch kontrollierten regionalen und nationalen Unternehmen internationale Konzerne: Im Juni 2000 etwa die deutsche E.ON, die ehemalige Unternehmen in Osteuropa, in Skandinavien und eine 20-%-Beteiligung an den Bernischen Kraftwerken BKW kontrolliert. Zu einem weiteren deutschen Energiemulti fusionierten die Deutsche Bank und die Allianz-Versicherungen die Werke des Ruhrgebietes zur RWE. Mit der Teilprivatisierung der Electricité de France EDF entstand auch westlich der Schweiz ein Gigant. Italien hingegen verlor einen Grossteil seiner Kraftwerke an die südamerikanisch-spanische Endesa. Wie in der weitgehend ausverkauften übrigen Industrie drängen auch in der Stromindustrie Finanzjongleure mit Finanzinstituten in die Energieunternehmen und fordern Reformen zu ihren Gunsten.

Ab 1998 frohlockte man in Deutschland: «Die Schweiz liberalisiert den Strommarkt, [...] der Nationalrat will privatwirtschaftliche Organisationen – deutsche Beteiligungen an der Perle Elektrizitätsgesellschaft Laufenburg, an den BKW, an Motor-Columbus. Kaufinteressen haben (auch) Bankier Ernst Müller-Möhl von der Actieninvest AG. Zusammen mit David de Pury hat er die Schweizer Stromnetz

296 Im Jahr 2002 stimmte das Schweizer Volk gegen die Liberalisierung des Strommarktes ab. Im Zuge der Anpassung an den europäischen Netzzugang wurde aber das Hochspannungsnetz von den Einspeisern getrennt. **Einer von 4700 Hochspannungsmasten der NOK, Foto H. B. 19[illegible]7**

AG gegründet.»[65] Für Martin Ebner und Christoph Blocher wurde der Verkauf von Kraftwerken zu einem der ganz grossen Geschäfte. Wie weiter oben im Chemie- und im Schwerindustrie-Kapitel dargestellt, übernahmen sie die elektrochemischen Werke von Alusuisse-Lonza und spalteten diese auf – zwecks milliardenschweren Verkaufs der Elektrizitätswerke an neue Stromkonzerne.

Im Bewusstsein dieser Zusammenhänge bildeten Grüne und ein Teil der Gewerkschaften 2001 ein Referendumskomitee gegen das neue schweizerische Elektrizitätsmarktgesetz EMG. Das Komitee stand in Opposition zum gesamten Machtfilz im Land: zu den Grossbanken CS und UBS, zur Industrie und zum Gewerbe, zu den bürgerlichen Parteien, zu den sozialdemokratischen Nationalräten Rudolf Strahm und Simonetta Sommaruga und zu Bundesrat Leuenberger. Die Abstimmung vom 22. September 2002 war mit 52 Prozent Stimmen gegen das EMG eine historische Überraschung. Vorübergehend stärkte das die Position der öffentlich geführten Unternehmen.[66] Die Grossbanken CS und UBS zogen sich angesichts des «Reformstaus» vom schweizerischen Stromgeschäft zurück. Sie veräusserten die von ihnen kontrollierten Engineerings- und Finanzierungsunternehmen Elektrowatt und Motor-Columbus. Teile der aufgespaltenen Elektrowatt gingen an Siemens, an die finnische Pöyry Infra AG und an die nordostschweizerische Axpo. Zur ab 2001 fusionierten Axpo-Gruppe gehören die Elektrizitäts-Gesellschaft Laufenburg, die Centralschweizerischen Kraftwerke und die Nordostschweizerischen Kraftwerke NOK. Mit 2700 Mitarbeitern ist sie der grösste Stromproduzent der Schweiz. Sie ist zu 100 Prozent im Besitz der Kantone. Doch untersteht sie als Holding nicht direkt einer parlamentarischen Kontrolle: Die Kraftwerk-Konzerne der öffentlichen Hand sind durch die juristische Neukonstituierung als Aktiengesellschaften und Holdings dem direkten Einfluss einer demokratischen Kontrolle entzogen. Auch der neue Stromkonzern Alpiq ist mehrheitlich in öffentlichem Eigentum, seitdem die UBS ihre Beteiligung an der Vorläuferfirma Motor-Columbus verkauft hat: Kurz vor dem Krisen-Kollaps ihrer Bank haben sich die UBS-Manager damit ihre Taschen weiter gefüllt und eine schweizerische Energieholding unter dem Dach der Aare-Tessin-Elektrizitätswerke Atel gebildet.[67] Motor-Columbus hatte im letzten Geschäftsjahr 2006 noch 7900 Angestellte. Nach Umbenennung, Aktientausch, Sitzverlegung und Fusion mit der Energie «Ouest Suisse EOS Holding» hiess die neue Holding 2009 Alpiq. An diesem neuen «schweizerischen» Konzern beteiligt ist die EDF. Der Reingewinn des Konzerns betrug im ersten Geschäftsjahr rund 700 Millionen Franken, die Bezüge des Verwaltungsrates und des CEO liegen mit je über 2 Millionen Franken weit über den Entschädigungen in den vormals öffentlich kontrollierten Unternehmen.[68] Auch beim dritten grossen Stromkonzern BKW gehören weiterhin aktive und ausrangierte Politiker zu den Verwaltungsräten, die kräftig mitkassieren.[69] Im Wallis wiederum sorgten die Stromkonzerne für öffentliches Wohlwollen, indem sie ihre Werke formell teilweise kommunalisierten und so Dutzende von lukrativen Verwaltungsratsmandaten für die lokalen Politiker schufen.[70]

Durch die Trennung von Netz und Einspeisern ist ein weiterer Konzern entstanden. Denn zwecks nahtloser Verbindung mit dem europäischen Netz wurde die Starkstromübertragung theoretisch aus den alten Stromkonzernen herausgelöst: Von den Kraftwerken «unabhängige» Freileitungen und Seekabel sollen alle Länder Europas miteinander verbinden und so den Wettbewerb unter den einspeisenden Stromerzeugern fördern. So übernimmt die neue schweizerische Betreibergesellschaft Swissgrid als Aktiengesellschaft ab 2014/15 das Hochspannungsnetz von den beteiligten Kraftwerkkonzernen. Bereits im Vorfeld, 2008, stellte die schweizerische Wettbewerbskommission fest, dass die neue Swissgrid von einem «gesetzeswidrig bestückten Verwaltungsrat» geleitet werde: Er bestehe fast vollständig aus Mitarbeitenden der alten Stromkonzerne.[71] Anlass zu dieser Rüge waren die steigenden Übertragungstarife, die der versprochenen Stromverbilligung zuwiderliefen.[72] Im weiter gespielten realen Monopoly sind die Strompreise 2000 bis 2008 durchschnittlich um 7 Prozent gestiegen:[73] «Strombarone wünschen – wir bezahlen: plötzlich 500 Millionen Franken mehr für den gleichen Pfuus», kommentiert der Blick das Abzocken nun auch in diesem Wirtschaftsbereich.[74]

Irene Aegerter, einst Geschäftsleiterin des Verbandes Schweizerischer Elektrizitätsunternehmen, kritisiert die Liberalisierung wegen des Ausverkaufs – und aus technischen Gründen: «Die Strommarktöffnung führt dazu, dass die Lastflüsse der Netze immer weniger den bekannten Flussmustern folgen. Es gibt leider keine Regeln, welche dem Übertragungsnetzbetreiber Transportverträge verbieten, die zu ungeplanten Stromflüssen im Netz eines anderen Betreibers führen. Blackouts wie in Italien vom Herbst 2003 zeigen ungeschminkt den ungelösten Konflikt zwischen den Handelsinteressen von Gesellschaften und Ländern. Für den Monopolbereich Netz wird es weitere Ausfälle geben. Es herrscht nun Wettbewerb. Verloren ging die offene Zusammenarbeit und vergessen wurde die Physik. Den Elektronen kann nämlich niemand befehlen, bei den Stromverträgen der neuen Marktordnung mitzuspielen. Sie fliessen nicht auf vorgegebenen Pfaden oder abgemachten Verträgen. Sie suchen den Weg des geringsten Widerstandes.»[75]

Schwierige und erfolgreiche Revitalisierungen von Kleinkraftwerken

Der Nahostkonflikt und die Erdölkrise beendeten 1985 den Trend zum Wasserkraftwerk-Sterben. Viele Werke mit Leistungen unter 10 Megawatt, die überlebt hatten, wurden reaktiviert und teilweise erneuert. Die Energiezentralen solcher Kleinwerke sind mit kostengünstiger Technik ausgerüstet. Noch heute gibt es einige Werke, deren Turbinen und Generatoren – abgesehen von kurzen Revisionsunterbrüchen – seit 100 Jahren Tag und Nacht laufen. Mit solchen Anlagen lässt sich Strom zu 12 bis 20 Rappen Gestehungskosten produzieren. Gefährdet sind sie dann, wenn die Tiefbauten oder die Maschinenanlagen grundlegend renoviert werden müssen. Anlass zu solchen Investitionen gibt auch der lokale Umweltschutz. Die Vorschrift zum Einbau von Fischtreppen und die Abgabe von Restwasser für die Revitalisierung vernetzter Ökoräume haben manches Kleinkraftwerk verschwinden lassen. So sind von den im Jahr 1985 erfassten Kleinwasserkraftwerken der Schweiz weitere eingegangen, wobei heute dennoch gegen 1000 solcher Werke Strom erzeugen. Der Grund dafür ist, dass die abgegangenen historischen Kraftwerke durch 130 neue Trinkwasser-Kraftwerke ersetzt worden sind. Im Zuge der angestrebten, nie erfüllten Ziele des Bundesprogramms «Energie 2000» ist es dank Umweltzertifizierung, Umverteilung von Einnahmen und öffentlichen Subventionen auf dem Markt der Kleinkraftwerke zu einer explodierenden Anzahl von Akteuren gekommen. Sie nutzen die Ökostromförderung und die Subventionen für das eigene Geschäft. Wären da nicht ein steigender Stromverbrauch und die Liberalisierung zugunsten der grossen Teilnehmer, so hätten sich die öffentlichen Regelungen und Investitionen ökonomisch und für den Klimaschutz gelohnt: Vor allem dank den erwähnten neuen Trinkwasser-Kraftwerken ist die installierte Leistung der Klein-Wasserkraftwerke zwischen 1985 und 2004 von 42 auf 56 Megawatt gestiegen. Dies entspricht immerhin 6 Prozent des schweizerischen Stromverbrauchs.[76]

Mit der Fortsetzung des Programms «Energie-Schweiz» hat der Bund ein spezielles Beitragsprogramm für Klein-Wasserkraftwerke entwickelt, das einen neuen Investitionsboom begünstigt. Beschleunigt wird diese Entwicklung allenfalls durch die Integration der Schweiz in den globalen CO_2-Emissionshandel. Dabei werden etliche Akteure aus der Pionierzeit der Ökobewegung durch Teilnehmer der

297 Alternative Idealisten setzten sich ab den 1980er-Jahren für die Revitalisierung von Kleinkraftwerken ein. Mit den erhöhten Einspeisevergütungen entwickelte sich die Revitalisierung auch zum Geschäft der Stromkonzerne. **Revitalisiertes Pionierkraftwerk Thorenberg von 1886, Foto H. B. 1996**

grossen Stromkonzerne verdrängt. Diese investieren in die lukrativen mittelgrossen Werke. Die Betreiber der Kleinstkraftwerke hingegen sehen in der Strommarkt-Liberalisierung fast nur Nachteile.[77] Bereits heute sucht der seit den 1990er-Jahren wichtige Interessenverband schweizerischer Kleinkraftwerk-Besitzer ISKB neue Strukturen. Im Bereich der Wasserkraftnutzung durch kleine Werke wird zwar ein zusätzliches Potenzial von 80 Prozent geschätzt: Die Ausschöpfung aller Möglichkeiten für Klein-Wasserkraftwerke könnte eine Leistungssteigerung von 3372 auf 6000 Gigawattstunden ermöglichen. Dabei müssten aber vor allem Kleinstkraftwerke mit Leistungen unter einem Megawatt gefördert werden. Für diese im Betrieb überdurchschnittlich aufwändigen Anlagen müsste der Abnahmetarif weiter angehoben werden können. Eine solche Wirtschaftspolitik würde dann auch zur rascheren Modernisierung von historischen Klein- und Kleinstkraftwerken führen. Eine grosse Anzahl solcher Werke sind letztmals in den 1940er-Jahren modernisiert worden – in einer Kriegs- und Krisenzeit, in der die Schweiz unter Energienot litt.

Stromhaus Burenwisen von 1891, bei Glattfelden,
www.ekz.ch › Wissen › EKZ Besucherzentrum,
geöffnet auf Anmeldung

Wenig alternative Energie, strahlende Zukunft und Finanzderivate auch hier

Blieb die Kohlenstoffkonzentration in der Atmosphäre während 800 000 Jahren stabil, so hat sie sich seit der Industrialisierung verdoppelt. Auch wenn der damit verbundene Klimawandel inzwischen kaum mehr bestritten wird, so sind die Folgen noch Gegenstand von Auseinandersetzungen. Aus wissenschaftlicher Sicht besteht Einigkeit, dass der Ausstoss von Treibhausgasen reduziert werden muss, wenn sich die Menschheit nicht langfristig ruinieren will. In der freien Marktwirtschaft sind die Reduktionsforderungen jedoch bis auf Weiteres global nicht durchsetzbar. Politisch wurde in verschiedenen Ländern einiges getan zur Weichenstellung in Richtung von Sparmassnahmen und vermehrter Nutzung erneuerbarer Energiequellen. Allerdings hat die Schweiz ihre Pionierrolle in dieser Domäne verloren. Atomstrom belastet die Atmosphäre zwar nicht mit CO_2, aber als Rohstoff dienen die zur Neige gehenden Uranvorräte, und die Aufarbeitung und Entsorgung des radioaktiven Materials bleibt in der Schweiz seit 50 Jahren ungelöst. Trotzdem drängt die Lobby der Energiekonzerne auf den Neubau von Kernkraftwerken in der Schweiz, während die Nutzung von erneuerbarer Energie, mit Ausnahme der reichlich vorhandenen Wasserkräfte, marginal bleibt. In Sachen Wind- und Sonnenenergie ist das Alpenland verglichen mit anderen Industrienationen wie Deutschland, Spanien oder Portugal ein Entwicklungsland. Hingegen tragen Bauvorschriften und Krisen wesentlich zur Abflachung der Kurve des stetigen Wachstums beim Energieverbrauch bei.[78]

298 Im Jahr 1903 leistete Zürich bezüglich der Kehrichtverbrennung Pionierarbeit. Inzwischen erzeugt diese nach der Wasserkraft und der Umweltwärme am drittmeisten «alternative» Energie.
Kehrichtverbrennungsanstalt Winterthur, Foto H. B. 2001

Bio-, Sonnen- und Windkräfte decken wenige Promille des Gesamtenergieverbrauchs

Beim Stichwort erneuerbare Energie denkt man zuerst an Sonnenkollektoren, Windkraftwerke und vielleicht noch an die Biogasnutzung. Diese decken jedoch in der Schweiz gemäss der Statistik des Electrosuisse-Verbandes kaum mehr als 1 Prozent des Stromverbrauchs oder 2 Promille des Gesamtenergieverbrauchs, wobei bei der Erfassung von Kleinstanlagen Probleme bestehen. Die wichtigsten erneuerbaren Energiequellen bleiben die bereits behandelten Ressourcen Wasser und Brennholz. In der Rangliste der Beiträge zur Gesamtenergiebilanz folgen die Nutzung der Fernwärme, das Verbrennen von Industrie- und Haushaltabfällen und schliesslich die Nutzung von Erd- und Umgebungswärme, gefolgt von Sonnen- und Windenergie und von biologischen Rohstoffen. In einzelnen Bereichen der Wärmenutzung und der Herstellung und Nutzung der Aggregate ergeben sich zwangsläufig Widersprüche zum Ziel der CO_2-Reduktion. Zudem werden den verschiedenen Trägern die Umwandlungsverluste zwischen dem Energieeinsatz und dem nutzbaren Endverbrauch nicht einheitlich angerechnet.[79]

In der Bilanz der erneuerbaren Energien in der Schweiz überrascht, dass die Nutzung der Umweltwärme vor derjenigen der Sonnen- und Windenergie steht. Allerdings erbringt die verhältnismässig junge Energienutzungsart erst etwa 5 Prozent der Nutzenergie aller Wasserkraftwerke. Fast alle der mehreren Hunderttausend Wärmepumpen und Sonden werden in der Schweiz mit Strom aus dem Netz angetrieben. Die meisten nutzen Lufttemperaturunterschiede, gefolgt von Grund- und Trinkwasserwärme. Die Erdwärme wird erst ansatzweise genutzt.

An dritter Stelle der ökologischen Energiegewinnung steht zurzeit die Nutzung der Abwärme von Kehrichtverbrennungsanlagen. Die Kehrichtabfuhr entwickelte sich um 1900 zum Teilsystem der Entsorgung. Ausgehend von Johann Jakob Ochsners Patent für Kübel und Kübelwagen in Zürich und Genf entstand in der Schweiz ein flächendeckendes Entsorgungssystem für feste Abfälle. 1903 war in Zürich die erste Kehrichtverbrennungsanstalt der Schweiz vollendet. Wie diejenige in Basel ist sie inzwischen durch einen Neubau ersetzt worden. Weitere 26 Regionen der Schweiz besitzen industrielle Betriebe für die Verbrennung des Haushaltabfalls. Allerdings betreiben das Berner Oberland und die Kantone Tessin, Ob- und Nidwalden (noch) keine eigenen Kehrichtverbrennungsanlagen.[80] Die beim Verbrennen entstehende Energie dient hauptsächlich als Fernwärme dem Beheizen von öffentlichen, aber auch von privaten Bauten. Die Kehrichtverbrennungskapazitäten und die Fernwärmenetze müssen laufend mit hohen Investitionen erneuert werden, insbesondere seitdem im Jahr 2000 im ganzen Land ein Ablagerungsverbot für brennbare Abfälle besteht.[81] Die Kapazität für das Verbrennen von jährlich gegen 3 Millionen Tonnen Kehricht genügt knapp, seitdem sich mit der Einführung der Kehrichtgebühr die Abfallmenge leicht verringert hat. In der Statistik der erneuerbaren Energien nicht enthalten ist die aus thermischen Kraftwerken genutzte Fernwärme.

Auf die Nutzung des Brennholzes folgt in der Rangfolge der wichtigsten ökologischen Energienutzungen diejenige von Kläranlagen. Wie an verschiedenen Stellen dieses Werks festgehalten, wurden grosse Industriebetriebe als Erste verpflichtet, die Gewässer zu schützen, indem sie ihr Brauchwasser in Kläranlagen zu reinigen hatten. Die Bundesgesetze für den Gewässerschutz und die Umwelt von 1971 und 1983 nahmen alle Verursacher von verunreinigtem Abwasser in die Pflicht – ausser die Landwirtschaft. Alle Gemeinden oder Gemeindeverbände haben seither Kläranlagen erstellt. Seit dem Jahr 2000 darf der Klärschlamm nicht mehr deponiert werden. Er wird zu über 50 Prozent verbrannt. Einerseits gehören die Kläranlagen zu den grössten Stromverbrauchern von vielen Gemeinden, andererseits wird aus Klärgasen und Abwasserwärme wieder Energie gewonnen.

In der Rangliste erneuerbarer Energien folgt Biogas der Energienutzung aus Abfällen. Biogasanlagen dienen vor allem der Landwirtschaft und dann auch den Industrie- und Gewerbebetrieben zur Deckung eines Teils des eigenen Energiebedarfs. Etwas ganz anderes als Biogas sind Biotreibstoffe. Ihre Erzeugung ist aus Sicht der Ernährungspolitik sehr umstritten. Angesichts der Erdölverknappung steigt die Nachfrage nach biologischen Treibstoffen aus Soja, Mais, Weizen, Palmöl oder gar Kartoffeln. Länder wie die USA und Brasilien nutzen diese Ressourcen zunehmend auf Kosten des Nahrungsmittelexports. Weltweit stammt zurzeit 1 Prozent des Treibstoffes aus dem Ackerbau. Bei Nutzung aller Äcker für die Treibstoffgewinnung könnten 10 Prozent der fossilen Energie eingespart werden – und die weltweite Hungersnot wäre garantiert.[82]

299 Wind- und Sonnenenergie haben in der Schweiz mangels konsequenter Förderung nur einen kleinen Anteil am Gesamtenergiemix. Auf dem Mont-Soleil steht das grösste Wind- und Sonnenenergie-Kraftwerk. **Konsortium Mont-Soleil, Foto BKW 2005**

Bleiben die Sonnen- und die Windenergie. Für letztere Energiegewinnungsart besteht die grösste Anlage in der Schweiz auf dem Mont-Soleil, nördlich von Saint-Imier. Dort haben die Bernischen Kraftwerke BKW seit 1992 das erste Solarkraftwerk und seit 1996 das grösste Windkraftwerk des Landes aufgebaut. Auf einer Fläche von drei Fussballfeldern produzieren Solarzellen Strom für 200 Haushalte. Auf den benachbarten Wiesen am Mont Crosin produzieren acht Windturbinen mit einer maximalen Gesamtleistung von 7660 kW jährlich Strom für rund 2700 Haushalte. Seit der Betriebsaufnahme wurde das Windkraftwerk Juvent kontinuierlich erweitert. Dabei erhöhte sich die Leistung pro Turbine auf 1750 kW. Etwa 90 Prozent der in der Schweiz produzierten Windenergie stammen aus diesem Werk. Für das Gewinnen von Sonnenenergie sind selbstverständlich auch die unzähligen kleinen Fotovoltaik-Anlagen wichtig.

Insgesamt decken erneuerbare Energien mit dem Löwenanteil der Wasserkraft einen Siebtel des schweizerischen Energieverbrauchs, mit der Abfallnutzung sind es die einleitend erwähnten rund 16,6 Prozent.[83]

Mont Soleil, 2610 Saint-Imier, Koordinaten SLT 566000/223525, S. 61

40 Prozent Strom aus Kernkraft

Als der ETH-Professor Paul Scherrer 1946 vom Bundesrat zum Präsidenten der Schweizerischen Studienkommission für Atomenergie ernannt wurde, träumte die Welt vom Atomzeitalter.[84] Ein Jahr nach dem Abwurf der bisher vernichtendsten Bomben in Hiroshima und Nagasaki[85] priesen Jugendzeitschriften die friedliche Kernspaltung für den Antrieb von Autos, Lokomotiven, Schiffen und Elektrizitätswerken. Das mit Bundesmitteln am höchsten dotierte ETH-Institut von Paul Scherrer in Würenlingen diente der Reaktorentwicklung, und wie im Maschinenindustrie-Kapitel erwähnt, stiegen die beiden Konzerne BBC und Sulzer gross ins Atomgeschäft ein. Die Schweiz spielte in der Weltliga der Kernkraftwerk-Entwicklung mit. Im Alleingang entwickelten die Industrie und der Bund ab März 1960 einen Versuchsreaktor in Lucens. 1966 fand im Sulzer-Druckrohrreaktor die erste Kettenreaktion statt. Ab Januar 1968 floss durch Kernspaltung erzeugter Strom durch Schweizer Leitungen. Ein Jahr später platzte ein überhitztes Druckrohr, und Uran trat aus. Personen kamen nicht zu Schaden. Der Bund liess das Kavernenkraftwerk während der folgenden 13 Jahre demontieren. Eine der drei Kavernen wurde nicht mit Beton gefüllt, der Kanton Waadt nutzte sie provisorisch und dann definitiv als Kulturgüterlager.[86] Seit 2003 sind die letzten radioaktiv verseuchten Materialien aus Lucens in Würenlingen zwischengelagert, dort, wo das Projekt entstand – und bezahlt aus Mitteln, die es ermöglichten: aus Steuergeldern. Den Kernkraftwerk-Betreibern fehlen bis heute Milliarden von Franken für die Stilllegung und Entsorgung ihrer Werke.[87] Der nachträglich mit der Gefahrenstufe 4 bis 5 als «ernst» eingestufte schweizerische Reaktorunfall von 1969 erregte keinerlei öffentliches Aufsehen, führte aber zum Abbruch des schweizerischen Alleingangs.

Die Nutzung der Kernspaltung für zivile Zwecke war in den führenden Ländern USA, Sowjetunion, Frankreich und Grossbritannien immer eng mit militärischen Entwicklungen verknüpft. Bis heute hat die Atomenergie-Agentur der Vereinten Nationen in Wien die doppelte Aufgabe, die zivile Nutzung zu fördern und die militärische zu kontrollieren. Das wirft ein Schlaglicht auf eine Atomwirtschaft, die Kosten über staatliche und militärische Entwicklungen externalisiert und bei der Atommüll-Entsorgung aufschiebt. Ausserdem schafft diese Art von

300 Mit einem Anteil von 40 Prozent Atomenergie am Gesamtstromverbrauch liegt die Schweiz im oberen internationalen Feld der Kernkraftnutzer. **Kernkraftwerk Gösgen, Foto H. B. 2009**

maximal zentralisierter Energieproduktion Machtpositionen. In diesen internationalen Kontext fügte sich die Schweiz nun ein. Mit internationalem Know-how entstanden 1969 und 1971 in Beznau zwei Druckwasser-Reaktoren mit Flusswasserkühlung. Sie stehen im Dienst der NOK/Axpo und haben eine Leistung von 700 Megawatt. Schon 1972 nahmen die Bernischen Kraftwerke BKW an der Aare das ähnlich aufgebaute Kraftwerk Mühleberg mit etwa der halben Leistung von Beznau in Betrieb. Bis zu diesem Zeitpunkt galt Atomenergie als die sauberste, sicherste, unerschöpflichste und unentbehrlichste Art der Stromerzeugung. Das jedenfalls verbreitete die Schweizerische Vereinigung für Atomenergie in ihren Kampagnen während der 1970er-Jahre. Dennoch kam es 1975 und 1977 zu grossen Protestmärschen gegen den Bau der Kernkraftwerke Kaiseraugst und Gösgen. Tausende von Kernkraftgegnerinnen und -gegner versuchten, gegen grosse Polizeiaufgebote die Baugelände zu besetzen.[88] Als 1979 in Three Mile Island in den USA der erste denkbar grösste atomare Unfall GAU geschah, ging das bisher grösste Kraftwerk der Schweiz in Gösgen mit gegen 1000 Megawatt Leistung ans Netz. Das vorläufig letzte schweizerische Kernkraftwerk konnte mit nochmals der Leistung von Gösgen 1984 in Leibstadt ohne Geländekämpfe vollendet werden. Vier Jahre später fügte sich die Atomlobby beim Bedarfsnachweis für Kaiseraugst den Atomkraftgegnern und liess sich den Verzicht auf das sechste schweizerische Kernkraftwerk hoch abgelten: Georg Stucky und Ulrich Bremi von der FDP, Christoph Blocher von der SVP und Gianfranco Cotti von der CVP veranlassten in einer parlamentarischen Blitzeingabe eine Bundesentschädigung von 350 Millionen Franken für den Baustopp der Motor-Columbus.[89]

Inzwischen planen die Haupteigentümer der beiden grössten Kernkraftwerke, die Axpo und die Alpiq, nach einem Moratorium von fast einem Vierteljahrhundert in der Schweiz neue Kernkraftwerke – als Ersatz für die bestehenden und für die Ausweitung ihrer Stromlieferungen. Kraftwerk- und Unternehmerverbände glauben wieder an die Zukunft der Kernenergie und postulieren, das Volk sei dafür. Die Public-Relations-Lawine kommt in Bewegung. Der Widerstand beginnt sich, wie in den 1970er-Jahren, wieder zu formieren.[90]

Interessant ist, dass der wichtigste Powerplayer von damals nicht mehr für Kernkraftwerke lobbyiert: Die ABB hat sich im Rahmen ihrer neuen Strategie für «Cleantech» und nach aufwändigen Abklärungen gegen einen Wiedereinstieg ins Kernenergiegeschäft entschieden, weil die Kernenergie voll gerechnet nie rentieren könne.[91]

Die ungelöste Entsorgung radioaktiver Abfälle als Atompoker

Für die schweizerischen Kernkraftwerke wird ein doppelt so grosses Energieäquivalent eingesetzt wie für alle Wasserkraftwerke zusammen. Denn wie bei allen thermischen Anlagen werden rund 80 Prozent der Energie in nicht nutzbare Wärme umgewandelt. Schliesslich kommen rund 40 Prozent des in der Schweiz konsumierten Stroms aus Kernkraftwer-

301 Wie bei allen thermischen Energienutzungen ist auch bei den Kernkraftwerken der Wirkungsgrad gering. Als leistungsfähigste Schweizer Kraftwerke kühlen die KKW Gösgen und Leibstadt ihre Abwärme in den 150 Meter hohen Türmen ab. **Leibstadt im Bau. Foto H. B. 1980**

302 Zu einem relativ frühen Zeitpunkt sondierte die Nagra mit Tiefbohrungen Möglichkeiten, in den Salzstöcken am Rhein atomare Abfälle zu lagern. 30 Jahre danach steht in der Schweiz immer noch kein Endlager in Aussicht. **Weiach, Foto H. B. 1982**

ken.[92] In Frankreich sind es 75 Prozent. Ebenfalls einen hohen Anteil an Atomstrom haben die ehemals sozialistischen Länder mit Ausnahme von Russland, Rumänien und China. Der Gau in Tschernobyl hat 1986 die Risiken dieser leistungsstärksten Energieerzeugungsart weltweit vor Augen geführt. Beim Typ des Kernkraftwerks Tschernobyl diente die zivile Nutzung direkt der Urananreicherung für militärische Zwecke. – Die weiter vor sich hin rottenden Atomarsenale der ehemaligen Sowjetunion, der auch über die Schweiz ablaufende Atomschmuggel[93] und die in der Schweiz immer noch ungelöste Frage der Lagerung radioaktiver Abfälle sind langfristig bedrohliche Probleme.

Am Anfang der Produktionskette fallen beim Anreichern von Natururan pro Tonne 900 Kilo strahlendes Material an, das rechtlich nicht als Atommüll gilt und hauptsächlich in Russland entsorgt wird.[94] Am Schluss der Produktionskette entstehen beim Aufarbeiten der abgebrannten Brennelemente hochradioaktive Uranspaltprodukte, welche teilweise eine Halbwerts-Zerfallzeit von über 700 Millionen Jahren haben. Deren Lagerung soll für mindestens 200 000 Jahre sichergestellt werden. Sicherheit für 200 000 Jahre ist zivilisationsgeschichtlich undenkbar: Der Homo sapiens verbreitete sich erst vor 40 000 Jahren weltweit.

Die Brennelemente aus der Schweiz werden in Nordfrankreich wiederaufbereitet. In korrosionsfeste Glaskokillen eingeschmolzen, kommen sie zurück. Hier sollten sie in geologischen Schichten, die sich während der Zerfallszeit nicht verändern, endgelagert werden. Doch steht nach 50 Jahren Kernspaltung in diesem Land ein Standort für ein Endlager weiterhin nicht in Sicht. Die Nationale Genossenschaft für die Lagerung radioaktiver Abfälle Nagra hat mit Krediten von bisher einer Milliarde Franken in der Schweiz zwar Lagerorte gefunden, die geologisch sicher genug scheinen, aber aus lokalpolitischen Gründen nicht infrage kommen. Zurzeit vertröstet der Bundesrat auf eine mögliche Inbetriebnahme eines Endlagers ungefähr im Jahr 2040.[95] Mit dieser zeitlichen Perspektive hat denn der ehemalige Nagra-Mitarbeiter Charles McCombie in Baden die Entsorgungsfirma Arius gegründet. Ihm winkt ein Teil der 21 Milliarden Dollar, die Russland einnehmen kann, wenn es schweizerische und andere radioaktive Abfälle aufnimmt. Das Schweizer Parlament hat das Ausfuhrverbot für Atommüll vorsorglich geblockert.[96] Im sibirischen Sewersk, wo mehr als 100 000 Menschen leben, liegen bereits 13 Prozent des radioaktiven Abfalls aus Frankreich in Containern unter freiem Himmel.[97] Russischer Atommüll verstrahlt seit 1957 in der Region Tscheljabinsk eine Million Menschen, die nicht darüber informiert sind, weshalb dort Leukämie und Missgeburten besonders häufig vorkommen.[98] In Italien war es ein Geschäft, Gift- und Atommüll im Mittelmeer zu deponieren. Mindestens 32 Schiffe sollen zu diesem Zweck versenkt worden sein, mit Vorliebe vor den Küsten Afrikas.[99] Seit 1993 verbietet zwar die London Dumping Convention die Entsorgung im Meer, aber Fälle von illegaler Abfallentsorgung kommen weiterhin vor.

Wasserkraftwerk Mühleberg 1920 und Kernkraftwerk 1972 mit Museum, www.bkw-fmb.ch/besucher

Energiesparen als wichtigste Alternative

Verschiedene Technologien der Energiegewinnung mittels Wasserstoff, Wind, Sonne oder Erdwärme sind zwar zur industriellen Reife gelangt, aber ihre Verbreitung wird verzögert. Insbesondere in der Schweiz bleibt die Nutzung alternativer Energien relativ bedeutungslos. Als Alternative zur Verbrennung fossiler Rohstoffe und zur Erneuerung der Kernkraftwerke liegen die bedeutendsten Massnahmen im Energiesparen. Als erste Schweizer Stadt hat sich Zürich zum Ziel gesetzt, bis zum Jahr 2150 über zwei Drittel des heutigen Energieverbrauchs einzusparen. Das bedeutet, dass der Gesamtenergieverbrauch von heute 6300 auf 2000 Watt und somit der CO_2-Ausstoss von jährlich 8,5 Tonnen auf eine Tonne pro Person sinken soll. In den Golf-Emiraten beträgt der Pro-Kopf-Ausstoss inklusive Süsswasseraufbereitung 44 Tonnen, in den USA 20. Doch jemand muss auf dem Weg für eine wohl nicht bessere, aber vielleicht noch lebenswerte Zukunft vorangehen. Das Zürcher Programm erstreckt sich über einen Zeitraum von fünf Generationen, der Energieverbrauch soll bereits bis zum Jahr 2050 halbiert werden, und die dazu notwendigen Massnahmen müssen heute greifen. Dem Ziel für die 2000-Watt-Gesellschaft haben die Stimmberechtigten der Stadt Zürich am 30. November 2008 zugestimmt. Entscheidend sind die Einschränkung des privaten motorisierten Verkehrs und bauliche Massnahmen. Das Heizen, Klimatisieren und Warmwasseraufbereiten in allen Geschäfts- und Wohnhäusern benötigt in der Schweiz 40 Prozent der Nutzenergie. Über zwei Drittel davon entstehen durch Verbrennung. Strengere Bauvorschriften für bessere Wärmedämmungen und effizientere Heizungen sind ein schnell wirk-

303 Zu reich – alles wird gut? Mit diesem Slogan demonstrierte die Jugend 1990 in einer besetzten Bührle-Liegenschaft beim Bahnhof Zürich gegen die Wohlstandsgesellschaft. **Zürich, Foto H. B. 1991**

samer Hebel auf dem Weg zur 2000-Watt-Gesellschaft – wenn der Anspruch auf immer grössere Wohn-, Lager- und Arbeitsflächen nicht wie bisher zunimmt. Der Bausektor kann eine Pionierrolle übernehmen und neue Arbeitsplätze schaffen. Im eigenen Interesse hat die Bauwirtschaft verstanden, dass Nachhaltigkeit mit langfristigen Investitionen einen wirtschaftlichen Mehrwert generiert. Zur 2000-Watt-Gesellschaft gehören aber auch die grauen Energien. Die Schweiz überschreitet das im Kyoto-Protokoll festgehaltene nachhaltige Mass an verbrauchten Materialien um das Dreifache, weil bekanntlich viele Güter importiert werden.[100] Die Latte für eine 2000-Watt-Gesellschaft ist nicht nur in Zürich, sondern auch in anderen verschwenderischen Orten hoch gesetzt, besonders bezüglich Reduktion des CO_2-Ausstosses von knapp neun auf eine Tonne pro Einwohner.

Zertifikathandel und Preistreiberei mit der Grundversorgung

Kaum waren die für das langfristige Überleben der Menschheit notwendigen Einschränkungen skizziert, begannen auch schon die Umgehungsmanöver und das Feilschen. In den Klimaverhandlungen wurde auf Druck der USA und anderer Länder eine marktwirtschaftliche «Lösung» durchgesetzt, die unter minimalen privatwirtschaftlichen Kosten die Treibhausgas-Emissionen senken soll.[101] Nach zehn Jahren Feilschen trat 2005 in der Europäischen Union das Emission Trading System ETS in Kraft, dem die 27 EU-Staaten plus Liechtenstein, Island und Norwegen, nicht aber die Schweiz, beitraten. 12 000 umweltverschmutzende Betriebe meldeten in der Regel einen zu hohen Schadstoffausstoss. Sie erhielten dafür kostenlos Verschmutzungsrechte. Nicht genutzte Anteile können gehandelt werden. Die Energiebörsen in London, Leipzig und Wien handeln zurzeit ein nicht genutztes Verschmutzungsrecht pro Tonne CO_2 für 10 Euro. Über 50 Prozent der Umweltverschmutzer sind von diesem System nicht erfasst: der Transportsektor, die Haushalte und die Landwirtschaft. Über die Wirksamkeit des ETS wird gestritten, je nach Statistik steigen oder sinken die Emissionen jährlich um 2 Prozent. Für die Phase 2008 bis 2012 wurden weniger Verschmutzungszertifikate zu strengeren Bedingungen erteilt, wobei Kohlekraftwerke und die Exportindustrie begünstigt sind. Bereits bekannt sind erste Betrugsfälle betreffend die Verteilung der zweistelligen Milliardeneinnahmen, die eigentlich der Verbesserung der Umwelttechnik dienen sollten. Das Hauptproblem aber könnte darin liegen, dass die grossen Finanz- und Industriekonzerne nach der lebendigen Arbeit, dem Boden und dem Wasser nun auch noch die Luft zur Handelsware gemacht haben.[102]

Der Sonderfall Schweiz hat sich auch in der Klimafrage wieder als solcher profiliert. Vor andern Ländern ist hier am 1. Mai 2000 ein Gesetz zum Klimaschutz in Kraft getreten, das die Erfüllung des Kyoto-Protokolls von 1997 zum Ziel hat: Freiwillig hätte der CO_2-Ausstoss bis 2010 gegenüber 1990 um 10 Prozent gesenkt werden sollen. Da 2007 absehbar war, dass die marktwirtschaftliche Freiwilligkeit in der Regel zu einem Wachstum führt – auch bei der Umweltverschmutzung –, beschloss das Parlament eine Abgabe für Heizöl und andere Brennstoffe in der Höhe der ETS-Handelswerte. Bei den Fahrzeugtreibstoffen verhinderte die Erdölbranche eine obligatorische CO_2-Abgabe, indem sie den weit günstigeren Klimarappen einführte. Die Einnahmen von 1,5 Rappen pro Liter importiertes Benzin oder Diesel müssen für Umweltprojekte im In- und Ausland und für die Administration eingesetzt werden. Zusätzlich kommt man dem Kyoto-Sparziel näher, indem 89 Prozent der Reduktionen nicht in der Schweiz realisiert werden: Mit jährlich über 10 Milliarden Klimarappen werden energiesparende Projekte in Drittweltländern gefördert, so zum Beispiel eine Hühnermistfarm zur Methangasgewinnung. Schadensexporte dienen so unter anderem in Form der Verwertung von indischem Hühnermist der Schweizer Klimapolitik.[103] Ein Teil der Klimarappen wird in der Schweiz vor allem für bauliche Energiesparmassnahmen verwendet, die aktuell 11 Prozent der angepeilten Reduktionen ausmachen. Die Wirtschaftsverbände wollten diesen Anteil möglichst klein halten, die unterlegene Grüne Partei möglichst hoch. Nach Ablauf der Frist und verfehlten Sparzielen beschloss die bürgerliche Mehrheit im Parlament, das Nichterfüllen der Sparziele zum Programm zu machen, indem sie Abgaben zulasten des grössten und am stärksten wachsenden CO_2-Verursachers, des motorisierten Verkehrs, verhinderte.[104]

Inzwischen ist allgemein bekannt, dass die Energiesparziele, verbunden mit der Liberalisierung, das Gegenteil von dem gebracht haben, was in den 1990er-Jahren propagiert worden war. Der Energiekonsum ist nicht gesunken, und die Öffnung der Energiemärkte hat bei gleichzeitiger Verknappung eine Teuerung eingeleitet. Bisherige Energieanbieter sind der demokratischen Kontrolle entzogen, neue internationale und schweizerische Machtballungen sind entstanden. Energiekonzerne, ihre Eigner und Manager profitieren, die Konsumenten und KMU bezahlen die Zeche.[105] Rasch und massiv steigende Strompreise verteuern die industrielle Produktion in der Schweiz. Den stromintensiven

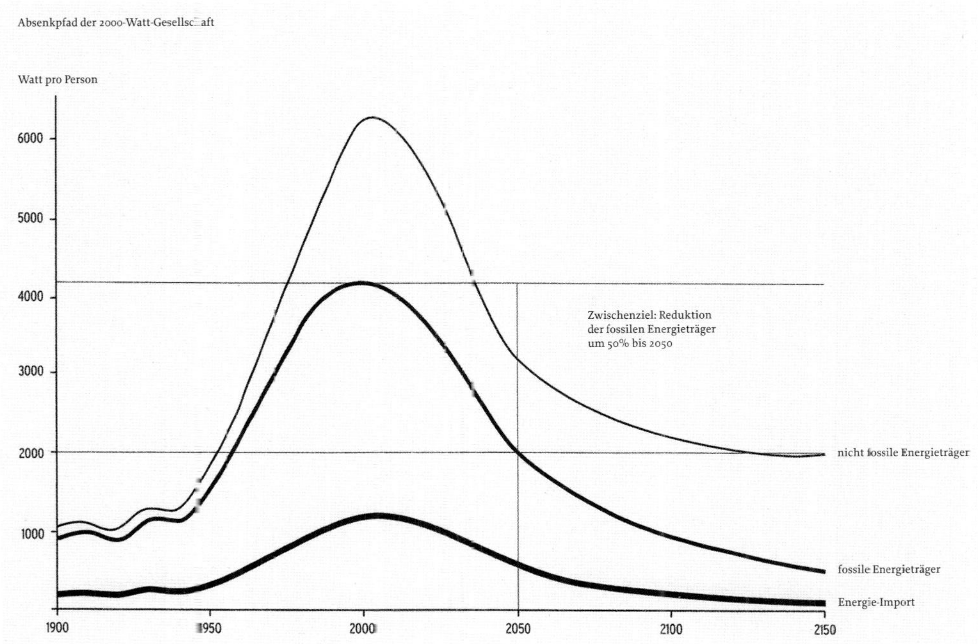

Betrieben verursachen die Stromkosten mehr Probleme als die Personalkosten.[106] Zudem brachte die Liberalisierung statt weniger Staat mehr Regulierung durch mehr administratives Personal.[107] Dieses soll im chaotischer werdenden Strommarkt Netzzusammenbrüche verhindern. Neue Verwaltungsstellen sind entstanden, die mit neuen Reformen ihre Notwendigkeit manifestieren.

Besonders problematisch ist das Eindringen von allgemein üblichen Spekulationsmethoden auch in die Grundversorgung. Ohne Strom geht heute fast nichts mehr – weder die Heizung noch der Computer. Zum Zentrum des europäischen Stromhandels ist Leipzig aufgestiegen. Die dortige Energiebörse EEX hat selbst für die Bündner Kraftwerke Bedeutung.[108] Die Rätia Energie verlor im ersten Halbjahr 2008 mit Energiederivaten 32 Millionen Franken. Auch die grossen Schweizer Stromkonzerne BKW und Alpiq sind mit zweistelligen Millionenbeträgen im Handel mit Energiederivaten tätig – und rechtfertigen ihre Spekulationen: «Freie Strommärkte brauchen den Handel mit Derivaten.»[109] Ebenfalls ins Derivatengeschäft mit Energie drängen, nach dem Ausstieg aus dem direkten Stromgeschäft, wieder die UBS und die CS und andere Grossbanken.

Ein typisches Derivat ist das Termingeschäft. Zum Beispiel kauft ein Händler heute zu einem fixen Preis eine bestimmte Menge Strom, der erst nächstes Jahr geliefert wird. Zu einem anderen günstigen Zeitpunkt kauft er auch Gas, spielt die verbrieften Energiemengen gegeneinander aus und setzt sie im profitabelsten Moment ab. Die Warenterminspekulation wird so zu einem preistreibenden Geschäft, bei dem weder produziert noch transportiert wird. Gehen die riskanten Spekulationen nicht auf, muss einmal mehr der Staat einspringen, in diesem Fall zwecks Erhaltung der Versorgungssicherheit.

304 Nur mit Einschränkung des Konsums des reichen Teils der Weltbevölkerung könnte die Menschheit ihre Existenzgrundlagen längerfristig bewahren. Der Handel mit Verschmutzungsrechten artet aber in einen neuen Deal für die Superreichen aus. **Projekt 2000-Watt-Gesellschaft Zürich, Novatlantis/Hochparterre 2005**

IX VERKEHR

Verkehrter Verkehr

Verkehr und Nachrichtenübermittlung (physisch)

1950	88 000	Arbeitsplätze	=	3,7%[1]
2010	285 000	Arbeitsplätze	=	7,4%

305 Weltoffene Schweiz 1961: Trans-Europ-Express-Züge von der Schweizer Industrie und den SBB. **Milano Centrale, Zeichnung H. B. 1977**

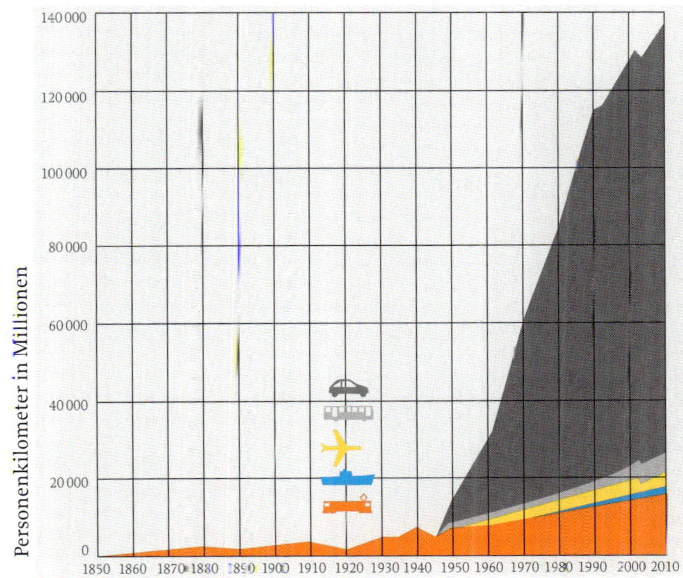

306 1945 bis 2010 hat eine kaum verdoppelte Bevölkerung ihre Mobilität um das 15-Fache gesteigert. Mit der Individualisierung durch das Auto ist der Anteil des öffentlichen Verkehrs bis 1995 auf 17 Prozent gesunken und seither wieder auf 19 Prozent gestiegen. **Verlag hier + jetzt 2010**

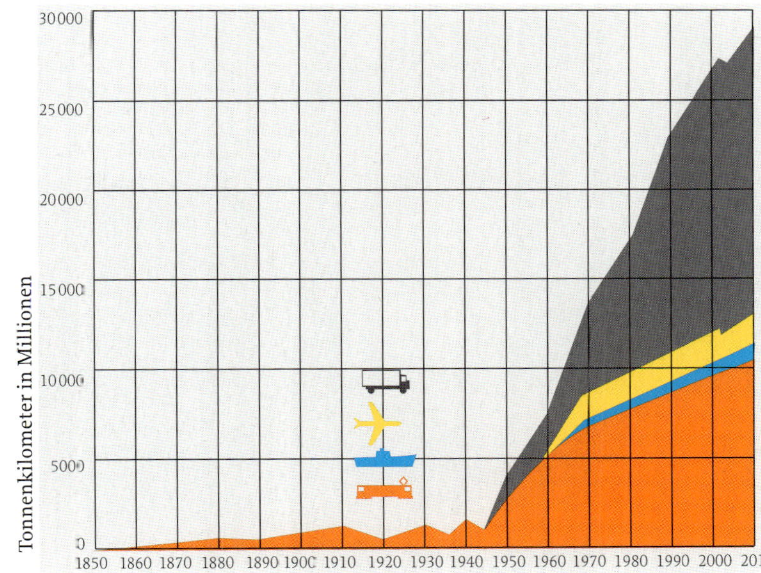

307 Beim Warentransport war die Steigerung bis 2010 mit dem Faktor 25 noch grösser als beim Personenverkehr. Dabei hat die Bahn die Hälfte ihres Tonnenkilometeranteils zugunsten der Strasse verloren. **Verlag hier + jetzt 2010**

Das Transportwesen und die Kommunikationsnetze sind in der klassischen Ökonomie ein unabdingbarer Bereich der produktiven Wirtschaft. Der schweizerische Bundesstaat unterschied diese Tätigkeiten bis in die 1950er-Jahre von der gewerblichen und industriellen Produktion und grenzte diese Bereiche vom Handels-, Banken-, Versicherungs-, Bildungs- und Gesundheitswesen ab.[2] *Seither hat sich das volkswirtschaftliche Drei-Sektoren-Erklärungsmodell von Jean Fourastié durchgesetzt, das den Verkehr, den Handel und die reproduktiven Tätigkeiten dem Dienstleistungssektor zuteilt, was genaue Vergleiche erschwert.*[3] *Insgesamt kann aber zwischen 1950 und 2010 von einer Verdoppelung des prozentualen Anteils der Arbeitsplätze in den Bereichen Verkehr und Kommunikation ausgegangen werden, während sich dieser Anteil für die materielle Produktion halbiert hat. Abgesehen vom nicht bezifferten individuellen Einsatz für sein eigenes Automobil bedeuten die wachsenden Verkehrsleistungen, dass in den vergangenen 60 Jahren unverhältnismässig mehr Zeit und Mittel für die Mobilität aufgewendet wurden. Wie beim vermehrten Import von Industriegütern und beim erhöhten Konsum von Energie scheinen auch die Kommunikation und die Mobilität zugunsten der Konsumenten zu wachsen. Dabei ist die kollektive Versorgung entweder verteuert oder dann stärker subventioniert worden. Gleichzeitig haben sich die individuelle Mobilität und die telekommunikative Konsumzeit massiv erhöht. Beim Güterverkehr fand, trotz Produktivitätssteigerung und dem ökologischen Motto «für Güter die Bahn», eine starke Verlagerung von der Schiene auf die Strasse statt. In diesem Kapitel zum «verkehrten Verkehr» zeigt die vorläufige Bestandesaufnahme, dass auch diese Entwicklung mit den Mitteln der Liberalisierung zugunsten von privaten Profitinteressen und zulasten der demokratischen Kontrolle und der Nachwelt geschieht.*

Schiffsverkehr – die früheste Mechanisierung im Transportwesen

Schiffe können von allen Transportmitteln mit geringstem Aufwand die grössten Passagier- und Gütermengen transportieren. Zudem beschränken sich die Anlagekosten in der Seeschifffahrt auf Hafen-

308 Der 1844 vollendete Hafen Romanshorn war bis zum Ersten Weltkrieg der wichtigste Warenumschlagplatz für den schweizerischen Export und Import.
Romanshorn, Foto H. B. 1994

und Werftbauten. Wie im Abschnitt über das Erdöl dargestellt, legen weltweit 90 Prozent der Güter ihre Tonnenkilometer auf dem Wasserweg zurück. Strassen, Pipelines, Eisenbahnen und Luftstrassen bewältigen distanzmässig lediglich rund 10 Prozent der weltweiten Gütermenge. Hingegen hat der Personenschiffverkehr stark an Bedeutung eingebüsst.

Vor 200 Jahren gab es zur Binnenschifffahrt keine günstige Alternative. England hatte 9500 Kilometer Kanäle und schiffbare Flüsse, noch bevor ein einziger Kilometer Schienenweg gebaut war. Ähnlich sah es in Frankreich aus. Für den Verkehr der Schweiz mit dem zu allen Zeiten grössten Handelspartner Deutschland war der Bodensee der wichtigste Weg. Verschiedene Umschlagplätze rangen um führende Stellungen: Lindau als bayrischer Hafen, Bregenz als österreichischer Hafen, Rorschach als St. Galler Hafen, Konstanz als badischer Hafen, und auch Schaffhausen war dank der problemlosen Schifffahrt auf dem Untersee und Hochrhein wichtig. Erst spät bauten die Württemberger und die Zürcher gemeinsam mit den Thurgauern Hafenanlagen: 1811 plante König Friedrich I. von Württemberg die nach ihm benannte Hafenstadt Friedrichshafen, 1830 bis 1844 wurde Romanshorn zur Hafenstadt. Sie sollte in den folgenden sieben Jahrzehnten alle anderen Warenumschlagplätze an den Schweizer Grenzen bezüglich Gütertonnagen überflügeln.[4] Man bedenke, dass der Rhein erst ab 1904 regelmässig bis Basel schiffbar wurde. Allerdings dauerte der Ausbau zur allzeit befahrbaren Wasserstrasse bis in die 1950er-Jahre. Damals wurde auch noch das Ziel verfolgt, den Hochrhein mit gewaltigen Schleusen beim Rheinfall bis zum Bodensee schiffbar zu machen.[5] Der schon im 17. Jahrhundert geplante Bau eines schweizerischen Kanals entlang der Juraketten hätte eine Schifffahrtsverbindung von der Nordsee ans Mittelmeer eröffnen sollen – er blieb unvollendet.[6]

Vom Transport- zum Ausflugsmittel

Aus einem Baumstamm gehauene Fischerboote und flachbödige Nauen beherrschten den Verkehr auf den Seen und Flüssen bis ins 19. Jahrhundert, angetrieben von menschlicher Muskelkraft mit Rudern. Segel waren auf den meisten Schweizer Seen nur ein Behelf – der Lac Léman bildete da eine Ausnahme.[7] 1823 kam auf Initiative des amerikanischen Konsuls Edward Church das erste Dampfschiff der Schweiz zum Einsatz: Es war die «Guillaume Tell» auf dem Genfersee. Bereits 16 Jahre zuvor hatte sich ein Dampfschiff im Linienverkehr in den USA bewährt. In den folgenden Jahrzehnten kamen auf allen grösseren Schweizer Seen Dampfschiffe in Betrieb.[8] Die ersten damals üblichen Glattdeckschiffe wiesen, abgesehen von den verschalten Schaufelrädern, keine Aufbauten auf – die Aufenthaltsräume befanden sich unter dem Deck, das für den Warenverkehr benötigt wurde.[9] Ab Mitte 19. Jahrhundert entwickelte sich der kombinierte Eisenbahn- und Schiffsgüterverkehr. Anfänglich und auf den kleineren Seen lud man die Güter am Ufer von den Bahnwagen auf die Schiffe um. Auf den grösseren Seen schob man Güterzüge tranchenweise auf die Trajektfähren. Die grösste bahneigene Binnenseeflotte ent-

stand auf dem Bodensee, sie wurde 1902 verstaatlicht. Über 100 Jahre lang, bis 1976, wurden Güterwagen über den Bodensee verfrachtet.

1996 privatisierten die Schweizerischen Bundesbahnen den ganzen Schiffsbetrieb mit den 56 Fahrgast- und Autofährschiffen und den Hafen- und Werftanlagen.[10] Eine gewisse Rolle spielt der Güterverkehr auf dem Wasser noch für den Transport von Baumaterialien mittels Nauen.[11] Der Gesamtbestand an schweizerischen Güterschiffen ist jedoch – inklusive Rheinschiffe – stark gesunken: 1990 meldete das Bundesamt für Statistik noch rund 500 Güterschiffe, 2008 deren 315.

Ab den 1870er-Jahren verlagerte sich das Schwergewicht der Binnenschifffahrt vom Gütertransport auf den Ausflugsverkehr. Halbsalondampfer und Salonschiffe lösten die Glattdeckschiffe ab, und die Maschinenfabriken Escher Wyss und Sulzer erlangten, wie im Schwerindustrie-Kapitel erwähnt, eine führende Stellung im Dampfschiffbau. Von den aktuell 160 im öffentlichen Betrieb kursierenden Passagierschiffen stammen 20 aus der «Belle Époque» und den «Golden Twenties» des schweizerischen Dampfschiffbaus.[12] Das Angebot an ruhigen Verkehrsleistungen auf dem Wasser wurde in den vergangenen zwei Jahrzehnten um 20 Prozent erhöht.[13]

Gütertor zur Welt: die Basler Rheinhäfen

Zu einem bedeutenden schweizerischen Tor für die globalen Güterströme haben sich die Basler Rheinhäfen entwickelt. Entscheidend für diese Entwicklung war das deutsch-französische Abkommen für den Ausbau des Rheins zur Schifffahrtsstrasse bis Basel. Zwar gab es seit 1832 eine Dampfschifffahrt, aber wegen der variierenden Pegelstände konnte

309 15 Schaufelraddampfer und drei Diesel-Radschiffe erinnern auf dem Bodensee, dem Zürich-, Genfer-, Thuner-, Brienzer- und Vierwaldstättersee an die schwimmende «Belle Époque». **Lausanne-Ouchy, Foto H. B. 1981**

310 1823 kam die «Guillaume Tell» als erstes schweizerisches Dampfschiff in Betrieb. Das Glattdeck diente dem Transport von Gütern und Personen, die sich bei Regen unter Deck aufhalten konnten. **Modell Erich Liechti, Wimmis 2009**

311 Beim Bau von Dampfschiffen und Schiffsmaschinen spielte die Schweiz eine international bedeutende Rolle. In den aktuellen Schiffswerften können grosse Schiffe überholt und kleinere gebaut werden. **Werft Luzern, Foto H. B. 2010**

diese nicht regelmässig erfolgen. 1868 erhielt die Schweiz einen völkerrechtlich garantierten Zugang zum Meer über den Rhein. Ein erster Ausbau des schwierigen Abschnitts zwischen Strassburg und Basel erfolgte bis 1904, dem Jahr, als mit dem massiven Ausbau der Basler Häfen begonnen wurde. Der Ausgang des Ersten Weltkrieges und die Rückgabe des Elsasses an Frankreich ermöglichten den Bau des linksrheinischen Seitenkanals von der Schweizer Grenze bis zum Canal d'Alsace. Der ganze, 120 Kilometer lange Kanal konnte jedoch mitsamt den Schleusen erst 1932 vollendet werden – acht Jahre danach eroberte Deutschland den ganzen Norden Frankreichs. Die Bombardierung der Schleusen von Kembs führte 1944 zur Einstellung des Schiffsverkehrs in Basel, da die Hafenbecken leerliefen.[14] Mit dem Bau von schlangenförmigen Seitenkanälen wurde die Rheinschifffahrt ab 1956 bis Basel weitgehend wetterunabhängig gemacht.[15]

In dieser Zeitspanne entstanden die vier Basler Häfen. Als ältester wurde 1911 der Rheinhafen St. Johann vollendet und 1935 für den Getreide- und Schüttgutumschlag bis zur Landesgrenze erweitert. Am gegenüberliegenden Rheinufer entstand in der Zwischenkriegszeit der Hafen Kleinhüningen. Wahrzeichen sind der begehbare Siloturm des Architekten Hans Bernoulli und die Skulptur am Dreiländereck – Ziel vieler Schulreisen. Nach dem Zweiten Weltkrieg ermöglichte der Bau der Schleusen Birsfelden und Augst ein erstes Teilstück der Hochrheinschifffahrt. Es entstanden zwei neue Hafenareale, die zu grossen Teilen den Tanklagern der Erdölindustrie und dem Güterumschlag der Chemie dienen. Die Hafenareale erreichten 2002 eine Fläche von 1,3 Quadratkilometern, die Gleisanlagen 100 Kilometer Länge. Umgeschlagen wurden jährlich 8,2 Millionen Tonnen Güter. Dann setzte auch für die Basler Rheinhäfen die Liberalisierung ein. Sie wurden aus den kantonalen Verwaltungen ausgegliedert und so dem direkten politischen Einfluss entzogen. Die Arealnutzung und die Wertschöpfung werden seither optimiert. Unter anderem mit dem Abbruch des Hafens St. Johann zugunsten des im Chemie-Kapitel vorgestellten Novartis-Campus.

Schifffahrtsgesellschaft Vierwaldstättersee mit fünf Dampfschiffen, www.lakelucerne.ch

Compagnie Générale de Navigation sur le lac Léman mit fünf Dampfschiffen, www.cgn.ch

Verkehrsdrehscheibe Schweiz – Schweizerisches Schifffahrtsmuseum Basel, Westquaistrasse 2, 4057 Basel, www.verkehrsdrehscheibe.ch

312 Der erste grosse Basler Rheinhafen wurde 1911 vollendet und 100 Jahre später für den Novartis-Campus abgebrochen. **Basel-St. Johann, Foto H. B. 1992**
313 Kleinhüningen entwickelte sich in der Zwischenkriegszeit vom Fischerdorf zum grössten Hafen der Schweiz. Das Silogebäude im Hintergrund wurde 1926 nach einem Entwurf des bekannten Architekten Hans Bernoulli gebaut. **Basel, Foto H. B. 1989**
314 Die Rheinhäfen Birsfelden und Au bei Muttenz entwickelten sich ab 1937 zu einer kilometerlangen Uferfront mit dahinterliegenden grossen Lager- und Industriearealen. **Au bei Muttenz BL, Foto H. B. 1998**

Schienen wälzten die Machtverhältnisse um

Unter dem Ancien Régime, das 1798 gestürzt wurde, sahen die Machtverhältnisse zwischen den Wirtschaftszentren in der Schweiz ganz anders aus als 100 Jahre später. Genf war die grösste Stadt und stiess als selbständiger Stadtstaat erst 1815 zur Eidgenossenschaft. Bern besass das grösste Territorium und war die führende Stadt der alten Eidgenossenschaft. Zwischen 1850 und 1870 wurde Basel wichtiger als Genf. An vierter Stelle der einwohnerreichsten Gemeinden folgte bis 1893 Lausanne. Zürich musste sich bis Ende 19. Jahrhundert mit dem fünften Rang begnügen, gefolgt von La Chaux-de-Fonds, St. Gallen und Luzern. Winterthur lag bezüglich Einwohnerzahl weit hinten. Die seither gültige Rangliste ist eine Folge des Eisenbahnbaus und der Industrialisierung: Zürich, Basel, Genf, Bern, Lausanne, Winterthur.[16]

Die neue Rangordnung beruht auf geschickt und brutal ausgefochtenen Machtkämpfen. 1815 hatte der Wiener Kongress in der Schweiz das Alte Regime wieder etabliert. Doch die Unzufriedenheit mit der überkommenen Regierungsweise führte 1830 in mehreren Kantonen zum erneuten Umsturz, angestossen durch die Pariser Julirevolution. In Zürich kamen die Liberalen an die Macht, richteten 1831 die obligatorische Schulpflicht und 1833 die Universität ein. Die Bauverbote ausserhalb der Stadtmauern und Dorfzäune galten definitiv nicht mehr, ebenso die Einschränkungen für die Wohnsitznahme und das Gewerbetreiben. Die erleichterte Migration half dem industriellen Aufschwung. Die Enteignung der Kirchengüter und die Abgeltung der Zehnten durch die nun anders verschuldeten Bauern brachten riesige Vermögen in die Staatskasse. Mit diesen Mitteln förderte die Zürcher Handelskammer ihre Interessen. Sie verlangte am 11. März 1836 vom Regierungsrat zuallererst Investitionen in «eine der wichtigsten Erfindungen der neueren Zeit – in die Eisenbahn». Die Planung wurde sofort mit grossen Krediten in Angriff genommen. Die kaufmännischen Strategen forderten den Bau einer ersten Bahn von Frankreich her über Basel nach Zürich und eine «Zürich-Bodenseebahn» für den Handelsumschlag mit Deutschland. Zürich sah sich so im Zentrum der grossen Verkehrsströme aus England. Die Handelskammer schöpfte für die Vorbereitungen mit der grossen Kelle aus dem reich geäufneten Staatsfonds, überliess aber den Bahnbau privaten Aktiengesellschaften, denen grosse Gewinne winkten. Für den Privatbahnbau trat der Studentenführer der liberalen Zürcher Zofingia und Agitator der «akademischen Mittwochsgesellschaft» auf die wirtschaftliche Bühne: Alfred Escher, 29-jährig. Er engagierte sich für den Sturz der konservativen Zürcher Regierung und die «Vernichtung der ultramontanen katholischen Sonderbündler». Aufgewachsen in der 1826 bis 1831 erbauten Villa Belvoir, inmitten von Goldgeschirr, aristokratischem Zeremoniell und Privatlehrern, führte Alfred Escher seinen Familienzweig zum abschliessenden Höhepunkt – sein Erbe betrug, auf heutige Warenwerte umgerechnet, mehrere Milliarden Franken. 1849 wurde er liberaler Nachfolger des radikalen Nationalratspräsidenten Steiger und in Zürich Bürgermeister, was dem heutigen Regierungsratspräsidenten entspricht.[17] Er gründete die Industrieschule und trat kämpferisch für ein vereinheitlichtes Zoll-, Münz-, Post-, Telegrafen- und Eisenbahnwesen ein – zugunsten von Zürich. Als Jurist erarbeitete er sich in jedem Gebiet redegewandte Kompetenz, «wenn es ihm notwendig erschien, Macht zu gewinnen», wie ihn Felix Moeschlin im Monumentalwerk «Wir durchbohren den Gotthard» charakterisiert.[18] Als Gründer der Schweizerischen Nordostbahn und der heutigen Credit Suisse und als massgeblicher Förderer der Gotthardbahn erhielt Alfred Escher zu Recht die Bezeichnung «Eisenbahnkönig». Kein Financier hat bisher in der Schweiz die Machtfülle von Alfred Escher erreicht.

Gotthardtunnelschau, Verkehrshaus der Schweiz, Lidostrasse 5, 6006 Luzern, www.verkehrshaus.ch

315 Der Eisenbahnbau diente um 1850 als wichtigstes Mittel zur Förderung der Zentrumsfunktion. Im Gerangel um die Vormachtstellung in der Schweiz überflügelte Zürich die Städte Genf, Basel, Bern und Lausanne. **Nordostbahn-Spinne 1865, Karikatur Punch**

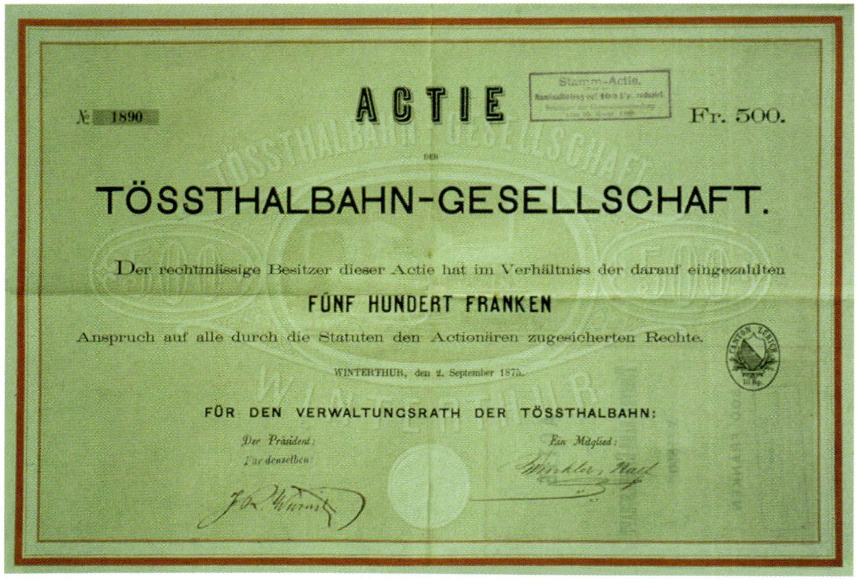
№ 1890

ACTIE

Stamm-Actie.

Fr. 500.

der

TÖSSTHALBAHN-GESELLSCHAFT.

Der rechtmässige Besitzer dieser Actie hat im Verhältniss der darauf eingezahlten

FÜNF HUNDERT FRANKEN

Anspruch auf alle durch die Statuten den Actionären zugesicherten Rechte.

WINTERTHUR, den 2. September 1875.

FÜR DEN VERWALTUNGSRATH DER TÖSSTHALBAHN:

Der Präsident:
Für denselben:

Ein Mitglied:

Bahnbau mit Shareholder Value

Zur Triebfeder für den Bahnbau wurden Kurssteigerungen von Aktien und Obligationen. Privatbankiers warben für Einlagen mit visionären zweistelligen Prozentrenditen und vergaben diese als Kredite an Dritte, gegen Einsitznahme in die Machtgremien der Kreditnehmer. Dieses 150 Jahre später noch einmal zur höchsten Spekulationsblüte gebrachte Raider-Konzept diente der Finanzierung der ersten Bahnbauten. Es wurden Aktien und Obligationen bewusst unter dem Nennwert und voraussichtlichen Kurswert angepriesen, zum Beispiel zu 50 Prozent. So verwandeln sich 100 einbezahlte Millionen in 200 Millionen. Der Gründergewinn kam nicht dem Bahnbau zugute, sondern der Machtsteigerung der jeweiligen Hauptaktionäre. Mittels Vorzugs- und Stammaktien hebelten sie die Kleinaktionäre aus. Über ihre politische Einflussnahme sorgten sie für Steuerbefreiung und staatliche Subventionen, die ihre Gewinne garantierten.[19] Dabei bildeten sich in der Schweiz mehrere Fraktionen. Neben Zürich rivalisierte vor allem Basel mit der Centralbahn nach Luzern und Bern um Zentralität. Basel wollte im soeben institutionalisierten Bundesparlament den Staatsbahnbau durchsetzen, doch Alfred Escher verhalf 1852 schliesslich der Gesetzesvorlage für den Privatbahnbau zum Durchbruch. St. Gallen suchte sich Kapital im Ausland, um ein Netz von der Hauptstadt an den Bodensee und durch das Rheintal nach Chur Richtung Ostalpenpässe aufzubauen.

316 Lokale, regionale und internationale Spekulationen mit Aktien forcierten den Bahnbau in der Schweiz bis zum Zusammenbruch der Kurse, was 1877 eine zehnjährige Krise auslöste. **Aktie Tössthalbahn 1875, Sammlung SIK**

317 Basel forderte anstelle des Privatbahnbaus den Staatsbahnbau und liess mit 3000 Arbeitern die Hauensteinbahn erstellen. 1857 kamen bei der Tunnelbaukatastrophe 57 Arbeiter ums Leben. **Gedenkkreuz Olten-Trimbach, Foto H. B. 1982**

Auch wenn die Aussicht auf Gründergewinne und hohe Rendite gross war, so wuchs die Möglichkeit, immer mehr Aktien auszugeben, nicht ins Unermessliche. So klopften denn sowohl die Zürcher als auch die St. Galler an die Türen des damals grössten Eisenbahn-Investors, des Bankhauses Rothschild. Fünf Söhne des Bankengründers betrieben das Stammhaus in Frankfurt und Filialen in Wien, London, Neapel und Paris, die Diamantenminen de Beer und – bis heute – die Weingüter Moutor und Lafitte. Zum Rothschild-Imperium gehörten die Eisenbahngesellschaften «du Nord», «Paris-Orléans-Méditerranée», «Lyon-Genf», grosse Anteile an den österreichischen und oberitalienischen Eisenbahnen, und selbst in Sizilien, Spanien und Russland beteiligten sich die Gebrüder Rothschild massgeblich am Eisenbahnbau. Fehlte nur die Verbindung im Zentrum Europas. Noch vor den St. Gallern trat Alfred Escher in Verbindung mit den Rothschild und bot ihnen mit der Nordostbahn-Beteiligung nichts weniger als «das beste unserer schweizerischen Geschäfte» an. Die Rothschild stiegen gemeinsam mit dem Genfer Bankhaus Bartolony ein, verlangten zwei Fünftel der Verwaltungsratssitze in der Nordostbahn NOB und die Fusion mit den anderen geplanten schweizerischen Eisenbahnen zu einem Konzern mit dem Namen Vereinigte Schweizerbahnen VSB. Zudem wurde die Emission weiterer Aktien von der Zustimmung der Rothschild abhängig gemacht. Daran hielt sich Alfred Escher nicht und vermachte weitere Aktienpakete dem Feind der Rothschild: Isaak Péreire. Der ehemalige Makler bei Rothschild hatte 1852 ein eigenes boomendes Bankgeschäft eröffnet. 1853 gründete er mit Oppenheim die Darmstädter Bank, kontrollierte die Eisenbahngesellschaften «du Midi», «de l'Ouest», «de l'Est», Paris-Lyon, Grand Central und Schifffahrtsgesellschaften. Péreires «Crédit mobilier» machte der NOB ein Angebot mit weniger Bedingungen bezüglich Einflussnahme als die Rothschild. So kam es denn zum Prozess der Rothschild gegen die Nordostbahn.[20] Escher stellte sich dem Problem, indem er zur Finanzierung seiner Eisenbahnpläne eine eigene Kreditbank aufbaute. An der Gründung der Schweizerischen Kreditanstalt beteiligte sich 1856 die Allgemeine deutsche Kreditanstalt in Leipzig mit 50 Prozent. Sie erhielt zwei von 15 Verwaltungssitzen. Die Aussicht auf riesige Gründergewinne, wie sie durch Péreires Kreditanstalt bekannt geworden waren, lockte fast alles verfügbare Kapital in der Schweiz zusammen. Statt 3 Millionen Franken wurden für die Gründung der heute zweitgrössten Schweizer Bank Credit Suisse 218 Millionen gezeichnet. Dank dieser 72-fachen Überzeichnung wurden die Bauarbeiten an der Bodenseebahn forciert.

Durch einen ersten schweizerischen Bahnkonkurs kam die NOB zu einer Linie, die bisher nicht in ihrer strategischen Ausrichtung lag: Noch vor der Vollendung der Berner Ost-West-Bahn über Luzern und Zug bis Affoltern nach Zürich ging das Unternehmen bankrott, und die NOB übernahm die Strecke nach Zug. Mittelfristig führte das zur Aufgabe des Ostalpenbahn-Projektes und zur Forcierung des Gotthardbahnbaus durch Alfred Escher. Die nie vollendete Ostalpenbahn aber blieb eine Hypothek der St. Galler, die in ihrer Abhängigkeit von den Gebrüdern Rothschild 1857 die St. Gallerbahn mit der Rheintalbahn und der Glattalbahn zu den oben erwähnten VSB fusionierten. Die St. Galler konnten zwar kurz nach den Zürchern ihre Magistrale, die Hauptverkehrslinie von Winterthur an den Bodensee, eröffnen. Aber ihnen fehlte lange Zeit die internationale Transitachse, die schliesslich mit dem Bau der Arlbergbahn eine andere als die ursprünglich vorgesehene Richtung einnahm.[21]

Lokremise Uster, Vereinigte Schweizerbahnen VSB 1856,
www.lok-remise.ch, geöffnet auf Anmeldung

Lokdepot, VSB 1859/NOB 1895, Lindstrasse 35,
8400 Winterthur, www.inbahn-ausfluege.ch,
geöffnet auf Anmeldung

Privatbahnen früher und heute

Der 1852 geschaffene bahnpolitische Rahmen führte im Schienenverkehr zur Konzentration von Privatgesellschaften in fünf regionalen Monopolen. Die in Basel domizilierte Schweizerische Centralbahn SCB erschloss von Frankreich her über den Hauenstein den Jurafuss, die Zentralschweiz und Bern. Das Streckennetz betrug inklusive der Beteiligung an der Aargauischen Südbahn 390 Kilometer. Die Vereinigten Schweizerbahnen VSB besassen ein Regionalnetz vom Rheintal rund um die Voralpen bis ins Zürcher Oberland. Das Netz war inklusive Toggenburgbahn knapp 300 Kilometer lang. Die Westschweizer Bahnen schlossen sich nach dem Misslingen der Berner Staatsbahnprojekte erst spät zusammen: 1890 entstand der Jura-Simplon-Konzern JS. Das Streckennetz von 937 Kilometern schloss auch die Brünigbahn ein. Der JS bezweckte als junger Bahnkonzern die Realisierung des Simplontunnels. 1895 gelang der Abschluss des Staatsvertrags mit Italien, 1898 begannen die Bauarbeiten für den damals längsten Tunnel der Welt. Dieser im 19. Jahrhundert am seriösesten vorbereitete grosse schweizerische Alpendurchstich wurde 1906 von den Schweizerischen Bundesbahnen vollendet.[22]

Die Zürcher Nordostbahn NOB beherrschte vom Rhein und Bodensee her den für die Schweiz wich-

318 Der spätere «Eisenbahnkönig» Alfred Escher setzte sich gesamtschweizerisch für den Bau von Privatbahnen ein. Er fusionierte die «Spanisch-Brötli-Bahn» mit der Rheinfall- und der Bodenseebahn zur Nordostbahn NOB. **Dampflok 1847 und Landilok 1939, Luzern, Foto H. B. 1997**

tigsten Verkehr mit Deutschland über Zürich ins Mittelland, nach Luzern und Glarus. In Konkurrenz vor allem zur NOB entstand das Projekt für eine Schweizerische Nationalbahn SNB vom Bodensee zum Genfersee. Sie hätte mit öffentlichen Geldern die bestehenden Monopole der Privatbahnen brechen sollen. Die soeben an die Macht gekommenen Winterthurer Demokraten wollten mit diesem Bahnbau auch die Vorherrschaft des Zürcher Freisinns brechen. Die Ostsektion der Nationalbahngesellschaft führte von den deutschen Städten Konstanz und Singen nach Winterthur. Neben dem Rheinviadukt bei Hemishofen erstellte die SNB die zweitlängste eiserne Brücke der Schweiz bei Ossingen und präsentierte sie 1876 stolz an der Weltausstellung in Philadelphia.

Die Westsektion hätte über Zürich in die Westschweiz führen sollen. Schon im Gründerjahr ersuchte die SNB die Bundesversammlung um den Bau eines Kopfbahnhofs in Zürich. Die bestehenden Bahnkonzerne reagierten, indem sie Linien mit alten Prioritätsrechten konzessionieren liessen, um der SNB den Weg abzuschneiden. Nachdem die Strecke bis Zofingen auf 157 Kilometer verlängert worden war, hatten laufende Projektänderungen und sehr schlechte Betriebsergebnisse zu mangelnder Zahlungsfähigkeit geführt.[23] Aber auch die auf kurzsichtige Gewinnmaximierung ausgerichteten Privatbahnkonzerne höhlten bis zu jenem Zeitpunkt ihre Substanz aus. Die Nordostbahn hatte zur Steigerung ihres Shareholder Value Mittel aus dem Baubudget für defizitäre Betriebsbereiche abgezweigt, den Unterhalt vernachlässigt und ihre Direktoren und Verwaltungsräte fürstlich entschädigt. Als 1877 die Spekulation in sich zusammenbrach, sank der Kurs der Nordostbahn-Aktie von 670 Franken im Jahr 1871 auf 53 Franken im Jahr 1879. Nicht überleben konnte die SNB, über die am 20. Februar 1878 die Zwangsliquidation verfügt wurde. Die NOB übernahm die Konkursmasse zu 12,4 Prozent der Bau- und Betriebsmittelkosten, was zusätzlich zur allgemein herrschenden Krise in den beteiligten Gemeinden die Not noch verschärfte. Die NOB verfügte schliesslich – inklusive Bözbergbahn-Beteiligung – über ein Netz von 771 Kilometern.

Unter Alfred Escher gelang in der grossen Krisenzeit 1877 bis 1882 die Vollendung der Gotthardbahn GB. Der private, stark von Deutschland finanzierte Gotthardbahn-Konzern baute ein Netz von 273 Kilometern Länge auf. Bauverteuerungen und Verzögerungen führten das Unternehmen ab 1875 in die Krise, die durch den Wertzusammenbruch des Schweizer Bahnkapitals verschärft wurde. Die Rampenstrecken mussten steiler und mit engeren Kurven und nur einspurig umprojektiert werden. Statt einer Trassierung wie am Anfang des Eisenbahnzeitalters mit maximalen Steigungen von 5 Promille und Radien von mindestens 457 Metern erhielt die Gotthardlinie Steigungen von bis zu 28 Promille und Radien von 300 Metern. Das Zürcher Stimmvolk lehnte 1878 eine Nachsubvention ab, was Alfred Escher zum Rücktritt als Direktionspräsident zwang. Nicht zurücktreten musste Louis Favre, der in der Ausschreibungskonkurrenz einen zeitlich nicht erfüllbaren Vertrag mit Konventionalstrafen für Bauverzögerungen unterschieben hatte. Der Rückstand konnte auch durch Einsatz neuester

Sprengtechnik mittels Dynamit und durch Verschlechterung der Arbeitsbedingungen – der Bau der Gotthardlinie forderte 307 Menschenleben – nicht wettgemacht werden. Endlich wurde zwischen Januar und Dezember 1882 der durchgehende Verkehr auf der Gotthardlinie doch noch aufgenommen. Die Gotthardbahn entwickelte sich zur modernsten Privatbahn der Schweiz, die vierachsige Salonwagen und grosse Dampflokomotiven mit automatischen Bremsen einsetzte.[24]

Die Verstaatlichung dieser fünf grossen Bahnkonzerne bildet das Thema des übernächsten Abschnitts. Die ab 1902 nicht in den Schweizerischen Bundesbahnen SBB zusammengeschlossenen Bahnen gelten als Privatbahnen. Zusätzlich hat innerhalb der SBB durch die Schuldenabwälzung vom Bund auf die Kantone wieder eine Regionalisierung stattgefunden, was zum Entstehen kombinierter Bus-, Tram- und S-Bahn-Unternehmen geführt hat, an denen die SBB beteiligt sind.

Die Vollendung des Simplontunnels löste den letzten schweizerischen Bauboom für Privatbahnen aus. Neben Zubringerbahnen durch den Weissenstein und den Grenchenberg, von Neuenburg und Burgdorf, über die Furka und durch das Centovalli entstand die Berner Alpenbahn. Die Bern-Lötschberg-Simplon-Bahn BLS erlangte 1891 Konzessionsreife und wurde 1906 als Aktiengesellschaft mit Kantonssubventionen und französischer Bankenbeteiligung konstituiert. 1913 war die 113 Kilometer lange Lötschberg-Bahn vollendet. Die BLS wurde

319 Escher förderte mit internationalen Verträgen und Finanzierungen den Bau der Gotthardbahn. Machtkämpfe, Verteuerungen und Verzögerungen führten dazu, dass er vor der 1882 erfolgten Bauvollendung als Direktionspräsident zurücktreten musste. **Amsteg mit Gotthardbahn-Kraftwerk, Foto H. B. 2007**

320 Erst nach dem Beschluss, die Privatbahnkonzerne zu verstaatlichen, entstand die heute grösste schweizerische Privatbahn, die BLS. Die von Anfang an durchgehend elektrifizierte Berner Alpenbahn ist seit 1913 in Betrieb. **Bietschtalviadukt, Foto H. B. 1967**

1902 nicht nationalisiert und gilt heute als grösste Privatbahn der Schweiz. Da anfänglich nur der Scheiteltunnel doppelspurig war, entwickelte sich die Bergstrecke zu einem einspurigen Nadelöhr im Nord-Süd-Verkehr. Die Vollendung auf Doppelspur in den Jahren 1964 bis 1992 bedingte Erweiterungen und Neubauten von Brücken und Tunnels. Mit Einbezug der Berner Dekretsbahnen betrieb die BLS ein Netz von 248 Kilometern. 2006 kamen die Mittelland-Bahnen zur neu gebildeten BLS AG hinzu. Aktuell betreibt die BLS mit 2400 Beschäftigten ein Netz vom Mittelland bis ins Wallis. Seit Ende 2007 ist der Lötschberg-Basistunnel in Betrieb, die Bergstrecke wird aber weiterhin rege gebraucht: einerseits für den Autoverlad Kandersteg-Goppenstein, dann für den Regionalverkehr und schliesslich auch für leichtere Güterzüge, für Umleitungen und Dienstfahrten.[25]

Die zweitgrösste Privatbahn der Schweiz ist die Rhätische Bahn. Das meterspurige Bahnnetz Graubündens geht auf die zielstrebige Initiative des Niederländers Willem Jan Holsboer (1834–1898) zurück. Holsboer lebte in Davos und wollte den aufstrebenden Weltkurort durch die Eisenbahn erschliessen. 1889 erreichte die Meterspurbahn, in Landquart vom Normalspurnetz abzweigend, Klosters und 1890 Davos. Gleichzeitig entstand das Projekt für einen Bahnbau zu den Touristenorten im Engadin. Doch für dessen Realisierung musste der Staat mithelfen, der nach einer Volksabstimmung die Rhätische Bahn RhB aufzubauen begann. In dieser Zeit entstand in Etappen ein 276 Kilometer langes Meterspurnetz, das 1903 Ilanz erreichte und zwischen 1908 und 1913 durch den Albulatunnel das Engadin bis St. Moritz und Scuol erschloss. Die Normalien für die RhB sahen maximale Steigungen von 35 Promille vor. Die Talbahn im Engadin war von Anfang an elektrisch betrieben, und zwar im Pioniersystem von Einphasenwechselstrom mit 11 000 Volt und 16 2/3 Hz. Unabhängig von der RhB entstanden in Graubünden meterspurige Bahnen: über die Bernina, nach Arosa, im Italienisch sprechenden Kantonsteil von Mesocco nach Bellinzona und die Fortsetzung der Vorderrheinbahn ab Ilanz Richtung Oberalp-Furka nach Brig. Ein Zusammenschluss dieser Bahnen nach Italien, Österreich und ins Tessin war geplant. Aber der Erste Weltkrieg führte zur Einstellung der Arbeiten. Nur die Oberalpbahn wurde 1926 noch vollendet. Damals gab es in Graubünden 415 Streckenkilometer Meterspurbahnen, die eine Fortsetzung bis Zermatt im Wallis fanden. Die nun als Unesco Welterbe anerkannte Strecke zwischen dem bündnerischen Thusis und dem italienischen Tirano weist einige der weltweit grossartigsten Trassee-Entwicklungen auf. Erwähnt seien die Felsspornduchstiche und Hangbauten in der Albulaschlucht bei Alvaschein, die Solisbrücke, der Landwasserviadukt, die Kehr- und Spiraltunnel zwischen Filisur und Preda, der Albulatunnel, die Bernina-Nordrampe bis zum Lago Bianco, die für eine Bahn einzigartig enge, offene Serpentinenentwicklung zwischen Alp Grüm und Poschiavo und der offene Spiralviadukt bei Brusio.[26]

Bahnwanderweg Lötschberg Südrampe, www.bahnwanderweg.ch

Bahnlehrpfad Bergün-Filisur, Unesco Welterbe, www.berguen-filisur.ch

Dampfbahn Furka-Bergstrecke Realp-Gletsch, www.dfb.ch

Dampfbahn-Verein Zürcher Oberland Bauma-Hinwil, www.dvzo.ch

Blonay-Chamby, grösste Sammlung von Meterspurfahrzeugen, www.blonay-chamby.ch

321 Bis 1926 entstand in Graubünden ein 415 Kilometer langes Meterspurnetz. Die Strecke zwischen dem Hinterrheintal bei Thusis und Tirano in Italien ist seit 2008 als Unesco Welterbe anerkannt. **Landwasserviadukt, Foto H. B. 1981**

322 Das Gebiet der Schweiz weist neben Japan weltweit das dichteste und vielfältigste Bahnnetz auf. Zu den teilweise fusionierten ehemaligen 160 Privatbahnen gehören sensationelle Bergbahnen.
Brienz-Rothorn-Bahn, Foto H. B. 1990

Schweizer Weltmeistertitel dank Bahn 2000, Regional- und Nahverkehr

Nach 1920 gab es in der Schweiz über 160 Privatbahngesellschaften, eine Vielzahl von Seilbahnen war im Entstehen begriffen, und das Schienennetz erreichte inklusive Trambahnen eine Länge von rund 6000 Kilometern. Zahnradbahnen wie diejenige auf die Rigi oder auf das 3454 Meter hohe Jungfraujoch galten als Aushängeschilder des schweizerischen Tourismus.[27] Die Zahl der Seilbahnen hat sich seither auf 650 vermehrt, hingegen existiert rund die Hälfte der Privatbahnen nicht mehr. Die 1929 ausgebrochene Weltwirtschaftskrise setzte zusammen mit der Automobilisierung vor allem den Privatbahnen und den Tramstädten zu. Bis in die 1970er-Jahre verschwand rund ein Sechstel des Schienennetzes. Vertreter des öffentlichen Verkehrs forderten vom Bund mehr Privatbahnhilfe. In den 1980er-Jahren läuteten die Zürcher mit der Abstimmung für die S-Bahn und die eidgenössische Abstimmung für die Bahn 2000 eine Konsolidierung des Schienenverkehrsanteils ein. Im Unterschied zu den Nachbarländern sollten die Investitionen nicht in Hochgeschwindigkeits-Trassees, sondern in ein flächendeckendes Schienennetz fliessen. Das Ziel war es, mit dem Ausbau der Bahnknotenpunkte einen Taktfahrplan mit raschen Umsteigezeiten und Zügen im Halb-, Ganz- und Zweistundentakt anzubieten. Die gezielten Infrastrukturausbauten und neues Rollmaterial sollten in Tarifverbundsystemen auch den Privatbahnen nützen.

In den vergangenen zwei Jahrzehnten hat die Schiene 2 Prozent des Personenverkehrs zurückgewonnen.[28] In diesem Prozess hat sich der Charakter der öffentlichen Verkehrsunternehmen grundlegend gewandelt. Privatbahnen im Sinn integrierter Unternehmen, die mit einer eigenen Infrastruktur, eigenem Rollmaterial und Personal Gewinne erwirtschaften, gibt es kaum mehr. Das bedeutendste Beispiel dafür ist der Zürcher Verkehrsverbund ZVV. Diese unselbständige Anstalt des öffentlichen Rechts entstand 1990 auf die Eröffnung der S-Bahn Zürich hin.[29] Sie bildet heute eine Holding von 44 unabhängigen Unternehmen. Da der Bund für den unrentablen Regionalverkehr seit damals die Regionen in die Kostenpflicht nimmt, bilden sowohl die Schweizerischen Bundesbahnen wie auch die Schweizerische Post nur noch Teilpartner dieses Verkehrsverbundes. Weitere Partner sind ehemalige Privatbahnen, die städtischen und regionalen Tram- und Busbetriebe, die Bergbahnen und Schiffsbetriebe. Dem ZVV steht als oberste Instanz die Zürcher Volkswirtschaftsdirektion vor. Die Erfolgsgeschichte des ZVV begann mit der Eröffnung der neuen, normalspurigen S-Bahn. Bis 2003 zählte diese allein eine Frequenzzunahme von 89 Prozent. Schon bald kam es zu Konflikten zwischen dem ZVV und der Fernverkehrsplanung der SBB wegen der Trasseezuteilung. Schliesslich mussten 2 Milliarden Franken in die Entflechtung der Zürcher S-Bahn und des Fernverkehrs der SBB investiert werden. Allein die

im Bau befindliche Zürcher Durchmesserlinie ist ein Halbmilliardenprojekt. Diese Summe musste der Kanton zugunsten der SBB-Infrastuktur vorschiessen.[30] Im Bereich des meterspurigen Zürcher Tramnetzes kam es zu bedeutenden Ausbauten, vor allem mit der zum Flughafen und nach Stettbach führenden Glattalbahn. Für den ZVV arbeiten 3200 Personen, die SBB-Mitarbeiter nicht eingerechnet. Bedient wird mit einem Netz von 3500 Kilometern eine Bevölkerung von 1,3 Millionen.

Nach dem Beispiel des ZVV sind neue Bahnlinien und Tarifverbände in den Regionen Bern-Solothurn, Waadt (Metro) und Genf (neue Tramlinien) entstanden. In den Regionen Basel, Ost- und Zentralschweiz wurden bestehende Gleisanlagen für Verbundsysteme aufgewertet. Dank diesen Zusammenschlüssen konnte die Verlagerung des Personenverkehrs von der Schiene auf die Strasse quantitativ verlangsamt werden. Die Schweizerinnen und Schweizer sind heute neben den Einwohnern Japans die Weltmeister im Bahnfahren. Am Schluss der OECD-Liste steht die automobilste Nation: In den USA wird im Vergleich zur Schweiz 60-mal weniger Zug gefahren.

Tram-Museum Zürich, Forchstrasse 260, 8008 Zürich, www.tram-museum.ch

323 Die Konkurrenz durch das Auto hat zwischen 1928 und 1998 zur Stilllegung von rund 1000 Kilometern Bahnstrecken, vor allem von Strassenbahnen, geführt. Inzwischen sind viele Trambahnnetze wieder aufgebaut oder sogar neu angelegt worden. **Basel, Foto H. B. 1992**

324 Eine Trendwende zugunsten des Schienenverkehrs läutete 1990 die Eröffnung der Zürcher S-Bahn ein, die nach und nach zum leistungsfähigsten Verkehrsverbund der Schweiz erweitert wurde. **S-Bahn-Tunnel, Foto H. B. 1987**

325 Selbst Lausanne, das sich rühmte, durch die Stilllegung der Strassenbahnen auf die Landesausstellung 1964 hin autogerecht zu sein, setzt wieder auf den Schienenverkehr. **Métro Lausanne, Foto H. B. 2007**

326 Verkehrs- und Energielandschaft der Schweiz als Aushängeschild: Sitterbrücken, Albulabahn, Laufkraftwerk und Hochdruckkraftwerk, Alpenstrasse und Bergbahn. **Briefmarkensujets 1. August 1949, Zeichnung H. B. 2004**

was den Strassen- und Flugverkehr betrifft, indirekte Subventionen. Zum Beispiel bezahlen die SBB Mineralöl- und Mehrwertsteuern, während Fluggesellschaften davon ausgenommen sind. Schon bald vergessen sind die Steuergeld-Milliarden, die in die Infrastruktur der Flughäfen und in die Rettungsversuche für die Nachfolge der Swissair flossen. Den Autofahrer dünkt es, mehr als genug ans Nationalstrassennetz bezahlen zu müssen. Doch rund 10 Millionen Parkplätze und ihre Zufahrten in Heime, Freizeit- und Geschäftseinrichtungen fallen nicht in die Strassenverkehrsrechnung, weil sie baugesetzlich durch die Liegenschaftennutzer finanziert werden müssen, während die Bahn ihre Bahnhöfe, Abstellgleise und Weichen selbst baut und unterhält. Die im Rahmen von Verkehrsdebatten häufig angeführte Kostenwahrheit ist unter Beachtung aller Faktoren kaum zu ermitteln. Dies gilt insbesondere für die internen Belange der SBB, die seit ihrem Bestehen immer wieder grosse privatwirtschaftliche Geschäfte generierten.

Die gemeinwirtschaftlichen SBB 1902–1982

Die Geschichte der 1902 gegründeten Schweizerischen Bundesbahnen SBB lässt sich grob in die gemeinwirtschaftliche Phase während der ersten 80 Jahre und in die Deregulierungsphase der vergangenen knapp 30 Jahre einteilen. Zum Umbruch haben die Strassenkonkurrenz mit dem Höhepunkt der Krise von 1973 und das Scheitern einer Gesamtverkehrspolitik geführt. Kaum koordiniert erhalten seither alle Verkehrsträger entweder direkte oder,

Überzahlte Bundesbahngründung und elektrifizierende Industrieförderung

Ein Bahnbrückeneinsturz mit 71 Toten und 171 Verletzten bei Basel,[31] der Streik der Nordostbahnarbeiter in Zürich[32] und viele unhaltbare Zustände bei den Privatbahnen gaben in den 1890er-Jahren der Parole «die Schweizerbahnen dem Schweizer Volk» Auftrieb. Am 20. Februar 1898 beschlossen die Schweizer Männer in der bis dahin am besten besuchten Volksabstimmung die Verstaatlichung der fünf grossen Bahnkonzerne. Von Anfang an zentralisiert wurde das Rechnungswesen. Die alten Verwaltungssitze der Privatbahnen blieben unter der Generaldirektion erhalten. Sie wurden dem Verwal-

327 Ein Bahnbrückeneinsturz, weitere Unfälle, neue Maximalrenditen bei gedrückten Löhnen und schlechtem Service und der Nordostbahnstreik heizten die Stimmung gegen die «Privatbahnbarone» an. 1898 stimmte das Volk für die Gründung der SBB. **Spendenblatt für die Verunfallten 1891, Sammlung Verkehrshaus Luzern**

328 14 Jahre nach der Gründung der SBB beschloss der Bundesrat die Elektrifizierung vorerst der Gebirgsbahnen. In der «Kathedrale» der Werkstatt Bellinzona wurden 1920 Krokodil-Lokomotiven montiert. **Bellinzona, Zeichnung H. B. 2004**

tungsrat, dem Bundesrat und dem Parlament unterstellt. Viele Privatbahnbeamten fanden bei den SBB weiterhin ihr gutes Auskommen. Der übernommene Verwaltungsapparat erhielt bald den Spottnamen «Direktorenhypertrophie». Eine Verwaltungsreform reduzierte die Verwaltungsräte auf einen Viertel, die Generaldirektoren um die Hälfte. Die ehemalige Centralbahnverwaltung Basel wurde 1923 dem Gotthardbahnsitz Luzern angeschlossen, der Kreis der ehemaligen VSB in St. Gallen dem NOB-Kreis Zürich.

Der bauliche Zustand der Anlagen der verschiedenen Kreisdirektionen war, mit Ausnahme der GB und teilweise der JS, unterschiedlich schlecht, die Auszahlungen an die Aktionäre übertrafen den Voranschlag um 20 Prozent und überstiegen so den Realwert der Anlagen um einen Drittel.[33] Zusätzlich machten höhere Achslasten und längere Lokomotiven umfangreiche bauliche Massnahmen erforderlich. Kostspielig waren die von den Privatbahnen verschleppten Sanierungen von grossen Bahnhöfen und der Ausbau von Strecken auf Doppelspur. An bedeutenden neuen Linien vollendeten die SBB 1906 die erste Röhre des Simplontunnels und 1922 die zweite. Den mit einer Vielzahl von Kleinserien bestückten Rollmaterialpark ersetzten die SBB durch Einheitsbaureihen. Die Energienot im Ersten Weltkrieg bewog den Bundesrat 1916, wie bereits im Maschinen- und Elektro-Kapitel erwähnt, die Elektrifizierung der Schweizer Bahnen zu beschliessen. Schon vor dem Ersten Weltkrieg hatten die Elektrofirmen MFO und BBC je eine SBB-Linie auf eigenes Risiko elektrifiziert. Die SBB übernahmen vorerst die Drehstromelektrifizierung von der BBC bei der Simplonbahn, nicht hingegen das zukunftsträchtige Einphasen-Wechselstromsystem der MFO. Nach harten Auseinandersetzungen hinter den Kulissen gab der Bundesrat 1916 dem inzwischen in Nordeuropa verbreiteten MFO-System den Vorzug. Trotz Kriegsende und mangelnden Eigenmitteln wurde die Elektrifizierung mit dem Bau von bahneigenen Grosskraftwerken bei Piotta, Amsteg und Barberine mit Rekordleistungen, mit Fahrleitungs- und Lokbauten forciert, was zu einer hohen Verschuldung und zum weltweit einzigartigen Elektrifizierungsgrad von 99,5 Prozent führte.[34]

80 Jahre im Dienste der Gemeinwirtschaft

Die ersten 40 Betriebsjahre der Bundesbahnen waren gekennzeichnet von den Krisen nach 1910 und 1929, von den beiden Weltkriegen und von den kurzen Konjunkturzeiten der ausgehenden Belle Époque und der Golden Twenties. Die Bahninfra-

struktur wurde bis zur Weltwirtschaftskrise 1929 weiter ausgebaut, 1918 und 1922 kamen noch die Tösstal- und die Seetalbahn zu den SBB. In den Kriegen waren sowohl die Militärs als auch die Wirtschaft besonders auf die Bahnen angewiesen. Die wegen der versorgungsbedingten Verkehrseinschränkungen 1916 beschlossene Elektrifizierung sicherte das Transportwesen im Zweiten Weltkrieg. Allerdings stellten die SBB und die BLS den faschistischen Achsenmächten die Transitachsen über den Gotthard und den Lötschberg zur Verfügung. Die Alliierten schätzten, dass gegen die Hälfte der Kohlentransporte von Deutschland nach Italien durch die Schweiz erfolgte, 1940 zum Beispiel monatlich 200 000 Tonnen. Der englische Premierminister Churchill liess Pläne zur gewaltsamen Unterbrechung dieser Nachschublinien ausarbeiten. Schliesslich blieb es bei gezielten oder bis heute als zufällig eingestuften Bombardierungen von Rangierbahnhof-Anlagen in Basel und von Bahnbrücken in Zürich und am Rhein.[35] Insgesamt erhöhte sich das Ansehen der Eisenbahn als Landesretterin. Schon vor Ende des Krieges – 1944 – wurde das Bundesgesetz für eine einmalige Entschuldung der SBB erlassen. Gleichzeitig aber wollte die Bundesversammlung eine neue Verschuldung verhindern: durch ihre Kontrolle der SBB und durch das Einfrieren des als modern und auf 2 Milliarden Franken eingeschätzten Anlagebestandes.[36] Das Ziel war eine Deckung der Gesamtkosten durch die Transporteinnahmen. Eine kommerzielle Konferenz der Verkehrsinteressenten wirkte bei der Tarifgestaltung mit. Es entwickelte sich ein komplexes System von Quersubventionen zwischen Investitionen in die Infrastruktur und das Rollmaterial, zwischen Fern- und Nahverkehr, zwischen Stückgüter-, Wagenladungs- und Ganzzugsverkehr. In den 1960er-Jahren schwanden angesichts der wachsenden Strassenkonkurrenz bei den Bahnen die Überschüsse aus den profitablen Verkehrsangeboten. 1970 schrieben die SBB rote Zahlen, und der Bund beschloss 1971 eine jährliche Abgeltung von 100 Millionen Franken zugunsten der SBB für gemeinwirtschaftliche Leistungen. Diese Abgeltungen verdoppelten sich mit dem Einbruch des Verkehrsaufkommens in der Wirtschaftskrise nach 1973. Als grösste Verlustquellen wurden der Stückgüter- und der Regionalverkehr ausgemacht. Der sozialdemokratische Bundesrat Willi Ritschard wollte bei den SBB weder Investitionen kürzen noch Arbeitsplätze abbauen.[37] Für ihn und seine Experten waren die Spiesse in der Konkurrenz zwischen dem Schienen- und dem Strassenverkehr nicht gleich lang, was er über eine Verfassungsänderung für ein Gesamtverkehrskonzept GVK ausgleichen wollte: Die Verkehrsentwicklung sollte bezüglich Landschaftsentwicklung, Energiewirtschaft, Umweltschutz und Landesverteidigung ausgewogen sein.[38] Zudem wuchs die Erkenntnis, dass die Eisenbahn im Nahverkehr unabdingbar sei und dass sie – nach der Vollendung der Nationalstrassen über den San Bernardino und durch den Gotthard – im alpenquerenden Güterverkehr die Strassen entlasten müsse.

SBB Historic: Archive und Fahrzeuge an verschiedenen Orten, www.sbbhistoric.ch

329 Die jungen SBB mussten vorerst die überalterten Anlagen und das Rollmaterial erneuern. Die Roten Pfeile setzten mit ihrer selbsttragenden Schweisskonstruktion neue Komfortmassstäbe: Blick aus dem Fahrgastraum auf die Strecke. Foto MFO/SLM 1935

Wie die Schweiz immer automobiler wurde

Bis 1925 war in Graubünden das Autofahren verboten. Damit schützten sich die Pferdefuhrhalter vor der motorisierten und auswärtigen Konkurrenz. Bis zur Vollendung der Gotthardbahn im Jahr 1882 nahmen die Bündner Pässe im Verkehr zwischen Süddeutschland und Italien stets eine Schlüsselrolle ein, und in einer ersten Kampfphase behielt Graubünden diese Standortgunst dank den rivalisierenden Nachbarstaaten. Im Unterschied zu Wegen und Saumpfaden durften Fahrstrassen Gefälle von 5 Prozent nicht übersteigen, und Fuhrwerke von 2,2 Metern Breite mussten sich kreuzen können. Zwar pflegten die Berner im 18. Jahrhundert ein Poststrassennetz im Mittelland, das mit den wenigen befestigten Strassen zum Rhein und an den Bodensee ausstrahlte.[39] Die in Fronarbeit unterhaltenen alten Poststrassen waren im Frühjahr oft morastig, im Sommer höckrig, im Herbst löchrig und im Winter eisig. Eine erste gut unterhaltene, internationale Fahrstrasse über die Alpen entstand 1805 für die Kriegszüge Napoleons. Die wichtigsten neuen Fahrstrassen führten über den San Bernardino und den Splügen durch Graubünden. Hier absolvierte der später bedeutende Tiefbauingenieur Richard La Nicca seine Lehrjahre und wurde 1823 Oberingenieur unter Carlo Donegani. Donegani entwarf später die Stilfserjochstrasse – noch für die Donaumonarchie, welche von Ungarn bis zur Lombardei reichte.[40] Zwischen 1856 und 1870 war der Splügen der meistbefahrene Schweizer Pass, vor der 1832 eröffneten Fahrstrasse über den Gotthard.

Nach dem Bau von Bündner Passstrassen durch Österreich erstellte der Kanton Graubünden ab 1828 unter La Nicca eigene Gebirgsstrassen über die Lenzerheide, den Julier und den Malojapass. Der Forde-

330 Über den oberen Hauenstein führte der wichtigste Passweg von Basel ins Mittelland. Seilzüge zogen die Karren die Steilrampen hinauf. 1829 war die bequemere untere Poststrasse vollendet, 1857 die erste Gebirgsbahn der Schweiz. **Basel ca. 1860, Stahlstich H. Jenny/Klitzsch und Buchlitzer**

rung der Engadiner Gemeinden, mit einer Fahrstrasse erschlossen zu werden, kam die Unwetterkatastrophe von 1834 entgegen: Im Übergang zum Eisenbahnzeitalter entstanden die Bernina-, die Vorderrhein- und die Prättigaustrasse.[41] Die Berninastrasse weist die extreme Passhöhe von über 2300 Metern über Meer auf. Sie wurde unter La Niccas Nachfolger ab 1866 in den Sommerzeiten durchgehend befahrbar. «In guten Weinjahren ist sie durch Fuhrwerke sehr belebt, auch im Winter von 60–70 Pferden befahren. Sie ist ausserordentlich reich an prachtvollen Landschaftsbildern», schrieb Raphael Reinhard 1903.[42] Als weitere grosse Transitachse kam bis 1858 der Bau der Lukmanierstrasse zur Ausführung. Der Grosse Sankt Bernhard Pass erhielt erst 1905 eine Fahrstrasse. Mit der Eröffnung des Bahntunnels durch den Gotthard im Jahr 1882 und durch den Simplon im Jahr 1906 verloren die Bündner Strassenpässe ihre internationale Bedeutung. Ein Dornröschenschlaf hat grossartige Strassenabschnitte vor grundlegenden Eingriffen für Verbreiterungen, höhere Achslasten und grössere Geschwindigkeit bewahrt. Die historisch weitgehend erhaltene Via Spluga ermöglicht dem Wanderer das Begehen der Viamala-Schlucht und von eindrücklichen Saumpfaden mit Kunststrassenabschnitten, auch wenn diese häufig dem Lärm der 1967 eröffneten Nationalstrasse 13 ausgesetzt sind.[43]

Weitwanderung historische Fahrstrasse Via Spluga, www.viaspluga.ch

Das Land mit dem dichtesten Autobahnnetz

Bis 1959 entstand in der Schweiz ein Strassennetz von 16850 Kilometern Kantonsstrassen, die den Normen der 1830er-Jahren entsprachen, nun aber fast durchgehend feste Beläge aufwiesen. Von den rund 46000 Kilometern Gemeindestrassen waren noch viele ungeteert. Diese Grunderschliessung ist inzwischen um einen Zehntel gewachsen, aber bezüglich Breite, Verästelung und Belastungsmöglichkeit wesentlich ausgebaut worden. Die Strasseninvestitionen überstiegen 1960 bis 1990 die Bahninvestitionen um 200 bis 500 Prozent. Zum kommunalen und kantonalen Strassennetz entstand das nationale mit gegen 1800 Kilometern Autobahnen: graue Bän-

331 Der Simplon und die Bündner Pässe erhielten als erste Alpenübergänge Fahrstrassen. 1830 war die Gotthardstrasse mit den grossartigen Abschnitten durch die Teufelsschlucht und die Tremola vollendet. **Hospiz–Airolo, Foto H. B. 1988**

332 Kern des American Way of Life ist der Automobilismus. Er garantiert ein destruktives Wachstum. 1959 stimmten die Schweizer Männer für den generellen Bau von Autobahnen und im gleichen Jahr gegen die Einführung des Frauenstimmrechts. **USA, Foto H. B. 2007**

333 Eine besondere Gedenkstätte für den automobilen Stillstand war der Autofriedhof Kaufdorf. Entstanden seit 1933, wurde 2009 gegen den Widerstand von Tausenden von Kulturschaffenden behördlich die Räumung angeordnet. **Kaufdorf, Foto H. B. 2008**

der oder fantastisch die Natur kontrastierende Brückenwerke wie in der Leventina oder am Genfersee, mit der weltweit pro Kilometer höchsten Anzahl Autobahnausfahrten, mit Stadttunnels, Lärmschutzwänden, Wildübergängen, Eidechsenrennbahnen. Es entstanden die global teuersten Strassenbauten für das dichteste Autobahnnetz pro Einwohner, mit einer fünffachen Kostenüberschreitung gegenüber der Ursprungsplanung.[44] Der Automobilismus hat die Schweiz zusammen mit der Begeisterung für den amerikanischen Weg der Freiheit erobert. Die Freiheit, jederzeit grenzenlos loszufahren, im Stau zu stehen, Parkplätze zu suchen, die Luft zu verschmutzen, mit Türen, Motoren oder Hupen zu lärmen, die Freiheit, zu verunfallen und die Landschaft zu zersiedeln. 7,7 Millionen Einwohner, vom Kleinkind bis zum Greis, besitzen insgesamt über 5,3 Millionen Motorfahrzeuge – für viele ist es der teuerste Kauf, der jährlich pro Kopf zu den grössten Haushaltausgaben führt. Gegen 82 000 Beschäftigte leben vom Autogewerbe, etwa nochmals so viele von den Lastwagentransporten.[45] Walter Haefner, der langjährige Volkswagen-Generalimporteur, oder der im Kanton Schwyz ansässige Klaus-Michael Kühne vom Transportunternehmen Kühne + Nagel sind mit diesem Gewerbe Multimilliardäre geworden.[46] Die vom Strassenbau abhängigen Bauunternehmen gehören mit zum Beziehungsnetz der mächtigen Autolobby. In den 1980er-Jahren hat das Aufdecken von Verflechtungen der Autolobby zum Inseratenboykott gegen das grösste Magazin des Landes geführt.[47] 1987 hat die Freiheitskampagne für das Autofahren das Gesamtverkehrs-Konzept in einer Volksabstimmung zum Scheitern gebracht – «für ein freies Land, gegen die Giftgrünen, stoppt die rotgrüne Umweltdiktatur, der Feind steht links».[48] Der

Treuhandverband des Autotransportgewerbes hatte schon früher von unzulässiger Begünstigung des Schienenverkehrs und ungenügendem Selbsterhaltungsgrad der Bahnen gesprochen.[49]

Babylonische Bahnprojekte: Verkehrsverlagerung mit Alptransit?

Mit Blick auf die Lastwagenstaus und die Umweltproblematik kam in den 1980er-Jahren eine Projektierungsmaschinerie für Neue Alpentransversalen NEAT in Gang: Ganze Lastwagen oder ihre Aufleger und Behälter sollten subventioniert auf der Bahn durch die Alpen rollen. Die Verhandlungen mit der Europäischen Union verkörperte nun Bundesrat Adolf Ogi.[50] 1987 unterschrieb er den Alpen-Transitvertrag, was eine massive Erhöhung der Lkw-Gewichte und der Eckmasse ermöglichte: Als Breitenmasse gelten nun nach verschiedenen Lockerungen 2,5 statt 2,2 Meter, als Eckhöhe 4 statt 2,8 Meter, als Maximalgewicht 44 (inklusive 10 Prozent Toleranz) statt 28 Tonnen, 60 stehen ebenso zur Diskussion wie eine «Effizienzsteigerung» des Verkehrs mit Lastwagen durch deren Verlängerung auf 25 Meter und durch die Aufhebung des Sonntags- und des Nachtfahrverbots. Die Lockerung löste bedeutende Investitionen in die Erweiterung und den Unterhalt des Strassennetzes und auch in die Vergrösserung

334 Das Auto generiert in der Schweiz rund 10 Millionen Parkplätze und oft unzählige Stehplätze auf den Strassen. Zur Entlastung von Lastwagenstaus sollen zwei Bahntunnels den Alptransit auf die Schienen verlagern. **Autobahn und Kantonsstrasse bei Gurtnellen, Foto H. B. 2004**

335 Der mit 57 Kilometern längste Tunnel der Welt durch den Gotthard erzeugt einen Abraum vom fünffachen Umfang der Cheops-Pyramide und Kostenüberschreitungen in pharaonischen Dimensionen. **Querschlag Südportal Amsteg, Foto H. B. 2002**

der Bahntunnelprofile aus. Die Absicht, nur Lastwagen mit einer minimalen Motorenstärke über die Alpenstrassen fahren zu lassen, wurde fallen gelassen. Bezüglich der Flachbahnvarianten gab der gebürtige Berner Oberländer und SVP-Politiker Ogi seinen Kompromiss 1988 bekannt: Von fünf Varianten wurden diejenigen durch den Lötschberg und den Gotthard weiterverfolgt, diejenigen durch die Ostalpen hingegen verworfen. Die Ostschweizer Bevölkerung beschwichtigte man mit dem Zugeständnis, die Verbindung von St. Gallen mit neuen NEAT-Zubringern verbessern zu wollen. Auch eine Y-Variante Vorderrheinbahn–Gotthard-Basistunnel und später der touristische Zugang ab Sedrun zum Basistunnel, die Porta Alpina, wurden nicht weiterverfolgt. In seiner Botschaft vom 23. Mai 1990 befriedigte der Bundesrat die mächtigsten Lobbyisten aus Zürich und Bern, indem er – ohne Bedarfsausweis – den Bau von zwei neuen Flachbahnen beschloss. Offenkundig waren dabei die wesentlich höheren Kosten für den Gotthard-Basistunnel und, als zusätzlicher Nachteil, die ungelösten Zufahrtsprobleme, die auf der Lötschbergachse weitgehend nicht bestehen. Gegen die «Mogelpackung» sammelte ein unheiliges Bündnis von Automobil- und Umweltschutz-Organisationen Unterschriften. Das Referendum mündete am 27. September 1992 überraschenderweise in ein Ja für die NEAT, und die Abstimmungen von 1998 ermöglichten mit der Schwerverkehrsabgabe 30 Milliarden Franken Investitionen für den öffentlichen Verkehr, FinöV. Dabei wurden die beiden Alptransit-Tunnels mit 12,6 Milliarden Franken budgetiert. Beim Gotthard-Nordportal waren Vorbereitungen bereits beim Bau des Kavernenkraftwerks Amsteg gemacht worden. Der Durchstich im mit 57 Kilometern längsten Tunnel der Welt hat 2010 stattgefunden.[51] Der zutage geförderte Abraum übertrifft im Volumen die Pyramiden von Gizeh.

Seit der termingerechten, einspurigen Eröffnung des Lötschberg-Basistunnels im Jahr 2007 wird am Gotthard mit einer neun bis zehn Jahre längeren Bauzeit und mit 11 Milliarden Franken «Zusatzkosten» gerechnet. Wichtige geplante Zufahrtsbauten sind zurückgestellt, was die Gotthard-Transversale zwischen der Zürcher Kantonsgrenze und dem Nordportal als Bimmelbahn belässt und gegen Mailand die Anschlüsse nicht gewährleistet. Befürchtet wird, dass die beiden Basistunnel eine Überkapazität schaffen, welche die Eigenwirtschaftlichkeit des Schienennetzes weiter erschwert. Aus Prestigegründen wird man das Defizit des Basistunnelbetriebs decken und dafür andere Strecken stilllegen, vielleicht nicht zuletzt die Gotthard-Bergstrecke.[52] Der Tunnel, durch den die Schweizer Bahnen heute fahren, scheint nun wie bei Dürrenmatt[53] endlos zu sein: «Wir sind in einem Tunnel, seit fünfundzwanzig Minuten», sagte der junge Mann… Doch der Schachspieler antwortete, etwas ärgerlich, in der Schweiz gebe es eben viele Tunnel, ausserordentlich viele. Der Zugführer: «Wie wir in diesen Tunnel geraten sind, weiss ich nicht. [..] Doch bitte ich Sie zu bedenken: Wir bewegen uns auf Schienen, der Tunnel muss also irgendwohin führen, [...] wir fahren abwärts.» «Wir müssen zur Maschine herüberklettern.» «Leer.» Die Schnelligkeit nimmt zu. «Der Lokomotivführer?» «Abgesprungen.» «Und Sie?» «Ich bin der Zugführer, [...] auch habe ich immer ohne Hoffnung gelebt.» «Ohne Hoffnung. [...] Wir sassen noch in unseren Abteilen und wussten nicht, dass schon alles verloren war.»

Besucherpavillons Alptransit in Erstfeld, Sedrun und Pollegio, www.alptransit.ch

336 1997 bis 2005 realisierten die SBB die erste Etappe der Bahn 2000. Anstelle durchgehender Hochgeschwindigkeitsstrecken ermöglichen Knotenausbauten und Neigezüge häufigere und raschere Verbindungen. **Plan SBB 1997**

Die SBB als subventionierte rentable Aktiengesellschaft

Parallel zum Begräbnis eines Gesamtverkehrs-Konzepts und zur NEAT-Planung begann die Liberalisierung des Schienenverkehrs. Die technische Einheit von Rad und Fahrbahn, die auf der Schiene im Unterschied zur Strasse millimetergenau und mit allen Sicherheitseinrichtungen stimmen muss, wurde dereguliert. Diese Massnahme sollte allen geprüften Eisenbahn-Verkehrsunternehmen EVU den offenen Zugang zum Schienennetz gewährleisten. Im diesbezüglich pionierhaften Grossbritannien wurden die Bahnen mit solchen Vorgaben ganz privatisiert. Nach Grundstückverkäufen, Unterhaltsvernachlässigungen, Eisenbahnkatastrophen und den üblichen hohen Boni und Dividendenzahlungen ging die börsenkotierte Railtrack in Konkurs. Im März

2002 entschädigte der britische Staat die grossen Gläubiger – die Banken – mit 200 Millionen Pfund und unterstellte das Schienennetzwerk dem Verkehrsministerium. Die Betreiber blieben privat, es handelt sich mehrheitlich um Busunternehmen.[54] Andere Länder suchten Kompromisse in Richtung von teilweisen Privatisierungen.[55] In der Schweiz sollte das Bundesamt für Verkehr die Konkurrenz und die entsprechende technische Vielfalt im Zaum halten. Der Deregulierung folgte auch hier der kostenintensive Neuaufbau von Regulierungssystemen.[56]

Vorerst wurde den SBB 1982 ein erster Leistungsauftrag erteilt, der in eine Verpflichtung für die Eigenwirtschaftlichkeit aller Konzernbereiche mündete. Als das Parlament 1985 Umweltschutzmassnahmen diskutierte, die zum Umsteigen vom Auto auf die Bahn führen sollten, musste der Bund bei der Verlängerung des Leistungsauftrags die Folgen davon separat berappen: Das 1987 eingeführte Abonnement für Fahrten zu halben Preisen auf dem SBB-Netz, das Halbtaxabo, musste bis 1992 mit einem parlamentarischen Kredit von einer drittel Milliarde Franken finanziert werden. In der Buchhaltung wurden die Betriebsleistungen nun von den Investitionen in die festen Anlagen der Infrastruktur getrennt, wobei nicht betriebsnotwendige Liegenschaften in ein separates Portfolio gelangten. Infrastruktur, Personen- und Güterverkehr blieben als Divisionen unter dem Dach der Bundesbahn.

Beim Stückgüterverkehr entledigten sich die SBB der Defizite durch die Verlagerung auf die Strasse und schliesslich durch die vollständige Einstellung der Kleingüterdienste auf den Bahnhöfen und auf der Schiene. Beim Personenverkehr verlagerte der Bund die Defizite mittels des sogenannten Bestellerprinzips auf die Kantone. Regionen, die den regionalen Schienenverkehr noch erhalten wollten, sollten ihn selbst bezahlen. Unter dem Druck der trotzdem weiter wachsenden Defizite, insbesondere auch bei der Pensionskasse, liess Bundesrat Ogi eine Bahnreform ausarbeiten, die die bisherigen gemeinwirtschaftlichen Praktiken durch die Marktlogik ersetzen sollte. Politiker aller bürgerlichen Parteien forderten Abbaumassnahmen bei den SBB, unter anderem das Streichen von 10 000 Stellen.[57] Mit der Unternehmensreform 1997 wurden die Gebräuche privatwirtschaftlicher Firmen bei den SBB definitiv eingeführt.[58] Zum Beispiel schlossen die SBB Cross Border Leasings ab, nach denen amerikanische Steuerflüchtlinge nun Eigentümer der neuen Lok 2000 wurden, welche die SBB zurückmieteten. Als wichtigste Einnahmen dienten zunehmend Liegenschaftenerträge aus Verkäufen und Mieten. Letztere werden teilweise von der Bahn als Nutzerin der Bahn generiert. Unter anderem wird nun Rollmaterial im Freien dem Regen und der Hitze ausgesetzt, weil Depoteinstellplätze teurer sind. Selbstredend führten die neu formierten SBB als Aktiengesellschaft Managerstrukturen ein. Der neue SBB-CEO Andreas Meyer erhielt das ungefähr doppelte Salär seines Vorgängers Weibel. Meyer wurden 2007 zusätzlich zum Salär Vergünstigungen beim Verkauf und Kauf seines Hauses, Gratisabonnemente und weitere Boni für Bezüge von über einer Million Franken gewährt. Eine entsprechende Veröffentlichung durch die SonntagsZeitung versuchten die SBB mit einer su-

337 Die Bahnreform bezweckte die Eigenwirtschaftlichkeit der vertikalisierten Bereiche. Bei SBB-Cargo wurde zuallererst der Schienentransport mit Entgegennahme und Auslieferung von Stückgütern auf rund 700 Bahnhöfen eingestellt. **Foto SBB-Geschäftsbericht 1955**

perprovisorischen gerichtlichen Verfügung zu verhindern.[59] Im Umfeld des neuen CEOs kam es zu vielen Rücktritten, die gemäss Medienberichten 2009 wiederum 2,5 Millionen Franken Abgangskosten zur Folge hatten.[60] Derweil herrscht beim Personal dicke Luft. Stark dezimiert – von einst maximal 40 000 auf 25 000 –, musste es eine Freizeit auf Abruf und die Konkurrenz von billiger und länger – verbotenerweise ununterbrochen bis zu 20 Stunden – arbeitenden Kollegen hinnehmen.[61] Das hat Folgen in allen Bereichen der einst als Landesretterin gefeierten Bundesbahnen.

Langfristig ist vor allem die einseitige Investition in Neubauten und teilweise in neues Rollmaterial bei nicht nachhaltigem Unterhalt bedenklich. Hochrechnungen gehen von jährlichen Fehlbeträgen für den Unterhalt von 850 Millionen Franken und von zusätzlichen Neubaukostenüberschreitungen von 600 Millionen Franken aus.[62] Der Steuerzahler kann kaum zufrieden sein, wenn die SBB AG vor allem dank Liegenschaftenverkäufen einen auf 370 Millionen Franken gestiegenen «Gewinn» ausweisen, er aber gleichzeitig mit Milliarden für die Bahninfrastruktur geradestehen muss und ihm dafür in den nächsten zehn Jahren eine Bahntariferhöhung um die Hälfte in Aussicht gestellt wird.[63] Und wenn, wie in den letzten Abschnitten dieses Kapitels dargestellt, der Zustand des Rollmaterials und die Personalpräsenz schlechter werden und der Güterverkehr sich weiter auf die Strasse verlagern.

In alten Lehrbüchern wird postuliert, dass «die Sicherheit des Bahnbetriebes und der Komfort der Reisenden den dauernden Unterhalt und die Erneuerung des Rollmaterials erfordern». Im Rahmen der Bahnreform haben die SBB offenbar auch diesen Grundsatz reorganisiert. 100 Millionen Franken

wollten die SBB-Verantwortlichen beim Fahrzeugunterhalt sparen, 80 Prozent davon durch Personalabbau. Vorerst diskutierte die Konzernleitung eine Privatisierung der Werkstätten. Schliesslich fand eine «Umstrukturierung mit neuer Aufgabenverteilung» statt. In der Managersprache hiess das, wortwörtlich in Personalzeitungen «kommuniziert»: «Im Geschäftsbereich Rollmaterial Service der Division Personenverkehr wird bis 2002 das Projekt Redesign Service Rollmaterial RSR durchgeführt. Die anschliessende IT-Lösung basiert auf dem

338 Verglichen mit ihrem Beschäftigungshöhepunkt bauten die SBB 15 000 Arbeitsplätze ab. Heute sind viele Züge nicht mehr begleitet und Bahnhöfe nur noch ausnahmsweise bedient. **Zürich, Foto H. B. 2010**

Anwendungssystem SAP. Das Vorhaben Maintenance Application for Rollmaterial Service wird mit dem Modul SAP-Document Management System und dem Subsystem BDE/EXOS ergänzt.» Bei der Umsetzung dieser zweifelsohne allgemein verständlichen Lösung in die Praxis kam es zu schwerwiegenden Betriebsproblemen wegen Rollmaterialausfällen.[64] Gegen die Stilllegung der Hauptwerkstätte Bellinzona führten die Betroffenen 2008 den härtesten Streik der jüngsten Schweizer Geschichte und besetzten das Zentrum der Fabrikanlage, die als «Kathedrale» bezeichnete Montagehalle. CEO Meyer reagierte zuerst mit Entlassungsbefehlen gegen die Streikenden. Schliesslich musste er nachgeben und Zusicherungen für die Erhaltung der für das Rollmaterial und die Region wichtigen Arbeitsplätze abgeben.[65]

Einige positiv auffallende Begleiterscheinungen der Bahnreform sind für die reisenden Kunden ein verdichteter und in die Nächte verlängerter Fahrplan. Negativ kommentiert werden das Abschieben der Verluste vom Bund auf die Kantone, der ohne Kondukteure gefährlicher gewordene Zugbetrieb und das Fehlen von Bahnpersonal auf den Bahnhöfen. Das Befördern von Reisegepäck gehört nur noch ausnahmsweise zum SBB-Angebot.[66]

Drastisch ist der Niedergang beim Schienengüterverkehr, beginnend mit der Verlegung des Stückgüterverkehrs auf die Strasse und fortgesetzt bei der Redimensionierung des Einzelwagen-Ladungsverkehrs auf 250 Güterverkehrspunkte. Für Kosten von einer halben Milliarde Franken wurden 600 Freiverladeanlagen und 2500 mit Subventionen erstellte Anschlussgleise abgebaut oder vom Zustelldienst gekappt. Die Bahn wird noch unflexibler gemacht. Rentabel sind noch der Transit- und der Ganzzugver-

kehr. Und um diese Rosinen kämpfen verschiedene, aus den hoch subventionierten Gesamtstrukturen herausgelöste Gesellschaften. Ein Erfolg der Liberalisierung. Zu den bedeutenden Schweizer Güterbahnen gehört jetzt DB Schenker. Der seltsame Firmenname einer der grössten Warenverkehrsfirmen der Welt geht auf die Deutsche Bahn und auf einen Beinahe-Konkurs des einst grössten deutschen Spediteurs im Jahr 1931 zurück. Damals erwarb die Deutsche Reichsbahn Schenker zu einem übersetzten Preis. 1991 übernahm das Logistikunternehmen Stinnes die Aktienmehrheit von Schenker. Stinnes galt 1924 mit 600000 Beschäftigten als grösster Einzelarbeitgeber der Welt. Wegen Naziverflechtungen beschlagnahmten die USA das Stinnes-Vermögen, ermöglichten aber nach 1945 die Weiterführung der Logistik- und Transportgeschäfte. 2002 verstaatlichte die Deutsche Bahn Stinnes/Schenker wieder, indem sie die Mehrheit der Aktien kaufte.

In jenen Umbruchjahren gründeten auch der Schweizer Strassen- und Schienenverladetransporteur Bertschi und der Chemiekonzern BASF mit weiteren Beteiligten eine Güterbahn für Chemiegüter mit dem Namen rail4chem. Mangels Rentabilität wird die Firma seit 2008 vom französischen Staatskonzern Veolia geführt, der wiederum die Logistik abgestossen hat. Die Welt-AG am Prellbock? Im ruinösen Wettbewerb um Tonnenkilometer-Rappen ging bereits 2002 die Mittelthurgaubahn mit ihrer Güterbahnfirma Lokoop AG mit 250 Millionen Franken Verbindlichkeiten in Konkurs.[67] Sie hatte mit ausrangierten Lokomotiven aus der früheren DDR Züge in Konkurrenz zu den SBB gefahren und verschiedene Defizite mit intransparenten Quersubventionen gedeckt.

Von den sechs grösseren, in der Schweiz bis 2007 überlebenden privaten Güterbahnunternehmen

339 Mit dem subventionierten, kombinierten Strassen-Schienen-Verkehr soll in der Schweiz weiterhin das Nachtfahr- und das Sonntagsfahrverbot für Lastwagen aufrechterhalten werden. **Kandersteg, Foto H. B. 2007**

340 In der Konkurrenz zwischen Strasse und Schiene spielte die Liberalisierung der Breiten-, Höhen- und Gewichtsbeschränkungen eine entscheidende Rolle. In Amerika gelten in einigen Ländern Maximalgewichte von 62 Tonnen. **Mexico, Foto H. B. 2007**

341 Das Zulassen grösserer und schwererer Fahrzeuge hat in der Schweiz kostspielige Ausbauten und Wartungsarbeiten zur Folge. Fahrstrassen mussten bis in die 1970er-Jahre lediglich minimal 5,5 Meter breit sein. **Alte Hinterrheinstrasse, Foto H. B. 2004**

sind inzwischen drei wieder von Staatsbahnen übernommen worden. Diese aber haben kaum mehr ein Interesse an der Kooperation mit den SBB, die über Jahre selbst in «ihre» Gebiete eingedrungen waren. So blasen die Bundesbahnen nun zum Rückzug, das heisst zum weiteren «Stellenabbau mit Verbesserung des Angebots», zur Erhöhung der Frachtpreise, zur «Konzentration» auf Grosskunden, zur «Nutzung von Synergien» und zur «Auslagerung des internationalen Verkehrs» – im Gespräch für die Übernahme steht der kombinierte Strassen-Schienen-Anbieter Hupac. Bei der Huckepack-AG sind 72 Prozent der Aktien in den Händen von Strassentransportunternehmen. Die Hupac erhält bedeutende staatliche Mittel zur Förderung des alpenquerenden Verkehrs auf den Schienen, um die bisher nicht erreichten Ziele der vom Volk angenommenen Alpenschutzinitiative zu verwirklichen.[68] Für Güter die Bahn? «Für Güter die Bahn!» warben Aufschriften auf den Seitenwänden der SBB-Güterwagen, die nun zu Tausenden auf den Abstellgleisen stehen.[69]

Post und Kommunikation: liberalisierte Versorgung, privatisierte Profite

Eine gleichmässige und für alle preiswerte Versorgung wurde im 20. Jahrhundert zum Ziel der öffentlichen Einrichtungen für Kommunikation, Transport, Energie, Wasser wie auch für die Pensionierung, die Bildung und die Gesundheit. Die Entscheidungen gegen einen sozialen und ökologischen Konsens fielen in den 1980er-Jahren. Seit damals läuft die Kampagne für die Privatisierung öffentlicher Einrichtungen, durchgesetzt über Organisationen wie den Währungsfonds, die Weltbank, die Welthandelsorganisation WTO, über das GATS-Freihandelsabkommen für Dienstleistungen, den Maastricht-Vertrag der Europäischen Union und massgeblich unterstützt auch von schweizerischen Finanzkreisen. Diese Institutionen schrieben den kreditsuchenden Ländern und Betrieben den partiellen oder vollständigen Ausverkauf vor. Teile von öffentlichen Betrieben bilden seither private Märkte mit hundertfachen Milliardenumsätzen.[70] Dabei wird die Versorgung nicht in jedem Fall schlechter, aber in jedem hier dargestellten Fall teurer. Alle Parteien, inklusive Sozialdemokraten und Grüne, haben diese Enteignungsökonomie bis zu dem Zeitpunkt mitgetragen, in dem der Staat mangels eigener Wertschöpfungsmöglichkeiten wirtschaftlich handlungsunfähig wurde. Nun ist die Schweiz nicht etwa ein Opfer dieses sogenannten Globalisierungsdrucks, sie war und ist ideologisch, politisch und als Steuerfluchtungsfestung aktive Vorreiterin. Der öffentliche Sektor weist in der Schweiz im Vergleich zu den OECD-Ländern weniger als die Hälfte der Beschäftigten auf, nämlich 11 Prozent. Auch die Sozialausgaben und die Staatsquote liegen unter dem Durchschnitt.[71]

Neue Kanäle, neue Medien

Im vergangenen Vierteljahrhundert hat sich das Kommunikationswesen grundlegend verändert. Neben Botschaften, die in Form von Briefen, Paketen,

342 Das Verkehrshaus der Schweiz widmet sich allen Bereichen des Transports und der Kommunikation. 1959 gegründet, ist es das meistbesuchte Museum in der Schweiz. **Luzern Highflyer, Foto H. B. 2001**

Zeitungen und Büchern physisch überbracht werden, ist die Kommunikation durch Radio, Fernsehen, Telefonie und Internet getreten. Das erste elektronische Massenmedium, das nach dem Buch und der Presse aufkam, war der Rundfunk. Im Ersten Weltkrieg für die Kriegsnachrichtentechnik verbreitet, entstanden danach die ersten Volksradiosender. Als der Rundfunk zum wichtigen Medium der Politik wurde, beschloss das Parlament 1929 Investitionen in ein flächendeckendes Radionetz mit Sendern in Beromünster (60 kV), Sottens (25 kV) und Monte Ceneri (15 kV). Hitlers Reichspropagandaministerium förderte kurz darauf den Verkauf von billigen Radiogeräten. Ab 1935 verfügte der Bundesrat auf Druck Deutschlands eine Medienzensur zugunsten des Nationalsozialismus. Gegen die neue Konkurrenz erreichte der Schweizer Zeitungsverlegerverband über den Bundesrat eine Einschränkung der Nachrichtensendemöglichkeiten durch Radiostationen. Im Gegenzug verpflichteten sich die Zeitungsverleger, gemeinsam mit den Radioanstalten die Informationen der Schweizerischen Depeschenagentur SDA zu benutzen. Das war zwischen 1935 und 1971. Diese Informationsvermittlung ist inzwischen mit der Übernahme der Associated Press AP durch die SDA konkurrenzlos geworden. Die Besitzer der Deutschen Depeschenagentur DDP, zwei deutsche Finanzmanager, haben Ende 2009 den Deutschschweizer AP-Dienst gekauft, im Februar 2010 aufgelöst, alle Beschäftigten entlassen und der SDA die Lizenzverträge für 8 Millionen Euro verkauft.[72]

Ab 1938 forciert die Schweizerische Radiogesellschaft SRG die Geistige Landesverteidigung. Die Anzahl Apparate vervierfachte sich bis 1945 auf ein Empfangsgerät pro fünf Einwohner. Nach dem Krieg nahm die SRG die neue Chance für Fernsehübertragungen wahr und erweiterte sich zur Schweizerischen Radio- und Fernsehgesellschaft. Die Koordination mit der Presse setzte sich 1964 fort, als die SRG mit den Zeitungsverlegern eine Aktiengesellschaft für das Werbefernsehen gründete.

1983 genehmigte der Bundesrat erstmals die Konzession von privaten Lokalsendern. Die Liberalisierung ermöglichte vorerst den Versuchsbetrieb von 36 Lokalradiosendern, die sich hauptsächlich über Werbung finanzierten. 1992 regelte der Bund die Öffnung des Telekommunikationsmarkts in der Schweiz für die Bereiche Radio und Fernsehen definitiv. Bereits 1993 meldete das erste konzessionierte Privatunternehmen Tell-TV vor der Ausstrahlung der ersten Sendung den Konkurs an. Auch die Ende der 1990er-Jahre konzessionierten Programme TV3 von Tamedia und Tele 24 von Roger Schawinski sowie die schweizerischen Programmfenster der deutschen Veranstalter RTL und ProSieben stellten ihren Betrieb nach relativ kurzer Zeit im Herbst 2001 ein und beschränkten sich auf ihre Direktsendungen. Übrig blieben kostengünstige Spartenprogramme wie StarTV und Viva, das Programmfenster von SAT.1, regionale Fernsehbetreiber wie TeleZüri oder Tele Südostschweiz und die Privatradiosender. Diese bleiben in der deutschen Schweiz verlegerdominiert. Ein gutes Viertel der Bevölkerung hört täglich

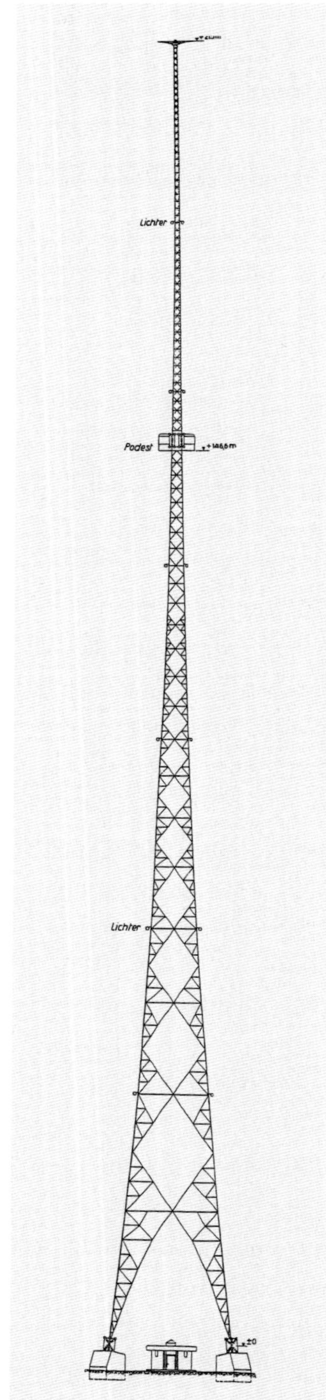

343 Zum Symbol eines unabhängigen Nachrichtenwesens wurde der 1937 errichtete Radiosender Beromünster. Der mit 215 Metern höchste Turm der Schweiz soll erhalten bleiben. **Plan Löhle & Kern Kloten 1938**

mehr oder weniger seichte Informationen und Unterhaltungsmusik von Privatradiosendern.[73]

Die technische Aufrüstung in der Massenmedienschlacht erreichte ein neues Stadium mit dem globalen Durchbruch der Glasfaserkabel-Übermittlung. Die 1997 abgeschlossene vollständige Digitalisierung über die schon zuvor eingeführten Integrated Services Digital Network ISDN beschleunigte die immaterielle Informationsverbreitung ebenso wie die drahtlose Telefonie. Neben den Umwälzungen im Verlags- und Pressewesen hatten diese Neuerungen auch Rückwirkungen auf das Radiowesen: SRG-Sendungen sind nun per Internet zu empfangen, Musik wird beliebig heruntergeladen oder mit Raubkopien vervielfältigt. 1998 legte die SRG den 1939 erbauten Kurzwellensender Schwarzenburg still[74] und 2008 auch den berühmten Landessender Beromünster mit dem 1937 konstruierten, damals höchsten Turm der Schweiz.[75] Mit dem Übergang des Sendewesens an die Swisscom gingen die modernen Sendetürme St. Chrischona bei Basel und Uetliberg bei Zürich 2002 ins Eigentum der Swisscom Broadcast AG über.

Die verschärfte Konkurrenzsituation erforderte eine vermehrte Regelung durch das neu geschaffene Bundesamt für Kommunikation. Ziel war es, mit einem Gebührensplitting zugunsten von Randregionen und von soziokulturellen Programmen in Agglomerationen den medialen Konzentrationsprozess zu verlangsamen. Diese Massnahmen schützten die dominierende Stellung von SRG SSR idée suisse. Sie strahlt vorläufig weiterhin sieben TV- und 18 Radioprogramme in allen Landesgegenden aus. Mit gegen 5000 Beschäftigten schreibt der umstrittene Bundeskonzern allerdings seit 2006 rote Zahlen.[76] Das Heil wird im Personalabbau und in der Verdoppelung der Werbezeit gesucht.[77]

Radio und Fernsehen gelten inzwischen bereits als alte Medien, die aber immer noch erfolgreich sind, während bei den noch älteren Printmedien die verkauften Auflagen seit 2002 sinken. Insgesamt wächst der Medienkonsum dadurch, dass die Menschen immer mehr Zeit vor Bildschirmen mit Internetdarbietungen und Computerspielen und mit Handys, iPhones und iPads vertreiben.[78] Auf diesen neuen Märkten spitzten sich die Spekulationen und Privatisierungskämpfe in den 1990er-Jahren global zu. In der Schweiz war der grösste Bundesbetrieb PTT der Hauptbetroffene.

Vom gelben Riesen zum auslagernden Postbetrieb

Es war einmal ein gelber Riese, entstanden durch Verstaatlichung der kantonalen Postbetriebe. Den Verlust aus den Postsendungen und dem Postautoverkehr deckten die Gewinne aus Telefonie, Telegrafie, Radio-, Fernmelde- und Finanzdiensten.[79] Geschaffen wurde der Konzern unmittelbar nach der Bundesstaatsgründung auf den 1. Januar 1849 zum Zweck des landesweiten Versendens, Transportierens und Empfangens von Briefen, Paketen und Geld und für den Personentransport. Postbeamte stempelten nun Helvetia-Briefmarken anstelle der kantonalen Wertzeichen ab. 1874 war Bern der Gründungsort des Weltpostvereins. Bis zum Ersten Weltkrieg entstand ein Netz von 4055 Poststellen und unzähligen Sendebriefkästen. In den grossen Städten verteilte der Briefträger die Post täglich bis zu sechs Mal, im besten Fall einen halben Tag nach dem Aufgeben der Sendung. Die Post wurde auch samstags und sonntags verteilt. 1911 beförderte die Post fast 40 Millionen Zeitungen, in den 1960er-Jahren das Doppelte. Das geschah seit 1857 hauptsäch-

344 Die oft angefochtene öffentlich-rechtliche Anstalt SRG SSR idée suisse sorgt mit 5000 Mitarbeitenden für vielfältige Radio- und Fernsehprogramme. Die Baustellenumgebung versinnbildlicht den Umbruch in der Telekommunikationswelt. **Zürich, Foto H. B. 2010**

345 Briefmarken sind die Wertzeichen der Post. 1862 gab die sitzende Helvetia den Wertzeichen ihre «Marke Helvetia». 20-Rappen-Marke 1908. **Sammlung H. B.**

346 1998 zerschlug der Bund den alten PTT-Konzern. Beim Teilkonzern Post wurden die Verteilzentren auf drei reduziert und zahlreiche Poststellen geschlossen oder teilweise privatisiert. **Verteilzentrum Zürich-Altstetten, Foto H. B. 2010**

lich mit der Bahn, seit 1866 in eigenen Bahnpostwagen. Für die Postwagenkurse wurden 1903 erstmals Motorfahrzeuge eingesetzt. 1920 legte der Bund die nationalen Telefon- und Telegrafiedienste mit den Postdiensten zusammen. Zugunsten ihres Leitungsbaus erhielt der Bundesbetrieb das Recht, Grund und Boden zu enteignen. Im Landesausstellungsjahr 1939 machte die PTT die gelbe Farbe zu ihrem Merkmal: Gelbe Briefkästen, das gelbe Konto, gelbe Telefonkabinen, gelbe Postautos und ab 1978 gelbe Postomaten wurden zum Markenzeichen.[80]

57 000 Menschen fanden 1985 Arbeit und Auskommen bei den schweizerischen PTT-Betrieben. Zwischen 1988 und 1997 wurden die öffentlichen Betriebe der Telekommunikation, des Rundfunks und der Postdienste mit den ersten Liberalisierungsabkommen der Europäischen Union konfrontiert. Parallel dazu erfolgte die Deregulierung des Eisenbahnwesens, gefolgt von derjenigen für die Elektrizitäts- und Wasserversorgung. Privatisierung bedeutete Verkauf von öffentlichem Eigentum und Abbau von gesetzlichen Vorschriften, von öffentlicher Kontrolle. In der Schweiz zerschlug der Bund den PTT-Konzern auf den 1. Januar 1998. Die bisher quersubventionierten Betriebe heissen seither «Schweizerische Post» und die vormals gewinnträchtigen «TT»-Betriebe «Swisscom». Diese Umstrukturierung folgte dem internationalen Abwärtswettlauf für mehr Gewinn und weniger Umweltnormen, Löhne und Abgaben an den Staat. Zwar erzwangen technische und gesellschaftliche Auswirkungen neue Regulierungen, doch waren den Unternehmen nun Liquiditäten entzogen, welche diese zu Entlassungen und Auslagerungen zwangen. Während dieses gewollten Prozesses forderte der schweizerische Finanzminister Hans-Rudolf Merz 2005 eine weitere «Aufgabenüberprüfung des Bundes mit Fokus auf die Kategorien Verzicht, Abbau und Auslagerung».[81] Mangelhaft rentable und somit schwer verkäufliche Unternehmensbereiche wurden der Konkurrenz ausgesetzt, was zur weiteren Reduktion des Angebots bei der Brief- und Paketpost, beim Zeitschriftenversand und beim Postautoverkehr führte.

Als Resultat sind zahlreiche der ehemals in 4000 Orten vorhandenen Posthalterstellen verschwunden und auf 2380 gesunken. Etliche Poststellen sind neuerdings in privaten Läden untergebracht, während in den verbliebenen Postliegenschaften die verlängerten Wartezeiten dazu animieren sollen, die neu eingerichteten Krämerläden zu benutzen. Unzählige Briefkästen sind verschwunden oder werden nur noch beschränkt geleert, während die Post ihre Zustellungen noch einmal täglich macht, im besten Fall gegen Aufpreis innerhalb eines ganzen Tages. Der Post bleiben nach einer zweimaligen Senkung des Mindestgewichts für das Monopol von Sendungen vor allem solche unter 50 Gramm. Die Express-Post ist seit 2003 in eine selbständige Aktiengesellschaft ausgelagert. Ähnliches ist mit dem Wertsachenversand vorgesehen. Um den liberalisierten, verteuerten Paketversand rangeln seit 2004 die französische DPD die deutsche Post DHL und die schweizerische Post, die 1996 unter dem Postdirektor Jean-Noël Rey «zur Kostendeckung im Paketbereich» 1570 Stellen strich.[82] Danach wurde der Sozialdemokrat Rey Vizepräsident der DPD-Schweiz. Wer Pakete nicht in einem Quartierladen abholen will, «organisiert sich am besten über einen Zusatzdienst», heisst es inzwischen zur «Angebotsverbesserung» bei der Post.[83] Die umweltschädliche Verlagerung von der Schiene auf die Strasse dient der Verbilligung des Transportes, während die Reduktion der schweizerischen Verteilzentren von 18 auf 3 die Transportwege wesentlich verlängert. Auf der Strasse wiederum hat die Post ihre Dienste teilweise an private Spediteure ausgelagert, was den weiteren Abbau von Hunderten von Stellen ermöglichte und die Zuverlässigkeit beeinträchtigt.[84] Der von den Regionen subventionierte Kursverkehr mit den 2000 Postautos wird wo möglich «verselbständigt».[85]

Anstelle eines eigenen bankmässigen Ausbaus des rentabelsten Bereichs, der PostFinance, kam eine Zusammenarbeit mit der 2008 staatlich geretteten grössten Bank des Landes, mit der UBS, zustande. Die Finanzdienste bringen der Post je nach Jahr einen Drittel bis über die Hälfte des zwischen 738 und 909 Millionen Franken schwankender Konzernumsatzes. Die Abspaltung der rentablen Teile von den unrentablen gehört auch hier zu den Zielen der Liberalisierer. Zudem erleichtere, so der Unternehmerverband Economiesuisse, die Umwandlung der immer noch öffentlichen Anstalt in eine Aktiengesellschaft die Aufnahme von Fremdmitteln, neue Allianzen und die Flexibilisierung beim Personal, das nicht mehr im Bundespersonalrecht geführt würde. Economiesuisse zählt beim «Umbau der Post in eine AG auf die grundsätzlich reformorientierten bürgerlichen Parlamentarier».[86] Neue Allianzen ist der Postkonzern bereits im Auslandgeschäft eingegangen, das je nach Interpretation aus den Erträgen der Sparmassnahmen im Inland finanziert wird.[87] Im Zuge der Liberalisierung ist zudem der Verwaltungsrat mit Leuten aus der Bankenwelt und der Privatwirtschaft umbesetzt worden – mit solchen von der Bank Valiant oder dem ehemaligen Nestlé-Länderchef Claude Béglé als Präsidenten. Sie schanzten sich 2009 5,8 Millionen Verwaltungsratsentschädigungen zu, während die niedrigsten Stundenlöhne für Briefträger unter diejenigen für Putzfrauen fielen.[88] Innerhalb der Postleitung kam es zu Spannungen, die mit professionellen Kommunikationsagenturen öffentlich ausgetragen wurden.[89] 2010 ernannte der Bundesrat Peter Hasler, den früheren Direktor des Schweizerischen Arbeitgeberverbandes, zum neuen Verwaltungsratspräsidenten. Hasler profilierte sich in den 1990er-Jahren als Kämpfer wider den Sozialstaat und die Gewerkschaften und seither als Boni-Verfechter und Förderer der inzwischen gestoppten vollen Privatisierung der Swisscom.[90]

Museum für Kommunikation, Helvetiastrasse 16, 3005 Bern (ehemaliges Postmuseum), www.mfk.ch

347 Die bekannten und beliebten Postautos fahren noch zum Teil in Regie des Bundeskonzerns, zum Teil im Auftrag und auf Kosten der Regionen. **Frontlenker-Saurer auf dem Julierpass, Foto Hans Steiner um 1970**

Milliardengewinne, Milliardenverluste mit der Telekommunikation

Swisscom AG heisst die 1998 teilprivatisierte Nachfolgefirma, die durch Abspaltung der Telekommunikationsbetriebe von den Postbetrieben entstand. Zuvor schoss der Bund noch 20,3 Milliarden Franken Steuermittel in die Pensionskasse des Vorläuferkonzerns PTT ein, um allfällige private Teilhaber von diesen Hypotheken zu entlasten. Die gesetzlichen Grundlagen für die Entstaatlichung – das neue Fernmeldegesetz und das Telekommunikationsunternehmens-Gesetz – waren im Jahr zuvor von einer Mehrheit aller Parteien im Parlament genehmigt worden. Zu jenem Zeitpunkt befand sich das Kommunikationswesen bereits weltweit im Umbruch. Milliardengewinne winkten. In der Schweiz befanden sich vier künftige Marktteilnehmer im Aufbau. Neben der Swisscom waren das Cablecom, Sunrise und Orange.

Die längste Tradition haben die Vorläuferunternehmen von Swisscom: 1852 eröffnete der eidgenössische Telegrafendienst in Zürich und St. Gallen die ersten Büros. Der Bahnbau beschleunigte die Ausdehnung des Schwachstromnetzes, das 1866 über das erste Transatlantik-Kabel mit den USA verbunden wurde. 1878, zwei Jahre nach der Erfindung des Telefons, stellte der Bundesrat die Weichen für den Aufbau eines öffentlichen Telefonnetzes. 1880 stöpselten Frauen in der Telefonzentrale Zürich Telefonverbindungen für die 141 Abonnenten in der Stadt. Als es mehr wurden, mussten 1890 die Telefonnummern eingeführt werden. Mit der Eingliederung in den Postkonzern kam es ab 1920 zu weiteren Neuerungen mit halbautomatischen Zentralen, sprechender Uhr, Auskünften über Nummer 11 und ersten Telefonkabinen. Besonders innovativ

waren die PTT-Betriebe nach dem Zweiten Weltkrieg. Sie erstellten 1952 die erste Richtstrahlanlage, 1953 die erste Fernsehübermittlungsanlage und bis 1959 weltweit das erste Netz mit durchgehend automatisierten Zentralen. 1962 und 1965 lancierten sie den Fernmeldesatelliten Telstar. Die Wählscheibenapparate wurden auf Zeitimpulszahlung umgestellt, was das bisher umständliche Ablesen für die Rechnungsstellung vereinfachte. Die Verflechtung der Telefon- und Telegrafendienste mit den Radio- und Fernsehdiensten kam 1968 in den farbigen Olympiade-Übertragungen und 1974 in der Inbetriebnahme der Satellitenbodenstation in Leuk zum Ausdruck. Die Richtstrahltechnik erreichte über dem Zürichsee mit dem Bau des 70 Meter hohen Höhronenturms in den 1980er-Jahren den Investitionshöhepunkt. Kurze Zeit nach der Inbetriebnahme machte die Glasfasertechnik die Satellitenübertragung unrentabel. Der Turm wurde 2004 gesprengt.[91]

In der Mobiltelefonie leisteten die PTT-Betriebe ab 1975 Pionierarbeit mit dem Aufbau der Nationalen Autotelefonnetze Natel A, B und C – die ersten Handys waren zwölf Kilo schwer. Weitere Neuerungen betrafen in den 1980er-Jahren die Einführung der Fax-Dienste, die Beschleunigung der Übermittlung durch das erwähnte Integrated Services Digital Network ISDN. Mit dieser hervorragenden Substanz startete der Bundesbetrieb in die Liberalisierungszeit. Noch unter der alten Ägide führten die PTT Lokalradioübermittlungen, kostenpflichtige Auskunftsdienste, Prepaid-Natels, internationale

348 1892 demonstrierte Alexander Graham Bell die erste Telefonübertragung zwischen New York und Chicago. **Stahlstich H. Thiriat 1890er-Jahre**

349 Nach der Aufteilung des PTT-Konzerns wurde die Swisscom gegründet. Die vormals gelb gerandeten Telefonkabinen erhielten neue, blaue Telefonzeichen. Die aussterbenden Dienstleistungsstellen sind oft vandalisiert. **Winterthur-Friedhof, Foto H. B. 2010**

Beteiligungen und den in der Schweiz erfolgreichsten Internetservice Bluewin ein.[92] Wohin sind die Milliarden aus den jährlichen Betriebsgewinnen und dem Ausverkauf von Liegenschaften gewandert? Einerseits in milliardenschwere in- und ausländische Akquisitionen – Panatronic Eccotrust, IT-Services und Logistics, Antenna Hungaria – und in die 6,9-Milliarden-Franken-Beteiligung am italienischen Fastweb. Andererseits wurden die Gewinne in Luxusbauten investiert und als Dividende ausgeschüttet, zudem musste wegen Verstössen gegen die Wettbewerbsbedingungen eine Busse von 333 Millionen Franken bezahlt werden.[93]

Das Geschäft mit der Übermittlung von Radio- und Fernsehsendungen, von Daten und Mobiltelefongesprächen versprach im liberalisierten Markt vor allem neuen Wettbewerbern kurzfristige Milliardengewinne. In der Schweiz entstanden Cablecom und Sunrise auf der Basis eines eigenen, später ausverkauften Aufbaus, während Orange einen Teilmarkt von aussen eroberte. Cablecom entstand ab 1994 durch die Fusion einer Vielzahl von lokalen Kabelfernsehnetzen, unter Beteiligung von einigen grossen Übermittlern. Aus der im Apparate-Kapitel erwähnten Ascom herausgewachsen, stiessen bis 1999 verschiedene Partner hinzu wie Swisscom (!), Siemens, Rediffusion, SwissOnline-Videotext und Leo Fischer. Fischer wurde als Fusionsgenie und Kabelfernsehkönig gefeiert. Als Fernsehtechniker hatte er in Luzern ein Service-Center gegründet und von dort aus Antennen und regionale Fernsehkabelnetze aufgebaut. Die leistungsfähigeren Kabel begannen die Antennenwälder zu ersetzen. Die PTT wurde der Kontrollpflicht «enthoben», was in den 1960er-Jahren den Aufbau privater Breitbandnetze ermöglichte. Fischer gewann gegen allerlei Widerstände den amerikanischen Investor Liebermann, als seine Gegner nannte er in den 1970er-Jahren die PTT und die SRG. Um 1985 bereiteten der ETH-Professor Angelo Pozzi und der «Atompapst» Michael Kohn die Übernahme der Liebermann-Anteile durch den Energiekonzern Motor-Columbus vor, der einen Flickenteppich von Filetstücken im Kabelfernsehmarkt übernahm. Ähnlich wie bei den Goldgräbern wurde das Multimediageschäft in Claims aufgeteilt. Neu ins Spiel kamen die SBG – die nachmalige UBS – und der Financier René Braginsky mit den Beteiligungen an Charmilles und Cortaillod. Im finalen Kampf um die Ascom-Netze entstand 1994 die Cablecom. Neben der PTT, der Fischer-Holding und Siemens wurde die Veba-Immobilien AG zum Hauptpartner. Fischers Parteifreund Christoph Blocher

350 Glasfaser und Internet versprachen in den 1990er-Jahren kurzfristig Milliardenprofite. Weltweit und auch in der Schweiz entstanden parallele, neue Festleitungsnetze und Sender für die kabellose Telefonie. **Transatlantisches Kabellegerschiff Kapstadt, Foto H. B. 2005**

forderte bald darauf den Verzicht der PTT auf ihre Beteiligung, was dann 1999 auch geschah. Im gleichen Jahr kam Cablecom unter den Hammer.[94] Das grösste Schweizer Cablecomnetz ging mitsamt seinen 1500 Mitarbeitenden und den tausendmal mehr Radio-, Fernseh-, Internet- und Telefonkunden an ein kurzlebiges Plünderer-Konsortium. 2003 war Cablecom mehrheitlich im Besitz von Georg Soros, Goldman Sachs und Apollo Management. Inzwischen gehört die Firma dem US-Kabelnetzkonzern Liberty Global, der sich eine Umbenennung von Cablecom überlegt.

Sunrise geht einerseits auf den Einstieg der grössten Bank UBS, der Migros und der SBB ins Telecomgeschäft zurück. Diese Unternehmen gründeten mit ihren Teilnetzen zwischen den Geschäften und entlang der Bahnlinien 1996 die Newtelco AG. Andererseits beabsichtigten die schweizerischen Kraftwerkkonzerne, mit diAX ihre Stromübertragungsnetze für die Datenübertragung zu nutzen. Bis zum Jahr 2001 gelang es der vollständig privatisierten Tele Danmark Communications TDC, die Newtelco und diAX zu dominieren und unter dem Titel «Sonnenaufgang», Sunrise, zu vermarkten. Über diAx erwarb Sunrise in der Schweiz für nur 50 Millionen Franken die Lizenz für die Mobiltelefonie dritter Generation, UMTS, eine Lizenz, für die anderswo Milliardenbeträge bezahlt wurden. Zum ersten Verwaltungsratspräsidenten der neuen «Schweizer» Firma ernannte sich der CEO von Tele Danmark. 2004 war TDC-Switzerland mit 2 Milliarden Franken Umsatz das zweitgrösste Telekommunikationsunternehmen der Schweiz. Von den konzernweit 15 000 Beschäftigten arbeitete hier jeder Zehnte. Hauptsitz der Sunrise war der gleichnamige Glaspalast in Zürich-Nord – bis die Unternehmensleitung in eine bescheidenere Liegenschaft umziehen musste. Denn im Winter 2005/06 gingen 90 Prozent der TDC-Aktien über fünf Private-Equity-Fonds für 15 Milliarden Franken an die Nordic Telephone Company. Der Markenname blieb erhalten, 2008 stärkte Sunrise ihre Marktstellung in der Schweiz mit der Übernahme der Konkurrentin Tele2.[95]

Wie ist Orange zum weiteren grossen Marktteilnehmer in der Schweiz aufgestiegen? Der ursprünglich englische Mobilfunkbetreiber ging unter der Firmenbezeichnung Vodafone 1999 für rund 60 Milliarden Franken an den deutschen Industriekonzern Mannesmann und wurde fünf Monate später für über 80 Milliarden Franken an die France Télécom verkauft, die sich alsbald Orange S.A. nannte. Es war im Internet- und Telekommunikationsbereich die Hochzeit von Draufgängern mit Spekulanten. Das ausschlaggebende technische Mittel der aktuellen Veränderungen, das Glasfaserkabel, verhalf der elektronischen Datenverarbeitung global zum Durchbruch, mit Multimilliardeninvestitionen in Tausende von Kilometern Tiefseekabel und fein verästelte Parallelnetze an Land. Kapital kann seither ohne physische örtliche Bindungen mit Lichtgeschwindigkeit für Gewinne aus Wertpapier- und Kursschwankungen verlagert werden, wobei, was nichts Neues ist, errechnete Zukunftsgewinne vorzeitig abgeschöpft werden.[96] Mit den Spekulationen und den aufgebauten Überkapazitäten wurden Tausende von Milliarden Franken in den Sand gesetzt. Der Zusammenbruch der IT-Blase löste im Oktober 2000 eine globale Krise aus, die ein knappes Jahr später mit dem «Nine-Eleven», dem Attentat auf die World Trade Towers, begründet wurde. In der Schweiz schmolzen die in- und ausländischen Guthaben um 1000 Milliarden Franken.[97] Die Situation erholte

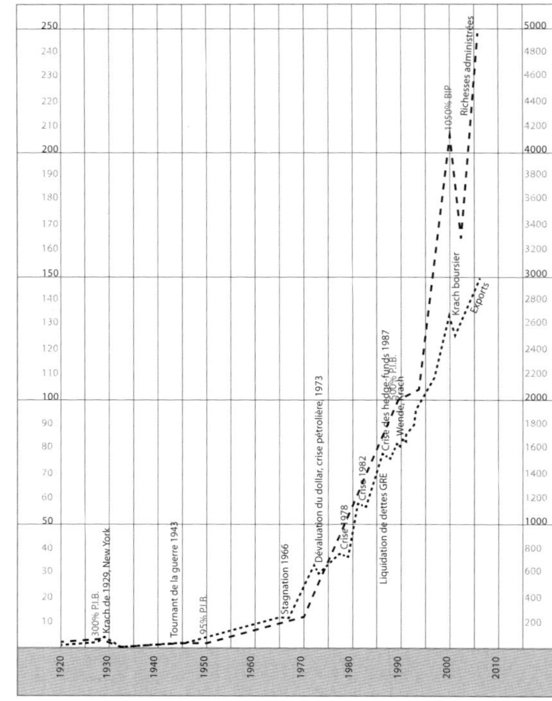

...... Exporte in Milliarden Franken
- - - Verwaltete Vermögen in Milliarden Franken

351 Es waren hauptsächlich die IT-Spekulationen, die im Oktober 2000 zu einer weltweiten Teilkrise führten. Die verwalteten inländischen Vermögen der Schweiz brachen um 1000 Milliarden Franken ein. Zu den im Inland verwalteten Vermögen (- - -) kommen 2000 Milliarden Franken Auslandvermögen. Die Vermögenswerte übersteigen seit 1977 das Zwanzigfache der Güterexporte (......). **Tabelle H. B. für die Ablösung der Exportrisikogarantie durch die SERV, Zürich 2007**

sich scheinbar, um 2008 in die noch grössere Krise zu münden. Auf der Flucht nach vorne beschlossen Sunrise und Orange die milliardenschwere Fusion. Am neuen Unternehmen sollten France Télécom mit 75 Prozent und TDC mit 25 Prozent beteiligt sein. Das neue Unternehmen hätte in der Schweiz einen Marktanteil von gegen 40 Prozent beim Mobilfunk und von 13 Prozent bei den Breitbandanschlüssen gehabt. Am 22. April 2010 untersagte die Wettbewerbskommission den Zusammenschluss. Als Grund wurde die marktbeherrschende Stellung des fusionierten Unternehmens im Mobilfunkmarkt genannt.[98] Die Kommission befürchtete konsumentenfeindliche Absprachen mit der Swisscom als zweiter Marktleaderin.

Swissair ohne Air

Am 2. Oktober 2001 schloss die nationale Fluggesellschaft der Schweiz weltweit alle Schalter. 39 000 Swissair-Kunden, die gerade unterwegs waren, hatten plötzlich ungültige Flugtickets in den Händen und wurden nicht weiter informiert. Die gestrandeten Passagiere und Piloten konnten weder abfliegen noch erhielten sie Geld zum Übernachten. Allein im Flughafen Zürich mussten sich 4000 Menschen auf dem Boden und danach in Zivilschutzunterkünften zurechtfinden. Die gesamte Swissair-Flotte stand still, sicher und umweltfreundlich am Boden. Die 72 000 Beschäftigten des drittgrössten produktiven Schweizer Unternehmens nach Nestlé und ABB hatten keinen Arbeitgeber mehr. Die schockierte schweizerische Öffentlichkeit beschäftigte sich mit diesem Ereignis noch während sechs Jahren, intensiver als mit den am 11. September 2001 mörderisch ins New Yorker World Trade Center gesteuerten Jets.

Schweizer Luftfahrtpioniere, nationale Airline

Im Binnenland Schweiz dienten die Luftfahrt und insbesondere die Swissair – nicht minder als die Eisenbahn – der nationalen Identität. Eduard Schweizer, alias Kapitän und Luftaufnahmefotograf Spelterini, überflog in seinem Ballon 1898 als Erster die Alpen. Zu den frühesten Flugzeugpionieren gehörten die Gebrüder Dufaux aus Genf. Als Start- und Landeplätze dienten die Felder von Dübendorf, der

352 Als erstes bleibendes Gebäude des neuen Flughafens Zürich-Kloten stand 1949 der Bogenhangar. Hier und in der Umgebung entwickelten sich die SR Technics zu einem weltweit führenden Flugzeugwartungsbetrieb. **Foto Sammlung SIK mit Swissair DC-3 und DC-4 um 1950**

353 1953 war der heute eingesargte Terminal A mit Tower, Glashalle und Zuschauerterrasse vollendet. Um 1960 beleben vier Caravelles, zwei Metropolitains, ferner DC-6 und DC-7 das Rollfeld. **Kloten um 1960, Foto E. Baumann, Winterthur**

354 2000, ein Jahr vor dem Swissair-Grounding, bildete der dritte Flughafenterminal Midfield eine Riesenbaustelle, in die 2 Milliarden Franken investiert wurden. Nach dem Grounding musste der Terminal B stillgelegt werden. **Kloten, Foto H. B. 2000**

Zürich- und der Bodensee. Erwachsene und Jugendliche wurden mit Briefmarken, Medienkampagnen und Massenveranstaltungen für den Luftverkehr begeistert. 1931 fusionierte die Balair Basel mit der Ad Astra-Areo AG Zürich zur Swissair. «Ein Volk, das nicht fliegt, wird überflügelt! Fördert die nationale Luftfahrt», hiess die Parole für Spendenaufrufe im Jahr 1938. Die Schweiz forcierte den Eigenbau von Kampfflugzeugen, die Swissair kaufte in den USA die jeweils neuesten Passagierflugzeuge. Sie wurde zum Inbegriff für sicheres Fliegen mit hervorragendem Service zu guten Preisen.

Erfolg macht übermütig. In parallelen Strategien sollte die Swissair durch Allianzen mit maroden Fluggesellschaften das viertgrösste Luftfahrtunternehmen und der Flughafen Kloten das sechstgrösste Luftdrehkreuz, «Hub», in Europa werden. Führende Politiker und Manager der Swissair und der Banken wischten alle Bedenken beiseite. Sie beruhigten die Opposition gegen den laufenden Ausbau des Flughafens, gegen die zunehmende Lärm- und Umweltbelastung. Die An- und Abflugschneisen sind so gelegt worden, dass sie nicht Zürich und die Goldküste am See beeinträchtigen, sondern das Zürcher Unterland, das Weinland und die Nachbargebiete in Deutschland. Derweil rollten in Kloten mit öffentlicher Absicherung die Franken in Milliardenhöhe für die etappenweise Vergrösserung des «einzigartigen» Flughafens «Zurich Unique».

Halle Luft- & Raumfahrt im Verkehrshaus, Lidostrasse 5, 6006 Luzern, www.verkehrshaus.ch

Vom Swissair-Grounding zum Ausverkauf

Im September 2001 hatte sich der Schuldenberg der Swissair auf 15 Milliarden Franken aufgetürmt, die höchste UBS-Etage verweigerte das Gespräch betreffend einen Überbrückungskredit. Den Kleinaktionären blieben die Aktien-Nonvaleurs, deren Wert noch 1,27 Prozent des Kurses vor dem Grounding betrug. Danach refinanzierten der Bundesrat, der Kanton Zürich und weitere öffentliche und private Interessenvertreter das, was von der Konkursmasse überlebensfähig war, mit 3,5 Milliarden Franken. Es entstand eine Swiss-Air ohne Luft: die Swiss. Die unter SR Technics geführten Instandhaltungswerften, die zu den grössten der Welt gehörten, gingen an die Investorengruppen StarCapital und 3iPLC, die sich rühmen, seit 2000 rund 400 Übernahmen und Veräusserungen von Unternehmen durchgeführt zu haben. Der ganze Konzern zählte nach der Umwandlung von einst 72 000 Beschäftigten noch deren 9000. Die Flottenvielfalt der einstigen Swissair blieb, nun reduziert auf 77 Flugzeuge von drei Herstellern mit acht Typen. 2005 meldete Bundesrat Merz: «Die Swiss wird nicht verscherbelt.» Am 22. März 2005 stimmte der Bundesrat dem Verkauf der Swiss an die Lufthansa zu. Später bekannt wurde der Verkaufspreis: Er deckte nicht einmal einen Zehntel der Rettungsgelder. Seither fliegt die nationale deutsche Fluggesellschaft mit dem immer noch begehrten weissen Kreuz auf rotem Grund um die Welt. Die neue Eigentümernation hat zudem in ihren lärmgeplagten Grenzgebieten für Ruhe gesorgt. Während des Swissair-Debakels wurde nämlich der «Zurich Unique», ohne Rücksicht auf die Opposition aus dem Nachbarland, wie geplant weiter ausgebaut mit Airside Center, Dock Midfield und Lärmschneise zur minimal 11 Kilometer entfernten deutschen

Grenze. Nach einem von massgeblichen Kräften im Kanton Zürich verhinderten Staatsvertrag hat Deutschland ein Anflugregime durchgesetzt, das sein Gebiet weniger betrifft, den Norden des Kantons Zürich jedoch umso mehr.

Das Swissair-Grounding hatte ein Nachspiel. Gegen die Swissair-Verwalter aus der Hochfinanz und der Politik wurde ein Prozess mit Anklagepunkten wie Gläubigerschädigung, Falschbeurkundung und unwahren Angaben geführt. Das Bezirksgericht Bülach sprach am 8. Juni 2007 alle 19 Angeklagten auf der ganzen Linie frei. Die Prozesskosten und die Entschädigungen für die Freigesprochenen wurden auf 20 Millionen Franken geschätzt. Strafrechtsprofessor Peter Noll kommentierte 1991 derartige Abläufe: «Die Prominenz teilt die Verantwortung immer so auf, dass niemand sie mehr trägt. Die Generalversammlung der Aktionäre hat ebenso wenig zu sagen wie in der Demokratie das Volk.»[99] Dabei war der Fall Swissair nur ein Vorspiel für die Krise 2008. Der 2009 verstorbene Psychoanalytiker Paul Parin empfiehlt als Therapie: «Man sollte Machtsüchtige behandeln wie Drogensüchtige – mit kontrolliertem Entzug.»[100]

355 Gebrochener Aufstieg: Von den einst 72 000 Swissair-Beschäftigten arbeiten noch 9000 unter dem Label Swiss für den Lufthansa-Konzern. **Sinsheim, Foto H. B. 2009**

Epilog: Die nächste Industrialisierung der Schweiz

von Oliver Fahrni

Le Locle und La Chaux-de-Fonds, die schon Karl Marx im «Kapital» als «eine einzige Uhrenmanufaktur» beschrieben hatte, wurden 2009 zum Unesco-Welterbe erhoben. Als Beispiel dafür, wie die Industrie ganze Stadtlandschaften geformt hat. Uhren-Urbanismus: breite Strassen, die Häuser maximal sechs Stockwerke hoch, keine Mauern – damit genügend Licht auf die Uhren-Etablis fiel. Und damit der ständige Verkehr zwischen den Ateliers nicht behindert wurde, auch nicht im schneereichen Winter auf 1000 Meter Höhe. Le Corbusier ist in dieser lichtdurchfluteten Architektur aufgewachsen (wie übrigens auch Louis Chevrolet, der Autopionier).

Wirtschaftsgeschichte ist eine ausgehungerte Disziplin und Industriegeschichte ihr Findelkind. In diesem Buch schreibt Hans-Peter Bärtschi nicht nur Geschichte – in einem gewissen Sinn macht er sie. Denn in zwanzig Jahren, oder vielleicht schon in zehn, werden jüngere Menschen von der industriellen Vergangenheit des Landes nicht mehr viel erfahren – und kaum noch etwas sehen können. Bärtschi arbeitet in Winterthur, in Sulzer-City. Nachdem der Baukonzern Implenia das Sulzer-Gelände, also ganze Teile der Stadt, gekauft hat, wird die Erzählung von der industriellen Weltmacht Schweiz bald nicht mehr im Stadtbild eingeschrieben sein.

Bärtschi spürt dieser Geschichte von Feuer, kreischendem Metall, tonnenschweren Werkstücken, geheimnisvoller Chemie, nanogenauen Maschinen, knöcheltiefem Oliveröl in Décolletage-Hallen und handwerklichem Genie seit Jahrzehnten nach. Was er akribisch aufzeichnet, sammelt, analysiert, in Szene setzt, ist viel mehr als Stein, Form und Maschine gewordene menschliche Verwandlung der Natur. Er erzählt eine Lebensweise. Eine Gesellschaftsform. Und er kündet von ihrem Ende.

Was hier, am Ausgang dieses Buches, noch nachzutragen bleibt, sind ein paar Informationen zur ökonomischen Mechanik dieser Gesellschaftsform.

Mächtige Kräfte

«Die Schweiz hat ihre industrielle Basis klammheimlich verloren.» Bärtschis Diagnose ist scharf, und sie ist beunruhigend. Er belegt sie gut. Die Schweiz ist keine industrielle Grossmacht mehr. Die Maschinenhalle, das Symbol des bürgerlichen Zeitalters, wird abgerissen. Dieses Land zieht noch immer dreimal mehr Wert aus der Industrie als aus seinem gehätschelten Bankensektor. Aber für die Bürgerinnen und Bürger ist es kein Industrieland mehr. Die Produktion ist in den Schatten der Gesellschaft gerutscht.

Ein junger Mensch, der Polymechaniker lernte, galt vor wenigen Jahren noch etwas. 2010 konnten viele Mechaniker-Lehrstellen nicht besetzt werden. Bürojobs geniessen Vorzug. Aber es geht mehr verloren als eine Reihe von Fertigkeiten. Industrie ist auch eine bestimmte Art, das Werkstück und mit ihm die Welt zu lesen. In einer Maschine steckt nicht nur Mechanik. Arbeitende, die in Cham ZG Chip-Maschinen bauten, wussten, dass es nicht nur auf die extreme Präzision ihrer Teile ankam. Sondern auf ein komplexes Zusammenspiel. Lange bevor der hochpräzise Werkkopf der Maschine fertig war, wussten sie auch schon, ob er gut funktionieren würde oder nicht. So haben sie sich denn auch gegen die Schliessung ihrer Fabrik durch Betriebswirtschaftler klug gewehrt. Bei der Swissmetal in Reconvilier BE gab es Metaller, die besser als alle Messgeräte wussten, ob die Legierung im Hochofen richtig war – sie *hörten* es. Als ein Hedgefonds ihr formidables Werkzeug zu plündern und zu zerstören begann, streikten sie einen Monat lang.

Industrielle Gesellschaften sind innovativ und kooperativ. Sie bringen Menschen hervor, die selbstbewusst Welt gestalten. Ein Uhrenmacher sagte mir einmal, er arbeite täglich an der «Weltformel».

Für den Verlust dieser Zivilisationsform halten Politiker, Banker, Journalistinnen zwei Wörter feil: «Desindustrialisierung» und «Strukturwandel». Damit unterstellen sie eine zwangsläufige Entwicklung, einen Automatismus. Zu hoch das Lebensniveau und die Löhne, um noch Dinge herzustellen. Chinesen, Vietnamesen und Inder arbeiten billiger. Unsere Politiker sagen es ohne Bedauern. Und malen uns das Dienstleistungsparadies Schweiz aus. Schöne, saubere Arbeit. Finanz und Treuhand. Forschung und Entwicklung. Hirn statt Hand.

Genau diesen «Strukturwandel» meint Bärtschi mit seiner Diagnose nicht. Er entlarvt die vermeintliche Zwangsläufigkeit der «Desindustrialisierung» als ökonomischen Trivial-Darwinismus. Seine Forschung führt uns den «Strukturwandel» als Demontage der wirtschaftlichen Grundlage des Landes vor, als Zerstörung eines immensen Wissens und Könnens durch die Entscheide von Managern und Grossaktionären. Nicolas Hayek, der Gründer der Swatch-Group, sagte wenige Tage vor seinem Tod im Sommer 2010 zum Autor: «Ein Firmenchef, der behauptet, mit Schweizer Löhnen lasse sich nicht mehr produzieren, ist kein Unternehmer.»

Hayek erzählte: Als er 1980 von den Grossbanken SBG und SBV, die später zur UBS fusionierten, als Berater für die Uhrenkonzerne Asuag und SSIH-Omega geholt wurde, war sein Auftrag nicht die Sanierung. Er sollte Käufer für die Konzerne finden. Die Banken dachten vorab an asiatische Konzerne. Nach Asien, sagten die Banker, werde sich jede Massenproduktion verschieben. Diese These schien durch die Erfahrung gestützt. Die Billiguhrenproduktion (Roskopfuhren) war rabiat weggebrochen. Niemand kaufte mehr diese unpräzisen Zeitmesser. Für denselben Preis bekam man präzise asiatische Quarzuhren. Der Plan der Banken hätte das Ende der Uhrenindustrie in der Schweiz bedeutet, denn die Asuag belieferte Hunderte von Uhrenfirmen mit Werken und anderen Bestandteilen.

Hayek übernahm die fusionierten Uhrenkonzerne. 2010 produzierte die Swatch-Group in der Schweiz etliche Millionen Billiguhren und Zehntausende von mittelteuren, teuren und luxuriösen Uhren, machte über sechs Milliarden Franken Umsatz und hatte mehr als 24 000 Arbeitende im Lohn, zur Hälfte in der Schweiz. Die Gruppe baut neue Fabriken in Boncourt JU, La Chaux-de-Fonds, Biel, Grenchen ...

Swatch-CEO Nick Hayek junior sieht kein Problem, in der Schweiz zu produzieren, wenn er Entwicklung, Produktion, Marketing und Vertrieb stärker integriert, also die Margen der Wertschöpfungskette kumuliert. Eigentlich eine sehr klassische Industrialisierungsstrategie, die für ausreichende Profite sorgt. Nur: Sie steht in scharfem Kontrast zum langen Trend der Wirtschaft.

Also ist zu ergründen, was die «Desindustrialisierung» der Schweiz seit über drei Jahrzehnten tatsächlich treibt. Das könnte Aufschluss darüber geben, ob der industrielle Niedergang irreversibel ist, also die Zukunft der Produktion in diesem Land schon zerstört ist.

Im Frühherbst 2010 lud ein Biotech-Unternehmer zu einer Dampfschifffahrt auf den Vierwaldstättersee. Er wollte die neuesten Zahlen und das prächtige Gedeihen seiner Firma feiern. Und eine Innovation, die ihm noch glänzendere Börsenkurse bescheren sollte. Unten im Bauch der «Schiller» stampften Maschinen der Gebrüder Sulzer: über 100 Jahre alt, 1,4 Millionen Kilometer auf dem Zähler, 28 km/h schnell. Die Maschinen sind mit Armaturen von hoher Ästhetik versehen.

So viel ist klar: Mächtige Vorgänge haben die Schweizer Industrie umgestaltet. Diese Veränderungen geschehen manchmal in wenigen Jahren, in einem Staccato von Desinvestitionen, Fusionen, Verkäufen, Fabrikschliessungen, Auslagerungen, Arbeitsplatz-Zerstörungen. Neoliberale Ökonomen preisen das als «schöpferische Zerstörung». Welche Kraft tut da ihr Werk?

Neue Technologien, antworten Historiker häufig. Anschaulich ist das gewiss: Dampf. Stahl. Elektrizität. Öl und Petrochemie. Informationstechnologie. Biotechnologie. Nano. Technologische Brüche (der Stand der Produktivkräfte) sind starke Treiber industrieller Veränderungen.

Darauf beruht sogar eine umstrittene, aber wirkungsmächtige Theorie der Wirtschaftslehre, die Theorie der langen Wellen (Kondratjew-Zyklen): Technologie-Sprünge leiteten nach Kondratjew und Schumpeter jeweils eine tiefe Krise und dann einen langen Aufschwung ein.

Wer damit aber den «Strukturwandel» der Schweiz erklären wollte, erläge einem Kurzschluss. Technologieschübe sagen uns, *wie* sich Industrien verändern, geben aber keine Auskunft über die Gründe, *warum* in der Schweiz nicht mehr industriell produziert werden sollte. So gut wie alle gängigen Technologien sind hier zumindest mitentwickelt worden. Dieses Land verfügt über alle Verfahren, eine hochqualifizierte Arbeiterschaft, beste Hochschulen und Forschungsinstitute, eine funktionierende Infrastruktur. Und über reichlich Kapital. Letzteres ist allerdings schon ein Teil des Problems, wie wir sehen werden.

Der Zusammenbruch der Uhrenindustrie und ihre Wiederauferstehung in der Massenproduktion oder die Demontage der Eisenbahnindustrie und ihre Renaissance in Konzernen wie Stadler Rail rücken andere Antriebskräfte der «Desindustrialisierung» ins Blickfeld.

Denn es gibt keine zwingende wirtschaftliche Mechanik, die uns von der industriellen Tätigkeit wegführt. Volkswirtschaften mit vergleichbaren oder höheren Lohnstückkosten produzieren weiter Lokomotiven, Computer-Chips, Solarzellen, Motoren und Turbinen, hochauflösende Bildschirme, superelastische oder superharte Werkstoffe, Nano-Beschichtungen, Spitzenoptik, Laser, Fahrzeuge. In der Regel bringen neue, komplexe Technologien eine erhöhte Wertschöpfung. Ideal für ein Land mit hohem Know-how. So rangiert die Schweiz in der Innovation, in den Ranglisten der Konkurrenzfähigkeit, bei den Firmensteuern und sogar im Vergleich der Lohnstückkosten besser als die meisten europäischen Industrieländer. Wirtschaftsförderer der Kantone wuchern gerne mit lockeren Arbeitsgesetzen, kooperativen Gewerkschaften und fehlendem Kündigungsschutz. Eigentlich müsste dieses Land ein Industriellen-Paradies sein – und etliche Industrielle sehen das auch so.

Der Aufstieg der Banken

Wenn diese «Desindustrialisierung» im Wesentlichen also weder «Standortnachteilen» noch technologischen Brüchen geschuldet ist, müssen wir ihre Gründe im Kern des Wirtschaftens finden: in den Regeln, welche Produktion und Profit, Kredit und Zins, Wertschöpfung und Investition lenken. Und in den Entscheiden jener, die über die Unternehmen und das Kapital gebieten. Aufstieg und Fall der Schweizer Industrie ist eng mit der Machtergreifung der Finanz über die Wirtschaft verknüpft.

Als Hayek, damals noch Unternehmensberater, vor dreissig Jahren mit dem Verkauf der Uhrenindustrie an ausländische Konzerne beauftragt wurde, waren die Grossbanken gerade dabei, systematisch aus dem Kapital der Industrieunternehmen auszusteigen. Eine lange Periode ging zu Ende.

Die Grossbanken (und die Grossversicherungen) waren Gründungen der Industriepioniere. Kapital für die industrielle Expansion musste gesammelt werden. Konkurrierende Unternehmen sollten gekapert und das Kapital um die neuen Industriekonglomerate organisiert werden. Alfred Escher schuf 1856 die Schweizerische Kreditanstalt (SKA, die heutige CS). Die Schweizerische Bankgesellschaft (SBG, heute UBS) wurde 1862 von den Industriellen Rieter, Sulzer und Volkart in Winterthur aufgestellt. Sie beteiligte sich, zusammen mit der SKA und reicher Basler Familien, 1872 an der Gründung des Schweizerischen Bankvereins (SBV, heute ebenfalls UBS).

Das erklärt, warum sich bis Mitte der 1970er-Jahre fast die gesamte Schweizer Industrie um die Grossbanken gruppierte,[1] stark durch ungezählte Beteiligungen verflochten. Die drei Grossbanken besetzten 1974 mehr als 2200 Verwaltungsratssitze in Schweizer Aktiengesellschaften.[2] Über ihre Beteiligungen und VR-Mandate, über Depotstimmrechte, den Kredit und andere Hebel sicherten sich SBG, SBV und SKA die Kontrolle über die Industrie. Manager beschlossen Fusionen und strategische Ausrichtungen. Dabei wurden auch schon mal die alten Besitzerfamilien und Aktionäre im Handstreich entmachtet.

Nicht der Bundesrat oder das Parlament gestalteten die Industriepolitik des Landes, sondern die Bankmanager. Darum ist Industriepolitik bis heute für die bürgerliche Mehrheit in Bern ein ideologisches Tabu.

Dabei stellt sich ein Problem: Das Finanzwesen ist kein Wirtschaftszweig wie andere. Banken handeln mit Geld. Sie stellen selbst keinen Wert her. Sie verleihen Geld, damit andere damit etwas Produktives anstellen. Von Wert und Gewinn dieser Produktion nehmen sie ihren Teil. Das ist im Prinzip nützlich. Sie schmieren die Produktion. Und sie überbrücken, mit ihrem Kredit, die Zeitspanne zwischen dem Moment, da der Unternehmer Rohwaren einkauft, Arbeitende bezahlt und die Produktion anwirft, und dem Moment, da der Unternehmer die Ware verkauft, also den von der Arbeit geschaffenen Wert realisiert.

Kredit ist eine Wette auf künftigen Mehrwert. Darum haben die Banken, so sagt die klassische Lehre, ein objektives Interesse an einer möglichst produktiven Wirtschaft und am Weiterbestand des Unternehmens. Zwar haben die Schweizer Banken schon immer Geschäfte mit der diskreten Vermögensverwaltung für fremde Herren, mit Blutgeld und Steuerflucht gemacht. Doch bis in die 1970er-Jahre wirkte noch ein sehr direkter Zusammenhang zwischen den Profiten der produzierenden Unternehmen und der schnell wachsenden Akkumulation von Geldkapital.

Das hatte seine Entsprechungen im zunehmend kaufkräftigeren Arbeitenden einerseits, im Couponschneidenden Aktionär andererseits. Indem die Arbeitenden durchsetzten, dass sie an den Produktivitätsgewinnen teilhatten, wurde die Kaufkraft für die expandierende Massenproduktion geschaffen. In der Politischen Ökonomie wird das treffend «fordistische Produktionsweise» (nach dem Automobilfabrikanten Henry Ford) genannt. In der Schweiz nahm das die Form eines korporatistischen Dreiecks Kapital-Staat-Arbeit an (zum Beispiel mit dem stark protektionistischen Uhrenstatut). Einmal pro Jahr nahm der gewöhnliche Aktionär, bildlich gesprochen, seine Aktien aus dem Tresor, schnitt den Dividendencoupon ab und liess ihn vom Unternehmen honorieren (meist erledigte die Bank, bei der die Aktien im Depot lagen, den Job). Sechs Prozent Dividende galten damals als beste Kapitalverzinsung und als ein Zeichen von robuster Gesundheit des Unternehmens. Heute wird ein Unternehmen mit sechs Prozent Eigenkapitalverzinsung als Sanierungsfall oder potenzieller Übernahmekandidat gehandelt.

Mitte der 1970er-Jahre trat der Bruch ein. Die Banken begannen, sich aus der Industrie zurückzuziehen. Beteiligungen lagerten sie seither in Fonds aus (Investmentfonds, Pensionsfonds, Private-Equity-Fonds, Hedgefonds). 2010 verfügten alle Schweizer Industrieunternehmen zusammengenommen nur noch über einen Bankkredit von weniger als 25 Milliarden Franken (ohne Hypotheken)[3] – was weniger als einem Prozent der Bilanzsumme der beiden Grossbanken entspricht (3200 Milliarden vor der Krise 2008).

Umgekehrt blieb die Abhängigkeit der Industrie von Banken weiter hoch. Mehr als 150 000 KMU, darunter viele Industrie-KMU, haben ihre Kontokorrente, Kreditlinien, Leasing-Verträge, Hypotheken, Exportfinanzierungen, Währungsabsicherungen, Pensionskassen, Wertpapiere und Zahlungsgarantien bei UBS und CS (und zunehmend bei der heimlichen dritten Grossbank, der Zürcher Kantonalbank ZKB). Möglichen Schaden von diesen KMU abzuwenden, diente dem Bundesrat und der Nationalbank im Oktober 2008 als wichtigste Begründung für das 68-Milliarden-Rettungspaket zu Gunsten der UBS.

Kein anderes Land, Operetten-Republiken ausgenommen, kennt eine derart verhängnisvolle Bankenstruktur. 2007 summierte sich die Bilanzsumme der beiden Grossbanken auf das Sechsfache des Schweizer Bruttoinlandproduktes. Allein schon diese Zahl macht klar, dass die Finanzkonzerne nur noch in sehr geringem Mass auf den Mehrwert der produzierenden Unternehmen angewiesen scheinen.

Paradox. Entsteht doch realer Wert allein in der Produktion von Gütern und Diensten. Wie erklärt sich das?

Die drei Kapitalismen

1971 hatte die US-Regierung den Dollar vom Gold gelöst. 1973 brach die Nachkriegsordnung (Bretton Woods) ganz zusammen. Der globale Umbau des kapitalistischen Wirtschaftssystems begann. Exit Fordismus. Eine veritable Revolution.

Ich benutze den Begriff «Kapitalismus», weil er die Verhältnisse deutlich besser fasst als die ideologische Umschreibung «freie Marktwirtschaft». Selbstbewusste Unternehmer haben immer von Kapitalismus gesprochen. Märkte gibt es in allen Wirtschaftsordnungen, und der freie Markt war nie mehr als ein «politisches Projekt der Mächtigen zu ihrem eigenen Nutzen», wie John Gray notierte, der als Chefberater der neoliberalen britischen Premierministerin Margaret Thatcher ab 1979 genau diese freien Märkte durchzusetzen versuchte.[4]

Hingegen erfasst das Wort «Kapitalismus» die Essenz unseres Wirtschaftssystems: Das Kapital kommandiert. Oder anders gesagt: Technologie, handwerkliches Können, Rohstoffe, politischer Rahmen, Arbeiterschaft, natürliche Grenzen usw. sind im Kapitalismus nur Bedingungen. Und Wohlstand, ökologische Nachhaltigkeit und soziale Gerechtigkeit sind nur mögliche – und, in der Kombination, unwahrscheinliche – Effekte.

Was die Wirtschaft tut, wie sie es tut, wie wir also arbeiten und leben, entscheiden in erster Linie nicht die demokratisch gewählten Instanzen, sondern jene, die über das Kapital verfügen.

Banal? Ideologisch? Kaum, wenn wir die wirtschaftliche Entwicklung der Schweiz und die gegenwärtige globale Krise betrachten.

Wie jede Wirtschaftsordnung hat der Kapitalismus eherne innere Gesetze. Dass das Kapital immer mehr werden muss, dass es zunehmend schneller umgeschlagen wird und es sich dabei konzentriert, ist ein solches Gesetz. Es unterwirft alle anderen Regeln, etwa die Nachhaltigkeit. Ein anderes Gesetz ist der Doppelcharakter allen wirtschaftlichen Handelns: Die Dinge haben einen Gebrauchswert (etwa ein Laptop). Aber interessant wird die Herstellung von Dingen erst, wenn sie gegen Geld mit Gewinn verwertet werden können. Der Kapitalismus trachtet danach, alles zu verwerten, losgelöst vom Gebrauchswert für die Menschen, auch öffentliche Güter wie Wasser oder saubere Luft, knappe Dinge wie Boden, private Dinge wie Gefühle usw. Die In-Wert-Setzung ist seine einzige Natur. Relevant ist etwas erst, wenn es Ware geworden ist.

Der Coupon-schneidende Aktionär, die Besitzerfamilien, das Management hatten bis zu Beginn der 1970er-Jahre ein wesentliches Ziel: Sie bauten industrielle Substanz auf, denn die Verwertung musste ja jeden Tag erneut geschehen. Die (möglichst hohe) Verzinsung ihres Kapitals hing davon ab, dass sie Marktanteile gewannen, immer produktiver und innovativer wurden. Zudem musste wachsende Kaufkraft (und Kauflaune) geschaffen werden. Die Löhne legten in diesen «goldenen Jahren» nach dem Krieg stark zu.

Dann stockte die Maschine. Die Gewinne stagnierten. Gerade auch, weil die Arbeitenden erfolgreich ihren Teil eingefordert hatten. Das Kapital fand zu wenige lohnende Anlagen. Es konnte sich nicht verwerten, nicht dauernd höher verzinsen und nicht rasch genug akkumulieren. Texte von Politikern und Unternehmern aus den 1970er- und 1980er-Jahren beklagen die Umverteilung nach unten. Sie verständigten sich hierzulande und global auf den neoliberalen Umbau.

Ihre Strategien, die genau so auch öffentlich formuliert wurden: 1. Ausdehnung gegen aussen: Abbau von Handelsbarrieren, Deregulierung, neue internationale Arbeitsteilung. Schon 1978 begann die Integration Chinas. Inzwischen haben Schweizer Industriefirmen im Ausland dreimal mehr Arbeitsplätze als in der Schweiz. Neun der zehn grössten Industriekonzerne arbeiten zu 85 und mehr Prozent im Ausland.[5] 2. Expansion gegen innen: Deregulierung, Privatisierung von öffentlichen Gütern und Diensten, Liberalisierung. Lohnstagnation, Schwächung der Gewerkschaften, Rückbau der sozialen Sicherheit und des Staates. Die Umverteilung nach oben kam wieder in Gang. Ab 1990 wurde sie mit dem neoliberalen Programm des Washington Consensus und dem Weissbuch der schweizerischen Wirtschaftsführer scharf beschleunigt.

Im alltäglichen Wirtschaften fand das seine Gestalt als Shareholder-Value-Kapitalismus. Gefordert war schneller und maximaler Profit für den Aktionär. Das trieb die «Desindustrialisierung» sprunghaft an. Ganze Industriesegmente, die durchaus rentabel produzierten, wurden zugemacht, abgestossen, ausgelagert (siehe etwa Eisenbahnindustrie). Gerade in der Industrie liegen oft längere Zeiträume zwischen Entwicklung und Verwertung. Doch jetzt reichten sechs Prozent Eigenkapitalrendite wie beim Coupon-Schneider-Kapitalismus (Stakeholder) nicht mehr. Die Manager waren angehalten, sich beim Entscheid zwischen langfristigem Substanzaufbau und kurzfristiger Gewinnmaximierung (Vierteljahresbilanzen, frisierte Börsenkurse usw.) für schnellen Profit zu entscheiden. Alles für den Börsenkurs. Kostensenkung um jeden Preis.

So wurde etwa jüngst, im November 2010, ruchbar, dass der Pharma-Weltkonzern Roche trotz 8,5 Milliarden Franken Gewinn massiv Arbeitsplätze vernichtet – allein in der Schweiz 770 Stellen. Daran hatte, ausser der Gewerkschaft Unia, niemand etwas auszusetzen.

Freilich dürfte das Roche-Management dabei nicht nur den eigenen Börsenkurs anvisieren. Und auch nicht nur seine Kriegskasse für künftige Investitionen. Denn längst richtet eine dritte Stufe des globalen Umbaus Verheerungen in der produzierenden Wirtschaft an. Schweizer Banker haben sie entscheidend mitgeprägt. Sie wird mit dem Begriff «Finanziarisierung» gefasst. Er bezeichnet die Entfesselung der Finanzmärkte. Zwei Zahlen machen die Folgen kenntlich: 2007 stellte die Welt für rund 52 000 Milliarden Güter und Dienstleistungen her (Welt-BIP). Das geschätzte Volumen der Finanzmärkte betrug im selben Jahr aber absurde 3 400 000 Milliarden Franken. Diese Wirtschaftsform warf keine Blase – sie war zu einer einzigen Blase geworden.

Möglich wurde das durch Tausende von Gesetzesnovellen, Abkommen und Verordnungen, die national und international die meisten Beschränkungen der Finanzspekulation aufgehoben hatten. Deregulierung eben. Leerverkäufe von Gütern oder Papieren (zum Beispiel auf Rohstoffe oder Lebensmittel) waren noch das Geringste. Hebelgeschäfte, Wetten auf Pump, Kettenverschuldungen sind längst legalisiert. Genauso Finanzderivate aller Art. So gut wie alles, was früher als illegales Glücksspiel, Wucher oder Betrug verboten war, galt nun als der neueste Chic der «Masters of the Universe».

Wetten auf die globale Pleite

Im Finanzkapitalismus dient die Produktion der Unternehmen vor allem noch als Vorwand und schmale Unterlage der Spekulation. Wenn ein Industriekonzern etwa eine Anleihe auflegt, um eine neue Produktionslinie zu finanzieren, freut das die Bank. Denn der Käufer der Anleihe kann sich gegen den möglichen Ausfall der Rückzahlung versichern. Er besorgt sich einen Credit Default Swap, CDS. Dieser ist als «Wertpapier» handelbar. 2007 standen weltweit Unternehmensanleihen für insgesamt rund 5000 Milliarden Dollar aus – aber es waren CDS für 60 000 Milliarden Dollar im Umlauf. Anders ausgedrückt: Banken und andere Finanzinstitute hatten viel mehr Versicherungen verkauft, als Anleihen im Umlauf waren. Und die Finanzspekulanten (darunter auch Schweizer Pensionskassen, Konzerne, öffentliche Körperschaften) hatten 12:1 auf den Bankrott sämtlicher Unternehmen weltweit gewettet.

Sogar hoch bezahlte Expertengremien und Zentralbanker hielten das für unbedenklich. Sie nannten diese Vorgänge hübsch «Verbriefung» und schlossen Auswirkungen des Treibens in «der gespenstischen Sphäre der Finanzmärkte» (Ex-US-Notenbankchef Paul Volcker) auf die reale Wirtschaft aus. Sie sagten, die Realwirtschaft sei von der Finanz abgeschottet.

Der alte Traum des Kapitals schien in Erfüllung gegangen: Verwertung ohne Arbeit, mirakulöse Geldvermehrung ohne Produktion, das finanzielle Perpetuum mobile, Alchemie des Kapitals.

Nun wissen sie es besser. Das Rumpelstilzchen-Problem («Ach wie gut, dass niemand weiss, dass ich Kapitalismus heiss'») ist vom Tisch. Die «Zwei-Sphären-Theorie» ist mit der Krise nach 2007 krachend eingestürzt.

Betrachten Sie Schweizer Grossbetriebe. Swissmetal, Sulzer, Saurer, SIG, Unaxis (OC Oerlikon), Ascom und einige mehr wurden Opfer finanzkapitalistischer Angriffe durch Fonds. Die kapern mit geringstem Kapitaleinsatz (Aktienausleihe, Optionen, stille Depots usw.) ein starkes Aktienpaket des Unternehmens und plündern dessen Substanz. In vielen Fällen bereiten die Hausbanken der angegriffenen Unternehmen die Attacke vor. Oder lassen die Plünderung sogar durch einen eigenen Hedgefonds betreiben.

Meist bleiben die Angreifer nur ein paar Monate – wenn sie dann abziehen, sind ganze Unternehmensteile verkauft, die Kassen geleert, die Reserven aufgelöst, der Immobilienpark verscherbelt, neue Schulden aufgetürmt ... Industrieruinen bleiben übrig.

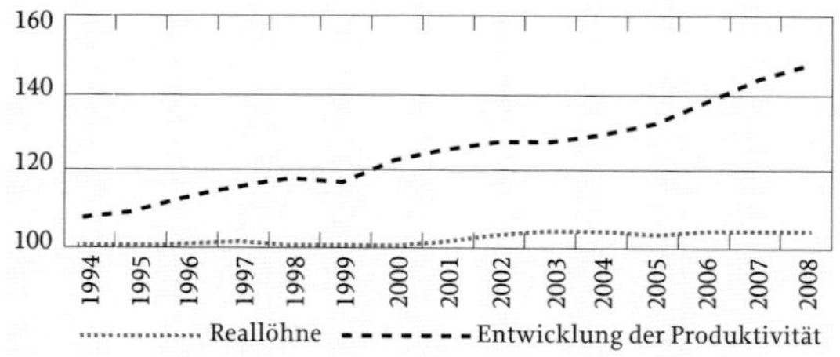

Grafik 1 **Produktivität und Löhne.** Index: 1991=100. Quelle: Bundesamt für Statistik/Nationalbank

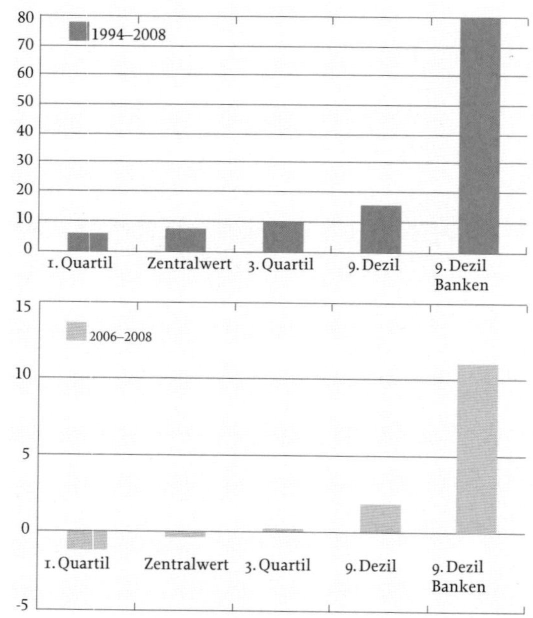

Grafik 2 **Lohn: Starke Umverteilung nach oben.** Die zehn Prozent Bestverdienenden und speziell die Banker holen sich Reallohnsteigerungen. Quelle: Lohnstrukturerhebung des Bundesamts für Statistik (aufgeschlüsselt von Hans Baumann)

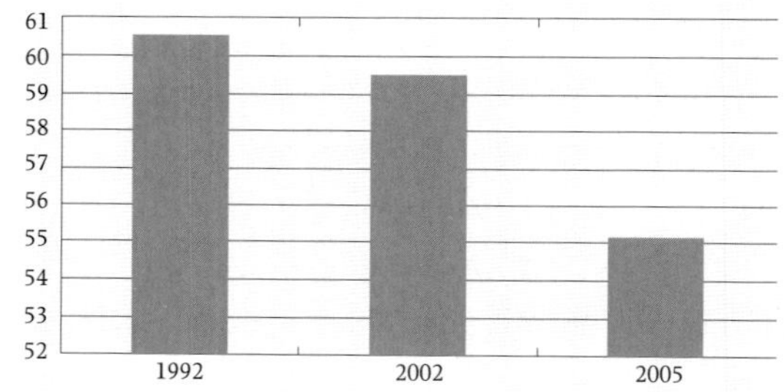

Grafik 3 **Sinkende Lohnquote.** Der Anteil am Volkseinkommen, der in Form von Erwerbseinkommen ausbezahlt wird, nimmt ab. Quelle: Unia/Bundesamt für Statistik

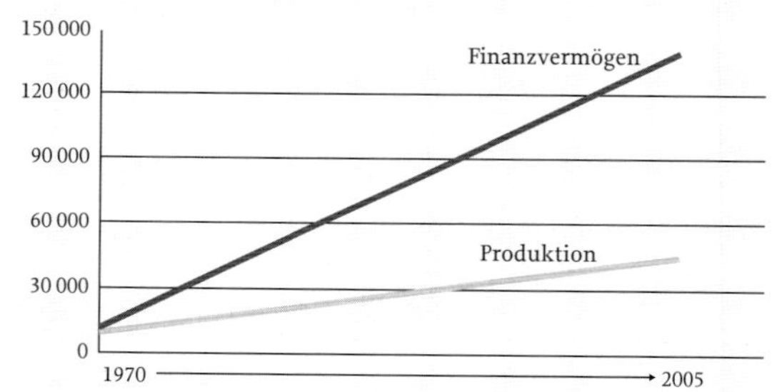

Grafik 4 **Fataler Kapitalüberschuss.** Die Finanzvermögen steigen stärker als die Produktion. In Mia $, Quelle: McKinsey

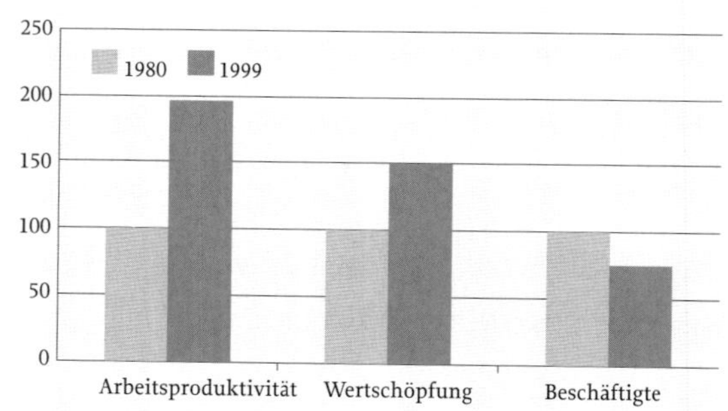

Grafik 5 **20 Jahre Produktivitätsschub in der Industrie.** Quelle: Rudolf H. Strahm/Kommission für Konjunkturfragen

Anders als im klassischen Kapitalismus wird in dieser neuesten Spielart der Kapitalverwertung die Herstellung von Wert gar nicht mehr abgewartet. Vielmehr greifen sich die «Investoren» die früher produzierte Substanz und zugleich, über die Kredithebel und die Aktienspekulation, den möglichen künftigen Mehrwert.

Wer daraus, mit antisemitischem Zungenschlag, eine Frontstellung zwischen «raffendem und schaffendem Kapital» ableitet, findet zwar Konzerne, die sich mit aller Kraft gegen die Finanzer abschotten – und noch investieren. Aber im Kern ist diese Unterscheidung falsch. Längst haben die Banker ihre Regeln (hohe Eigenkapitalrendite, kurzfristiger Profit) der gesamten Wirtschaft auferlegt.

Manche Schweizer Multis beschäftigen Devisen- und Börsenabteilungen mit Dutzenden von Händlern – sie sind selbst zu Finanzkonzernen mutiert.

Vor allem aber nährt sich die Spekulation seit einem Jahrzehnt von den Finanzüberschüssen der produzierenden Industrie. Diese Überschüsse sind das Resultat der Umverteilung nach oben. Wie in Grafik 1 dargestellt, explodierte die Produktivität der Unternehmen – aber die Löhne wuchsen nur wenig oder stagnierten gar. Zieht man Statistiken nach Lohnklassen zurate (Grafik 2), erkennt man zudem die klaffende Lohnschere. Produktivitätsgewinne werden den Belegschaften vorenthalten. An Börse, Devisen- und Finanzmärkten werfen sie potenziell mehr ab als in konkreten Investitionen – was sich schliesslich in konstant tiefen Investitionsraten ausdrückt.

So schreitet die Demontage der Industrie voran. Und selbst wo Unternehmen investieren, sind sie doppelt bestraft. Zum einen zwingen die Grossbanken sie oft unter harsche Kreditbedingungen und hohe Risikozuschläge. Zum anderen verteuert der starke Franken ihre Exporte. Grund: Der Finanzplatz Schweiz ist Fluchthafen für Kapital aus aller Welt. Und mit dem Billig-Geld, das ihnen die Nationalbank in grossen Mengen bereitstellt, spekulieren Banker und Finanzmanager gegen Euro und Dollar.

Derart von allen Fesseln befreit, tritt die Eigenart des Finanzwesens deutlich zutage. Banken, das hat sich in der Vergangenheit immer wieder gezeigt, erfüllen ihre volkswirtschaftliche Aufgabe nur, wenn sie in ein strenges Korsett von Regeln eingebunden sind. Wenn sie aber wesentlich mehr tun dürfen, als die produzierende Wirtschaft und die Menschen mit Kapital und Kredit zu versorgen, wenn sie also mit Eigengeschäften, Derivaten, Währungsspekulationen, Hedgefonds den eigenen grenzenlosen Gewinn suchen, wendet sich ihre besondere Interessenlage (sie produzieren ja keinen Wert) gegen die Produktion.

Nichts illustriert dies besser als die Spekulation gegen den Euro. Sie wird möglich, weil die Finanzkonzerne von der öffentlichen Hand gerettet wurden. Sie verdienen also gleich mehrfach: Weil sie «Too Big to Fail» sind, profitieren sie von einer kaschierten Milliardensubvention – denn so können sie mit Hochrisikogeschäften enorme Gewinne einfahren und Boni auszahlen. Fallen sie aber, werden sie gerettet. Um diese Rettung zu finanzieren, muss der Staat Geld aufnehmen. Wieder kassieren die Banken, weil sie diese Anleihen für den Staat verkaufen. Und schliesslich streichen sie auch noch den Profit der Spekulation gegen die verschuldete Währung ein.

Sie verdienen sogar an ihrem eigenen Crash. Eine ziemlich bizarre Situation für eine Branche, welche das kapitalistische Weltsystem vor drei Jahren beinahe in den Abgrund gerissen hätte. SNB-Präsident Philipp Hildebrand: «Die Kugel ging so nahe am Kopf vorbei, dass wir sie pfeifen hörten.» Seither pfeift sie immer wieder.

Ökosozialer Umbau

Was sich da abspielt, ist weit mehr als eine Finanz- und Wirtschaftskrise. Zugleich drohen das Ende des fossilen Zeitalters, der Klimakollaps und eine globale Verteilungs- und Hungerkrise. Einzeln wahrgenommen, könnte man sich mit Lösungen für jede dieser Herausforderungen beschäftigen. Wer diesen Versuch aber unternimmt, etwa mit Biosprit statt Öl, erkennt sogleich, dass er damit das Hungerproblem verschärfen würde. Elmar Altvater, deutscher Politikwissenschaftler und Ökonom, sagt es so: «Wir stehen nicht vor mehreren Krisen, sondern vor einer einzigen, mehrstöckigen Krise der kapitalistischen Produktionsweise.»[6]

Wo möchte man da einen günstigen Ausgang sehen? Die kapitalistische Verwertung ist – das würde sie sogar für sich reklamieren – blind für die Gesellschaft, die Ökologie und das Soziale.

Leicht zu verstehen, dass dieses Wirtschaftssystem auch ökologisch an seine Systemgrenzen stösst. Nicht nur, weil die Ressourcen, die es in hohem Tempo masslos verbraucht, endlich sind. Sondern auch, weil die Probleme, die es schafft (etwa der schleichende Klimakollaps), nicht oder nur begrenzt verwertet, zur Ware gemacht werden können. Was aber nicht warenförmig ist, existiert im Kapitalismus nicht. In diesem Wirtschaftssystem kann das Ökologie-Problem nicht gelöst werden.

Wohlfeile Rezepte stehen also nicht im Angebot. Klar scheint allerdings, dass der Systemkrise nur beizukommen ist, wenn wir die Art, wie wir arbeiten und leben und Wert schaffen, auf neue Grundlagen stellen.

Hans-Peter Bärtschi legt eine Spur mit seiner Darstellung der verlorenen industriellen Grundlage. Es wäre eine sinnvolle Form der Rückgewinnung von Industrie, wenn die Politik die Banken wieder in die Fesseln ihrer eigentlichen wirtschaftlichen Rolle legte. Und die Gesellschaft den ökosozialen Umbau erzwänge.

Viel bräuchte es dazu nicht. Längst ist in den alten Industrieländern eine Re-Industrialisierung im Gang. Gefördert durch eine ökologische Industriepolitik, wurden schon Millionen von Arbeitsplätzen in Cleantech-Industrien geschaffen. Vorsichtige Schätzungen veranschlagen den Umsatz der Greentech-Industrien in zehn Jahren auf fast 5000 Milliarden Franken.[7]

Nur die Schweiz verweigert jede Industriepolitik. Trotzdem sind auch in der hiesigen Industrie in den Jahren vor der Krise an die 60 000 Arbeitsplätze entstanden, zur Hälfte für Umwelttechnik. Wahrscheinlich wären zwei der letzten Industrie-Fossile, OC Oerlikon und ABB, ohne ihre Cleantech-Bereiche längst kollabiert.

So ist eine Antwort zumindest gefunden: Die «Desindustrialisierung» ist keineswegs irreversibel. Vorausgesetzt, die Schweiz versteht, dass ein Dienstleistungsparadies oft die Dienstleistungshölle ist. Und dass sie immer noch ein Industrieland ist.

Oliver Fahrni, 1956, hat Ökonomie, Politikwissenschaften und Religionssoziologie studiert und arbeitet als Wirtschaftsjournalist, Sozialwissenschaftler und Dozent. Er war unter anderem stellvertretender Chefredaktor der (alten) «Weltwoche» und Auslandchef der «Woche» (Hamburg) und ist heute Redaktor von «Work». Er leitet den europäischen Thinktank «Cargo3», der sich mit geogesellschaftlichen Veränderungen befasst.

Anmerkungen

I Bergbau, S. 10–37

1 Bundesamt für Statistik, Branchen 10–14, 45, Anteil Arbeitsplätze gemessen an einem Beschäftigungsgrad von 50% der Einwohnerzahl 1950 = 4,715 Mio., 2010 = 7,772 Mio.

2 Kündig Rainer u. a.: Die mineralischen Rohstoffe der Schweiz, ETH, Zürich 1997, gibt den systematischsten und aktuellsten Überblick über die Rohstoffe der Schweiz.

3 Brun Eduard: Geschichte des Bergbaus im Oberhalbstein, Davos 1986.

4 Fehlmann Hans: Der schweizerische Bergbau während des Weltkrieges, Bern 1919, gibt den umfassendsten in Buchform publizierten Überblick über den Bergbau bis in den Ersten Weltkrieg. Die Archivalien liegen bei der Geologischen Dokumentationsstelle in Bern.

5 Beiträge zur Geologie der Schweiz, Geotechnische Serie. In diesen Beiträgen wird das vorhandene Wissen über Lagerstätten von der Schweizerischen Geotechnischen Kommission seit dem Zweiten Weltkrieg weiterbearbeitet.

6 Minaria Helvetica, Zeitschrift der Schweiz. Gesellschaft für historische Bergbauforschung, Basel 1981ff.

7 Ferrum, Nachrichten der Eisenbibliothek, GF Schaffhausen, 1977ff.

8 Bergknappe, Davos 1976ff.; Krähenbühl Hans: Der historische Bergbau in Graubünden, Davos 1996.

9 Aminsel (Hg.): Die Minen und Salinen von Bex, Lausanne 1986.

10 Minaria Helvetica 12b 1992: Schieferbergbau Engi und Elm/GL, Bergsturz von Elm 1881.

11 Bärtschi Hans-Peter: Industriekultur im Kanton Zürich, Zürich 1995[2], Bergwerke und Baumaterialindustrie, S. 178–198, Quellen S. 349f.

12 Hugger Paul: Der Gonzen, Sargans 1986.

13 Jelmini Pierre: Les Mines d'Asphalte du Val-de-Travers, Neuchâtel 1987.

14 Minaria Helvetica 15b 1995: S-charl.

15 Minaria Helvetica 14b 1994: Goppenstein.

16 Minaria Helvetica 16b 1996: Kulturlandschaft Simplon – Goldbergwerk Gondo.

17 Hof von Innsbruck, Massiven 23. 3. 1545 (Recherchen des Autors).

18 Der Autor dieses Buches machte seine ersten Befahrungen 1984 und richtete 1995–1998 das Bergbaumuseum S-charl ein. Inzwischen sind das Schmelzwerk und die Stollensysteme Cuga Nair und Mot Madlain detailliert vermessen: Bergknappe 3/2006, 1/2007, 1/2009. Einen Überblick über den aktuellen Kenntnisstand gibt Schreiber Martin: Der historische Bergbau bei S-charl im Unterengadin, Chur 2004.

19 Privatinventar des Bergrichters, Innsbruck 1602.

20 Hubacher Willy: Exploration minière en Valais après la 2ème guerre mondiale (1941–1990), in: Minaria Helvetica 14/1994, S. 78–91

21 Bruck René: Meine Erinnerungen an das Goldbergwerk Pestarena, in: Minaria Helvetica Nr. 5/1985. Industrieller Abbau bis 1952, handwerklicher Abbau noch im 21. Jahrhundert.

22 Bärtschi Hans-Peter: Goldmine Gondo – eine industriearchäologische Bestandesaufnahme, in: Minaria Helvetica Nr. 16b/1996.

23 Pfrunder Peter, Jans Victor: Gold in der Schweiz, Thun 1996, S. 136.

24 Bärtschi Hans-Peter: Bahnwanderweg Lötschberg, Zürich 2008. Ders. La ligne du Lötschberg en dix étapes, Bussigny 2009, Standort 5 Süd/Circuit de Goppenstein.

25 Hugger Paul, Epprecht Wilfried: Der Gonzen, 2000 Jahre Bergbau – ein Buch der Erinnerungen, Sargans 1991; Bärtschi Hans-Peter, Lang Norbert: Die Elektrogyrolok des Gonzenbergwerks, EKD-Gutachten 1991; Broschüre Sargans 1994; Pro Gonzenbergwerk (Hg.): Das Eisenbergwerk Gonzen, Sargans 1984; Manz Werner: Der Eisenbergbau am Gonzen, Bad Ragaz 1923.

26 Angaben aufgrund einer Befahrung des Gonzenbergwerks von Wilfried Epprecht mit Hans-Peter Bärtschi 1984.

27 Bühler Rolf: Bergwerk Herznach – Erinnerungen an den Fricktaler Erzbergbau, Aarau 1986.

28 Bärtschi Hans-Peter: Eisen aus der rohstoffarmen Schweiz, in: Kilometer Null – vom Auf- und Abbau der industriellen Schweiz, Zürich 2004, S. 20–24; Von Roll'sche Eisenwerke (Hg.): Geschichte der Ludwig von Roll'schen Eisenwerke, Gerlafingen 1953.

29 Fehlmann Hans: Der schweizerische Bergbau, Bern 1919, S. 17–34.

30 Fehlmann, a.a.O.; Burri Marcel: Connaître la nature en Valais, Martigny 1994, S. 140; Bärtschi Hans-Peter: In beiden Weltkriegen zählte die heimische Rohstoffbasis, in: Industrie-Kultur 4/2007, S. 7–9; Ders.: Dokumentation Dorénaz 1998.

31 Bärtschi Hans-Peter: Bergwerke und Baumaterialindustrie, in: Industriekultur im Kanton Zürich – vom Mittelalter bis heute, Zürich 1994, S. 179–193, 349f.

32 Kündig Rainer, Wenger Ueli u. a.: Kohlebergwerk Riedhof bei Aeugst am Albis, in: Minaria Helvetica 22a/2002.

33 Bärtschi Hans-Peter: Industriekultur Band 2 – Kanton Zürich – unterwegs zu 222 Schauplätzen des produktiven Schaffens, Zürich 2009, S. 322–326.

34 Oelek Sambal: Stockalper – König des Simplons, Visp 2009; Bergier Jean-François: Une histoire du sel, Fribourg 1982.

35 Bärtschi Hans-Peter, Hahling Albert et al.: Salines – Ensembles industrielles Vaudoises, Befahrung und Dokumentation, Zürich.

36 Clavel Jacques et al.: Les Mines et Salines de Bex, une grande aventure humaine; dt. Die Minen und Salinen von Bex, 1. Auflage Lausanne 1986.

37 Birkhäuser Kaspar et al.: 150 Jahre Saline Schweizerhalle 1837–1987, Liestal 1987.

38 Stiftung Ziegelei-Museum Cham (Hg.): Ziegelei-Museum, Jahresberichte, Cham 1983ff.

39 Ziegelei-Museum, Cham 2001, S. 80.

40 Jarne Sébastien: Feldbahnen in Ziegeleien, in: Ziegelei-Museum, Cham 2007, S. 9–23.

41 Schweizer Pioniere der Wirtschaft und Technik (Hg.): Von Schmidheiny zu Schmidheiny, Meilen 1994, S. 173–198; Verband der Schweizer Ziegeleien VSZ: ZZ Wancor, Bern 2009.

42 Bärtschi Hans-Peter: Lehm und Kalk, Ziegel und Zement, in: Industriekultur im Kanton Zürich, Zürich 1994, S. 50–195; Ders.: Der Winterthurer See – Grundlage der Sichtbacksteinstadt, in: Industriekultur in Winterthur, Zürich 2002, S. 23–28; Ders.: Industriekultur im Kanton Bern, Zürich 2006, S. 239.

43 Fachverband der Schweizerischen Kies- und Betonindustrie FSKB Bern und Angaben der einzelnen Unternehmen.

44 Die Glashütte Bülach gehörte zum Vetropack-Konzern, der noch die Glashütte St-Prex betreibt. Die Spezialglashütte Moutier wird im Uhrenkapitel erwähnt, ebenso die Glasi Hergiswil.

45 Bärtschi Hans-Peter: Industriekultur im Kanton Zürich – unterwegs zu 222 Schauplätzen des produktiven Schaffens, Zürich 2009, S. 214.

46 Bärtschi Hans-Peter: Industriekultur im Kanton Bern, Zürich 2006, S. 63–81, 214.

47 Bärtschi Hans-Peter: Industriekultur im Kanton Bern, Zürich 2006, S. 163; Ders.: Kamm AG Steinbrüche Amden SG – Mühlehorn GL, Gruben, Ledischifftransport, Aufbereitung, Gutachten Winterthur 2010.

48 Bärtschi Hans-Peter: Guber – ein Steinbruch mit wertvollen historischen Einrichtungen, Winterthur 1987. Schlumpf Hans-Ulrich, Hugger Paul: Guber – Arbeit im Stein. Filmarbeiten 1978 und Publikation in der Reihe der Schweizerischen Gesellschaft für Volkskunde, Abteilung Film, Nr. 46, Basel o. J. Schweizerische Bauzeitung 7. 1. 1928: Die neuen Transportanlagen im Steinbruch Alpnach-Guber.

49 Stüssi Heinrich (Hg.): Neujahrsbote für das Glarner Hinterland, Glarus 1981.

50 Brun Edi: Der Glarner Landesplattenberg; Bärtschi Sylvia: Meine Jahre als Bergwerksarbeiter, in: Minaria Helvetica 12b/1992.

51 Schule für Gestaltung (Hg.): 13 Projekte zum Landesplattenberg, Zürich 1994; Richner Barbara: Plattenberger, Bätsch und Lager, Zürich 2001.

52 Stössel Iwan, Stehrenberger Walter, Stamm Uli: Das Schleitheimer Gipsgewerbe, Schleitheim 2005.

53 Verein schweizerischer Zement-, Kalk- und Gipsfabrikanten: Einführung in die schweizerische Zementindustrie, Zürich 1978.

54 Bärtschi Hans-Peter: Vigier Péry-Reuchenette, in: Industriekultur im Kanton Bern, Zürich 2006, S. 57–59.

55 Verein schweizerischer Zement-, Kalk- und Gipsfabrikanten: FSKB-Bericht 2005.

56 NZZ 29. 8. 2008: Asbest in der Schweiz – nach wie vor ein Grund zur Vorsicht.

57 Work 11. 1. 2002, 28. 4. 2005 und 22. 1. 2010: Eternit-Prozess.

58 2002 musste die Stadt Winterthur einen Baustopp gegen den zweitgrössten Liegenschaftenbesitzer der Stadt, Stefanini, erlassen, weil er bei der Sanierung des von ihm erworbenen Sulzer-Hochhauses Arbeiter ohne Schutz asbesthaltiges Material entsorgen liess.

59 NZZ 12. 11. 2009: Holcim mit innerem Stabilisator.

60 Cemsuisse (Hg.): Zement – Hightech aus der Natur, Bern 2004.

61 Lüchinger René, Burkhard Ueli: Stephan Schmidheiny, sein langer Weg zu sich selbst, Erbe – Unternehmer – Philanthrop, Bern 2010; Verein für wirtschaftshistorische Studien (Hg.): Von Schmidheiny zu Schmidheiny, Meilen 1994; Bilanz 21/2008, S. 155–189.

62 Kündig Rainer u. a.: Die mineralischen Rohstoffe der Schweiz, Zürich 1997, S. 373–400.

63 NZZ am Sonntag 29. 10. 2006: Rohstoff-Mekka Zug; NZZ 28. 6. 2009, 16. 10. 2009, 6. 3. 2010: Xstrata und Anglo American;

Glencore pokert hoch – und alle gewinnen; Bilanz 4/2008: Gute Mine bei Glencore.

II Nahrungsmittel, S. 38–63

1 Bundesamt für Statistik, Branchen 10–14, 45, Anteil Arbeitsplätze gemessen an einem Beschäftigungsgrad von 50% der Einwohnerzahl, ohne Landwirtschaft.

2 Bundesamt für Umwelt: Zukunftsfaktor Landwirtschaft, in: Umwelt 2/2008, S. 2 und 6ff.

3 Bärtschi Hans-Peter: Industrialisierung, Eisenbahnschlachten und Städtebau, Zürich 1983, S. 34–101.

4 Ohne Waldwirtschaft, inklusive Nebenerwerbsbauern; Interkantonale Lehrmittelzentrale: Die Schweiz und ihre Geschichte, Zürich 2005, Band 18.–20. Jahrhundert, S. 77, 131, 153.

5 Studer Rudolf: Agrotechnorama Tänikon, Führer durch die landtechnische Entwicklungsschau (Hg.: Förderverein Agrotechnorama), Aadorf 1999; In.Ku-Bulletin 31: Die landtechnische Entwicklungsschau Agrotechnorama Tänikon, Winterthur 2000.

6 Renold Karin, Rüttimann Franziska: Essen und Macht, Ausstellungsschrift Mühlerama, Zürich 2009; Desiderato Simone, Illi Martin, Steffen Christine: Fleisch für Zürich, 100 Jahre Schlachthof, Baden 2009, S. 81, tägliche Ration eines Arbeiters 1884–1900 inkl. gekaufte Getränke, v. a. Bier, ohne Hahnenwasser.

7 Sax Anna et al.: Das Existenzmaximum (Hg.: Erklärung von Bern), Zürich 1997, S. 25; FIAL/foodaktuell: Die Schweizer Lebensmittelindustrie im Überblick 2008.

8 Bärtschi Hans-Peter: Der endliche Fortschritt, Zürich 2002, S. 124, 178.

9 Amnesty International (in: AI 11/2009): «Immer mehr Menschen leiden an Hunger. Bis die Auswirkungen der Liberalisierung zum Tragen kamen, nahm die Zahl der Hungernden zwar absolut, aber zwischen 1980 und 2003 relativ nicht zu. Seither übersteigt sie mit über 15% auch relativ den Stand der Zeit vor der Wende.» Ferner: NZZ 11. 4. 2008: Immer mehr Getreide und immer mehr Hunger.

10 Bärtschi Hans-Peter: Handwerkliches Metzgen unter einem Dach: der französische Schlachthoftyp, in: Industrialisierung 1983, S. 245–248, 447, 459.

11 Giedion Sigfried: Mechanization Takes Command, Oxford 1948, dt. Die Herrschaft der Mechanisierung, Frankfurt a. M. 1987, S. 238–277.

12 Sinclair Upton (1878–1968) gilt als amerikanischer Wegbereiter des sozialkritischen Enthüllungsjournalismus. Der US-Präsident Roosevelt prägte zur Verunglimpfung Sinclairs den Begriff «Muckraker», Nestbeschmutzer. Der 1906 erschienene Roman «The Jungle» fand vor allem in Europa Anerkennung und Verbreitung.

13 Bärtschi Hans-Peter: Schlachthof Zürich, Erhaltungsgutachten 1979 (Typoskript); Schlachthof Zürich, in: Bärtschi, Industrialisierung 1983, S. 384–390, 447, 468.

14 Desiderato Simone et al., ebenda, 100 Jahre Schlachthof, Baden 2009.

15 Die Migros wurde 1925 von Gottlieb Duttweiler in Zürich gegründet. Der Name widerspiegelt die ursprüngliche Positionierung des Unternehmens, als preislich in der Mitte zwischen en-gros, Grosshandel, und en-détail liegend: mi-gros, Mittelhandel. Das Unternehmen blieb den Abstinenzlerzielen seines Gründers treu und verkauft keine Alkoholika. Mit den Migros-Märkten steht es in Konkurrenz zu den neuen Dumpingmärkten von Lidl und Aldi. Die Gebrüder Albrecht, Inhaber der Aldi-Kette, gehören mit 30 Milliarden Franken Vermögen zu den weltweit Reichsten.

16 Migros beschäftigte im Jahr 2007 84 000 Arbeitskräfte. Vom Umsatz wird ein Sechstel in den eigenen Industriebetrieben erwirtschaftet, wobei Jowa und Micarna die grössten sind. Für die Micarna AG vgl. Geschäftsbericht 2008, Courtepain 2009.

17 Vgl.: Moser Peter, Brodbeck Beat: Milch für alle. Bilder, Dokumente und Analysen zur Milchwirtschaft und Milchpolitik in der Schweiz im 20. Jahrhundert, Baden 2007.

18 SonntagsZeitung 10. 12. 2006: Die wahren Profiteure – der Bund zahlt 2,6 Milliarden an die Verarbeitungsindustrie. Davon an die Milchbranche 0,468 Mrd.: 1. Emmi 73,2 Mio., 2. Cremo 54,7 Mio., Hochdorf 16,9 Mio., Aargauer Zentralmolkerei 7,2 Mio., Zuger Frischkäse 6,5 Mio., Migros 5,4 Mio., Nestlé 5,0 Mio., Baer 3,8 Mio., Strähl Käse 3,6 Mio., Kraft Foods 3,4 Mio. (2005).

19 Seifert Annatina: Dosenmilch und Pulversuppen – die Anfänge der Schweizer Lebensmittelindustrie (Hg.: Alimentarium), Vevey 2008, S. 22; Bärtschi Hans-Peter: Milchverband Winterthur, Winterthur 2007 (Typoskript).

20 Schläpfer Felix: Falsch gelenkte Staatsgelder für die Schweizer Landwirtschaft, in: NZZ 5. 5. 2009. Die Landwirtschaft kostet die Schweiz jährlich fünf, der Importschutz zwei Milliarden Franken, wobei gemessen am Arbeitseinsatz vor allem die grossen Betriebe davon profitieren.

21 Emmi AG: In schwierigem Umfeld gut auf Kurs, 1. Halbjahresbericht 2009, Dagmersellen 2009; Milchpreisvergleich gemäss Parlamentsdebatte in: NZZ 4. 12. 2009.

22 Piffner Albert: Henri Nestlé, Zürich 1993.

23 Imboden Monika, Stadlin Judith, van Orsouw Michael: George Page, der Milchpionier, Zürich 2005; Dies.: Frau ohne Grenzen – das reiche Leben der Adelheid Page-Schwerzmann, Zürich 2003.

24 Heer Jean: Nestlé 1866–1991, Vevey 1991.

25 NZZ 20. 2. 2010: Nestlé mit geschmälertem Wachstum und höherer Marge.

26 Attac Schweiz (Hg.): Nestlé, Anatomie eines Weltkonzerns, Zürich 2005; NZZ 14. 9. 2009: Nestlé-Chef droht mit Weggang aus der Schweiz; SonntagsZeitung 7. 3. 2010: Im Krisenjahr langten sie nochmals kräftig zu.

27 Branchenspiegel SBKV: Entwicklung der Brotgetreide-Anbaufläche, Bern 2008.

28 Swiss Granum: Brot in aller Munde, Lausanne 2009. Um sich gegen die Liberalisierungsfolgen zu wappnen, haben sich 16 Organisationen zum Dachverband Swiss Granum zusammengeschlossen. Es sind dies Saatgut- und Getreideproduzenten, Organisationen des Getreidehandels und des Lagerns, Brot-und Futtermühlen und die Verarbeiter von Brot- und Futtermehl, inklusive Grossverteiler, Schweine- und Geflügelproduzenten.

29 Arias-Industriekultur: 10 Jahre Mühlerama (Ausstellung zur Mühlengeschichte), Zürich 1996.

30 Bärtschi Hans-Peter: Wasserrechtsinventar für den Kanton Zürich, Winterthur 1996.

31 Bärtschi Hans-Peter: Industriekultur im Kanton Zürich 2009, Kanton Bern 2006; Bachmann Christian: Wassermühlen der Schweiz, Basel 1987.

32 Bärtschi Hans-Peter: Walzenmühle Frauenfeld, Walzenmühle Alberswil, Gutachten 1999, 2004.

33 Schweizer Bäcker-Konditorenmeisterverband: 125 Jahre, Bern 2010 (Jahresbericht 2009).

34 Coop entstand ab 1890 als Zusammenschluss von Konsumvereinen zur Verbilligung gesunder Nahrungsmittel. Der Konzern beschäftigte im Jahr 2008 54 000 Leute. Die grössten Produktionsbetriebe sind der Fleischverarbeitungsbetrieb Bell und die Swissmill: Swissmill, the food Company, Bulletins Zürich 2009; Stadtmühle Coop, 75 Jahre, Zürich 1990.

35 Seifert Annatina: Dosenmilch und Pulversuppen, Vevey 2008, S. 154–158.

36 Meier Bruno: Industriekultur am Aabach, Dokumentation Baden 2009.

37 Bärtschi Hans-Peter: Die Fabrikanlage Maggi, in: Industriekultur 1994, S. 166–169.

38 Jacobi Uwe: 150 Jahre Knorr, Heilbronn 1988; Jubiläums-Medienbulletin Knorr Schweiz 9. 1. 2007.

39 Bärtschi Hans-Peter: Bittersüsser Zucker, in: Fernexpress 1/1998; Zick Tobias: Zucker – das bittere Drama vom süssen Stoff, in: Geo 3/2005. Die kubanische Zuckerindustrie mit dem grössten Betrieb von Hershey wurde ab 1959 verstaatlicht, die amerikanisch dominierte Zuckerindustrie auf den Philippinen exportierte noch im Jahr 1988 330 000 t Zucker und beschäftigte 400 000 Menschen. Heute hat sie keine bedeutende Stellung mehr auf dem Weltmarkt.

40 Schär Markus: Gepfefferte Zuckerhilfen, in: Tages-Anzeiger 16. 3. 2008; Schweizer Zucker – Rekordproduktion, in: NZZ 28./29. 3. 2009; Zucker – der süsse Treibstoff, in: NZZ Folio März 2006.

41 Zuckerfabriken Aarberg + Frauenfeld (Hg.): Zucker – die süsse Energie der Natur, Dokumentation 2008; Dies. (Hg.): Zucker – Geschichte und Bedeutung für die Schweiz, Frauenfeld 1987; Zuckerfabrik Frauenfeld (Hg.): 25 Jahre Zuckerfabrik Frauenfeld, Frauenfeld 1984.

42 Das amerikanische Geschlecht Hershey geht auf die Schweizer Einwanderer Hirschi zurück. Über 100 Jahre später baute der Nachfahre Milton Hershey im Nordosten der USA eine 160 Quadratkilometer grosse Kuhfarm und um 1900 die nach ihm benannte Stadt auf. Der Konzern war Grossgrund- und Zuckerfabrikbesitzer in Kuba. Während im amerikanischen Hershey nicht mehr produziert wird, bleibt die englische Gartenstadt Bournville das Zentrum des Cadbury-Konzerns. Um die Übernahme von Cadbury buhlten 2009 der Hershey-Konzern, Kraft Foods und die italienische Süsswarengruppe Ferrero. Diese Konzerne sind zusammen mit Nestlé und nach der Mars-Gruppe die weltweit grössten Süsswarenhersteller.

43 Rossfeld Roman: Schweizer Schokolade, industrielle Produktion und kulturelle Konstruktion eines nationalen Symbols 1860–1920, Baden 2007.

44 Chocosuisse, Verband Schweizerischer Schokoladefabrikanten, Mitgliederliste 2009.
45 Cima Norma, in: In.Ku-Bulletin 25, Winterthur 1998.
46 Villars, in: Ronner Heinz (Hg.): Industrie-Ensembles in der Westschweiz, Zürich 1980, S. 36–52. Das Unternehmen ging 1995 an die französische Groupe Bougrain.
47 Ville de Neuchâtel: Le monde selon Suchard, Sammlung, Ausstellung und Katalog, Neuchâtel 2009; Schwaninger Hildegard: Requiem für Klaus Jacobs, in: WW-Notizen zu Namen (Who is Who in Zürich), September 2008; Bärtschi Hans-Peter: Schokoladenfabrik Tobler Bern, in: Industriekultur im Kanton Bern, Zürich 2006, S. 104f. (Gutachten 1988); Vuillème Jean-Bernard: Suchard, La fin des Pères, Hauterive 1993; Edlin Christa: Philippe Suchard 1797–1884, in: Schweizer Pioniere der Wirtschaft und Technik, Meilen 1992.
48 Rossfeld Roman (Hg.): Genuss und Nüchternheit, Baden 2002, S. 226–255.
49 História viva – temas brasileiros (Hg.): Um país chamado Café, Pinheiros São Paulo 2006.
50 Hasler Eveline: Ibicaba – das Paradies in den Köpfen, 9. Auflage, München 1999.
51 Rambousek Walter, Vogt Armin, Volkart Hans: Volkart, die Geschichte einer Welthandelsfirma, Winterthur 1990.
52 Buomberger Thomas: Die Erb-Pleite – wie die Besitzerfamilie mit Spekulationen ein blühendes Unternehmen ruinierte, Zürich 2005.
53 Arbeitsgruppe Schweiz Kolumbien: Nestlé und der Kaffeemarkt – unkontrollierte Liberalisierung, in: Attac Schweiz: Nestlé, Anatomie eines Weltkonzerns, Zürich 2005, S. 73–80.
54 Bärtschi Hans-Peter in: Die Tabaklokomotiven, In.Ku-Bulletin 48, Winterthur 2006.
55 Ferraro Leo: Tabakfestung Schweiz, in: Facts 6. 11. 2003.
56 Steigmeier Andreas: Blauer Dunst. Zigarren aus der Schweiz gestern und heute, Baden 2002.
57 Kaufmann Andrea: Luft zum Leben. Geschichte der Lungenliga 1908–2008, Zürich 2008.
58 Müller Richard: Factsheet der Schweizerischen Fachstelle für Alkohol- und andere Drogenprobleme SFAD zuhanden der WHO-Ministerkonferenz Jugend und Alkohol, Stockholm 20. 2. 2001.
59 SFAD 2001: Wein wird nicht besteuert, Bier mit jährlich 110 Millionen Franken, Spirituosen mit 300 Mio.
60 Bärtschi Hans-Peter: Basis – Produktion – Industriekultur in Winterthur, Zürich 2002, S. 159–161. Die Volg Genossenschaften hatten bis zu 34 500 Mitglieder. Nach der Fusion mit der Mittellandkette Landi erholte sich das Unternehmen. Als Volg-Konsumwaren-AG macht die Einzelhandelskette wieder über 900 Millionen Franken Jahresumsatz.
61 Getränkeindustrie: 20 Top-Unternehmen in der Schweiz, Google 2009.
62 Eine typische Verflechtung im Alkoholgeschäft pflegt Hubertine Underberg, 150-fache Millionärin mit Wohnsitz in Dietlikon ZH. Zum Unternehmen gehören die Kirsch-Destillerie Brunnen, der Brand Underberg und Anteile am französischen Konzern Rémy-Cointreau. Nach: Bilanz 22/2009, S. 79.
63 Bärtschi Hans-Peter: Brauerei Hürlimann, in: Industriekultur im Kanton Zürich, Zürich 2009, S. 236.
64 Schweizerischer Kunstführer (Kunz Charlotte, Schneller Daniel): Die Brauerei Feldschlösschen, Bern 1992; Bärtschi Hans-Peter: Kilometer Null – vom Auf- und Abbau der industriellen Schweiz, Zürich 2004, S. 28–30. 1996 entstand die Feldschlösschen-Hürlimann-Holding, die 2000 an Carlsberg verkauft wurde.
65 Die 1835 gegründete Brauerei Carlsberg dehnte sich in Kopenhagen auf einer Fläche von 1 km² aus. Nach Aufkauf von Tuborg und anderen Brauereien wurde Carlsberg mit 45 000 Beschäftigten der fünftgrösste Braukonzern der Welt. In: Industriearchäologie 2/2009.
66 Bärtschi Hans-Peter: Brasserie Cardinal, Geschichte und Gründerbau, Winterthur 2007.
67 Bärtschi Hans-Peter, Wottreng Willy: Ende gut – Haldengut? In: Basis – Produktion, Winterthur 2002, S. 162–170.
68 Die Brauerei Heineken wurde 1863 in Amsterdam gegründet. Durch Aufkauf von Brauereien und Verkauf von deren Liegenschaften wuchs Heineken nach Inbev (Beck's, Stella) und SAB Miller (Pilsner Urquell) zur drittgrössten Brauereigruppe der Welt – mit Steuerdomizil in der Schweiz. Dieses Domizil lockte 2009 auch die Braukönigin Grazyna Kulcyk in die Schweiz. Nach der Scheidung vom reichsten Mann in Polen ist sie immer noch anderthalbfache Milliardärin. Die Basis des Vermögens war die Privatisierung der polnischen Brauereien. Diese gehören inzwischen zum SAB-Konzern. Vgl. Die 300 Reichsten (der Schweiz), in: Gold-Bilanz 2009, Springer-Verlag Zürich 2009.

III Textil, S. 64–87

1 Bundesamt für Statistik, Branchen 17–19.
2 Textil- ohne Bekleidungsindustrie 1850: 170 000, 1905: 181 000.
3 Bodmer Walter: Schweizerische Industriegeschichte, Zürich 1960.
4 Dubler Anne-Marie: Textilindustrie, in: Historisches Lexikon der Schweiz, Basel 2008.
5 Bairoch Paul, Körner Martin (Hg.): Die Schweiz in der Weltwirtschaft, 15.–20. Jahrhundert, Band 8 der Schweizerischen Gesellschaft für Wirtschafts- und Sozialgeschichte, Zürich 1990.
6 Bärtschi Hans-Peter: Inventar Hauptwil, Winterthur 1991, 1994; De Luca Jargo, Sendner Beatrice: Industrielehrpfad Hauptwil – Bischofszell, Frauenfeld 1995.
7 Braun Rudolf: Industrialisierung und Volksleben, Winterthur 1960; Ders.: Sozialer und kultureller Wandel in einem ländlichen Industriegebiet, Erlenbach-Zürich 1965.
8 Gächter Marianne: Stoff in alten Zeiten, in: Hochparterre 9/2004.
9 Bärtschi Hans-Peter: Industrialisierung, Eisenbahnschlachten und Städtebau, Basel/Boston 1983, S. 38ff.
10 Bärtschi Hans-Peter: Industriekultur im Kanton Zürich – unterwegs zu 222 Schauplätzen des produktiven Schaffens, Zürich 2009, S. 180–194.
11 Berthoud Dorette: Les Indiennes Neuchâteloises, Neuchâtel 1951.
12 Scandola Pietro: Von der Indienne-Manufaktur zum Museum Neuhaus Biel, in: In.Ku-Bulletin 30, Winterthur 2000.
13 Simon Christian: Wollt ihr Euch der Sklaverei kein Ende machen? Der Streik der Basler Indiennearbeiter im Jahre 1794, Riehen 1983.
14 Clavuot Ottavio, Ganz Jürg: Der Greuterhof Islikon, Kunstführer Bern 2005; Schneider Barbara: Die Greutersche Fabrik in Islikon, in: In.Ku-Bulletin 2, Winterthur 1991.
15 Sulzer Klaus: Vom Zeugdruck zur Rotfärberei, Zürich 1991.
16 Bärtschi Hans-Peter: Meyer'sche Manufaktur Aarau – ein einzigartiger Produktionsbetrieb in einer Altstadt, in: Aarauer Neujahrsblätter, Aarau 2003, S. 66–76.
17 Davatz Jürg: Hängetürme und Tröcknegebäude der Textilindustrie, in: Archithese 5/1980, S. 44–47.
18 Davatz Jürg, Rohr August, von Arx Rolf: Industriekultur im Kanton Glarus, Glarus 2005.
19 Kotai Juliana, Schnellmann Kathrin: Stoffdrucke aus dem Glarnerland, in: In.Ku-Bulletin 15, Winterthur 1995.
20 Bärtschi Hans-Peter: Industrialisierung, Basel 1982, S. 47ff.; Erfindungen als kollektiver technischer Reifungsprozess während der industriellen Revolution in England, in: Ferrum 55, Schaffhausen 1984, S. 21–25.
21 Die Wollspinnereien beschäftigten im Jahr 1950 3500 Arbeitskräfte, die Kammgarnwebereien 660, die Tuch- und Deckenfabriken 4900, die Teppich- und die Filzindustrie 627, die Flachsindustrie gegen 2200, insgesamt also mehr als die gesamte Textilindustrie (ohne Bekleidung) im Jahr 2010. In diesem Jahr listet der Textilverband Schweiz noch die Wollspinnereien in Flasa, in Alle, Huttwil und Vetsch, in Pragg-Jenaz, Rosshaarspinnerei Toggenburger Marthalen und die Leinenweberei Bern auf.
22 Bärtschi Hans-Peter: Verwischte Spuren der Sklaverei, in: Der endliche Fortschritt, Zürich 2002, S. 100–103.
23 Wasserrechte im Kanton Zürich, Bestandesaufnahme 1984, in: Bärtschi Hans-Peter: Industriekultur im Kanton Zürich, 2. Auflage, Zürich 1995, S. 72–96.
24 Bärtschi Hans-Peter: Der Industrielehrpfad Zürcher Oberland, 3. Auflage, Wetzikon 1994, S. 103–125.
25 Bärtschi Hans-Peter: Uster – Industriepfad Standorte 1–19, Uster 2007, bau@stadt-uster.ch.
26 Bärtschi Hans-Peter: Spinnereien im Tösstal, in: Industriekultur im Kanton Zürich, Zürich 2009, S. 92–124, Spinnerei Hard (erste grosse Spinnerei der Schweiz), S. 153.
27 Bärtschi Hans-Peter: Durch Flums zu Spoerry & Co., in: Work 6. 3. 2009, Dokumentationen Spinnereien Flums, Vaduz 2009 und 1993.
28 Hermann Bühler Winterthur-Sennhof – die letzte grosse Spinnerei der Schweiz, in: Der Landbote 26. 9. 2009.
29 Noch 1950 beschäftigte allein die Baumwollspinnerei mit der Zwirnerei, Watte- und Verbandstoffindustrie 11 400 Menschen. 2010 waren in der Liste des Textilverbandes Schweiz noch folgende Produktionsbetriebe eingetragen: Bindfadenfabrik und Zwirnerei Bächi-Cord Oberneunforn, Zwirnerei und Texturgarnfabrik Bäumlin & Ernst Wattwil, Zwirnerei Bäumlin Thal, Umwinderei Coyarn Haag, Fein-Elast Grabher Diepoldsau, Zwirnerei und Weberei Filtex St. Gallen, Spinnerei Hermann Bühler Winterthur-Sennhof, Zwirnerei Salzmann St. Gallen, Zwirnerei Schnyder Schübelbach, Zwirnerei TwisTec Reichenburg, Zwirnerei Kehlhof Herdern, Zwirnerei Ossingen, Umwinderei und Elastikfabrik Coyarn Haag.

30 Bärtschi Sylvia, Weiss Heinz: Das Industrie-Ensemble Neuthal, Kunstführer, 2. Auflage, Bern 1998.
31 Denis Diderot et d'Alembert, Encyclopédie ou Dictionnaire raisonné des sciences, des arts et des métiers, Bd. 1 1761, Bd. 35 1788.
32 Edlin Margareta: Geschichte der Stadt Aarau, Aarau 1978, S. 507.
33 Fink Paul: Vom Passementerhandwerk zur Bandindustrie, Basel 1979, S. 11ff.
34 War Rüti vor der Industrialisierung ein Dorf von 200 Einwohnern, so erreichte es auf dem Industrialisierungshöhepunkt der 1960er-Jahre mit 10 000 Einwohnern Stadtgrösse. Fast drei Viertel der Arbeitsplätze fanden sich in der Industrie. Der Niedergang der grossen Maschinenfabrik bedeutete einen empfindlichen Aderlass.
35 Die Webereien Honegger Wald galten in der dritten Generation um 1900 als grösstes Webereiunternehmen der Schweiz. Sie beschäftigten bis zu 1000 Arbeitskräfte und schlossen 1988 ihren Betrieb. Vgl. Matthiesen Toby: Die Bleiche der Zeit. Ein Zürcher Oberländer Textilareal im Wandel, Zürich 2010.
36 1950 beschäftigte die Weiss- und Buntweberei 11 300 Menschen. 2010 waren in der Liste des Textilverbandes Schweiz noch folgende Webereien eingetragen: Appenzell, Bierbaum Wegotex Leibstadt, Gessner Wädenswil, Weberei und Spinnerei Jenny Daniel Haslen, Keller AG Wald, Bandwebereien JHCO Elastic Zofingen und Kuny Küttigen, Meyer-Mayor Neu St. Johann, Mira-X Bühler Russikon, Schönenberger Dietfurt, Sefar Thal und Heiden, Bandfabrik Spyk Herznach, Weberei und Bandfabrik TTS Belting Thayngen, Wängi, Weisbrod-Zürrer Hausen am Albis, Wernli Rothrist, Weseta Frottiergewebe Engi.
37 Bärtschi Hans-Peter: Emmen – Schwerindustrieort vor den Toren Luzerns, in: In.Ku-Bulletin 41, Winterthur 2003.
38 1950 bot eine vielfältige Seiden- und Kunstseidenindustrie in folgenden Bereichen Arbeitsplätze: Winderei, Näh- und Stickseide 1160, Schappe- und Bourettespinnerei 1530, Kunstseide 3330, Zellwolle 200, Seidenweberei 4760, Seidenband- und Beuteltuchweberei 1415. 2010 existieren neben der Monosuisse AG noch die im Weberei-Abschnitt genannten Seidenwebereien.
39 Bärtschi Sylvia: Chronisten des Aufbruchs – zur Bildkultur der St. Galler und Appenzeller Fotografen, Zürich 1996.
40 Tanner Albert: Das Schiffchen fliegt, die Maschine rauscht – Weber, Sticker und Unternehmer in der Ostschweiz, Zürich 1985; Röllin Peter (Hg.): Stickerei-Zeit, St. Gallen 1989.
41 Frischknecht Alfred: Die Stickereiindustrie im Wandel der Zeiten – durchhalten, überleben, Winterthur 1977.
42 Fuchs Thomas et al.: Kulturspur Appenzellerland, Herisau 2007, S. 24.
43 Bärtschi Hans-Peter: Die ehemalige Stickerei Grauer in Degersheim, Gutachten Winterthur 2008.
44 Gerter Elisabeth: Die Sticker, 1938/1965, Nachdruck Zürich 1978.
45 Beschäftigte 1950: Kettenstich-, Schifflistick- und Handstickmaschinen, Scherlerei, Ausschneiderei total 2670. 2010 waren in der Liste des Textilverbandes Schweiz noch folgende Stickereien eingetragen: Bischoff St. Gallen, Eschler Bühler, Eisenhut Gais, Embrex Au, Forster Rohner St. Gallen, Rau Niederteufen, Union St. Gallen.
46 2010 waren in der Liste des Textilverbandes Schweiz noch folgende Produktionsbetriebe eingetragen: Cilander Herisau Airwork Heliseilerei Küssnacht, Flechterei Cortex Rupperswil, Färberei Kronbühl, Färberei Probst Emmenmatt, Lohnveredelung Geissbühler Lützelflüh, Seilerei Jakob Trubschachen, Textilveredelungsbetriebe Koller Gais, Kopp Rorschach, Seilerei Kuert Langenthal, Schlauchflechterei Meister Hasle-Rüegsau, Seilfabrik Ullmann Abtwil.
47 2010 verzeichnete der Verband schweizerischer Gerbereien noch neun Betriebe.
48 Der Landbote 1. 10. 1987, 21. 8. 1997, 9. 9. 2002: Stilllegungsdokumentation Bärtschi Hans-Peter, Winterthur 11/2002.
49 Bärtschi Hans-Peter: Schuhfabrik Walder Brüttisellen (500 Beschäftigte 1950), in: Industriekultur im Kanton Zürich, Zürich 1994, S. 175–177.
50 Balmer Dres: Bata-Stadt (5000 Beschäftigte 1925, 1800 Filialen), in: NZZ 3. 8. 2007. Auf dem Weg zur Eröffnung der ersten Bata-Schuhfabrik in der Schweiz in Möhlin stürzte Tomas Bata 1932 in seinem Privatflugzeug ab.
51 Heim Peter: Königreich Bally, Baden 2000; Bärtschi Hans-Peter: Bally-Leistenfabrik Niedergösgen, Gutachten, Winterthur 1988.
52 NZZ 5./6. 2. 1993: Rolls Royce ist weg – Neues vom Konkurs von Werner K. Rey: mit krimineller Energie ein Firmenkonglomerat aufgebaut. Der Landbote 9. 7. 1999: Kein gewerbsmässiger Betrüger.
53 NZZ-Folio 1/1994: Rasendes Geld – Bankett der Bankrotteure. Schaffhauser Nachrichten 28. 7. 2006: Ende eines Wirtschaftskrimis: Reys Fall verjährt.
54 Handels-Zeitung 12. 1. 1995: Die Oerlikon Bührle Holding OBH folgte ab den 1970er-Jahren der Strategie der Expansion mittels Diversifizierung und erwirtschaftete mit dem Erwerb der Schuhfabriken Bally, den Webereien Dietfurt, Dietfurt-Tschechien und Bütschwil und den Spinnereien Kunz Dietfurt, Windisch und Linthal grosse Verluste.
55 Abegg Philipp et al.: Industrieensemble und Parkanlage Bally in Schönenwerd, in: Kunstführer GSK, Bern 2005; Abegg Philipp: Bally Schönenwerd – 200 Jahre Industriegeschichte, in: In.Ku-Bulletin 43, Winterthur 2004.
56 Zum Beispiel nähte Hanna Bärtschi-Boller, die Mutter des Autors, 1950–1957 in Heimarbeit Pullover für 55 Rappen in der Stunde zusammen.
57 Der Landbote 7. 7. 2004; Bärtschi Hans-Peter: Kleiderfabrik Schild AG Luzern, Gutachten, Winterthur 2003; Schild übernimmt Spengler.
58 2010 waren in der Liste des Textilverbandes Schweiz noch folgende Produktionsbetriebe eingetragen: Ajotex Wäschebekleidung Porrentruy, Berufskleiderfabrik Cornella Amriswil, Fahnenfabrik Sevelen, Bastelbedarfsfabrik Fehr Erlen, Taschenfabrik Freitag Zürich, Strumpffabrik Ganzoni St. Gallen, Gardinenfabrik Oberuzwil, Geflechtfabrik Tressa Villmergen, Kaka-Grosskonfektion Dullikon, Hanro-Wäsche Liestal, Isa-Wäsche Amriswil, Anstoetz-Vorhänge Zürich, Hemdenproduzent Kauf AG Ebnat-Kappel, Nelo Decor Herisau, Akutex St. Gallen, Bodenbeläge Tisca Bühler, Workfashion Hagendorn, Zewi-Kinderkleider Cham.
59 Ktipp Mai 2004: Spezial Mode und Märkte.
60 Textilverband Schweiz: Schweizer Textilindustrie spürt Krise, Zürich 2009.
61 Bosshardt Alfred et al.: Die schweizerische Textilindustrie im internationalen Konkurrenzkampf, Zürich 1959; Bärtschi Hans-Peter: Kilometer Null, Zürich 2004, S. 67–72.
62 Bärtschi Hans-Peter: 100 Jahre Spinnerei Streiff AG Aathal, Bern 2001.
63 Ktipp-Spezial Mai 2004: Mode und Märkte, S. 22.
64 Kleinedam Christina, Jost Hans Peter: Baumwolle weltweit, Baden 2010.
65 Ktipp-Spezial Mai 2004: Mode und Märkte, S. 16.

IV Holz – Druck, S. 88–107

1 Bundesamt für Statistik, Branchen 20–22, Anteilberechnungen wie in den vorangehenden Kapiteln.
2 Tschudin Peter: Schweizer Papiergeschichte, Basel 1991, S. 95: Papierverbrauch 1900 ca. 10 Kilo pro Einwohner. Nach 1991 stieg der Verbrauch bis ins Jahr 2000 noch auf 240 Kilo und sank seither leicht auf 220. Davon sind 10% WC- und Hygienepapier: WWF 2010.
3 1851 betrug der Primärenergie-Anteil von Brennholz und Holzkohle 87%, nach: Marek Daniel: Kohle – die Industrialisierung der Schweiz aus der Energieperspektive 1850–1900, Bern 1992.
4 Bärtschi Hans-Peter: Bergbaumuseum S-charl, Konzept, Texte, Exponate, Winterthur 1996.
5 Ebenda.
6 Zum 72 000 Kilometer langen Netz an National-, Kantons- und Gemeindestrassen kommen nochmals etwa so viele Wald- und Flurwege hinzu.
7 Unfallstatistik UVG 2009: Unfallrisiken nach Wirtschaftszweigen: 1. Holzindustrie 143 Unfälle pro 1000 Beschäftigte, 2. Bau 133. Bei sonstigen Dienstleistungen und im Gastgewerbe ist das Risiko um einen Drittel geringer.
8 Geo 4/2010: Globaler Raub an der Natur, S. 56.
9 Bärtschi Hans-Peter: Industriekultur im Kanton Zürich, Zürich 1994, S. 21–41; Führer Bern und Zürich 2006/2009, Sägereien S. 231ff., 252ff.
10 Vereinigung Schweizer Mühlenfreunde: Mühlentag-Schriften 2001–2009.
11 Mayr-Melnhof: Medieninformation Domat/Ems 27. 3. 2009. Tages-Anzeiger 9. 11. 2010: Das Millionengrab von Domat/Ems.
12 Schweizerische Fabrikstatistik 1950 – die Abgrenzung zur Maschinen- und Metallindustrie ist bezüglich der Modellschreiner ungenau.
13 Bärtschi Hans-Peter: Zündholzfabriken Kanderbrück, Fehraltorf, Elsau, in: Industriekultur ISIS BE, S. 234, ZH S. 255, 256.
14 Brenni Paolo: Stabilimento della Tannini Ticinesi, in: Revista Tecnica della Svizzera Italiana 1/1983.
15 Cinémathèque Suisse: Es war einmal die Schweiz, Filme 1896–1934: Linoleumproduktion 1925.
16 Maurer Manuela, Leicht Esther, Steiner Lukas: Die Wisa Gloria-Geschichte, Lenzburg 2003. Fabrikbauten im Stil der Moderne von Architekt Richard Hächler, 1930–1931, Dampfmaschinenantrieb bis zur Stilllegung der Produktion 1992.

17 Caran d'Ache – der Schreibwarenhersteller wird achtzig, in: NZZ 4. 4. 2004.

18 Die Familie Faber baute das Unternehmen ab 1761 in Stein bei Nürnberg auf, wo eine historische Fabrikanlage mit Villa und Park besteht. Das Hauptwerk liegt heute im brasilianischen São Carlos. Das Vermögen des in Küsnacht lebenden Anton Wolfgang Graf von Faber-Castell wird auf eine halbe Milliarde Franken geschätzt, nach: Bilanz 22/2009.

19 Lignum Holzwirtschaft Schweiz: Fakten zu Holz in der Schweiz, Zürich 2009.

20 Koller Jürg: Holzbau und Tragsysteme: Die Bretterhalle Lachen, Diplomarbeit Technikum Winterthur 1991.

21 Jährlich schreibt Lignum den Holzpreis Schweiz aus für den Einsatz von Holz in Bauwerken, im Innenausbau, bei Möbeln und bei künstlerischen Arbeiten.

22 Endverbrauch, Gesamtenergiestatistik 2009 nach Bulletin Electrosuisse, Jahresheft 2010.

23 NZZ 25. 6. 2005: Die Schweizer Papierindustrie und die Segnungen offener Märkte.

24 Weidmann Jolanda: Eine kleine Geschichte über die Entstehung des Papiers, in: NZZ 1. 10. 2004.

25 Bayerl Günter: Die Papiermühle, Europäische Hochschulschriften Bände 260-1 und -2, Frankfurt 1987.

26 Tschudin Peter: Schweizer Papiergeschichte, Basel 1991.

27 Tschudin Peter: Kleine illustrierte Papiergeschichte, Basel 1980; Baur Sarasin Esther: St. Alban-Tal in Basel, Schweizerischer Kunstführer, Bern 1992.

28 Thurpapier, Werk Weinfelden der internationalen Model-Gruppe mit Betrieben in Deutschland, Österreich, Tschechien, Polen Kroatien.

29 Bärtschi Hans-Peter: Industriekultur im Kanton Bern, Zürich 2006.

30 Bärtschi Hans-Peter und Sylvia: Die Papieri Bischofszell, in: In.Ku-Bulletin 7, Winterthur 1993.

31 Deutsches Museum (Hg.): Kulturgeschichte der Naturwissenschaften und der Technik, Bände Radkau/Schäfer: Holz, und Bayerl/Pichol: Papier, Hamburg 1986, 1987.

32 Bärtschi Hans-Peter: Industriekultur im Kanton Bern, Zürich 2006, S. 45–58, 235.

33 Angaben nach SMUV-Zeitung 25. 1. 1984; Tages-Anzeiger 15. 6. 1984; Georg Hoeckstra: Cellulose-Fabrik, in: Loki 12/1993; Werkbesichtigung des Autors 25. 10. 2001.

34 Attisholz wird Axantis, in: Der Landbote 15. 4. 1999; Blocher dürfte bei Axantis zum Ziel kommen/Folgt bald das Aus?, in: Neue Gewerkschaft 24. 1. und 9. 10. 2001; Blocher verkauft Atisholz [neuer Firmenname mit nur einem «t»], in: Der Landbote 5. 9. 2002; Atisholz wird norwegisch, in: Tages-Anzeiger 5. 9. 2002; Borregaard schliesst, in: Work 24. 10. 2008; Borregaard hat noch Altlasten, in: Der Landbote 28. 10. 2008; Der letzte Tag ..., in: Work 19. 12. 2008.

35 Stammbaum Simone: WWF-Rating 2007 bezüglich Forest Stewardship Council und Recycling-Anteil bei Toilettenpapier Taschentüchern, Babywindeln, Haushaltpapier, ohne Verpackungspapier und Karton.

36 Tschudin Peter: Papierer, Drucker und Humanisten, Basel 1957.

37 Langhoff Wolfgang: Die Moorsoldaten. 13 Monate Konzentrationslager. 19 Auflagen, Zürich 1932–1935: Die Emslandlager der Nazis im Börgermoor wurden ab 1939 ausschliesslich für Kriegsgefangene vor allem aus Russland und Polen genutzt. Insgesamt wurden dort 66 000 Menschen als Moorsoldaten eingesetzt und mehrheitlich zugrunde gerichtet. In Esterwegen, Emsland, besteht heute eine Gedenkstätte.

38 Luchetta Simone: Umstrittene Westentaschen-Bibliothek – auf Amazonas Kindle können Hunderte von E-Büchern geladen werden, in: Der Landbote 12. 10. 2008; Güntner Joachim: Alle Bücher dieser Welt bald aus einer Hand – in den USA kann Google jetzt auch geschützte Texte digitalisieren, in: NZZ 4. 11. 2008.

39 Güntner Joachim: Der Kampf ums Urheberrecht hat viele Schauplätze, in: NZZ 2./3. 5. 2009.

40 Klartext 5/2006: Linke Jubiläen – 5 Jahre Work (durch Fusionen entstanden), 25 Jahre WochenZeitung WOZ und Widerspruch: «Die linke Presse ist vor allem mangels Inseraten am Bettelstab gelandet – sie ist nicht der ideale Werbeträger für die angeblich heile Welt des Konsums.»

41 Triner Hugo: Höchst fragwürdig – ein Meinungsbeitrag zur Pressekonzentration, in: NZZ 19. 1. 2010.

42 Lüond Karl zur Millionenauflage von «20 Minuten» in: NZZ Folio 10/2008.

43 Winterberger Andreas: Unfriendly Takeover beim Jean Frey-Verlag? Swiss First Bank verwaltet Blochers liquides Vermögen, Medienmeldung 15. 11. 2003. Bereits in den 1980er-Jahren war der Jean-Frey-Verlag vorübergehend im Besitz des Finanzspekulanten Werner Rey.

44 Jean Frey Verlag AG, Bilanz: Korrespondenz Hans-Peter Bärtschi mit Chefredaktor René Lüchinger, September bis 19. 12. 2004.

45 NZZ 22./23. 6. 2006: Roger Köppel kehrt zur Weltwoche zurück – Tito Tettamantis Favorit wurde Chefredaktor und Verleger. NZZ 9./10. 2. 2002: Weltwoche-Verlag auf unbekanntem Kurs – wer steckt hinter der Übernahme? Blocher dementiert.

46 Strehle Res: Ganz unten – Ringier ..., in: Das Magazin 36/2007.

47 Der Landbote 9. 2. 2010: Tettamanti und Wagner kaufen Basler Zeitung.

48 NZZ 19. 1. 2010: Schlechtes Werbejahr in der Schweiz.

49 Zahlen nach SonntagsZeitung 17. 5. 2009 für 2008.

50 NZZ 9. 4. 2010: Ringier leidet in Osteuropa. Personalabbau um 8%.

51 Klartext 2/2010: BaZ-Verleger Martin Wagner: Bei mir muss etwas laufen.

52 Institut für angewandte Medienwissenschaften: Die schweizerischen Medienverflechtungen, Winterthur 2006, 2009.

53 Jakobs Hans-Jürgen: Geist oder Geld – der grosse Ausverkauf der Meinung (erschienen im Pendo-Verlag, der seit 2001 dem Eichborn-Verlag gehört), Zürich 2009.

V Chemie, S. 108–133

1 Bundesamt für Statistik, Branchen 24–25.

2 Veränderte Abgrenzung gegenüber 1950 und ausgestorbene Produktionszweige u. a. für Filme, Tinte, Druckbänder, Gelatine, Stärke, Kunsthorn, Zündwaren, Kunstedelsteine, Kunstleder.

3 SGCI Chemie Pharma Schweiz, Statistik 2010 für 2009.

4 Um die Salpetergewinnung kam es zu Konflikten, u. a. zwischen 1879 und 1884 zum Salpeterkrieg (spanisch Guerra del Pacífico) im chilenisch-bolivianischen Grenzgebiet.

5 Gamper Gertraud und Rudolf: Imitation und Innovation – Johann Sebastian Clais, in: Bärtschi Hans-Peter (Hg.): Basis – Produktion. Industriekultur in Winterthur, Zürich 2002, S. 60–66. An die erste chemische Fabrik erinnert die Laboratoriumstrasse in Winterthur. 2009 feierte die Akademie der Naturwissenschaften der Schweiz die Stätte als Chemical Landmark.

6 Osteroth Dieter: Soda, Teer und Schwefelsäure – der Weg zur Grosschemie, in: Deutsches Museum, Kulturgeschichte der Naturwissenschaften und der Technik, Hamburg 1985.

7 Bärtschi Hans-Peter: Uetikon, Chemische Fabrik, Gutachten Winterthur 1985; Ders.: Industriekultur im Kanton Zürich, Zürich 1994, S. 271–275; Ders.: Industriekultur im Kanton Zürich, Zürich 2009, S. 261.

8 NZZ 29. 9. 2002: Neue Pläne für die Chemische Uetikon – Standortprüfung weckt Begehrlichkeiten; Südostschweiz 2. 6. 2004: Die Goldküste als Industriegebiet; NZZ 30. 5. 2004: Kanton Zürich verschenkt Land am See; Strebel Hannes, Bärtschi Hans-Peter: Kathedralen der Industriekultur – das Pionierwerk der chemischen Fabrik Uetikon, Zürich 2007; NZZ 20. 3. 2009: Ein vorsichtiger Neuanfang – die Chemie Uetikon AG präsentiert einen neuen, stark redimensionierten Gestaltungsplan.

9 Ein ähnliches Problem entstand mit dem nicht in der Schweiz entwickelten Contergan, einem Mittel gegen Übelkeitsbeschwerden bei schwangeren Frauen. Um 1960 kamen infolge des Einnehmens von Contergan über 10 000 Kinder mit fehlenden oder deformierten Gliedern auf die Welt. Die Ursache dieser unbeabsichtigten Folgen konnte erst 50 Jahre später wissenschaftlich geklärt werden.

10 Ciba (Hg.): Herkunft und Gestalt der industriellen Chemie in Basel, Olten 1959.

11 Forter Martin: Farbenspiel – ein Jahrhundert Umweltnutzung durch die Basler chemische Industrie, Zürich 2000; Ders.: Falsches Spiel – die Umweltsünden der Basler Chemie vor und nach Schweizerhalle, Zürich 2010.

12 Thut Walter: Wander – vom Zwei-Mann-Labor zum Weltkonzern, in: Schweizer Pioniere der Wirtschaft und Technik 79, Zürich 2005.

13 Hauptabnehmer von Soda war neben der Textilindustrie die Glasindustrie, denn Soda ermöglichte die billige Glasproduktion. Von den vielen schweizerischen Glashütten sind heute noch die Vetropack-Werke Saint-Prex und Wauwil (Pharmaglas), die Verreries de Moutier und der hervorragende Schaubetrieb in der Glasi Hergiswil übrig geblieben. Die grosse Glashütte Bülach wurde nach 111 Jahren Betrieb 2002 stillgelegt und abgebrochen. Von Bedeutung ist der Industriezweig für das Recycling von Altglas.

14 Die Sodafabrik Zurzach produzierte 2003 mit 104 Mitarbeitenden 55 000 Tonnen Soda, der Abbau wurde bis August 2005 durchgeführt. Im Gelände wird seit 1999 der «Industriepark Solvay Zurzach» aufgebaut.
15 Bärtschi Hans-Peter: Industrialisierung, Städtebau, Basel/Boston 1983, S. 270–273.
16 Bondt René: Fünf Generationen Steinfels, in: Schweizer Pioniere der Wirtschaft und Technik 35, Meilen 1982.
17 Stickel Bernhard, Bärtschi Hans-Peter: Museumsprojekt schweizerisches Seifenkulturzentrum und Erhebung Seifenkultur (Firmennachlässe), Winterthur 2005; 2007 für den eigens gegründeten und wieder aufgelösten Verein der schweizerischen Seifenkultur VSSK und den Liquidationsfonds der TSSW.
18 Chronik und Bauten Geistlich, in: Bärtschi Hans-Peter, Müller Viola: 700 Jahre schaffendes Wolhusen, Schüpfheim 2005, S. 46–64.
19 Stadler Hans: Isleten – ein Gewerbe- und Industrieort seit 400 Jahren, in: Urner Wochenblatt, 20. 12. 1997.
20 Tscherrig Georges: 100 Jahre Simplontunnel, Visp 2005, S. 85–89.
21 Bärtschi Hans-Peter: Eidgenössische Pulvermühle Chur, Gutachten Winterthur 1994 und 1997.
22 Pulverfabrik Wimmis, in: Bärtschi Hans-Peter: Industriekultur im Kanton Bern, Zürich 2006, S. 240.
23 Bärtschi Hans-Peter, Zenklusen Laetitia: Areal Hamberger – Feuerwerkfabrik in Oberried am Brienzersee, Dokumentation Winterthur 2007; Ineichen Hugo: Die Hamberger Saga, Oberried 2003.
24 Karbidfabrik und Kraftwerk Kallnach, in: Bärtschi Hans-Peter: Industriekultur im Kanton Bern, Zürich 2006, S. 239, 247.
25 Karbidfabrik, Kraftwerke und Standseilbahn Meiringen in: Bärtschi Hans-Peter: Industriekultur im Kanton Bern, Zürich 2006, S. 192–201.
26 Werner Oswald 1904–1979, Agraringenieur und Sohn des Luzerner Rechtsanwalts, Biografie in: Schweizer Pioniere der Wirtschaft und Technik 43, Zürich 1985.
27 Volksabstimmung vom 13. Mai 1956, Flugblatt des Schweizerischen Aktionskomitees gegen die Emser Vorlage.
28 Die Hovag wurde nach der negativ verlaufenen Volksabstimmung ab 1960 nur noch als Emser Werke bezeichnet.
29 Wildberger Jürg: Die Emser Werke – eine wirtschaftliche Grossmacht in Graubünden, in: Tages-Anzeiger Magazin 27. 1. 1979, S. 14–30: 1974 wurden die sieben römischen Hügel neben dem Tanklager der Emser Werke aus der Kulturgüter-Schutzliste gestrichen.
30 Oswald Christoph: Oswald Steam OSS, Samstagern 1987. OSS betrieb 1979 bis 1992 in Samstagern eine Werkstatt für historisches Eisenbahn-Rollmaterial und führte Sonderfahrten durch. Nach dem Wechsel von Christoph Oswald in eine religiöse Gemeinschaft wurde OSS bis 1994 liquidiert.
31 Wildberger Jürg: ebenda.
32 NZZ 30. 8. 1983: Ems-Chemie Holding vor einem Besitzerwechsel; Tages-Anzeiger 31. 10. 1983: Käufer des grössten Bündner Unternehmens noch nicht bekannt; Schweizerische Handels-Zeitung 19. 1. 1984: Bauer und Fabrikarbeiter – die Emser Werke beschäftigen viele Nebengewerbs-Bauern.
33 Bilanz 11/2009, S. 11, 30–37: Im Dorf der Angst: Magdalena Martullo-Blocher – mit eiserner Faust. Die Zahl der in Ems Beschäftigten wird nach einem massiven Abbau noch auf gut 1000 geschätzt.
34 Bärtschi Hans-Peter: Weisse Kohle Bodio, Museumskonzept, Winterthur 2000.
35 Lonza (Hg.): Entwicklung der Lonza 1897–1997, Visp 1997.
36 Sergio Marchionne gehört in der Finanzwelt mit dem von Bilanz auf 150 Millionen geschätzten Vermögen zur Manager-Kategorie: Der Medienstar und Möchtegern-Retter aus Italien mit Villa am Zugersee war an den Deals mit Fiat, Lonza, Alusuisse und nun wieder mit Opel beteiligt. Er ist Verwaltungsrat der UBS.
37 NZZ 26. 7. 2001: Lonza im Licht der Life Sciences – Verkauf des Energiegeschäfts nach Deutschland; Der Landbote 5. 9. 2002: Lonza baut 225 Stellen ab.
38 Weitere Aktienrückkäufe sind möglich, in: NZZ am Sonntag 5. 5. 2002. Mit einem Teil seines Vermögens konnte Christoph Blocher seine fremdenfeindliche Parteiwerbung finanzieren, die ihn als Politiker stärkte und ihm für vier Jahre zum Amt eines Bundesrates verhalf.
39 NZZ 5./6. Oktober 2002: Verkauf der Lonza-Beteiligung durch die BZ – Verbindlichkeiten bis 6,5 Mrd. Franken, Beteiligungsportfolio noch 4 Mrd. Franken wert – eine genaue Bewertung der Beteiligungen ist deshalb unmöglich, weil die BZ-Gruppe Holding AG nicht kotiert ist und deshalb keine öffentlich zugängliche Rechnung ablegen muss. Gewichtigster Aktionär ist Christoph Blochers Ems Chemie Holding AG. Blocher, ein Mitstreiter Ebners der ersten Stunde, lässt sich nicht in die Karten schauen.
40 Work 22. 2. 2008: Lonza-Visp hatte 2004 noch 2500 Beschäftigte und baute den Bereich Biopharmazeutika weiter aus. 2008 meldete der Lonza-CEO Stefan Borgas 301 Mio. Franken Gewinn und kündigte gleichzeitig mit der langfristigen alt-neuen Partnerschaft mit Novartis Arbeitszeiterhöhungen, Lohnsenkungen und die Kündigung des Kollektivvertrages an. Das wendete ein von der Gewerkschaft Unia geführter Arbeitskampf ab.
41 Bärtschi Hans-Peter: Bahnwanderweg Lötschberg, Zürich 2008 / La Ligne du Lötschberg, Bussigny 2009, Standorte/Sites 6 + 19; NZZ am Sonntag 7. 8. 2005: Visp ist unser Mutterschiff.
42 Lonza kooperiert mit Bayer-Tochter, in: NZZ 20. 2. 2010.
43 Katalog Hôtel Dieu – Musée Greuze Tournus, Paris/Tournus 1999.
44 2007 bezahlten die Sozialversicherungen knapp 24 Milliarden Franken an das Gesundheitswesen, die Haushalte und Privatversicherungen bezahlten 22,6 Mrd., der Staat fast 9 Mrd. Davon gingen 19,4 Mrd. an die Krankenhäuser, 17 Mrd. an Ärzte und ambulante Versorger, 9,5 Mrd. an sozialmedizinische Institutionen, 5 Mrd. an den Detailhandel und 3,6 Mrd. an die Versicherer und den Staat für ihre Verwaltung und Präventionsmassnahmen, in: Das Schweizer Gesundheitssystem, Kosten und Finanzierung nach Direktzahlenden und Leistungserbringern, Bundesamt für Statistik 2008.
45 Pharma-Information, Basel 1994.
46 Gygi Beat: Wie gesund ist das Wachstum des Gesundheitswesens? Die Krankheitsausgaben betrugen 1960 in der Schweiz 2 Mrd. Franken. 1980 bis 2010 wuchsen sie von 12 Mrd. Franken auf über 60 Mrd., der Anteil am BIP von 7,3 auf 12%, in: NZZ 14. 11. 2009.
47 Givaudan Roure: Site de Vernier, créateur depuis 1898, Genève 1998.
48 Koch Egmont, Vahrenholt Fritz: Seveso ist überall, Köln 1978.
49 NZZ 18. 5. 2000: Hundert Jahre Givaudan in Dübendorf; NZZ 2. 3. 2005: Givaudan schöpft aus dem Vollen.
50 Peyer Hans Conrad: Roche – Geschichte eines Unternehmens 1896–1996, Basel 1996.
51 NZZ 27. 5. 1999: Eine Jahrhundertgestalt – zum Tode von Paul Sacher.
52 Bieri Alexander: Gebaute Musik, Basel 1998; Ders.: Roland Rohns Personalhaus bei der Hoffmann-La Roche, Basel 1999; Ders.: Gebaute Corporate Identity bei Roche, Basel 2001.
53 Keller Christoph: Der diskrete Charme der Bourgeoisie, in: Das Magazin, 1. 7. 2000.
54 Der Landbote 5. 2. 2000: Ebner setzt sein Powerplay fort.
55 Das Eigenkapital setzt sich aus 160 Millionen Inhaberaktien und aus knapp 703 Millionen nicht stimmberechtigten Genussscheinen zusammen. Die Gründerfamilie besteht aus Vera Michalski-Hoffmann, Maja Hoffmann, André Hoffmann, Andreas Oeri, Sabine Duschmalé-Oeri, Catherine Oeri, Maja Oeri, Jörg Duschmalé und Lukas Duschmalé. Zweitgrösster Aktionär von Roche ist Novartis mit einem Anteil von 33,33%.
56 SonntagsZeitung 7. 3. 2010: Im Krisenjahr langten sie nochmals kräftig zu. SonntagsZeitung 14. 3. 2010: 359 Millionen Bonus für amerikanischen Manager von Roche.
57 Hochparterre 3/2010: Der Roche-Turm – sind 175 m zu hoch für Basel? Roche bestimmt, Basel nickt.
58 Maissen Thomas: 25 Jahre Roche AG Sisseln, Basel 1990.
59 NZZ 9. 2. 2010: Tamiflu verleiht Roche Flügel.
60 SonntagsZeitung 30. 8. 2009: Pharma bodigt Vorstoss für billige Medikamente – Nationalratskommission gibt dem Druck der Pharmalobby und Ärzten nach.
61 NZZ 27. 1. 2005: Fortschreitende Konsolidierung in der Pharmaindustrie.
62 Der Landbote 22. 6. 1996: Wenn sich der Aktionär freut, bangt der Arbeiter um die Stelle.
63 Personalbestand 1995: Sandoz 49 882, Ciba 84 077; Novartis 2008: 96 700.
64 Der Landbote 8. 3. 1996: Analysten reagieren begeistert.
65 NZZ 17. 2. 2010: Clariant verschiebt Fertigung (von Muttenz) nach Asien. Weiterer Abbau von 1000 Stellen; Cash 8. 7. 2004: Neue Fabriken kommen nur in Asien zu stehen (Interview mit Armin Meier, Konzernchef Ciba).
66 NZZ 6. 4. 2009: Ciba zum letzten – das Verschwinden einer 125 Jahre alten Industrie-Ikone; NZZ 7. 7. 2009: BASF macht bei Ciba kein Federlesen – 3200 von 12 500 Stellen werden abgebaut. In der Schweiz fallen 500 Arbeitsplätze weg.
67 Syngenta beschäftigt in 90 Ländern 24 000 Mitarbeitende. Die Syngenta Agro Schweiz ist vor allem in den Bereichen Herbizid, Fungizid und Insektizid tätig.
68 Der Landbote 21. 1. 2005: Novartis mit Rekordergebnis; Der Landbote 20. 1. 2006: Novartis setzt Rekorde fort.

69 Bilanz 10/2008: Riesige Wertvernichtung – kein Schweizer Konzern hat so viel Firmenwert verloren wie Novartis (Fünfjahresvergleich 2003–2007).
70 Daniel Vasella, geschätztes Vermögen 150 Mio. Franken, verzichtete am 26. 2. 2010 auf Druck der Kleinaktionärsorganisation Ethos auf sein Mandat als Novartis-CEO und konzentriert sich auf sein VR-Präsidium.
71 Der Landbote 22. 1. 2006: Vasella: ich habe den Lohn redlich verdient.
72 SonntagsZeitung 7. 3. 2010: Im Krisenjahr langten sie nochmals kräftig zu. Im internationalen Vergleich bleiben Schweizer Managerlöhne top – Vasella 42 Mio.
73 Bilanz 22/2009: Daniel Vasella, 56, Zug: Als angebliche Tierschützer seine Jagdhütte niederbrannten, quittierte er seine Revierpacht.
74 Tages-Anzeiger 9. 1. 2010: Sie kommen, nehmen und gehen wieder, bevor ihre Schwindel auffliegen. SonntagsZeitung 13. 5. 2007: Novartis.
75 Die Zeit 8. 5. 2008: Schuss ins Auge – Kostenlawine durch neues Medikament?
76 Taz 7. 8. 2007: Indien stoppt Pharmariesen (Weiterleitung der Klage an die WTO).
77 SonntagsZeitung 17. 9. 2009: Vasellas visionäres Vermächtnis.

VI Uhren und Apparate, S. 134–153

1 Bundesamt für Statistik, Branchen, 30–33. Veränderte Abgrenzung mit der übrigen Metall- und Maschinenindustrie 1950/2009, neue Zweige zur Herstellung von Computern, Fernseh- und Nachrichtengeräten. Genaue Zahlen zu bekommen, ist schwierig. Die Branchen 30–33 haben deutlich mehr Arbeitsplätze, wenn man die medizinaltechnische Industrie dazuzählt, bis zu 160 000.
2 Bärtschi Hans-Peter: Fahrplanmässig warten und reisen – die neue Zeit der Züge, in: Verkehrshaus der Schweiz (Hg.): Kohle, Strom und Schienen, Zürich 1997, S. 62–71.
3 Weber Max: Die protestantische Ethik und der Geist des Kapitalismus, Tübingen 1934. Weber entwickelte die These, dass der Protestantismus mit seinem Arbeitsethos die Entwicklung zum Kapitalismus moralisch untermauert habe.
4 Hauser Albert: Schweizerische Wirtschafts- und Sozialgeschichte, Zürich 1961, S. 222.
5 La Suisse 17. 5. 1984: Une véritable vitrine de la production genevoise.
6 NZZ am Sonntag 26. 11. 2006: Besuch im Innern des diskreten Rolex-Imperiums.
7 Vinzens Brigitte: Von der Uhrmacherei der Liechtis bis zur Hipp'schen Präzision, in: Bärtschi Hans-Peter: Basis – Produktion, Zürich 2002, S. 28–34.
8 Turmuhrenfabrik Mäder 1798–1998, seit 1874 in Andelfingen, in: Bärtschi Hans-Peter: Industriekultur im Kanton Zürich, Zürich 2009, S. 263.
9 De Mestral Aymon: Daniel Jeanrichard 1672–1741, in: Schweizer Pioniere der Wirtschaft und Technik 5, Zürich 1956.
10 Marx Karl: Das Kapital, Band 1, Hamburg 1867, S. 363.
11 Inventar der Neueren Schweizer Architektur INSA, Band 3 La Chaux-de-Fonds, Band 6 Le Locle, Bern 1982, 1991; Jeanneret Jean-Daniel (Hg.): La Chaux-de-Fonds, Le Locle. Urbanisme horloger, Le Locle 2009.
12 Louis Chevrolet 1878–1941, in: Schweizer Pioniere der Wirtschaft und Technik 11, Zürich 1960: Rennfahrer, Autokonstrukteur, Fabrikant 1911–1913, 1933–1934 bei GM.
13 Archithese 1/1996: Uhrenfabrik Corum – Präzision und Transparenz. Das 1955 gegründete Unternehmen ging 2000 an den in den USA und in Nizza lebenden Severin Wundermann.
14 Icomos International Council on Monuments and Sites (Uno-Organisation der Unesco), Kandidatur Landesgruppe Schweiz, Kanton Neuenburg und Bundesamt für Kultur für La Chaux-de-Fonds und Le Locle 1998, 1999 Aufnahme in die Liste des Unesco Welterbes.
15 1907 war Waltham mit 3000 Uhrmachern grösser als jede schweizerische Uhrenfabrik. 1952 übernahm die Holding Société des Garde-Temps von Piaget in Genf das Unternehmen, das 1957 kollabierte. Mit einem japanischen Investment wurden Waltham-Luxusuhren nun in Neuenburg gefertigt, während der «Brand» in den USA für Billiguhren aus Asien weiterbenutzt wurde. In: NZZ 3. 4. 2002.
16 Schweizerische Gesellschaft für Industriekultur und Technikgeschichte in Zusammenarbeit mit dem Kantonsmuseum Baselland: Industriebauten im Waldenburgertal, Dokumentation und Exkursionen 150 Jahre Bundesstaat – 150 Jahre Industriekultur, Projekt Arias Winterthur 1998.
17 The World of IWC, Schaffhausen 2001; Gründung mit amerikanischem Know-how, Fabrikkomplex 1875/1912 im amerikanischen Stil, 2. Etappe von Curjel und Moser.
18 SonntagsZeitung 14. 3. 2010: Le Swiss made, c'est un désastre – Parmigiani-CEO Jacot über Luxusuhren, Irreführung von Kunden und Boni.
19 Zu grossen Uhrenfabriken wuchsen 1851 Moutier Watches, 1853 Reconvilier Watch, 1859 Favre Cormoret, 1866 Du Parc Saint-Imier und 1867 Juillard Cortébert und ab 1911 die Bulova.
20 Bedeutende Zuliefererfabriken gab es ab 1849 in Sonceboz, ab 1855 mit Boillat in Reconvilier, ab 1873 mit der IGA in Sonvilier, ab 1885 Hélios in Bévilard und Kohli in Tramelan.
21 Wichtig waren oder sind in Moutier die Firmen Petermann (1904), Bechler (1914), in Malleray-Bévilard Schaublin (1915) und Kummer Frères in Tramelan (1917), in Biel Eggli-Weibel (1885), Hauser (1898), die Safag (1901), Mikron (1908) und Charles Muller, der 1929 von Bévilard nach Biel zog.
22 Bärtschi Hans-Peter: Industriekultur im Kanton Bern, Zürich 2006, S. 60.
23 Ebenda, S. 20–61.
24 Richon Marco: Omega Saga, Bienne 1998 – ein Standardwerk.
25 NZZ 13. 4. 2004: Herzstück der Schweizer Uhrenindustrie – die ETA in Grenchen.
26 Hayek Nicolas (1928–2010), in: Lüchinger René: Stephan Schmidheiny, Bern 2010, S. 120. Ders., in: Work 2. 7. 2010, Interview kurz vor seinem Tod, S. 2f.
27 Burkhard Ueli: Nationale Aufgabe SMH, in: Lüchinger René, Burkhard Ueli: Stephan Schmidheiny, sein langer Weg zu sich selbst, Erbe – Unternehmer – Philanthrop, Bern 2010, S. 112.
28 Ebenda, S. 114.
29 SonntagsZeitung 14. 3. 2010: Chavez tickt anders – Venezuelas Präsident trägt seit kurzem eine Aeternitas 2 aus Genf.
30 WOZ 18. 6. 2009: In der Tradition des Schweigens. Uhrenindustrie – ist die Krise angekommen?
31 Bilanz 22/2009: Familie Borer, Bern, Beteiligungen mit Vermögenswerten von 1,5 bis 2 Milliarden Franken.
32 NZZ 10. 7. 2009: Produktepiraten kennen keine Krise. Zöllner der EU-Staaten stellen immer mehr Ware sicher.
33 Hochparterre 3/2010: Rolex und Biel sind eins; NZZ 8. 7. 2008: Rolex setzt auf den Standort Biel; NZZ am Sonntag 26. 11. 2006: Besuch im Innern des diskreten Rolex-Imperiums.
34 Landwehr Dominik: Computer «made in Switzerland» sind eine Seltenheit, Manuskript, Zürich 2010.
35 Société Industrielle et Commerciale Sainte-Croix: 125 Années, Sainte-Croix 1989: NZZ 17. 10. 2005: Helvetische Errungenschaften – Hermes Baby.
36 Wyss Jürg: Un atelier de mécanique ancienne au musée de Sainte-Croix, Sainte-Croix 2009; Piguet Jean-Claude: Les faiseurs de musiques – Histoire de la boîte à musique à Sainte-Croix, Sainte-Croix 1996.
37 Die Post: Schweizer Produkte mit Tradition – Taschenmesser, Sondermarken 2007.
38 Keller Walter: Gustav Adolf Hasler 1830–1900; Gustav Hasler 1877–1952; die Stiftung Hasler-Werke, in: Schweizer Pioniere der Wirtschaft und Technik 14, Zürich 1963; Fabrikanlagen in Bern, Neuenburg und Bümpliz (Neubau 1963).
39 NZZ 11. 3. 2010: Ascom dank Neukauf glücklich; Bärtschi Hans-Peter: Industriekultur im Kanton Bern, Zürich 2006, S. 105, 241f. Der kinderlose Gustav Hasler brachte sein Vermögen zur Aufrechterhaltung seines industriellen Erbes in die Hasler-Stiftung ein, die sich jedoch 2007 von der Ascom-Beteiligung trennte.
40 Nach dem Tod des Gründers Jakob Heusser-Staub übernahm der Textilindustriellenspross Alfred Zangger bis 1953 die Firmenleitung und danach, zusammen mit Emil Staub, Hans Bechtler, der seinen Bruder Walter Bechtler ins Unternehmen holte: Jakob Heusser-Staub, in: Schweizer Pioniere der Wirtschaft und Technik 51, Zürich 1988.
41 Bilanz 17. 5. 2005: Machtnetz von Thomas W. Bechtler: Der Erbe.
42 Bärtschi Hans-Peter, Müller Viola: Apparatefabrik Zellweger Uster AG, Dokumentation Winterthur 2006.
43 Aeschlimann Heinz: Kern & Co AG Aarau, Werke für Feinmechanik, Optik und Elektronik, in: In.Ku-Bulletin 46, Winterthur 2005.
44 Lüchinger René, Burkhard Ueli: Stephan Schmidheiny, sein langer Weg zu sich selbst, Erbe – Unternehmer – Philanthrop, Bern 2010, S. 171–196.
45 Ebenda, S. 10, 127.
46 Ebenda, S. 137.
47 Ebenda, S. 151: 1994 wurde ein Jahresverlust von 106,3 Millionen Franken ausgewiesen.
48 Arias-Industriekultur: Giesserei Netstal, Gutachten Winterthur 2002. Das Werk bot im wirtschaftsschwachen Glarnerland noch 830 Arbeitsplätze. Blocher hatte seinen Kapitalanteil von 6,5% an Siemens veräussert, die somit 99% aller Aktien besass.
49 NZZ 13. 7. 2004: Landis & Gyr unter australischem Dach.

VII Maschinen und Elektro, S. 154–215

1 Bundesamt für Statistik, Branchen 27–35, veränderte Abgrenzung mit der übrigen Metall- und Maschinenindustrie 1950/2009, neue Zweige.

2 Hottinger Max: Geschichtliches aus der Schweizerischen Metall- und Maschinenindustrie, Frauenfeld 1921.

3 Swissmem, Verband der Schweizerischen Maschinen-, Elektro- und Metallindustrie unter dem Arbeitgeberverband der Schweizerischen Maschinenindustrie ASM sowie unter dem Verband Schweizer Maschinenindustrieller VSM, Kirchenweg 4, 8008 Zürich; Rue de la Fontaine 2, 1204 Genève.

4 Lurati Ottavio, Valsecchi Angelo: L'uomo e il ferro, Lugano 1998; Engels Gerhard: 5000 Jahre Giessen von Metallen, Düsseldorf 1994; Eschenlohr Ludwig: Recherches récentes sur la sidérurgie ancienne dans le Jura, in: Minaria Helvetica 13b/1993, S. 66ff.

5 Pelet Paul-Louis: La fonderie de fer en Suisse Romande, in: Eisenbibliothek (Hg.): Beiträge zur Geschichte der schweizerischen Eisengiessereien, Schaffhausen 1960, S. 45–86.

6 Giesserei-Verband der Schweiz, Hallenstrasse 15, 8008 Zürich.

7 Bärtschi Hans-Peter: Industriekultur im Kanton Bern, Zürich 2006, Giessereien Kallnach, Oberburg S. 72–76, 239.

8 Aargau Nr. 4/2007: Ein 640jähriger Betrieb läutet seine Zukunft ein.

9 Henseling Karl: Bronze, Eisen, Stahl; Selmeier Franz: Eisen, Kohle und Dampf, in: Deutsches Museum – Kulturgeschichte der Naturwissenschaften und Technik, 2 Bände, Hamburg 1984.

10 NZZ 9. 2. 2006: Spuren der Globalisierung im Weltstahlmarkt.

11 Historischer Verein des Kantons Schaffhausen (Hg.): Schaffhauser Kantonsgeschichte des 19. und 20. Jahrhunderts, Schaffhausen 2001; Knöpfli Adrian: Mit Eisen- und Stahlguss zum Erfolg – Georg Fischer +GF+, in: Schweizer Pioniere der Wirtschaft und Technik, Band 74, Verein für wirtschaftshistorische Studien, Meilen 2002.

12 Tages-Anzeiger 6. 12. 20008: Georg Fischer vor Spekulanten schützen; Der Landbote 25. 2. 2009: Industrie befürchtet Kreditklemme; Schaffhauser planen weitere Schritte (pessimistische GF). Schweizer Pioniere der Wirtschaft und Technik Nr. 74: GF; Nr. 58: Amsler-Prüfungstechnik 1970 zu GF und Weiterverkauf an Wolpert nach Deutschland, Liegenschaftennutzung durch GF.

13 Bärtschi Hans-Peter: Mühlental Schaffhausen, in: Gesellschaft für Schweizerische Kunstgeschichte (Hg.), INSA Bd. 8, Bern 1996, S. 378–385; Müller Viola, Bärtschi Hans-Peter: Werk IV Georg Fischer Schaffhausen, Gutachten Winterthur 2000; Müller Viola, Neukomm Thomas: Stahlgiesserei Georg Fischer Schaffhausen, Wahlfacharbeit Denkmalpflege am ETH-Lehrstuhl Mörsch, Zürich 1993; Müller Viola, Neukomm Thomas: Emil Rudolf Mewes – Seine Industriearchitektur im Dritten Reich, Wahlfacharbeit Spezialfragen Kunstgeschichte am ETH-Lehrstuhl Oechslin, Zürich 1993.

14 Ernst Dübi, 1884–1947, Maschinenindustrieller (von Roll), Unterzeichner des Friedensabkommens mit den Gewerkschaften am 19. 7. 1937, in: Schweizer Pioniere der Wirtschaft und Technik, Zürich 1965.

15 NZZ 19./20. 6. 1999: Die Leventina auf Zukunftssuche; InBahn-Ausflüge: Sonderzug und Werkbesichtigung auf den 25 km langen Werkgleisen im Swiss Technical Resort 25. 11. 2000. Inzwischen ist dort u. a. eine Palettenfabrik eingerichtet.

16 NZZ am Sonntag 17. 12. 2006: Stahl gewinnt Gold.

17 SonntagsZeitung 16. 3. 2008: 8,4 Millionen Franken für Teilzeitjob – Chef der Ex-Swiss-Steel verdient deutlich mehr als in der Industrie üblich.

18 SonntagsZeitung 11. 10. 2009: Ex-Swiss-Steel braucht Staatshilfe.

19 AIAG (Hg.): AIAG, Zürich 1960; Alusuisse (Hg.): Alusuisse, Zürich 1974; Alusuisse (Hg.): Alu-Val, 80 Jahre Walliser Werke, in: Werkzeitung Mai 1989.

20 NZZ 12./13. 4. 1997: Schweizer Filialen in Nazi-Deutschland (Alu-Exporte von Chippis, Alusingen).

21 Bauer Tobias: Alusuisse 1888–1988 – une histoire coloniale en Valais, Lausanne 1989.

22 NZZ 11. 3. 2006: Swami Omkaranandas langer Schatten.

23 Die Weltwoche 5. 12. 1995: Wie man die Legehenne verkauft und die Eier behält.

24 Algroup (Hg.): Algroup, Geschäftsbericht 1997, Zürich 1998.

25 Der Landbote 3. 6. 2000: Die Fusion ist auf gutem Wege (Alcan).

26 NZZ 3. 6. 2000 und 31. 5. 2001: Algroup-Anteile von Christoph Blocher veräussert.

27 SonntagsZeitung nach Metropol 5. 6. 2000: Ebner und Blocher fahren fette Algroup-Gewinne ein.

28 Tages-Anzeiger 13. 9. 2009: Ruedi Noser über die Finanzplatz-Forderungen von Blocher.

29 Bärtschi Hans-Peter: Keine Macht ohne Wirtschaftsbasis, in: Autorenkollektiv: Fahrplanwechsel – für mehr Demokratie und Solidarität und weniger Blocher, St-Ursanne 2007, S. 70–78 (Informationsbuch für die Abwahl von C. Blocher aus dem Bundesrat).

30 NZZ 5. 10. 2002 und NZZ-Folio 8/2008: Was wäre, wenn Martin Ebner VR-Präsident der SBG geworden wäre?

31 NZZ 7. 7. 2005: Bangen um Aluminium-Arbeitsplätze im Wallis – hohe Energiepreise als Damoklesschwert; Work 20. 1. 2006: Noch ist Steg nicht verloren – Alcan will trotz Rendite schliessen.

32 NZZ 14. 7. 2007: Kaum noch Hürden für die Alcan-Übernahme.

33 NZZ 30. 3. 2010: Generaldirektor des Bergbaukonzerns Rio Tinto wegen Bestechlichkeit und illegaler Beschaffung kommerzieller Geheimnisse in Shanghai zu 10 Jahren Gefängnis verurteilt.

34 Die Alusuisse-Entwicklungsabteilung Neuhausen war mit ihren 100 Ingenieuren führend in der Entwicklung von Aluminium-Verbundstoffen, unter anderem für den Intercity-Neigezug der SBB und für Alternativenergie-Materialien. Der Bereich Alcan Composits ging Ende 2009 an Schweiter Technologies.

35 Aluwerke AG Rorschach, aufgebaut in den 1920er-Jahren zum Grosshersteller für Alufolien, Dünnbleche u. a., als Tochter von Alusuisse und schliesslich Alcan in Etappen stillgelegt und in ein Liegenschaftenunternehmen verwandelt, Gutachten Hans-Peter Bärtschi 2007.

36 Alu Menziken (Hg.): 50 Jahre Aluminium Menziken 1905–1955, Menziken 1955.

37 Bärtschi Hans-Peter: Gutachten Areal Sigg Frauenfeld, Winterthur 1996.

38 Bärtschi Hans-Peter: Gutachten Selve 1990; Ders.: Industriekultur im Kanton Bern, Zürich 2006, S. 120, 129; Thuner Tagblatt 17. 7. 2008: Selve – 35-Meter-Kamin gesprengt.

39 Bärtschi Hans-Peter: Industriekultur im Kanton Bern, Zürich 2006, Reconvilier, S. 34f.: Giesserei Boillat, gegründet 1851, laufend erweitert mit Arbeitersiedlung, Villa und Verwaltung.

40 Metallwerke (Hg.): Metallwerke Dornach 1895–1945, Dornach 1945.

41 Work 27. 4. 2006: Die Zukunft des Buntmetallwerks Boillat, von Oliver Fahrni; Ders.: Boillat – Finanzkapitalismus und notwendige Reform der Gewerkschaft – die Fabrik sind wir!

42 Bärtschi Hans-Peter: Gold, in: Pro Technorama 2/1995, S. 3–10.

43 Bilanz 4. 12. 2009: Metalor: Goldene Nasen. Ähnliches geschah mit der Deutschen Gold- und Silberscheide-Anstalt Degussa, die in der Schweiz mit der Edelmetallsparte im zugerischen Baar steuergünstig Goldhandel betrieb.

44 Bärtschi Hans-Peter: Industriekultur im Kanton Bern, Zürich 2006, S. 56f.; Vereinigte Drahtwerke Biel (Hg.): 300 Jahre Drahtindustrie 1634–1934, Biel 1935. 2007 Abbruchprojekt für die zentrale Anlage.

45 Bärtschi Hans-Peter: Die Nagli Winterthur – Nägel aus 100jährigen Maschinen, in: In.Ku-Bulletin 8, Winterthur 1993; Ders.: Erhaltungskonzept und Handbuch Nagelmaschinen 1895, Winterthur 1999. In diesem Jahr entstand die Industrie- und Bahnkultur-Ausflüge GmbH u. a. mit dem Zweck, die historischen Maschinengruppe zu betreiben.

46 ETH (Hg.): Die Entwicklung des Grossbrückenbaus, Zürich 1979.

47 Suhner (Hg.): 100 Jahre Suhner 1864–1964, Herisau 1964; Huber R. & E. (Hg.): 75 Jahre Huber AG Schweizerische Kabel-, Draht- und Gummiwerke Pfäffikon, Pfäffikon 1957; Huber + Suhner: Geschäftsbericht 2008, Herisau 2008.

48 Dätwyler AG. (Hg.): 40 Jahre Dätwyler AG. Schweizerische Draht-, Kabel- und Gummiwerke, Altdorf 1955; Dätwyler Adolf, in: Schweizer Pioniere der Wirtschaft und Technik, Zürich 1966; NZZ 27. 8. 2002; NZZ 1. 4. 2005; NZZ 31. 3. 2007: Dätwyler in Zahlen.

49 Câbles Cortaillod (Hg.): Câbles Cortaillod, Cortaillod 1976; Câbleries de Cossonay, in: Institut de technique du bâtiment, EPFL 1999/2000.

50 Bärtschi Hans-Peter: Guss im Bau, in: Ferrum Eisenbibliothek Nr. 55, Schaffhausen 1984, S. 21–25; Ders.: Erfindungen als kollektiver technischer Reifungsprozess während der industriellen Revolution in England: Arkwright, Strutt und Bage, in: Ferrum Eisenbibliothek Nr. 75, Schaffhausen 2003, S. 42–50; Ders.: Eisenkonstruktionen, Pfungen/Kloten 1992.

51 Mosbacher René: Drei Generationen Geilinger, in: Schweizer Pioniere der Wirtschaft und Technik 64, Meilen 1997.

52 SZS Stahlbau Zentrum Schweiz, Mitgliederverzeichnis 2009.

53 Ruprecht Heinz: Tuchschmid, in: Schweizer Pioniere der Wirtschaft und Technik 78, Meilen 2004.

54 Bärtschi Hans-Peter, Beuchat Philippe et al.: La Suisse et son patrimoine industriel, exposition et catalogue, Genève/Bâle 1998; Barblan Marc, Bärtschi Hans-Peter et al.: Il était une fois l'industrie, Zurich – Suisse Romande, exposition et catalogue, Genève 1984.

55 Sauvin(-Thury) René: Le Rhône genevois et ses sites industriels; Les centrales hydro-électriques sur le Rhône, in: In.Ku-Bulletin 20 und 21, Winterthur 1997.

56 Tages-Anzeiger 29. 3. 1984: Hispano verkörpert Genfer Industriekrise.
57 Deutsches Museum München (Hg.): Vom Bohren, Drehen und Fräsen. Zur Kulturgeschichte der Werkzeugmaschinen. München 1979.
58 Werkzeugfabrik Langel, in: Bärtschi Hans-Peter: Industriekultur im Kanton Bern, Zürich 2006, S. 59.
59 Werkzeugmaschinenfabrik Reishauer, in: Schweizer Pioniere der Wirtschaft und Technik 45: Johann Georg Bodmer 1786–1864, Zürich 1987, S. 70; Bärtschi Hans-Peter: Industrialisierung, Basel 1983, S. 401f.
60 Werkzeugmaschinenfabrik Oerlikon, ehemals MFO, später Bührle, siehe Abschnitte zur Waffen-, Maschinen- und Elektroindustrie.
61 Bärtschi Hans-Peter et al.: 150 ans de patrimoine industriel, exposition et catalogue, Moutier/Bâle 1998.
62 Verkehrshaus (Hg.): Schweizer Autos und Motorräder, Luzern 1984.
63 Bischof Christoph: Friedrich von Martini, in: Schweizer Pioniere der Wirtschaft und Technik 54, Meilen 1992; Waldis Alfred: Martini – der Verkaufsschlager von einst, in: NZZ 1. 4. 1999.
64 NZZ 31. 12. 2009: 75 Jahre Opel Suisse.
65 Bilanz 22/2009, Stronach, Marchionne, S. 84, 151. SonntagsZeitung 31. 5. 2009: Government Motors – mit der Verstaatlichung von GM stirbt ein Stück Amerika.
66 Roth Karl Heinz: Die globale Krise, Hamburg 2009, S. 37–44, 104–112; Abwrackprämien Deutschland für 2 Millionen Autos u. a. in: Der Spiegel 48/2009.
67 Traktorenbau Buchvertrieb (Hg.): Schweizer Traktorenbau Bd. 1 und 2, Niederbüren 1998, 2000.
68 Nef Andreas, Steigmeier Andreas: Bucher, in: Schweizer Pioniere der Wirtschaft und Technik 83, Zürich 2006; Bärtschi Hans-Peter: Industriekultur im Kanton Zürich, Zürich 2009, S. 264.
69 FBW in: Bärtschi Hans-Peter: Industriekultur im Kanton Zürich, Zürich 1994, S. 262–265, Quellen S. 354.
70 Industriearchäologie 2/2008 und 3/1997: Saurer-Motoren Knöpfli Adrian et al.: Saurer, vom Ostschweizer Kleinbetrieb zum internationalen Technologiekonzern, Baden 2003.
71 Saurer (Hg.): Saurer-Erzeugnisse haben Weltruf!, Arbon o. J. (um 1940); Saurer (Hg.): Werkbesuch bei Saurer, Arbon 1959; Mäder Markus: Drei Generationen Saurer, in: Schweizer Pioniere der Wirtschaft und Technik 48, Meilen 1988; Schopfer Dieter: Trolleybusse in der Schweiz, Winterthur 1997; Biegger Jürg: Schweizer Busse, Uster 2004.
72 Keller Stefan: Die Zeit der Fabriken. Von Arbeitern in einer roten Stadt, Zürich 2001, S. 189.
73 Knöpfli a. a. O.: Saurer, Baden 2003, S. 261.
74 NZZ 3./4. 8. 2002: Grossbrand auf dem Saurer-Areal.
75 NZZ 7. 9. und 9./10. 9. 2006: Ein unmoralisches Angebot von Unaxis; Saurer ist kein Saurier.
76 SonntagsZeitung 26. 4. 2009: 1000 Jobs in Gefahr – bei der AFG-Holding von Edgar Oehler haben die Banken das Sagen.
77 Polygraphisches Institut (Hg.): Die industrielle und kommerzielle Schweiz – schweizerische Grossindustrie, Zürich 1903.
78 Bärtschi Hans-Peter: Industrialisierung, Eisenbahnschlachten und Städtebau, Zürich/Boston 1983, Städtevergleich S. 222.
79 Schürpf Markus, Wohlfender Bettina: Ammann-Unternehmungen Langenthal, das Fotoarchiv, Langenthal 2007. Zahlen Stand Ende 2007.
80 Blick 2. 9. 2009: Johann Schneider-Ammann gegen die Forderung, dass 70% aller Kinder die Matur brauchen (Weissbuch der Schweizerischen Akademien gegen das duale Ausbildungssystem).
81 Work 4. 4. 2003: Bühler Uzwil macht sich bereit für den Gang an die Börse – mit blauen Briefen.
82 NZZ 31. 3. 2010: Bühler feiert kerngesund. Bärtschi Hans-Peter: Bühler Uzwil – Müllerei- und andere Maschinen für die Welt, In.Ku-Bulletin 56, Winterthur 2009.
83 Bärtschi Hans-Peter: Synopsis Rieter – 200 Jahre Industriegeschichte, Winterthur 1995.
84 NZZ 24. 3. 2010: Rieter startet mit halber Grösse; Der Landbote 23. 11. 2006: Speckt Rieter in Winterthur ab?; Rieter baut weitere 1500 Stellen ab.
85 Bärtschi Hans-Peter: 200 Jahre Escher Wyss, Ausstellung zum Jubiläum 2005.
86 Bärtschi Hans-Peter: Industriekultur im Kanton Zürich, Zürich 2009, S. 124–150.
87 Schweizer Pioniere der Wirtschaft und Technik 16: Ernst Dübi, Konrad Ilg, Zürich 1965.
88 Bärtschi Sylvia: Von der Desindustrialisierung betroffen, in: Stadtbibliothek Winterthur: Basis – Produktion, 333. Neujahrsblatt Winterthur 2003, S. 226–233.
89 Der Landbote 6. 5. 1988: Wir wollen Sulzers industrielle Zukunft sichern. Siehe Abbildung 98.
90 Steiger Erwin: Mit festem Schritt zum Abgrund, Stansstad 2004.
91 NZZ am Sonntag 23. 2. 2003: Die Fluktuation ist im Top-Management.
92 Bilanz 18/2007: Der rasende Wikinger: Sulzer-Chef Ulf Berg.
93 Thor Håkstad (ausgeschiedener Sulzer-Verwaltungsrat): Für die Schweiz völlig unakzeptabel, in: Der Landbote 19. 8. 2009.
94 Rings Werner: Schweiz im Krieg 1933–1945, Zürich 1974.
95 Bergier Jean-François: Die Schweiz, der Nationalsozialismus und der Zweite Weltkrieg (Zusammenfassung der Bergier-Berichte), Zürich 2002. NZZ 1./10. 8. 2008: Zehn Jahre nach dem Grossbankenvergleich. Aufgrund von amerikanischen Sammelklagen, initiiert durch Edward Fagan, vernichtete die UBS Akten über nachrichtenlose Vermögen. In einem Vergleich legten die CS und die UBS schliesslich 1,25 Milliarden Franken Entschädigungen in den Holocaust-Fonds. Für 0,5 Milliarden konnten nachrichtenlose Vermögen belegt und entschädigt werden, weitere Gelder gingen an ehemalige Zwangsarbeiter, Flüchtlinge, Internierte bzw. an ihre Nachkommen.
96 SonntagsZeitung 1. 11. 2009: Arroganz und Profitgier.
97 Work 6. 11. 2009: Die grosse Heuchelei der Rüstungslobby.
98 Bärtschi Hans-Peter: Inventar Industriebauten in Emmen – Ruag, Winterthur 2001.
99 Bärtschi Hans-Peter: Emmen, Schwerindustrieort vor den Toren Luzerns, in: In.Ku-Bulletin 41, Winterthur 2003; NZZ 26. 3. 2010: Ruag treibt Umbau und Stabilisierung voran.
100 Bärtschi Hans-Peter: Flugzeugfabrik Alfred Comte/Universal Oberrieden, Gutachten Winterthur/Zürich 1988. Flugzeug- und Motorradproduktion 1920–1982, Schweizer Pioniere der Wirtschaft und Technik 63, 67 und 84: Schweizer Flugtechniker, Schweizer Wegbereiter des Luftverkehrs, fünf Pioniere des Flugzeugbaus, Meilen und Zürich 1996, 1998 und 2007.
101 Hochparterre 67/2009: Prämiertes Werk Flugzeughalle Stans; SonntagsZeitung 18. 10. 2009: Flugzeuge, die niemand haben will.
102 Buomberger Thomas: Von der Kunst, Steuern zu sparen – die berühmte Sammlung Emil Georg Bührle soll 2010 ins neue Kunsthaus Zürich einziehen, in: Beobachter 12/2010.
103 Bührle 1990, NZZ 12. 6. 2002: Emil Bührle – starke und umstrittene Persönlichkeit im Zweiten Weltkrieg; Die Weltwoche 19. 2. 1987: Oerlikon-Bührle: massive Verluste im Milliardenbereich; Tages-Anzeiger 31. 3. 1999: Sehr teurer Umbau eines Mischkonzerns.
104 Tages-Anzeiger 1. 4. 2010: OC Oerlikon mit Rekordverlust – 4000 Stellen weg.
105 Bärtschi Hans-Peter: Der Osten war rot. Macht durch Mord und Rohstoffreichtum, Zürich 2008, S. 272–275.
106 NZZ 23. 3. 2010: OC Oerlikon im Zielraum; Bilanz 23. 4. 2010: OC Oerlikon haarscharf am Konkurs vorbei.
107 Der Landbote 17. 5. 2010: Schweiz droht Ärger mit Russland; 19. 10. 2010: «Spende» beendet den Fall Sulzer. NZZ 21. 5. 2010: Russisch-schweizerische Beziehungen auf dem Prüfstand. SonntagsZeitung 30. 5. 2010: Swissmem soll Vekselberg helfen.
108 Wyssling Walter: Die Entwicklung der schweizerischen Elektrizitätswerke, Zürich 1946.
109 Verkehrshaus der Schweiz (Hg.): Kohle, Strom und Schienen, Zürich 1997.
110 Bilanz 18. 4. 2010: Stadler Rail: Rangiermanöver (Peter Spuhler alleiniger Herr im Haus).
111 Schindler erhielt 2007 von der Europäischen Kommission eine rekordhohe Busse von 233 Millionen Franken wegen Markt- und Preisabsprachen im globalen Markt mit den Konkurrenten Otis und Thyssen Krupp. Zudem bemängelte die Stiftung Ethos die trotzdem rekordhohen Bezüge des Familieninhabers Alfred Schindler.
112 Luftseilbahnen bauten in der Schweiz auch Von Roll und Garaventa. Inzwischen wird das ganze verbliebene Geschäft weltweit zu 60% von der österreichischen Firma Dopplemayr geführt: NZZ 15. 10. 2007.
113 Bärtschi Hans-Peter: 150 Jahre SIG, Projekt und Realisierung SIG-Werkmuseum, Neuhausen 2004.
114 Larsson Stieg: Verblendung – Verdammnis – Vergebung, Stockholm 2009. Bilanz 11/2009: Familie Wallenberg.
115 Lüchinger René, Burkhard Ueli: Stephan Schmidheiny, Bern 2010, S. 58.
116 NZZ 19. 5. 2006: Unbewältigte Asbest-Problematik in den USA – gut organisierter Missbrauch. Der Landbote 3. 4. 2006: Asbestvergleich unter Dach.
117 NZZ 6. 10. 2005: Managerlöhne als Privatsache.
118 Weltwoche 47/2002: Manager – Herbst der Patriarchen.
119 Catrina Werner: ABB – die verratene Vision, Zürich 2003.

120 Bilanz Juli 2004: Martin Ebner – die Auferstehung, S. 32.
121 NZZ 12. 1. 2010: Der Retter der ABB – Jürgen Dormann.
122 SonntagsZeitung 26. 8. 2007: Wir können den Schaden noch nicht abschätzen. Fred Kindle über Korruption in der ABB, Zukäufe in Milliardenhöhe und den Standort Schweiz.
123 Blick 14. 2. 2008: Preussen-Putsch in der ABB.

VIII Energie S. 216–245

1 Das Statistische Jahrbuch der Schweiz (1950), die Zahlen des Bundesamtes für Statistik und die Allgemeine Systematik der Wirtschaftszweige (NOGA, seit 1996) zeigen speziell gegenüber der Wasserversorgung andere Abgrenzungen, was den Vergleich auch hier mit Unsicherheiten behaftet.
2 Varchim Jochim, Radkau Joachim: Kraft, Energie und Arbeit, in: Reihe Kulturgeschichte der Naturwissenschaften und der Technik, München 1979.
3 Berechnet nach: Marek Daniel: Kohle. Die Industrialisierung der Schweiz aus der Energieperspektive 1850–1900, Bern, 1992.
4 Bärtschi Hans-Peter: Vaporama – eine einzigartige Dampfmaschinensammlung, in: In.Ku-Bulletin 58, Winterthur 2010.
5 Inglin Meinrad: Schweizerspiegel, Leipzig 1938 / Zürich 1965.
6 Dümmler Patrick, Hotz-Hart Beat, Schmuki Daniel: Volkswirtschaft der Schweiz, 4. Auflage Zürich 2006, S. 313.
7 Energie 3/2004: Energiereserven der Welt, S. 16f.
8 Appenzeller Tim: The High Cost of Cheap Coal, in: National Geographics 3/2006.
9 Perrin Charles: Systematische Fehler in der Energiestatistik, in: NZZ 21. 12. 2000.
10 NZZ 7. 8. 2008: Investitionen für ausländische Steckdosen. Beobachter 19/2008: Der Mythos von der sauberen Energie. Saldo 9. 9. 2009: Schweizer Stromkonzerne machen Kohle.
11 Umwelt 4/2002: Ökobilanzen, S. 44.
12 NZZ 13. 4. 2010: Kein Kohle-Engagement der Romands in Deutschland. Ebenda: Bündner Federführung in einem umstrittenen Projekt.
13 Piller Bernhard (Schweizerische Energiestiftung): Aus für Kohleprojekt der Bernischen Kraftwerke, in: Saldo 20. 1. 2010.
14 Cölnische Zeitung 1819, nach: Corridori Emilio: Die schweizerische Gasversorgung, Immensee 1938, S. 12.
15 Schweiz. Vereinigung von Gas- und Wasserfachmännern: Die Schweizerische Gasindustrie – Dienst an Land und Volk, Winterthur 1939.
16 Bärtschi Hans-Peter: Gaswerke als Sonderform der Kokereitechnik, in: Buschmann Walter (Hg.): Gas, Koks, Kohlechemie, Essen 1993, S. 81–91; Ders.: Gaswerk Schlieren, in: Industriekultur im Kanton Zürich, Zürich 2009, S. 273f.
17 NZZ 12. 10. 1994: Erdgas-Infrastruktur im Ausbau. Umwelt 4/2000: 164 Kilometer Gasleitung durch die Schweiz.
18 Der Beitrag des Erdgases an die Energieversorgung der Schweiz. Memorandum der schweiz. Gasindustrie zuhanden von Herrn Bundesrat W. Ritschard, Zürich 1976. Der Bund 11. 2. 1982: Das Erdgasgeschäft betrifft auch die Schweiz.
19 Gazprom Germania: Mit Erdgas in die Zukunft, Geschäftsbericht, Berlin 2008.
20 Handelszeitung 28. 2. 2008: Russen steuern Erdgas von Zug aus.
21 NZZ 10. 1. 2009: Ein Zuger Rohstoffhändler im Rampenlicht.
22 NZZ am Sonntag 23. 4. 2006: Kernkraft für mehr Energie.
23 Boos Susan: Bohrinsel Schweiz, in: NZZ-Folio September 2004, S. 56–61.
24 Saldo 8/2010: Autofahrer zahlten letztes Jahr eine Milliarde zu viel.
25 Tages-Anzeiger 28. 4. 2004: Aus billigem Erdöl wird teurer Treibstoff.
26 SonntagsZeitung 9. 5. 2010: Trafigura zahlt in Luzern fast keine Steuern.
27 Glencore: unterschiedliche undurchsichtige Umsatzangaben zwischen 106 und 165 Billionen Franken, Glencore 2008 und Liste der grössten Unternehmen der Schweiz 2010. Die Anzahl der im Hauptsitz Baar Mitarbeitenden wird auf 1961 angegeben, vgl. auch Schlussabschnitt zum Kapitel I «Steinreiche Schweiz».
28 Der Landbote 30. 4. 2010, NZZ 5., 6. und 7. 5., 29. 5. und 3. 6. 2010; NZZ am Sonntag 6. 6. 2010: Wenn die ökologische Katastrophe Alltag ist. – Seit 1960 läuft jährlich eine grössere Menge ins Niger-Delta als im ersten Monat der Havarie in den Golf von Mexiko (Shell ist Hauptförderin in Nigeria).
29 NZZ 26. und 29. 5. 2010: Der Ölteppich hat Zug erreicht.
30 Bärtschi Hans-Peter: Der endliche Fortschritt – in 90 Tagen im Containerschiff um die Welt, Zürich 2002, S. 170–180.
31 SonntagsZeitung 28. 6. 2009: Schwimmendes Spekulationsgeld.
32 Bilanz 22/2009: Timtschenko, Erdöl- und Gashandel, S. 98.
33 Mercuria Energy Group Holding SA, Website 2010.
34 Perch-Nielson Jörgen: Verbreitung von Öl in der Schweiz, in: In.Ku-Bulletin 33, Winterthur 2001.
35 Bilanz 11/2009: Shell – Swiss Connection.
36 Chavalon (Hg.): Centrale thermique de Vouvry, Dokumentation Sulzer, Escher Wyss und MFO, Zürich 1966.
37 NZZ 21. 7. 2009: Der Schweiz geht das aus Libyen stammende Öl aus. Wikipedia 2010: Liste der grössten Unternehmen der Schweiz, Tamoil-Mineralölhandel Collombey-Muraz.
38 Müller Lars (Hg.): Wem gehört das Wasser?, Baden 2006: Als Wassernot gilt, wenn pro Mensch im Jahr weniger als 1000 m³ zur Verfügung stehen, als Wasserknappheit 1700 m³, inkl. Landwirtschaft. In der Schweiz betrug 1990 die Wasserverfügbarkeit 6520 m³ pro Kopf, in Saudi-Arabien 160 m³. Die Meerwasserentsalzung braucht je nach Verfahren pro Tonne Wasser bis zu 80 Liter Öl und andere Ressourcen.
39 NZZ 10. 5. 1985: Die Abgeltung der Wasserkraft – Erhöhung der Wasserzinseinnahmen auf 254 Millionen Franken zugunsten der Bergkantone.
40 Bärtschi Hans-Peter: Industrialisierung, Eisenbahnschlachten und Städtebau, Zürich 1983, S. 270–272.
41 Bärtschi Hans-Peter: Usine de pompage de Vessy, Expertise Winterthur/Genève 1993, 2004.
42 Bärtschi Hans-Peter: Industriekultur im Kanton Zürich, Zürich 2009, S. 192f.
43 Neue Gewerkschaft 2/2001: Keine Privatisierung des Wassers!
44 Gas Wasser Abwasser: Organ des Schweizerischen Vereins des Gas- und Wasserfaches SVGW, Monatszeitschrift, Zürich 1921ff. mit jährlichem Überblick.
45 NZZ 18. 3. 2010: Abwanderung des Wasserverbrauchs, steigende Preise.
46 Eidgenössisches Departement des Innern: Statistik der Wasserkraftanlagen der Schweiz auf den 1. Januar 1928, Bern 1928.
47 Bärtschi Hans-Peter, Pfister Ivo: Luzern-Thorenberg, Meiringen, Gutachten, Winterthur 1999, 2000.
48 Bärtschi Hans-Peter: Umweltverträglichkeitsprüfung Kraftwerk Ruppoldingen, Denkmalschutz, Winterthur 1991. Neue Kraftwerke stehen bereits seit 1943 in Chèvres, seit 1996 in Wynau, seit 1997 in Ruppoldingen und seit 2010 in Rheinfelden.
49 Sauvin René: Les centrales hydro-électriques sur le Rhône Genevois, in: In.Ku-Bulletin 21, Winterthur 1997. Bärtschi Hans-Peter, Pfister Ivo: Chancy-Pougny, Gutachten, Winterthur 1995.
50 Heimatschutz 1/2010: Zum drohenden Abriss des alten Flusskraftwerks Rheinfelden.
51 Der Spiegel 21/2010: Anstrengender Anstieg – Baden-Württembergs Ministerpräsident will ein einzigartiges Industriedenkmal abreissen lassen. Pfister Ivo, Bärtschi Hans-Peter: Kraftwerk Hagneck, Gutachten, Winterthur 1998. – In diesem Fall ist eine Teilerhaltung der 1900 vollendeten Anlage vorgesehen.
52 Gugerli David (Hg.): Allmächtige Zauberin unserer Zeit. Zur Geschichte der elektrischen Energie in der Schweiz, Zürich 1994.
53 Bärtschi Hans-Peter: Industriekultur im Kanton Zürich, Zürich 1995, S. 192f.
54 Bärtschi Hans-Peter: EW Augst-Wyhlen 1912, Gutachten, Winterthur 1991: Vergleich mit EW Laufenburg 1914, EW Eglisau 1920, Ryburg-Schwörstadt 1930, EW Birsfelden 1954.
55 Wyssling Walter: Die Entwicklung der schweizerischen Elektrizitätswerke und ihrer Bestandteile, Zürich 1946, chronologische Liste der Schweizer Kraftwerke in ihrer Entwicklung, S. 174–211.
56 Verkehrshaus der Schweiz (Hg.): Kohle, Strom und Schienen, Zürich 1997.
57 Eggenberger Hans: Unsere (SBB-)Kraftwerke, Zürich 1947.
58 Electriciens Romands (Hg.): Talsperren der Schweiz, Gollion 2006.
59 Bärtschi Hans-Peter: Industriekultur im Kanton Bern, Zürich 2006, S. 187–211.
60 Guggenbühl Hanspeter: Vor der Stromlücke droht die Pumplücke, in: Der Landbote 18. 9. 2009.
61 Stromthemen 7/1994: Durch mehr Wettbewerb Effizienz steigern, Frankfurt am Main, Juli 1994.
62 Economiesuisse 6/2002: Strommarkt geordnet öffnen.
63 Axpo Sommer 2004: Die Anbieter wünschen sich Politiker, die den Markt herzhaft öffnen wollen.
64 Das Magazin 5/2010: Die heimliche Macht des Geldes – Firmen und Verbände bezahlen ausgewählte Politiker. Bilanz 11/2009: Kapital vernetzt. Die grössten Kapitalvertreter im Nationalrat: 1. Markus Zemp CVP: AKW Leibstadt, 2. Fulvio Pelli FDP: Mobiliar, 3. Pirmin Bischof CVP: AKW Gösgen, 4. Olivier Français FDP: EOS. Im Ständerat: 1. Philipp Stähelin CVP: NOK, 2. Dick Marty FDP: Migros-Bank, 3. Rolf Büttiker FDP: AKW Leibstadt, 4. Pankraz Freitag FDP: Axpo.
65 Stromthemen 4/1998 und 5/2000: Schweiz liberalisiert Strommarkt.
66 Bulletin Electrosuisse 5/2010, S. 9–11: 14 Kommunalwerke schlossen sich zur Swisspower zusammen. Insgesamt aber

sind 1995 bis 2009 ein Drittel der öffentlichen Unternehmen verschwunden, die kleine Anzahl der Korporationen und Genossenschaften blieb beständig, die Zahl der Privatfirmen und Aktiengesellschaften ist um 50 bis 100 Prozent gestiegen.

67 Work 19. 4. 2004: Bundesrat muss Ospel sofort stoppen – UBS-Coup bei Motor-Columbus – Ausverkauf.

68 Alpiq: Anhang zur Jahresrechnung 2009, VR-Bezüge über 2,5 Mio. Franken, CEO über 2 Mio. Franken inkl. Bonus, Vorsorge, Spesen, Komitee-Entschädigungen, Beratungen.

69 Ktip 30. 10. 1996: Verwaltungsräte in der Stromwirtschaft: zu viele, zu teuer, zu wenig kompetent.

70 Bodenmann Peter: Energiesparen im Wallis, in: Forum 15. 1. 2009.

71 NZZ 31. 10. 2008: Weko will Einfluss der Stromkonzerne eingrenzen.

72 NZZ 4. 5. 2010: Swissgrid hat wie bereits in den letzten Jahren eine Erhöhung der Tarife angekündigt – ein neuer Fall für die Elcom (Eidgen. Elektrizitätskommission).

73 Bulletin Electrosuisse 6/2008: Messung der Strompreisentwicklung in der Schweiz.

74 Blick 2. 9. 2008: Strombarone wünschen – wir bezahlen: plötzlich 500 Millionen Franken mehr für den gleichen Pfuus. SonntagsZeitung 7. 9. 2008: Massiver Anstieg der Strompreise kostet Arbeitsplätze. Ein Skandal für die Haushalte. Lonza-Chef Stefan Borgas beziffert die durch die Liberalisierung (u. a. durch den Ebner/Blocher-Verkauf der Kraftwerke) entstandenen Mehrkosten pro Jahr auf 30 Mio. Franken.

75 Aegerter Irene: Strommarkt – die Drehscheibe Schweiz im europäischen Verbund, in: Bulletin SATW 2/2004, S. 26–29.

76 Bärtschi Hans-Peter: Kleinwasserkraftwerke in der Schweiz, in: Nike-Bulletin 1–2/2009, S. 22–27.

77 NZZ 30. 4. 2007: Renaissance für Kleinwasserkraftwerke? NZZ 6. 2. 2008: Kritik an der Strommarkt-Liberalisierung.

78 Bundesamt für Energie: Schweizerische Gesamtenergiestatistik 2008, Bern 2009.

79 Bilanz der erneuerbaren Energien in der Schweiz 2008 in Terajoule: Speicherkraftwerke 71 374, Laufkraftwerke 59 569, Umweltwärmenutzung 6849, Energienutzung von Kehrichtverbrennungsanlagen 3207, Energienutzung von Holzfeuerungen 157, Abwasserreinigungsanlagen 418, Feuerungen mit Holzanteilen 176, Feuerungen mit erneuerbaren Abfällen 109, Nutzung der Sonnenenergie (Fotovoltaik) 98, Biogasanlagen in der Landwirtschaft 94, Biogasanlagen in Industrie- und Gewerbebetrieben 71, Windenergieanlagen 58, Deponiegasanlagen 25, Biogasanlagen Industrieabwässer 9.

80 Bärtschi Hans-Peter: Ende Feuer nach 53 Jahren: Kehrichtverbrennungsanstalt Basel, in: Basler Magazin 28. 10. 1995, S. 1–5.

81 Das Ablagern von Abfällen auf «Stinkbergen» wurde erst spät im 20. Jahrhundert geregelt. Für Sondermüll musste die Deponie Kölliken geschaffen werden, in der bis Ende 2013 für 567 Mio. Franken das giftige Gut abgebaut wird.

82 Gutzwiller Lukas: Förderung der Biotreibstoffe aus energiepolitischer Sicht, in: EMPA-Bulletin April 2008.

83 Bulletin Electrosuisse 14/2008 und 3/2010: Elektrizitätswirtschaft Schweiz – nachhaltige Stromerzeugung.

84 Paul Scherrer Institut, Kurzbiografie Paul Scherrer, Würenlingen 2004. Die Institution nannte sich bis zur Umbenennung und Verlagerung der Arbeitsschwerpunkte «Eidgenössisches Institut für Reaktorforschung EIR».

85 Bärtschi Hans-Peter: Geschichte mit und ohne Aufarbeitung: Nagasaki, Hiroshima, in: Der Osten war rot, Zürich 2008, S. 282–289.

86 DABC Lucens, Etat de Vaud: Informations Inauguration, Lucens 9. 10. 1997.

87 Ktip 8. 4. 1998: Im Kern gespalten – den AKWs fehlen Milliarden Franken für die Stilllegung und Entsorgung.

88 Tages-Anzeiger Magazin 9. 7. 1977: Gösgen.

89 Beobachter 17/2008: Ein strahlendes Comeback.

90 Economiesuisse – Facts der Wirtschaft: Strommix – die Kernenergie gehört dazu. Weltweit bestehen 439 Kernkraftwerke, 112 neue Reaktoreinheiten sind geplant und im Bau.

91 Fahrni Oliver: ABB setzt auf Cleantech, unveröffentlichtes Manuskript, Bern 2010.

92 Bulletin Electrosuisse 14/2008: Energieeinsatz der Schweizer Kernkraftwerke 287 390 Terajoule im Jahr 2007, alle Wasserkraftwerke zusammen: 130 940 Terajoule.

93 SonntagsZeitung 25. 5. 2008 und 23. 5. 2010: Atomhandel. 2007 deckte der Fall Tinner ein Zusammenspiel zwischen dem CIA und dem Bundesamt für Polizei auf. Die Tinners waren mit der Herstellung von Hightech-Komponenten für das Atomprogramm von Libyen und anderen Ländern beauftragt. Durch Einschalten des CIA wurden die Komponenten unbrauchbar gemacht. Bundesrat Blocher liess die diesbezüglichen Akten per Notrecht vernichten. Teile davon kamen aber als Kopien zum Vorschein.

94 NZZ 3./4. 11. 2007: Am offenen Kreislauf des Urans: Das KKW Leibstadt benötigt jährlich 200 t Natururan und verursacht 180 t abgereichertes Uran.

95 NZZ 10. 12. 2009: Der lange Weg zu einem Jahrhundertbauwerk (Nagra-Endlager). NZZ 26. 5. 2010: Schaffhauser Rebellion gegen Tiefenlager-Projekte. Verweis auf die Möglichkeit eines Standorts im Ausland.

96 WOZ Die WochenZeitung 13. 5. 2004: Ein Plan von Zombies – Schweizer Atommüll soll in Russland entsorgt werden.

97 Bärtschi Hans-Peter: Tschernobyl, Murmansk: Das Atomarsenal dümpelt vor sich hin, in: Der Osten war rot, Zürich 2008, S. 241–246, 263–266.

98 Ebenda: Macht durch Mord und Rohstoffreichtum, S. 272–275.

99 Der Spiegel 14. 9. 2009: Schmutzige Mafiageschäfte – 120 Behälter Atommüll ins Mittelmeer versenkt.

100 Knüsel Peter: Bauen für die 2000-Watt-Gesellschaft, in: Hochparterre-Sondernummer, Zürich 2009.

101 NZZ-Folio 7/2010: Nach mir die Sintflut – Chaos-Klimagipfel Kopenhagen.

102 Roth Karl Heinz: Die globale Krise, Hamburg 2009, S. 228–243.

103 Ebenda: Schadensexporte – vom informellen Kolonialismus zur Bildung neuer Protektorate, S. 183–194, 228–231. NZZ 12./13. 4. 2008: Indischer Hühnermist für die Schweizer Klimapolitik.

104 Thurgauer Zeitung 2. 6. 2010: Zuerst das Auto, dann die Natur – Parlament gegen CO_2-Abgabe im Verkehr.

105 Tages-Anzeiger 14. 9. 2009: Konsumenten und KMU zahlen Zeche für Strommarktöffnung.

106 Deutsche Rundschau 8. 7. 2009: Kartellstrafe für E.ON und GDF.

107 Steinmann Walter, Direktor des Bundesamtes für Energie: Der tiefstmögliche Preis ist weder Ziel des Gesetzes noch des Regulators, in: Bulletin Electrosuisse 7/2010.

108 NZZ 21. 2. 2010: Im Herzen des europäischen Stromhandels.

109 SonntagsZeitung 23. 8. 2010: Lücken in Aufsicht – Risiken des Energiederivatenhandels.

IX Verkehr S. 246–279

1 Bundesamt für Statistik, Branchen 50, 60–62, 64, veränderte Abgrenzung 1950/2009, neue Zweige Rohrfernleitungen, Fernsehen und Nachrichtenübermittlung, Automobilgewerbe (Reparatur, Tankstellen 1950 nicht ausgewiesen) – 2009 inklusive Autohandel.

2 59. Statistisches Jahrbuch der Schweiz 1950 mit Rückdatierungen einzelner Wirtschaftsbereiche bis 1849, Basel 1951.

3 Fourastié Jean: Le Grand Espoir du XXe siècle. Progrès technique, progrès économique, progrès social, Paris 1949. Abgesehen von der Abgrenzungsproblematik erfüllte sich die These, dass der sogenannte tertiäre Sektor die wegrationalisierten Arbeitsplätze der Landwirtschaft und der Industrie wettmachen und Arbeitslosigkeit verhindern würde, nicht.

4 Bärtschi Hans-Peter, Hauswirth Jürg, Ramsauer Adrian: Die Bodenseebahn 1855–2005, Luzern 2005.

5 Müller Robert: Generelle Studie über die Schiffbarmachung des Hochrheins bis zum Bodensee, Biel 1965.

6 Autorenkollektiv (Boberg Frank et al.): Canal d'Entreroches, Stuttgart 1987.

7 Verkehrshaus der Schweiz: Schiffland Schweiz, Luzern 1999.

8 1826 Neuenburger-, Murten- und Langensee, 1835 Thuner- und Zürichsee, 1837 Walen- und Vierwaldstättersee, 1839 Brienzersee, 1848 Luganersee, 1850 Untersee und Rhein, 1887 Bielersee und 1888 Hallwilersee.

9 Meister Jürg: Pioniere der Dampfschifffahrt, in: Schweizer Pioniere der Wirtschaft und Technik 89, Zürich 2009.

10 Bärtschi Hans-Peter et al.: Die Bodenseebahn 1855–2005, Luzern 2005, S. 55.

11 NZZ 23. 6. 1981: Vernachlässigte Vorteile der Wasserwege.

12 Amstad Heinz, Gavazzi Mario, Kunz Charlotte: Mit Dampf und Gloria – die schönsten Schweizer Schiffe, Bern 1994. Bärtschi Hans-Peter: Revaporisierung der Helvétie II, Gutachten Nyon/Winterthur 1998.

13 1990: 1,9 Millionen Schiffskilometer; 2008: 2,3 Millionen Schiffskilometer.

14 Basler Nachrichten 9. 10. 1944: In einem Hafen ohne Wasser.

15 Räber Anton: Die schweizerische Rheinschifffahrt, Zürich 1966.

16 Bärtschi Hans-Peter: Industrialisierung, Eisenbahnschlachten und Städtebau, Basel 1983, S. 222.

17 Farner Konrad: Zürich – Geschichte einer Manteldemokratie, Zürich 1971.

18 Moeschlin Felix: Wir durchbohren den Gotthard, Zürich 1964.
19 Bärtschi Hans-Peter et al.: Die Bodenseebahn 1855–2005, Luzern 2005, S. 20.
20 Bärtschi Hans-Peter: Industrialisierung, Eisenbahnschlachten und Städtebau, Basel 1983, S. 130–133.
21 Bärtschi Hans-Peter et al.: Die Bodenseebahn 1855–2005, Luzern 2005, S. 11–30.
22 Verkehrshaus der Schweiz (Hg.): Kohle, Strom und Schienen, Zürich 1997, S. 48–51.
23 Bärtschi Hans-Peter et al.: Die Schweizerische Nationalbahn – Vision einer Volksbahn, Wetzikon 2009.
24 Verkehrshaus der Schweiz (Hg.): Kohle, Strom und Schienen, Zürich 1997, S. 144–205.
25 Bärtschi Hans-Peter: Bahnwanderweg Lötschberg, Zürich 2008.
26 Bärtschi Hans-Peter: Die Albula- und die Berninabahn – ein weltweiter Vergleich von ausgewählten Hochgebirgsbahnen, in: Eisenbahn Amateur 9/2008, S. 512–515. – Zur Geschichte der RhB und ihrem künstlerischen Inspirationspotenzial vgl. Häberli Hans Peter: Die kühnste Bahn der Welt. Die Rhätische Bahn in Literatur und Kunst, Baden 2010.
27 Frey Thomas: Bergbahnen und Tourismus – die Kommerzialisierung der Alpen, in: Verkehrshaus der Schweiz (Hg.), Kohle, Strom und Schienen, Zürich 1997, S. 86–106.
28 Umwelt 1/2001: Verkehr und Umwelt, S. 13.
29 Bärtschi Hans-Peter et al.: Die Bodenseebahn 1855–2005, Luzern 2005, S. 35–160.
30 NZZ 23. 9. 2008: Ein Vorschuss von 455 Millionen Franken an den Bund (+ 60 Millionen wegen fehlender Verzinsung).
31 Bärtschi Hans-Peter: Der Brückeneinsturz in Münchenstein (1891), in: Ferrum 69/1997, S. 36–41.
32 Bärtschi Hans-Peter: Der NOB-Streik (1891), in: Ders.: Industrialisierung, Eisenbahnschlachten und Städtebau, Basel 1983, S. 208f.
33 Ebenda: Die Eisenbahnverstaatlichung, S. 209f.
34 Eggenberger Hans: SBB-Fibel 3: Unsere Kraftwerke, Zürich 1947.
35 Bloch Michael: Die Absicht Grossbritanniens, den deutschen Kohlenachschub über die Schweiz nach Italien gewaltsam zu unterbinden, in: Schweizerische Zeitschrift für Geschichte Nr. 60, Basel 2010, S. 252–258.
36 Steinmann Jonas: Die Geburtsstunde der Bahnmanager, in: Verkehrsgeschichte, Zürich 2010, S. 391–403.
37 Willi Ritschard 1918–1983, SP, 1974–1979 Vorsteher des Eidgenössischen Verkehrs- und Energiewirtschaftsdepartements.
38 Schlussempfehlungen der Kommission GVK-CH 1972–1977, Bern 1977.
39 Bärtschi Hans-Peter: Die materiellen Zeugen der Werke von La Nicca, in: Psychiatrische Dienste Graubünden: Richard La Nicca, Chur 2006.
40 Bauer Ursula, Frischknecht Jürg: Veltliner Fussreisen, Zürich 1997.
41 Mantovani Paolo: La Strada commerciale del San Bernardino, Locarno 1988.
42 Reinhard Raphael: Pässe und Strassen in den Schweizer Alpen, Luzern 1903, S. 151f.
43 Simonett Jürg: Verkehrserneuerung und Verkehrsverlagerung in Graubünden, Chur 1986, S. 64ff.
44 Das Magazin 27. 2. 1999: Warum wir die meisten und besten Autobahnen der Welt haben. Tages-Anzeiger 3. 1. 2007: Immer teurer und viel später fertig. – Kosten Stand 2006: 76 Milliarden Franken.
45 Credit Suisse Economic Research Swiss Issues: Branchen, Zürich 2010, S. 31, 34.
46 Bundesamt für Statistik, Jahrbuch Schweiz 2010, Zürich 2010, S. 248f.
47 Romann Paul, Schweingruber Beat: Die Autolobby Schweiz, in: Tages-Anzeiger-Magazin 3. 3. 1979, Die Autolobby und das Magazin (Inserateboykott), in: Das Magazin 27/1998.
48 Tacho, Zeitschrift für mehr Freiheit, Jahrgänge 1–5, 1985–1990.
49 Der Landbote 19. 4. 1977: Ungenügender Selbsterhaltungsgrad der Bahnen. Der Landbote 23. 5. 1977: Privatbahnhilfe wird gestrafft.
50 Adolf Ogi, geboren 1942, SVP, 1988–2000 Bundesrat, zunächst Vorsteher des Eidgenössischen Verkehrs- und Energiewirtschaftsdepartements.
51 Bärtschi Hans-Peter: Berge versetzen – Gotthardbahn 1882, Alptransit 2010, in: In.Ku-Bulletin 36, Winterthur 2002. Ders.: 125 Jahre Gotthardbahn und ihre Zukunft, in: In.Ku-Bulletin 51, Winterthur 2007.
52 Bundesrat (Erläuterungen des): Volksabstimmung vom 29. November 1998 – Finanzierung des öffentlichen Verkehrs FinöV.
53 Dürrenmatt Friedrich: Der Tunnel, Zürich 1952.
54 Estler Thomas: Die britischen Bahnen heute, in: Fern-Express 2/2010.
55 NZZ 18. 11. 2002: Trennung der Bahnen hat sich nicht bewährt – Litra zieht eindeutige Schlüsse aus vergleichender Studie.
56 NZZ 10. 2. 2005: Zu viele Hüte der Bahnbehörden.
57 Loki 1/1995: Nebiker und Hari SVP, Schmidhalter CVP und Bezzola FDP fordern SBB-Abbaumassnahmen.
58 Steinmann Jonas: Die Geburtsstunde der Bahnmanager (Leistungsauftrag, Bahnreform), in: SGWS Band 25: Verkehrsgeschichte, Zürich 2010, S. 391–405.
59 Schweizer Eisenbahn-Revue 5/2008: Zahlungen der SBB an ihren CEO (in Franken): 2007 Salär 500 000.–, Bonus 200 000.–, Sign-on-Bonus 200 000.–, Pensionskassenbeitrag 310 000.–, Maklerkosten 75 000.–, Spesen 25 000.–.
60 SonntagsZeitung 7. 3. 2010: Freie Fahrt für Chef-Hunde. SonntagsZeitung 30. 5. 2010: Neuer Abgang in der SBB-Chefetage. SonntagsZeitung 20. 6. 2010: Meyer ist Millionen-Verdiener. Salär wurde zu tief angegeben.
61 Der Landbote 21. 6. 2010: Lokomotivführer machen den SBB Dampf. – Schon 1984 machte die Gewerkschaft des Verkehrspersonals SEV auf diese Entwicklung aufmerksam: SEV 19. 1. 1984: Offener Brief an die Generaldirektion – bedrohliche längerfristige Substanzverluste.
62 NZZ 29. 6. 2010: Geld gesucht für das Schienennetz – 500 bis 850 Millionen im Jahr für den Unterhalt, 300 bis 600 Millionen für Neubaukostenüberschreitungen. Der Landbote 15. 10. 1997: SBB kosten Steuerzahler 5 Milliarden – einmalig hohe Belastung für 1998 wegen Änderung des Systems.
63 Eisenbahn-Amateuer 6/2010: SBB-Gewinn – 75% des Konzerngewinns mit Immobilienverkäufen.
64 Schweizer Eisenbahn-Revue 12/1998: SBB-Hauptwerkstätte Chur wird geschlossen. Bärtschi Hans-Peter: Älteste Bahnwerkstattanlage (Olten) vor dem Abbruch? In: In.Ku-Bulletin 40, Winterthur 2003. SonntagsZeitung 26. 11. 2006: SBB nimmt Schliessung des Industriewerks Biel in Kauf.
65 Espace Mittelland 13. 3. 2008: SBB-Chef weicht dem Druck. Work 20. 3. 2008: Forza Bellinzona! Work 25. 4. 2008: Neue Aktionsformen sind gefragt – die Gewerkschaften sind die grösste organisierte Kraft der Schweiz.
66 Saldo 3. 2. 2010: SBB-Preise – bitte zuerst mehr Leistung! NZZ am Sonntag 12. 10. 2003: Nächster Halt Geisterbahnhof. Tages-Anzeiger 29. 4. 2000: SBB-Gepäck soll auf die Strasse. Der Landbote 28. 11. 2001: Mehr Gewalt in Bahn und Bus. Der Landbote 25. 3. 1989: Fremde Füsse – die neuen Nachbarn im Zug.
67 Bärtschi Hans-Peter et al.: Die Bodenseebahn 1855–2005, Luzern 2005, S. 66–69.
68 NZZ 13. 3. 2009: Abstossen, was Verlust bringt. Eisenbahn-Kurier 4/2010: SBB Cargo vor Neuorientierung, S. 31.
69 Allein 2009 setzten die SBB 2400 Güterwagen und 50 Güterloks ausser Betrieb.
70 Altvater Elmar: 2000 Milliarden Jahresumsatz im privaten Bildungswesen, 3500 im privaten Gesundheitswesen, in: Attac Schweiz (Hg.): Service public, Zürich 2005, S. 9.
71 Guex Sébastien: L'argent de l'Etat, Lausanne 1998, S. 143. Bis 1995 privatisierten die OECD-Länder Staatsfirmen im Wert von 160 Milliarden Dollar, angeführt von England. Die Privatisierungswelle erreichte ihren Höhepunkt 1996–2001, massiv vor allem in Italien (95 Mia.), aber auch in Frankreich und in Skandinavien. In der Schweiz blieben als lukrative Staatsunternehmen vor allem die Kantonalbanken erhalten.
72 Work 18. 2. 2010: «Wir fühlen uns verraten und verkauft». FAZ 7. 5. 2010: Ein obskurer Deal. Blum Roger: Eine Nachrichtenagentur ohne jede Konkurrenz, in: Der Landbote 30. 1. 2010.
73 Drack Markus T.: Radio und Fernsehen in der Schweiz (bis 1958), Baden 2000; Mäusli Theo, Steigmeier Andreas: Radio und Fernsehen in der Schweiz (1958–1983), Baden 2006.
74 Meier Markus: Der Kurzwellensender Schwarzenburg, in: In.Ku-Bulletin 26, Januar 1999.
75 Bärtschi Hans-Peter: Landessender Beromünster, ein bau- und kulturgeschichtliches Gutachten über die Erhaltenswürdigkeit, Winterthur 2004. Der Sendeturm Beromünster von 1937 ist 215 Meter hoch und in Schweisskonstruktion ausgeführt, die zwei ersten Sendetürme von 1931 waren 125 Meter hoch und genietet.
76 Der Beobachter 12/2010: Medienriese SRG.
77 NZZ 19. 6. 2010: Sparauftrag statt höhere Gebühren.
78 Mediatrends, Dienstleister für Marketing-Aktivitäten mit interaktiven Medien, Jahresbericht 2006.
79 Betriebsrechnung PTT 1985: Defizite bei den Postdiensten 418,3 Mio. Franken, Gewinn bei den Fernmelde- und übrigen Diensten 928,5 Mio. Franken.
80 Wyss Arthur: Die Post in der Schweiz, Bern 1987.

81 NZZ 19. 8. 2005: Hans-Rudolf Merz – die Zentralisierung der Staatstätigkeit in einer Referendumsdemokratie.

82 Der Landbote 3. 5. 1996: Paketbereich – Angebotsverbesserung durch Kostensenkung geplant.

83 Der Landbote 1. 3. 2010: Die Post empfiehlt auch die Tankstelle als Paketschalter.

84 NZZ 9./10. 10.2004: Die Post reorganisiert ihr Transportsystem – Abbau von 270 Stellen. NZZ 30. 10. 2008: Die grosse Reorganisation des Briefverkehrs.

85 NZZ 12. 7. 2001: Der gelbe Wagen fährt auf Kurs. NZZ 7. 4. 2004: Fahrt Richtung Verselbständigung. NZZ 13. 8. 2010: Einsparungen. NZZ 10. 11 .2010: Verzicht auf Abbau im Regionalverkehr.

86 NZZ 20. 5. 2010: Die Marktöffnung (Wegfall 50-Gramm-Briefversand-Monopol) ist für die Post nicht so wichtig. NZZ 21. 6. 2010: Vorbehalte der Wirtschaft gegen Postreform – nur bei vollständiger Marktöffnung.

87 SonntagsZeitung 16. 5. 2010: Die Post auf Abwegen – über ihre deutsche Tochter GHP will sie in die Schweiz expandieren – und Preise drücken?

88 SonntagsZeitung 28. 3. 2010: Die Post – Stundenlöhne zwischen 20 und 25 Franken – Immigrant mit eigenen Kindern auf der Posttour.

89 SonntagsZeitung 27. 12. 2009: Verwaltungsräte der Post auf dem Absprung – Bonus für PostFinance-Angestellte sorgt für Unruhe. NZZ 22. 12. 2009: Die Post ist nicht Nestlé. NZZ 7. 1. 2010: Der starke Mann der Post braucht ein Korrektiv.

90 Work 22. 1. 2010: Haslers Worte von gestern. NZZ 13. 1. 2010: Halbwahrheiten (über Béglé).

91 NZZ 3. 3. 2004: Gerangel um Höhronenturm (Sprengung).

92 NZZ 7. 12. 2005: Bundesrat als Swisscom-Chef ungeeignet. NZZ 12. 5. 2010: Swisscom baut Service aus.

93 Tages-Anzeiger 15. 5. 2010: Interview mit Walter Stoffel, dem scheidenden Präsidenten der Wettbewerbsbehörden.

94 Fehr Christian: Leo Fischer – Die Erinnerungen des Schweizer Kabelfernsehkönigs, Frauenfeld 2008. Die von Fischer in Ich-Form geschriebenen «Erinnerungen» sind ein eindrückliches Zeugnis der ich-bezogenen, einfachen Denkweise solcher Leute.

95 Sunrise: Chronology 1996–2009.

96 Bärtschi Hans-Peter: Der endliche Fortschritt, Zürich 2002, S. 330.

97 Bärtschi Hans-Peter: Exportrisikogarantie 1934–2006 – Export Schweiz, Risiko Welt, Garantie Arbeitsplätze, Seco/ERG/SERV Zürich 2006, Zusammenbruch von in der Schweiz verwalteten Vermögen von 4200 Milliarden auf 3200 Milliarden Franken, S. 6.

98 Der Landbote 23. 4. 2010: Weko verhindert Fusion von Orange und Sunrise.

99 Noll Peter: Der kleine Macchiavelli, Zürich 1987, S. 131.

100 Kaufhold Roland: Ein moralischer Anarchist: Paul Parin, in: Psychosozial 2009/117, S. 117–126.

Epilog: Die nächste Industrialisierung der Schweiz S. 281–287

1 Über den hohen Grad von Verflechtungen zwischen Banken und Industrie siehe Höpfliger, François: Das unheimliche Imperium. Zürich 1977.

2 Bildungsdossier Banken zur SP-Bankeninitiative, Bern 1978.

3 Kreditvolumenstatistik der SNB. Bankstatistisches Monatsheft, Dezember 2010.

4 Gray, John: Die falsche Verheissung, Frankfurt a. M. 2001.

5 Strahm, Rudolf: Warum wir so reich sind. Wirtschaftsbuch Schweiz, Bern 2008.

6 Altvater, Elmar: Der grosse Krach oder die Jahrhundertkrise von Wirtschaft und Finanzen von Politik und Natur, Münster 2010.

7 Bundesministerium für Umwelt, Naturschutz und Reaktorsicherheit (Hg.): GreenTech made in Germany 2.0, München 2009.

Quellen- und Gliederungshinweise

Die Leserschaft möge die zahlreichen Verweise auf Quellen des Autors verzeihen. Aber das vorliegende Werk hätte ohne die über ein Dritteljahrhundert lang erarbeiteten Dokumentationen zu Industrie- und Transportbetrieben nicht entstehen können. Als häufigste Quellen wurden die seit 1969 gesammelten Zeitungs- und Zeitschriftenartikel benutzt, ferner die Literatur und Fotografien des ebenso alten Technik-, Arbeiter- und Bau-Archivs TAB. Diese rund 8 Tonnen Material und das 400 000 Fotos umfassende Archiv des Autors sollen dereinst von der eidgenössisch anerkannten Stiftung Industriekultur SIK in ihrem Bestand gewahrt werden.

Der Aufbau der neun Kapitel folgt weitgehend den Statistischen Jahrbüchern der Schweiz, wobei sich die Abgrenzungen zwischen und innerhalb der Branchen nicht nur objektiv, sondern auch unter dem Einfluss der im Kapitel IX diskutierten Drei-Sektoren-Theorie verändert haben. Kein eigenes Kapitel ist dem Baugewerbe gewidmet, das jedoch mit Bauten, Grossprojekten und Baumaterialienfirmen durch das ganze Buch hindurch zum Zuge kommt. Als jeweilige Referenz für den Anteil der Arbeitsplätze der jeweiligen Branchen gilt für 1950 eine Einwohnerzahl von 4,715 Millionen Personen in der Schweiz und für 2010 von 7,772 Millionen.

Häufig verwendete Literatur und Periodika

Bärtschi Hans-Peter: Industrialisierung, Eisenbahnschlachten und Städtebau, Diss ETH-Z 1980 (Manus), Basel/Boston 1983 (Buch).
Bärtschi Hans-Peter et al.: Il était une fois l'industrie, Zurich – Suisse Romande, exposition et catalogue Genève 1984.
Bärtschi Hans-Peter: Industriekultur im Kanton Zürich, Zürich, 2. Auflage 1995.
Bärtschi Hans-Peter: Das industrielle Erbe und die Schweiz, Basel 1998.
Bärtschi Hans-Peter: Der endliche Fortschritt – unterwegs zur Zerstörung der Industriekultur, Zürich 2002.
Bärtschi Hans-Peter: Kilometer Null – vom Auf- und Abbau der industriellen Schweiz, Zürich 2004.
Bärtschi Hans-Peter: Exportrisikogarantie 1934–2006 – Export Schweiz, Risiko Welt, Garantie Arbeitsplätze, Seco/ERG/SERV Zürich 2006.
Bärtschi Hans-Peter: Industriekultur Band 1 – Kanton Bern – unterwegs zu 333 Schauplätzen des produktiven Schaffens, Zürich 2006.
Bärtschi Hans-Peter: Der Osten war rot – postkommunistische Reportagen, Zürich 2008.
Bärtschi Hans-Peter: Industriekultur Band 2 – Kanton Zürich – unterwegs zu 222 Schauplätzen des produktiven Schaffens, Zürich 2009.
Bärtschi Hans-Peter: Industriekultur Band 3 – Nordostschweiz und Liechtenstein – unterwegs zu 222 Schauplätzen des produktiven Schaffens, Zürich 2011/12.
Bärtschi Sylvia: Chronisten des Aufbruchs – zur Bildkultur der St. Galler und Appenzeller Fotografen, Zürich 1996.
Bilanz, Wirtschaftsmagazin, Zürich 1978ff.
Bodmer Walter: Schweizerische Industriegeschichte, Zürich 1960.
Braun Rudolf: Industrialisierung und Volksleben, Winterthur 1960.
Braun Rudolf: Sozialer und kultureller Wandel in einem ländlichen Industriegebiet, Erlenbach-Zürich 1965.
Bundesamt für Statistik: Statistisches Jahrbuch der Schweiz, Zürich, Jahrgänge 1950, 2009.
Catrina Werner: ABB – die verratene Vision, Zürich 2003.
Fehlmann Hans: Der schweizerische Bergbau während des Weltkrieges, Bern 1919.
Ferrum, Nachrichten der Eisenbibliothek, Schaffhausen 1977ff.
Giedion Sigfried: Mechanization Takes Command, Oxford 1948.
Gugerli David (Hg.): Allmächtige Zauberin unserer Zeit. Zur Geschichte der elektrischen Energie in der Schweiz, Zürich 1994.
Hauser Albert: Schweizerische Wirtschafts- und Sozialgeschichte, Zürich 1961.
In.Ku-Bulletin, Zeitschrift der Schweizerischen Gesellschaft für Technikgeschichte und Industriekultur SGTI, Winterthur 1990ff.
Industriearchäologie, Zeitschrift für industrielle Kulturgüter, Brugg 1977ff.
Industrie-Kultur, Zeitschrift für Denkmalpflege, Landschaft, Sozial- und Technikgeschichte, Duisburg 1996ff.
Kündig Rainer et al.: Die mineralischen Rohstoffe der Schweiz, Zürich 1997.
Minaria Helvetica, Zeitschrift der Schweizerischen Gesellschaft für historische Bergbauforschung, Basel 1981ff.
Neue Zürcher Zeitung, Liberales Nachrichtenblatt, Zürich 1780ff.
Rings Werner: Schweiz im Krieg 1933–1945, Zürich 1974.
Schweizer Pioniere der Wirtschaft und Technik, Reihe des Vereins für wirtschaftshistorische Studien, Zürich 1955ff.
Schweizer Mühlentag, Vereinigung Schweizer Mühlenfreunde, Schriften zum nationalen Mühlentag, Stammheim 2000ff.
Tanner Albert: Das Schiffchen fliegt, die Maschine rauscht – Weber, Sticker und Unternehmer in der Ostschweiz, Zürich 1985.
Tschudin Peter: Schweizer Papiergeschichte, Basel 1991.
Verkehrshaus der Schweiz (Hg.): Kohle, Strom und Schienen – die Eisenbahn erobert die Schweiz, Zürich, 2. Auflage 1998.
Work, Die Zeitung der Gewerkschaft Unia, Bern 2001ff.
Wyssling Walter: Die Entwicklung der schweizerischen Elektrizitätswerke, Zürich 1946.

Register ausgewählter Firmen und Personen

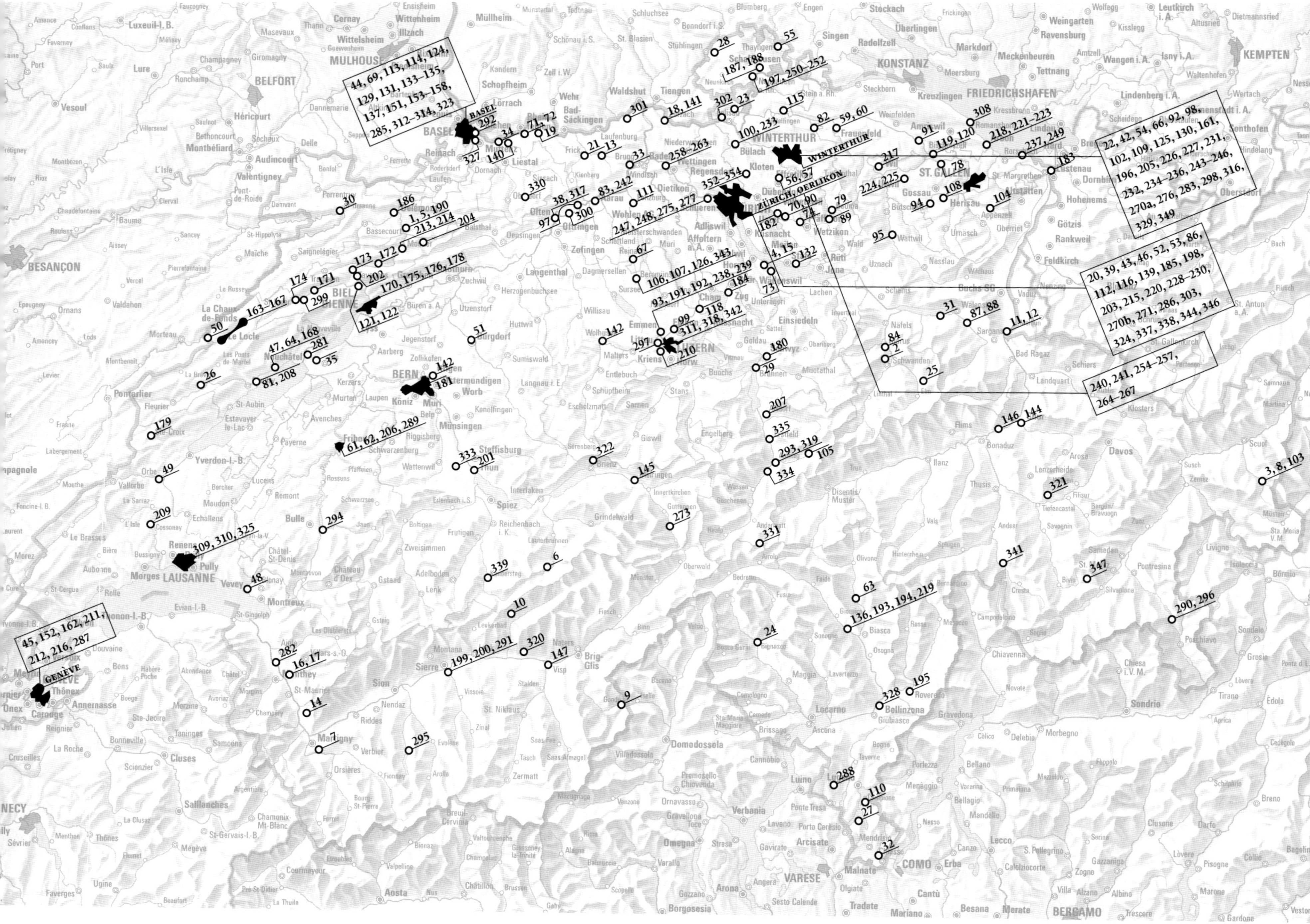
44, 69, 113, 114, 124, 129, 131, 133–135, 137, 151, 153–158, 285, 312–314, 323
BASEL
45, 152, 162, 211, 212, 216, 287
GENÈVE
WINTERTHUR
ZÜRICH, OERLIKON
22, 42, 54, 66, 92, 98, 102, 109, 125, 130, 161, 196, 205, 226, 227, 231, 232, 234–236, 243–246, 270a, 276, 283, 298, 316, 329, 349
20, 39, 43, 46, 52, 53, 86, 112, 116, 139, 185, 198, 203, 215, 220, 228–230, 270b, 271, 286, 303, 324, 337, 338, 344, 346
240, 241, 254–257, 264–267
MULHOUSE
BELFORT
BESANÇON
KONSTANZ
FRIEDRICHSHAFEN
KEMPTEN
LAUSANNE
BERN
LUZERN
ST. GALLEN
COMO
VARESE
BERGAMO
geodata©swisstopo

Industriestandorte Schweiz

Bildnummer, Ort; *Werk/Firma*

1 Choindez; *Hochofen*
2 Guppenalp; *Bergwerk*
3 S-charl; *Bergwerk*
4 Horgen-Käpfnach; *Bergwerk*
5 Choindez; *Hochofenwerk*
6 Trachsellauenen; *Schacht*
7 Trappistes; *Förderanlage*
8 S-charl; *Erzaufbereitung*
9 Gondo; *Erzaufbereitung*
10 Goppenstein; *Erzaufbereitung*
11 Gonzen; *Erzaufbereitung*
12 Gonzen; *Förderanlage*
13 Herznach; *Förderanlage*
14 Dorénaz; *Förderanlage*
15 Horgen-Käpfnach; *Bergwerk*
16 Bex-Parex; *Bergwerk*
17 Bex-Bevieux; *Salzaufbereitung*
18 Zurzach; *Salzbohrtürme*
19 Riburg; *Salzdom*
20 Zürich-Tiefenbrunnen; *Sichtbacksteinfront*
21 Frick; *Tongruben*
22 Winterthur; *Abort*
23 Rafz; *Kiesgruben*
24 Bignasco; *Steinbruch*
25 Engi GL; *Schieferbergwerk*
26 Travers; *Asphaltbergwerk*
27 Monte S. Giorgio; *Saurolbergwerk*
28 Schleitheim; *Gipsbergwerk*
29 Brunnen; *Betonwerk*
30 Saint-Ursanne; *Gipsbergwerk*
31 Unterterzen; *Betonwerk*
32 Morbio Inferiore; *Betonwerk*
33 Wildegg; *Betonwerk*
34 Kaiseraugst; *Recyclingwerk*
35 Marin; *Metalor*
38 Olten; *Kilometerstein «0»*
39 Zürich-Tiefenbrunnen; *Plakat*
42 Winterthur; *Schlachthof*
43 Zürich-Aussersihl; *Schlachtlokal*
44 Basel; *Schlachthof*
45 Genève; *Schlachthof*
46 Zürich-Aussersihl; *Schlachthof*
47 Neuchâtel; *Suchard-Plakat*
48 Vevey; *Nestlé*
49 Orbe; *Nestlé*
50 Col-des-Roches; *Moulins souterrains*
51 Kirchberg BE; *Mühle*
52 Zürich; *Swissmill*
53 Zürich-Tiefenbrunnen; *Mühlerama*
54 Winterthur; *Volg-Mühlen*
55 Thayngen; *Knorr*
56, 57 Kemptthal; *Maggi*
59, 60 Frauenfeld; *Zuckerfabrik*
61, 62 Fribourg; *Villars*
63 Dangio-Torre; *Schokoladenfabrik*
64 Neuchâtel; *Suchard*
66 Winterthur; *SLM-Tabaklok*
67 Menziken; *Tabak-Plakat*
69 Basel; *Wertech-Fenster*
70 Uster; *Brauereidampfmaschine*
71, 72 Rheinfelden; *Feldschlösschen*
73 Wädenswil; *Brauerei-Abbruch*
74 Aathal; *Spinnerei*
78 Hauptwil; *Manufakturhaus*
79 Bauma-Undalen; *Flarzhaus*
81 Cortaillod; *Textilmanufaktur*
82 Islikon; *Textilmanufaktur*
83 Aarau; *Manufaktur-Stollen*
84 Ennenda; *Tröckneturm*
85 Zürich; *Wollverarbeitung*
87, 88 Flums; *Spinnerei*
89 Bäretswil-Neuthal; *Spinnerei*
90 Uster; *Fabrikbrand*
91 Schönenberg; *Seidenweberei*
92 Winterthur; *Seidenweberei*
93 Emmenbrücke; *Viscosuisse*
94 Degersheim; *Stickerei*
95 Wattwil; *Heberlein*
97 Schönenwerd; *Bally*
98 Winterthur; *Artikel Rey*
99 Luzern-Rotsee; *Schild-Tuch*
100 Bülach-Jakobstal; *Spinnereiruine*
102 Winterthur; *Nagelfabrik Nagli*
103 S-charl; *Bergbaumuseum*
104 Gais; *Sägerei*
105 Unterschächen; *Bielensäge*
106 Beromünster; *Sägereikeller*
107 Beromünster; *Sägerei-Abbruch*
108 Herisau; *Holzdachstuhl*
109 Winterthur; *Holzhalle*
110 Maroggia; *Tanninfabrik*
111 Lenzburg; *Wisa Gloria*
112 Zürich; *Möbelfabrik*
113, 114 Basel-St.Alban; *Papiermühle*
115 Ellikon ZH; *Papiermühle*
116 Zürich; *Papierfabrikruine*
118 Perlen; *Papierfabrik*
119 Bischofszell; *Papierfabrik*
120 Bischofszell; *Papierfabrik*
121, 122 Rondchâtel; *Holzschliffwerk*
124 Basel-St.Alban; *Druckerei Papiermühle*
125 Winterthur; *Personal Computer*
126 Beromünster; *Radio-Zeitung*
129 Basel; *Ciba*
130 Winterthur; *Laboratorium*
131 Basel; *Ciba*
132 Uetikon; *Chemische Fabrik*
133 Basel; *St. Johann*
134 Basel; *Ciba*
135 Basel; *Sandoz*
136 Bodio; *Lonza*
137 Basel; *Sandoz*
139 Zürich; *Steinfels*
140 Schweizerhalle; *Rheinsalinen*
141 Zurzach; *Sodafabrik*
142 Ittigen; *Stufenfabrik*
143 Wolhusen; *Geistlich*
144 Chur; *Pulvermühle*
145 Meiringen; *Karbidfabrik*
146 Domat/Ems; *Emser Werke*
147 Visp-Lalden; *Lonza*
151 Basel; *Pharmazie-Museum*
152 Genève-Vernier; *Givaudan*
153 Basel; *Hoffmann-La Roche*
154–158 Basel; *Novartis*
161 Winterthur; *Uhrwerk Lindengut*
162 Genève-Carouge; *Atelierstadt*
163 La Chaux-de-Fonds; *Uhrmacherei*
164, 165 La Chaux-de-Fonds; *Atelierstadt*
166 La Chaux-de-Fonds; *Le Manège*
167 La Chaux-de-Fonds; *Villa Schwob*
168 Neuchâtel; *Musée d'art*
170 Biel; *Omega*
171 Courtelary; *Uhrenwerkzeugfabrik*
172 Bévilard; *Uhrenfabriken*
173 Tavannes; *Tavannes-Watch*
174 Saint-Imier; *Longines*
175 Biel; *Omega*
176 Biel; *Omega-Museum*
178 Biel; *Rolex*
179 Sainte-Croix; *Hermes*
180 Schwyz-Ibach; *Victorinox*
181 Bern; *Hasler*
182 Uster-Niederuster; *Zellweger*
183 Heerbrugg; *Wild*
184 Zug; *Landis & Gyr*
185 Zürich; *Escher Wyss*
186 Rondez; *Von Roll*
187, 188 Schaffhausen; *Georg Fischer*
190 Choindez; *Von Roll*
191 Emmenbrücke; *von Moos*
192 Emmenweid; *von Moos*
193, 194 Bodio; *Monteforno*
195 San Vittore; *Valmoesa*
196 Winterthur; *Lokdepot*
197 Neuhausen; *Alusuisse*
198 Zürich; *ETH*
199, 200 Chippis; *Alusuisse*
201 Thun; *Selve*
202 Reconvilier; *Boillat*
203 Zürich; *UBS, CS*
204 Corcelles BE; *Martinet*
205 Winterthur; *Nagelfabrik Nagli*
206 Fribourg; *Pont suspendu*
207 Altdorf; *Dätwyler*
208 Cortaillod; *Kabelwerke*
209 Cossonay; *Kabelwerke*
210 Kriens; *Bell*
211, 212 Genève; *SAAS*
213, 214 Moutier; *Tornos*
215 Zürich-Albisrieden; *Arbenz*
216 Genève; *Hispano-Suiza*
217 Wil; *Hürlimann*
218 Arbon; *Saurer*
219 Bodio; *FBW, Berna*
220 Zürich; *Saurer*
221–223 Arbon; *Saurer*
224, 225 Uzwil; *Bühler*
226, 227 Winterthur; *Rieter*
228–230 Zürich; *Escher Wyss*
231, 232 Winterthur; *Sulzer*
233 Bülach-Jakobstal; *Sulzer*
234–236 Winterthur; *Sulzer*
237 Altenrhein; *Dornier*
238, 239 Emmen; *Flugzeugwerke*
240, 241 Oerlikon; *Bührle OC*
242 Aarau; *Figgenbach*
243–246 Winterthur; *SLM*
247, 248 Schlieren; *Wagons & Aufzüge*
249 Altenrhein; *Schindler*
250 Neuhausen; *Moser-Villa*
251, 252 Neuhausen; *SIG*
254–256 Oerlikon; *MFO*
257 Oerlikon; *Tramont*
258 Baden; *Lok 2000*
259–261 Baden; *BBC*
262, 263 Baden; *ABB*
264–267 Oerlikon; *ABB*
270a Winterthur; *Industriequartier*
270b, 271 Zürich; *Industriequartier*
273 Gelmer Oberhasli; *Stausee*
275 Schlieren; *Gaswerk*
276 Winterthur; *Gaswerk*
277 Schlieren; *Gaswerk*
281 Cressier; *Raffinerie*
282 Collombey; *Raffinerie*
283 Winterthur; *Tankstelle*
285 Basel; *Aborte*
286 Zürich; *Pumpwerk*
287 Genève; *Pumpwerk*
288 Aranno; *Wasserräder*
289 Fribourg; *Wasserwerk*
290 Bernina Lago Bianco; *Staumauer*
291 Chippis; *Alusuisse*
292 Birsfelden; *Kraftwerk*
293 Amsteg; *Kraftwerk*
294 Marécottes; *Staumauer*
295 Grande Dixence; *Staumauer*
296 Bernina Lago Bianco; *Strommast*
297 Thorenberg; *Staumauer*
298 Winterthur; *Kehrichtverbrennung*
299 Mont-Soleil; *Windkraftwerk*
300 Gösgen; *Kernkraftwerk*
301 Leibstadt; *Kernkraftwerk*
302 Weiach; *Atommüll-Lager*
303 Zürich; *Fabrik Wohlgroth*
308 Romanshorn; *Hafen*
309 Lausanne-Ouchy; *Hafen*
310 Lausanne-Ouchy; *Schiffmodell*
311 Luzern; *Hafen*
312 Basel-St.Johann; *Hafen*
313 Basel-Kleinhüningen; *Hafen*
314 Basel-Muttenz; *Hafen*
316 Winterthur; *Tösstalbahn*
317 Olten-Trimbach; *Grab Tunnelarbeiter*
318 Luzern; *Dampflok Limmat*
319 Amsteg; *Gotthardbahn*
320 Bietschtal; *Viadukt*
321 Landwasser; *Viadukt*
322 Rothorn; *Dampfzug*
323 Basel; *Tramdepot*
324 Zürich; *S-Bahn*
325 Lausanne; *Métro*
327 Münchenstein; *Bahnkatastrophe*
328 Bellinzona; *Bahnwerkstätte*
329 Winterthur; *Roter Pfeil*
330 Hauenstein; *Pass*
331 Gotthard; *Pass*
333 Kaufdorf; *Autofriedhof*
334 Gurtnellen; *Autobahn*
335 Erstfeld; *NEAT-Baustelle*
337 Zürich; *Stückgüter*
338 Zürich; *Billetautomat*
339 Kandersteg; *Lastwagen*
341 Via Spluga; *Lastbegrenzung*
342 Luzern; *Verkehrshaus*
343 Beromünster; *Landessenderturm*
344 Zürich; *Radiostudio*
346 Zürich-Altstetten; *Paketzentrum*
347 Julier; *Postauto*
349 Winterthur; *Telefonkabine*
352 Zürich-Kloten; *Hangar*
353 Zürich-Kloten; *Flughafen*
354 Zürich-Kloten; *Midfield-Baustelle*

Schweiz allgemein
(nicht auf Karte eingetragen)

Bildnummer, Ort; *Werk/Firma*

40 Schweiz; *Plan Wahlen*
68 Schweiz; *Bieretiketten*
75 Schweiz; *Textilfachschrift*
77 Schweiz; *Webstube*
127 Schweiz; *Tageszeitungen*
128 Schweiz; *Geldberge*
138 Schweiz; *Seifenindustrie*
160, 169 Schweiz; *Uhrwerke*
177 Schweiz; *Nicolas Hayek*
268 Schweiz; *Escher Wyss*
269 Schweiz; *Energieverbrauch*
272 Schweiz; *1.-Mai-Plakat*
306, 307 Schweiz; *Verkehrszuwachs*
315 Schweiz; *Nordostbahn*
326 Schweiz; *Briefmarken*
336 Schweiz; *Bahn 2000*
345 Schweiz; *Briefmarke*
351 Schweiz; *Export, Vermögen*

Ausland
(nicht auf Karte eingetragen)

Bildnummer, Ort; *Werk/Firma*

36 SA Welcom-North; *Goldbergwerk*
37 Island Karanjukar; *Alu-Kraftwerk*
41 USA; *Schlachthof*
58 Kuba, Mal Tiempo; *Zuckerfabrik*
65 Brasilien, Ibicaba; *Kaffeeplantage*
76 Welt; *Baumwollanbaugebiete*
80 Europa; *Glaubensverfolgung*
85 USA; *Onkel Tom's Hütte*
96 Argentinien, Barraca; *Gerberei*
101 Indien, Moradabad; *Freiluft-Tuchdruckerei*
117 Finnland, Jyväskylä; *Holzwirtschaft*
123 Indonesien, Jakarta; *Tropenholzhandel*
148, 149 Deutschland, Waldshut; *Lonza*
150 Frankreich, Tournus; *Hôpital*
159 Indien, Bangalore; *Chemieabfälle*
189 Deutschland, Singen; *Georg Fischer*
253 Thailand; *SIG*
274 Deutschland, Profen; *Braunkohle-Tagbau*
278 Welt; *Peak Oil*
279 Welt; *Ölplattform*
280 Indonesien, Jakarta; *Geisterflotte*
284 Eritrea; *Wasserstelle*
304 Welt; *2000-Watt-Ziel*
305 Italien, Milano; *TEE-Zug*
332 USA; *Auto*
340 USA; *Lastwagen*
348 USA; *Telefonie*
350 Südafrika, Kapstadt; *Kabellegerschiff*
355 Deutschland, Sinsheim; *Flugzeuge*

Wir danken für die Unterstützung:

Gerold und Niklaus Schnitter-Fonds für Technikgeschichte an der ETH Zürich
Schweizer Kulturstiftung Pro Helvetia
Migros Kulturprozent
Ulrico Hoepli-Stiftung, Zürich
Loterie Romande
Kanton Zürich
Kanton Aargau
Amt für Kultur des Kantons Bern
Kulturförderung Kanton St. Gallen
Kanton Basel-Stadt
Kanton Thurgau
Kanton Zug
Kanton Solothurn
Kanton Glarus
Kanton Graubünden
Kanton Luzern

Dieses Buch ist nach den neuen Rechtschreibregeln verfasst. Quellenzitate werden jedoch in originaler Schreibweise wiedergegeben. Hinzufügungen sind in [eckigen Klammern] eingeschlossen, Auslassungen mit [...] gekennzeichnet.

Fachlektorat: Oliver Fahrni, Bruno Meier
Lektorat: Renata Coray, hier + jetzt
Gestaltung und Satz: Christine Hirzel, hier + jetzt
Bildverarbeitung: Humm dtp, Matzingen

Dieses Werk ist auf www.libreka.de auch als
E-Book erhältlich:
ISBN E-Book 978-3-03919-786-6

www.hierundjetzt.ch
ISBN Druckausgabe 978-3-03919-145-1